國家社科基金
GUOJIA SHEKE JIJIN HOUQI ZIZHU XIANGMU
後期資助項目

路史校注

The Collation and Annotation of *Lu Shi*

三

王彦坤　撰

中華書局
ZHONGHUA BOOK COMPANY

路史卷二十

後紀十一

疏仡紀第七

帝堯陶唐氏

帝堯，陶唐氏，姬姓，世謂堯生伊長孺家而姓伊祈，妄也[一]。伊祈乃炎帝之姓。堯姓姬，出于唐嚳，不爲伊[二]。蓋昔以堯與炎帝俱火德王[三]，故謂堯爲炎後。自漢以來有是説，世遂果以堯爲炎帝子孫，因云姓伊祈，失之。世紀云：慶都寄於伊長孺家，故堯從母所居爲姓。又云：爲祈氏，或從母姓。伊姓非其本姓，亦自辨矣。稽古録從之爲祈姓，誤也[四]。靈臺碑言：昔者慶都兆舍穹精氏，姓曰伊[五]。則伊其母姓爾，然亦不得爲祈云。高辛氏之第二子也。母陳豐氏[六]，曰慶都。史作陳鋒，借[七]。嘗觀三河之首[八]，見春秋合誠圖。注云："東河北端[九]。"今荆州[一〇]。赤帝顯圖，奄然風雨，慶都遇而萌之[一一]，帝堯碑云：其先出自塊隗[一二]。翼火之精[一三]。有神龍首出于常羊，慶都交之，生伊堯[一四]。不與凡等，龍顏日角，眉八彩。謏自侯伯，游于玄河，龍龜負衙，投鈐授與，然後受命[一五]。按合誠圖：大帝之精，起三河之州，中土之腴，流潤大石之中，而生慶都於斗維之野[一六]。身形長大，有似大帝，葰食不饑[一七]。年二十，寄伊長孺家。觀于三河之首，常若神隨。赤龍負圖出，慶都讀之，云"赤受天運"[一八]。其下圖，人衣赤衣，光面八彩，鬢須長七尺二寸，兌上豐下，足履翼星，題曰"赤帝起，成天下寶"[一九]。奄然陰雨，赤龍與婚。龍消而乳堯[二〇]。既乳，視堯，如圖。及堯有知[二一]，慶都以圖與之。此事正類後魏序紀詰汾、力微之異[二二]。黃雲覆之，震十有四月而生于丹陵[二三]，見遁甲開山圖及世紀。漢鉤弋夫人生昭帝，妊身十四月，上曰“昔聞唐堯十四月而生”，乃命所居曰堯母門〔二四〕。曰堯。本只作垚，三士爲堯，讓也〔二五〕。惟士能讓，即爲優饒〔二六〕。後下加乃“人”字，象引乞之〔二七〕。出堯母碑。堯堯，卲堯可見，即云垚士〔二八〕。故有樵堯、嶿嶢等説，俱妄〔二九〕。猶垚士爾。魏周訢曰：“吾所賢者，堯、舜，堯、舜，名。”〔三〇〕世以爲謐者，非也〔三一〕。辨見發揮〔三二〕。

　　是曰放勳。王功曰勳，達于四方曰放〔三三〕。或曰：以帝德偈後人，則曰放勛，所放在堯；以帝德終前烈則曰重華，所重在堯也〔三四〕。身侔十尺〔三五〕，孔叢子及世紀。按合誠圖云：赤帝之爲人，視之豐〔三六〕，長八尺七寸。豐下兌上，龍顔日角，八采三眸〔三七〕，合誠圖云：“光面八彩。”謂八位皆有光彩〔三八〕，注云“彩色有八”者非。而孝經援神契及元命苞乃云“眉有八彩”，書大傳等遂以爲眉如“八”字，妄也。王充宣漢云：正使堯復仳齒，舜復八日眉〔三九〕。一作“八月”。豈八眉哉？鳥庭荷勝，琦表射出〔四〇〕，援神契注云：“堯，火精。鳥庭，庭有鳥骨表，取朱鳥與太微庭也。朱鳥，戴聖；荷勝似之〔四一〕。”堯碑云：“性發蘭石，生自馥芬。琦表射出，雙握嘉文。”〔四二〕手有文也。握嘉履翌，竅息洞通〔四三〕。合誠圖云：足下五翼星。聰明密微，其言不式，其德不回〔四四〕。大戴禮。仁如天，智如神，明如日，而晦如陰〔四五〕。仁以蒞之，智以周之，明以察之，晦以蓄之〔四六〕。好謀能深，和而不怒，憂而畏禍，快而愉〔四七〕。莊子：虛静恬淡，寂寞無爲，堯之爲君也〔四八〕。

　　年有十三，佐摯封植，受封於陶〔四九〕。摯爲高辛封植〔五〇〕。陶，今廣濟治定陶，故范曄謂定陶爲陶，堯所居〔五一〕。皇甫謐繆爲舜陶之所〔五二〕。今壽光有堯水，伏琛、晏謨皆以爲堯頓駕處〔五三〕。明人察物，昭義崇仁；禁詐僞，正法度；不廢窮民，不敖亡告，苦死者而哀婦人〔五四〕。底德靡解，百姓和欣，於是改國于唐〔五五〕。輿地廣記：堯爲唐侯于此〔五六〕。餘詳國名記〔五七〕。有説，別見〔五八〕。勤勞不居，儉而用禮〔五九〕。不貴時巧，不視文繡。温飯煥羹，不餒不易；襦衣袿履，不敝不更〔六〇〕。御蜲柈、土杬，夏葛衣而冬鹿裘，栝柱采椽，爲人愛費〔六一〕。儉，吉德也。然世之言堯、舜者，多過實。六韜計用云〔六二〕：堯王天下，世謂賢君。其治則宫垣室屋，不塈也；金銀珠玉，弗服也；錦繡文綺，弗展也；淫佚之樂，弗聽也；桷椽楹柱，非藻飾也；茅茨之蓋，弗翦

齊也；襢衣袿履，不檠不更；爲温飯煖羹，不酸穢不易〔六三〕。尸子云：人君之有天下，瑶
臺九纍，而堯白屋；黼衣九種，而堯大布；宮中三市，而堯鶉居；珍羞百種，而堯櫼飯菜
鸎；騏驎青龍，而堯素車璞馬〔六四〕。堯蓋不盡然也。由余亦言，昔堯飯於土簋，飲於土
型〔六五〕。而墨子且謂堯黍稷不式，羹胾不重；飯土塯，啜土鉶〔六六〕。又淮南主術云：大
路不畫，越席不緣，大羹不和，糲食不毇，布衣揜形〔六七〕。韓非至謂：糲粢之食，藜藿之
羹，冬日麑裘，夏日葛衣，雖監門之養弗虧于此者〔六八〕。故紆而非中道者，悉不取〔六九〕。
不以鶉居易九市，不以私故留耕時〔七〇〕。**水處者漁，谷居者牧，陵**
阪耕畬，皋澤織罔〔七一〕。**是以地宜其事，事宜其械，械宜其材，故**
人得以所有易所亡，所工易所拙，而上下達矣〔七二〕。見文子、淮南
子〔七三〕。所謂安天下之所當安。**欽明文思，内行謹飭；篤孝慈仁敬，使人**
知子弟之道〔七四〕。**仁恩被于蒼生，德化敷于四海**〔七五〕，**故亡膠漆**
之約於當世而道行。欽明文思，駿德也〔七六〕。欽爲仁，明爲禮，思爲智，文爲義。
四者，易之元亨利貞也〔七七〕。而聰明文思者，性矣〔七八〕。天道主聰，故言“明文思”而以
“聰”冠之；人道主欽，故言“明文思”而以“欽”冠之〔七九〕。性圓而成，德顯而用〔八〇〕。
與天下治而不爲貪，以天下異而不爲廉，“允恭克讓”，與道合矣〔八一〕。

年十有七，謁以侯伯恢踐帝〔八二〕，靈臺碑云：堯以侯伯恢踐帝〔八三〕。而
許叔重謂“堯以楚伯受命，滅不義於丹水”〔八四〕。楚，今唐州〔八五〕。亦見御覽二百七十
一〔八六〕。董仲舒亦云：堯發於諸侯〔八七〕。而蘇秦説趙肅侯云：“堯無三夫之分，舜無只
尺之地，以有天下；禹無百人之聚，以王諸侯。”〔八八〕淮南子云：堯無百夫之郭，舜無植錐
之地，禹無十人之衆〔八九〕。作文者之常蔽〔九〇〕。**曰陶唐氏**。韋昭：書云陶唐，皆國
名，猶殷商〔九一〕。然邢昺謂未聞堯居陶，與湯稱異〔九二〕。穎達亦謂書傳未聞有陶，疑陶
唐或共一地〔九三〕。不知爾雅、説文：陶，丘再成者，在於濟陰〔九四〕。永初山川記：堯先居
陶，後居唐，曰陶唐氏也。**都於平陽**〔九五〕、今晉之臨汾，漢平陽也，即晉陽〔九六〕。
有故堯城、姑射山。元和志有堯帝廟，在臨汾東八及南六里〔九七〕。世紀謂自唐封，從晉
陽；及爲天子，都平陽。繆也〔九八〕。平陽，太原，大夏，大鹵，夏虛，晉，晉陽，七名一地，
寰宇記云〔九九〕。平陽，今晉；晉陽，太原也。然魯、衞皆有平陽，非堯都矣〔一〇〇〕。**安**
邑〔一〇一〕。夏歌：“惟彼陶唐，有此冀方〔一〇二〕。”今霍邑至平定，有故晉陽城〔一〇三〕。
本永安地，去晉四百里，皆古太原地〔一〇四〕。開皇十於并城中古晉陽置太原縣〔一〇五〕。
皇朝爲平晉軍。九域志，冀之堂陽有堯臺、九門城〔一〇六〕。郡國志云，信都堂陽九門城

古臺二,並號堯臺〔一〇七〕。城塚記:堯臺,二所;九門城,縣所造。又今河中有故唐城,在絳之翼城西二里,故通典謂堯舊都在蒲也〔一〇八〕。以火紀德,謂赤帝。詩含神霧云:慶都以赤龍合昏,生赤帝伊祁堯〔一〇九〕。色尚白,家語、大戴禮云:土王,色尚黃〔一一〇〕。非。黃收、純衣、彤車、白馬〔一一一〕。乃立三公、六卿、百揆暨百執事〔一一二〕。大傳,舜攝時,三公、九卿、百執事。此堯之官也,故使百官事舜。富而亡驕,貴而不舒〔一一三〕。居於明堂,斥題不枅,土階不戚,茅茨不翦,泊如也〔一一四〕。明堂之制如此,非皆居也〔一一五〕。潘尼云:古之爲君,無欲而至公,故有土階茅茨之儉〔一一六〕。墨子以爲堯居土階三等,堂高三尺,非所以爲儉者〔一一七〕。重先務,急親賢,明駿德,以親九族〔一一八〕。九族既穆,乃辨章于百姓;賢不昭明,而協和於萬邦,黎民於變時雝〔一一九〕。此施彼應,如響聲者,所謂"立之斯立"〔一二〇〕。丐施政制,因事立法,不激不委;取人以狀,明非見有;於人翹翹,惟以天下爲憂〔一二一〕。務求賢聖,爰得稷、契、夷、皋、朱虎、伯譽〔一二二〕。羣龍輔德〔一二三〕,是以教化大行,天下洽和,民安仁而樂義。乃更制五服,均五等,五國相維〔一二四〕;禹貢"五百里甸服",傳謂:甸服,堯制,賦其田,使入穀,禹輔成其外〔一二五〕。百里者,賦納總;至五百里,米〔一二六〕。甸服之制,本自納總。禹爲之差,有輕遠之法〔一二七〕。周則圻田用貢法,以禾米;采服則取美物以當邦賦,不入穀矣〔一二八〕。又云:周之納穀,止於千里;唐虞所轉,爲二千里,是方千里者四,納穀比周爲多〔一二九〕。謂:唐虞萬國,諸侯歲一見,其用費於後,故鄭志答趙商云"圻內四百國",郊內亦封諸侯矣;周法,十國入一于天子,雖千里四,其稅猶少於周,故使方二千里入納米〔一三〇〕。繆矣。設四岳八伯,以典諸侯;帝立八伯以典諸侯,立四岳以稽八伯。八伯,即九牧也〔一三一〕。史以四岳爲司馬氏之先,故蘇氏以爲一人,失之〔一三二〕。舜巡狩,覲四岳,又使四岳還瑞,則四岳在外,而非一人矣〔一三三〕。至岱宗,覲東后,則東方之諸侯在焉〔一三四〕。岱在兗,則兗、青、徐三州所統之侯畢朝〔一三五〕。胡益之以爲四岳寓于十二牧,不然也〔一三六〕。孔氏以四岳爲羲和四子;星文之官,豈與岳牧雜哉〔一三七〕?均井邑,制都鄙〔一三八〕。晉志云:"昔在帝堯,叶和萬邦,制八家爲鄰,三鄰爲朋,三朋爲里,五里爲邑,十邑爲都,十都爲師,州十二師〔一三九〕。"蓋本黃帝之法也。而臨民以十二。孔子云:舜臨民以五,堯臨民以十二。謂十二載一巡狩也。鄭云:"天子以四海爲家,時一巡省之。五年者,虞夏之制;周以十二年[一四〇]。"安國謂:"堯、舜同道,舜攝既然,堯又可知。"[一四一]義宗云:唐虞五載一巡,故周語云"堯臨民以五",以五服一朝[一四二]。攷之古,蓋皆以五年。第堯以洪水,遂爲十二年爾。卜征兼虞、夏法者,重古而言[一四三]。周十二年一巡,法歲一周[一四四],不必專十二年。或云:五載巡一岳,二十年而徧四岳;周則四十八年而徧。故杜佑謂堯十二載一岳,四十八載乃徧,益遝闊矣[一四五]。

　　春省耕,秋省斂,宣聲教以同俗;振彫瘵,聽民聲,觀四履之所以化其上[一四六]。五服,服五百里,爲方五千里。故魏許緝云:"堯、舜建諸侯,地方五千里。"[一四七]大司馬九畿,四面萬里[一四八]。書疏云"禹成五服",實是堯時;以禹所制,故云禹制;周公所定,乃禹之舊制也[一四九]。入其彊,土地辟,田野治,養老尊賢,駿傑在位,則有慶;反是則絀[一五〇]。三載,小攷正職;九載,大攷有功;五載,而一述職[一五一]。其所典職,以備則賞,不備則罰。因地之生美爲貢賦,故民出而不愶[一五二];因人之好惡爲政教,故令不犯。九共云:"予辨下土,使民平,平民以無傲。"[一五三]是也。三歲貢士而賓興之,一適爲之好德,再適爲之賢賢,三適有功,於是始命[一五四]。有不正則以絀:一少絀以爵,再少絀地,三絀而爵地畢[一五五]。一不適爲過,再爲之敖,三爲之悝,其絀如之[一五六]。附下而罔上者,刑;豫聞國政而亡益於民者,斥;在上位而不能進賢者,逐;比年而秩官之亡文者,次絀之,而代以賓進之賢者[一五七]。進使亡繇得其所利,退使亡繇避其所害,故安其位而樂其羣[一五八]。德行有所是,道義有所明,故士莫敢詭俗異禮以自見於國,莫敢布惠緩行以修上下之交而和親於民;故臣莫敢阿君嫵上,躐等踰爵,漁利蘇功,而駿艾在官矣[一五九]。命謂一命,爲命諸侯[一六〇]。三適之賞,見虞夏傳[一六一]。大抵上世之事,可以槩見。有不可得而執者,如略説所言:諸侯有德者,一命以車服弓矢;再命虎賁三百人;三命秬鬯[一六二]。三命者,皆受天子之樂以祀宗廟,雖云德之所貴,然未遽若是輕;——三適之説,亦未遽執有九錫[一六三]。辨見發揮。

　　於是命僁司徒,和合五教,以保于百姓;弃爲大田,職司命,播嘉穀,辨五土之宜,教民稼穡〔一六四〕;按孟子,契爲司徒,在舜攝後,非也〔一六五〕。始堯得舜,命爲司徒矣,故文子、淮南子皆云:堯治天下,舜爲司徒,契爲司馬,禹爲司空,弃爲大田〔一六六〕。此舜試後也〔一六七〕。按:古"農"作"畾",繆爲"田",故伏書亦謂弃爲田也〔一六八〕。伯夷秩宗,降典邦禮,以治人神,和上下〔一六九〕;鄭語云:伯夷禮神以佐堯〔一七〇〕。注:秩宗之官,周爲宗伯,漢太常也,主司祭祀〔一七一〕。皋繇爲士庶折繁獄,政教平,姦宄息〔一七二〕。淮南子:"堯舉禹、契、后稷、皋陶,政教平,姦宄息,獄訟止,而衣食足〔一七三〕。"按:堯命三后,乃伯夷、禹、稷云〔一七四〕。尊忠正之位,表勤孝之閭〔一七五〕,厚廉潔愛民之禄。民之敬長憐孤,取舍克讓,而舉事功者,則命于上,然後得飾車駢馬而被文錦〔一七六〕。未命而乘衣之,則罰〔一七七〕。故雖有餘財侈物,亡禮義功德謏亡用〔一七八〕。所謂命民〔一七九〕。庶民則木車、單馬,衣布帛。以賢制爵,以庸制禄,故人慎德興功,輕利而興義〔一八〇〕。伏氏大傳。

　　政先仁而後毅,先暱而後疏,先化而後教〔一八一〕。三教不率,而刑賞寓焉〔一八二〕。惟敬五刑,以成三德〔一八三〕。是故明法察令,申子〔一八四〕:堯之治天下,明法察令而已。聖君任法而不任智,任數而不任説〔一八五〕。單均刑法〔一八六〕,國語:"單均刑法以儀民〔一八七〕。"禮作"賞均",非是〔一八八〕。非汎于威,惟汎于富〔一八九〕。象刑以儀之,而民亡犯〔一九〇〕。"典獄,非汎于威",不絶威也;"惟汎于富",略不行也〔一九一〕。畫衣冠,異章服,謂之戮,故人可殺而不可辱〔一九二〕。凡斬其人,鑿形膚,曰刑〔一九三〕;畫衣冠,異章服,謂之戮。上世用戮,民不犯也〔一九四〕。見慎子。上刑赭衣不純,中加雜屨,下則墨幪,以居州里,故民有恥而興禮〔一九五〕。唐傳作"反於禮"〔一九六〕。甫刑傳以三刑爲有虞氏者非〔一九七〕。純,緣也。幪,巾也。周禮罷民亦然〔一九八〕。上刑易三,下刑易一,輕重之差也〔一九九〕。此以四十三萬二千家爲州,七十二家爲里,與周禮異〔二〇〇〕。宥過亡大,刑故亡小,以人而戒,故禮義興〔二〇一〕。禮義興而民亡争,民亡争而治達矣〔二〇二〕。公孫弘云:"堯舜之時,不貴爵賞而民勸善,不重刑罰而民不犯,躬率以正而遇民信。"〔二〇三〕故大傳子贛曰:"傳云堯舜之王,一人不刑而天下治,教誠而愛深也。"〔二〇四〕史記禮書乃以爲堯治天下,殺一人刑三人而天下治〔二〇五〕。此以四罪言爾〔二〇六〕。過,誤也。誤則赦之,不以大;故用意者刑之,不以小。然在堯時而已,以其待之盡[二〇七]。白虎義云:五帝畫象者,其服象五刑:墨者幪巾,劓者赭衣,髕者墨幪,宮者扉屨,大辟布衣無領[二〇八]。故法言云:唐虞象刑[二〇九]。傳言五帝畫象而民不犯,蓋唐虞有象刑,而更設畫衣冠之法,如周明梏、秦赭衣者[二一〇]。或疑與刑故之事庆,庆者何得察哉[二一一]?乃立四學,以詔於國而養更老,故民興孝[二一二]。禮注:五帝有太學曰成均,虞庠近是[二一三]。更,五更。老,三老。更以更事爲名[二一四]。蔡云當作五叟,非[二一五]。

在位七年,民不作忒,鴟久逃於絶域,麒麟游於藪澤,則能信於人也[二一六]。拾遺記。嘉言罔伏,賢亡野遺,猶紬聰明,開肺意,舍己稽衆,師于善綣、許由、尹中,而學于務成子附[二一七]。善綣,即善卷。尹中,尹壽也,荀子等作"君疇"者非。世紀尹壽爲許由友;許由,諸侯,堯師臣也。新序引吕子,言舜亦師之[二一八]。而讓天下之説甚著,説在炎紀下。詢政行人,問老衢室;務急讜言,以爲教先;遂立建善之旌,廷置敢諫之鼓;博咨芻蕘以成盛勳,塗説巷議咸所不廢[二一九]。管子云:黃帝立明臺之議,上觀於賢也;堯有衢室之問,下聽於人也;舜有告善之旌,主不蔽也;禹立建鼓,備訊唉也[二二〇]。佃云:取其垣四合,曰合宮;取其門四達,曰衢室[二二一]。晉張紘云:堯舜立敢諫之鼓,三王立誹謗之木[二二二]。吕春秋言:堯有欲諫之鼓[二二三]。尸子言:堯立誹謗木[二二四]。文紀注:進善之旌,堯立之五達之道;誹謗木,堯作之橋梁板,所以書政治之愆失[二二五]。古今注云:大道交衢施之[二二六]。韋昭云:堯時然也,後世因之,今宮外橋梁頭四柱木也[二二七]。崔浩云:木裂柱表四出名"桓";陳楚俗曰"和",曰"和表",聲之訛[二二八]。而又書銘竹帛,琢戒杅柈[二二九]。墨子。謂人莫躓於山而躓於地,是故翼翼民上,如臨不測之谿;戰戰栗栗,罔敢暇豫[二三〇]。允恭以持之,虛静以待下;心存天下,而志加於窮民[二三一]。民一有饑,如己饑之;民一有罪,如己陷之[二三二]。是以篤實,輝光被四表而塞天地[二三三]。淮南人間云:"堯戒曰:'戰戰慄慄,日慎一日。人莫躓於山,而躓於垤[二三四]。'"賈誼書,堯曰:"吾存心於先古,加志於窮民,痛萬姓之罹罪,憂衆生之不遂也[二三五]。"先古,説苑作"天下"[二三六]。翼翼,金匱,惴惴[二三七]。虛静,出家語[二三八]。率天下以仁而人從之,故天下以均平,百姓按静,不知喜,不知怒,欣欣焉樂其性[二三九]。故一出言而天下誦,萬物齊,使之而成,户之而止,惟恐言而莫予違也〔二四〇〕。管子云:禁之而止,猶埴已而撚〔二四一〕。莊子云:堯治天下,欣欣焉樂其性,是不恬也〔二四二〕。"不知喜,不知怒",善卷語。

初,重、黎受職高陽之代〔二四三〕。高辛氏衰,摯〔二四四〕。三苗復九黎之事,民興胥漸,罔中于信,而二官以廢,閏餘乖統〔二四五〕。民黷齊盟,上帝不蠲,苗民遏絶〔二四六〕。於是復育重、黎之後,使纂舊業〔二四七〕。九黎,玄都也,別自一人,説者以爲祝融黎,妄矣。其亂在少昊時,此其後世。班志云〔二四八〕:高辛氏衰,三苗復九黎之事,二官俱廢,帝乃復育重、黎之後。此本楚語。故或謂堯滅苗民。吕刑注,遏絶爲堯也〔二四九〕。程伊川云:只是舜〔二五〇〕。乃命羲、和,絶地天通,羲載上天,黎獻下地,俾主陰陽〔二五一〕。羲、和居卿而致日〔二五二〕,傳云:"日官居卿"〔二五三〕。"乃命"爲天地之官,"分命"爲四時之職〔二五四〕。六卿也,故周禮疏序:舜格祖之年,堯始以羲、和爲六卿,春夏秋冬,并掌方岳,是爲四岳,出則爲伯〔二五五〕。羲、和與下叔、仲,六人也〔二五六〕。孔氏以其分命,謂即下四人,故穎達云:有叔、仲,無伯、季者,以其不賢〔二五七〕。豈羲氏伯、季不賢,和氏伯、季亦不賢哉? 故疑國語、史記羲司天,和乃司地,而書則羲、和通掌天地。按齊職儀云:"太宰,品第一。堯命羲、和,使主陰陽。羲伯司天,則天官也。"故昌言云〔二五八〕:冢宰,堯官。則固有羲伯,爲天官卿矣〔二五九〕。穎達謂時羲、和似尊於諸卿,後世稍卑之〔二六〇〕。不得謂無伯、季。立渾儀,曜鉤云〔二六一〕:"唐堯即位,羲和立渾儀。"蓋名渾爾。王蕃云:"渾天儀,羲和之舊器。"〔二六二〕考靈曜:"乃命中星,觀玉儀之游。"〔二六三〕注:"以玉爲渾儀也。"欽若昊天,歷象日月星辰〔二六四〕,歷,數也〔二六五〕。象,占也〔二六六〕。星,四方之中星。辰,日月之所會。敬授人時。帝堯時事,以寅正時〔二六七〕。命羲仲,宅嵎夷,敬賓出日,平秩東作,張昏中而播穀〔二六八〕。書帝命驗:"禺鐵在遼西,即青之嵎夷。近出日,故敬賓出之。"〔二六九〕古者君臣尊天,事如此。一云:春夏民欲早作,故令民先日出而作,是謂寅賓出日。秋冬民欲早息,故令民候日入而息,是謂寅餞納日〔二七〇〕。春迎其來,秋送其去,無不順。命羲叔宅南交〔二七一〕,南交,故交趾郡〔二七二〕。一行云:開元十二年七月戊午,當食,自朔方至交趾,候之不差〔二七三〕。知堯亦於此候日〔二七四〕。四方既定,然後可以候日月出没,測星辰運行,以起曆法。平秩南化,敬致〔二七五〕。所謂致日〔二七六〕。化者,南方火盛,物化易,則歲終東、北代易〔二七七〕。今書作"訛"。"以勸南僞",繆矣〔二七八〕。一作"爲",云"東作"、"南爲"、"西成"、"朔易",以人事言。火昏中,種黍菽〔二七九〕。齊職儀云:"羲叔爲司馬,夏官也。"命和仲,宅西,寅餞納日,平秩西成〔二八〇〕。宵昏虛中而傳麥〔二八一〕。西,隴西,漢之西縣〔二八二〕。其地高,望柳谷〔二八三〕。敬送日而納之。春陽,故言日;秋陰,故云宵〔二八四〕。周宣言"中春晝"、"中秋夜"同〔二八五〕。日中星不見,故不指一星;昏中惟一宿,故不及他宿〔二八六〕。星鳥,以四象言;鳥、火,以辰次言;虛、昴,以經宿言之〔二八七〕。此四方之中星,以分至昏見者也〔二八八〕。朱鳥七星,星爲中,故言鳥,以見其體;又爲鶉鳥,言火,以見其次〔二八九〕。以見堯法之密。昔王孝通詰傅仁均推步之法,謂"日短星昴,以正仲冬",七宿畢見,舉中宿言之,仁均專守昴中説,誤矣〔二九〇〕。且月令昏壁旦昴,甲子元曆推,合堯時冬至日在危,合昏時昴星正午〔二九一〕。先儒誤連"星鳥"、"星虛"讀之,故不解爾〔二九二〕。大傳春言"張昏中",秋"虛昏中",道其常也。命和叔宅北幽,平在朔易〔二九三〕。昴昏中而收斂〔二九四〕。幽,幽州〔二九五〕。易,易州〔二九六〕。東始北終,相代易。古有易地〔二九七〕。王肅謂四子居京師而統之,有時述職,故疏謂在京都而遙領〔二九八〕。

修劇屬,謹蓋臧〔二九九〕。畋獵斷伐,上告之天而賦之民〔三〇〇〕。天子南面,視四星以知民之緩急〔三〇一〕。急則不賦籍,不舉力役〔三〇二〕。攷靈曜:"視四星之中。"大傳同。舜巡三岳,一如岱禮〔三〇三〕。堯命三時,一如春令。以見聖人之治,簡而不亂,純而不雜〔三〇四〕。君人法此,優游矣〔三〇五〕。故二典之言,常道也〔三〇六〕。著推術,設蔀首〔三〇七〕。演紀于虛之初,建困敦而首大吕〔三〇八〕。易乾鑿度云:"堯以甲子天元爲推術。"注云:"以甲子爲蔀首,起十月朔。"竹紀年云:堯元年丙子〔三〇九〕。故隨袁充云:堯以景子受命,四十九年,得上元第一紀甲子,天正十一月庚戌冬至;至仁壽甲子,凡八經上元〔三一〇〕。然攷堯以戊寅即位而非丙子,四十七年始得天正甲子。是年冬至,日在虛一度,爲演紀之端。在位百年,禪舜。舜五十年,起戊午。自天正甲子至開元甲子三千一年,日退三十八度四千一百二十八分,日至在斗十度〔三一一〕。下至于我皇朝慶曆四年甲申,積凡三千三百二十一年,日退四十二度五千五十八分〔三一二〕。是歲冬至在斗五度。以歲差攷之〔三一三〕,每七十八年而差一度,則堯甲子歲日至在虛一度,於是中星皆正。皇甫謐、邵堯夫皆以堯爲甲辰即位〔三一四〕,舜以壬午;堯在位七十載。皆誤。朞,三百又六旬又五日而朞,以閏月定邪而成歲〔三一五〕。敍之諸侯,而臧之祖〔三一六〕。在天爲度,在歷爲日〔三一七〕。合朔旦,則月有小盡之法〔三一八〕。取之以加歲外之餘,此閏之所起。故古人謂之首氣,於節六六日,示斗建於月半之辰,退閏餘於相望之後〔三一九〕。必得閏,乃能收天地之餘氣,使四時之不忒〔三二〇〕。故無閏則時不定,歲不成。三年無閏,則孟爲仲〔三二一〕;九年無閏,則以秋爲冬。羲和知朞之日,以閏定之,則天道之運,舉積此矣〔三二二〕。百工因天運而作者,必以此允釐之〔三二三〕。沈括去閏之論,亦妄人也〔三二四〕。析因夷隩,不失其宜,以故單民得職而不佻不病〔三二五〕。山不槎枿,畋不麛胎,故鳥獸孳尾、希革、毨、氄咸若〔三二六〕。正星而後正時,正時而後正民事。民事正,乃及鳥獸草木。帝治非止及民〔三二七〕。桐挺東廂,蓂生下庭,龜書乃來〔三二八〕。於是稽蓂以正月,訪桐以定閏,録龜字而施之,是曰龜曆〔三二九〕。伏滔述帝功德銘曰:“胡書龜曆之文。”〔三三〇〕蓋堯曆曰龜曆。述異記:陶唐世,越裳獻千歲神龜,背有文,記開闢以來,録爲龜曆〔三三一〕。唐事始言堯因軒轅靈龜有圖,作龜書也〔三三二〕。分至定,時日得,故百穀乂而風雨時,百工釐,庶功興〔三三三〕。帝之出也,萬物作焉;帝之入也,萬物復焉〔三三四〕。物方作,則聖人之治政事者,衆績於是熙;物既入,則聖人之治政事者,庶績於是疑〔三三五〕。熙,其作,如春焉;疑,其成,如秋焉。故堯於成歲言衆績熙,陶於撫辰言衆績疑〔三三六〕。

乃命遏伯長火,居商丘,祀大辰,而火紀時焉〔三三七〕。是食于心〔三三八〕。故因其出入而望之,以修其官而戒民事〔三三九〕。是爲火祖〔三四〇〕。命倕爲工,作和鍾,利器用〔三四一〕。向列仙傳:赤將子輿〔三四二〕,在黃帝及堯時爲木工。或云即垂,非。命毋句氏作離磬〔三四三〕,世本。樂録云磬叔所造,乃無句也〔三四四〕。一作“無聞”。禮記云:“叔之離磬〔三四五〕。”古史攷云:堯時人。制七絃,徽大唐之歌而民事得〔三四六〕。文心彫龍云:堯有大唐之歌,舜有南風之詩,辭達而已〔三四七〕。琴清英云:五絃,堯加二絃〔三四八〕。新論、廣雅等謂二絃,文、武王所加〔三四九〕。妄也。通禮義纂“堯使毋句作五絃”〔三五〇〕,誤,七絃也。命質放山川谿谷之音以歌八風,作大章之樂〔三五一〕。禮書“質”作“鄭”〔三五二〕。或云即夔,以世紀作夔也。擊石拊石,上當玉磬;乃麋輅置缶而鼓之〔三五三〕。立瞽叟,拌五絃之瑟爲十五絃〔三五四〕。命延拌瞽叟之所爲瑟〔三五五〕，益之八絃，以爲二十三絃。瞽椒，或作瞽叟〔三五六〕。紀原：瞽叟作十三絃之瑟〔三五七〕。誤也。董逌謂秦文以椒爲佶，云與礜同〔三五八〕。制咸池之舞而爲經首之詩，以享上帝，命之曰大咸〔三五九〕。樂動聲儀云：“黄帝樂曰咸池。”而大司樂以咸池祀地示，又夏日至於方澤奏之〔三六〇〕。堯蓋用黄帝之樂。大咸樂章有經首之類，莊子所謂“中於經首之會”者，“教國子舞大咸”注云“堯樂”者也〔三六一〕。作七廟，七廟，古制。虞禋六宗；尹言“七世之廟”；禮“酬六尸”，一尸發爵，六尸旅之：非自後世〔三六二〕。虞喜云：“七廟不始於周。”〔三六三〕建隆元年，張昭議：堯、舜、禹皆立五廟，二昭二穆與始祖；商改立六廟，昭穆外增契與湯；周七廟，親廟外加大祖〔三六四〕。此先儒牽於禮緯、元苞，非孔子意〔三六五〕。立五府，以享先祖而祀五帝〔三六六〕。杜佑云：“唐虞祀五帝于五府。”〔三六七〕牛弘云：黄帝合宫，堯五府，皆明堂也〔三六八〕。書帝命驗云：帝者承天立五府，以尊天象：蒼曰靈府，赤曰文祖，黄曰神斗，白曰顯紀，黑曰玄矩〔三六九〕。注：唐虞之天府，夏世室同矣〔三七〇〕。祭以其氣，迎牲殺於廷，毛血詔于室，以降土神，然後樂作，所以交神明也〔三七一〕。

乃設五吏，立祈祥〔三七二〕；五吏，五官。齊桓公欲籍宫室、六畜，管仲不可，謂立五屬之祭曰：昔堯之五吏五官無所食，請立之以祭堯之五吏〔三七三〕。春獻蘭，秋斂落，則澤魚伯倍異日，無屋粟邦布籍〔三七四〕。此謂祈祥，推之以禮義也〔三七五〕。或以爲五行之官，非。守歲之盈虚，乘民之緩急，正其甲令而御其大權；燒山林，焚沛澤，以通刀布〔三七六〕。堯布文作“上十全尒”，又“㞋弓大止”〔三七七〕。又一品小者“弓宋”，蓋古文“泉”，久在水外〔三七八〕。詳董譜。元澄云：“周外府掌邦布之出入。藏曰泉，流曰布。則錢之興也，始於一品，欲令代匠均同，圜流無極。”〔三七九〕布、幣、泉、貨，一也。

乃爲金三等：禺氏邊山之玉，赤野末光之珠，上幣；汝漢右洿之金，以爲中幣；泉貨以成下幣〔三八〇〕。勝禽獸之仇，大夫隨之〔三八一〕。輕財高下，以衡民之好惡焉〔三八二〕。楚世家注，三錢府〔三八三〕。虞、夏、商、周，錢幣三等。赤白黄爲上錢，爲正，故平準書云：虞夏之幣，金爲三品：黄，白，赤〔三八四〕。非惟虞夏。管子云〔三八五〕：“堯舜之王所以化海内者，北因禺氏之玉，南貴江漢之珠。其勝禽獸之仇，以大夫隨之。”桓公曰：“何謂?”對曰：“令諸侯之子將委質者以雙虎之皮，卿大夫豹飾，列大夫豹幨，則將散其邑粟財物以求之，故山林之人刺其獸若從親戚之仇。君冕服於朝,而猛獸勝於外;大夫散其財物,萬人得受其流矣。此堯舜之數也〔三八六〕。"而又爲之儲偫,以備其歉。故沈菑九刈,雨雹彌旬,而下亡菜色〔三八七〕。兔園策注:"堯、湯之時,三年耕,餘一年之食,謂之升平;九年耕,餘三年食,謂之登平〔三八八〕;二十年耕,餘七年食,謂之太平。"徐光對石勒云〔三八九〕:"堯時暴風雨雹九日。"楊震曰:"堯遭洪水而民無菜色。"〔三九○〕

　　西夏廢志,惠而非兵,隳城守,弃武德,好貪以求于民,於是伐而亡之〔三九一〕。有唐不享,於是偏以劀之,喪之丹浦〔三九二〕。西夏事見于神武祕略及吕春秋〔三九三〕。吕氏又云,堯有丹水之戰〔三九四〕。丹水在今商洛,其地近唐,故鶡冠子云:"堯伐有唐。"〔三九五〕今南陽之唐鄉也〔三九六〕。六韜乃謂堯伐有扈,戰于丹浦。世紀則謂堯伐有苗于丹水之浦〔三九七〕。非惟地理遼濶,而伐苗乃舜,伐扈乃啓,皆非堯。文字之誤如此〔三九八〕。

　　在位六十二載,沈蒙滻水,演天方害,龍門未闢,吕梁未發,后土冒没,而填星逆于水府〔三九九〕。詳後魏書張淵傳〔四○○〕。帝乃憂中國之不康,詔曰:"滻水滔天,下民其咨,孰能使嬖,將任焉〔四○一〕。"四岳稱鯀〔四○二〕。帝知鯀之圮族方命,而民患弗可竢〔四○三〕,方命則不知敬君,圮族則不知愛親,猶不妨於水事。又自中國至條方莫薦,於是試鯀,俾司空欽哉〔四○四〕。程晏云:"云汲害也。試鯀,以其僉同,所謂稽于衆。"〔四○五〕九載,功用不成而止〔四○六〕。九載三考績〔四○七〕。嗟乎! 予於用鯀,見堯之仁汲焉〔四○八〕。當是時,禹年穉,而在廷之可就水者莫鯀若也〔四○九〕。及鯀堙水,而後帝知歷,歷運之遭七,年衰志閔,復覰嗣子之嚚訟,於是巽遁之願軫焉〔四一○〕。充治期云〔四一一〕:年歲水旱,非政所致。堯洪水,湯大旱,皆以爲有遭遇。按:太乙歷數有所謂"大水浩浩"〔四一二〕。周世宗使竇儼論水沴,云:"陰陽,水火之本。陰之主,始於淵獻;水之行,犯於九六。凡千七百二十八歲,爲浩浩之會。乃當此之時,陶唐之君不能弭其患。至於后辟狂妄以自率,權臣詐冒以下專,政不明,賢不章,苦雨數至,潦水厚積。若德宗壬申之水,是政也。"〔四一三〕昔魏主疑任鯀九年爲失序,庾峻云:"聖主不容無失。"〔四一四〕竊詳書傳,皆言堯水九年,此讀書之誤,使九年,則鯀當之矣,又何俟禹之八年。且其命鯀時已非一年矣,禹之用,亦非接殪鯀年〔四一五〕,蓋是數十年事。

洴之,窫窳、鑿齒、九嬰、十日、大風、封豕、長它之害民罔攸
止〔四一六〕,按經,融天之山有人曰鑿齒,羿煞之,又羲和君之子曰十日;而傳以吳爲封
豕長蛇,北伯封之子亦號封豕〔四一七〕。蓋大風、九嬰等,皆當時兇頑貪婪者之號,如檮
杌、饕餮之類〔四一八〕。應劭以猰貐類貙,食人;服虔以鑿齒齒長五尺,似鑿,食人;大風,
風伯;九嬰,水火之怪:妄以爲真〔四一九〕。蛇、豕、怪獸、大風、十日者,妄〔四二〇〕。於是
澤兵稱旅,屠長它於洞庭,射十日,繳大風於青丘,殺窫窳,禽封豕
於桑林,乃誅鑿齒於疇華之野,戮九嬰亏凶水之上,而後萬民復
生,四方同塵,夷夏廣陿險易遠近始復道里〔四二一〕。長它,即所謂巴蛇,
在江岳間〔四二二〕。其墓,今巴陵之巴丘,在州治側〔四二三〕。江源記云〔四二四〕:"羿屠巴蛇于
洞庭。其骨若陵,曰巴陵也。"青丘〔四二五〕,記爲東方澤。疇華,南方澤。凶水,在北狄,
或曰臨濮西三十五清丘也〔四二六〕。淮南子以爲堯皆命羿除之,故許氏云:"羿臣堯。河
伯溺煞人,羿射其左目。風伯壞人室屋,羿中其膝。又誅九嬰、窫窳之屬。"〔四二七〕非有
窮君也〔四二八〕。歸藏、楚辭言羿彈十日,非天之日矣〔四二九〕。

　　於是爲世載七十矣,天下猶未平,洚水橫流,草木暢茂,獸厹
鳥迒之道交於中國〔四三〇〕。帝寔憂之,乃疇咨能若時之賢,以屬天
下之統〔四三一〕。方是,帝幾巨浸,稽天而冀人〔四三二〕。虞舜身修家
正,所在數有美祥〔四三三〕。四明山記云,堯時有老人持圖曰:"予姓伊,名獻。諸
山洪水,遇舜則正矣。亦數也。"〔四三四〕真源云:"季大飢,惟舜所熟〔四三五〕。"帝知其
聖〔四三六〕,然猶忌其私也,爰巽四岳。岳辭其德,弗辱;則又俾之顯
揚幽側〔四三七〕。而岳且知帝之在舜,以舜錫薦〔四三八〕。于是舉之童
土之地而歷試之,命爲司徒〔四三九〕。二女女焉,觀厥刑于二
女〔四四〇〕。官材任士,一耳目之,而不疑〔四四一〕。舜修畎畝之中而聞之
堯,此舜之難;堯游巖廊之上而知畎畝,此堯之難也〔四四二〕。是必舜之聖德章如日月,故
能以一野人而達之人主〔四四三〕。"師錫帝曰"〔四四四〕,則衆舉知之。帝曰"予聞",則堯之
知之審矣〔四四五〕。然則豈徒遜哉?方其薦岳俾揚側陋,蓋可知矣〔四四六〕。夫咨"若時"而
放齊舉朱,知若時爲是位〔四四七〕。咨"予采"而驩舉共工亮采,百揆職也,欲帝不用
之〔四四八〕。二事,齊以常情,信堯父子世及,古今通義,其遜四岳也,亦將使自推之,猶漢
文時請建太子,帝曰"楚王、梁王、淮南王皆舉德以陪朕之不能",有司請曰"子啓最長,

寬厚,請建爲太子"也〔四四九〕。"女于時",授位之意决矣〔四五〇〕。"事之猷猷之中",未爲司徒也〔四五一〕。帝曰"欽哉",然後爲司徒〔四五二〕。故孟子曰:國人皆曰賢,然後用之〔四五三〕。大傳謂:堯爲天子,朱爲太子,舜爲左右。堯知朱之不肖,必將壞其宗廟,滅其社稷,而天下同賊之,故推尊舜,屬諸侯焉,致天下于大麓之野〔四五四〕。夫堯之治天下,豈惟朱之憂?二女事之,豈復使之佐其子乎?世無知堯,此固難其言也。薦之天,暴之民〔四五五〕,天子不敢以天下予人。三載,稽厥行事,亡不時敍〔四五六〕。於是游於康衢,聞童之謠曰:"天生烝民,莫匪爾極。不識不知,順帝之則〔四五七〕。"乃還宮,召舜,而乃命以位〔四五八〕。孟云:"堯老而舜攝。"〔四五九〕正月上日,授終于天府,而遂老焉〔四六〇〕。天府,即五府。書帝命驗云:"帝者承天,立五府以尊天〔四六一〕。"注云:"天有五帝,集居太微,降精以生聖人。故帝者承天,立五帝之府,是爲天府〔四六二〕。"

於是修壇河洛,擇良議沈〔四六三〕。仲月辛日吻明,禮備,榮光出河,休氣四塞〔四六四〕。越歲仲春,率百工沈璧于洛,且告禋事〔四六五〕。握河紀云:"堯即政七十年,仲月甲日,至於稷,沈璧于河。青雲起,回風摇,龍馬銜甲赤文緑字,自河而出,臨壇吐甲,回遭"云云〔四六六〕。又"沈璧于洛,赤光啓〔四六七〕,有靈龜負書出,背甲赤文成字,止壇"。世紀:堯與羣臣沈璧于河,乃爲握河紀,今中候也〔四六八〕。詳説見餘論。禮聖姑射,拜師泪洳〔四六九〕,姑射山,在臨汾廣固北平陽界,曰平山,是爲壺口山。冀州圖經云:西入文成郡,以山爲界,有故堯城及堯祠〔四七〇〕。述征記:堯巡,登此山。陞首山,道河渚,遇五老,而濟焉〔四七一〕。論語撰攷云:堯修壇河洛,擇良議沈;率舜等升首山,道河渚〔四七二〕。有五老游焉,相謂"河圖將來,告帝以期"云云。亦詳野王符瑞圖〔四七三〕。説在餘論。乃賞侯伯,封偰、弃。世紀:始封稷、契、皋陶,褒進伯禹〔四七四〕。又東沈書曰畟,受圖以歸〔四七五〕。即日稷。鄭讀爲側。故宋均云:"稷,側也。"世紀:"告禪後二年,刻璧爲書沈洛,今中候運衡篇也〔四七六〕。所授之圖書,今握河紀也。"考靈曜云:"五百歲,聖紀符。四千五百六十,精反初。握命人起,河出圖,聖受思〔四七七〕。"鄭云:"聖謂堯也。天握命,人當起者,河乃出圖,堯受而思之。以歷數也〔四七八〕。"

始舜之攝,俾益掌火,禹平水土〔四七九〕。禹疏九河,瀹濟、漯,决江、漢,排淮、泗,而注之海;益審封植,烈山澤,禽獸逃匿:然後人得平土而居〔四八〇〕。而食未足，禮莫起，於是富而教之，俾弃爲田，教之稼穡〔四八一〕。五穀熟而人民育，然後拚俀司徒，教以人倫，于曰："勞之俫之，匡直之，輔翼之，又從而振德之〔四八二〕。"彊於行，畜於志，以養天下之形〔四八三〕。是以庶政惟和，萬國咸寧，民皆迪吉，莫不振動服化，比屋可封而隮仁壽〔四八四〕。楊終傳云：比屋可封者，堯舜爲之隄防也〔四八五〕。大抵堯之治，有上中下三：自命羲和而日月星辰得其序，爲上治；自若時登庸而公卿大夫得其職，爲中；自洪水方割而山川丘陵順其理，爲下〔四八六〕。聖人之能事畢矣。乃涉流沙，封獨山，訓大夏，討巨蒐，西暨沃民，東隸黑齒；貫匈、離耳、天督、該首莫不有仁義之心，軒常之志〔四八七〕。獨山在豎無閭東北九十〔四八八〕。巨蒐，今朔渠搜縣〔四八九〕。鄭以爲二國，誤〔四九〇〕。不言南北，已見命羲和中〔四九一〕。

　　二十有八載，淋然寫其天下之尊，爰與方迴游於陽城，乃徂落〔四九二〕。魂氣徂，體魄落。落，降；徂，往。堯於是死。形乃死者，鳳靡鸞訛之謂〔四九三〕。百姓如喪考妣，三載，四海遏密八音〔四九四〕。親如父母，信哉！我忘天下易，天下忘我難。如，甚也〔四九五〕。四海親如父母，三載遏密八音，蓋不能使之忘我也。衝波傳云："宰我謂：'三年之喪，日月既周，星辰既更，衣裳既造，百鳥既變，萬物既易，黍稷既生，朽者既枯，——於期可矣。'顏淵曰：'人知其一，莫知其它；俱知暴虎，不知憑河。鹿生三年，其角乃墮；子生三年，而離父母之懷。子雖辨，豈能破堯舜之法，改禹湯之典，更聖人之文，改三年之喪哉？父母者，天地也。天崩地壞，爲之三年，不亦宜乎？'"〔四九六〕是三年之喪，堯舜之制也。此言堯崩，四海思慕堯德，且明舜雖受終，天下服喪三年如繼世之禮〔四九七〕，非率天下諸侯以爲三年喪也。葬濟陰成陽西北四十里，是爲穀林，通樹之〔四九八〕。墨子曰：古者聖人制爲葬埋之法，曰：桐棺三寸，足以朽體；衣衾三領，足以覆惡〔四九九〕。堯北教八狄，道死卭卭之山，衣衾三領，滿抗無封；已葬，牛馬乘之〔五〇〇〕。舜西教八戎，道死南紀之市；既葬，市人乘之〔五〇一〕。禹東教於越〔五〇二〕，葬會稽之山，桐棺三寸。皆下不及泉，上不通臭〔五〇三〕。三王豈財用不足哉？爲葬埋之法也。云死卭山，妄矣〔五〇四〕。墨意蓋謂堯舜皆以勤民，死不于家爾。劉向云：葬濟陰丘隴山〔五〇五〕。述征記，小成陽南九里〔五〇六〕。通典，曹州界有堯冢，堯所居〔五〇七〕。王充以爲"堯葬冀州，或云葬崇山"，妄之甚〔五〇八〕。

宛心約志,以從事於亡爲;隱不肖,舍己從人;處撟宫,徹神暢,不施智力而萬國平〔五〇九〕。古今樂録云〔五一〇〕:"堯郊天地,祭神示,在坐響,誨堯曰:'洪水方至爲害,而子救之!'堯乃作歌。"故琴譜,堯有神人暢。大周正樂之序,自堯神人暢九十三弄爲上石〔五一一〕。琴道云:堯"暢"者,達則兼善天下,無不通暢之謂〔五一二〕。居衢室,隱精神,篤恭而王天下〔五一三〕。不廢困窮,不敖亡告,是以離畔者少,聽從者衆〔五一四〕。鄰國相望,雞犬相聞,而足迹不接諸侯之竟,車軌不結千里之外,蒼鬢巷歌,黄髮擊壤,帝何力之知哉〔五一五〕!論語比考云:叔孫武叔毁孔子,如堯民云"堯何力功"者〔五一六〕。事見列子。王充云:"堯時天下太和,百姓無事,有壤父五十餘人擊於康衢,有觀者曰:'大矣,堯之德也!'壤父作曰:'吾日出而作,日入而息,鑿井而飲,耕田而食。堯何力之有?'"〔五一七〕世紀及逸士傳云:八九十老人擊壤,歌於康衢〔五一八〕。文子曰:堯治天下,舜爲司徒,契爲司馬,禹司空,稷田疇,奚仲爲工師。是以離畔者少,聽從者衆。猶風之過蕭,忽焉感之,各以其清濁應〔五一九〕。藝經云〔五二〇〕:壤以木爲之,前廣後狹。此後世依倣而托之者〔五二一〕。風俗通云:形如履,長三四寸,下僮以爲戲〔五二二〕。俱妄。要是敲擊土壤爾。

始帝在唐,夢御龍以登雲天,而有天下。見夢書、世紀等。昔齊高帝年十七〔五二三〕,夢乘青龍上天,西行逐日,每懷憂懼。及出鎮淮陰,淮南守孫奉伯嘗同卧,夢帝乘龍上天,己於下捉龍脚不得,而死〔五二四〕。故夢書爲不誣。及資有天下,制在一人〔五二五〕,管子。以德化爲冠冕,以稷、偰爲筋力,都俞吁咈于一堂之上,是以德政清平,風教大洽,化格上下,而信孚于升潛〔五二六〕。慶雲鮮菩;五緯順軌;景星炳曜;甘露被野;神禾滋畝;朱草苗牧;澧泉洗岫;倚霬生廚;蒲薦苗,鳳巢閣;榮光幕河,河馬輦録:一日而十瑞至〔五二七〕。見世紀。典術云〔五二八〕:"聖王仁功濟天下者,堯也。天降精於庭爲薦,感百陰而爲昌蒲。"故吳氏本草,菖蒲名曰堯薦〔五二九〕。倚霬,蓂莢也,冬死夏生。俗作"蓂脯",謂肉物者,妄。説在餘論。書中候云:堯即政七十載,德政清平,比隆伏羲;鳳皇巢于阿閣驩林,景星出翼軫,朱草生郊,嘉禾滋連,甘露潤液,醴泉出山〔五三〇〕。修壇河洛,榮光出河,休氣四塞。述異記,王義興表云:"堯生神禾,晉有蠱粟。"〔五三一〕詩含神霧云:堯時嘉禾七莖三十五穟〔五三二〕。古之聖王不貴祥瑞,理人事而瑞應之。因併著,以見至治之馨香者〔五三三〕。上黨有慶雲山。上黨記云:堯將興,慶雲出之。矢心與治〔五三四〕。立於靈扉，雲生牖；坐於華殿，松生棟〔五三五〕。萬物皆備於我，而亡黄屋之心〔五三六〕；舉天下以爲社稷，非有利也。故垂襞幅，委輕裘，而天下治〔五三七〕。僥民獻其没羽，封人祝之壽富，翕然各以其所重報〔五三八〕。是以比隆伏羲，後世莫及。先聖本紀云："許繇欲觀帝意，謂堯曰：'帝坐華堂之上，面雙闕之下，君榮願已得矣。'堯曰：'朕立於靈扉之内，霏然而雲生牖；坐於華堂之上，森然而松生棟。雖面雙闕，無異崔嵬之冠蓬萊；雖背郭，無異回巒之縈崑崙。予安知其所以安榮？'乃美繇而師之〔五三九〕。"亦見符子〔五四〇〕。

孔子曰：人之所貴爲天子者，爲其窮耳目之欲，適五體之宜也〔五四一〕。采橡葛衣，藜羹土杭，人之所弃，而堯安之，勤勞求賢以恊治，舉天下授之舜如舍儋然〔五四二〕。大哉，堯之爲君也！惟天爲大，惟堯則之。蕩蕩乎，民亡能名焉！巍乎，其有成功！焕乎，其有文章〔五四三〕！而疇人云："堯以義終，舜以事没。稽諸祀典，貽世永教。游夏之徒，豈誣也哉〔五四四〕！"見韓子、淮南子等。劉子政曰："古有行大公者，帝堯也。貴爲天子，富有天下，得舜而傳之，不私其子，去天下若遺躧。於天下猶然，況細於天下者乎？"〔五四五〕

帝初取富宜氏曰皇，生朱。皇即女皇〔五四六〕。世本、帝繫、漢書等云：女皇生丹朱。帝繫、人表作散宜氏，繆。堯三妃一后。或云即中山夫人。甄澤縣西五十步有中山夫人祠，云堯之四妃〔五四七〕。張謂舜廟碑謂堯舜皆娶一姓也〔五四八〕。朱即嗣子朱〔五四九〕。説文引虞書，作丹絑〔五五〇〕。御覽：世紀，女瑩生丹朱〔五五一〕。非也。安國以嗣子朱别一人，妄〔五五二〕。騺很媢克，兄弟爲鬩，囂訟，嫚游，而朋淫〔五五三〕。朱於兄弟有鬩，故鄒陽傳云：骨肉爲讐者，朱、象、管、蔡是也〔五五四〕。帝悲之，爲制弈棋以閑其情〔五五五〕，博物志：堯造圍棋，以教丹朱。故中興書：陶侃云"圍棋，堯以教愚子"〔五五六〕。虞愿亦云朱，明言堯帝以此教丹朱，非人主所宜好〔五五七〕。使出就丹〔五五八〕。御覽：尚書逸篇云，丹朱不肖，舜使居丹淵爲諸侯，號曰丹朱〔五五九〕。乃堯居之丹，見漢曆志〔五六〇〕。竹書云：放帝子丹朱于丹水〔五六一〕。今朱虚縣有丹山、東丹西丹二水〔五六二〕。水近有長坂遠峻，謂之破車坡，記爲丹朱弄兵之所〔五六三〕。今青之益都有堯山，三齊記：堯巡所登〔五六四〕。伏琛云：山南有二水，名東、西丹〔五六五〕。然鄧之内鄉亦有丹水〔五六六〕，漢丹水縣，荆州記爲丹川，堯子所封。即丹浦，堯敗有唐之處，蓋非朱國。帝崩，虞氏國之于房，爲房侯〔五六七〕。韻云：舜封丹朱爲房邑侯〔五六八〕。今荆河之吴房〔五六九〕。同作"防"。昭王后家〔五七〇〕。以奉其祀，服其服，禮樂如之，謂之虞賓，天子弗臣〔五七一〕。夏后封之唐，如虞之禮。朱卒，瘗箒陽〔五七二〕。相之安陽永和鎮南有故堯城〔五七三〕。開皇置堯城縣，以爲堯居，乃朱居也〔五七四〕。相圖經引孟子注〔五七五〕："舜封丹朱于白水。"白水乃今清河，蓋夏封之，在鎮西南三里，有丹朱陵。南八里，有帝子夜游臺，周二百步。相臺志云，丹朱嫚游之地〔五七六〕。箒、鄴同〔五七七〕。箒陽鄉，在内黄北二十箒陽聚〔五七八〕。元和志：丹朱墓，唐山縣東一里〔五七九〕。寰宇：冢在永定東二里〔五八〇〕。又唐縣有鳿郎城，九州要記云，堯時丹朱所居〔五八一〕。相之冢爲是矣。而經注，城陽有丹朱冢〔五八二〕。海内南經：蒼梧之山，帝丹朱葬于陰〔五八三〕。無信。

朱生陵，以父封，爲丹氏、房氏、防氏。陵三十五世鐘，昭王世采靈壽，生沈〔五八四〕。姓書，陵四十八代孫雅，莽時爲清河守；又云，沈十二代孫雅。俱繆也。又有屋引氏。晉初，房乾留虜，改爲屋引；後隨魏南遷，復之，而河南猶有此氏〔五八五〕。又沛相朱〔五八六〕，自云丹朱後，故姓録以沛郡朱爲丹朱後，非。朱之兄考監明，先死而不得立。庶弟九，莊子云"堯不慈"，故云"煞長子"，殆先死爾〔五八七〕。而近尹子，其四機論乃有"堯囚十子，天下不論之無義"之説〔五八八〕。淮南子云：堯得舜，任以百官，屬以九子〔五八九〕。孟軻亦有九子之説〔五九〇〕。然説苑："堯時，舜爲司徒，契司馬，禹司空，稷爲田疇，夔樂正，倕工師，伯夷秩宗，皋陶大理，益毆禽獸，九子爲臣。堯知九職之事，使九子者各受其事，以成九功。"〔五九一〕則非堯之子矣。蓋自二事云。其封于留者，爲留氏〔五九二〕。"留"與"劉"同。張良之封，字只作"留"，故説文止有"鎦"而無"劉"〔五九三〕。漢因讖，始爲"卯金刀"之説，妄也〔五九四〕。劉康公亦只封鎦〔五九五〕。周初匡俗事老子、劉越，"劉"亦非，至秦方有〔五九六〕。又子華子有留務兹，日者傳有留長孺，功臣表有留肹，吴有留贊，與漢同出〔五九七〕。宋武以竟陵誕反，貶其族爲留氏，不知乃其本姓也〔五九八〕。後有留累，以豢龍事夏胤甲，賜之氏曰御龍，以更飂董之後〔五九九〕。既遷于魯，事具左傳襄二十四年宣子之言及昭公二十九年蔡墨之言〔六〇〇〕。云使豢龍以更豕韋之後，非也〔六〇一〕。豢龍乃己姓廖叔之後，豕韋之族爾〔六〇二〕。宣子云在商爲豕韋，亦妄〔六〇三〕。商居大夏〔六〇四〕，爲唐氏、御氏、擾氏、擾龍氏。周書王會解云：堂下之右，唐公、虞公;左則夏公、殷公[六〇五]。是也。至周,封帝後于鑄[六〇六]。鑄、祝是分,侯于隨[六〇七],爲鑄氏、祝氏、隨氏。周有鑄侯達[六〇八]。臧宣叔,娶于鑄者[六〇九]。禮傳皆作“祝”,聲同轉[六一〇]。吕春秋云封後于黎丘,其處也[六一一]。祝睦二碑云出高辛祝融,非[六一二]。既更累之裔于方城,爲唐公[六一三]。傳謂成王以舊唐封叔虞而更之,非[六一四]。楚併唐,其徙杜者爲杜氏、唐杜氏、屠氏、唐孫氏、李氏[六一五]。杜伯友爲卿士,宣王四十三年誅之[六一六]。杜蒯,記作屠蒯[六一七]。唐賜杜伏威爲李氏[六一八]。逯云:武王並封堯後爲唐、杜二國,非滅唐封杜[六一九]。又炫云:唐非豕韋後,杜亦未必是,安知滅唐遷杜[六二〇]?司馬貞謂唐杜,陸終後;亦非[六二一]。杜更爲祈。晉文妃杜祈[六二二]。是故世紀謂堯姓祈也。杜伯之息隰叔如晉,生蒍[六二三],字子輿。爲李,以正于朝,朝亡姦官,故氏爲士氏[六二四]。李、理同,士官也[六二五]。晁説之書説謂“雲土”爲古“杜”字,如詩言“桑土”,因有土氏;而以陶唐氏、豕韋氏、御龍氏爲土氏之宅,後爲唐杜氏[六二六]。遂以蒍、縠、會、丐、燮、鞅、吉射、富、魴皆爲土氏矣,爲士貞子、士弱、士文伯景伯爲士氏[六二七]。異哉! 及官司空,以正于國,國亡敗績,故氏爲司空[六二八]。是生士縠,爲縠氏。縠生會,會采隨,故氏爲隨。是佐文、襄,諸侯亡惡;謖傳成、景,軍亡敗政;中軍、太傅,端法集典,國亡姦民[六二九]。是以受范,故氏爲范[六三〇]。逮文子燮,能穆宗侯,爰受枸、櫟,故氏枸、櫟[六三一]。作“郇”非。士魴受彘,故氏爲彘[六三二]。皋夷采函輿,故氏函輿[六三三]。而魴氏、陽氏、士丐氏、士季氏、士吉氏、士爲氏、士思氏、司功氏、祈成氏、士弱氏、胥氏、張氏、陶氏、朱氏、陶朱氏、鴟夷氏。范睢蒙難,變稱張禄,入秦爲丞相、應侯[六三四]。范蠡功成,去爲鴟夷子,號陶朱[六三五]。故范仲淹隨母嫁朱氏,復姓啓及之[六三六]。姓纂又有士弱氏[六三七]。姓源韻有士丐氏,亦作士貞[六三八]。按:此左氏文,當時語未必有也。風俗通,晉大夫有司功景子。世本云:匀弟他,晉司功,爲氏[六三九]。又風俗通[六四〇]:范蠡之齊,爲鴟夷子,後人以爲氏。潛夫以爲鴟夷出於子姓宋微子後,恐目夷之誤[六四一]。其奔秦而復也,秦歸其帑[六四二]。其處者生明,爲劉氏[六四三]。明生遠,遠生陽。十世孫獲於魏,爲大夫。生清,始居沛。生仁,是爲豐公[六四四]。生煓,是爲漢太公[六四五]。字執嘉。土安云,名。四子:

伯，仲，邦，交。世紀：昭靈后名含始，游於洛池，有玉雞銜赤珠刻曰“吞此者王”，含始吞之，生高祖〔六四六〕。握誠圖、詩含神霧云〔六四七〕：執嘉妻含始，生劉季。索隱乃云，母溫氏，貞時餘泗水碑〔六四八〕。天德光堯，剋項授沛〔六四九〕。邦寔著符，是爲漢祖〔六五〇〕。炎祚復煇，載祀四百〔六五一〕。以其留秦，故爲留氏，而左氏謂“其處者爲劉氏”〔六五二〕。夫伍員屬其子于齊使爲王孫氏，知己必死，豫令改族，故傳爲發之〔六五三〕。士會之帑在秦不顯，於會之身復無所避，而傳言之，故達、炫之徒深疑此文非傳本旨〔六五四〕，蓋漢初左氏不顯，先儒無以自申劉氏從秦徙魏，原出劉纍，插注此辭，以媚于世。明帝時〔六五五〕，賈逵上疏，謂五經無證圖讖明劉氏爲堯後者，左氏獨有明文。前世籍此求通，故引之爲證爾。有漢氏、厥氏、兀氏、紅氏、橫氏、吳氏、宗正氏、中壘氏、谷蠡氏、獨孤氏、公族氏、陳氏、徐氏。吳氏，芮後〔六五六〕，望濮陽、長沙。漢沛獻孫進伯，囚孤山下，生尸利，單于以爲谷蠡王，號獨孤部〔六五七〕。七世羅辰從魏徙洛，爲獨孤氏〔六五八〕。後漢谷蠡王獻爲谷蠡氏〔六五九〕。漢賜衡山王爲厥，賜安樂王爲兀；而廣陵陳，乃後漢魯相，無子，以外孫劉嶠嗣，曰陳嶠，即騫之父〔六六〇〕。又蜀齊王徐耕，乃杜悰之遺孽〔六六一〕。何氏姓苑，東莞有漢氏〔六六二〕。劉備立蜀〔六六三〕，再世而魏滅之。裕，啓南朝者，八世〔六六四〕。有員氏、留氏。宋書：劉凝之慕伍員忠烈，爲員氏〔六六五〕。唐書云，半千十世祖改〔六六六〕。按半千家狀云，宋營陵侯遵考子凝之事魏太武，以忠比伍員改〔六六七〕。江休復雜志：堯山民得半千銘，云十八代祖賜〔六六八〕。然員古有平聲，出於郮；前涼錄有員敞、員平，自音運〔六六九〕。

　　嗟乎！物固未有張而不弛，成而不毀者也，惟聖人能盛而不衰。帝之傳天下，非爲讓也，爲有法度而朱弗能統也。漢承堯祚，著矣，而杜林等何知哉〔六七〇〕！火德相承。東觀記，杜林云：“漢德基業特起，不因乎堯。堯遠乎漢，人不曉信，終不說諭。”〔六七一〕而楊光輔對仁宗云：“堯舜之事遠矣，亦未易行。”〔六七二〕是何鄙陋不敬如是！

　　先是，房之後有貍氏。裔子大縣，夏后氏封之傅，爲傅氏〔六七三〕。見傅子〔六七四〕。貍氏，事出國語，甚顯〔六七五〕。姓書云出季貍，大妄〔六七六〕。唐表，大縣，黃帝後；韋昭云，貍氏，在周爲傅：亦非〔六七七〕。說築于巖，商宗得之，陞爲太公〔六七八〕。又有傅餘氏、餘氏。晉傅餘頠，著複姓錄，云出傅氏[六七九]。史謂得之傅巖，名爲傅氏，非也[六八〇]。傅餘猶梁餘、韓餘也[六八一]。姓書又有説氏，妄[六八二]。**其分于冀者，爲冀氏**[六八三]。春秋時冀子。**帝之後又有薔氏、御氏、陶丘氏、周生氏、堯氏。**姓纂:丹朱居陶丘，爲氏[六八四]。焞皇實録云:魏侍中周生烈，本姓唐，外養周氏，因爲姓[六八五]。亦見七録及中經簿[六八六]。姓書又有堯氏，云出帝堯，雖未足攷，然隨有鷹揚將軍堯泰矣[六八七]。又周賜唐瓌爲紐于氏，劉志爲宇文氏，劉亮爲侯莫陳氏，至隨皆復[六八八]。

慶都葬靁澤。

贊[六八九]:聰明文思，蕩蕩巍巍。惟天爲大，惟帝則之[六九〇]。不激不委，因事立法。昭義崇仁，内穆外協。詢政行人，問老衢室。茅茨土階，允恭勿失。萬物備我，生化咸宜。誦言行道，比隆伏羲[六九一]。

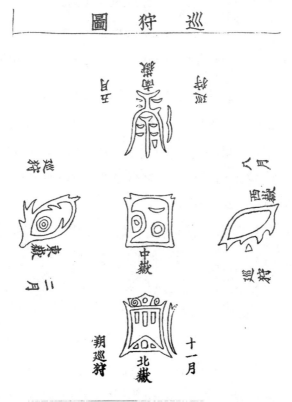

圖　狩　巡

述職圖

按：上巡狩圖、述職圖，俱見于吴本、四庫本及備要本，喬本、洪本無此二圖。

　　子曰："大哉，堯之爲君也！惟天爲大，惟堯則之。蕩蕩乎，民無能名焉！"嗟乎！堯之治天下，豈有奇謀祕計，而日與之爲鬭哉！生者自生，死者自死，而已矣。天下大器，爲者敗之〔六九二〕。生者不得不生，死者不得不死，堯何心於間哉？隱精神，居衢室，固已雲行雨施而見品物之流形矣〔六九三〕。立於橢扉而雲生牖，坐於華殿而松生棟，何容心哉〔六九四〕？吾知都俞吁咈一堂之上而已矣〔六九五〕。日往則月來，月往則日來，天何言哉？四時行焉，百物生焉。此天之所以爲天也。委輕裘，垂襞幅，堯何爲哉？月白風清，萬籟空而七絃定〔六九六〕，此堯之所以爲堯也。陽光之熙，羣目之隨，浹沐之聚，羣心之豫，豈有心於爲哉〔六九七〕？林焉生，總焉羣，一日而風之，二日而霖之，三之日蕩然矣〔六九八〕。天地不異化，萬物無異性，無攖則寧，無拂則全，此同然之情也〔六九九〕。

聖人者,操造化之權以鼓舞動蕩而作成之爾[七〇〇]。三年成一葉,則物之有葉者固鮮,而一日揠其苗,則物之成性者亦罕矣[七〇一]。道之以政,齊之以刑,而天下始慘然矣[七〇二]。風之過簫,芴焉感之,各以清濁應[七〇三]。離畔者少,服從者衆,堯豈家至而日見之哉?蒼髻巷歌,黄髮擊壤,果何力之有邪?"天生烝民,莫匪爾極。不識不知,順帝之則。"堯之所以爲大,固有不俟孔子而後知者,然而猶曰修己以安百姓,博施濟衆,堯舜其猶病諸,是何邪[七〇四]?蓋凶旱水洗,天有所不能全;寒饑疾痛,天有所不能薆[七〇五]。洪水、十日,此九六之大會也,而堯於此能通其變而不抵於窮[七〇六]。七十在位,弆兹日薄,而若時之庸,猶未適也[七〇七]。咨若予采,而獲象恭之夫;咨乂滔天,而得圮族之子:帝之心果如何邪[七〇八]?九載之績弗成,而密藏之意已迎鏡壇宇間矣[七〇九]。能庸命,朕位巽,吾亦何意於天則哉[七一〇]!昕而作,夕而瞑,安時處順,亦適然而已矣[七一一]。庸,君事;采,臣事。二典言"庸"者三,言"采"者三[七一二]。如"登庸",如"奮庸"、"庸命",皆君事也;如"亮采",如"予采"、"載采采",皆臣事也[七一三]。前此無能知者。"若時"者,指言能順天時,即言農功曰"庸",非所譬矣[七一四]。大抵帝堯之政,不過天、地、人之三事。曆象日月者,天事;親族叶邦者,人事;而東作西成者,地事也[七一五]。今欲若時爲天事而不得其人,欲若采爲人事而不得其人,欲乂水爲地事而又不得其人,則亦無可幾者[七一六]。天下之事,亦如此而已矣。堯以是知天之曆數,有不屬乎我而自在夫人者,故一舉而遜[七一七]。夫以三者之咨,其文皆舉而無結,至於治水,又以無功,則此篇特爲遜位一事張本,明矣[七一八]。

且昔聞之:堯之治天下七十載,不知天下之治與不治,億兆之願己與不願己也,顧問左右,問在朝,問外朝,俱不知也[七一九]。乃微服于康衢,聞"立我"之謡[七二〇],喜而問焉,曰:"誰教爾此言者?"則皆曰:"聞之大夫。"問大夫,古詩也[七二一]。於是還宫,召舜,甥而禪之[七二二]。舜不辭而受焉。舜之紹堯[七二三],惟不異於堯也。承安引佚[七二四],萬物皆作。履中行善,日月照而四時行。庸非天邪[七二五]? 故子贊曰:"如舜者天。舜居其所,以利天下,奉翼遠人,咸得其人。此之謂天[七二六]。"易曰"乾元'用九',乃見天則",此堯之所以同天也;"首出庶物,萬國咸寧",此舜之所以亦天也[七二七]。彼之引竹書,援地記,而上疑夫兩聖者,亦欺詬唾射之徒爾[七二八]。雷動風行,鳥歸獸息,而驢鳴狗獿,方此大作,曾何錫於在上哉[七二九]? 祗見其弗知量爾。

【校注】

〔一〕世謂堯生伊長孺家而姓伊祈:伊長孺家,洪本、吳本作"伊長之家",誤。

〔二〕堯姓姬,出于唐嚳:彥按:堯封唐,故又稱唐堯。然未聞有稱嚳爲"唐嚳"者。羅氏父子此書中凡稱嚳,或曰嚳(俈),或曰帝嚳(帝俈),除此之外,未見有作"唐嚳"者,疑此亦"帝嚳"之誤。

〔三〕蓋昔:四庫本"昔"作"皆"。

〔四〕稽古録:宋司馬光撰。

〔五〕靈臺碑:宋婁機漢隸字源卷一:"成陽靈臺碑,(漢靈帝)建寧五年立,在濮州雷澤(今山東菏澤市牡丹區)。堯母慶都感赤龍而生堯。後葬慶都,名曰靈臺,上立黃屋。集古(指歐陽修集古録)作堯母碑。" 昔者慶都兆舍穸精氏:兆舍,各本均作"兆會"。彥按:宋洪适隸釋卷一載成陽靈臺碑,實作"屰舍"。"屰"即"兆","舍"同"舍"。並見漢隸字源。今據以訂正。左傳襄公八年"兆云詢多"杜預注:"兆,卜。"又說文人部舍云:"市居曰舍。"是兆舍猶卜居。穸精氏,蓋氏族或部落名。

〔六〕母陳豐氏:洪本、吳本"豐"作"豊"。

〔七〕史作陳鋒:史記五帝本紀:"帝嚳娶陳鋒氏女,生放勳。"

〔八〕嘗觀三河之首:三河,某三條河流的合稱,具體哪三條河流,地在何處,均不詳。首,河流最上游靠近源頭處。彥按:關于堯之生地三河,史學界大抵以地區名或地名視之,或謂山西臨汾,或謂晉南永濟,或謂河北保定,或謂湖南攸縣,或謂江蘇金湖、寶應、高郵,等等,至今無法達成共識,皆非定論。主要原因在于典籍中史實與傳説雜糅，自身即不無牴牾，欲使解釋處處融會貫通，自是不易。今釋三河爲河流者，乃從路史文本出發，非作歷史研究也。不如此釋，則此之“觀三河之首”、下羅苹注文之“起三河之州”皆不可解矣。路史並非信史，其所徵引文獻既多且雜，而羅氏往往有自己的理解，牽强附會者有之，甚至强姦文意者亦有之，今注路史，自不可不以羅氏本意爲依歸。至于羅氏識見如何，讀者當自辨之。

〔九〕東河北端：東河，三河中東邊的那條河。各本皆作“河東”，今據太平御覽卷八〇引春秋合誠圖注訂改。

〔一〇〕荆州：州名，治所在今湖北荆州市荆州區。吴本、四庫本如此，喬本、洪本、備要本作“荊（薊）州”。彦按：據下羅苹注引帝堯碑云堯“翼火之精”，引合誠圖云圖中人“足履翼星”以影射堯，則當以作荊州爲是，今從吴本及四庫本。史記天官書：“翼、軫，荆州。”

〔一一〕赤帝顯圖，奄然風雨，慶都遇而萌之：赤帝，即堯。顯圖，出現于圖中。奄然，忽然。遇，謂性交。萌，生。宋洪适隸釋卷一帝堯碑跋文引春秋緯曰：“慶都出觀三河，有赤龍負圖，下有人衣赤，面八采，兑上豐下，足履翼星。奄然風雨，龍與慶都合而有娠。既乳，視堯如圖表，兹所謂翼火之精也。”

〔一二〕塊隗：即潛夫論五德志之魁隗。然潛夫以魁隗爲炎帝神農氏，羅氏並不認同其説。

〔一三〕翼火之精：指堯。翼，星宿名。二十八宿之一，爲南方朱鳥七宿之第六宿，凡二十二星。彦按：下文引合誠圖，稱赤龍負圖出，圖中人“足履翼星”實影射堯，上文又云“堯與炎帝俱火德王”，故此稱堯爲“翼火之精”。

〔一四〕有神龍首出于常羊，慶都交之，生伊堯：常羊，山名。見後紀三炎帝神農氏注〔一三〕。彦按：炎帝紀稱“母安登感神于常羊”而生神農，此稱“有神龍首出于常羊，慶都交之”而生堯，事同而人非，傳説附會，率多如此。

〔一五〕謖自侯伯，游于玄河，龍龜負銜，投鉌授與，然後受命：謖，起。玄河，傳説中的河名。負銜，謂背負口銜（圖籍）。鉌，各本均作“鈴”。彦按：“投鈴”費解，蓋誤。隸釋卷一載帝堯碑作“鉌”，今據以訂改。鉌，隸辨以爲“鈴”字異體，非是。今謂此當“鉌”字之譌，鉌即璽，指天子之印，故“投鉌授與”，“然後受命”也。受命，受天之命，謂奉天治民，乃登帝位之婉辭。洪本“受”作

“侵”，吴本又作“侫”。

〔一六〕大帝之精，起三河之州，中土之腴，流潤大石之中，而生慶都於斗維之野：大帝，天帝。州，水中陸地。中土，土中。腴，油脂。斗維之野，謂斗宿分野，即古吳地。漢書地理志下：“吳地，斗分壄也。今之會稽、九江、丹陽、豫章、廬江、廣陵、六安、臨淮郡，盡吳分也。”太平御覽卷五五引春秋合誠圖，作：“堯母慶都，蓋天帝之女，生於斗維之野，當三河東南。天大雷電，有血流潤大石之中，生慶都。”“當三河東南”，藝文類聚卷九八引春秋合成圖作“常在三河東南”，太平御覽卷八〇引春秋合誠圖作“常在三河之南”，卷一三五引又作“常在三河之東南”，“常”皆“當”字之誤。彥按：此以斗維之野當三河東南，則三河似在吳地，然合誠圖之説亦未必可信也。

〔一七〕身形長大，有似大帝：長人，四庫本如此，于義爲長，今從之。餘諸本“大”作“丈”。太平御覽卷八〇引春秋合誠圖作“長大，形像大帝”。　蔑食不饑：蔑食，不食。藝文類聚卷九八引春秋合成圖同；太平御覽卷八〇、卷一三五引春秋合誠圖並作“夢食”，蓋誤。

〔一八〕赤龍負圖出，慶都讀之，云“赤受天運”：竹書紀年卷上“帝堯陶唐氏”注、宋書符瑞志上記其事，並作：“一旦龍負圖而至，其文要曰：‘亦受天祐。’”“亦”當“赤”字形誤。“赤龍負圖”、圖中人“衣赤衣”、其題曰“赤帝起”云云，莫不顯示此處當作“赤”字，作“亦”則無的放矢。

〔一九〕其下圖：吴本“圖”譌“國”。　光面八彩，鬢須長七尺二寸，兑上豐下：鬢須，鬢髮與鬚鬍。四庫本“須”作“鬚”，太平御覽卷八〇引春秋合誠圖作“鬚鬢”。各本“鬢須（鬚）”下有“尺餘”二字，與“長七尺二寸”牴牾，當爲衍文，太平御覽無之，今據以删去。兑上豐下，謂腦袋上小下大。兑，“銳”之古字。竹書紀年卷上“帝堯陶唐氏”注載其事，作：“眉八彩，鬚髮長七尺二寸，面銳上豐下。”宋書符瑞志“鬚髮”作“鬢髮”，餘同紀年。　足履翼星：太平御覽卷八〇引春秋合誠圖作“足履翼翼”，“翼翼”當“翼星”之誤。竹書紀年卷上“帝堯陶唐氏”注、宋書符瑞志上載其事，並作“足履翼宿”，翼宿猶翼星。　赤帝起，成天下寶：成，通“誠”。太平御覽卷八〇引春秋合誠圖作“誠”。

〔二〇〕乳：分娩。

〔二一〕有知：猶懂事。

〔二二〕此事正類後魏序紀詰汾、力微之異：後魏，指北齊魏收所撰魏書。詰汾，即拓跋鮮卑早期首領、北魏帝室先世、追尊聖武皇帝拓跋詰汾。力微，詰汾子，北魏追尊始祖神元皇帝拓跋力微。魏書卷一序紀：“聖武皇帝諱詰汾。……初，聖武帝嘗率數萬騎田於山澤，欻見輻輬自天而下。既至，見美婦人，侍衛甚盛。帝異而問之，對曰：‘我，天女也，受命相偶。’遂同寢宿。旦，請還，曰：‘明年周時，復會此處。’言終而別，去如風雨。及期，帝至先所田處，果復相見。天女以所生男授帝曰：‘此君之子也，善養視之。子孫相承，當世爲帝王。’語訖而去。子即始祖也。故時人諺曰：‘詰汾皇帝無婦家，力微皇帝無舅家。’”

〔二三〕震十有四月而生于丹陵：震，通“娠”，懷孕。丹陵，地名。張玉勤、張曉榮以爲丹陵即丹林，在今山西長子縣城南，爲丹河之發源地（見也論堯文化——兼與高郵發祥説商榷，探索與争鳴 2007 年第 8 期）。竹書紀年卷上“帝堯陶唐氏”注、宋書符瑞志上載其事，並作：“孕十四月而生堯於丹陵。”

〔二四〕鉤弋夫人：漢武帝妃，昭帝劉弗陵生母。　堯母門：漢書外戚傳上：“拳夫人進爲倢伃，居鉤弋宮，大有寵，（元）〔太〕始三年生昭帝，號鉤弋子。任身十四月乃生，上曰：‘聞昔堯十四月而生，今鉤弋亦然。’乃命其所生門曰堯母門。”

〔二五〕本只作垚，三士爲堯，讓也：彥按：説文“堯”字作“垚”，從三“土”，不從三“士”；又義訓“土高”，也不訓“讓”。羅氏所稱從“三士”之“垚”，據改併四聲篇海士部引俗字背篇，乃“壯”字異體，非“堯”字也。

〔二六〕優饒：悠閒安逸。

〔二七〕後下加乃“人”字，象引乞之：引，謂持取。乞，給予。彥按：羅氏謂“堯”字“垚”下所加乃“人”字，與甲金文相符（參見董蓮池説文解字考正垚部堯篆下【今按】），説文以爲從“兀”，非也。至于羅氏以“象引乞之”析字意，則欲彌合其“讓也”之義訓耳，不足爲信。

〔二八〕堯堯，卲堯可見，即云壘士：堯堯，猶嶢嶢，高峻貌。下“堯”字喬本原爲墨丁，此據餘諸本訂定。卲堯，猶岩嶢，高峻貌，喻高超。説文卪部：“卲，高也。”洪本、吳本、四庫本、備要本“卲”皆作“碑”，誤。壘士，高士，謂志行高潔之士。壘，“嵒”字俗體，同“巖”。

〔二九〕故有嶕嶢、趠嶤等説:嶕嶢(jiāo yáo),峻峭貌。趠嶤(diào yào),高危貌。

〔三〇〕周訢:戰國魏安釐王臣。訢,音 xīn。喬本如此,餘諸本作"訴"誤。戰國策魏策三:"秦敗魏於華,魏王且入朝於秦,周訢謂王曰:'宋人有學者,三年反而名其母。其母曰:"子學三年,反而名我者,何也?"其子曰:"吾所賢者,無過堯、舜,堯、舜名;吾所大者,無大天地,天地名;今母賢不過堯、舜,母大不過天地,是以名母也。"其母曰:"子之於學者,將盡行之乎?願子之有以易名母也。子之於學也,將有所不行乎?願子之且以名母爲後也!"今王之事秦,尚有可以易入朝者乎?願王之有以易之,而以入朝爲後。'"

〔三一〕世以爲謚者:洪本"世"字闕。

〔三二〕辨見發揮:指本書發揮五堯舜禹非謚辨。吳本、四庫本"辨"作"詳"。

〔三三〕達于四方曰放:于,喬本譌"干",洪本爲闕文。

〔三四〕以帝德偈後人,則曰放勛,所放在堯:偈,通"揭",揭示,昭示。吳本、四庫本作"偈",乃譌字。所放,"放"謂發出,洪本此字漶漫。 以帝德終前烈則曰重華,所重在堯也:終,完成。前烈,前人功業。重華,舜的美稱。重,音 chóng。所重,謂重復光輝事業(華)者。

〔三五〕侔:相當。

〔三六〕豐:豐滿,高大。洪本、吳本作"豊"。

〔三七〕八采三眸:采,四庫本作"彩"。眸,眼珠。

〔三八〕八位:古代相面家將人的面部分爲八區,與八卦方位相對應,稱八位。

〔三九〕宣漢:論衡篇名。 正使堯復仳齒,舜復八日眉:正,恰如。仳齒,謂牙齒重疊。仳,通"比",並。各本均譌"仳",今訂正。八日眉,今本論衡宣漢無"日"字,其文曰:"彼聞堯、舜之時,鳳皇、景星皆見,河圖、洛書皆出,以爲後王治天下,當復致若等之物,乃爲太平。用心若此,猶謂堯當復比齒,舜當復八眉也。"黃暉校釋:"'比',路史後紀十注引作'仳',是也。骨相篇云:'帝嚳駢齒'。駢、仳字通。言聖相各異,堯不當類帝嚳,舜亦不當似堯。"彥按:論衡原文當爲"八眉","堯當復比齒"與"舜當復八眉"對仗工整,不容有"日"字。

而羅氏所見本則蓋作"八日眉",故下云:"一作'八月'。豈八眉哉?"

〔四〇〕鳥庭荷勝:謂額部中央突起,如戴勝鳥。鳥庭,額部中央突起貌。庭,天庭,指額部中央。荷勝,此借代戴勝,鳥名。詳見下注。　琦表射出:琦表:奇異的儀表。琦,通"奇"。射出,謂强烈地呈現。

〔四一〕堯,火精:太平御覽卷八〇引孝經援神契注,作:"堯,火精人也。"鳥庭,庭有鳥骨表,取朱鳥與太微庭也:骨表,骨相。取,太平御覽卷八〇引孝經援神契注,作"取像"。太微庭,即太微垣,亦稱天庭,古代星官(恒星組合)名。　朱鳥,戴聖;荷勝似之:戴聖,即戴勝,鳥名。狀似雀,頭有冠,五色如花勝,故稱。荷勝,戴花勝。勝,指花勝,古代婦女的一種首飾,後世所謂綵結。

〔四二〕堯碑:即帝堯碑。　性發蘭石:蘭石,芳蘭與堅石,喻節操高潔堅貞。　雙握嘉文:雙,謂雙手。

〔四三〕握嘉履翌,竅息洞通:翌,通"翼",謂翼星。四庫本作"翼"。參見上注〔一三〕。竅息,謂七竅的氣息。洞通,暢通無礙。

〔四四〕聰明密微,其言不式,其德不回:密微,邃密微妙。式,通"忒",邪惡。回,邪僻。大戴禮記五帝德孔子稱堯:"其言不貳,其行不回。"王念孫以爲"其言不貳"及四代篇"執事無貳"、朝事篇"殷眺以成邦國之貳","'貳'皆'貣'之譌。'貣'音他得反,即'忒'之假借字也。其言不貳,家語五帝德篇'貳'作'忒'。若非'貣'字,不得與'忒'通。"(見王引之經義述聞大戴禮記中)

〔四五〕晦如陰:晦,謂隱藏光彩,謂隱默,謂不苛察。

〔四六〕仁以蒞之,智以周之,明以察之,晦以蓄之:蒞,臨視,謂統治。周,調和。蓄,包容。

〔四七〕好謀能深:好謀,善于謀劃。能,通"而"。深,深刻。吳本譌"滌"。　和而不怒:和,平和。怒,偏激。　快而愉:舒暢而愉悦。

〔四八〕莊子天道:"夫虛静恬淡、寂漠無爲者,萬物之本也。明此以南鄉,堯之爲君也;明此以北面,舜之爲臣也。"

〔四九〕佐摯封植:摯,帝摯,即帝庢。見後紀十高辛紀下。喬本譌"墊",洪本譌"摯",今據餘諸本訂正。封植,謂培養人才。

〔五〇〕摯:備要本如此,餘諸本均譌"摯"。今訂正。

〔五一〕今廣濟治定陶:廣濟,軍(宋代行政區域)名。定陶,縣名,治所在今山東菏澤市定陶區。　故范曄謂定陶爲陶,堯所居:彦按:後漢書郡國志三兗州濟陰郡云:"定陶本曹國,古陶,堯所居。"當即羅氏所本,然今所見後漢書郡國志乃出自晉司馬彪,而非范曄,故其説不確。參見前紀九朱襄氏注〔七〕。

〔五二〕皇甫謐繆爲舜陶之所:繆,通"謬",誤。陶,燒製陶器。水經注卷四河水:"河水又南逕陶城西,舜陶河濱,皇甫士安以爲定陶,不在此也。然陶城在蒲坂城北,城,即舜所都也。南去歷山不遠,或耕或陶,所在則可,何必定陶方得爲陶也。舜之陶也,斯或一焉。"

〔五三〕今壽光有堯水,伏琛、晏謨皆以爲堯頓駕處:壽光,縣名。即今山東壽光市。晏謨,十六國時南燕尚書郎,著有齊記。頓駕,停車,借指停留。

〔五四〕明人察物,昭義崇仁:明,瞭解。人,吳本譌"仁"。察,明了。昭,彰顯。崇,推崇。　禁詐僞,正法度:僞,喬本譌"嬀",今據餘諸本訂正。　不廢窮民,不敖亡告,苦死者而哀婦人:廢,抛棄。敖,"傲"之古字,怠慢。亡告,即無告,無處投訴的人。苦,哀痛,悲傷。書大禹謨:"稽于衆,舍己從人,不虐無告,不廢困窮,惟帝時克。"孔氏傳:"帝謂堯也。"莊子天道:"堯曰:'吾不敖無告,不廢窮民,苦死者,嘉孺子而哀婦人,此吾所以用心已。'"

〔五五〕厎德靡解,百姓和欣,於是改國于唐:厎,此。吳本"厎"作"**厏**",四庫本、備要本作"底",通。德,品性,操守。靡解,不懈,謂保持到底。解,"懈"之古字。和欣,和樂欣喜。唐,在今山西臨汾市堯都區。

〔五六〕輿地廣記卷一一中山府唐縣:"昔堯爲唐侯,國於此。"

〔五七〕國名紀:四庫本"記"作"紀"。

〔五八〕有説:"有"字洪本闕文,吳本、備要本脱。

〔五九〕勤勞不居,儉而用禮:不居,謂不居功。儉,謂節儉。用禮,依禮。彦按:毛詩序唐風蟋蟀云:"蟋蟀,刺晉僖公也。儉不中禮,故作是詩以閔之,欲其及時以禮自虞樂也。此晉也,而謂之唐,本其風俗,憂深思遠,儉而用禮,乃有堯之遺風焉。"謂堯之遺風,"儉而用禮",當此路史所本。

〔六〇〕温飯煖羹,不餒不易:煖,同"暖"。餒(něi),腐敗變質。　襦衣袿履:襦衣,即端衣(見荀子哀公),古代一種禮服。用正方形布幅縫製而成,故稱。袿履,古代一種以粗綢子爲面料的鞋子。袿,通"絓",音 kuā,一種粗綢子。洪本、吴本、四庫本譌“袿”。

〔六一〕御蜃枠、土杌：御，用。蜃枠，一種鑲嵌有裝飾性蚌殼的漆盤。蜃，同“蚌”。枠，同“盤”。土杌(guǐ)，盛飯的瓦器。杌，同“簋”。喬本、洪本譌“杌”，吴本譌“枫”，備要本譌“机”，今據四庫本訂正。　夏葛衣而冬鹿裘：葛衣，用葛布製成的單衣。鹿裘，鹿皮做的大衣。　栝柱采椽：栝(kuò)，木名，即檜樹，又稱圓柏。采，木名，即櫟木，又稱柞木。栝、采均屬一般木材，栝柱采椽，謂其宫室建築簡樸。　爲人愛費：愛費，舍不得花費。愛，吝惜。

〔六二〕六韜計用：參見前紀一初三皇紀注〔二八〕。

〔六三〕不塈：塈(è)，用白色塗料粉刷。　弗服：服，佩戴。　錦繡文綺，弗展也：文綺，華麗的絲織物。展，鋪設。　淫佚之樂：淫佚，淫蕩。　桷椽楹柱，非藻飾也：桷椽，泛稱椽子。桷(jué)，方形之椽。各本均譌“桶”，今訂正。藻飾，修飾，裝飾。　茅茨之蓋，弗榍齊也：蓋，茅屋頂部的覆蓋物。榍，四庫本作“稻”。彥按：依義，字當作“翦”或“剪”，謂用剪刀鉸。　襦衣袿履，不獘不更：襦，喬本、洪本譌“歈”，吴本、四庫本譌“褕”，今據備要本訂正。不獘，同“弊”，殘破。洪本作“弊”，吴本、四庫本、備要本作“敝”，通。　酸穢：酸腐污穢。彥按：今本六韜文韜盈虚云：“太公曰：帝堯王天下之時，金銀珠玉不飾，錦繡文綺不衣，奇怪珍異不視，玩好之器不寶，淫佚之樂不聽，宫垣屋室不塈，甍桷椽楹不斲，茅茨徧庭不剪，鹿裘禦寒，布衣掩形，糲粱之飯，藜藿之羹，不以役作之故害民耕績之時，削心約志，從事乎無爲。”内容與此相近。

〔六四〕瑤臺九纍，而堯白屋：瑤臺，美玉砌的樓臺，泛指雕飾華麗的樓臺。九纍，九層。白屋，不加粉飾的房子。　黼衣九種，而堯大布：黼衣，繡有黑白斧形的禮服。大布，麻製粗布，此指粗布衣。　宫中三市，而堯鶉居：宫中三市，以見宫庭之大。鶉居，如鵪鶉所居之巢，極言居室之小。　珍羞百種，而堯糲飯菜鬻：珍羞，珍稀美味的菜肴。羞，“饈”之古字。糲飯，糙米飯。菜鬻，攙合蔬菜同煮的稀飯。鬻，同“粥”。　騏驎青龍，而堯素車樸馬：騏驎、青龍，皆良馬名。素車，不加油漆、不作修飾的車。樸馬，髦鬣未經剪飾的馬。樸，通“樸”。

〔六五〕由余亦言，昔堯飯於土簋，飲於土型：土簋，見上注〔六一〕。土型，古代一種盛湯羹的瓦器。也作“土鉶”、“土形”。韓非子十過：“昔者，戎王使由余聘於秦,穆公問之曰:'寡人嘗聞道而未得目見之也,願聞古之明主得國失國何常以?'由余對曰:'臣嘗得聞之矣,常以儉得之,以奢失之。'穆公曰:'寡人不辱而問道於子,子以儉對寡人,何也?'由余對曰:'臣聞昔者堯有天下,飯於土簋,飲於土鉶'"云云。亦見于説苑反質,文字略有異同。

〔六六〕而墨子且謂堯黍稷不式,羹胾不重;飯土塯,啜土鉶:見墨子節用中。式,喬本、洪本、四庫本、備要本皆誤"式",吴本作"弍"。彥按:"弍"當"式"字。内中之"二"寫時連筆,故形近"式",而或誤爲"式"。"式"爲"二"字古文,今本墨子作"二"。今訂正。羹胾(zì),肉羹和大塊肉。胾,切成大塊的肉。喬本、洪本誤"裁",今據餘諸本訂正。土塯,盛飯的瓦器。各本"塯"均誤"塯",今據墨子訂正。啜,飲。

〔六七〕淮南主術:各本"主"皆誤"五"。彥按:淮南子有主術篇無五術篇,"五"乃"主"字之誤,今訂正。　大路不畫:大路,即大輅,古代天子所乘的車。不畫,不加文飾。　越席不緣:越席,蒲蓆。越(huó),蒲草。緣(yuàn),鑲邊,緄邊。　大羹不和:大羹,肉汁。大,"太"之古字。吴本、四庫本作"太"。不和,謂不加五味調和。　粢食不毇:粢食,用黍、稷作的飯食。毇(huǐ),舂米使精。各本均誤"毀",今據淮南子訂正。　布衣揜形:揜,掩蓋,遮蔽。彥按:此句不見于淮南子主術篇,乃精神篇語,羅氏撮合一處而不作説明,未妥。

〔六八〕糲粢之食,藜藿之羹,冬日麑裘,夏日葛衣,雖監門之養弗虧于此者:見韓非子五蠹篇。糲粢,粗惡的飯食。藜藿,此泛指粗劣的菜羹。藜,通"蔾",一種野菜。吴本、四庫本、備要本作"蔾"。藿,豆葉。麑裘,用幼鹿皮製的衣服,泛指差劣的獸皮衣。麑(ní),幼鹿。監門,看門的人。養,給養。末句韓非子原文作"雖監門之服養,不虧於此矣"。

〔六九〕中道:合乎道理。中,音zhòng。

〔七〇〕不以鶉居易九市,不以私故留耕時:九市,市爲買賣貨物之所,相傳紂於宫中設九市。此極言居處空間之大。私故,私事。留,耽擱,耽誤。

〔七一〕陵阪耕畬,皋澤織罔:陵阪,謂山坡地。耕畬(shē),耕種田地。皋澤,謂水澤地帶。

〔七二〕文子自然:"昔堯……其導民也,水處者漁,林處者採,谷處者牧,陵處者田。地宜其事,事宜其械,械宜其材,皋澤織網,陵坡耕田,如是,則民得以所有易所无,以所工易所拙。"淮南子齊俗:"故堯……其導萬民也,水處者漁,山處者木,谷處者牧,陸處者農。地宜其事,事宜其械,械宜其用,用宜其人。澤皋織網,陵阪耕田,得以所有易所無,以所工易所拙。"

〔七三〕文子:喬本譌"文字",今據餘諸本訂正。

〔七四〕欽明文思,内行謹飭:欽,敬,指敬事。明,謂明察。文,謂足文。思,謂敏思。書堯典:"曰若稽古,帝堯曰放勳,欽明文思安安。"内行,指平日家居的操行。謹飭,謹慎自飭。 篤孝慈仁敬:篤,通"督",勸,鼓勵。

〔七五〕仁恩被于蒼生,德化敷于四海:被,徧及。蒼生,百姓。德化,道德教化。敷,傳播,散布。喬本、洪本、備要本作"孚"。彦按:此字與上句"被"對文,作"敷"義長,今據吳本、四庫本改。

〔七六〕駿德:高尚的品德。

〔七七〕易之元亨利貞也:元亨利貞,周易乾卦之四德。易乾:"乾:元亨利貞。"高亨大傳今注傳解曰:"元,善也。亨,美也。利,利物也。貞,正也。天有善、美、利物、貞正之德,故曰:'乾:元,亨,利,貞。'"

〔七八〕聰明文思:聰,謂善聽。書堯典序:"昔在帝堯,聰明文思,光宅天下。"

〔七九〕天道主聰:天道,謂爲君主之道。 人道主欽:人道,爲人之道。此與"天道"相對,特指爲人臣之道。

〔八〇〕性圓而成,德顯而用:性,性情,脾氣。圓,謂平和。德,品德,操守。顯,謂鮮明。

〔八一〕與天下治而不爲貪,以天下巽而不爲廉:與,給與。巽,通"遜",讓,禪讓。 "允恭克讓",與道合矣:允,確實,真正。克,能够。書堯典:"允恭克讓,光被四表,格于上下。"

〔八二〕謂以侯伯恢踐帝:恢,謂胸懷大志。集韻灰韻:"説文:'大也。'謂志大也。"踐帝,登上帝位。

〔八三〕靈臺碑云:堯以侯伯恢踐帝:彦按:"(堯)遂以侯伯恢踐帝",乃堯母碑語。宋歐陽修集古録卷二及洪适隸釋卷二一均載其碑文。羅氏此稱"靈臺碑云",當由誤記。

〔八四〕堯以楚伯受命,滅不義於丹水:見淮南子兵略"堯戰於丹水之浦"許慎注。丹水,即今陝西、湖北、河南邊境之丹江。

〔八五〕唐州:治所在今河南泌陽縣。

〔八六〕御覽二百七十一:四庫本“二百”作“一百”非。

〔八七〕見漢書董仲舒傳。

〔八八〕趙肅侯:戰國趙國君,名語,公元前 349—前 326 年在位。 堯無三夫之分,舜無只尺之地,以有天下;禹無百人之聚,以王諸侯:見史記蘇秦列傳。分,部曲,部屬。只,通“咫”,八寸。吴本、四庫本作“咫”。聚,眾,集團。

〔八九〕堯無百夫之郭,舜無植錐之地,禹無十人之衆:見淮南子氾論,原文作:“堯無百户之郭,舜無置錐之地,以有天下。禹無十人之衆,湯無七里之分,以王諸侯。”郭,外城,泛稱城。植,插立。

〔九〇〕蔽:弊端,毛病。

〔九一〕見史記五帝本紀“帝堯爲陶唐”集解引韋昭曰,原文作:“陶唐皆國名,猶湯稱殷商矣。”

〔九二〕論語泰伯:“孔子曰:‘才難,不其然乎? 唐、虞之際,於斯爲盛。’”何晏集解:“孔曰:‘唐者,堯號。虞者,舜號。’”邢昺疏云:“歷檢書傳,未聞帝堯居陶。而以陶冠唐,蓋以二字爲名,所稱或單或複也。”

〔九三〕書五子之歌“惟彼陶唐,有此冀方”孔氏傳:“陶唐,帝堯氏。”孔穎達疏:“案書傳皆言堯以唐侯升爲天子,不言封於陶唐,‘陶唐’二字或共爲地名,未必如昭言也。”

〔九四〕不知爾雅、説文:陶,丘再成者,在於濟陰:丘,喬本、洪本、吴本作“丛”,四庫本作“坐”,備要本作“从”,皆“丘”字之譌,今訂正。爾雅釋丘:“丘一成爲敦丘,再成爲陶丘。”説文𨸏部:“陶,再成丘也。在濟陰。”濟陰,郡名,治所在今山東菏澤市定陶區。

〔九五〕平陽:在今山西臨汾市堯都區金殿鎮。

〔九六〕今晉之臨汾,漢平陽也:晉,州名。臨汾、平陽,並縣名。

〔九七〕元和志有堯帝廟,在臨汾東八及南六里:彦按:據今本元和郡縣圖志卷一二晉州臨汾縣所載:“堯廟,在縣東八里汾水東。”此羅氏稱“及南六里”,不知何據、所指。

〔九八〕繆:吴本、四庫本作“謬”。

〔九九〕太平寰宇記卷四〇并州:“按晉,大鹵、太原、大夏、夏墟、平陽、晉陽六名,其實一也。"

〔一〇〇〕然魯、衞皆有平陽:春秋魯邑之平陽,地在今山東新泰市。春秋衞邑之平陽,地在今河南滑縣東南。

〔一〇一〕安邑:在今山西夏縣禹王鄉。

〔一〇二〕惟彼陶唐,有此冀方:見書五子之歌。孔氏傳:"陶唐,帝堯氏。都冀州,統天下四方。"吳本"冀"譌"鞏"。

〔一〇三〕今霍邑至平定,有故晉陽城:霍邑,縣名,治所在今山西霍州市。平定,縣名,今屬山西省。晉陽城,四庫本"陽"譌"陶"。

〔一〇四〕永安:郡、縣名。　皆古太原地:備要本"古"作"在"。

〔一〇五〕開皇十於并城中古晉陽置太原縣:十,吳本、四庫本、備要本皆譌"卜"。并城,即并州城,故址在今山西太原市晉源區。太原縣,洪本"太"作"大"。

〔一〇六〕冀之堂陽有堯臺、九門城:見元豐九域志卷二冀州。冀,各本皆譌"翼",今訂正。堂陽,鎮名,故址在今河北新河縣西北。吳本、四庫本、備要本作"唐陽",當由音譌。

〔一〇七〕信都堂陽:信都,郡名。堂陽,縣名,治所在今河北新河縣西北。

〔一〇八〕又今河中有故唐城,在絳之翼城西二里,故通典謂堯舊都在蒲也:河中,府名,治所在今山西永濟市蒲州鎮。絳,州名。翼城,縣名,今屬山西省。蒲,州名。河中府于唐代曾稱蒲州。

〔一〇九〕慶都以赤龍合昏,生赤帝伊祁堯:以,猶"與"。合昏,結爲婚姻。昏,"婚"之古字。伊祁堯,吳本、四庫本"祁"作"祈"。

〔一一〇〕家語、大戴禮云:土王,色尚黃:吳本"土"譌"上"。今本大戴禮記未見此語,蓋佚;而孔子家語五帝篇引孔子曰,則作"堯以火德王,色尚黃",亦與羅氏所見不同。

〔一一一〕黃收、純衣、彤車、白馬:黃帽子,黑衣裳,紅色車,白色馬。史記五帝本紀:"帝堯者,……黃收純衣,彤車乘白馬。"司馬貞索隱:"收,冕名。其色黃,故曰黃收,象古質素也。純,讀曰緇。"裴駰集解:"駰案:太古冠冕圖云'夏名冕曰收'。"

〔一一二〕百執事:猶百官。

〔一一三〕史記五帝本紀："帝堯者,……富而不驕,貴而不舒。"司馬貞索隱："舒猶慢也。"謂傲慢、怠慢。

〔一一四〕居於明堂,斥題不枅,土階不戚,茅茨不翦,泊如也:斥題,即榱題,指屋椽的端頭。因通常伸出屋檐,故又稱爲"出檐"。不枅(jī),謂不用斗拱(柱上承托棟梁的方形短木)。枅,柱上方木。淮南子精神:"今高臺層榭,人之所麗也,而堯樸桷不斲,素題不枅。"戚,疑"漆"字音譌。不漆,謂不彩畫。翦,音 zuān,剪。泊如,恬淡安静貌。

〔一一五〕非皆居也:謂并非所居皆如此制。

〔一一六〕潘尼:西晉文學家,歷官至太常卿。　古之爲君,無欲而至公,故有土階茅茨之儉:見尼所撰乘輿箴。故有,各本均脱"有"字,遂使文不成義,今據晉書潘尼傳所載尼文訂補。

〔一一七〕墨子以爲堯居土階三等、堂高三尺:等,臺階的級。水經注卷二四瓠子河:"墨子以爲堯堂高三尺,土階三等。"

〔一一八〕重先務,急親賢:孟子盡心上:"孟子曰:'知者無不知也,當務之爲急。仁者無不愛也,急親賢之爲務。堯、舜之知而不徧物,急先務也。堯、舜之仁不徧愛人,急親賢也。'"　明駿德,以親九族:九族,以自己爲本位,上推至四世之高祖,下推至四世之玄孫爲九族。泛稱親族。書堯典:"曰若稽古,帝堯曰放勳,……克明俊德,以親九族。"

〔一一九〕九族既穆,乃辨章于百姓:穆,通"睦",和睦。辨章,辨别彰明。章,"彰"之古字。百姓,百官。書堯典:"九族既睦,平章百姓。"　賢不昭明,而協和於萬邦,黎民於變時雝:賢不,賢與不賢。不,音 fǒu。吴本、四庫本、備要本作"百姓"。黎民,民衆。時雝,温和善良。吴本、四庫本"雝"作"雍",同。書堯典:"百姓昭明,協和萬邦,黎民於變時雍。"

〔一二○〕此施彼應,如響聲者,所謂"立之斯立":響聲,回聲。論語子張載子貢曰:"夫子之得邦家者,所謂立之斯立。"何晏集解引孔安國曰:"言孔子爲政,其立教則無不立。"

〔一二一〕丐施政制,因事立法,不激不委:丐施,予以施行。激,偏激,亢奮。委,廢頓,委靡。各本"委"均作"湊"。彦按:字當作"委",蓋因"激"字而衍"水"旁。卷末贊語"不激不委,因事立法"是也,今據以訂正。不激不委,即無太過不及，無偏無頗之謂。　取人以狀，明非見有：狀，猶言表現。明非見有，謂既明了存在的缺點，也看到具有的優點。　於人翹翹，惟以天下爲憂：翹翹，惶恐謹慎貌。

〔一二二〕爰得稷、契、夷、皋、朱斨、伯譽：稷，周之祖先，堯臣，舜時爲后稷（農官）。契（xiè），殷之祖先，堯臣，舜時爲司徒（主管教化之官）。夷，伯夷，堯臣，舜時爲禮官。皋，皋陶，堯臣，舜時爲士（主管刑獄之官）。朱斨，堯、舜臣，書堯典作"殳斨"。伯譽，堯、舜臣，書堯典作"伯與"。

〔一二三〕羣龍輔德：羣龍，猶羣賢。龍，喻才俊之士。輔德，輔佐德行。

〔一二四〕乃更制五服，均五等，五國相維：五服，古代王城外圍，以五百里爲一區劃，由近及遠分爲甸服、侯服、綏服、要服、荒服，合稱五服。均，調和，調節。五等，五個等級。禮記王制："王者之制禄爵，公、侯、伯、子、男五等。"五國，指公、侯、伯、子、男五等爵之國。維，維繫，扶持。

〔一二五〕禹貢"五百里甸服"：禹貢，尚書篇名。甸服，古制稱距王城五百里的區域。　傳謂：甸服，堯制，賦其田，使入穀，禹輔成其外：傳（zhuàn），泛稱古籍注疏。此下羅苹注文主要攝取自詩小雅甫田"曾孫之稼，如茨如梁。曾孫之庾，如坻如京"鄭玄箋"稼，禾也，謂有藁者也。……上古之税法，近者納穧，遠者納粟米"孔穎達疏（下簡稱詩小雅甫田孔疏）。賦，徵收賦税。輔成，輔佐以促成。

〔一二六〕百里者，賦納總；至五百里，米：總，謂禾槀之總體，連禾穗帶禾稈。書禹貢："百里賦納總，二百里納銍，三百里納秸服，四百里粟，五百里米。"孔氏傳："禾槀曰總，入之，供飼國馬。"

〔一二七〕禹爲之差，有輕遠之法：差（cī），謂分別等級。輕遠，謂使遠者賦輕。

〔一二八〕周則圻田用貢法，以禾米；采服則取美物以當邦賦，不入穀矣：圻田，京畿地區之田。禾米，稻米，穀。采服，古代"九服"之一，指在王畿外二千至二千五百里地區的邦國。周禮夏官職方氏："乃辨九服之邦國：方千里曰王畿，其外方五百里曰侯服，又其外方五百里曰甸服，又其外方五百里曰男服，又其外方五百里曰采服。"詩小雅甫田孔疏："此言禾庾，當在畿内。若畿外，則采取美物以當邦賦，不入穀矣。"

〔一二九〕詩小雅甫田孔疏：“周止千里納穀。唐虞則弼其外五百里，爲方二千里，是方千里者四納穀。多於周者，唐虞萬國，諸侯歲朝，其用或費於後代，故納穀多也。”

〔一三〇〕故鄭志答趙商云“圻内四百國”，郊内亦封諸侯矣：鄭志，三國魏侍中鄭小同編，内容爲東漢經學家鄭玄弟子追述師說及應答。趙商，鄭玄弟子。　故使方二千里入納米：吴本、備要本“二”譌“一”。吴本、四庫本、備要本“入”譌“一”。詩小雅甫田孔疏：“又鄭志答趙商云：‘畿内四百國。’則周郊内亦封諸侯矣。於周法，十國而入其一於天子，然則雖千里者四其税，猶少於周，故使方二千里入粟米。”

〔一三一〕九牧：九州之長。

〔一三二〕史以四岳爲司馬氏之先：彦按：此説疑誤。史記太史公自序云：“昔在顓頊，命南正重以司天，北正黎以司地。唐虞之際，紹重黎之後，使復典之，至于夏商，故重黎氏世序天地。其在周，程伯休甫其後也。當周宣王時，失其守而爲司馬氏。”又書吕刑“乃命重黎，絶地天通，罔有降格”孔氏傳：“重即羲，黎即和。”是司馬氏之先爲重黎氏或羲和，而非四岳。書堯典“帝曰：‘咨！四岳’”蘇軾傳亦曰：“孔安國以四岳爲羲和四子。而太史公以羲和爲司馬之先，以四岳爲齊太公之祖，則四岳非羲和也。當以史爲正。”　故蘇氏以爲一人：蘇氏，指宋蘇軾。軾書傳卷二舜典“帝曰：‘咨！汝二十有二人’”傳：“書曰：‘内有百揆四岳。’堯欲使巽朕位，則非四人明矣。二十二人者，蓋十二牧、四岳、九官也。而舊説以爲四人，蓋每訪四岳，必‘僉曰’以答之，訪者一而答者衆，不害四岳之爲一人也。”

〔一三三〕舜巡狩，覲四岳，又使四岳還瑞：覲，會見。瑞，古代用作符信的玉。書舜典：“輯五瑞，既月乃日，覲四岳羣牧。”

〔一三四〕至岱宗，覲東后：東后，東方諸侯。書舜典：“歲二月，東巡守，至于岱宗，柴；望秩于山川，肆覲東后。”

〔一三五〕兖、青、徐三州：書禹貢：“濟、河惟兖州。”地約在今河南東部、山東西部及河北南部。又：“海、岱惟青州。”地約在今山東半島。又：“海、岱及淮惟徐州。”地約在今江蘇、安徽北部、山東南部。

〔一三六〕胡益之以爲四岳寓于十二牧，不然也：胡益之，即南宋祕書郎胡有開,有開字益之。彦按:羅氏于此以胡益之四岳寓于十二牧之説爲不然,而于本書後紀十二帝舜有虞氏"謀牧並岳,以廣聰而燭隱"下注,又有"東岳寓于兖牧"、"南岳寓于荆牧"、"西岳寓于雍牧"、"北岳寓于幽牧"云云之論,未免自相牴牾。

〔一三七〕孔氏以四岳爲羲和四子:書堯典:"帝曰:'咨!四岳。'"孔氏傳:"四岳,即上羲、和之四子,分掌四岳之諸侯,故稱焉。"　星文之官,豈與岳牧雜哉:星文,星象。岳牧,四岳十二牧,泛稱諸侯及封疆大吏。

〔一三八〕均井邑,制都鄙:井邑,城鎮,鄉村。語本周禮地官小司徒:"九夫爲井,四井爲邑。"都鄙,京城和邊邑。各本"制都鄙"均誤倒作"都制鄙",不但失去與"均井邑"對仗之形式美,而且文不成義,今訂正。

〔一三九〕見晉書地理志上,原文句末有"焉"字。　叶和萬邦:叶和,和睦,融洽。叶,通"協"。　三鄰爲朋:吳本"朋"譌"用"。　三朋爲里:洪本、吳本"朋"譌"拜"。

〔一四〇〕見禮記王制"天子五年一巡守"鄭玄注,文字略有異同。

〔一四一〕安國謂:喬本"謂"作"爲",此從餘諸本。　堯、舜同道,舜攝既然,堯又可知:見書舜典"五載一巡守,羣后四朝"舊題孔安國傳,"既然"作"則然"。攝,執持。吳本作"捗",同。

〔一四二〕義宗:指南朝梁崔靈恩撰三禮義宗。　故周語云"堯臨民以五":國語周語上載内史過對周惠王語。　五服一朝:謂五服内之封君皆來朝覲。

〔一四三〕卜征兼虞、夏法者,重古而言:卜征,占卜巡狩之吉凶。古時帝王五年一巡狩,先要卜問吉凶,五年五卜,皆同吉,乃巡狩。吳本、四庫本、備要本"卜"譌"十"。左傳襄公十三年"先王卜征五年"杜預注:"先征五年而卜吉凶也。征謂巡守。征,行。"孔穎達疏:"傳言'卜征五年',未知何代之禮。案尚書舜典云:'五載一巡守。'孔安國云:'堯、舜同道,舜攝則然,堯又可知。'周禮大行人云:'十有二歲,王巡守殷國。'王制云:'天子五年一巡守。'鄭玄云:'天子以海内爲家,時一巡省之。五年者,虞、夏之制也。周則十二歲一巡守。'如孔、鄭之言,唐、虞及夏皆五年一巡守。然則卜征五年,虞、夏法也。在周之世而遠陳虞、夏法者,蓋重古而言之。或周之巡守,不必十二年也。周十二年一巡守,法歲星行天一周也。虞、夏五年一巡守,取五行遞王而徧也。”

〔一四四〕法歲一周:歲,指歲星。參見上注。

〔一四五〕故杜佑謂堯十二載一岳,四十八載乃徧,益遞闊矣:遞闊,謂相隔時間久遠。通典卷五四禮十四巡狩云:“梁崔靈恩三禮義宗云:‘唐虞五載巡狩一嶽,二十年方遍四嶽,周則四十八年矣。……’按尚書周官篇云:‘六年五服一朝,又六年王乃時巡,考制度,諸侯各朝於方嶽,大明黜陟。’又按堯舜簡儉,常稱茆茨土階,巡狩四方,羽儀導從必少。一年四嶽,五載復往,宗廟享祭,暫委有司。展義省方,觀風察俗之大政,如或二十年方遍,乃於民物,不亦乖疏? 詳周官本文與孔氏注解,既改制十有二載,比唐虞已甚遞闊,如四十八年乃遍,豈非益爲曠邈乎!”

〔一四六〕春省耕,秋省斂:省,視察。耕,吳本作“畊”,同。孟子梁惠王下引晏子曰:“天子適諸侯曰巡狩。巡狩者,巡所守也。……春省耕而補不足,秋省斂而助不給。” 振彫瘵,聽民聲,觀四履之所以化其上:振,救濟,賑濟。彫瘵(zhài),彫殘病困。瘵,病。四履,四方。化其上,謂爲上所影響而變化。管子八觀:“入州里,觀習俗,聽民之所以化其上,而治亂之國可知也。”

〔一四七〕許綰:戰國魏臣。新序刺奢:“魏王將起中天臺,令曰:‘敢諫者死。’許綰負操鍤入,曰:‘聞大王將起中天臺,臣願加一力。’王曰:‘子何力有加?’綰曰:‘雖無力,能商臺。’王曰:‘若何?’曰:‘臣聞天與地相去萬五千里,今王因而半之,當起七千五百里之臺。高既如是,其址須方八千里。盡王之地,不足以爲臺址。古者堯、舜建諸侯,地方五千里。王必起此臺,先以兵伐諸侯,盡有其地,猶不足,又伐四夷,得方八千里,乃足以爲臺址。材木之積,人徒之衆,倉廩之儲,數以萬億。度八千里之外,當定農畝之地足以奉給王之臺者,臺具以備,乃可以作。’魏王默然無以應,乃罷起臺。”

〔一四八〕大司馬九畿,四面萬里:九畿,相傳古時王城以外五千里内,自内而外,每五百里爲一畿,共有侯、甸、男、采、衛、蠻、夷、鎮、蕃等九畿,爲各級諸侯之領地及外族所居之地。周禮夏官大司馬“乃以九畿之籍,施邦國之政職”鄭玄注:“自王城以外五千里爲界,有分限者九。”賈公彦疏:“云‘王城以外五千里爲界’者,兩面相距則方萬里,此則易之一君二民之地。若然,堯舜之時,固應萬里。”又鄭玄毛詩譜齊譜“周公致太平,敷定九畿,復夏禹之舊制”孔穎達疏：“大司馬職曰：‘乃以九畿之籍，施邦國之政……’注云：‘畿，猶限也。自王城以外五千里爲疆，有分限者九。’則四面相距，其方萬里。此周公致太平制禮所定，故云‘敷定’，言其復夏禹之舊制。弼成五服，實是堯時，以夏禹所定，故云禹制也。”

〔一四九〕書疏云“禹成五服”：見書益稷“臯陶方祗厥敍，方施象刑，惟明”孔穎達疏。　實是堯時；以禹所制，故云禹制；周公所定，乃禹之舊制也：見上注。

〔一五〇〕入其疆，土地辟，田野治，養老尊賢，駿傑在位，則有慶：疆，通“疆”。吴本、四庫本作“疆”。辟，開辟，開拓。田野治，各本皆作“岐旁趨”。彦按：“岐旁趨”不可解。孟子告子下云：“天子適諸侯曰巡狩。……入其疆，土地辟，田野治，養老尊賢，俊傑在位，則有慶；慶以地。”當即此羅氏所本，今據以訂改。駿傑，四庫本作“俊傑”，同。慶，賞賜。　反是則紬：紬，通“黜”，貶退。

〔一五一〕三載，小攷正職；九載，大攷有功：正職，謂正確對待職責。彦按：通典卷一五選舉三考績云：“周制，三載考績，三考黜陟。其訓曰：‘三歲而小考其功也。小考者，正職而行事也。九歲而大考有功也。大考者，黜無職而賞有功也。’”今路史引爲堯事，不知何據。　五載，而一述職：彦按：孟子告子下云：“天子適諸侯曰巡狩，諸侯朝於天子曰述職。”又書堯典稱：“五載一巡守。”至羅氏此稱“五載，而一述職”，不知所據，待考。

〔一五二〕因地之生美爲貢賦，故民出而不憪：生美，出産之美好者，特産。民，吴本譌“氏”。憪，音qiān，廣韻鹽韻：“憪，憪愺，意不安也。”

〔一五三〕九共：尚書大傳虞書篇名。　予辨下土，使民平，平民以無傲：予，吴本譌“不”。辨，通“辯”。説文辡部：“辯，治也。”下土，猶天下。平，（待遇）公平，（機會）均等。以，猶使。宋王應麟困學紀聞卷二引書大傳，“辨”作“辯”，“平民以”作“平使民”。

〔一五四〕三歲貢士而賓興之：貢士，指地方嚮朝廷薦舉人才。賓興，謂待以賓客之禮并予舉用。禮記射義：“是故古者天子之制，諸侯歲獻，貢士於天子。”孔穎達疏：“貢士於天子者，諸侯三年一貢士於天子也。”　一適爲之好德，再適爲之賢賢，三適有功，於是始命：一適，謂一次貢士合適。爲，通“謂”。賢，吴

本作"贄",同。尚書大傳卷上:"古者諸侯之於天子也,三年一貢士。……一適
謂之攸好德,再適謂之賢賢,三適謂之有功。有功者天子賜以車服弓矢,再賜
以秬鬯,三賜以虎賁百人,號曰命諸侯。命諸侯得專征者,鄰國有臣弒其君,孽
伐其宗者,雖弗請於天子而征之可也。"説苑修文"賢賢"作"尊賢"。

〔一五五〕有不正則以絀:一少絀以爵,再少絀地,三絀而爵地畢:三絀,吴
本、四庫本、備要本作"三少",非。尚書大傳卷上:"有不貢士,謂之不率正者,
天子絀之。"又説苑修文:"諸侯有不貢士,謂之不率正。不率正者,天子黜之:
一黜以爵,再黜以地,三黜而地畢。"

〔一五六〕一不適爲過,再爲之敖,三爲之誣:適,洪本作"适",吴本作
"遹",均爲譌字。敖,通"傲"。誣,通"誣",欺騙。尚書大傳卷上、説苑修文
並作"誣"。

〔一五七〕附下而罔上者,刑;豫聞國政而亡益於民者,斥;在上位而不能進
賢者,逐;比年而秩官之亡文者,次絀之,而代以賓進之賢者:附,附和,遷就。
罔,蒙蔽,欺騙。刑,同"刑",吴本、四庫本、備要本作"刑",洪本譌"荆"。豫
聞,與聞,謂參與其事而知其情。斥,革退。比年,連年。秩官,猶職官。亡文,
謂無政績。次絀,貶降。賓進,猶賓興。四庫本作"賓見",誤。説苑臣術:"泰
誓曰:'附下而罔上者死,附上而罔下者刑。與聞國政而無益於民者退,在上位
而不能進賢者逐。此所以勸善而黜惡也。'"又説苑修文:"然後天子比年秩官
之無文者而黜之,以諸侯之所貢士代之。"

〔一五八〕進使亡繇得其所利,退使亡繇避其所害,故安其位而樂其羣:進
使亡繇,吴本"亡"譌"至"。管子法禁:"聖王之治民也,進則使無由得其所利,
退則使無由避其所害,必使反乎安其位,樂其羣,務其職,榮其名而後止矣。"

〔一五九〕德行有所是,道義有所明,故士莫敢詭俗異禮以自見於國,莫敢
布惠緩行以修上下之交而和親於民;故臣莫敢阿君嫵上,躐等踰爵,漁利蘇功,
而駿乂在官矣:此文大抵取材自管子法禁。其文曰:"聖王之身,治世之時,德
行必有所是,道義必有所明。故士莫敢詭俗異禮以自見於國,莫敢布惠緩行,
修上下之交以和親於民;故莫敢超等踰官、漁利蘇功以取順其君。"詭俗,違背
習俗。布惠,布施恩惠。緩行,張佩倫管子學以爲:"當作'緩刑'。"(見郭沫若
等管子集校)緩刑即寬刑。交,交情,關係。和親,王念孫管子雜志以爲:"當

爲‘私親’,字之誤。上文曰‘厚財博惠以私親於民’,是其證。”彦按:王氏説
是。路史蓋據管子譌文引以爲説也。阿,阿諛。嫵,媚悦。躐等,跨越等級。
漁利,用不正當的手段謀取利益。蘇功,浮報功績。駿艾,即“俊乂”,才德出衆
的人。書皋陶謨:“俊乂在官。”

〔一六〇〕一命:謂最低一級的錫命(天子有所賜予的詔命。錫命凡九,最
低一級爲一命,最高一級爲九命,賜物品數,各有規定)。參見上注〔一五四〕、
下注〔一六三〕。

〔一六一〕三適之賞,見虞夏傳:適,洪本、吴本譌“適”。下“三適之説”之
“適”同。之,洪本譌“乏”。虞夏傳,尚書大傳篇名。

〔一六二〕略説:指書傳略説。佚書,作者不詳。　　虎賁:勇士之稱。吴本
“虎”作“虙”,俗書之譌。

〔一六三〕然未遽若是輕:遽,遂,就。　　三適之説,亦未遽執有九錫:九錫,
猶九命。漢書武帝紀:“元朔元年,冬十一月,……有司奏議曰:‘古者,諸侯貢
士,壹適謂之好德,再適謂之賢賢,三適謂之有功,乃加九錫。’”顔師古注引應
劭曰:“一曰車馬,二曰衣服,三曰樂器,四曰朱户,五曰納陛,六曰虎賁百人,七
曰鈇鉞,八曰弓矢,九曰秬鬯。”

〔一六四〕於是命偰司徒,和合五教,以保于百姓:和合,調和。書舜典:
“帝曰:‘契,……汝作司徒,敬敷五教,在寬。’”又國語鄭語載史伯曰:“商契能
和合五教,以保于百姓者也。”　　弃爲大田,職司命,播嘉穀,辨五土之宜:大田,
古官名,田官之長。淮南子齊俗:“故堯之治天下也,后稷爲大田。”后稷即弃。
司命,洪本、吴本、四庫本作“司馬”。彦按:當以作“司命”爲是。管子國蓄云:
“五穀食米,民之司命也。”弃爲田官,正是主管五穀食米生産之事,其事關乎萬
民生命,謂之“職司命”,不亦宜乎? 五土,見後紀九帝譽高辛氏注〔一八〇〕。

〔一六五〕按孟子,契爲司徒,在舜攝後:彦按:孟子滕文公上:“當堯之時,
天下猶未平。……堯獨憂之,舉舜而敷治焉。……聖人有憂之,使契爲司徒,
教以人倫。”聖人謂堯,故下文曰:“放勳曰:‘勞之來之,匡之直之,輔之翼之,
使自得之,又從而振德之!’”放勳即堯,則時似非舜攝後。

〔一六六〕見文子自然及淮南子齊俗。　　契爲司馬:吴本、四庫本“契”作
“偰”,同。　　弃爲大田:文子作“后稷爲田疇”,淮南子作“后稷爲大田”。

〔一六七〕舜試：書堯典載堯欲四岳舉薦帝位繼承人，岳舉舜，帝曰："我其試哉！"

〔一六八〕古"農"作"田"：田，洪本作"兩"，吳本作"两"。　伏書：指尚書大傳。是書舊題漢伏勝撰。

〔一六九〕伯夷秩宗，降典邦禮：秩宗，古代掌宗廟祭祀的官。各本皆誤倒作"宗秩"，今訂正。降典，頒布典禮。書舜典："伯，汝作秩宗。"通典卷四〇職官二十二秩品五："伯夷秩宗典邦禮"。又書吕刑："伯夷降典，折民惟刑。"以治人神，和上下：書周官："宗伯掌邦禮，治神人，和上下。"

〔一七〇〕伯夷禮神以佐堯：國語鄭語原文作："伯夷能禮於神以佐堯者也。"

〔一七一〕秩宗之官，周爲宗伯，漢太常也，主司祭祀：韋昭注原文作："秩宗之官，於周爲宗伯，漢爲太常，掌國祭祀。"

〔一七二〕皋繇爲士庶折繁獄：士庶，士人與庶民，泛指百姓。折繁獄，判決繁瑣的訴訟案件。

〔一七三〕堯舉禹、契、后稷、皋陶，政教平，姦宄息，獄訟止，而衣食足：見淮南子泰族，"堯舉"作"堯之舉"。姦宄，洪本"宄"譌"究"。

〔一七四〕堯命三后，乃伯夷、禹、稷云：吳本"三"譌"二"。書吕刑："乃命三后，恤功于民：伯夷降典，折民惟刑；禹平水土，主名山川；稷降播種，農殖嘉穀。"孔氏傳："所謂堯命三君，憂功於民。"

〔一七五〕表勤孝之閭：表，旌表，表彰。閭，門户，門第。

〔一七六〕民之敬長憐孤，取舍克讓，而舉事功者，則命于上，然後得飾車駢馬而被文錦：讓，洪本、吳本譌"攘"。舉事，行事，辦事。功，通"公"，公正。駢馬，二馬並駕。文錦，文彩斑斕的織錦。尚書大傳卷一："古之帝王，必有命。民能敬長矜孤，取舍好讓者，命於其君，然後得乘飾車駢馬，衣文錦。"說苑修文："古者必有命民。命民能敬長憐孤，取舍好讓，居事力者，命於其君。命然後得乘飾輿駢馬。"

〔一七七〕未命而乘衣之，則罰：尚書大傳卷一作："未有命者，不得衣，不得乘，乘衣者有罰。"說苑修文作："未得命者不得乘，乘者皆有罰。"

〔一七八〕故雖有餘財侈物，亡禮義功德謖亡用：謖，疑本作"稷"，通"則"。

史記秦本紀“是爲昭襄王”司馬貞索隱:“名則,一名稷。”彦按:則、稷音近通假。説苑修文作:“故其民雖有餘財侈物,而無仁義功德,則無所用其餘財侈物。”

〔一七九〕命民:古稱平民而受帝王賜爵者。備要本“民”譌“長”。

〔一八〇〕以賢制爵,以庸制禄,故人慎德興功,輕利而興義:庸,功勳。慎,重視。周禮地官大司徒:“而施十有二教焉:……十有一曰以賢制爵,則民慎德。十有二曰以庸制禄,則民興功。”

〔一八一〕政先仁而後毅,先暱而後疏,先化而後教:仁,洪本、吴本譌“王”。毅,同“煞”,殺。四庫本作“殺”,備要本作“煞”。暱,親。化,指感化。魏曹植求通親親表:“堯之爲教,先親後疏,自近及遠。”

〔一八二〕三教不率,而刑賞寓焉:率,遵行,遵循。刑賞,此偏指刑罰。

〔一八三〕惟敬五刑,以成三德:書吕刑語。五刑,書舜典“五刑有服”孔氏傳:“五刑:墨、劓、剕、宫、大辟。”即黥面、割鼻、斷足、男子割勢或女子幽閉、處死。三德,見後紀七小昊青陽氏注〔四三二〕。

〔一八四〕申子:洪本、吴本譌“甲子”。

〔一八五〕聖君任法而不任智,任數而不任説:此二句亦見管子任法。任,依靠。數,術,指統治術。説,指説辭。

〔一八六〕單均刑法:單,通“殫”,盡。

〔一八七〕國語魯語上:“堯能單均刑法以儀民。”韋昭注:“單,盡也。均,平也。儀,善也。”

〔一八八〕禮作“賞均”,非是:彦按:禮記祭法:“堯能賞均刑法以義終。”孔穎達疏:“‘堯能賞均刑法以義終’者,堯以天下位授舜,封禹、稷,官得其人,是能賞均平也。五刑有宅,是能刑有法也。禪舜而老,二十八載乃殂,是義終也。”其説圓通,本不必强與魯語一律,羅氏指責無理。

〔一八九〕非汔于威,惟汔于富:汔,通“訖”,至,終止,謂最終目的。書吕刑:“典獄,非訖于威,惟訖于富。”王引之曰:“‘富’讀曰‘福’。‘威’、‘福’相對爲文,言非終于立威,惟終于作福也。”(見經義述聞卷四尚書下惟訖于富)

〔一九〇〕象刑以儀之,而民亡犯:象刑,相傳上古無肉刑,僅對犯人施加象徵性的犯罪標誌以示辱,謂之象刑。荀子正論“治古無肉刑而有象刑”楊倞

注:"象刑,異章服,恥辱其形象,故謂之象刑也。"又尚書大傳卷一:"唐虞象刑,犯墨者蒙皂巾,犯劓者赭其衣,犯臏者以墨幪其臏處而畫之,犯大辟者布衣無領。"儀,法規。史記孝文本紀:"蓋聞有虞氏之時,畫衣冠異章服以爲僇,而民不犯。"

〔一九一〕"典獄,非汔于威",不絶威也;"惟汔于富",略不行也:彥按:書呂刑"典獄,非訖于威,惟訖于富"孔氏傳:"言堯時主獄,有威有德有恕,非絶於威,惟絶於富。世治,貨略不行。"此羅氏所本者。孔穎達正義曰:"堯時典獄之官,非能止絶於威,有犯必當行威,威刑不可止也。惟能止絶於富,受貨然後得富,無貨富自絶矣。"説極牽强,恐非書意。

〔一九二〕畫衣冠,異章服,謂之戮:章服,有識別符號的衣服。戮,羞辱,侮辱。史記孝文本紀"蓋聞有虞氏之時,畫衣冠異章服以爲僇"張守節正義:"五帝畫衣冠而民知禁。犯黥者皁其巾;犯劓者丹其服;犯臏者墨其體;犯宫者雜其屨;大辟之罪,殊刑之極,布其衣裾而無領緣,投之於市,與衆弃之。"

〔一九三〕鑿形膚,曰刑:喬本、洪本"刑"字譌"形",今改從餘諸本。

〔一九四〕太平御覽卷六四五引慎子曰:"斬人支體,鑿其肌膚,謂之刑;畫衣冠,異章服,謂之戮。上世用戮而民不犯也,當世用刑而民不從。"

〔一九五〕上刑赭衣不純,中加雜屨,下則墨幪,以居州里,故民有耻而興禮:赭衣,古代囚衣。因以赤土染成赭色(紅色),故稱。純,謂鑲邊。中加,尚書大傳作"中刑",疑此"加"爲"刑"字之譌。雜屨,草鞋。各本"屨"皆作"覆",蓋"屨"字俗譌。太平御覽卷六四五引尚書大傳作"屨",今據以訂改。宋朱震漢上易傳卷三噬嗑初九"屨校滅趾,无咎"傳:"尚書大傳曰:'唐虞之象刑,上刑赭衣,中刑雜屨。'雜屨,即傳所謂藨蒯之屨。要之,中刑之屨,或菲,或枲,或藨,或蒯,皆草爲之。疑古者制爲菲屨赭衣,當刑者服之,以示愧耻,非无肉刑也。"墨幪,古代象刑的一種,即在犯人頭上蒙以黑巾。四庫本"幪"作"幪",同;吳本作"幪"、備要本作"幪",皆譌字。下羅苹注"幪,巾也"之"幪"同。

〔一九六〕唐傳:尚書大傳篇名。　　反於禮:反,"返"之古字。

〔一九七〕甫刑傳以三刑爲有虞氏者:其説不詳,待考。甫刑,即書呂刑。周穆王時有關刑罰的文告,例由呂侯請命而頒,後因呂侯後代改封甫侯,故呂

刑又稱甫刑。甫刑傳，伏生尚書大傳篇名，是關于書吕刑之傳。喬本、備要本
"傳"作"專"，非是。今據餘本訂正。

〔一九八〕周禮罷民亦然：罷民，不從教化、不事勞作之民。罷，音pí。周禮
秋官司圜："司圜掌收教罷民，凡害人者，弗使冠飾而加明刑焉。"鄭玄注："弗
使冠飾者，著墨幪，若古之象刑與？"

〔一九九〕上刑易三，下刑易一，輕重之差也：三，各本均譌"二"；下，各本
均譌"十"。今並訂正。尚書大傳卷一唐傳"唐虞之象刑，上刑赭衣不純，中刑
雜屨，下刑墨幪，以居州里而反於禮"鄭玄注："純，緣也。時人尚德義，犯刑者
但易之衣服，自爲大恥，周禮罷民亦然。上刑易三，中刑易二，下刑易一，輕重
之差。"

〔二〇〇〕此以四十三萬二千家爲州，七十二家爲里：四十三萬二千家，各
本皆作"四萬二千家"。彦按："四"字下當脱"十三"二字。尚書大傳卷二："古
八家而爲鄰，三鄰而爲朋，三朋而爲里，五里而爲邑，十邑而爲都，十都而爲師，
州十有二師焉。"鄭玄注："州凡四十三萬二千家。此蓋虞夏之數也。"今據以
訂正。　與周禮異：周禮地官遂人："五家爲鄰，五鄰爲里。"又地官大司徒：
"令五家爲比，使之相保；五比爲閭，使之相受；四閭爲族，使之相葬；五族爲黨，
使之相救；五黨爲州，使之相賙。"賈公彦疏："二千五百家爲州。"

〔二〇一〕宥過亡大，刑故亡小：過，指過失犯罪。故，指蓄意犯罪。書大
禹謨："宥過無大，刑故無小。"孔氏傳："過誤所犯，雖大必宥；不忌故犯，雖小
必刑。"

〔二〇二〕民亡争而治達矣：吴本"亡"譌"下"。

〔二〇三〕公孫弘：四庫本"弘"作"宏"，蓋館臣避清高宗弘曆諱。　堯舜
之時，不貴爵賞而民勸善，不重刑罰而民不犯，躬率以正而遇民信：見漢書公孫
弘傳。貴，洪本譌"貢"。遇民信，喬本、四庫本、備要本作"民愈信"，洪本、吴
本作"民遇信"。彦按：公孫弘傳作"遇民信也"。此蓋先由"遇民"誤倒而成
"民遇"，又以"民遇信"文義不通而改爲"民愈信"。然此句乃釋"不貴爵賞而
民勸善，不重刑罰而民不犯"之因，自當以作"遇民信"爲是，今訂正。

〔二〇四〕子贛：即子貢，孔子弟子端木賜字。孔叢子論書載其事，作"子
張"。　教誠而愛深也：吴本"深"譌"漆"。

〔二○五〕史記禮書乃以爲堯治天下，殺一人刑三人而天下治：刑三人，今本史記禮書作“刑二人”，文曰：“古者帝堯之治天下也，蓋殺一人刑二人而天下治。”彥按：其説實本荀子議兵，楊倞注：“殺一人，謂殛鯀于羽山。刑二人，謂流共工于幽州，放驩兜于崇山。”然後世學者多以“殛鯀”之“殛”爲“流放”義，參見後紀十二帝舜有虞氏注〔二二○〕。

〔二○六〕此以四罪言爾：四罪，謂舜時四凶——共工、驩兜、三苗、鯀得到懲治。罪，治罪。書舜典：“流共工于幽州，放驩兜于崇山，竄三苗于三危，殛鯀于羽山，四罪而天下咸服。”

〔二○七〕以其待之盡：盡，謂達到最大限度。

〔二○八〕白虎義云：五帝畫象者，其服象五刑：墨者幪巾，劓者赭衣，髕者墨幪，宮者扉屨，大辟布衣無領：白虎義，即白虎通義。墨者，即黥者。髕，古代一種剔去膝蓋骨的刑罰。扉屨，草鞋。吳本、四庫本“扉”譌“扉”。參見後紀四附蚩尤傳注〔八〕。初學記卷二○引白虎通，作：“五帝畫象者，其服象五刑也。犯墨者蒙巾，犯劓者赭其衣，犯髕者以墨幪其髕處而畫之，犯宮者履扉，犯大辟者布衣無領。”

〔二○九〕見法言先知，原文作：“唐虞象刑惟明。”

〔二一○〕周明梏：梏，喬本作“洁”，洪本作“桔”，吳本、四庫本作“祜”，備要本作“祜”，俱誤，今訂正。周禮秋官掌囚：“及刑殺，告刑于王，奉而適朝，士加明梏，以適市而刑殺之。”鄭玄注：“士，鄉士也。鄉士加明梏者，謂書其姓名及其罪於梏而著之也。”　秦赭衣：喬本、備要本“秦”譌“奏”，今從餘諸本訂正。

〔二一一〕或疑與刑故之事戾，戾者何得察哉：刑故，見上注〔二○一〕。戾，違背，背離。察，清楚，明晰。吳本、四庫本如此，喬本、備要本作“廢”，洪本作“寙”。彥按：作“廢”文不成義。蓋原文爲“察”，形譌而成“寙”；“寙”非字，故又臆改而作“廢”。今訂正。

〔二一二〕乃立四學，以詔於國而養更老，故民興孝：四學，分設于四郊的學校。更老，即所謂三老五更。禮記文王世子“遂設三老、五更、羣老之席位焉”鄭玄注：“三老五更各一人也，皆年老更事致仕者也。天子以父兄養之，示天下之孝悌也。”又禮記樂記“食三老五更於大學”鄭玄注：“三老五更，互言之耳，皆老人更知三德五事者也。”孔穎達疏:“三德謂正直、剛、柔。五事謂貌、言、視、聽、思也。”

〔二一三〕五帝有太學曰成均,虞庠近是:見禮記文王世子“於成均,以及取爵於上尊也”鄭玄注。原文作:“董仲舒曰‘五帝名大學曰成均’,則虞庠近是也。”虞庠,周代學校名。禮記王制:“周人……養庶老於虞庠。虞庠在國之西郊。”鄭玄注:“西序、虞庠亦小學也。……周之小學爲有虞氏之庠制,是以名庠云。”喬本、洪本、吳本、備要本“庠”譌“祥”,今據四庫本訂正。

〔二一四〕更事:經歷世事。

〔二一五〕蔡云當作五叟:蔡,指東漢蔡邕。叟,同“叟”。邕月令問答云:“問:‘記曰養三老五更,子獨曰五叟,……何也?’曰:字誤也。叟,長老之稱也,其字與‘更’相似,書者轉誤,遂以爲‘更’。‘嫂’字女旁‘叟’,‘瘦’字中從‘叟’,今皆以爲‘更’矣。……以‘嫂’‘瘦’推之,知是‘更’爲‘叟’也。”

〔二一六〕在位七年,民不作忒,鴟久逃於絶域,麒麟游於藪澤:七年,拾遺記作“七十年”。彥按:當以七十年爲是,漢書董仲舒傳亦稱“堯在位七十載”,又本書後紀五黃帝有熊氏、後紀十二帝舜有虞氏羅苹注兩引握河紀,亦並云“堯即政七十年”。然太平御覽卷二九引王子年拾遺記,已作“七年”,當脱“十”字,路史蓋據脱文之本也。作忒,猶作惡。忒,邪惡。鴟,即鴟梟。游,吳本、四庫本作“遊”。拾遺記卷一唐堯:“堯在位七十年,有鸞雛歲歲來集,麒麟遊於藪澤,梟鴟逃於絶漠。”

〔二一七〕嘉言罔伏,賢亡野遺,猶紬聰明,開肺意,舍己稽衆:伏,隱伏,埋没。野遺,遺留于民間。紬,貶抑。肺意,肺腑胸臆,比喻内心。意,通“臆”。稽,廣雅釋詁二:“問也。”書大禹謨:“嘉言罔攸伏,野無遺賢,萬邦咸寧。稽于衆,舍己從人,不虐無告,不廢困窮,惟帝時克。”孔氏傳:“善言無所伏,言必用。……帝,謂堯也。”

〔二一八〕新序引吕子,言舜亦師之:吕子,指戰國末秦丞相吕不韋。不韋曾令門客集衆説編纂吕氏春秋,此稱新序引吕子,所引即出該書尊師篇。新序雜事五:“吕子曰:‘……帝舜學許由。’”

〔二一九〕詢政行人,問老衢室:行人,路人。衢室,相傳爲堯徵詢民意的處所。管子桓公問:“堯有衢室之問者,下聽於人也。”　讜言:正直之言。讜音

dǎng。　　逵立建善之旌,廷置敢諫之鼓:逵,四通八達的道路。吳本作"達",四庫本作"達",並誤。建善,獻策。史記孝文本紀:"古之治天下,朝有進善之旌,誹謗之木,所以通治道而來諫者。"裴駰集解:"應劭曰:'旌,幡也。堯設之五達之道,令民進善也。'如淳曰:'欲有進善者,立於旌下言之。'"敢諫之鼓,設于朝廷,供進諫者敲擊以聞之鼓。鄧析子轉辭:"堯置敢諫之鼓。"　　芻蕘:割草采薪者,泛指草野之人。蕘音 ráo。

〔二二〇〕見管子桓公問。　　明臺:相傳爲黃帝聽政之所。　　告善之旌:即所謂善旌,人主爲求善言所立之旗。欲進言者,立於旗下。洪本、吳本"旌"誤"性"。　　禹立建鼓,備訊唉也:建鼓,即諫鼓,疑由音譌。訊唉,問答。各本皆作"評謠",不辭。考管子原文,乃作"禹立諫鼓于朝,而備訊唉",今據以訂正。

〔二二一〕佃云:佃,指宋陸佃。吳本無此"佃云"二字,當由脱文。　　取其垣四合,曰合宮;取其門四達,曰衢室:合宮,相傳爲黃帝的明堂。尸子君治:"夫黃帝曰合宮,……周人曰明堂,皆所以名休其善也。"中説問易:"昔黃帝有合宮之聽,堯有衢室之問。"

〔二二二〕晉張紘云:堯舜立敢諫之鼓,三王立誹謗之木:彦按:徧查典籍,未見晉有張紘之人,三國志中有之,爲東吳謀士,又未見曾有此語之記載。疑晉張紘爲後漢張晧之誤。晧于順帝時爲司空,後漢書本傳載其上疏,有"臣聞堯舜立敢諫之鼓,三王樹誹謗之木"語。誹謗之木,供百姓書寫有關政治缺失意見的表木。

〔二二三〕堯有欲諫之鼓:見吕氏春秋自知。吳本、四庫本、備要本"欲"作"敢",非吕氏春秋之舊。

〔二二四〕史記孝文本紀"誹謗之木"司馬貞索隱引尸子云,作:"堯立誹謗之木。"

〔二二五〕文紀注:指漢書文帝紀顔師古注。漢書文帝紀:"古之治天下,朝有進善之旌,誹謗之木。"顔師古注引應劭曰:"旌,幡也,堯設之五達之道,令民進善也。"又引應劭曰:"(誹謗之木,)橋梁邊板,所以書政治之愆失也。"

〔二二六〕見古今注問答釋義,原文爲:"程雅問曰:'堯設誹謗之木,何也?'答曰:'今之華表木也。以横木交柱頭,狀若花也,形似桔槹,大路交衢悉施焉。或謂之表木,以表王者納諫也,亦以表識衢路也。'"

〔二二七〕堯時然也,後世因之,今宫外橋梁頭四柱木也:見史記孝文本紀
"誹謗之木"司馬貞索隱引韋昭云。彼文"柱木"作"植木"。

〔二二八〕崔浩:北魏太武帝時司徒。　木裂柱表四出名"桓";陳楚俗曰
"和",曰"和表",聲之訛:裂,穿破,貫穿。柱表,依義當作"表柱",疑爲倒文。
史記孝文本紀"誹謗之木"司馬貞索隱:"鄭玄注禮云'一縱一横爲午,謂以木
貫表柱四出,即今之華表'。崔浩以爲木貫表柱四出名'桓',陳楚俗桓聲近
和,又云'和表',則'華'與'和'又相訛耳。"

〔二二九〕而又書銘竹帛,瑑戒杅柈:銘,文體名。古代常刻于碑版或器物,
或以稱功德,或用以自警。瑑,音 zhuàn,指雕刻文字。戒,文體名。以警敕之
辭爲主要内容。杅柈,盤盂。杅,同"盂",盛湯漿或飯食的器皿。喬本、備要本
譌"杆",今據餘諸本訂正。柈,同"盤"。

〔二三〇〕謂人莫躓於山而躓於地,是故翼翼民上,如臨不測之谿;戰戰栗
栗,罔敢暇豫:躓(zhì),跌倒。翼翼,恭敬謹慎貌。暇豫,悠閒逸樂。

〔二三一〕允恭以持之,虚静以待下:允恭,誠實而恭勤。虚静,謙虚平易。
説苑敬慎:"昔堯履天子之位,猶允恭以持之,虚静以待下,故百載以逾盛,迄今
而益章。"

〔二三二〕賈誼新書脩政語上載帝堯曰:"吾……故一民或饑,曰此我饑之
也;一民或寒,曰此我寒之也;一民有罪,曰此我陷之也。"

〔二三三〕是以篤實,輝光被四表而塞天地:輝光,吳本、四庫本作"光輝"。
四表,四方極遠之地,泛指天下。塞,充滿。易大畜象辭:"大畜,剛健篤實,輝
光日新。"書堯典:"光被四表,格于上下。"

〔二三四〕人莫躓於山,而躓於垤:躓(tuí),顛仆,跌倒。淮南子原道"足躓
趚埵"高誘注:"躓,躓也。楚人讀躓爲躓。"垤(dié),蟻冢。

〔二三五〕吾存心於先古,加志於窮民,痛萬姓之罹罪,憂衆生之不遂也:見
賈誼新書脩政語上。方向東匯校集解:"存心於先古,言學古聖王之道。加志
於窮民,言在老百姓身上實現理想。"罹罪,遭罪。遂,養育。廣雅釋言:"遂,
育也。"

〔二三六〕見説苑君道篇。

〔二三七〕翼翼,金匱,惴惴:此謂"翼翼"見于金匱,其義猶"惴惴"。金匱,指太公金匱。唐馬總意林卷一太公金匱云:"湯居民上,翼翼懼不敢息。"惴惴(zhuì zhuì),憂懼戒慎貌。

〔二三八〕虚静,出家語:家語,指孔子家語。今本家語六本篇該句作"克讓以接下";又全書未見"虚静",但有"静虚",即好生篇載孔子曰:"舜之爲君也,……德若天地而静虚,化若四時而變物。"

〔二三九〕率天下以仁而人從之:禮記大學:"堯舜率天下以仁而民從之。"
百姓按静:按静,安静。按,通"安"。喬本、洪本作"桉",此從餘諸本。　欣欣焉樂其性:性,通"生",生活。左傳昭公十九年"民樂其性"孔穎達疏:"性,生也。"

〔二四〇〕故一出言而天下誦,萬物齊,使之而成,户之而止:誦,通"頌",頌揚,稱道。萬物齊,猶言萬衆一心。物,指人。户,禁止。參見下注。　惟恐言而莫予違也:予違,違背我,謂提出不同的意見。彦按:論語子路稱:"人之言曰:'予無樂乎爲君,唯其言而莫予違也。'"此則反其意而用之。

〔二四一〕禁之而止,猶埴已而撚:見管子任法,其文曰:"昔者堯之治天下也,猶埴已埏也,唯陶之所以爲;猶金之在鑪,恣冶之所以鑄。其民引之而來,推之而往,使之而成,禁之而止。故堯之治也,善明法禁之令而已矣。"埴,黏土。已而,已然。撚(niǎn),揉搓。

〔二四二〕堯治天下,欣欣焉樂其性,是不恬也:見莊子在宥,原文爲:"昔堯之治天下也,使天下欣欣焉人樂其性,是不恬也。"恬,安静。

〔二四三〕重、黎受職高陽之代:國語楚語下:"顓頊受之,乃命南正重司天以屬神,命火正黎司地以屬民。"

〔二四四〕摯:帝摯。四庫本譌"贄"。吴本、備要本"摯"字闌入正文。

〔二四五〕三苗復九黎之事:九黎之事,指九黎爲亂事。國語楚語下:"及少皥之衰也,九黎亂德。……其後,三苗復九黎之德。"韋昭注:"其後,高辛氏之季年。三苗,九黎之後。高辛氏衰,三苗爲亂,行其凶德,如九黎之爲也。"
民興胥漸,罔中于信:胥,相。中,符合。書吕刑:"民興胥漸,泯泯棼棼,罔中于信,以覆詛盟。"孔氏傳:"三苗之民潰於亂政,起相漸化,泯泯爲亂,棼棼同惡,皆無中于信義,以反背詛盟之約。"　而二官以廢,閏餘乖統:二官,指南正、火正。閏餘,農曆一年和一回歸年相比所多餘的時日,此指所設置之閏餘。乖統,與天統背離。

〔二四六〕民黷齊盟:黷,褻瀆,輕慢。齊盟,盟誓。齊,“齋”之古字。左傳成公十一年“齊盟,所以質信也”楊伯峻注:“‘齊’同‘齋’。……古人盟誓必先齋戒,故盟誓亦言‘齋盟’。”國語楚語下:“民瀆齊盟,無有嚴威。” 上帝不蠲,苗民遏絶:書呂刑:“上帝不蠲,降咎于苗。苗民無辭于罰,乃絶厥世。”戴鈞衡書傳補商云:“蠲,貸也。……於是上帝不貸,降咎於苗。”顧頡剛、劉起釪尚書校釋譯論:“貸即寬貸、貸免之意。與廣雅釋詁‘蠲,除也’義合,揚雄劇秦美新‘應時而蠲’,即蠲除、蠲免之義。”又呂刑:“皇帝哀矜庶戮之不辜,報虐以威,遏絶苗民,無世在下。”孔氏傳:“皇帝,帝堯也。哀矜衆被殺戮者之不辜,乃報爲虐者以威,誅遏絶苗民,使無世位在下國也。”

〔二四七〕使纂舊業:纂,繼承。國語楚語下:“堯復育重、黎之後不忘舊者,使復典之。”

〔二四八〕班志:指漢書律曆志上。

〔二四九〕呂刑注,遏絶爲堯也:呂刑注,指舊題孔安國撰尚書傳呂刑傳。參見上注〔二四六〕。

〔二五〇〕程伊川:北宋理學家程頤。以爲洛陽伊川人,世稱伊川先生。朱熹編二程遺書卷二二上伊川語録有“如呂刑言‘遏絶苗民’,亦只是舜。孔安國誤以爲堯”語。

〔二五一〕乃命羲、和,絶地天通:洪本“羲”譌“義”。下“羲載上天”之“羲”同。書呂刑:“乃命重、黎,絶地天通,罔有降格。”孔氏傳:“重即羲,黎即和。堯命羲、和世掌天地四時之官,使人神不擾,各得其序,是謂絶地天通。言天神無有降地,地民不至於天,明不相干。”孔穎達疏:“言羲是重之子孫,和是黎之子孫,能不忘祖之舊業,故以重、黎言之。” 羲載上天,黎獻下地:載,祭祀。獻,獻祭。

〔二五二〕羲、和居卿而致日:左傳桓公十七年“日官居卿以底日”杜預注:“日官,天子掌曆者,不在六卿之數而位從卿,故言居卿也。”楊伯峻注本改“底”作“厎”,曰:“厎音旨,致也。周禮春官典瑞所謂‘土圭以致四時日月’、馮相氏所謂‘冬夏致日,春秋致月’是也。古代以土圭測日影,度其影之至與不至,用以推知日月之行,寒暑之候,此即致。"

〔二五三〕見左傳桓公十七年。

〔二五四〕"乃命"爲天地之官:乃命,謂書堯典"乃命羲和,欽若昊天,歷象日月星辰,敬授人時"語所指。孔氏傳云:"重、黎之後羲氏、和氏世掌天地四時之官,故堯命之。" "分命"爲四時之職:分命,謂書堯典"分命羲仲,宅嵎夷,曰暘谷。寅賓出日,平秩東作。日中,星鳥,以殷仲春。厥民析,鳥獸孳尾。申命羲叔,宅南交。平秩南訛,敬致。日永,星火,以正仲夏。厥民因,鳥獸希革。分命和仲,宅西,曰昧谷。寅餞納日,平秩西成。宵中,星虛,以殷仲秋。厥民夷,鳥獸毛毨。申命和叔,宅朔方,曰幽都。平在朔易。日短,星昴,以正仲冬。厥民隩,鳥獸氄毛"語所指。書堯典"乃命羲和……庶績咸熙"孔穎達疏:"馬融、鄭玄皆以此'命羲和'者,命爲天地之官;下云'分命'、'申命',爲四時之職。"

〔二五五〕周禮疏序:即唐賈公彥等周禮正義序。此下引文,與原文稍有出入。　舜格祖之年:格,至。祖,書稱"藝祖"或"文祖",爲堯始祖之廟。據尚書載,舜受禪後,當年即巡守四岳,巡守歸來,先至文祖之廟告祭。書舜典:"歸,格于藝祖,用特。"孔氏傳:"巡守四岳然後歸,告至文祖之廟。"　方岳:四方之山岳。爾雅釋山:"泰山爲東嶽,華山爲西嶽,霍山爲南嶽,恒山爲北嶽。"

〔二五六〕羲、和與下叔、仲,六人也:下,指書堯典"乃命羲和"之下。叔,謂羲叔、和叔。仲,謂羲仲、和仲。各本均作"重",當由音譌,今訂正。參見上注〔二五四〕。

〔二五七〕孔氏以其分命,謂即下四人:彥按:堯典下文"帝曰:'咨!四岳'"孔氏傳:"四岳,即上羲和之四子,分掌四岳之諸侯,故稱焉。"蓋即羅氏此説所本。　有叔、仲,無伯、季者,以其不賢:見書堯典"乃命羲和……庶績咸熙"孔穎達疏。原文作:"所命無伯、季者,蓋時無伯、季,或有而不賢,則外傳稱'堯育重、黎之後不忘舊者,使復典之',明仲、叔能守舊業,故命之也。"仲,喬本、洪本譌"重",今從餘諸本訂正。

〔二五八〕昌言:漢仲長統撰。

〔二五九〕羲伯:洪本"羲"譌"義"。下"羲、和"之"羲"同。

〔二六〇〕穎達謂時羲、和似尊於諸卿,後世稍卑之:見書堯典"乃命羲和……庶績咸熙"疏,文字略有異同。

〔二六一〕曜鉤:即春秋文曜鉤。

〔二六二〕王蕃:三國吳中常侍,著名天文學家。各本均謁"王著",今據隋書天文志上、宋章如愚羣書考索卷五六、玉海卷四引文訂正。　渾天儀:吳本"儀"謁"義"。

〔二六三〕考靈曜:漢代緯書,尚書緯之一種。　乃命中星,觀玉儀之游:命,謂指定。中星,二十八宿分布四方,按一定軌道運轉,依次每月行至中天南方的星叫中星。觀察中星可確定四時。游,轉動。

〔二六四〕欽若昊天,歷象日月星辰:自此而下至"平在朔易",大體引自書堯典文。吳本、備要本"歷"作"曆"。

〔二六五〕歷,數也:吳本、備要本"歷"作"曆"。數,推算。

〔二六六〕象,占也:占,窺察,觀測。

〔二六七〕以寅正時:以,用。寅正,以建寅之月爲正月。

〔二六八〕敬賓出日:堯典"敬賓"作"寅賓",詞異義同。　平秩東作:平秩,辨測先後。平,通"辨"。秩,次序。東作,指太陽東昇之時。　張昏中而播穀:張,星宿名,二十八宿之一,南方朱雀七宿之第五宿。昏中,謂黃昏時在中天南方。尚書大傳卷一:"主春者,張昏中可以種穀。"淮南子主術:"昏張中則務種穀。"

〔二六九〕書帝命驗:漢代緯書,尚書緯之一種。四庫本"驗"作"驗",同。禺鐵在遼西,即青之嵎夷:禺鐵,即禺銕,説文以"銕"爲"鐵"古文。遼西,郡名。青,州名。嵎夷,見前紀三空桑氏注〔七〕。

〔二七〇〕是謂寅餞納日:喬本如此,餘本"寅"作"寅",通。彥按:説文夕部"寅,敬惕也"段玉裁注以"寅"爲表"敬"義之本字,云:"凡尚書'寅'字,皆段'寅'爲'寅'也。"

〔二七一〕羲叔:喬本、洪本"羲"謁"義"。今據餘本訂正。

〔二七二〕南交,故交趾郡:交趾郡,西漢治所在今越南河内市西北。喬本、備要本"趾"作"止",此從四庫本。又洪本、吳本此句作"交,南交,故交郡",非是。

〔二七三〕一行:唐僧。俗名張遂。　開元十二年七月戊午,當食,自朔方至交趾,候之不差:朔方,唐方鎮名,治所在今寧夏吳忠市利通區北。交趾,喬本、洪本、吳本、備要本"趾"作"止",此從四庫本。候,觀察,喬本、洪本譌"侯",今據餘本訂正。彦按:"不差"當作"不蝕"。新唐書曆志三下載僧一行日蝕議曰:"開元十二年七月戊午朔,於曆當蝕半强,自交趾至于朔方,候之不蝕。"又宋史律曆志七云:"按大衍曆議,開元十二年七月戊午朔,當食。時自交阯至朔方,同日度景測候之際,晶明無雲而不食。"均可爲證。

〔二七四〕知堯亦於此候日:備要本"日"字與下句首字"四"誤倒。

〔二七五〕平秩南化,敬致:化,四庫本作"訛",與堯典同,然非路史之舊。周秉鈞尚書易解曰:"南訛,指夏至時日道從北回歸綫向南移動。本曾運乾説。晉語注:'致,歸也。'敬致,敬日之回歸也。此言其職爲辨别測定日道向南移動時刻,敬重日之回歸。"

〔二七六〕所謂致日:致日,迎日回歸。四庫本作"日至",誤。

〔二七七〕則歲終東、北代易:東、北,此謂自東至北。代易,輪流,更替。

〔二七八〕以勸南僞:見漢書王莽傳中載莽曰:"予之南巡,必躬載耨,每縣則薅,以勸南僞。"顔師古注:"僞讀曰訛。訛,化也。"

〔二七九〕火昏中,種黍菽:火,星宿名,指大火,又稱心宿,爲東方蒼龍七宿之第五宿。菽,豆類的總稱。喬本、洪本作"叔",此從餘諸本。尚書大傳卷一:"主夏者,火昏中,可以種黍菽。"淮南子主術:"大火中則種黍菽。"

〔二八〇〕貪餞納日:四庫本、備要本"貪"作"寅"。　平秩西成:周秉鈞尚書易解曰:"今按成,終也,見皋陶謨'簫韶九成'鄭注。西成,指日西没時刻。此言其職爲敬送秋分之落日,辨别測定日西没時刻。"

〔二八一〕宵昏虚中而傳麥:虚,星宿名,北方玄武七宿之一。傳,播。彦按:比照上文之"張昏中"、"火昏中"及下文之"昴昏中",此似當作"虚昏中",疑其"宵"爲衍文而"昏虚"二字誤倒。尚書大傳卷一:"主秋者,虚昏中,可以種麥。"淮南子主術:"虚中則種宿麥。"

〔二八二〕隴西,漢之西縣:隴,山名。綿延于甘肅、陝西交界之地。西縣,治所在今甘肅天水市西南。

〔二八三〕其地高,望柳谷:高,四庫本作"周",誤。柳谷,地名。在今山西運城市南中條山内。

〔二八四〕春陽,故言日:此就堯典“日中,星鳥,以殷仲春”之“日中”言。

秋陰,故云宵:此就堯典“宵中,星虚,以殷仲秋”之“宵中”言。日中、宵中皆謂晝夜時間相等,但表述之著眼點不同。

〔二八五〕周官言“中春晝”、“中秋夜”同:同,吴本譌“何”。“中春晝”、“中秋夜”,見周禮春官簫章。中春,仲春,指春季第二個月。中秋,仲秋,指秋季第二個月。

〔二八六〕日中星不見:日,白晝。　昏中惟一宿,故不及他宿:昏,黄昏。中,指中星。他,洪本、吴本作“它”。

〔二八七〕星鳥,以四象言:星鳥,指南方朱雀(亦稱朱鳥)七宿。四象,指東方蒼龍,南方朱雀,西方白虎,北方玄武(龜),古代用以表示天空東、南、西、北四個方嚮的星象。此句針對堯典“日中,星鳥,以殷仲春”而言。　鳥、火,以辰次言:鳥,指鶉首、鶉火、鶉尾。辰次,即星次。古人爲了説明日月五星的運行和節氣的變換,把黄赤道附近一周天按照由西嚮東的方嚮分爲十二等分,叫做星次或辰次。十二次的名稱爲:星紀、玄枵、娵訾、降婁、大梁、實沈、鶉首、鶉火、鶉尾、壽星、大火、析木。此句針對堯典“日永,星火,以正仲夏”而言。虚、昂,以經宿言之:昂,喬本譌“昂”,今據餘諸本訂正。經宿,謂經過中天南方之星宿。星宿有二十八,即東方:角、亢、氐、房、心、尾、箕;北方:斗、牛、女、虚、危、室、壁;西方:奎、婁、胃、昴、畢、觜、參;南方:井、鬼、柳、星、張、翼、軫。此句針對堯典“宵中,星虚,以殷仲秋”、“日短,星昴,以正仲冬”而言。

〔二八八〕分至:指春分、秋分、冬至、夏至。

〔二八九〕朱鳥七星,星爲中,故言鳥,以見其體:中,指中星。體,謂朱鳥(即鶉鳥)之全體。　又爲鶉鳥,言火,以見其次:鶉鳥,此泛指鶉首、鶉火、鶉尾(皆以鶉鳥之局部名)諸星次。

〔二九〇〕昔王孝通詰傅仁均推步之法,謂“日短星昴,以正仲冬”,七宿畢見,舉中宿言之,仁均專守昴中説,誤矣:王孝通,唐高祖時太史丞。傅仁均,唐初道士,善推步之學,高祖召令改修舊曆,乃奏上戊寅元曆,因拜員外散騎常侍職。事載舊唐書傅仁均傳、新唐書曆志一。“日短星昴,以正仲冬”,書堯典文。

〔二九一〕且月令昏壁旦昴:壁,星宿名,二十八宿之一。又稱東壁。四庫本譌“璧”。彥按:禮記月令雖于仲冬之月有“昏東壁中”之語,然未見有“旦昴”之文。新唐書曆志一載算曆博士王孝通以甲辰曆法詰傅仁均曰:“‘日短星昴,以正仲冬。’……又月令仲冬‘昏東壁中’,明昴中非爲常準。”頗疑羅氏此注即由誤斷、誤解新唐書個中文句而來,豈讀之爲“又月令仲冬‘昏東壁中,明昴中’”,又謬以“明”、“昏”對文,“明”爲“旦”義乎?　甲子元曆推,合堯時冬至日在危,合昏時昴星正午:甲子元曆,中國古代曆法之一,南朝齊祖沖之所創。危,星宿名,二十八宿之一。爲北方玄武七宿之第五宿,有星三顆。正午,正中。隋書律曆志中:“尚書云:‘日短星昴,以正仲冬。’即是唐堯之時,冬至之日,日在危宿;合昏之時,昴正午。案竹書紀年,堯元年丙子。今以甲子元曆術推算,得合堯時冬至之日,合昏之時昴星正午。”

〔二九二〕先儒誤連“星鳥”、“星虛”讀之:彥按:羅氏以爲書堯典“日中,星鳥”、“宵中,星虛”當以“中星”連讀,謬。

〔二九三〕命和叔宅北幽:命,吳本、備要本譌“羲”。幽,幽都,又稱幽州,北荒之地。書堯典作:“申命和叔,宅朔方,曰幽都。”　平在朔易:周秉鈞尚書易解曰:“平,辨別。在,釋詁:察也。朔,北也。易,改易,指冬至時日道從南回歸線向北移易。此言其職爲辨別考察日道向北移動時刻。”

〔二九四〕昴昏中而收斂:昴,各本均作“雷”。彥按:“雷”非星名,今訂作“昴”。尚書大傳卷一:“主冬者,昴昏中,可以收斂。”淮南子主術:“昴中則收斂畜積,伐薪木。”

〔二九五〕幽州:吳本“幽”作“凼”,乃“幽”字俗體。

〔二九六〕易,易州:彥按:此解不確。堯命羲和四子所爲“平秩東作”、“平秩南訛”、“平秩西成”、“平在朔易”,末一字“作”、“訛”、“成”皆爲動詞,“易”亦如此,宜以釋改易、移動爲允當。

〔二九七〕有易:古方國名。

〔二九八〕王肅謂四子居京師而統之,有時述職,故疏謂在京都而遥領:書堯典“分命羲仲,宅嵎夷,曰暘谷”孔穎達疏:“羲仲居治東方之官,居在帝都而遥統領之。王肅云‘皆居京師而統之,亦有時述職’,是其事也。”

〔二九九〕修劇屬:彥按:此語不可解,當有誤。今考新唐書曆志三上云:“梁武帝據虞𠠇曆,百八十六年差一度,則唐、虞之際,日在斗、牛間,而冬至昴尚未中。”虞劇爲南梁太史令,曾造新曆,稱大同曆。頗疑羅氏誤讀其文爲“梁武帝據虞劇曆”,以劇曆爲虞舜創制曆法之名,因有“修劇曆”之説。而今本路史則“劇”形譌而成“劇”,“曆”又形音俱近而變“屬”矣。　　謹蓋臧:蓋臧,儲藏。臧,“藏”之古字。吴本、四庫本、備要本作“藏”。禮記月令孟冬之月:“命百官謹蓋藏。”

〔三〇〇〕畋獵斷伐,上告之天而賦之民:斷伐,砍伐。賦,給與。尚書大傳卷一云:“主冬者,昴昏中,可以收斂,田獵斷伐,當上告之天子而下賦之民。”

〔三〇一〕天子南面,視四星以知民之緩急:四星,指上文所言之四時中星——張、火、虚、昴。尚書大傳卷一云:“故天子南面而視四星之中,知民之緩急。”

〔三〇二〕急則不賦籍,不舉力役:見尚書大傳卷一。賦籍,分派徭役。舉,動用。

〔三〇三〕舜巡三岳,一如岱禮:書舜典:“歲二月,東巡守,至于岱宗,柴,望秩于山川,肆覲東后。……五月,南巡守,至于南岳,如岱禮。八月,西巡守,至于西岳,如初。十有一月,朔巡守,至于北岳,如西禮。”

〔三〇四〕以見聖人之治:喬本“之”後空一字之位,蓋因譌衍而鏟去。洪本“之”作“之之”,當衍一字;“治”作“冶”,則屬譌文。此從餘本。

〔三〇五〕優游:悠閒自得。

〔三〇六〕故二典之言,常道也:二典,指書之堯典、舜典。吴本“二”譌“一”,又洪本、吴本無“也”字。

〔三〇七〕著推術,設蔀首:著,創立。推術,推步(推算天象曆法)之術。蔀首,古曆法以七十六年爲一蔀,一蔀之起算點則稱蔀首。

〔三〇八〕演紀于虚之初:演紀,推算紀元。虚之初,謂虚宿初現于中天南方之時(時當冬至節令)。　　建困敦而首大吕:即以與後來夏曆十二月相同之月爲歲首。困敦,十二支中“子”的別稱,用以紀年。爾雅釋天:“(太歲)在子曰困敦。”大吕,夏曆十二月的別稱。國語周語下:“元間大吕”韋昭注:“十二月,大吕。”

〔三〇九〕竹書紀年卷上帝堯陶唐氏元年:“丙子,帝即位,居冀。”

〔三一〇〕隨袁充:隨,通“隋”。袁充,隋太史令。各本“充”均譌“先”,今訂正。　堯以景子受命,四十九年,得上元第一紀甲子,天正十一月庚戌冬至;至仁壽甲子,凡八經上元:景子,即丙子。唐人避唐高祖李淵父昺嫌名,每以"景"字代"丙";隋書爲唐史臣所編,故有此。四庫本作"丙子"。上元,舊以六十年爲一甲子,以三個甲子共一百八十年爲一周,而稱其中的第一個甲子爲"上元"。紀,古代紀年單位,十二年爲一紀。天正,謂堯曆。其曆以建子之月(農曆十一月)爲歲首,以爲得天之正,故稱。仁壽,隋文帝楊堅年號。仁壽甲子,即仁壽四年,時當公元 604 年。隋書袁充傳:"仁壽四年甲子歲,煬帝初即位,充及太史丞高智寶奏言:'去歲冬至,日影逾長,今歲皇帝即位,與堯受命年合。昔唐堯受命四十九年,到上元第一紀甲子,天正十一月庚戌冬至;陛下即位,其年即當上元第一紀甲子,天正十一月庚戌冬至,正與唐堯同。自放勳以來,凡經八上元,其間緜代,未有仁壽甲子之合。'"

〔三一一〕日至在斗十度:日至,指冬至。斗,星宿名,二十八宿之一,又稱南斗。

〔三一二〕下至于我皇朝:"于我"二字,洪本現空闕,吳本、四庫本爲脱文。
五千五十八分:喬本、洪本"千"譌"十",此改從餘本。

〔三一三〕以歲差攷之:歲差,天文學名詞。東晉虞喜將當時所觀測冬至日昏中星與書堯典"日短星昴"記錄相比較,發現冬至點在移動,乃提出"每歲漸差"的觀點,而其每歲移動之距離差異即稱"歲差"。攷,四庫本作"考"。

〔三一四〕邵堯夫:即北宋易學家邵雍。雍字堯夫。

〔三一五〕朞,三百又六旬又五日而朞,以閏月定邪而成歲:朞(jī),周年。四庫本"而朞"之"朞"作"期",同。邪,通"餘"。指年曆推算中剩餘的日子。史記曆書"歸邪於終"裴駰集解:"(邪)音餘。韋昭曰:'邪,餘分也。'"左傳文公元年作"歸餘於終"。書堯典:"朞三百有六旬有六日,以閏月定四時,成歲。"彦按:書稱"朞三百有六旬有六日",此稱"三百又六旬又五日而朞",皆舉整數而言,實則日行三百六十五日又四分之一日爲一周年也。

〔三一六〕而臧之祖:臧,"藏"之古字。祖,宗廟。

〔三一七〕在歷爲日:吳本、備要本"歷"作"曆"。

〔三一八〕合朔旦,則月有小盡之法:朔旦,舊曆每月初一。旦,喬本、洪本譌"早",今從餘諸本改。月,洪本作"日",吳本作"曰",俱誤。小盡,農曆有大月、小月，大月三十日，其數有餘，稱大盡；小月二十九日，其數不及，稱小盡。

〔三一九〕故古人謂之首氣：謂，通“爲”。首氣，起首的節氣，即冬至。“爲之首氣”，謂爲此而設立起首的節氣。黄帝内經素問六節藏象論“立端於始”明張介賓注：“端，首也。始，初也。天地有氣運，氣運有元首，元首立而始終正矣。天有其端，北極是也。氣有其端，子半是也。節有其端，冬至是也。故立天之端而宿度見，立氣之端而辰次見，立節之端而時候見。”（見類經卷二三運氣類）　於節六六日：節，指一歲之節限。六六日，謂三百六十日。黄帝内經素問六節藏象論：“黄帝問曰：‘余聞天以六六之節以成一歲，……不知其所謂也。’”唐王冰注：“六六之節，謂六竟于六甲之日，以成一歲之節限。”清張志聰集注：“天以六六之節者，十干主天，六十日甲子一周而爲一節，六六三百六十日以成一歲也。”　示斗建於月半之辰，退閏餘於相望之後：斗建，即農曆之月建。古時以北斗星的運轉計算月令，斗柄所指之辰謂之斗建。如正月指寅，爲建寅之月；二月指卯，爲建卯之月。辰，十二地支的統稱。相望，謂相背離，彼此脱節。望，通“忘”。彦按：左傳文公六年：“閏以正時。”杜預注：“四時漸差，則致閏以正之。”彼之“四時漸差”，即此之“相望之後”也。黄帝内經素問六節藏象論：“立端於始，表正於中，推餘於終，而天度畢矣。”王冰注：“表，彰示也。正，斗建也。中，月半也。推，退位也。言……示斗建於月半之辰，退餘閏於相望之後。”

〔三二〇〕忒：差錯。

〔三二一〕三年無閏，則孟爲仲：孟，指四季中每季的第一個月。仲，指四季中每季的第二個月。

〔三二二〕積：蘊蓄，蘊含。

〔三二三〕百工因天運而作者，必以此允釐之：百工，百官。允釐，誠心治理。書堯典：“允釐百工，庶績咸熙。”孔氏傳：“允，信。釐，治。工，官。”

〔三二四〕沈括去閏之論：沈括，北宋科學家，神宗朝歷官至龍圖閣直學士。括夢溪補筆談卷二象數曰：“閏生於不得已，猶搆舍之用磚楔也。自此氣朔交争，歲年錯亂，四時失位，算數繁猥。凡積月以爲時，四時以成歲，陰陽消長，萬物生殺變化之節，皆主於氣而已。但記月之盈虧，都不係歲事之舒慘。今乃專以朔定十二月，而炁反不得主本月之政。時已謂之春矣，而猶行肅殺之政，則朔在氣前者是也。徒謂之乙歲之春,而實甲歲之冬也;時尚謂之冬矣,而已行發生之令,則朔在氣後者是也。徒謂之甲歲之冬,而實乙歲之春也。是空名之正、二、三、四反爲實,而生殺之實反爲寓,而又生閏月之贅疣。此殆古人未之思也。今爲術,莫若用十二氣爲一年,更不用十二月,直以立春之日爲孟春之一日,驚蟄爲仲春之一日,大盡三十一日,小盡三十日,歲歲齊盡,永無閏餘。"

〔三二五〕析因夷隩:析,喬本譌"祈",洪本、吳本譌"柝",今從四庫本、備要本改。書堯典:"日中,星鳥,以殷仲春。厥民析,鳥獸孳尾。"宋蔡沈書經集傳:"析,分散也。先時冬寒,民聚於隩,至是則以民之散處而驗其氣之温也。"因,書堯典"日永,星火,以正仲夏。厥民因,鳥獸希革"周秉鈞尚書易解引江聲曰:"因,就也,就之言就高也。月令:仲夏可以居高明。"夷,書堯典"宵中,星虚,以殷仲秋。厥民夷,鳥獸毛毨"周秉鈞尚書易解曰:"夷,平也。……言其時人民去高居平地。"隩,音 yù,書堯典"日短,星昴,以正仲冬。厥民隩,鳥獸氄毛"周秉鈞尚書易解曰:"隩,於六反,蒼頡篇:'藏也。'馬融曰:'煖也。'……言其時人民藏室取煖。"　以故單民得職而不佻不病:單民,小民。單,微,弱。職,常,此指正常生活。佻,爾雅釋言:"偷也。"郭璞注:"謂苟且。"

〔三二六〕山不槎枿,畋不麛胎:槎枿,謂砍伐幼林。槎,斜砍,劈削。枿,同"蘖",老株砍後再生的枝條。麛(yǎo),麋(哺乳動物,俗稱四不像)子,此借代幼獸。國語魯語上:"且夫山不槎蘖,澤不伐夭,魚禁鯤鮞,獸長麛麋,……蕃庶物也,古之訓也。"　故鳥獸孳尾、希革、毨、縟咸若:孳尾,動物交配繁殖。"尾"洪本作"徽"、吳本作"微",誤。希革,謂鳥獸毛羽稀少。毨(xiǎn),鳥獸毛羽更生整齊貌。縟,通"毪"(同"氄"),鳥獸細毛繁密貌。集韻腫韻:"毪,説文:'毛盛也。'引虞書:'鳥獸毪髦。'或作縟。""鳥獸孳尾、希革、毨、縟咸",泛指四時之鳥獸,參見上注。咸若,謂皆順其性。爾雅釋言:"若,順也。"

〔三二七〕帝治非止及民:止,喬本、洪本譌"正",今據餘諸本訂正。

〔三二八〕桐挺東廂,萁生下庭:桐,梧桐。挺,各本皆作"梃",依義當作"挺",今訂正。後漢書楊賜傳"華嶽所挺"李賢注:"挺,生也。"萁,即萁莢。下庭,庭下。

〔三二九〕於是稽萁以正月:稽,考覈。見前紀二地皇氏注〔二八〕。　訪桐以定閏:訪,拜訪,探望。清李光地等奉敕纂校月令輯要卷二一閏月令物候

“梧桐知閏”條曰：“原遁甲書，梧桐可知閏月。無閏，生十二葉，一邊有六葉；從下數，一葉爲一月。有閏，則生十三葉；視葉小者，則知閏何月。”　録龜字而施之：龜字，指龜書（即洛書）中字。施，用。

〔三三〇〕伏滔述帝功德銘曰：“胡書龜曆之文”：見梁任昉述異記卷上。洪本、吳本、四庫本“曰”作“云”。

〔三三一〕陶唐世，越裳獻千歲神龜，背有文，記開闢以來，録爲龜曆：越裳，亦作越常，古國名。在今越南義静省西北甘禄附近。背，喬本、洪本、吳本、備要本均譌“昔”，今據四庫本訂正。記，吳本、四庫本作“紀”。今考述異記卷上，原文作：“陶唐之世，越裳國獻千歲神龜，方三尺餘，背上有文，皆科斗書，記開闢已來。帝命録之，謂之龜曆。”

〔三三二〕唐事始：即唐賢事始。佚書，作者不詳。

〔三三三〕分至定，時日得，故百穀义而風雨時：分至，指春分、秋分、冬至、夏至。各本皆作“分積”。彦按：“分積”不合上下文意，當爲“分至”之誤。“分至定，時日得”，猶元吳澄書纂言卷一堯典所言“蓋分至定，則四時之節候皆不差矣”。今訂正。义，治理。時，謂適時。　百工釐，庶功興：即書堯典所謂“允釐百工，庶績咸熙”。參見上注〔三二三〕。

〔三三四〕帝之出也，萬物作焉；帝之入也，萬物復焉：自此而下至“疑，其成，如秋焉”，見宋陳瑩中五辰論，文字略有異同。作，興起，生。復，通“腹”，豐厚。吕氏春秋上農：“民農則其産復，其産復則重徙。”許維遹集釋：“月令‘復’作‘腹’。鄭注：‘腹，厚也。’”

〔三三五〕物方作，則聖人之治政事者，衆績於是熙：衆績，各種事業。熙，興，興起。　物既入，則聖人之治政事者，庶績於是疑：物既入，陳文原作“物之既復”。彦按：當以作“復”爲是。庶績，猶衆績。疑，通“凝”，形成。喬本如此，餘諸本均作“凝”。下“疑，其成”、“衆績疑”之“疑”同。書皋陶謨：“撫于五辰，庶績其凝。”孔氏傳：“凝，成也。”

〔三三六〕故堯於成歲言衆績熙：書堯典：“朞三百有六旬有六日，以閏月定四時，成歲。允釐百工，庶績咸熙。”　陶於撫辰言衆績疑：陶，皋陶。書皋陶謨：“撫于五辰，庶績其凝。”周秉鈞尚書易解曰：“撫，順也。今按五辰，北辰也，北辰之星有五，故謂之五辰。……北辰居天之中，爾雅釋天云：‘北極謂之北辰’,郭注云:‘北極,天之中,以正四時。’昭公十七年公羊疏引李巡注云:‘北極,天心也,居北方,正四時,謂之北辰’,可證。此文之五辰蓋借喻爲國君。……言百僚互相效法,百官思善,順從于國君,則衆功皆成矣。”

〔三三七〕乃命遏伯長火:遏伯,即閼伯。左傳襄公九年作閼伯。長火,謂任火正。　大辰:星宿名。又稱大火,即心宿。

〔三三八〕食于心:謂配享于心宿。吳本、四庫本“食”作“時”誤。參見後紀八帝顓頊高陽氏注〔二四二〕。

〔三三九〕故因其出入而望之,以修其官而戒民事:其,指代大辰。出入,猶出没。修,整飭,整頓。

〔三四〇〕火祖:火神。

〔三四一〕命倕爲工,作和鍾,利器用:工,即共工,工官。和鍾,古樂器名。禮記明堂位:“垂之和鍾。”孔穎達疏:“‘垂之和鍾’者,垂之所作調和之鍾。”器用,泛指器具、用具。漢書百官公卿表上:“垂作共工,利器用。”

〔三四二〕赤將子輿:各本均譌“赤松子輿”,今據劉向列仙傳卷上訂正。

〔三四三〕命毋句氏作離磬:離磬,古樂器名。由一系列音頻不同的磬組成。其聲稀疏相離,故稱。喬本、洪本、吳本、備要本“磬”均譌“聲”,此從四庫本改。説文石部:“磬,樂石也。……古者母句氏作磬。”

〔三四四〕樂録云磬叔所造,乃無句也:無句,即毋句氏。初學記卷一六樂部下磬第六云:“世本曰:‘無句作磬。’”下注:“樂録又曰磬叔所造,未知孰是。無句,堯臣也。”

〔三四五〕叔之離磬:見禮記明堂位。吳本“叔”譌“爲”。

〔三四六〕制七絃,徽大唐之歌而民事得:七絃,指七絃琴。古琴的一種,有絃七根。徽,通“揮”,彈奏。得,謂知曉、了解。

〔三四七〕見文心雕龍明詩。原文作:“至堯有大唐之歌,舜造南風之詩;觀其二文,辭達而已。”　文心彫龍:吳本、四庫本“彫”作“雕”。

〔三四八〕琴清英:漢揚雄撰。　五絃,堯加二絃:吳本、四庫本“加”作“作”非。通典卷一四四樂四八音絲引琴清英,作:“舜彈五絃之琴,而天下化;堯加二絃,以合君臣之恩。”

〔三四九〕新論、廣雅等謂二絃,文、武王所加:吳本“等”譌“云”。桓譚新論琴道：“五絃第一絃爲宮，其次商、角、徵、羽，<u>文王</u>、<u>武王</u>各加一絃，以爲少宮、少商。”<u>廣雅</u>釋樂：“<u>神農氏</u>琴長三尺六寸六分，上有五弦曰宮、商、角、徵、羽。<u>文王</u>增二弦，曰少宮、［少］商。”

〔三五〇〕堯使毋句作五絃：宋<u>高承</u>事物紀原卷二樂舞聲歌部琴引通禮義纂，“五絃”上有“琴”字。

〔三五一〕命質放山川磎谷之音以歌八風，作大章之樂：放（fǎng），仿效。磎谷，吳本“磎”作“谿”。八風，八音，泛稱音樂。<u>吕氏春秋</u>古樂：“帝<u>堯</u>立，乃命<u>質</u>爲樂。<u>質</u>乃效山林谿谷之音以歌。”<u>高誘</u>注：“<u>質</u>，當爲<u>夔</u>。”<u>彦</u>按：藝文類聚卷一一引帝王世紀：“（<u>堯</u>）乃以<u>尹壽</u>、<u>許由</u>爲師。<u>夔</u>放山川谿谷之音，作樂大章。天下大和，百姓無事。”亦作<u>夔</u>。

〔三五二〕禮書“質”作“鄮”：吳本“質”譌“貢”。

〔三五三〕擊石拊石，上當玉磬；乃麋輅置缶而鼓之：石，指石磬。拊，輕擊。玉磬，玉質之磬。麋輅，麋皮。輅（luò），生革。缶，盛酒漿的瓦器。鼓，擊打。<u>吕氏春秋</u>古樂：“（<u>質</u>）乃以麋輅置缶而鼓之，乃拊石擊石，以象上帝玉磬之音，以致舞百獸。”<u>孫詒讓</u>曰：“案：‘置缶’難通，‘置’疑當爲‘冒’，形近而誤。周禮‘籥章掌土鼓、豳籥’注：‘<u>杜子春</u>云：土鼓，以瓦爲匡，以革爲兩面，可擊也。’説文革部云：‘輅，生革可以爲縷束也。’此以麋輅冒缶以爲鼓，即以瓦爲匡，以革爲面也。”（見札迻卷六）

〔三五四〕立瞽叟，拌五絃之瑟爲十五絃：拌（féng），同“捀”，集韻鍾韻：“<u>孫伷</u>曰：‘兩手分而數。’”此蓋取“分”義。備要本作“拌”，與<u>吕氏春秋</u>古樂同。下“命<u>延</u>拌”之“拌”同。“拌”通“判”，亦有“分”義。

〔三五五〕命<u>延</u>拌瞽叟之所爲瑟：<u>延</u>，<u>吕氏春秋</u>古樂作“<u>仰延</u>”，且置其事于<u>舜</u>立之後。

〔三五六〕瞽棍：“棍”字不見于字書，<u>洪</u>本作“㮷”，吳本作“稶”，亦字書所無，頗疑刻板失字之真。

〔三五七〕紀原：瞽叟作十三絃之瑟：紀原，指事物紀原，宋<u>高承</u>撰。瞽叟，備要本“叟”譌“道”。十三絃，吳本作“十二絃”，今本事物紀原卷二樂舞聲歌部十一瑟作“十五絃”。

〔三五八〕<u>董逌</u>謂秦文以棍爲佶，云與譽同：<u>董逌</u>，<u>洪</u>本、吳本作“<u>董道</u>”。

彦按:董逴、董道均所未聞,疑其爲董逌之誤。逌有廣川書跋、錢譜等書,多涉上古文字,羅氏父子于書中曾數引其説。蓋即一人,此以形近誤作"逴"、"道"耳。佶,洪本、吳本作"㐲"。彦按:據下"云與譽同"之語,疑其字當作"偌",姑存疑待考。

〔三五九〕大咸:吳本作"大成"誤。

〔三六〇〕而大司樂以咸池祀地示,又夏日至於方澤奏之:大司樂,周禮官名,爲樂官之長。咸池,即大咸。地示,地神。示,"祇"之古字。吳本、四庫本譌"云"。夏日至,夏至(節氣名)日。方澤,即方丘。古代祭地祇的方壇。因設于澤中,故稱。周禮春官大司樂云:"乃奏大蔟,歌應鍾,舞咸池,以祭地示。"又云:"凡樂,函鍾爲宮,大蔟爲角,姑洗爲徵,南呂爲羽,靈鼓靈鼗,孫竹之管,空桑之琴瑟,咸池之舞,夏日至於澤中之方丘奏之。"

〔三六一〕莊子所謂"中於經首之會"者:中(zhòng),符合。會,音節,節奏。莊子養生主:"合於桑林之舞,乃中經首之會。"成玄英疏:"經首,咸池樂章名,則堯樂也。""教國子舞大咸"注云"堯樂"者也:喬本"者"字爲墨丁,此從餘諸本訂。周禮春官大司樂:"以樂舞教國子:舞雲門、大卷、大咸、大磬、大夏、大濩、大武。"鄭玄注:"此周所存六代之樂。……大咸,咸池,堯樂也。"

〔三六二〕虞禋六宗:禋,謂誠心祭祀。國語周語上:"精意以享,禋也。"六宗,本書後紀十二帝舜有虞氏"禋于六宗"羅苹注:"六宗者,三昭三穆也。與文祖而七。"書舜典:"正月上日,受終于文祖。在璿璣玉衡,以齊七政。肆類于上帝,禋于六宗。"尹言"七世之廟":尹,指商湯大臣伊尹。書咸有一德:"伊尹既復政厥辟,將告歸,乃陳戒于德。曰:'……嗚呼!七世之廟,可以觀德;萬夫之長,可以觀政。'"禮"酬六尸",一尸發爵,六尸旅之:酬,勸酒,敬酒。尸,古代祭祀時代死者受祭的人。發爵,付給酒爵。旅,謂旅酬,指祭禮完畢後衆人一起宴飲,相互敬酒。禮記禮器:"周旅酬六尸。"鄭玄注:"使之相酌也。后稷之尸發爵,不受旅。"孔穎達疏:"旅酬六尸,謂祫祭時聚羣廟之主於太祖后稷廟中,后稷在室西壁東嚮,爲發爵之主,尊,不與子孫爲酬酢,餘自文、武二尸就親廟中,凡六,在后稷之東,南北對爲昭穆,更相次序以酬也。……然大祫多主,而唯云'六尸'者,先儒與王肅並云:'毁廟無尸,但有主也。'"

〔三六三〕虞喜云:"七廟不始於周":虞喜,晉隱士,天文學家。各本"喜"

均譌“嘉”，今訂正。云，備要本譌“三”。通典卷四七吉禮六天子宗廟：“虞喜云：‘七廟不始於周，伊尹已言七代之廟矣。’”

〔三六四〕建隆：宋太祖趙匡胤年號。　周七廟，親廟外加大祖：吴本“七”譌“十”。親廟，顯考（高祖）以下謂之親廟，包括考（父）廟、王考（祖父）廟、皇考（曾祖）廟、顯考廟。大祖，始祖，指后稷。大，“太”之古字，四庫本作“太”。彦按：此“太祖”下宜有“文王、武王”。宋史禮志九：“建隆元年，有司請立宗廟，詔下其議。兵部尚書張昭等奏：‘謹案堯、舜、禹皆立五廟，蓋二昭二穆與其始祖也。有商建國，改立六廟，蓋昭穆之外，祀契與湯也。周立七廟，蓋親廟之外，祀太祖與文王、武王也。’”

〔三六五〕元苞：即春秋元命苞，春秋緯之一種。

〔三六六〕五帝：指五方天帝。詳見後紀五黄帝有熊氏注〔三七二〕。

〔三六七〕見通典卷四四吉禮三大享明堂。

〔三六八〕牛弘：隋禮部尚書。吴本作“羊弘”，四庫本作“羊宏”，並誤。隋書牛弘傳：“竊謂明堂者，……黄帝曰合宫，堯曰五府，舜曰總章，布政興治，由來尚矣。”

〔三六九〕帝者承天立五府，以尊天象：承天，承奉天道。隋書宇文愷傳引尚書帝命驗，“以尊天象”作“以尊天重象”。　蒼曰靈府，赤曰文祖，黄曰神斗，白曰顯紀，黑曰玄矩：蒼，喬本、備要本作“倉”，此從餘諸本。神斗，各本皆譌“神計”，隋書及北史宇文愷傳、史記五帝本紀“文祖者，堯大祖也”司馬貞索隱、張守節正義引尚書帝命驗，均作“神斗”，今據以訂正。

〔三七〇〕唐虞之天府，夏世室同矣：隋書宇文愷傳引，作：“唐虞之天府，夏之世室，殷之重屋，周之明堂，皆同矣。”

〔三七一〕祭以其氣，迎牲殺於廷，毛血詔于室，以降土神：其氣，指犧牲之氣味。廷，堂前空地。詔，告，謂饗神稟告。室，堂後正房。土神，土地神。

〔三七二〕祈祥：即“祈羊”，古代一種祭祀禮儀。管子形勢“山高而不崩，則祈羊至矣”尹知章注：“烹羊以祭，故曰祈羊。”

〔三七三〕齊桓公欲籍宫室、六畜，管仲不可，謂立五厲之祭曰：昔堯之五吏五官無所食，請立之以祭堯之五吏：自此而下至“推之以禮義也”，撮取自管子輕重甲。籍，徵稅。吴本、四庫本作“藉”。厲，無人祭祀的鬼。“五吏五官”，

管子同。聞一多曰:"五吏蓋即五臣。'五官'二字疑衍。下文'君請立五屬之
祭祭堯之五吏',不言五官,可證。二字蓋舊注之闌入正文者。"(見管子集校)

〔三七四〕春獻蘭,秋斂落:管子同,許維遹云:"疑'落'當作'菊',字之誤
也。"聞一多云:"'落'即'菊'無疑。……草名菊謂之落,猶星名鞠謂之北落
矣。"(見管子集校)獻,獻祭。斂,收穫。此"斂"與"獻"互文,謂收穫以獻祭。
又,春蘭、秋落,借代時新,亦不宜坐實。　則澤魚伯倍異日:伯,通"佰",一百。
四庫本作"百"。日,洪本譌"目"。彥按:此謂"澤魚籍伯倍異日","籍"字蒙
下句"無屋粟邦布籍"省。管子作"則澤魚之正伯倍異日"。"正"通"徵",義
同"籍"。　無屋粟邦布籍:屋粟,古代稅名。周禮地官旅師"掌聚野之鋤粟、
屋粟、閒粟"鄭玄注:"屋粟,民有田不耕,所罰三夫之稅粟。"邦布,指口錢(人
口稅的一種)。見管子輕重甲"則無屋粟邦布之籍"馬非百新詮。

〔三七五〕此謂祈祥,推之以禮義也:管子作:"此之謂設之以祈祥,推之以
禮義也。"

〔三七六〕守歲之盈虛,乘民之緩急,正其甲令而御其大權:守,注視,關注。
玉篇宀部:"守,視也。"歲,年成。盈虛,猶豐歉。乘,憑藉,依據。甲令,創制之
令或重要政令。御,把握,控制。大權,重大的變化,重要的變通。大,喬本、洪
本作"太",此從餘諸本。管子國蓄:"萬乘之國,守歲之滿虛,乘民之緩急,正
其號令而御其大準,然後萬乘可資也。"　燒山林,焚沛澤,以通刀布:焚,喬本、
洪本、備要本作"楚",吳本作"焚",並誤。今從四庫本訂正。沛澤,水草茂密
的低洼地。刀布,古代貨幣。以其利而行廣,故稱。彥按:管子揆度云:"至於
黃帝之王,……燒山林,破增藪,焚沛澤,逐禽獸。"路史此文本述堯事,與管子
述黃帝事者不同,然卻不無套用後者文辭之嫌。

〔三七七〕㣇弓大止:喬本如此,餘諸本"弓"作"亐"。

〔三七八〕久在水外:外,吳本作"氷",四庫本作"水"。

〔三七九〕元澄:北魏任城王,明帝時官尚書令。　周外府掌邦布之出入。
藏曰泉,流曰布。則錢之興也,始於一品,欲令代匠均同,圜流無極:流曰布,洪
本、吳本"曰"譌"甲"。一品,一種。各本"一"均譌"六",今據魏書及通典訂
正。代匠,世匠,謂世代製作。圜流,猶環流,謂循環流轉。各本"圜"皆譌
"圓",今據魏書及通典訂正。魏書食貨志及通典卷九食貨九錢幣下均備載元

澄奏文,今録前者于下:"謹詳周禮,外府掌邦布之入出。布猶泉也,其藏曰泉,其流曰布。然則錢之興也,始於一品,欲令世匠均同,圜流無極。"

〔三八〇〕乃爲金三等:金,指貨幣。 禺氏邊山之玉:禺氏,古族名,即月氏。邊山,旁邊之山。管子國蓄:"玉起於禺氏。"許維遹云:"禺氏即月氏,以產玉稱。"郭沫若指出:"以禺氏爲月氏,説本何秋濤。"(俱見于管子集校)又管子輕重乙:"玉出於禺氏之旁山。" 赤野末光之珠:赤野,古代傳説中產珠玉之地,在極遙遠之南方。張衡髑髏賦"南遊赤野,北涉幽鄉"宋章樵注:"極南之地。"(見古文苑卷五)末光,謂遙遠之地。末,遠也(見廣韻末韻)。光,通"廣",亦有"遠"義。穀梁傳僖公十五年"故德厚者流光"楊士勛疏:"光,猶遠也。"管子地數:"珠起於赤野之末光。" 汝漢右洿之金:右洿,西邊窪地。管子地數:"金起於汝漢之右洿。" 泉貨以成下幣:泉貨,錢幣,此指銅鑄幣,如刀布。管子國蓄:"先王……以珠玉爲上幣,以黃金爲中幣,以刀布爲下幣。"

〔三八一〕勝禽獸之仇:謂提高獸皮的價錢。勝,增加。仇,通"讎",酬償。

大夫隨之:隨,依從,謂照辦。管子揆度:"至於堯舜之王,所以化海內者,北用禺氏之玉,南貴江漢之珠。其勝禽獸之仇,以大夫隨之。"彥按:"勝禽獸之仇"與"貴江漢之珠"用意大同,皆欲富漁獵之民也。下文管仲所云"令諸侯之子將委質者皆以雙武之皮,卿大夫豹飾,列大夫豹幨。大夫散其邑粟與其財物,以市虎豹之皮",則是"勝禽獸之仇"之重要措施及"大夫隨之"之具體要求。至于這種做法的好處,則是:"山林之人刺其猛獸,若從親戚之仇。此君冕服於朝,而猛獸勝於外;大夫已散其財物,萬人得受其流。"歷來學者於管子"其勝禽獸之仇,以大夫隨之"二句,可謂聚訟紛紜,然皆未得其旨,故略論之於上。

〔三八二〕鞚財高下,以衡民之好惡焉:鞚,控制。高下,謂增減。衡,平衡,調節。

〔三八三〕楚世家注,三錢府:彥按:今考史記楚世家及三家注並無此文,而越王句踐世家則有:"每王且赦,常封三錢之府。"裴駰集解:"或曰:'王且赦,常封三錢之府'者,錢幣至重,慮人或逆知有赦,盜竊之,所以封錢府,備盜竊也。"此蓋羅氏誤記。

〔三八四〕平準書:史記篇名。 虞夏之幣,金爲三品:黃,白,赤:史記原文"黃,白,赤"作"或黃,或白,或赤"。

〔三八五〕自此"管子云"至下"此堯舜之數也",見管子揆度,文字略有異同。

〔三八六〕令諸侯之子將委質者以雙虎之皮:委質,謂委身爲質子(古代派往別國去作抵押的人質。多爲王子或世子)。雙虎之皮,今本管子作"雙武之皮",尹知章注:"雙虎之皮以爲裘。" 卿大夫豹飾:管子文同。尹知章注:"卿大夫,上大夫也。袖謂之飾。" 列大夫豹襜:襜,音 chàn,衣襟。各本皆譌"襜",今據管子訂正。尹知章注曰:"列大夫,中大夫也。襟謂之襜。" 則將散其邑粟財物以求之:邑粟,采邑的賦粟。管子文作"大夫散其邑粟與其財物以市虎豹之皮"。 故山林之人剌其獸若從親戚之仇:從,追逐。親戚,父母。 君冕服於朝,而猛獸勝於外:勝,制勝,制服。 大夫散其財物,萬人得受其流矣:流,流布,散布,借代散布之財物。 此堯舜之數也:數,術,指統治術。

〔三八七〕故沈菑九刈,雨雹彌旬,而下亡菜色:沈菑,深重的災害。菑,通"災"。九刈,屢降。刈,通"艾",廣雅釋詁一:"艾,至也。"彌旬,滿十天。菜色,因長期挨餓營養不良而呈現的臉色。

〔三八八〕九年耕,餘三年食:三年,喬本、洪本作"二年",此從餘諸本。蓋升平三年而餘一年食,登平九年,自以餘三年食爲合理。食,吳本、四庫本、備要本作"之食"。下"餘七年食"之"食"同。

〔三八九〕徐光對石勒云:徐光,石勒中書令。石勒,十六國時後趙開國之君,廟號高祖,謚明皇帝,公元 319—333 年在位。

〔三九〇〕楊震:東漢太尉。 堯遭洪水而民無菜色:後漢書楊震傳載震上疏語。原文爲:"臣聞古者九年耕必有三年之儲,故堯遭洪水,人無菜色。"

〔三九一〕西夏廢志,惠而非兵,墮城守,弃武德,好貪以求于民,於是伐而亡之:西夏,我國古代西方小國之名。廢志,猶喪志。逸周書史記:"昔者西夏性仁非兵,城郭不脩,武士無位,惠而好賞;財屈而無以賞,唐氏伐之,城郭不守,武士不用,西夏以亡。"

〔三九二〕有唐不享,於是偏以劘之,喪之丹浦:有唐,古國名。故地在今河北唐縣。享,獻,朝貢。偏,側旁。劘(mó),逼近。喪,滅亡。丹浦,丹水(即今陝西、湖北、河南邊境之丹江)之濱。

〔三九三〕西夏事見于神武祕略及吕春秋：洪本"于"字空闕，吳本、四庫本、備要本脱文。彦按：今查吕氏春秋不見其事，而逸周書有之（見上注〔三九一〕），疑羅氏誤記。

〔三九四〕吕氏又云，堯有丹水之戰：吕氏春秋召類："堯戰於丹水之浦以服南蠻。"

〔三九五〕商洛：縣名，治所在今陝西丹鳳縣商鎮。　堯伐有唐：見鶡冠子世兵。

〔三九六〕今南陽之唐鄉也：南陽，縣名，治所即今河南南陽市。洪本、吳本"之"譌"止"。

〔三九七〕有苗：即三苗。見後紀三炎帝神農氏注〔二七六〕。

〔三九八〕文字之誤如此：吳本"字"譌"子"。

〔三九九〕沈蒙洚水，演天方害：沈蒙，久遭。洚水，洪水。演天，演算天運。龍門未闢，吕梁未發：龍門，即禹門口。在今山西河津市西北和陝西韓城市東北。黃河至此，兩岸峭壁對峙，形如門闕，故名。吕梁，山名。在今山西西部黃河與汾河間，主峯在今吕梁市離石區東北。相傳夏禹治水，曾于此鑿吕梁以通黃河。發，開通。吕氏春秋愛類："昔上古龍門未開，吕梁未發，河出孟門，大溢逆流，無有丘陵沃衍、平原高阜，盡皆滅之，名曰鴻水。"　后土冒没，而填星逆于水府：后土，對大地的尊稱。冒没，湮没，淹没。填星，即土星。"填"通"鎮"。我國古代以爲土星每二十八年運行一周天，歲鎮二十八宿中的一宿，故名。水府，星官名。晉書天文志上："東井西南四星曰水府，主水之官也。"彦按：土星主土，今逆行入于水府，乃大地水淹之象。

〔四〇〇〕後魏書：即北齊魏收所撰魏書。其張淵傳載淵觀象賦曰："乃有欽明光被，填逆水府。"下注："昔堯遭洪水，填星逆行入水府。"

〔四〇一〕帝乃憂中國之不康，詔曰："洚水滔天，下民其咨，孰能使燮，將任焉"：咨，嘆詞。此表驚恐哀慟。燮，音 yì，治理。吳越春秋越王無余外傳："帝堯之時，遭洪水滔滔，天下沉漬，九州閼塞，四瀆壅閉。帝乃憂中國之不康，悼黎元之罹咎，乃命四嶽，乃舉賢良，將任治水。"又書堯典："帝曰：'咨！四岳。湯湯洪水方割，蕩蕩懷山襄陵，浩浩滔天。下民其咨，有能俾乂？'"

〔四〇二〕四岳稱鯀：鯀，同"鮌"。書堯典："僉曰：'於，鮌哉！'"

〔四〇三〕帝知鯀之圮族方命,而民患弗可竢:書堯典:"帝曰:'吁! 咈哉! 方命圮族。'"周秉鈞易解:"鄭玄曰:'方,放。謂放棄教命。'圮,毀也。族,類也。圮族,謂破壞同類。"竢,等待。

〔四〇四〕又自中國至條方莫薦:中國,即國之中,謂國都。條方,遠方。禮記樂記"感條暢之氣"孔穎達疏、太玄玄圖"條暢乎四"范望注並曰:"條,遠也。"吳越春秋越王無余外傳作:"自中國至于條方,莫薦人,帝靡所任。"　於是試鯀,俾司空欽哉:司空,猶司工,謂主管治水工程。欽,敬。欽哉,帝欲鯀敬其事。書堯典:"帝曰:'往,欽哉!'"

〔四〇五〕程晏:字晏然,唐乾寧二年進士。新唐書藝文志著録有程晏集七卷。餘不詳。　云汲害也。試鯀,以其僉同,所謂稽于衆:汲害,引薦提拔之害。汲,引薦,提拔。僉同,一致贊同。稽,問,調查。廣雅釋詁二:"稽,問也。"

〔四〇六〕九載,功用不成而止:功用,功效,效用。書堯典:"九載,績用弗成。"

〔四〇七〕九載三攷績:洪本、吳本"三"譌"王"。

〔四〇八〕仁汲:謂仁(仁慈,厚道)于汲(引薦提拔人)。

〔四〇九〕就水:謂前往治水。就,赴。

〔四一〇〕及鯀堙水:堙,"堙"之古字,堵塞。説文土部:"堙,塞也。尚書曰:'鮌堙洪水。'"　而後帝知歷:歷,歷數,指帝王繼承的次序。古人認爲帝位相承和天象運行次序相應。　歷運之遭七:謂帝堯在位七十載時。歷運,帝王或王朝所經年數及氣運。喬本"歷"字磨滅,今據餘諸本訂補。漢靈帝時帝堯碑:"歷運遭七,乃禪舜焉。"宋洪适云:"炎帝傳八世,故曰'爰嗣八九';堯在位七十載,故曰'歷運遭七'。"(見隸釋卷一帝堯碑)書堯典:"帝曰:'咨! 四岳。朕在位七十載,汝能庸命,巽朕位。'"　年衰志閔:志閔,心憂。閔,憂慮。

復覘嗣子之嚚訟:覘(chān),見。廣雅釋詁一:"覘,視也。"嗣子,帝王或諸侯的承嗣子,此指丹朱。嚚訟,妄言而好爭(據周秉鈞尚書易解説)。嚚,音yín,左傳僖公二十四年:"口不道忠信之言爲嚚。"書堯典:"帝曰:'疇咨若時? 登庸。'放齊曰:'胤子朱啓明。'帝曰:'吁! 嚚訟,可乎?'""胤子朱啓明",史記五帝本紀作"嗣子丹朱開明"。　於是巽遯之願軫焉:洪本"是"字爲墨丁。巽遯,退隱。巽,通"遜"。軫(zhěn),動也(見廣韻軫韻)。

〔四一一〕充治期：充，指東漢王充。治期，充撰論衡篇名。喬本如此，餘諸本“期”均譌“斯”。

〔四一二〕太乙歷數：道書名。作者不詳。

〔四一三〕周世宗使竇儼論水沴：周世宗，指五代後周世宗柴榮。使，各本皆作“使使”，當衍其一，今刪去。竇儼，五代、北宋時人，歷仕後晉、後漢、後周，屢任史館之職。入宋任禮部侍郎，祠祀樂章、宗廟謚號多所撰定。水沴（lì），水災。特指天地四時之氣不和而生的災害。彥按：周世宗使竇儼論水沴所興事備載于曾鞏元豐類藁卷四九本朝政要策水災。羅苹此注蓋即撮取自彼。　陰之主，始於淵獻：陰之主，吳本作“陰以主”非。淵獻，即大淵獻，亥年或亥（地支名）的別稱。　水之行，犯於九六：犯，吳本作“紀”非。九六，“陽九百六”之略語。古代道家稱天厄爲“陽九”，地厄爲“百六”，因以“九六”指災難或厄運。　凡千七百二十八歲，爲浩浩之會：浩浩，水盛大貌。此借代大水。　乃當此之時，陶唐之君不能弭其患：弭，制止。　至於后辟狂妄以自率，權臣詐冒以下專：后辟，帝王、國君。自率，任己，謂隨心所欲。詐冒，假冒，謂假託君令。下專，專權于下。　政不明，賢不章：章，表彰。　苦雨數至，潦水厚積：苦雨，久下成災的雨。潦水，雨後的積水。喬本“潦”譌“療”，今從餘諸本改。　若德宗壬申之水，是政也：德宗，指唐德宗李适。壬申，即貞元八年，時當公元792年。舊唐書五行志：“（貞元）八年秋，大雨，河南、河北、山南、江淮凡四十餘州大水，漂溺死者二萬餘人。時幽州七月大雨，平地水深二丈；鄭、涿、薊、檀、平五州，平地水深一丈五尺。又徐州奏：自五月二十五日雨，至七月八日方止，平地水深一丈二尺，郭邑廬里屋宇田稼皆盡，百姓皆登丘塚山原以避之。”新唐書德宗紀贊：“德宗猜忌刻薄，以彊明自任，恥見屈於正論，而忘受欺於姦諛。故其疑蕭復之輕己，謂姜公輔爲賣直，而不能容；用盧杞、趙贊，則至於敗亂而終不悔。及奉天之難，深自懲艾，遂行姑息之政。由是朝廷益弱，而方鎮愈彊，至於唐亡，其患以此。”

〔四一四〕昔魏主疑任縣九年爲失序：魏主，指三國魏主高貴鄉公曹髦。任，洪本、吳本、備要本譌“在”。縣，洪本譌“縣”。失序，亦作“失敍”，謂次序混亂，失去常規。　庾峻云：“聖主不容無失”：庾峻，魏博士。“峻”字喬本作“埈”，餘諸本作“竣”，俱非。今據三國志訂正作“峻”。三國志魏志高貴鄉公髦紀甘露元年載其事，文稱："（四月）丙辰，帝幸太學，……帝曰：'……經云：
"知人則哲，能官人。"若堯疑鯀，試之九年，官人失敘，何得謂之聖哲？'峻對
曰：'臣竊觀經傳，聖人行事不能無失，是以堯失之四凶，周公失之二叔，仲尼失
之宰予。'"

〔四一五〕禹之用，亦非接殛縣年：四庫本、備要本"接"譌"按"。殛，通
"極"，流放。

〔四一六〕洊之，窫窳、鑿齒、九嬰、十日、大風、封豕、長它之害民罔攸止：洊
之，再三地，接連地。洊，音 jiàn。窫窳（yà yǔ），字亦作猰貐。它，"蛇"之古
字。罔攸止，無所止，謂無止時。淮南子本經："逮至堯之時，十日並出，焦禾
稼，殺草木，而民無所食。猰貐、鑿齒、九嬰、大風、封豨、脩蛇，皆爲民害。"高誘
注："猰貐，獸名也，狀若龍首，或曰似狸，善走而食人，在西方也。鑿齒，獸名，
齒長三尺，其狀如鑿，下徹頷下，而持戈盾。九嬰，水火之怪，爲人害。大風，風
伯也，能壞人屋舍。封豨，大豕。楚人謂豕爲豨也。脩蛇，大蛇，吞象三年而出
其骨之類。"彥按：路史本句典出淮南子本經。所稱"窫窳、鑿齒、九嬰"等等究
爲何物，今姑按高誘淮南子注，皆不作專名視。若依下羅苹注所稱"蓋大風、
九嬰等，皆當時兇頑貪婪者之號，如檮杌、饕餮之類"，則其下皆須加專名號。

〔四一七〕融天之山有人曰鑿齒，羿煞之：煞，通"殺"。山海經大荒南經：
"大荒之中，有山名曰融天，海水南入焉。有人曰鑿齒，羿殺之。" 又羲和君之
子曰十日：羲和，國名。十日，彥按：據羅苹注意，蓋視"十日"爲人名號，故此
姑加上專名號，然未必與山海經本意相符。山海經大荒南經："東南海之外，甘
水之間，有羲和之國。有女子名曰羲和，方浴日於甘淵。羲和者，帝俊之妻，生
十日。" 傳以吳爲封豕長蛇：左傳定公四年："及昭王在隨，申包胥如秦乞師，
曰：'吳爲封豕長蛇，以荐食上國。'" 北伯封之子亦號封豕：彥按：此文有誤。
左傳昭公二十八年云："昔有仍氏生女，黰黑而甚美，光可以鑑，名曰玄妻。樂
正后夔取之，生伯封，實有豕心，貪惏無饜，忿纇無期，謂之封豕。"是號封豕者
爲夔子伯封，非所謂"北伯封之子"也。

〔四一八〕如檮杌、饕餮之類：檮杌（táo wù），原爲傳說中凶獸名，（神異經
西荒經："西方荒中有獸焉，其狀如虎而犬毛，長二尺，人面虎足，猪口牙，尾長
一丈八尺，攪亂荒中，名檮杌，一名傲狠，一名難訓。"）後或用爲惡人稱號。四

庫本如此，是；喬本、備要本作“擣杌”，洪本、吳本作“擣抗”，俱誤。今訂正。左傳文公十八年：“舜臣堯，賓于四門，流四凶族渾敦、窮奇、檮杌、饕餮，投諸四裔，以禦螭魅。”又：“顓頊氏有不才子，不可教訓，不知話言，告之則頑，舍之則嚚，傲很明德，以亂天常，天下之民謂之檮杌。”杜預注：“謂鯀。”饕餮，見後紀六帝鴻氏注〔四〇〕。

〔四一九〕應劭以猰貐類貙，食人：應劭，吳本“劭”譌“而”。猰貐之“猰”，喬本、洪本、吳本、四庫本作“猰”，備要本作“猰”。彥按：猰當“猰”字形譌，猰則猰字或體，今訂作“猰”。貙(chū)，爾雅釋獸：“貙，似貍。”郭璞注：“今貙虎也，大如狗，文如貍。”漢書揚雄傳長楊賦“窫窳其民”顏師古注引應劭曰：“窫窳類貙，虎爪，食人。” 服虔以鑿齒齒長五尺，似鑿，食人：各本“鑿齒”下無“齒”字。彥按：“鑿齒”下當有“齒”字。五尺狀其齒，非狀其身。今補出。五尺，吳本“尺”譌“又”。漢書揚雄傳長楊賦“鑿齒之徒相與摩牙而爭之”顏師古注引服虔曰：“鑿齒，齒長五尺，似鑿，亦食人。” 大風，風伯；九嬰，水火之怪：彥按：此二解，實出高誘淮南子注（見上注〔四一六〕）。其前宜有“高誘以”三字。水火之怪，各本“水”皆譌“以”，今據淮南子本經高誘注訂正。

〔四二〇〕十日：洪本、吳本“日”譌“曰”。

〔四二一〕於是澤兵稱旅：澤兵，賞賜酒食，犒勞士兵。澤，通“醳”，音 yì，賞賜酒食。稱旅，出動軍隊。 繳大風於青丘：繳(zhuó)，原指拴在箭上的生絲繩，此謂用拴著生絲繩的箭射。 禽封豕於桑林：禽，“擒”之古字。 乃誅鑿齒於疇華之野：誅，殺。洪本、吳本作“殊”，音近義同。 四方同塵：同塵，謂如灰塵之混雜異物。比喻混一、統一。語本老子：“和其光，同其塵。” 夷夏廣陝險易遠近始復道里：復，恢復。道里，道路村落。淮南子本經：“堯乃使羿誅鑿齒於疇華之野，殺九嬰於凶水之上，繳大風於青丘之澤，上射十日而下殺猰貐，斷脩蛇於洞庭，禽封豨於桑林。萬民皆喜，置堯以爲天子。於是天下廣陝險易遠近始有道里。”高誘注：“疇華，南方澤名。”“北狄之地有凶水。”“青丘，東方之澤名也。”“洞庭，南方澤名。桑林，湯所禱旱桑山之林。”

〔四二二〕巴蛇：古代傳説中的大蛇。山海經海內南經：“巴蛇食象，三歲而出其骨。” 江岳：江州（治所在今重慶市）與岳州（治所在今湖南岳陽市）。

〔四二三〕今巴陵之巴丘：吳本“今”譌“令”。巴陵，縣名。巴丘，城名，在今湖南岳陽市岳陽樓區。

〔四二四〕江源記：即南朝宋庾仲雍撰尋江源記（見舊唐書經籍志上、新唐書藝文志二）。太平御覽亦引此條，則云“尋江記曰”，疑脱“源”字。

〔四二五〕青丘：洪本“丘”作“亙”。下“清丘”之“丘”同。

〔四二六〕北狄：洪本“北”譌“孔”。　臨濮：縣名，治所在今山東鄄城縣臨濮鎮。吴本“濮”譌“僕”。

〔四二七〕故許氏云：指許慎淮南子注所云。彦按：今考淮南子氾論“羿除天下之害，死而爲宗布”下高誘注，文字幾乎全同。未知果許氏注邪，抑高氏注邪。　河伯溺煞人：煞，四庫本作“殺”，同。

〔四二八〕非有窮君也：謂此羿乃堯臣羿，而非夏代有窮國君之羿（又稱后羿）。

〔四二九〕歸藏、楚辭言羿彃十日：彃（bì），射。楚辭天問：“羿焉彃日？烏焉解羽？”

〔四三〇〕於是爲世載七十矣，天下猶未平，洚水横流，草木暢茂，獸尘鳥远之道交於中國：爲世，猶治世，謂統治天下。草木，吴本作“草水”誤。暢茂，旺盛繁茂。尘，同“蹂”，獸足蹂地也（見説文）。远（háng），鳥獸足迹。四庫本“獸尘鳥远”作“獸蹄鳥迹”。中國，國中。孟子滕文公上：“當堯之時，天下猶未平，洪水横流，氾濫於天下，草木暢茂，禽獸繁殖，五穀不登，禽獸偪人，獸蹄鳥迹之道交於中國。”

〔四三一〕帝寔憂之，乃疇咨能若時之賢，以屬天下之統：帝寔，吴本、四庫本作“堯實”。疇咨，謂訪問，訪求。典出書堯典（見下）。若時，順應天時（天命）。屬（zhǔ），委託，託付。統，治理，管理。廣雅釋詁二：“統，理也。”書堯典“帝曰：‘疇咨若時？登庸。’”孔氏傳：“疇，誰；庸，用也。”

〔四三二〕方是，帝畿巨浸，稽天而冀人：帝畿，京都地區。巨浸，大水，洪水。稽，卜問。冀，企盼，期望。

〔四三三〕美祥：吉兆。

〔四三四〕四明山記：佚書，作者不詳。　亦數也：數，天命。

〔四三五〕秊大飢，惟舜所熟：飢，通“饑”，饑荒。四庫本作“饑”。所，可，可以。熟，有收成，豐收。

〔四三六〕聖:聰明睿智,事無不通。

〔四三七〕岳辭其德,弗辱;則又俾之顯揚幽側:辱,玷辱,辜負。顯揚,舉薦。幽側,猶幽隱,指隱居未仕的賢人。書堯典:"帝曰:'咨!四岳。朕在位七十載,汝能庸命,巽朕位。'岳曰:'否德,忝帝位。'曰:'明明揚側陋。'"

〔四三八〕以舜錫薦:錫薦,進獻。錫,通"賜"。書堯典:"師錫帝曰:'有鰥在下,曰虞舜。'"

〔四三九〕于是舉之童土之地而歷試之,命爲司徒:童土,没有草木的土地。歷,屢,多次。莊子徐無鬼:"堯聞舜之賢,舉之童土之地。"書舜典序:"虞舜側微,堯聞之聰明將使嗣位,歷試諸難,作舜典。"文子自然:"昔堯之治天下也,舜爲司徒。"

〔四四〇〕二女女焉,觀厥刑于二女:"女焉"之"女",嫁。厥,其,吳本譌"歷"。刑,法度,規矩。書堯典:"帝曰:'我其試哉!女于時,觀厥刑于二女。'釐降二女于嬀汭,嬪于虞。"

〔四四一〕官材任士:任用有才能之士爲官。吳本"任"譌"壬"。　一耳目之:一,一概,皆。耳目,比喻親信之人。書益稷:"帝曰:'臣作朕股肱耳目。'"

〔四四二〕舜修畎畝之中而聞之堯:修,從事。畎畝,田地,田野。畎,同"畖",田間小水溝。吳本譌"胡"。孟子告子下:"孟子曰:'舜發於畎畝之中。'"　堯游巖廊之上而知畎畝:巖廊,高峻的廊廡,借指朝廷。畎畝,此指畎畝中之賢人舜。

〔四四三〕野人:鄉野之人。

〔四四四〕師錫帝曰:見書堯典:"師錫帝曰:'有鰥在下,曰虞舜。'"吳本、四庫本、備要本誤倒作"帝曰師錫"。

〔四四五〕帝曰"予聞":書堯典:"帝曰:'俞,予聞。如何?'"孔氏傳:"俞,然也,然其所舉。言我亦聞之,其德行如何?"

〔四四六〕方其薦岳俾揚側陋:側陋,猶幽側。見上注〔四三七〕。

〔四四七〕夫咨"若時"而放齊舉朱:咨,詢問。放齊,堯臣。見上注〔四一〇〕。　知若時爲是位:彥按:"是位"與"若是"二字義不相應,蓋非。孔氏傳釋"若是"爲"順是事",周秉鈞尚書易解釋"若是"爲"善治四時",顧頡剛、劉起釪尚書校釋譯論釋"若是"爲如此,屈萬里尚書今注今譯以爲"若,順。

時,天時”,雖相徑庭,然皆扣字解詁,于義爲長,尤以<u>屈氏</u>所釋最爲妥貼。

〔四四八〕咨“予采”而驩舉共工亮采:采,事也(見<u>爾雅釋詁</u>),指政事。驩,<u>驩兜</u>,<u>堯</u>臣。<u>共工</u>,<u>堯</u>水官。亮采,輔佐政事。<u>爾雅釋詁</u>:“亮,右也。”<u>郭璞注</u>:“皆相佑助。”<u>書堯典</u>:“帝曰:‘疇咨若予采?’<u>驩兜</u>曰:‘都!<u>共工</u>方鳩僝功。’”<u>周秉鈞易解</u>:“方,借爲防;鳩借爲救,<u>説文</u>引作救。方鳩,即防救也。……僝,音撰,<u>馬融</u>曰:‘具也。’<u>共工</u>方鳩僝功,謂<u>共工</u>防救水災,已具功績。” 欲帝不用之:之,指<u>舜</u>。

〔四四九〕其遜四岳也:<u>書堯典</u>:“帝曰:‘咨!四岳。朕在位七十載,汝能庸命,巽朕位。’” 猶<u>漢文</u>時請建太子,帝曰“<u>楚王</u>、<u>梁王</u>、<u>淮南王</u>皆舉德以陪朕之不能”,有司請曰“子啓最長,寬厚,請建爲太子”也:<u>漢文</u>,指<u>漢文帝劉恒</u>。<u>楚王</u>,<u>漢文帝</u>叔父<u>劉交</u>。<u>梁王</u>,當作“<u>吳王</u>”(<u>漢文帝</u>堂兄<u>劉濞</u>),蓋<u>羅氏</u>誤記。<u>淮南王</u>,<u>漢文帝</u>弟<u>劉長</u>。舉,執持。陪,輔佐。<u>漢書文帝紀</u>:“(元年)正月,有司請蚤建太子,所以尊宗廟也。……上曰:‘<u>楚王</u>,季父也,春秋高,閲天下之義理多矣,明於國家之體。<u>吳王</u>於朕,兄也;<u>淮南王</u>,弟也:皆秉德以陪朕,豈爲不豫哉!諸侯王宗室昆弟有功臣,多賢及有德義者,若舉有德以陪朕之不能終,是社稷之靈,天下之福也。今不選舉焉,而曰必子,人其以朕爲忘賢有德者而專於子,非所以憂天下也。朕甚不取。’有司固請曰:‘古者<u>殷周</u>有國,治安皆且千歲,有天下者莫長焉,用此道也。立嗣必子,所從來遠矣。<u>高帝</u>始平天下,建諸侯,爲帝者太祖。諸侯王列侯始受國者亦皆爲其國祖。子孫繼嗣,世世不絶,天下之大義也。故<u>高帝</u>設之以撫海内。今釋宜建而更選於諸侯宗室,非<u>高帝</u>之志也。更議不宜。子啓最長,敦厚慈仁,請建以爲太子。’上乃許之。”

〔四五〇〕女于時:<u>吳</u>本、<u>四庫</u>本、<u>備要</u>本作“帝于時”,誤。<u>書堯典</u>:“帝曰:‘我其試哉!女于時,觀厥刑于二女。’”

〔四五一〕事之畎畝之中:<u>孟子萬章上</u>:“帝使其子九男二女,百官牛羊倉廩備,以事<u>舜</u>於畎畝之中。”

〔四五二〕帝曰“欽哉”:<u>書堯典</u>:“釐降二女于<u>嬀汭</u>,嬪于<u>虞</u>。帝曰:‘欽哉!’”

〔四五三〕國人皆曰賢,然後用之:見<u>孟子梁惠王下</u>。原文爲:“國人皆曰賢,然後察之;見賢焉,然後用之。”

〔四五四〕而天下同賊之：賊之，視之爲賊。賊，泛稱對國家、人民、社會存在嚴重危害的人。　故推尊舜，屬諸侯焉，致天下于大麓之野：推尊，推舉尊崇。屬（zhǔ），委託，託付。大麓之野，生長着大片林木的山野，借指舜登位前棲身之處，民間。麓，山脚下的林木。書堯典：“納（舜）于大麓，烈風雷雨弗迷。”淮南子泰族：“（舜）既入大麓，烈風雷雨而不迷。”高誘注：“林屬於山曰麓。堯使舜入林麓之中，遭大風雨不迷也。”

〔四五五〕薦之天，暴之民：薦，進獻。暴，披露，謂告示。

〔四五六〕亡不時敍：時敍，承順，順當。時，通“承”。書舜典：“納于百揆，百揆時敍。”王引之云：“時敍者，承敍也；承敍者，承順也。……‘百揆時敍’，謂百揆莫不承順也。”（見經義述聞尚書上）

〔四五七〕於是游於康衢：此下至“召舜，而乃命以位”，事載于列子仲尼。康衢，四通八達的大路。　天生烝民，莫匪爾極：烝，衆。四庫本作“蒸”。莫匪，莫非。極，至高、至大之謂，此借代大恩大德。詩周頌思文：“立我烝民，莫匪爾極。”朱熹集傳：“極，至也，德之至也。”彥按：“天生烝民”，列子原作“立我蒸民”；“立”通“粒”，謂養活。今改“立我”爲“天生”，意大不同，與下句“莫匪爾極”亦不密合。　不識不知，順帝之則：不識不知，猶言渾渾噩噩。帝，指天帝。則，準則，法則。

〔四五八〕乃還宮，召舜，而乃命以位：列子仲尼作：“堯還宮，召舜，因禪以天下。舜不辭而受之。”

〔四五九〕孟云：“堯老而舜攝”：吳本、四庫本、備要本無此七字，當爲脫文。攝，代理。孟子萬章上：“咸丘蒙問曰：‘語云，“盛德之士，君不得而臣，父不得而子。”舜南面而立，堯帥諸侯北面而朝之，瞽瞍亦北面而朝之。舜見瞽瞍，其容有蹙。孔子曰：“於斯時也，天下殆哉，岌岌乎！”不識此語誠然乎哉？’孟子曰：‘否；此非君子之言，齊東野人之語也。堯老而舜攝也。’”

〔四六〇〕正月上日，授終于天府：上日，朔日，即農曆初一。授終，謂授帝位。天府，即五府，明堂。見上注〔三七〇〕。書舜典作：“正月上日，受終于文祖。”　而遂老焉：老，養老，終老。

〔四六一〕帝者承天，立五府以尊天：吳本“承”譌“丞”，“五”譌“丘”。

〔四六二〕天有五帝，集居太微，降精以生聖人：天有五帝，各本“有”均作

“府”。彥按：太平御覽卷五三三引尚書帝命驗注作“有”，當是，今據以訂正。太微，古代星官名。三垣之一。位于北斗之南，軫、翼之北，大角之西，軒轅之東。諸星以五帝座爲中心，作屏藩狀。精，吳本譌“清”。

〔四六三〕於是修壇河洛，擇良議沈：擇良，猶擇吉，謂選擇吉日。沈，古代祭名。祭川澤曰沈，因祭時沈璧水中，故稱。宋書符瑞志上：“（堯）歸功於舜，將以天下禪之，乃潔齋修壇場於河雒，擇良日。”又水經注卷五河水：“昔帝堯修壇河洛，擇良議沈。”

〔四六四〕仲月辛日昒明，禮備，榮光出河，休氣四塞：昒明，猶昧明，拂曉。昒（hū），天將明而未明時。榮光，五色雲氣。休氣，祥瑞之氣。初學記卷六引尚書中候曰：“堯即政七十載，修壇河洛。仲月辛日昧明，禮備，榮光出河，休氣四塞。”又宋書符瑞志上：“二月辛丑昧明，禮備，至於日昊，榮光出河，休氣四塞。”

〔四六五〕越歲仲春，率百工沈璧于洛，且告禋事：璧，喬本、洪本、吳本作“壁”非，此從四庫本、備要本。宋書符瑞志上：“後二年二月仲辛，率羣臣沈璧于洛。禮畢，退俟，至於下昊，赤光起，玄龜負書而出，背甲赤文成字，止于壇。其書言當禪舜。遂讓舜。”

〔四六六〕握河紀：吳本“握”譌“掘”。　堯即政七十年：七十，各本皆作“十七”。彥按：“十七”當爲“七十”倒文。書堯典稱“朕在位七十載”；宋書符瑞志上載其事，稱“在帝位七十年”；又詩大雅生民“實穎實栗，即有邰家室”孔穎達疏引中候握河紀，本書後紀十二帝舜有虞氏“皆益命以爲公”羅苹注引握河紀，並云“堯即政七十年，受河圖”：皆可爲證。今訂正。　仲月甲日，至於稷，沈璧于河：仲月甲日，宋書符瑞志上作“二月辛丑”。至於稷，稷，通“昊”，太陽西斜。宋書符瑞志上作“至於日昊”。沈，吳本譌“枕”。璧，喬本、洪本、吳本、備要本皆譌“壁”，今據四庫本訂正。　青雲起，回風搖：回風，旋風。吳本“回”譌“曰”。搖，各本均作“搖落”。彥按：“回風搖落”不辭，搖謂扇動，“落”字當爲衍文。宋書符瑞志作“白雲起，回風搖”，亦無“落”字，今刪去。龍馬銜甲，赤文綠字，自河而出，臨壇吐甲，回遭：甲，指龜甲。回遭，返回遠去。遭，通“逝”。

〔四六七〕沈璧于洛：吳本“璧”譌“壁”。　赤光啓：宋書符瑞志上“啓”作

"起"。疑"啓"爲"起"字音譌。

〔四六八〕堯與羣臣沈璧于河:吳本"璧"譌"壁","河"譌"何"。　乃爲握河紀,今中候也:見前紀六中皇氏注〔一七〕。

〔四六九〕禮聖姑射,拜師沮洳:禮聖,禮敬聖人。姑射(yè),山名。在今山西臨汾市堯都區西南。沮洳(jù rù),彥按:詩魏風有汾沮洳一篇,詩云:"彼汾沮洳,言采其莫。"毛亨傳:"汾,水也。沮洳,其漸洳者。"此蓋以"沮洳"借指汾水。莊子逍遙遊:"堯治天下之民,平海内之政,往見四子藐姑射之山、汾水之陽,窅然喪其天下焉。"王先謙集解引司馬、李云:"四子,王倪、齧缺、被衣、許由。"

〔四七○〕冀州圖經:古地理書,隋書經籍志二已有著録,作者不詳。吳本"經"譌"徑"。　文成郡:治所在今山西吉縣。

〔四七一〕陞首山,道河渚,遇五老,而濟焉:道,取道,經過。河渚,黄河邊。渚,水涯。濟,渡河。宋書符瑞志上:"(堯)率舜等升首山,遵河渚。有五老游焉,蓋五星之精也。"

〔四七二〕率舜等升首山:洪本"升"譌"外"。

〔四七三〕野王:即南朝梁文字訓詁學家顧野王。

〔四七四〕褒進:褒獎進用。

〔四七五〕又東沈書日昃,受圖以歸:日昃,亦作"日稷",即日昃,太陽偏西,約下午二時左右。昃、稷通"昃"。水經注卷一五洛水:"又東沈書于日稷,赤光起,玄龜負書背甲,赤文成字,遂禪於舜。"

〔四七六〕今中候運衡篇也:運衡篇,四庫本作"論衡篇"誤,尚書中候無此篇名。

〔四七七〕五百歲,聖紀符:洪本"五"譌"王"。聖紀符,謂與聖人出現的周期相符。此蓋即孟子公孫丑下"五百年必有王者興,其間必有名世者"、(漢)魯相韓勅造孔廟禮器碑所謂"聖人不世,期五百載"(見隸釋卷一)之意。紀,猶期。書胤征"儵擾天紀"孔氏傳:"紀,謂時日。"　四千五百六十,精反初:精反初,即七精返初。見前紀六柏皇氏注〔五九〕。　握命人起:各本均作"握命乙起"。彥按:"握命乙起"費解,太平御覽卷四○一引尚書考靈曜作"握命人起",與下鄭玄注"天握命,人當起者"正相合拍,今據以訂正。

〔四七八〕以歷數也：太平御覽卷四〇一引尚書考靈曜作“以受曆數也”，似是。曆數，謂天運，天命。

〔四七九〕始舜之攝，俾益掌火，禹平水土：自此而下至“又從而振德之”，大抵撮取自孟子滕文公。益，即伯益，堯、舜大臣。平，整治，治理。

〔四八〇〕禹疏九河，瀹濟、漯，決江、漢，排淮、泗，而注之海：九河，書禹貢“九河既道”陸德明釋文引爾雅：“九河：徒駭一，太史二，馬頰三，覆釜四，胡蘇五，簡六，絜七，鉤盤八，鬲津九。”瀹（yuè），疏導。濟、漯（tà）、江、漢、淮、泗，並水名。古漯水出今山東莘縣朝城鎮境。孟子滕文公上作：“禹疏九河，瀹濟、漯，而注諸海；決汝、漢，排淮、泗，而注之江。”　益審封植，烈山澤，禽獸逃匿：審，認真細緻。封植，壅土種植。烈，燒。孟子滕文公上作：“舜使益掌火。益烈山澤而焚之，禽獸逃匿。”彥按：路史平添“審封植”三字，與驅禽獸、平洪水全不相干，實爲蛇足。　然後人得平土而居：參見前紀四辰放氏注〔一六〕。

〔四八一〕俾弃爲田，教之稼穡：田，指田官。之，指代民。孟子滕文公上：“后稷教民稼穡，樹藝五穀。”

〔四八二〕五穀熟而人民育，然後抍傻司徒，教以人倫：熟，洪本、吳本作“孰”，即“熟”古字。抍（zhěng），各本均作“拼”。彥按：“拼”字費解，當“抍”之譌。抍，謂舉薦、提拔。説文手部：“抍，上舉也。”義既密合，形又與“拼”相近，其爲正字，可以無疑。今訂正。　勞之徠之，匡直之，輔翼之，又從而振德之：勞，字當作“勞”，音 lào，慰勞。此因下“徠”字而誤加“彳”旁。徠（lài），勸勉。匡直，匡正。輔翼，輔助。振德之，謂使之振興道德。孟子滕文公上：“人之有道也，飽食、煖衣、逸居而無教，則近於禽獸。聖人有憂之，使契爲司徒，教以人倫，——父子有親，君臣有義，夫婦有別，長幼有敍，朋友有信。放勳曰：‘勞之來之，匡之直之，輔之翼之，使自得之，又從而振德之。’”

〔四八三〕彊於行，葘於志：葘，各本皆作“薔”。彥按：“薔於志”義不可曉。賈誼新書脩政語上此二句作“彊於行而葘於志”，閻振益、鍾夏校注云：“盧文弨曰：‘葘，謂植立也。’葘於志，謂植固其志。”其説可從。路史“薔”當“葘”字形譌，今訂正。　以養天下之形：形，形骸，身體。莊子在宥：“昔者黃帝始以仁義攖人之心，堯、舜於是乎股無胈、脛無毛，以養天下之形。”

〔四八四〕是以庶政惟和，萬國咸寧：書周官：“庶政惟和，萬國咸寧。”　民皆迪吉：迪吉，吉祥，安好。其語出書大禹謨：“禹曰：‘惠迪吉，從逆凶，惟影響。’”（“惠迪吉”原意爲“順道則吉”。）　莫不振動服化：服化，順服歸化。
比屋可封而隮仁壽：比屋可封，謂家家都有德行，堪受封賞。比屋，家家户户。洪本“比”譌“北”。隮，登。仁壽，謂有仁德而長壽。漢陸賈新語無爲：“故堯、舜之民可比屋而封，桀、紂之民可比屋而誅，何者？化使其然也。”漢書董仲舒傳：“故堯、舜行德則民仁壽。”

〔四八五〕楊終傳：見後漢書。吴本、四庫本“楊”譌“揚”。　比屋可封者，堯舜爲之隄防也：隄防，管束，防備。楊終傳原文爲：“時太后兄衛尉馬廖，謹篤自守，不訓諸子。終與廖交善，以書戒之曰：‘終聞堯舜之民可比屋而封，桀紂之民可比屋而誅，何者？堯舜爲之隄防，桀紂示之驕奢故也。’”

〔四八六〕命羲和：書堯典：“乃命羲和，欽若昊天，厤象明月星辰，敬授人時。”　若時登庸：書堯典：“帝曰：‘疇咨若時？登庸。’”　洪水方割：書堯典：“帝曰：‘咨！四岳。湯湯洪水方割，蕩蕩懷山襄陵，浩浩滔天。下民其咨，有能俾乂？’”周秉鈞易解云：“方，讀爲旁，説文：溥也。割，借爲害，詩唐譜正義引作害。方割者，言普徧爲害。”

〔四八七〕乃涉流沙，封獨山，訓大夏，討巨妄：訓，通“馴”，征服。大夏，古國名，在西北方。巨妄，即渠叟，古西戎國名。賈誼新書脩政語上：“是故堯教化及雕題、蜀、越，撫交趾，身涉流沙，地封獨山，西見王母，訓及大夏、渠叟。”西曁沃民，東隸黑齒：隸，謂使之成爲附屬。淮南子脩務：“堯立，孝慈仁愛，使民如子弟；西教沃民，東至黑齒，北撫幽都，南道交趾。”高誘注：“沃民，西方之國。黑齒，東方之國。”　貫匈、離耳、天督、該首莫不有仁義之心，軒常之志：貫匈、離耳，見前紀五庸成氏注〔三〇〕。天督，即天竺，印度的古稱。該首，即咳首。古國名，在南方。爾雅釋地“六蠻”邢昺疏引漢李巡云：“一曰天竺，二曰咳首。”軒常，高尚。常，通“尚”。

〔四八八〕醫無閭：山名。在今遼寧北鎮市西與義縣之間。

〔四八九〕今朔渠搜縣：朔，指朔方郡。渠搜縣，治所在今内蒙古杭錦旗北（一説在今達拉特旗西北）黄河南岸。喬本、四庫本“搜”譌“榎”，今從餘諸本。彦按：朔方郡、渠搜縣皆舊名，非宋時所稱，羅氏謂“今朔渠搜縣”，當襲用前代史文，非是。

〔四九○〕鄭以爲二國:鄭,指東漢鄭玄。彦按:此文有誤。書禹貢"織皮崑崙、析支、渠搜,西戎即敍"舊題孔安國傳:"織皮,毛布。有此四國,在荒服之外,流沙之内,羌、髳之屬皆就次敍,美禹之功及戎狄也。"孔穎達正義:"四國皆衣皮毛,故以'織皮'冠之。傳言'織皮,毛布。有此四國',崑崙也,析支也,渠也,搜也,四國皆是戎狄也。……鄭玄云:'衣皮之民,居此崑崙、析支、渠搜三山之野者,皆西戎也。'王肅云:'崑崙在臨羌西,析支在河關西。西戎,西域也。'王肅不言'渠搜';鄭并'渠搜'爲一;孔傳不明,或亦以'渠搜'爲一,通西戎爲四也。"是以"渠搜"爲二國者,孔穎達也,並非鄭氏。

〔四九一〕不言南北,已見命羲和中:命羲和,指書堯典:"申命羲叔,宅南交。"又:"申命和叔,宅朔方,曰幽都。"

〔四九二〕二十有八載,淰然寫其天下之尊,爰與方迴游於陽城,乃徂落:淰然,大水迅即退去之貌。淰,音xiǔ。寫,通"卸",卸除,解脱。方迴,亦作方回,古仙人名。陽城,地名,約在今河南登封市陽城區鎮。徂落,死的委婉語。亦作"殂落"。書舜典:"二十有八載,帝乃殂落。"太平御覽卷八○引帝王世紀曰:"堯與方迴遊陽城而崩。尚書所謂'二十有八載,放勛乃殂落'是也。"

〔四九三〕形乃死者,鳳靡鸞訛之謂:訛,通"吪"。禽經:"鳳靡鸞吪,百鳥瘥之。"晉張華注:"鳳死曰靡,鸞死曰吪。"

〔四九四〕百姓如喪考妣,三載,四海遏密八音:見書舜典。孔氏傳:"考妣,父母。"又曰:"遏,絶;密,静也。八音,金、石、絲、竹、匏、土、革、木。"洪本"如"譌"和"。

〔四九五〕如,甚也:吴本"甚"作"其"非。

〔四九六〕衝波傳:佚書,作者不詳。　三年之喪,日月既周,星辰既更,衣裳既造,百鳥既變,萬物既易,黍稷既生,朽者既枯,——於期可矣:周,謂完成一個循環。期(jī),一周年。吴本、四庫本作"朞",同。　顔淵:即顔回,亦孔子學生。　人知其一,莫知其它;俱知暴虎,不知憑河:它,四庫本作"他"。暴虎,徒步搏虎。暴,通"虣"。古代盛行車獵,徒步搏虎被視爲十分勇敢的行爲(説見裴錫圭文字學概要)。憑河,徒涉過河。憑,四庫本作"馮",同。暴虎、憑河,既被視爲勇敢之舉,亦被看成冒險行爲。詩小雅小旻:"不敢暴虎,不敢馮河,人知其一,莫知其他。"　其角乃墮:角,四庫本譌"甫"。墮,脱落。四庫本作“墮”，備要本作“墮”，同。洪本作“𡐦”，蓋爲譌字。　　子雖辨，豈能破堯舜之法，改禹湯之典，更聖人之文，改三年之喪哉：子雖辨，各本“子”皆譌“予”，今訂正。辨，通“辯”，謂能説會道。喬本作“辦”，洪本作“劦”，吳本作“辮”，皆非，此從四庫本及備要本。太平御覽卷五四五引衝波傳作“子雖美辯”。又，御覽于“更聖人之文”下有“除周公之禮”一句，“改三年之喪哉”作“改三年之喪，不亦難哉”。　　父母者，天地也。天崩地壞，爲之三年，不亦宜乎：御覽作：“父母者天地，天崩地壞，三年，不亦宜乎？”

〔四九七〕舜雖受終，天下服喪三年如繼世之禮：受終，此指受禪。繼世，指子孫承襲先人君位。

〔四九八〕葬濟陰成陽西北四十里，是爲穀林，通樹之：濟陰，郡名。成陽，縣名，治所在今山東菏澤市牡丹區胡集鎮。樹，謂植以樹木。吕氏春秋安死：“堯葬於穀林，通樹之。”

〔四九九〕古者聖人制爲葬埋之法，曰：桐棺三寸，足以朽體；衣衾三領，足以覆惡：自此而下至“爲葬埋之法也”，撮引自墨子節葬下。寸，吳本譌“十”。衣衾，指裝殮死者的衣服與單被。覆惡，猶言遮醜。

〔五〇〇〕堯北教八狄，道死卭卭之山，衣衾三領，滿抗無封；已葬，牛馬乘之：八狄，古代對北方部族的泛稱。卭卭之山，今本墨子作“蛩山之陰”，畢沅校注：“蛩，初學記引作‘䂮’，一本亦作‘鞏’；北堂書鈔、後漢書注、太平御覽俱引作‘卭’。”抗，通“阬”，地面凹陷處，此指墓穴。墨子作“埳”，義同。封，積土爲墳。乘，登上，此謂踐踏。

〔五〇一〕舜西教八戎，道死南紀之市；既葬，市人乘之：八戎，古代對西方部族的泛稱。今本墨子作“七戎”，畢沅校注：“北堂書鈔、太平御覽引，俱作‘犬戎’。”南紀，今本墨子作“南己”，孫詒讓閒詁：“書鈔九十二、御覽八十一引帝王世紀云‘舜南征，崩於鳴條，年百歲，殯以瓦棺，葬於蒼梧九疑山之陽，是爲零陵，謂之紀市，在今營道縣’。”營道縣治所在今湖南寧遠縣東南。

〔五〇二〕於越：地在今浙江一帶。吳本、四庫本作“于越”，同。墨子作“九夷”。

〔五〇三〕皆下不及泉，上不通臭：臭(xiù)，氣味。彦按：墨子作“下毋及泉，上毋通臭”，而事屬於禹。今羅氏于句首加一“皆”字，則事泛屬于三王，非是。

〔五〇四〕云死邛山，妄矣：邛山，吴本“邛”誤“印”。妄，喬本、洪本誤“妾”，今據餘諸本訂正。

〔五〇五〕劉向云：葬濟陰丘隴山：史記五帝本紀“堯辟位凡二十八年而崩”裴駰集解：“皇覽曰：堯冢在濟陰城陽。劉向曰：堯葬濟陰丘隴山。”彦按：文淵閣四庫全書本史記集解如此，金陵書局本作：“劉向曰：堯葬濟陰，丘隴皆小。”

〔五〇六〕述征記，小成陽南九里：述征記，各本皆作“續征記”。彦按：晉郭緣生有述征記，隋書經籍志、舊唐書經籍志、新唐書藝文志等均有著録；又有續述征記，水經注、初學記等曾引之；未見有稱續征記者，此必是續述征記而脱“述”字，抑或述征記而訛“述”爲“續”。郭氏二書已佚，文不可考。按本書發揮五辨帝堯冢云：“又郭緣生述征記，成陽城東南九里有堯陵。……郭氏所記，乃小成陽。”今姑據之訂此作述征記。參見發揮五辨帝堯冢注〔一四〕。

〔五〇七〕曹州界有堯冢，堯所居：見通典卷一七七州郡七曹州。曹州，治所在今山東曹縣西北。

〔五〇八〕王充以爲“堯葬冀州，或云葬崇山”：論衡書虚：“堯葬於冀州，或言葬於崇山。”

〔五〇九〕宛心約志，以從事於亡爲：宛心，猶委心，謂順隨心之自然。約志，謂抑制欲望。亡爲，同“無爲”。　隱不肖，舍己從人：隱，謂使隱避。不肖，指堯之不肖子丹朱。舍己從人，此謂放棄自己之利益，服從衆人之利益，乃活用書大禹謨“稽于衆，舍己從人，……惟帝時克”語。史記五帝本紀：“堯知子丹朱之不肖，不足授天下，於是乃權授舜：授舜，則天下得其利而丹朱病；授丹朱，則天下病而丹朱得其利。堯曰‘終不以天下之病而利一人’，而卒授舜以天下。”　處撝宮，徽神暢：撝宮，堯宮名。初學記卷二四居處部宮第三：“堯有貳宮、撝宮。”注：“見相兒經。”徽，通“揮”，彈奏。神暢，即神人暢，堯琴曲名。太平御覽卷五七九引琴書曰：“堯大德。堯彈，感天神降聽，儼然言和之至也，故堯制神人暢。”

〔五一〇〕古今樂録：南朝陳釋智匠撰。

〔五一一〕大周正樂之序，自堯神人暢九十三弄爲上石：大周正樂，五代後周竇儼等奉敕撰。各本均誤倒作“大周樂正”，今訂正。弄，樂曲，曲調。上石，謂鐫刻于碑上。各本“石”均譌“名”，今訂正。太平御覽卷五七八引大周正樂曰：“已上自堯神人暢至始皇九十三弄，好士二十七（一本作‘七十二’）人，並爲上石。”

〔五一二〕琴道：漢桓譚新論篇名。吳本“琴”作“琹”，同。　堯“暢”者，達則兼善天下，無不通暢之謂：吳本“達”譌“迀”。唐馬總意林卷三録桓譚新論：“達則兼善天下，無不通暢，故謂之‘暢’。堯暢經，逸不存。”

〔五一三〕篤恭而王天下：篤恭，純厚恭敬。禮記中庸：“是故君子篤恭而天下平。”

〔五一四〕是以離畔者少，聽從者衆：離畔，離心背叛。畔，通“叛”。文子自然：“昔堯之治天下也，……是以離叛者寡，聽從者衆。”

〔五一五〕鄰國相望，黿犬相聞，而足迹不接諸侯之竟，車軌不結千里之外：足迹，各本“足”均作“正”。彦按：“正”當“足”字之誤。“足”或書作“𠃋”，形與“正”近，故譌。文子自然云：“昔堯之治天下也，……是以鄰國相望，鷄狗之音相聞，而足迹不接於諸侯之境，車軌不結於千里之外，皆安其居也。”淮南子齊俗載其事，文字大同，亦作“足迹”。今據以訂正。　蒼髫巷歌，黃髮擊壤：蒼髫（tiáo），頭髮灰白的老人。黃髮，頭髮由白轉黃的老人。擊壤，古代一種投擲游戲。太平御覽卷七五五引三國魏邯鄲淳藝經云：“壤以木爲之，前廣後鋭，長尺四，闊三寸，其形如履。將戲，先側一壤於地，遥於三四十步以手中壤擊之，中者爲上。”彦按：“以木爲之”無由名“壤”，此當非擊壤之原始形態。其初則蓋如今人肖玉峯所言：“擊壤游戲大約起源于人類進入農業時代之後，原始農業刀耕火種，早期恐怕一般都是旱地而非水田，地裏多的就是土塊。農活間歇，閑坐無聊，有人便想出一種玩法：隨手于一定距離之外放一土塊，然後拿另一土塊投擊之，擊中者勝。慢慢玩的人多了，便發展成一種深受大家喜歡的游戲，並給它一個恰如其分的名稱叫‘擊壤’。”（見“擊壤”到底是不是游戲，成都體育學院學報 2009 年第 2 期）晉張協七命：“玄髫巷歌，黃髮擊壤。”（見晉書張協傳）

〔五一六〕論語比考：即論語比考讖。漢代緯書，論語緯之一種。　叔孫武叔毀孔子，如堯民云“堯何力功”者：叔孫武叔，名州仇，謚武，春秋魯國司馬。

毁,吴本謁"毀"。孔子,吴本、四庫本、備要本作"仲尼"。太平御覽卷八二二引論語比考讖,作:"叔孫武叔毁孔子,譬若堯民曰'我耕田而食,穿井而飲,堯何力功'。"

〔五一七〕見論衡感虛篇。此但意引,文字不盡相同。 有壤父五十餘人擊於康衢:壤父,擊壤的老漢。今本論衡文作:"〔有〕五十之民擊壤於塗"。黄暉校釋:"路史注引作'有壤父五十餘人',非也。本書藝增、自然、須頌三篇並謂年五十,非五十人也,文選注引正同此本。"又曰:"路史注引作'擊於康衢',亦意改也。" 有觀者曰:'大矣,堯之德也!'壤父作曰:'吾日出而作,日入而息,鑿井而飲,耕田而食,堯何力之有:今本論衡文作:"觀者曰:'大哉,堯之德也!'擊壤者曰:'吾日出而作,日入而息,鑿井而飲,耕田而食,堯何等力?'"

〔五一八〕世紀及逸士傳云:八九十老人擊壤,歌於康衢:逸士傳,各本均作"列士傳"。彦按:"列士"當"逸士"之誤。宋葛立方韻語陽秋卷一七云:"帝王世紀及逸士傳載:帝堯之時,天下大和,有八九十老人擊壤而歌於康衢。"蓋即羅氏所本。又太平御覽卷五七二引逸士傳,即稱"堯時有八九十老人擊壤而歌"云云,亦可佐證。今據以訂正。

〔五一九〕見文子自然篇。此但撮取大意,文字不盡相同。 契爲司馬:契,各本均作"弃"。彦按:弃即后稷,"弃爲司馬"與下"稷田疇"重出而牴牾。考文子,實作"契爲司馬",今據以訂正。 稷田疇:稷,后稷。吴本謁"稷"。田疇,田官。 猶風之過蕭,忽焉感之,各以其清濁應:蕭,吴本、四庫本、備要本均作"簫"。彦按:依義字當作"簫";爲一種竹製管樂器,由許多竹管編成,有底。今本文子自然篇亦作"蕭",王利器疏義:"(淮南子)齊俗篇:'是故離叛者寡,而聽從者衆,……若風之(遇)〔過〕簫。'許慎注:'簫,籟也。'"又曰:"齊俗篇:'忽然感之,各以清濁應矣。'酉陽雜俎續集四引高誘注:'清,商;濁,宫也。'"

〔五二〇〕藝經:吴本、四庫本"藝"作"蓺",同。參見上注〔五一五〕。

〔五二一〕依倣:模擬,仿效。吴本"倣"作"放"。

〔五二二〕下僮:婢僕。

〔五二三〕齊高帝:即南朝齊開國皇帝蕭道成。

〔五二四〕及出鎮淮陰,淮南守孫奉伯嘗同卧,夢帝乘龍上天,己於下捉龍脚不得,而死:淮陰,地名,在今江蘇淮安市淮陰區一帶,南朝宋時曾爲兗州治所。淮南,郡名,治所在今安徽當塗縣南。上天,吳本"上"譌"土"。南齊書祥瑞志:"泰始七年,(宋)明帝遣前淮南太守孫奉伯往淮陰監元會。奉伯與太祖同寢,夢上乘龍上天,於下捉龍脚不得。覺,謂太祖曰:'兗州當大庇生民,弟不見也。'奉伯卒於宋。"太祖,齊高帝蕭道成廟號。兗州,對蕭道成之尊稱,時蕭道成爲南兗州刺史。

〔五二五〕及資有天下,制在一人:謂登天子之位。資,資財,財富。制,控制,謂權力。管子法法:"黄帝、唐、虞,帝之隆也,資有天下,制在一人。"

〔五二六〕以德化爲冠冕,以稷、偰爲筋力:德化,道德教化。冠冕,比喻首位。筋力,猶骨幹,比喻得力佐臣。後漢書黄瓊傳:"故聖人升高據上,則以德義爲首;涉危蹈傾,則以賢者爲力。唐堯以德化爲冠冕,以稷、契爲筋力。" 都俞吁咈于一堂之上:都、俞、吁、咈,均爲歎詞。以爲然,則曰都、俞;以爲不然,則曰吁、咈。後因以"都俞吁咈"形容君臣論政問答,雍睦融洽。書益稷:"禹曰:'都! 帝,慎乃在位!'帝曰:'俞。'"又堯典:"帝曰:'吁,咈哉!'" 是以德政清平,風教大洽,化格上下,而信乎于升潛:德政,仁德之政。風教,風俗教化。化,教化,教育。格,感動。字彙木部:"格,感通也。"信,誠實。孚,信服。升潛,借代飛鳥及淵魚。

〔五二七〕慶雲鮮菩:菩(bèi),香草名。 景星炳曜:景星,大星,瑞星。論衡是應:"古質不能推步五星,不知歲星、太白何如狀,見大星則謂景星矣。"晉書天文志中:"瑞星,一曰景星。如半月,生於晦朔,助月爲明。或曰:星大而中空。或曰:有三星,在赤方氣,與青方氣相連,黄星在赤方氣中;亦名德星。"炳曜,明亮耀眼。 神禾滋畝:神禾,生長奇異的禾,古人視爲吉祥,稱之嘉禾。滋,生,生長。 朱草苗牧:朱草,一種紅色的草。抱朴子金丹:"朱草狀似小棗,栽長三四尺,枝葉皆赤,莖如珊瑚,喜生名山巖石之下,刻之汁流如血。"苗,草初生出地貌(見説文),引申亦泛指植物生出。牧,牧地,外野。 澧泉洙岫:澧泉,甘美的泉水。澧,通"醴"。洙,通"溢",液體滿而流出。岫,山洞。 倚䕮生廚:倚䕮(shà),即倚扇,萐莆的別名,古代傳説中一種吉祥的植物。白虎通封禪:"孝道至,則萐莆生庖廚。萐莆者,樹名也。其葉大於門扇,不搖自扇,於飲食清涼,助供養也。"説文艸部:"萐,萐莆,瑞艸也。堯時生於庖廚,扇暑而涼。"又宋書符瑞志下:"蓮甫,一名倚扇,狀如蓬,大枝葉小,根根如絲,轉而成風,殺蠅。堯時生於廚。"　蒲薤苗:蒲薤,瑞草名,即菖蒲。　榮光幕河,河馬輦錄:幕,籠罩。河馬,即龍馬。因出于河,故稱。參見後紀一太昊伏戲氏注〔八二〕。輦,載運,運送。錄,上天賜予帝王的符命文書。

〔五二八〕典術:南朝宋建平王劉宏撰。

〔五二九〕吴氏本草:三國魏吴普撰。　菖蒲名曰堯薤:洪本、吴本、四庫本"菖"作"昌"。

〔五三〇〕比隆伏羲:比隆,與……同等興盛。伏羲,洪本"羲"謁"羲"。鳳皇巢于阿閣驩林:鳳皇,四庫本"皇"作"凰"。驩林,謂驩鳴于林。驩,通"歡",歡樂。彦按:太平御覽卷九一五引尚書中候曰:"黄帝時天氣休通,五行期化,鳳皇巢阿閣讙樹。"則事屬黄帝。今羅氏屬之于堯,不知何據。　翼軫:二十八宿中的翼宿和軫宿。古爲楚之分野。史記天官書:"翼軫,荆州。"　嘉禾滋連,甘露潤液:滋連,滋長成片。潤液,滋潤。

〔五三一〕見述異記卷下,其文曰:"晉末,荆州久雨,粟化爲蟲蟲害民,春秋云'穀之飛爲蟲'是也。中郎王義興表奏曰:'臣聞堯生神禾,而晉有蟲粟,陛下自以聖德何如?'帝有慙色。"

〔五三二〕䆉:通"穗"。洪本、吴本謁"襚"。

〔五三三〕因併著,以見至治之馨香者:併,吴本、四庫本作"并"。著,著錄。馨香者,指芳名遠揚者。

〔五三四〕矢心:發誓,立志。洪本、吴本"矢"謁"失"。

〔五三五〕立於靈扉,雲生牖:靈扉,窗户。靈,通"櫺"。　坐於華殿,松生棟:棟,屋的正樑。

〔五三六〕黄屋:古代帝王專用的黄繒車蓋,借代帝王。

〔五三七〕故垂襞幅,委輕裘,而天下治:垂襞幅,見前紀九昊英氏注〔三〇〕。委,義同"垂"。輕裘,輕暖的皮衣。

〔五三八〕僥民獻其没羽:僥(yáo),僬僥,傳説中矮人國名。没羽,良箭名。竹書紀年卷上帝堯陶唐氏二十九年:"春,僬僥氏來朝,貢没羽。"　翕然:一致貌。

〔五三九〕先聖本紀:南朝梁劉紹撰。　帝坐華堂之上,面雙闕之下,君榮

願已得矣：雙闕，古代宮殿前兩邊高臺上的樓觀。榮願，榮耀的願望。　　朕立
於靈扉之内，霏然而雲生牖：朕，洪本作“臣”非。吳本、四庫本、備要本作“余”。
立於，吳本、四庫本無“於”字。靈扉，吳本、四庫本“靈”謁“雲”。霏然，雲氣彌
漫貌。　　坐於華堂之上，森然而松生棟：森然，聳立貌。　　雖面雙闕，無異崔嵬
之冠蓬萊：吳本“闕”作“闗”，蓋俗體。崔嵬，山頂。冠，謂在物體頂端。蓬萊，
傳説中神山名，在勃海中。　　雖背郭，無異回巒之縈崑崙：郭，城郭。回巒，迂
回曲折的山巒。　　予安知其所以安榮：喬本、洪本作“子安知其所以不榮”，費
解。今從餘諸本。藝文類聚卷八八引先聖本紀，作“余安知其所以取榮哉”，于
義爲長。　　乃美縣而師之：洪本“之”謁“子”。吳本、四庫本、備要本無此
六字。

〔五四〇〕亦見符子：洪本“見”作“異”非。吳本、四庫本、備要本無此四
字。符子，東晉員外郎符朗撰。

〔五四一〕孔子曰：人之所貴爲天子者，爲其窮耳目之欲，適五體之宜也：洪
本“適”謁“適”。五體，四肢及頭，泛指身體。彦按：路史以此爲孔子語，不知
出何典記。而淮南子精神篇云：“人之所以樂爲人主者，以其窮耳目之欲，而適
躬體之便也。”意思大同。

〔五四二〕采橡葛衣，藜藿土杬，人之所弃，而堯安之，勤勞求賢以恊治，舉
天下授之舜如舍儋然：土杬，喬本、洪本、備要本“杬”謁“机”，吳本、四庫本進
而謁“機”。今訂正。參見上注〔六一〕。舍儋，放下擔子。儋，“擔”之古字。
淮南子精神：“今高臺層榭，人之所麗也，而堯樸桷不斲，素題不枅。珍怪奇異，
人之所美也，而堯糲粢之飯，藜藿之羹。文繡狐白，人之所好也，而堯布衣揜
形，鹿裘御寒。養性之具不加厚，而增之以任重之憂，故舉天下而傳之於舜，若
解重負然。”

〔五四三〕見論語泰伯，原文爲：“子曰：‘大哉，堯之爲君也！巍巍乎，唯天
爲大，唯堯則之！蕩蕩乎，民無能名焉！巍巍乎，其有成功也！煥乎，其有文
章！’”　煥乎，其有文章：煥，光彩貌。文章，指禮儀制度。

〔五四四〕而疇人云：疇人，昔人。彦按：此所謂疇人語，見唐張謂虞帝廟
碑銘并序引古人云。　堯以義終，舜以事没：張文“事没”作“勤死”。　稽諸
祀典，貽世永教：祀典，記載祭祀儀禮的典籍。各本均倒作“典祀”。彦按：“典

祀”指按常禮舉行的祭祀,于義不合,今據張文訂正。貽世永教,張文作“永爲世教”。　游夏之徒,豈誣也哉:游夏,孔子學生子游、子夏的並稱。誣,妄言。

〔五四五〕此所引劉子政語,見説苑至公篇,文字稍有不同。　遺躧:遺,拋棄。躧(xǐ),草鞋。

〔五四六〕女皇:吳本作“文皇”非。

〔五四七〕鬳澤縣西五十步有中山夫人祠:鬳澤縣,治所在今山東菏澤市牡丹區胡集鎮。五十步,喬本、洪本、吳本、備要本“十”字譌“中”,今據四庫本訂正。水經注卷二四瓠子河:“堯陵東城西五十餘步有中山夫人祠,堯妃也。”

〔五四八〕張謂舜廟碑謂堯舜皆娶一姓也:張謂,唐詩人,官至禮部侍郎。舜廟碑,即虞帝廟碑銘并序。其文有:“歷代多嬪御,堯舜顧禮經,娶一姓矣。”

〔五四九〕嗣子朱:即書堯典“胤子朱啓明”之“胤子朱”。宋人避太祖皇帝趙匡胤諱,改“胤”作“嗣”。

〔五五〇〕説文糸部:“絑,純赤也。虞書‘丹朱’如此。”

〔五五一〕世紀,女瑩生丹朱:見太平御覽卷一三五:“帝王世紀曰:‘女瑩生丹朱。’”“瑩”字作“瑩”。

〔五五二〕安國以嗣子朱別一人:書堯典“胤子朱啓明”舊題孔安國傳:“胤,國;子,爵;朱,名。”

〔五五三〕鶩佷媢克:鶩佷,狂妄凶狠。媢克,嫉妒好勝。媢,音 mào。兄弟爲鬩:鬩(xì),爭鬥,爭吵。　囂訟,嫚游,而朋淫:嫚游,即漫游,謂隨意遨游。朋淫,羣聚淫亂。書益稷:“無若丹朱傲,惟慢遊是好,傲虐是作。罔晝夜頟頟,罔水行舟,朋淫于家,用殄厥世。”

〔五五四〕骨肉爲讎者,朱、象、管、蔡是也:象,舜異母弟。管,周成王叔父管叔鮮。洪本作“管”,乃字之譌。蔡,周成王叔父蔡叔度。漢書鄒陽傳原文爲:“故意合則胡越爲兄弟,由余、子臧是矣;不合則骨肉爲讎敵,朱、象、管、蔡是矣。”

〔五五五〕爲制弈棋以閑其情:弈棋,圍棋。閑,糾正,改正。廣雅釋詁一:“閑,正也。”

〔五五六〕中興書:指晉中興書,南朝宋何法盛撰。　陶侃云“圍棋,堯以教愚子”:陶侃,東晉軍事家,歷官侍中、太尉、江州刺史等職。藝文類聚卷七四引晉中興書曰:"陶侃爲荊州,見佐史博弈戲具,投之於江,曰:'圍棊,堯舜以教愚子;博,殷紂所造。諸君並國器,何以此爲?'"

〔五五七〕虞愿亦云朱:虞愿,南朝齊太常丞。朱,喬本、備要本譌"宋",今據餘諸本訂正。　明言堯帝以此教丹朱,非人主所宜好:南齊書虞愿傳:"帝好圍碁,……愿又曰:'堯以此教丹朱,非人主所宜好也。'"

〔五五八〕丹:朱封地名。蓋在今河南淅川縣一帶的丹水流域。一云在今山東臨朐縣境,羅苹主此。

〔五五九〕見太平御覽卷六三,原文作:"尚書逸篇曰:堯子不肖,舜使居丹淵爲諸侯,故號曰丹朱。"　舜使居丹淵:居,吳本譌"君"。丹淵,即丹水,亦即今陝西、湖北、河南邊境之丹江。

〔五六〇〕漢書律曆志下:"帝系曰,帝嚳四妃,陳豐生帝堯,封於唐。……天下號曰陶唐氏。讓天下於虞,使子朱處于丹淵爲諸侯。"

〔五六一〕竹書云:放帝子丹朱于丹水:各本"帝"下均無"子"字。彥按:今本竹書紀年卷上帝堯陶唐氏五十八年作:"帝使后稷放帝子朱於丹水。"堯在位,丹朱非帝,"帝"下當有"子"字,蓋偶脫之,今補。丹水,吳本譌"丹朱"。

〔五六二〕今朱虛縣有丹山、東丹西丹二水:朱虛縣,治所在今山東臨朐縣境。彥按:此說實本水經注卷二六巨洋水。其文曰:"巨洋水,即國語所謂具水矣。……其水北流逕朱虛縣故城西。……地理風俗記曰:丹山在西南,丹水所出,東入海。……丹水有二源,各導一山,世謂之東丹、西丹水也。"然據史爲樂主編中國歷史地名大辭典,朱虛縣北齊已廢,則此羅氏稱"今朱虛縣",不妥。

〔五六三〕水近有長坂遠峻,謂之破車坡:破車坡,四庫本如此,餘諸本均作"破軍坡",又本書國名紀四陶唐氏後丹亦作破軍坡。彥按:疑當作破車峴。水經注卷二六巨洋水云:"故言朱虛城西有長坂遠峻,名爲破車峴。"元和郡縣圖志卷一〇、太平寰宇記卷一八青州臨朐縣,亦均作破車峴。或者破車峴又稱破車坡,今姑從四庫本。　記爲丹朱弄兵之所:弄兵,謂興兵作亂。吳本如此,喬本、四庫本、備要本"兵"作"奕",洪本則作"夭"。彥按:"夭"蓋"兵"字俗譌,"奕"又"夭"字再誤。今從吳本。本書國名紀四陶唐氏後亦作"弄兵"。

〔五六四〕今青之益都有堯山,三齊記:堯巡所登:青之益都,見後紀五黃帝有熊氏注〔五三六〕。三齊記,北朝張朏撰。彥按:太平寰宇記卷一八青州益都縣云:"堯山,三齊記:'堯巡狩所登,故以爲名。'"蓋即羅氏所本。

〔五六五〕太平寰宇記卷一八青州益都縣:"伏琛齊記又云:'此山南有二水,名東、西丹水也。'"

〔五六六〕鄧之內鄉:鄧,州名。內鄉,縣名,治所在今河南西峽縣。

〔五六七〕虞氏國之于房:房,地名。在今河南遂平縣。

〔五六八〕韻云:舜封丹朱爲房邑侯:彥按:"韻"當作"廣韻",疑有脱文。廣韻陽韻:"房,……又姓,出清河、濟南、河南三望。本自堯子丹朱,舜封爲房邑侯。"

〔五六九〕今荆河之吳房:荆河,豫州的别稱。典出書禹貢:"荆河惟豫州。"吳房,故縣名,治所在今河南遂平縣。洪本"吳"作"昊",吳本、四庫本、備要本又作"昪",俱誤。

〔五七〇〕昭王后家:昭王,指周昭王姬瑕。國語周語上內史過對周惠王曰:"昔昭王娶於房,曰房后。"

〔五七一〕以奉其祀,服其服,禮樂如之,謂之虞賓,天子弗臣:服其服,穿戴着原來的服飾。書益稷:"虞賓在位,羣后德讓。"蔡沈集傳:"虞賓,丹朱也。堯之後,爲賓於虞。"史記五帝本紀:"堯子丹朱,舜子商均,皆有疆土,以奉先祀。服其服,禮樂如之。以客見天子,天子弗臣,示不敢專也。"

〔五七二〕義陽:即義陽。縣名,治所在今河南信陽市溮河區。義,"義"字俗譌,即"義"字。説文我部義曰:"義,墨翟書義从弗。魏郡有義陽鄉,讀若錡。"

〔五七三〕相之安陽永和鎮:相,州名。安陽,縣名。永和鎮,即今河南安陽縣永和鄉。

〔五七四〕開皇置堯城縣:置,各本皆作"四"。彥按:據文意,"四"當作"置",蓋因脱落下半而譌。今訂正。元和郡縣圖志卷一六相州堯城縣:"本漢內黃縣地。晉於此置長樂縣。高齊省長樂入臨漳縣。隋開皇十年,分臨漳、洹水二縣於此重置長樂縣。十八年改爲堯城,因所理堯城爲名也。"

〔五七五〕相圖經:指相州圖經,作者不詳。

〔五七六〕相臺志:宋李琮修,陳申之纂。

〔五七七〕郪:音yí,説文邑部:"郪,臨淮徐地。"段玉裁注:"今安徽泗州州北五十里有故徐城廢縣。鄟者,徐縣地名也。"

〔五七八〕羛陽鄉,在内黄北二十羛陽聚:羛陽鄉,"羛"喬本譌"芾";洪本、
吳本、四庫本作"羛",今從之;備要本作"䉛",同。内黄,縣名,今屬河南省。
羛陽聚,洪本、吳本、四庫本"羛"作"芾"。後漢書光武帝紀上"大破五校於羛
陽"李賢注:"羛陽,聚名,屬魏郡,故城在今相州堯城縣東。諸本有作'芾'者,
誤也。左傳云:'晉荀盈如齊逆女,還,卒於戲陽。'杜預注云:'内黄縣北有戲
陽城。'戲與羛同,音許宜反。"清何焯曰:"按説文'墨翟書義從弗。魏郡有羛
陽鄉,讀若錡',則羛與戲不同。"(見義門讀書記卷二一後漢書)

〔五七九〕元和志:丹朱墓,唐山縣東一里:彦按:唐山縣,元和郡縣圖志實
作堯城縣(見卷一六相州堯城縣)。羅氏所以譌堯城縣爲唐山縣者,蓋誤記堯
城爲堯山矣。唐山縣爲堯山縣後起之名,因金世宗諱避父名宗堯而改,然其治
所在今河北隆堯縣西南,與堯城縣相去甚遠。

〔五八〇〕寰宇:冢在永定東二里:二里,今本太平寰宇記卷五五相州永定
縣作"一里"。作"二"蓋誤。永定,縣名。唐天祐中改堯城縣置,治所在今河
南安陽縣東。

〔五八一〕又唐縣有鴉郎城,九州要記云,堯時丹朱所居:又,吳本、四庫本
作"有",非。唐縣,縣名,今屬河北省。鴉郎城,即鴻郎城,鴉同鴻。喬本、備要
本"鴉"譌"鳴",今據餘諸本訂正。太平寰宇記卷六二定州唐縣:"鴻郎城,九
州要記云:'鴻城俗號爲鴻郎城,即帝堯時丹朱所居此城是也。'"

〔五八二〕而經注,城陽有丹朱冢:彦按:此經注蓋指山海經郭璞注。城
陽,乃丹陽之誤。山海經海内南經:"蒼梧之山,帝舜葬于陽,帝丹朱葬于陰。"
郭璞注:"今丹陽復有丹朱冢也。"丹陽,地名。在今湖北秭歸縣歸州鎮。

〔五八三〕海内南經:吳本、四庫本"内"譌"丙"。　蒼梧之山:見前紀七赫
蘇氏注〔八〕。

〔五八四〕陵三十五世鐘,昭王世采靈壽,生沈:古今姓氏書辯證卷一三陽
韻上房:"清河房氏,出自祁姓。房陵三十五世孫鍾,周昭王時食采靈壽,生沈。
沈十二世孫漢常山太守雅,徙清河繹幕。"

〔五八五〕新唐書宰相世系表一下:"河南房氏,晉初有房乾,本出清河,使
北虜,留而不遣,虜俗謂'房'爲'屋引',因改爲屋引氏。乾子孫隨魏南遷,復

爲房氏,而河南猶有屋引氏,唐雲麾將軍、弘江府統軍、渭源縣公豐生,即其後也。”

〔五八六〕沛相朱:沛,郡名。相,縣名,漢爲沛郡治,治所在今安徽淮北市相山區。

〔五八七〕莊子云“堯不慈”,故云“煞長子”:煞,四庫本作“殺”,通。莊子盜跖云:“堯不慈,舜不孝。”又云:“滿苟得曰:‘堯殺長子,舜流母弟,疏戚有倫乎?’”

〔五八八〕而近尹子,其四機論乃有“堯囚十子,天下不論之無義”之説:尹子,疑指宋理學家、程頤弟子尹煒。四機論,四庫本作“四譏論”,蓋是。囚,備要本譌“四”。

〔五八九〕見淮南子泰族,其文曰:“四岳舉舜而薦之堯。堯乃妻以二女,以觀其内;任以百官,以觀其外。既入大麓,烈風雷雨而不迷,乃屬以九子,贈以昭華之玉,而傳天下焉。”　屬:音 zhǔ,託付。

〔五九〇〕孟軻亦有九子之説:孟子萬章上:“帝使其子九男二女,百官牛羊倉廩備,以事舜於畎畝之中。”趙岐注:“帝,堯也。堯使九子事舜以爲師。”

〔五九一〕見説苑君道篇,文字稍有省改。　然説苑:吳本“然”譌“淮”。　羿:吳本、四庫本、備要本作“契”,同。　倕:洪本、吳本譌“悝”。　大理:主管刑法的官。

〔五九二〕留:地名。在今河南偃師市西南。

〔五九三〕故説文止有“鎦”而無“劉”:喬本“劉”譌“留”,今據餘諸本訂正。説文金部“鎦,殺也”徐鉉注引徐鍇曰:“説文無劉字,偏旁有之。此字又史傳所不見,疑此即劉字也。從金,從夘,刀字屈曲傳寫誤作田爾。”

〔五九四〕漢因讖,始爲“卯金刀”之説:洪本“讖”作“䜟”,譌。漢書王莽傳中:“夫‘劉’之爲字,卯、金、刀也。”後漢書光武帝紀上:“讖記曰:‘劉秀發兵捕不道,卯金修德爲天子。’”李賢注:“卯金,‘劉’字也。”

〔五九五〕劉康公亦只封鎦:劉康公,見後紀十高辛紀下注〔二八〇〕。只,吳本、四庫本、備要本作“作”非。

〔五九六〕周初匡俗事老子、劉越:匡俗,清謝旻等纂江西通志卷一〇五:“匡俗字子孝,一曰子希,師老聃,得久視之道。”宋陳舜俞廬山記卷二:“昔匡裕廬于山，有少年屢詣之，自通曰姓劉名越，家在前山之左，邀裕過之，且曰：‘至山下有石高二尺許即予居，可叩之。’裕後如約而往。至山下，四顧無居室，果唯一石，乃叩之。石爲之開，因遇神仙洞府之事。”明方以智通雅卷二〇姓名人名云：“匡續字子孝，隱廬山，漢武封之，故名匡廬，此載志書。吳曾引志，字君平。又皇輿考、方輿勝略、廣輿記皆作匡俗，且有云字子希者。萬姓統譜作匡裕，唐類函亦作匡裕。按：字子孝，則取似續之意，當以‘續’爲是。‘俗’乃音之譌，‘希’乃‘孝’之譌，‘裕’乃‘俗’之譌耳。”　“劉”亦非，至秦方有：古今姓氏書辯證卷一八尤韻劉云：“出自祁姓陶唐氏之後，生子有文在其手曰‘劉累’，因以爲名。能擾龍，事夏王孔甲，爲御龍氏。商高宗武丁時，徙封豕韋，又爲豕韋氏。豕韋徙封于唐，居堯之故墟，又爲唐氏。周成王滅唐，封其後於杜陵，又爲杜氏。杜伯事周宣王，無罪見殺，其子隰叔奔晉，生士蒍，爲士師，有功，因官命氏，又爲士氏。蒍生成伯缺，缺生武子會。魯文公六年，晉人使士會逆公子雍，不得入，士會遂留事秦。晉靈公八年，晉召士會于秦，秦人歸之。其子孫處秦者爲劉氏。……劉向頌高祖云‘漢帝本系，出自唐帝，降及于周，在秦作劉，涉魏而東，遂爲豐公’是也。”

〔五九七〕又子華子有留務茲：又，吳本、四庫本譌“文”。有，備要本與下“日者傳”之“者”字互易，譌“者”。子華子神氣：“留務茲從子華子游者十有二年，目相屬而言不接也。”　日者傳有留長孺：者，洪木、吳本、四庫本、備要本均譌“有”。史記日者列傳：“留長孺以相彘立名。”　功臣表有留肸：功臣表，指漢書高惠高后文功臣表。留肸，彊圉侯。洪本、吳本、四庫本作“留昐”，備要本作“留盼”，皆非。　吳有留贊：留贊，三國吳左將軍。　與漢同出：漢，指漢之姓劉。

〔五九八〕宋武以竟陵誕反，貶其族爲留氏：見宋書文五王傳竟陵王誕。宋武，指南朝宋孝武帝劉駿。竟陵誕，宋孝武帝弟劉誕，封竟陵王。

〔五九九〕後有留累，以豢龍事夏胤甲，賜之氏曰御龍，以更豱董之後：留累，四庫本作“劉累”，當非路史之舊。胤甲，夏帝名，生卒年不詳。胤，喬本、洪本作“獵”，蓋譌字；吳本作“亂”，與“胤”字同。更，代替。豱，古國名。董，指董父，見下注。

〔六〇〇〕事具左傳襄二十四年宣子之言及昭公二十九年蔡墨之言：具，吳本謌“其”。左傳襄公二十四年載晉卿范宣子(名匄)語曰:“昔匄之祖,自虞以上爲陶唐氏,在夏爲御龍氏,在商爲豕韋氏,在周爲唐杜氏,晉主夏盟爲范氏。”又昭公二十九年載晉大夫蔡墨之言曰:“昔有飂叔安,有裔子曰董父,實甚好龍,能求其耆欲以飲食之,龍多歸之。乃擾畜龍以服事帝舜,帝賜之姓曰董,氏曰豢龍,封諸鬷川,鬷夷氏其後也。故帝舜氏世有畜龍。及有夏孔甲,擾于有帝,帝賜之乘龍,河、漢各二,各有雌雄。孔甲不能食,而未獲豢龍氏。有陶唐氏既衰,其後有劉累,學擾龍于豢龍氏,以事孔甲,能飲食之。夏后嘉之,賜氏曰御龍,以更豕韋之後。”

〔六〇一〕云使豢龍以更豕韋之後:彥按:豢龍,似當作御龍。見上注。

〔六〇二〕豢龍乃己姓廖叔之後,豕韋之族爾:廖叔,即飂叔安。潛夫論志氏姓:“祝融之孫,分爲八姓:己、禿、彭、姜、妘、曹、斯、芈。己姓之嗣飂叔安,其裔子曰董父,實甚好龍,能求其嗜欲以飲食之,龍多歸焉。乃學擾龍,以事帝舜。賜姓曰董,氏曰豢龍,封諸鬷川。鬷夷、彭姓豕韋,皆能馴龍者也。”清汪繼培箋:“‘飂叔安’以下,本昭廿九年左傳。按傳云:‘劉累學擾龍於豢龍氏,以事孔甲,賜氏曰御龍,以更豕韋之後。’蓋孔甲以豕韋國封累,非豕韋本能馴龍,而以累代之。此文蓋誤會傳意。”

〔六〇三〕宣子云在商爲豕韋:見上注〔六〇〇〕。

〔六〇四〕大夏:在今山西太原市一帶。

〔六〇五〕周書王會解云:堂下之右,唐公、虞公;左則夏公、殷公:晉孔晁逸周書注:“唐、虞二公,堯、舜後也。”彥按:夏公、殷公,即孔晁注所謂“杞、宋二公”,夏、殷後也。

〔六〇六〕鑄:地名。在今山東肥城市境。

〔六〇七〕隨:地名。在今山西介休市東南。

〔六〇八〕鑄侯達:吳本、四庫本、備要本作“鑄仁達”。

〔六〇九〕臧宣叔,娶于鑄者:臧宣叔,即臧孫許,春秋魯國大夫。左傳襄公二十三年:“初,臧宣叔娶于鑄。”

〔六一〇〕禮傳皆作“祝”:禮傳,指禮記。後漢書祭祀志下“古者師行平有載社主,不載稷也”劉昭注:“周禮爲禮之經,而禮記爲禮之傳。”禮記樂記:“武王克殷反商,未及下車而……封帝堯之後於祝。”鄭玄注:“祝,或爲鑄。”

〔六一一〕吕春秋云封後于黎丘：見吕氏春秋慎大，今本文曰：“武王勝殷，入殷，未下輿，命封黃帝之後於鑄，封帝堯之後於黎。”“黎”下無“丘”字。彦按：太平御覽卷二〇一引吕氏春秋，作“武王勝殷，封帝堯之後於犂丘”，亦有“丘”字，蓋即羅氏所本。然吕覽原文黎既與鑄並出（一封帝堯後，一封黃帝後），則非鑄地可知，羅氏乃謂“其地也”，顯然錯誤。糾其致誤之因，蓋因未考吕覽本文，但憑御覽推論，而御覽引文卻不完全，既無“封黃帝之後於鑄”語，遂想當然以黎丘即禮記樂記之祝矣，而不悟吕覽所載與禮記樂記有異也。

〔六一二〕祝睦二碑云出高辛祝融：祝睦二碑，指（漢）山陽太守祝睦碑及祝睦後碑。其碑文云：“君諱睦，字元德，濟陰己氏人也。其先蓋高辛氏之火正，以能淳曜天地，曰祝融。”（見宋洪适隸釋卷七）

〔六一三〕既更累之裔于方城，爲唐公：方城，縣名，今屬河南省。彦按：“唐公”疑當作“唐侯”。新唐書宰相世系表四下：“帝堯初封唐侯，其地中山唐縣是也。舜封堯子丹朱爲唐侯，至夏時，丹朱裔孫劉累遷于魯縣。累孫猶守故地，至商，更號豕韋氏，周復改爲唐公。成王滅唐，以封弟叔虞，其後更封劉累裔孫在魯縣者爲唐侯，以奉堯嗣，其地唐州方城是也。”

〔六一四〕傳謂成王以舊唐封叔虞而更之：見上注。又通志卷二六氏族略二以國爲氏古帝王氏唐氏亦曰：“堯初封唐侯，其地中山唐縣是已。舜封堯之子丹朱爲唐侯。至夏時，丹朱裔孫劉累遷于魯縣。累孫猶守故地，至商更號豕韋氏，周復改爲唐公。成王滅唐，以封弟叔虞，號曰唐叔，乃遷唐公於杜，降爵爲伯，今長安杜城是也。周之季世，又封劉累裔孫在魯縣者爲唐侯以奉堯嗣，其地今唐州方城是也。”

〔六一五〕其徙杜者爲杜氏：杜，地名，在今陝西西安市東南。杜氏，洪本、吳本譌“社氏”。

〔六一六〕杜伯友爲卿士，宣王四十三年誅之：杜伯，周宣王大夫、杜國之君。宣王，洪本、吳本“王”譌“主”。竹書紀年卷下周宣王四十三年：“王殺大夫杜伯。”彦按：諸書于杜伯均不言名，唯太平廣記卷一一九報應十八云：“杜伯名曰恒。”今羅氏稱杜伯友，當誤。考説苑立節云：“左儒友於杜伯，皆臣周宣王。宣王將殺杜伯，而非其罪也。左儒爭之於王，九復之，而王弗許也。……王殺杜伯，左儒死之。”又水經注卷一九渭水云：“其水……西北流逕杜伯冢南。

杜伯與其友左儒仕宣王，儒無罪見害，杜伯死之，終能報恨于宣王。"二説雖不同，而或云"左儒友於杜伯"，或云"杜伯與其友左儒"，均見"友"字，抑羅氏倉遽間而誤記爲杜伯名歟？

〔六一七〕杜蕢，記作屠蕢：杜蕢，春秋晉平公的廚師。洪本、吳本"杜"譌"社"。周禮春官序官鄭玄注、儀禮大射儀鄭玄注並有杜蕢。又，禮記檀弓下"杜蕢自外來"，鄭玄注："杜蕢，或作'屠蒯'。"蓋文獻中杜蕢其人，姓或作"屠"，名或作"蒯"也。

〔六一八〕唐賜杜伏威爲李氏：杜伏威，隋末農民起義首領，後降唐，"（唐）高祖遣使就拜東南道行臺尚書令、江淮以南安撫大使，上柱國，封吳王，賜姓李氏，預宗正屬籍。"（見舊唐書杜伏威傳）

〔六一九〕逵云：武王並封堯後爲唐、杜二國，非滅唐封杜：逵，指賈逵。各本均譌"達"，今訂正。左傳襄公二十四年："宣子曰：'昔匄之祖，自虞以上爲陶唐氏，在夏爲御龍氏，在商爲豕韋氏，在周爲唐杜氏，晉主夏盟爲范氏，其是之謂乎？'"孔穎達疏："賈逵注國語云：'武王封堯後爲唐、杜二國。'以爲並時爲國，非滅唐封杜。"

〔六二〇〕炫云：唐非豕韋後，杜亦未必是，安知滅唐遷杜：炫，指隋劉炫。吳本作"眩"。左傳襄公二十四年"在周爲唐杜氏"杜預注："唐杜，二國名。殷末，豕韋國於唐。周成王滅唐，遷之於杜，爲杜伯。"孔穎達疏引劉炫規杜預云："唐非豕韋之胤，杜亦未必是後，安知滅唐遷於杜也？"

〔六二一〕司馬貞謂唐杜，陸終後：史記三代世表"蜀王，黃帝後世也"司馬貞索隱："案：系本蜀無姓，相承云黃帝後。且黃帝二十五子，分封賜姓，或於蠻夷，蓋當然也。蜀王本紀云朱提有男子杜宇從天而下，自稱望帝，亦蜀王也。則杜姓出唐杜氏，蓋陸終氏之胤，亦黃帝之後也。"　亦非：洪本作"益非"。

〔六二二〕晉文妃杜祈：晉文，指春秋晉文公重耳。妃，吳本、備要本譌"紀"。杜祈，左傳文公六年作"杜祁"。

〔六二三〕杜伯之息隰叔如晉，生蒍：息，子。蒍，士蒍。左傳襄公二十四年"在周爲唐杜氏"杜預注："殷末，豕韋國於唐。周成王滅唐，遷之於杜，爲杜伯。杜伯之子隰叔奔晉。"孔穎達疏："晉語訾祏對范宣子云：'昔隰叔子違周難奔於晉，生子輿爲司空。'賈逵云：'宣王殺杜伯，其子逃而奔晉。子輿，士蔦字。’”

〔六二四〕爲李,以正于朝,朝亡姦官,故氏爲士氏:李,通“理”,法官。正,匡正,整肅。姦官,各本均作“間官”。彦按:“間官”費解。“間”當“姦”字音譌。國語晉語八:“昔隰叔子違周難於晉國,生子輿爲理,以正於朝,朝無姦官。”又古今姓氏書辯證卷二二止韻下士云:“杜伯爲周宣王大夫,無罪見殺。其子隰叔奔晉,生蔦,字子輿,爲晉獻公士師,朝無姦官,國無敗政。因其有功,命以官爲士氏。”蓋即路史所本,今據以訂正。

〔六二五〕士官:即士師,主管刑獄之官。

〔六二六〕晁説之書説謂“雲土”爲古“杜”字:自此而下直至“異哉”凡七十四字,洪本、吳本、備要本均作正文,當屬闌入。晁説之,宋濟州巨野(今山東巨野縣)人,工詩、畫,通六經,歷官祕書少監、中書舍人等職。書,即尚書。雲土,見尚書禹貢:“沱、潛既道,雲土夢作乂。”　如詩言“桑土”:詩豳風鴟鴞:“迨天之未陰雨,徹彼桑土,綢繆牖户。”陸德明音義:“土音杜,注同,小雅同。韓詩作‘杜’,義同。方言云:‘東齊謂根曰杜。’”　因有土氏:土氏,吳本譌“王氏”。　而以陶唐氏、豕韋氏、御龍氏爲土氏之宅:宅,根,源頭。彦按:羅氏此説蓋本古今姓氏書辯證,詳見下注。

〔六二七〕遂以蔦、縠、會、丐、爕、軾、吉射、富、魴皆爲土氏矣:蔦等爲同一家族,皆春秋晉卿大夫。其中,縠,蔦子;會,蔦孫,成伯缺子;丐,即匄,會孫,爕子;爕,會子;軾,丐子;吉射,軾子;富,會別族;魴,會幼子,爕同母弟。　爲士貞子、士弱、士文伯景伯爲土氏:爲,通“謂”,以爲。士貞子,各本均作“士員”。彦按:經查,無“士員”其人。“員”當“貞子”二字譌脱,蓋“貞”以形近譌“員”,又下脱“子”字耳。士貞子又稱士貞伯(謚貞)、士渥濁(名渥濁),春秋晉悼公太傅,爲士弱父。此文所述,乃士貞子一系,自貞子而至士弱,而至士文伯,而至士景伯,皆父子相承,甚有條理。“士員”爲“士貞子”之誤,無庸置疑。今訂正。士弱,謚莊,又稱士莊伯,春秋晉大夫。士文伯景伯,士文伯、士景伯。文伯又稱士伯瑕,士弱子;景伯,名彌牟,士文伯子:並晉大夫。古今姓氏書辯證卷二四姥韻杜:“宋中書舍人晁以道説之解書‘雲土’云:‘土,古杜字也,詩桑土是也。土氏之先曰陶唐氏、御龍氏、豕韋氏,其後爲唐杜氏。有土蔦、土(縠)[縠]、土會、土匄、土爕、土軾、土吉射、土富、土魴,皆唐杜氏也。或作士氏,誤也。士(員)〔貞子〕、士弱、士文伯、士景伯,是士氏。’”

〔六二八〕及官司空,以正于國,國亡敗績,故氏爲司空:四庫本此下重出“以正于國國亡敗績故氏爲司空”十三字。左傳莊公二十六年:“春,晉士蒍爲大司空。”國語晉語八:“(子輿)爲司空,以正於國,國無敗績。”

〔六二九〕是佐文、襄,諸侯亡惡:文、襄,指春秋晉文公重耳及晉襄公歡。國語晉語八:“世及武子(彦按:武子即士會,士會謚武),佐文、襄爲諸侯,諸侯無二心。” 謖傅成、景,軍亡敗政:謖,起。成、景,指晉成公黑臀及晉景公獳(一名據)。國語晉語八:“及爲卿,以輔成、景,軍無敗政。” 中軍、太傅,端法集典,國亡姦民:中軍、太傅,左傳宣公十六年:“春,晉士會帥師滅赤狄甲氏及留吁、鐸辰。三月,獻狄俘,晉侯請于王。戊申,以黻冕命士會將中軍,且爲大傅。”端法集典,謂端正、協調法典。集,通“緝”,和合,協調。國語晉語八作:“端刑法,緝訓典。”

〔六三〇〕是以受范:范,地名,在今山西屯留縣。國語晉語八作:“是以受隨、范。”

〔六三一〕逮文子變,能穆宗侯,爰受栒、櫟:文子變,即士變,士會子,謚文,故稱。穆,和睦。宗侯,指同姓諸侯,即所謂兄弟之國。栒、櫟,晉二邑名。栒,國語作“郇”,地在今山西臨猗縣西南。櫟,地在今山西永濟市西南。國語晉語八:“及文子成晉、荆之盟,豐兄弟之國,使無有閒隙,是以受郇、櫟。”韋昭注:“郇、櫟,晉二邑。”

〔六三二〕士魴受彘:彘,地名,在今山西霍州市。

〔六三三〕皋夷采函輿,故氏函輿:皋夷,士皋夷。又氏范,稱范皋夷,士吉射族人,晉大夫。函輿,亦作函輿(見元和姓纂卷五咸韻函輿),即函冶,春秋晉邑,地在今河南孟州市西北。

〔六三四〕范睢:即范雎(作“睢”爲字誤)。戰國魏人。初隨魏中大夫須賈使齊,被懷疑通齊賣魏,受鞭笞而幾死。乃變名張禄,逃往秦國,獻尊君强國之策,取得秦昭王信任,拜丞相,封應侯。其事備載史記本傳。

〔六三五〕范蠡功成,去爲鴟夷子,號陶朱:功成,吳本作“成功”。參見國名紀四陶唐氏後注〔一〕。

〔六三六〕故范仲淹隨母嫁朱氏,復姓啓及之:故,吳本、四庫本、備要本作

“以”。范仲淹，北宋政治家、文學家，仁宗朝官至參知政事。朱氏，喬本、四庫本無“氏”字，洪本、吳本脫“朱”字，此從備要本。宋史范仲淹傳：“范仲淹字希文，唐宰相履冰之後。……仲淹二歲而孤，母更適長山朱氏，從其姓，名説。少有志操，既長，知其世家，迺感泣辭母，去之應天府，依戚同文學。……舉進士第，爲廣德軍司理參軍，迎其母歸養。改集慶軍節度推官，始還姓，更其名。”

〔六三七〕元和姓纂卷六止韻士弱：“晉士莊子弱爲獄官，晉人謂之士弱氏。”

〔六三八〕姓源韻：即姓源韻譜。參見前紀三大騩氏注〔一〇〕。

〔六三九〕世本云：勾弟他，晉司功，爲氏：司功，官名。廣韻之韻司引世本，作：“士丐弟佗，爲晉司功，因官爲氏。”“丐”同“勾”，“佗”同“他”。

〔六四〇〕風俗通：吳本“俗”譌“俊”。

〔六四一〕潛夫以爲鷗夷出於子姓宋微子後：今本潛夫論志氏姓，宋微子後有目夷氏無鷗夷氏，與羅氏所見不同。　目夷：古今姓氏書辯證卷三五屋韻：“目夷，出自子姓，宋公子目夷爲左師，聽宋國之政，子孫別爲目夷氏。”

〔六四二〕其奔秦而復也，秦歸其帑：奔，吳本、四庫本作“犇”，同。帑，通“孥”，泛稱妻小。公元前 621 年，晉襄公死，執政趙盾初欲立長，派士會赴秦迎公子雍。既行，趙盾變計，乃改立嫡夷皋（即晉靈公），士會遂留事秦。公元前 614 年，晉設計召士會於秦，“秦人歸其帑”。見左傳文公六年及十三年。

〔六四三〕其處者生明，爲劉氏：處者，指留居秦者。自此而下至“四子：伯，仲，邦，交”一段文字，大抵見于新唐書宰相世系表一上。左傳文公十三年：“秦人歸其帑。其處者爲劉氏。”杜預注：“士會，堯後劉累之胤。別族復累之姓。”

〔六四四〕豐公：吳本“豐”作“豊”。

〔六四五〕煓：音 tuān。　漢太公：對漢高祖劉邦父之尊稱。

〔六四六〕有玉雞銜赤珠：銜，吳本譌“御”。　高祖：指漢高祖劉邦。

〔六四七〕握誠圖：漢代緯書，春秋緯之一種。

〔六四八〕索隱乃云，母溫氏，貞時餘泗水碑：索隱，吳本“隱”譌“陽”。溫氏，各本皆譌“湯氏”，今訂正。餘，遺留。史記高祖本紀：“高祖，沛豐邑中陽里人，姓劉氏，字季。父曰太公，母曰劉媼。”司馬貞索隱：“今近有人云‘母溫氏’。貞時打得班固泗水亭長古石碑文，其字分明作‘温’字，云‘母温氏’。”

〔六四九〕天德光堯，剹項授沛：光，照耀，喻眷顧。剹，音pí，割裂。項，項羽。沛，沛公，即劉邦。秦末，劉邦起兵于沛，以應陳涉，衆立之爲沛公。

〔六五〇〕邦寔著符：寔，吳本、四庫本作“實”。著符，謂受命之徵兆明顯。符，瑞應，瑞徵。漢書高帝紀贊：“漢承堯運，德祚已盛，斷蛇著符，旗幟上赤，協于火德，自然之應，得天統矣。”

〔六五一〕炎祚復輝，載祀四百：炎祚，指劉漢國統。五行家謂劉漢以火德王，故稱。載祀，年，爲同義複合詞。宋書武帝紀下：“史臣曰：漢氏載祀四百，比祚隆周。”

〔六五二〕左氏謂“其處者爲劉氏”：見上注〔六四三〕。

〔六五三〕夫伍員屬其子于齊使爲王孫氏，知己必死，豫令改族：自此而下至“故引之爲證爾”，大抵撮取自左傳文公十三年“其處者爲劉氏”孔穎達正義。豫，通“預”，事先。吳本、四庫本作“預”。

〔六五四〕故達、炫之徒深疑此文非傳本旨：達，指唐孔穎達。炫，指隋劉炫。

〔六五五〕明帝：指漢明帝劉莊，公元58—75年在位。

〔六五六〕芮：指漢初長沙王吳芮。

〔六五七〕漢沛獻孫進伯，囚孤山下，生尸利，單于以爲谷蠡王，號獨孤部：漢沛獻，東漢沛獻王劉輔。孫，後裔。囚，各本均誤“因”，今據新唐書訂正。孤山，山名，在今遼寧海城市境。谷蠡王，匈奴官名。分左右，管理軍事和行政。谷蠡，音lù lí。新唐書宰相世系表五下：“獨孤氏出自劉氏。後漢世祖生沛獻王輔，輔生釐王定，定生節王丐。丐二子：廣、廙。廙，洛陽令，生穆。穆生度遼將軍進伯。擊匈奴，兵敗被執，囚之孤山下。生尸利，單于以爲谷蠡王，號獨孤部。”

〔六五八〕七世羅辰從魏徙洛，爲獨孤氏：新唐書宰相世系表五下：“尸利生烏利，二子：去卑，猛。猛生副論。副論生路孤，路孤生眷，眷生羅辰，從後魏孝文徙洛陽，爲河南人，初以其部爲氏。”

〔六五九〕後漢谷蠡王獻：其人不詳，待考。

〔六六〇〕漢賜衡山王爲厥：衡山王，漢文帝劉恒侄子劉賜。彦按：此説有誤。通志卷二九氏族略五入聲厥氏："漢文帝賜衡山王宫人厥氏。姓苑云:今京兆人。"又王應麟姓氏急就篇卷上："厥氏,京兆人。見姓苑。漢賜衡山王妾厥氏。衡山王賜傳:'美人厥姬'。"據此,則"衡山王"下當有"宫人"或"妾"、"美人"一類字。然其説似亦未妥。古今姓氏書辯證卷三七月韻厥云:"漢衡(陽)〔山〕王賜妾厥氏,謂之厥姬。姓苑曰:京兆人。"當是。蓋衡山王之妾爲厥氏,因王名賜,"衡山王賜"誤倒遂成"賜衡山王"也。　賜安樂王爲兀:彦按:"安樂王"上當有"後魏"二字。元和姓纂卷一〇没韻兀、通志卷二八氏族略四以凶德爲氏兀氏並云:"後魏改安樂王元鑒曰兀氏。"是也。　而廣陵陳,乃後漢魯相,無子,以外孫劉嶠嗣,曰陳嶠,即騫之父:廣陵,郡名,治所在今江蘇揚州市廣陵區。即騫之父,喬本、洪本"騫"誤"鸞",今訂正;吴本、四庫本、備要本均無此四字。元和姓纂卷三真韻陳:"廣陵:胡公之後。漢末魯相(失名)無子,以外孫劉矯爲嗣,魏司徒、東鄉侯。生騫,晉太尉。"晉書陳騫傳:"陳騫,臨淮東陽人也。父矯,魏司徒。矯本廣陵劉氏,爲外祖陳氏所養,因而改焉。"

〔六六一〕又蜀齊王徐耕,乃杜悰之遺孽:蜀,指五代前蜀。杜悰,唐武宗朝宰相。遺孽,後裔。洪本"孽"作"孼",四庫本作"蘗"。

〔六六二〕東莞:郡名,治所在今山東莒縣。

〔六六三〕劉備:三國蜀漢開國皇帝。

〔六六四〕裕,啓南朝者:裕,指南朝宋開國皇帝劉裕。啓,開創。吴本、四庫本作"起"。

〔六六五〕宋書:劉凝之慕伍員忠烈,爲員氏:彦按:宋書無此,蓋誤記。其事實載新唐書員半千傳。參見後紀八帝顓頊高陽氏注〔三三五〕。

〔六六六〕半千十世祖改:十世祖,各本"十"皆誤"七",今據新唐書員半千傳訂正。

〔六六七〕按半千家狀云,宋營陵侯遵考子凝之事魏太武:家狀,舊指記述有關個人履歷、三代、鄉貫、年貌等的表狀。吴本、備要本"家"誤"蒙"。營陵侯,"侯"洪本誤"𠋫",吴本誤"侵"。凝之,吴本"凝"誤"疑"。魏太武,北魏太武帝拓跋燾。

〔六六八〕江休復雜志:堯山民得半千銘,云十八代祖賜:江休復,字隣幾,宋刑部郎中。雜志,即隣幾雜志。半千,洪本"千"誤"午"。十八代祖,各本

“祖”皆譌“相”，今訂正。考隣幾雜志卷下，原文作：“白水縣堯山民掘得誌石，是員半千墓，云：‘十八代祖凝，自梁入魏，本姓劉氏，彭城人，以其雅正似伍員，遂賜姓員。’”

〔六六九〕前涼録有員敞、員平：前涼録，洪本、吳本作“涼録”，脱“前”字。員敞，洪本“員”字前有一墨丁；吳本則作“敞員敞”，衍一“敞”字。

〔六七〇〕杜林：東漢經學家。

〔六七一〕見東觀漢記杜林傳，原文作：“時議郊祀制，以爲漢當祀堯。林上疏曰：‘……人無愚智，思仰漢德，樂承漢祀。基業特起，不因緣堯。堯遠於漢，民不曉信，言提其耳，終不悦諭。’”　杜林：洪本“杜”譌“社”。　説諭：樂于接受曉諭。説，同“悦”。

〔六七二〕而楊光輔對仁宗云：楊光輔，宋代經師。洪本、吳本、四庫本“楊”譌“揚”，又吳本“光”譌“先”。仁宗，指宋仁宗趙禎。　堯舜之事遠矣，亦未易行：宋史楊安國傳：“仁宗命説尚書，光輔曰：‘堯、舜之事，遠而未易行，願講無逸一篇。’”

〔六七三〕裔子大繇，夏后氏封之傅：大繇，典籍中亦作“大由”。傅，地名，在今山西平陸縣。

〔六七四〕傅子：晉傅玄撰。

〔六七五〕貍氏，事出國語：國語周語上：“使太宰以祝，史帥貍姓，奉犧牲、粢盛、玉帛往獻焉，無有祈也。”貍，字同“貍”。

〔六七六〕姓書云出季貍，大妄：季貍，高辛氏八才子即所謂“八元”之一。吳本、四庫本“貍”作“貍”。元和姓纂卷二之韻貍云：“左傳，八元季貍之後。”而古今姓氏書辯證卷四之韻貍則曰：“謹按：貍氏之先出於丹朱，自爲貍姓，不必八元之後。”

〔六七七〕唐表，大繇，黃帝後：吳本、四庫本、備要本“唐表”下有“云”字，“大繇”祇作“繇”。新唐書宰相世系表四上：“傅氏出自姬姓。黃帝裔孫大由封於傅邑，因以爲氏。”　韋昭云，貍氏，在周爲傅：備要本“貍”作“貍”。國語周語上“王使太宰忌父帥傅氏及祝、史奉犧牲、玉邑往獻焉”韋昭注：“傅氏，貍姓也，在周爲傅氏。”

〔六七八〕説築于巖，商宗得之，陞爲太公：説（yuè），傅説，商高宗武丁賢臣。商宗,指商高宗,此疑脱“高”字。相傳傅説初爲奴隸,曾築于傅巖,武丁自此得之,舉以爲相。書説命上:“説築傅巖之野。”孔氏傳:“傅氏之巖在虞、虢之界。”孟子告子下:“傅説舉於版築之間。”

〔六七九〕晉傅餘頠,著複姓録,云出傅氏:傅餘頠(wěi),四庫本“頠”譌“顔”。複姓録,喬本、四庫本、備要本“複”作“復”,此從洪本及吳本。古今姓氏書辯證卷三〇遇韻傅餘云:“晉傅餘頠,著複姓録,自云傅説之後留居傅巖,爲傅餘氏。”通志卷二八氏族略四以族爲氏傅餘氏亦云:“晉傅餘頠,撰複姓録。”而元和姓纂卷二魚韻餘則云:“晉有餘頠,著複姓録,本出傅氏。”以餘爲姓,頠爲名。彦按:姓纂此説當誤。今考姓纂,卷七潸韻阪上、卷九漾韻尚方兩引“傅餘頠複姓録”,均作傅餘頠,可證。

〔六八〇〕史謂得之傅巖,名爲傅氏:彦按:此乃“傅餘氏、餘氏”下注文,意不在釋“傅氏”,疑“傅氏”當作“傅餘氏”,今本偶脱“餘”字。文淵閣四庫全書本元和姓纂卷二魚韻餘,注引英賢傳云:“傅説子孫留傅巖者爲傅餘氏。”

〔六八一〕傅餘猶梁餘、韓餘也:梁餘,複姓。元和姓纂卷五陽韻梁餘:“晉下軍御梁餘子養之後,衛人也。”韓餘,複姓。古今姓氏書辯證卷八寒韻韓餘:“世本:韓宣子餘子之後氏焉。謹按春秋:晉成公宦卿之餘子。以爲餘子,蓋適子之母弟。宣子,韓起也。”又卷一四陽韻下梁餘云:“謹按:韓氏餘子爲韓餘,傅氏留於巖者爲傅餘,則梁氏在故國者宜曰梁餘也。”

〔六八二〕姓書又有説氏:元和姓纂、古今姓氏書辯證均有。吳本“姓書”譌“姓氏”。

〔六八三〕其分于冀者:冀,在今山西河津市。

〔六八四〕姓纂:丹朱居陶丘,爲氏:見元和姓纂卷五豪韻,文作:“帝堯子居陶邱,因氏焉。”陶丘,地在今山東菏澤市定陶區西南。

〔六八五〕焞皇實録:即敦煌實録,北魏劉昞撰。　魏侍中周生烈:魏,指三國魏。

〔六八六〕七録:吳本、備要本“七”譌“士”。

〔六八七〕姓書又有堯氏,云出帝堯:古今姓氏書辯證卷一〇蕭韻堯云:“帝堯之後,以謚爲氏,世居上黨長子。……隋鷹揚郎將堯君素,魏郡湯陰人。”　然隨有鷹揚將軍堯泰矣:隨,通“隋”。堯泰,吳本、備要本作“堯秦”。

彦按:鷹揚將軍堯泰抑或堯秦,其人不見經傳,疑爲"鷹揚郎將堯君素"之誤,後者見于北史堯君素傳及新、舊唐書。隋書亦有堯君素傳,而稱"鷹擊郎將"。豈泰或秦爲君素別名耶,然隋書、北史本傳所未載,不可知也。

〔六八八〕周賜唐瓌爲紐于氏:唐瓌,洪本、吳本、備要本作"唐壞",四庫本作"唐環"。彦按:古今姓氏書辯證卷一五唐韻唐云:"(唐)陵弟瓌,後周臨淄文獻公,嘗賜姓万紐于氏,隋初復本姓。"蓋即羅氏所本。然據周書以及北史,其人當爲唐瑾,二書于瑾本傳俱載周文帝賜唐瑾姓万紐于氏事。紐于氏,當作"万紐于氏","万"字不可無。　劉志爲宇文氏,劉亮爲侯莫陳氏:劉志賜姓宇文氏事,劉亮賜姓侯莫陳氏事,俱見于周書二人本傳。又古今姓氏書辯證卷一八尤韻上劉云:"後周賜武鄉公劉志姓宇文,長廣公劉亮姓侯莫陳,隋初復舊。"　至隨皆復:四庫本"隨"作"隋",用其本字。

〔六八九〕贊:吳本、四庫本、備要本作"贊曰"。

〔六九〇〕惟帝則之:帝,洪本作"吾",吳本、四庫本、備要本作"堯"。

〔六九一〕誦言行道:誦言,指誦讀經書之言。詩大雅桑柔:"大風有隧,貪人敗類,聽言則對,誦言如醉。"鄭玄箋:"貪惡之人,見道聽之言則應答之,見誦詩書之言,則冥臥如醉。"

〔六九二〕天下大器:莊子讓王:"故天下,大器也。"成玄英疏:"夫帝王之位,重大之器也。"

〔六九三〕固已雲行雨施而見品物之流形矣:吳本、備要本"行"、"形"二字互易而作"雲形"、"流行",誤。易乾彖辭:"雲行雨施,品物流形。"高亨大傳今注:"施猶降也。品物,各種品類之物。流猶動也。……流形謂運動其形體。此二句言天有雲行雨降,萬物受其滋育,始能運動形體于宇宙之間。"彦按:此以天喻堯,謂堯恩澤廣施,萬民得其沾溉而受感化。

〔六九四〕橺扉:洪本"橺"譌"攟"。　容心:留心,在意。

〔六九五〕吾知都俞吁咈一堂之上而已矣:咈,喬本、洪本、吳本、備要本作"拂",此從四庫本。參見上注〔五二六〕。

〔六九六〕萬籟空而七絃定:萬籟,各種聲響。空,謂沉寂。

〔六九七〕陽光之熙,羣目之隨,浹沐之聚,羣心之豫,豈有心於爲哉:熙,照射。羣目,衆目。隨,追隨,此謂注視,關注。浹沐,猶沾溉,借代恩澤。豫,愉悦。

〔六九八〕林焉生,總焉羣:林焉,猶林然,衆多貌。總焉,猶總然,匯聚貌。柳宗元貞符:"惟人之初,總總而生,林林而羣。"　一日而風之,二日而霖之:風,謂風吹。霖,謂雨淋。

〔六九九〕無攖則寧,無拂則全:攖(yīng),擾亂。拂,違背。

〔七〇〇〕操造化之權以鼓舞動蕩而作成之爾:操,把持,掌握。造化,創造化育。鼓舞,激發。動蕩,謂驅動。作成,促成,造就。

〔七〇一〕一日揠其苗,則物之成性者亦罕矣:揠(yà),拔起。成性,保全天性。

〔七〇二〕道之以政,齊之以刑,而天下始慘然矣:道,教導。政,謂法教。齊,整治,整頓。慘然,黯淡貌,比喻衰落,沒有生氣。論語爲政:"子曰:'道之以政,齊之以刑,民免而無恥。'"

〔七〇三〕風之過蕭,芴焉感之:蕭,吳本、四庫本、備要本作"簫"。芴,通"忽"。參見上注〔五一九〕。

〔七〇四〕然而猶曰修己以安百姓,博施濟衆,堯舜其猶病諸:病,難,不易。論語憲問:"子路問君子。……(子)曰:'修己以安百姓。修己以安百姓,堯舜其猶病諸!'"又雍也:"子貢曰:'如有博施於民而能濟衆,何如?可謂仁乎?'子曰:'何事於仁,必也聖乎!堯舜其猶病諸!'"

〔七〇五〕蓋凶旱水泆,天有所不能全:凶旱,嚴重乾旱。水泆,水滿氾濫。泆,通"溢"。全,周全,完美。　天有所不能蔑:蔑,無,沒有。

〔七〇六〕此九六之大會也:參見上注〔四一三〕。　不抵於窮:窮,困窘,走投無路。

〔七〇七〕七十在位,弇兹日薄,而若時之庸,猶未適也:弇兹日薄,猶言日薄西山,比喻年已遲暮。弇兹,山名,古以爲日没之所。薄,逼近,靠近。若時之庸,指能順應天時(天命)而可任用者。參見上注〔四三一〕。適,洪本譌"適"。

〔七〇八〕咨若予采,而獲象恭之夫:象恭,謂貌似恭敬。夫,成年男子的通稱。書堯典:"帝曰:'疇咨若予采?'驩兜曰:'都!共工方鳩僝功。'帝曰:'吁!靜言庸違,象恭滔天。'"周秉鈞易解:"釋詁:'若,善也。'采,事也,指政事。"

咨乂滔天,而得圯族之子:乂,治。滔天,形容大水彌漫天際,借代洪水。書堯典:"帝曰:'咨!四岳。湯湯洪水方割,蕩蕩懷山襄陵,浩浩滔天。下民其咨,有能俾乂?'僉曰:'於,鯀哉!'帝曰:'吁!咈哉!方命圯族。'"參見上注〔四〇三〕。　帝之心果如何邪:吳本"邪"作"耶"。

〔七〇九〕九載之績弗成:書堯典:"帝(謂鯀)曰:'往,欽哉!'九載,績用弗成。"　而密藏之意已迎鏡壇宇間矣:密藏,隱居,退隱。迎鏡,先期反映。迎,通"逆",事先,先期。鏡,映,照。壇宇間,廟堂上。

〔七一〇〕能庸命,朕位巽:庸命,用命,謂執行命令,聽從命令。書堯典:"帝曰:'咨!四岳。朕在位七十載,汝能庸命,巽朕位。'"　吾亦何意於天則哉:天則,天之法則,天道。

〔七一一〕昕而作,夕而瞑:昕,天亮,黎明。瞑,閉目,謂睡覺。　安時處順,亦適然而已矣:時,吳本譌"得"。適,洪本、吳本譌"適"。

〔七一二〕二典:指書堯典、舜典。

〔七一三〕如"登庸",如"奮庸"、"庸命",皆君事也;如"亮采",如"予采"、"載采采",皆臣事也:登庸,選拔任用。書堯典:"帝曰:'疇咨若時?登庸。'"奮庸,謂努力建立功業。書舜典:"舜曰:'咨,四岳!有能奮庸熙帝之載,使宅百揆亮采,惠疇?'"庸命,見上注〔七一〇〕。亮采,例見上"奮庸",義見上注〔四四八〕。予采,書堯典:"帝曰:'疇咨若予采?'"載采采,書皋陶謨:"皋陶曰:'都!亦行,有九德;亦言,其人有德,——乃言曰:載采采。'"周秉鈞易解:"載,語首助詞。采,事也。采采,事其事也,動賓結構。"彥按:羅氏所稱書二典中"庸""采"之辨,與語言事實並不相符。而此"載采采"例更出二典之外。

〔七一四〕"若時"者,指言能順天時:吳本"順"譌"頇"。　即言農功曰"庸",非所譬矣:即,若。

〔七一五〕曆象日月者:書堯典:"乃命羲和,欽若昊天,厤象日月星辰,敬授人時。"　親族叶邦者:書堯典:"帝堯曰放勳,……克明俊德,以親九族。九族既睦,平章百姓。百姓昭明,協和萬邦,黎民於變時雍。"　東作西成者:書堯典:"分命羲仲,宅嵎夷,曰暘谷。寅賓出日,平秩東作。"又:"分命和仲,宅西,曰昧谷。寅餞納日,平秩西成。"

〔七一六〕則亦無可幾者:幾,通"冀",期望,希望。

〔七一七〕有不屬乎我而自在夫人者：自，吳本、備要本如此，喬本、洪本、四庫本作“有”。彥按：作“自”于義爲長，今姑從之。夫，吳本譌“大”。

〔七一八〕三者之咨：書堯典云：“帝曰：‘疇咨若時？登庸。’放齊曰：‘胤子朱，啓明。’帝曰：‘吁！嚚訟，可乎？’帝曰：‘疇咨若予采？’驩兜曰：‘都！共工方鳩僝功。’帝曰：‘吁！静言庸違，象恭滔天。’……帝曰：‘咨！四岳！朕在位七十載，汝能庸命，巽朕位？’岳曰：‘否德，忝帝位。’”此所謂“三者之咨”者，“疇咨若時？登庸”、“疇咨若予采”、“咨！四岳！朕在位七十載，汝能庸命，巽朕位”也。　其文皆舉而無結：舉，舉薦。結，終局，結果。　張本：謂預作鋪墊。

〔七一九〕自此“堯之治天下七十載”而下至“舜不辭而受焉”，大抵撮取自列子仲尼，文字不盡相同。　堯之治天下七十載：七十載，列子作“五十年”。
億兆：本極言數量之多，此借代庶民百姓。

〔七二〇〕“立我”之謠：即：“立我蒸民，莫匪爾極。不識不知，順帝之則。”參見上注〔四五七〕。

〔七二一〕古詩也：四庫本作：“曰古詩也”。

〔七二二〕於是還宮，召舜，甥而禪之：列子作：“堯還宮，召舜，因禪以天下。”孟子萬章下：“舜尚見帝，帝館甥于貳室。”趙岐注：“禮謂妻父曰外舅；謂我舅者，吾謂之甥。堯以女妻舜，故謂舜甥。”

〔七二三〕紹：繼承。

〔七二四〕承安引佚：承繼安佚。引，延續。

〔七二五〕庸非天邪：庸非，豈非。邪，吳本作“耶”。

〔七二六〕如舜者天。舜居其所，以利天下，奉翼遠人，咸得其人。此之謂天：語出逸周書太子晉。奉翼，供養保護。咸得其人，“人”通“仁”，今本逸周書作“皆得己仁”。

〔七二七〕乾元‘用九’，乃見天則：見易乾文言。高亨大傳今注：“乾元亦謂天之元德。天則，天之法則，即天道運行之規律。文言認爲：天之元德具于用九。用九是乾卦六個陽爻之綜合。六個陽爻循位次上昇，象陽氣循時序上昇，故用九可以體現天則。”　首出庶物，萬國咸寧：見易乾彖辭。參見前紀二天皇氏注〔一一〕。

〔七二八〕彼之引竹書，援地記，而上疑夫兩聖者：詳見發揮五辨帝堯冢"小成陽以山得名，乃堯葬所在，有堯之故名焉，即庸俗所謂囚堯城者"下羅苹注。　亦欺詬唾射之徒爾：欺詬唾射，巧言欺騙，口沫橫飛。廣韻候韻："詬，巧言。"

〔七二九〕玁：音hàn，廣韻檻韻："玁，惡犬吠不止也。"　鍚：音shāng，説文矢部："鍚，傷也。"吳本、四庫本、備要本作"傷"。

路史卷二十一

後紀十二

疏仡紀第八

帝舜有虞氏

帝舜，按：舜本作䑞[一]。古作𡙮，從癸，從舛[二]。汗簡𢟽，集韻䑞、𢟽、𡙮，訛。有虞氏，姚姓。見世本。因生賜，在堯世[三]。風俗通按書舜生姚虛，云在濟陰成陽，非[四]。其先國于虞[五]，始爲虞氏。天子建德，因生以賜姓，祚之土而命之氏[六]。祚土，謂封之虞，命爲虞氏。因生，謂生姚虛，因賜姓姚。此氏姓之別。故世本皆上言姓，下言氏。虞氏亦見左傳正義。書云：“有鰥在下，曰虞舜”，“虞舜側微”[七]，則帝微時止姓虞而名舜可知。王符志氏姓云“舜姓虞”，而史伯亦稱虞幕，則其上世爲虞矣[八]。杜預云：幕乃舜之先[九]。世數未聞。瞽子。兩目不見。史云“盲者子”，是也[一〇]。二孔以爲有目但不分善惡者，妄[一一]。五帝之中，獨不出於黃帝[一二]？自敬康而下，其祖也[一三]。有辨，見發揮。敬康生於窮係。史記曰窮蟬。宋衷以“係”爲謚，非。係出虞幕，後之幕姓宗焉。風俗通、姓譜等幕姓皆云出幕[一四]。是生喬牛，喬牛生瞽叟[一五]。瞽叟天瞽[一六]。史云窮蟬以來，微在匹庶[一七]。謂庶士，非庶民也[一八]。曰“嬪于虞”，虞乃小國，即瞽所封，是侯伯矣[一九]。然王逸以舜爲布衣，而耕漁陶販皆庶人之事者，蓋以父母頑嚚，去而耕野，若伯奇、重耳云[二〇]。幕能平聽恊風，以成樂而生物，有虞氏報焉[二一]。報祭之。孔晁云：“幕能修道，功不及祖，德不及宗，故每於歲之大蒸而報祭之〔二二〕。"左氏言舜祭幕,而風俗通亦謂舜祖幕,與吕梁碑合,皆無句望,而以幕爲祖〔二三〕。賈逵、韋昭乃以幕爲虞思〔二四〕,蓋因世本等序舜爲高陽五世孫,而所謂幕者無地以置之,遂以爲之後世爾。按:内傳、國語俱云"自幕至于瞽叟,無違命",然後言"舜重之以明德",豈得云舜後哉〔二五〕?

舜長九尺,孔叢子云:舜長八尺有奇,面頷無毛,亦聖也〔二六〕。世紀云六尺一寸,非。太上員首〔二七〕,春秋繁露云:舜形體太上而圓首,長於天文,純于孝慈〔二八〕。龍顔世紀。日衡,古謂眉"衡",故執天子之器上衡〔二九〕。日衡者,眉骨圓起也。洛書靈準聽云:"有人方面日衡重華,握石椎,懷神珠。"〔三〇〕注謂衡有骨表如日;懷珠諭有明信〔三一〕;椎讀如鍾,言能平輕重。方庭甚口〔三二〕,孝經援神契云:"舜手握褒,龍顔大口。"面頤亡髦〔三三〕,懷珠握褒。尚書帝命驗云:"虞舜聖,在側陋,光曜顯都〔三四〕,握石椎,懷神珠。"注謂懷珠,以諭聖性。援神契注:握褒者,手兆如"褒"字,喻從勞苦受褒飾,致大祥也〔三五〕。洛書注:握,謂知旋璣之道〔三六〕。形卷婁,色黧露〔三七〕。莊子云:"卷婁者,舜也。"〔三八〕注:"謂背項傴凹向前也〔三九〕。"文子云:"堯瘦癯,舜徽墨〔四〇〕。"尸子:"堯瘦,舜墨。"言憂世念民至於此。而鄧析子言堯舜至聖,身如脯腊〔四一〕。堯若腊,舜若腒,故王充言:"上帝引逸",此謂舜也;承安繼逸,無爲而治,何爲若腒哉〔四二〕?目童重曜,故曰舜,而原曰重華〔四三〕。世紀云,因瞳子,名重華〔四四〕。真源云,字重華〔四五〕。按荀子,"堯、舜參眸子"〔四六〕,是堯亦重瞳,然但一目重。書大傳言"舜四童子",則兩目重矣。故春秋演孔圖云:"舜目四童,謂之重明。承乾踵堯〔四七〕,海内富昌。元命苞云:"舜重童子,是謂重原。上應攝提,下應三元〔四八〕。"尸子、淮南子云:"舜兩童子,是謂重明。作事成法,出言成章〔四九〕。"夫舜,菖也,蔓地蓮華之名;有睒曜意,故目好動而曰舜,或作瞬〔五〇〕。書注云:"舜,名也〔五一〕。"儀禮正義以爲名號之名,非也〔五二〕。辨見發揮。濬哲文明,溫恭通智,敏敦好學而止至善,寅畏天命而尤長於天文〔五三〕。大戴禮云:寬裕溫良,敏敦知時而好學〔五四〕。又云:畏天愛民,恤遠親近,叡明通智,爲天下主〔五五〕。初家于冀〔五六〕,夙喪其母,世紀云,母握登。詩含神霧云:"握登見大虹,意感而生舜於姚墟〔五七〕。"按書帝命驗云:"姚氏縱華感樞〔五八〕。"注:"縱,生也。舜母握登感樞星生舜重華,樞如虹也〔五九〕。"河圖著命云:"握登見大虹,意生黄帝〔六〇〕。"謂舜〔六一〕。蒙茨緼棘,哀綿五至,猶未歉者,喪期之有數,蓋有是顯〔六二〕。三年問曰:三年之喪,天下之達喪也,百王之所同,古今之所一,未有知其所縣來者〔六三〕。故傳以爲"三年之喪,雖貴遂服,禮也"〔六四〕。而許氏注淮南子,乃以爲"三月之服,夏后之禮",妄矣〔六五〕。松外斬衰;投和截髮;室韋、百濟流,思罽三年〔六六〕。通典以喪期無數爲黄帝時,三年遏密爲堯崩後,斯得據矣〔六七〕。

瞽叟御而生象〔六八〕,或云象隨母嫁者,妄。象得親,乃咸惡舜,御以不道〔六九〕。舜于是往于田,泣旻天,號父母,負罪引慝;大杖避,小杖受〔七〇〕;子云:舜於瞽瞍,索而使之,未嘗不在側;索而殺之,未嘗可得〔七一〕。人窮則反本,疾痛則呼天,韓非以往田號泣爲未盡命,誣矣〔七二〕。事親拊弟日以篤〔七三〕。王充實知云:"虞舜大聖,隱藏骨肉之過。"〔七四〕而尸子云:"事親養兄,爲天下法。"是則更有兄也。象憂亦憂,象喜亦喜,惟恐不獲於象,以貽父母戚〔七五〕。道而不徑,舟而不游,凡所以動心忍性,皆以增其所不能〔七六〕。夫然,故死生不入於心,而能動人〔七七〕;琴操:"舜耕歷山,思慕父母。見鳩與母俱飛相哺,益以感思,因而作歌〔七八〕。"夫虞帝之迹,琴中尤多,學者不省。虞帝蓋不幸而以孝名後世,而説者率過實〔七九〕。自萬章倡井廩之説,而語益紛紛〔八〇〕。有論,見發揮〔八一〕。與木石俱,而光曜顯都,麗然汗著〔八二〕。年二十而以孝友聞四海,故天下大説而將歸焉〔八三〕。

方是時,口不設言,手不指麾,執玄德,而化馳若神〔八四〕。莊子曰:"以此處上,帝王天子之德也;以此處下,玄聖素王之道也。"〔八五〕堯以帝王天子之德處上,故曰駿德;舜以玄聖素王之道處下,故曰玄德。老子曰:"玄德深矣!"蓋堯以成德爲行,乾之九五是也;舜則隱而未見,乾之初九是也〔八六〕。歷陽之耕侵畔,乃往耕焉,田父推畔,争以督亢授〔八七〕。舜耕歷山在河東,乃首陽山〔八八〕。九域志云,歷山有三:濟南,濮陽,河中。今秦地、池陽、澧陽、潘城、始寧等處皆有之〔八九〕。有説,見餘論。濩澤之漁争坻,乃往漁焉,斂人巽長,争以深潭與〔九〇〕。淮南子云:"釣於河濱〔九一〕。"濩澤在今澤之陽城〔九二〕,唐濩澤縣。應劭云:澤在縣西北,沁水東逕濩縣故城南,漢之澤氏縣〔九三〕。魏土地記,陽阿有沁,與濩澤水合者〔九四〕。紀在梁惠王十九年,晉取玄武、濩澤〔九五〕。墨子亦言舜漁在此〔九六〕。故金鑰謂澤州爲舜澤〔九七〕。十道記云:澤州以濩澤得名〔九八〕。皆在河東。或云"漁于雷澤";雷澤,濟陰,非也。東夷之陶苦窳〔九九〕,當讀如皋陶之陶,故綿詩注云:"鑿地穴居,如陶然〔一〇〇〕。"陶于河濱,期年而器以利〔一〇一〕。見朝子、淮南子〔一〇二〕。河濱在蒲坂城,北有故陶城,南去歷山甚近,故孟津有陶河之稱〔一〇三〕。一云,河濱在濟之鄆城,蓋以東夷之説也〔一〇四〕。夫帝冀人,而河濱、歷山、陶城皆在冀,蓋初耕于野,未必遠去父母也〔一〇五〕。然壽丘在濟,負夏在衛,則商販、觀風或往來于此,不必限一所〔一〇六〕。**牧羊潢陽,而獲玉歷於河巖**〔一〇七〕。**所至嚮合**〔一〇八〕。公孫尼子云〔一〇九〕:舜牧羊於潢陽,堯舉之以爲天子。公孫弘云:牧羊於黃河〔一一〇〕。干寶云:舜耕歷山,獲玉曆於河際之巖,知天命之在己,體道不倦〔一一一〕。**當其田也,旱則爲耕者鑿瀆,儉則爲畋者表虎**〔一一二〕。**與四海俱利,是故光如日月,而天下歸之**。見尸子。云:舜之德無不該,南面而治天下,燭息風食火飲於澧〔一一三〕。舜之行,其猶江海乎,千仞之溪滿之,螻螘之穴亦滿之,禹、湯之功不足尚矣〔一一四〕!又云:舜之陶也,不能利其巷;南面而治天下,則蠻夷蒙福〔一一五〕。淮南子用之〔一一六〕。**父母之不我愛,弟妹之不我親,故雖躬稼陶敔,惡悴勞苦,蠲息火食,口腹不獲於美厚,而諧和正救,烝烝乂,亡入而不自適**〔一一七〕。世傳瞽叟與象每欲殺舜,其妹媒首每爲之解〔一一八〕。許説文云:"或作畫。"〔一一九〕媒一音畫也。類林云:叟填井後,兩目方瞽〔一二〇〕。又云:舜耕歷山,歲不熟,舜糶。其父詣糴,每還錢與米,問之,子也,因相抱泣〔一二一〕。拭其父目,尋自明。堯聞而妻之。真源亦云:糶於平陽市,父認之,乃舐其目,目以光明。又御覽八百十二卷引史記:舜爲父淘井,取金銀安罐中與父母〔一二二〕。齊東之語也〔一二三〕。"媒"或作"擊";一作"繫",列女傳"舜女弟繫,與二嫂諧",是矣〔一二四〕。**灰於常羊,什器於壽丘,就時負夏,未嘗暫息**〔一二五〕。**頓丘買貴,於是販於頓丘;傅虛賣賤,於是債於傅虛:以均救之**〔一二六〕。**故孔子曰:"耕漁陶販,非舜事也,而往爲之,以救敗也。舜其仁也乎!編蒲結罟,躬耕處苦,而民從之。"**〔一二七〕**一徙成邑,再徙成都,三徙成國,至鄧之虛而百千萬家**〔一二八〕。世紀云:遷于負黍,每徙,百姓從之〔一二九〕。按:衛有負黍。鄧,今襄之南鳳林,古之鄧林,祁侯之國,楚之北境〔一三〇〕。**小大説之,秀士以從**〔一三一〕。**雄陶、方回、續牙、伯陽、東不訾、秦不宇、靈甫,不辟而至,周旋歷潢之間,爲之七友**〔一三二〕。**迨既禪,七人者始逃之。**王鴈云:堯有九佐,舜有七友〔一三三〕。淵明亦云七友〔一三四〕。魯連子云〔一三五〕:"舜耕歷山而交益,陶河濱而交禹。"然舜受禪時〔一三六〕,禹纔十歲,或者疑之。雄陶、續牙,人表作雉陶、續身(一作續耳)，隸轉失之。吕本昧云：“堯舜得伯陽、續耳而後成。”〔一三七〕又曰：舜染於許繇、伯陽〔一三八〕。註爲老子，舜師之〔一三九〕。非也。

初，堯在位七十載矣，見丹朱之不肖，不足以嗣天下，乃求賢以巽于位。至夢長人，見而論治，見書緯。温子昇舜廟碑所謂“感夢長人”者〔一四〇〕。舜之潛德〔一四一〕，堯實知之。於是疇咨于衆，詢四岳，明明揚仄陋，得諸服澤之陽〔一四二〕。見墨子。側陋，言其在僻側微，言不顯〔一四三〕。世紀云：堯求賢，四岳薦舜。堯命之于順澤之陽。或云，即濩澤。問以天下，曰：“我欲致天下〔一四四〕，爲之奈何？”對曰：“執一亡失，行微亡怠，中信亡倦，而天下自來〔一四五〕。”荀子云：“執一如天地，行微如日月，誠盛於内，賁於外，形於四海。天下其在一隅邪？夫亦何足致也〔一四六〕！”問以奚事〔一四七〕，對曰：“事天。”問之奚任〔一四八〕，對曰：“任地。”又問奚務〔一四九〕，對曰：“務人。”曰：“人之情奈何？”對曰：“妻子具而孝衰於親，耆欲得而信衰於友，人之情乎！人情大不美，又奚問？若夫從道則吉，反道則凶，猶影響也〔一五〇〕。”南面而與之言，席龍垼而蔭翳桑，蔭不移而堯志得〔一五一〕。始尚見帝，帝館之于貳室〔一五二〕。即貳宫。世紀：堯見舜，處之貳宫。又云：貳女妻舜，爲築宫室，封之虞。亦享帝，迭爲賓主〔一五三〕。語禮樂，詳而不孛；語政治，簡而易行；論道，廣大而亡窮；論天下事，貫昵條達〔一五四〕。咸叶于帝，而咸可底績〔一五五〕。於是錫之絺衣、雅琴，命之姚姓〔一五六〕。尚書帝命驗云：“姚氏縱華感樞。”縱，天縱〔一五七〕。華，重華也。論語比考云：“重童黄姚。黄，其德也。”〔一五八〕世紀云：“賜之絺衣與琴〔一五九〕，爲築宫室，封之虞土。”然云“舜，上虞人〔一六〇〕，本姚姓”者，妄。妃以盲，媵以瑩〔一六一〕，盲即娥皇，字娥媵〔一六二〕。皇、盲，聲相滋也〔一六三〕。瑩即女英，見世本，故孝桓梁后名曰女瑩〔一六四〕。一曰匽，見大戴禮；“承受大命，依于倪皇”，帝系作女匽氏〔一六五〕。尸子云：“妻以娥，媵以皇〔一六六〕。娥、皇，衆女之英。”妄。以觀其内〔一六七〕；舊説堯、舜同出，則皇、英爲舜之高祖姑，故或者以爲堯取天下民之女以妻之，非堯之女。及晉劉毆欲婚同姓，遂謂堯、舜之婚，正姓分絶於上〔一六八〕。斯妄矣。夫惟西戎氏族無定，或以母姓爲種，猶十二世乃相婚姻。父没則妻後母，兄亡則納嫠嫂，此禽道也[一六九]。尹子乃云：舜娶祖姑，天下不論之無禮。不學如此！有説，見餘論[一七〇]。**九子事之，以觀其外**[一七一]。見孟子、伏氏、世紀[一七二]。淮南子云：“屬之九子[一七三]。”韓愈以爲卿大夫、族人之子。亦非。**百官、牛羊、倉廩備，以事之于甽畝之中**[一七四]。堯百官已備。傅奕乃云：“官貴簡約。夏后官百，不如虞之五十。”[一七五]蓋因記之妄[一七六]。**舜乃飭正二女，勝其智中之情，以應天地之理，澹焉**[一七七]。此未使爲司徒時也。曰“往，欽哉”，然後使宅百揆，爲司徒。馮休以爲：豈有始得之，遽使百官事之甽畝之中，而不當天子之朝[一七八]？且復使誰事堯之朝？是宅揆、賓門皆在甽畝之中，繆也[一七九]。**二女嬪媯，純篤盡道**[一八〇]。列女傳云：“元始二妃，帝堯之女。瞽叟和寧，卒享福祐[一八一]。”**九子尊虞，服勤靡懈**[一八二]。有人則作，無人則輟，可以侈塗人之耳目，而不可以欺同室、刑寡妻、刑二女[一八三]。非動容周旋中禮，疇克哉[一八四]？故能使嬪者，舜之德刑也[一八五]。岳薦舜，不言其它，而言其“烝烝乂”[一八六]。堯試舜，不觀諸它[一八七]，而觀其刑二女。父子、兄弟、夫婦，此人之至難者，況以卑正尊，獨正衆，親正疎乎[一八八]？安國云，堯以舜治家觀治國[一八九]。斯得之矣。**妻有桑田，身有南畝**[一九〇]。尸子文[一九一]。**瞽順象從，而不至于姦**[一九二]。

　　於是帝將胥天下而遷之，乃歷諸難[一九三]。**使宅百揆，靡不時敍**[一九四]；書中候等皆云，舜爲太尉[一九五]。故世紀云：“命爲司徒、太尉。正月，以太尉從事。”束晳乃據中候追難康成，劉昭云：太尉實司天，當是據位書前職爾[一九六]。有説，見餘論。**屬之徽典，亡或不從；賓于四門，諸侯穆穆**[一九七]；**五典，世之父子、兄弟**[一九八]。百揆，内之百官、族姓。四門，外之諸侯、賓客。人從之，百官從之，賓客從之，即傳所謂“無違教，無廢事，無兇人，無天怒”者[一九九]。孟子曰：“使之主事而事治，百姓安之，是民受之也[二〇〇]。”**烈風雷雨，納于大麓，而弗能迷也**[二〇一]。大麓之納，薦之天也。漢儒以“大麓”爲大録萬機之政，於是太傅趙喜、太尉牟融並録尚書事，猶古冢宰，位三公上，薨則罷之，遂以爲常[二〇二]。故沈約云“堯納舜於尊顯之官，使大録萬機之政”，不知非也[二〇三]。夫既有百揆矣[二〇四]，豈復録尚書哉？有説，見發揮。昔王介甫問吕晦叔[二〇五]：“舜納于大麓，何義？”曰：“薦之於天。”[二〇六]故介甫云：“古者行爵出禄，必告太廟；軍出，必載遷廟之主，誅賞稟而後行：示不敢專[二〇七]。況以天下與人，可不薦於天乎？”然以“薦必因太山之麓爲禪以告”，謂"太山爲易姓告代之所",則非也。方其納麓,猶未受禪,豈封禪之時耶? 蓋使之主祭而百神享之;風雨弗迷,是天受之也〔二〇八〕。胡益之以納麓爲虞衡,尤妄〔二〇九〕。帝即致,以昭華之玉贈,而尚之〔二一〇〕。三載程功,亡乖疇策,民安其爲帝,服其聖〔二一一〕。謂以天下授舜,則天下幸而朱福;授朱,則天下病而朱利。曰:"予終不以天下之病利一人!"乃放朱于丹,而卒禪舜〔二一二〕。舜讓于德,弗嗣〔二一三〕。弗可,遂致天下于大麓之野,屬諸侯焉〔二一四〕。典辭不費〔二一五〕。舜遜于有德者,弗肯嗣位。堯弗許。曲折亦必如禹遜皋陶之委曲,記弗及爾〔二一六〕。崇鯀非之〔二一七〕,曰:"不祥哉! 誰以天下予人哉!"帝乃殛之羽山〔二一八〕。共工又訕,乃流之幽州〔二一九〕。必以禪舜,而天下莫有非者。史云:堯治天下,殺一人,刑二人,而天下治〔二二〇〕。荀子云:堯伐共工〔二二一〕。而周語亦謂堯殛鯀〔二二二〕。故曹植贊堯"克流共工,萬國同塵"〔二二三〕。然程子以謂:共、驩無大姦〔二二四〕,知惡之不可行,乃隱其惡以助治。一旦舜以側陋顧居其上,且將臣使之,故不能堪而作惡〔二二五〕。淮南子亦謂:"北人無擇非舜,自投清泠之淵〔二二六〕。"是則舜德不足以厭衆乎〔二二七〕? 故前説爲近。故仲尼曰:"堯知舜賢,非難也;不以所聞敗所察,其難也〔二二八〕。"

正月上日,受終于天府〔二二九〕,天府,文祖所在〔二三〇〕。上日,如上丁、上辛者。夫受終,則堯不復有庶政矣。然猶攝也,孟子曰:"舜相堯",又曰:"堯老而舜攝"〔二三一〕。而世猶曰"舜南面,堯率諸侯北面朝之〔二三二〕",齊東之語。乃命羲、和,欽若昊天,歷象日月星辰,敬授人時〔二三三〕,大戴禮孔子云〔二三四〕。在璿璣玉衡〔二三五〕,堯歷象,立其數;舜璣衡,立其器〔二三六〕。璿生於淵,月魄終焉,陰精之純也〔二三七〕。玉生於山,虹氣藏焉,陽精之純也〔二三八〕。璣運於上,以璿爲之;衡望乎下,以玉爲之。取則乎陰陽之運也。説苑:璿璣,謂北辰、勾陳、樞星;以其魁杓所指二十八宿爲吉凶禍福,列舍盈縮之占云〔二三九〕。孔子之口〔二四〇〕。晉志"北斗,魁四星爲璿璣,杓三星爲玉衡",本此〔二四一〕。以齊七政〔二四二〕。日、月、五緯也〔二四二〕。堯正經星,舜齊緯星,所以相濟〔二四三〕。器出於人,故占之以齊七政於上。數出於天,故推之以授人時於下。或以爲斗七星者,非。肆類于上帝〔二四四〕,以下攝位吉祭也〔二四五〕。上帝者,昊天及五帝〔二四六〕。故以四類〔二四七〕。小宗伯:祀五帝四郊,四類如之〔二四八〕。四類四方帝也。太祝:六祈,一曰類;而肆師:類造上帝則爲位;宗伯:有故則類社稷,——

皆宗廟之大祭也,與類禡異[二四九]。禮書以類造爲劣於正祭與旅,失之[二五〇]。云"兆五帝四郊",則上帝其南郊矣[二五一]。司服:王祀昊天上帝,則服大裘而冕,祀五帝如之[二五二]。是昊天外更有五帝,上帝可以兼之[二五三]。孔氏以爲告天及五帝,是也[二五四]。鄭以昊天上帝爲天皇大帝,四類爲日、月、星、辰,俱妄[二五五]。禋于六宗[二五六],六宗者,三昭三穆也。與文祖而七[二五七]。禋者,所謂肇禋是也,非上帝[二五八]。上帝以及天神,山川以及地示,六宗以及人鬼,於義爲得[二五九]。百家之説不同,凡有十四,然祭有其舉之莫敢廢也[二六〇]。有六宗説,見餘論[二六一]。望于山川[二六二],山林川澤,有爲民取材用者,必載祀典。以遠,故望而祭之。三正記云:"郊後必望[二六三]。"徧于羣神[二六四]。有天下者,祭百神皆有功於民者。天神既類,人鬼已禋,而地示又望矣,猶若未也,至於"薰蒿、悽愴",百物之精莫不至,則聖人之至也[二六五]。夫既受終而主祭、行巡守,則爲天子事矣[二六六]。時以堯在,未即真爾[二六七]。輯五瑞,既月乃日,遂覲四岳暨羣后,班還其瑞[二六八]。收諸侯圭瑞於王府也[二六九]。岳牧來朝,諸侯或不能皆至,則附其所執以納于天府[二七〇]。及新君已定,受岳牧之朝,乃以所集之圭璧付之,使各還其所涖之侯伯[二七一]。更代之禮如此[二七二]。且以俾諸侯知有所統,安守而不自專,又以齊其真僞,信不信者[二七三]。大傳云:"瑞也者,屬也[二七四]。"無過行者,得復其瑞以歸。有過,則留其圭;能改者,復之。三年圭不復,少黜以爵;六年圭不復,少黜以地;九年不復而地畢。"穎達謂:瑞本受之堯,今斂而還之,如舜親付之,使之爲臣,示正始也[二七五]。

　　以四仲巡四守[二七六],歲二月者,乃次一年二月也,世不之究。虞夏傳云:"惟元祀[二七七],巡守四岳八伯。"馬融以爲"受終後五年",非也;鄭云"建卯之月",是矣[二七八]。注以爲除堯喪即真之年,非[二七九]。至于方岳,燔、望、告至,秩山川[二八〇],至于方岳必以仲者,四岳,四方之正,四仲,四時之中,以時之中祀方之正,非故爲是屑屑也[二八一],所以交神明者然也。其祀上帝神祇,可知矣[二八二]。伏羲、堯、舜,禮制大備,所以爲萬世法。今疏出之:不著中岳者,在王畿内,年時有祭[二八三]。覲四方羣后,問百年而見之[二八四]。鄭云:"百年,老成人。見尊之至[二八五]。"定八伯之樂。九州八伯,畿内不置。八伯樂名,並見書大傳。鄭氏書言:堯末,羲、和之子皆死,庶績皆闕,故驩兜、共工更相薦引[二八六]。四岳者,四時之官,主四岳之事。始,羲、和爲之,謂之四伯[二八七]。至死,分岳更置八伯。以驩、鯀、共工、放齊爲四,餘四人無文。賈氏從之[二八八]。妄也。元祀代泰山[二八九],貢陽伯、儀伯之樂。

陽伯,春伯秩宗,<u>伯夷</u>爲之〔二九〇〕。儀伯,<u>羲仲</u>之後。陽伯之樂,舞侏離;歌,聲比余謠,
晢陽〔二九一〕。儀伯之樂,舞鼗哉;歌,聲比大謠,<u>南陽</u>〔二九二〕。鼗,動兒。哉,始也。南,任
也。**中祀<u>大交霍山</u>**〔二九三〕,**貢夏伯、羲伯之樂。**夏伯,夏官司馬,<u>棄</u>爲之。
羲伯,<u>羲叔</u>之後。夏伯之樂,舞謾哉;歌,聲比中謠,初慮〔二九四〕。羲伯之樂,舞將陽;歌,
聲比大謠,<u>朱于</u>〔二九五〕。于,大也〔二九六〕。**秋祀<u>柳穀華山</u>**〔二九七〕,**貢秋伯、和伯
之樂。**秋伯,秋官士也,皋陶爲之。和伯,<u>和仲</u>之後〔二九八〕。秋伯之樂,舞蔡俶;歌,聲
比小謠,苓落〔二九九〕。和伯之樂,舞元鶴;歌,聲比中謠,歸來〔三〇〇〕。蔡,衰也。俶,始
也〔三〇一〕。**<u>幽都弘山</u>祀**〔三〇二〕,<u>弘山</u>,<u>恒山</u>。**貢冬伯、和伯之樂。**冬伯,冬
官司空,垂爲之。冬伯之樂,舞濟落,歌縵縵〔三〇三〕。和伯樂闕。**并論八音四會,
貢正聲以聽天下之治,而民亡有不惠而從**〔三〇四〕。

　　命太師陳詩,以觀民風〔三〇五〕。**命市納賈,以稽民之好
惡**〔三〇六〕。**命典禮恊時月正日,同律度量衡,禮樂制度衣服正
之**〔三〇七〕。<u>班固</u>云:惟聖人能同天下之志,故<u>帝舜</u>欲同之〔三〇八〕。今修明舊典,同律、
審度、嘉量、平衡、均權、正準、直繩,立于五則,備數和聲,以利兆民,正海內於一同,則
海內歸之〔三〇九〕。**脩五禮,五玉、三帛、二生、一死質**〔三一〇〕。**之器,卒
則復**〔三一一〕。圭璧,在臣下謂之瑞;在人君以爲器;及修之,則曰玉也〔三一二〕。三帛、
二生、一死,諸侯之壞奠,所謂"奉圭兼幣"〔三一三〕。謂玄、纁、黃者,繆〔三一四〕。世子、孤
臣,豈當朝乎〔三一五〕?一死,膴脩之屬,非必雉〔三一六〕。

　　山川神祇有不舉者,爲不敬;不敬者,君削以地〔三一七〕。**宗廟
有不順者,爲不孝**〔三一八〕;**不孝者,君紬以爵。變禮易樂者,爲不
從;不從者,君流**〔三一九〕。**革制度、衣服者,爲叛;叛者,君討。**

　　歸,次外三日,遂假于禰祖,用特〔三二〇〕。告至,記禮也。蓋出告禰,
則歸必格于禰。<u>王制</u>:天子將出,造乎禰〔三二一〕。又云:造乎祖禰,用特〔三二二〕。則出而
告,用特可知。故曾子問:"凡告,必用牲幣;反,亦如之。"〔三二三〕<u>叔恬</u>曰:"舜一歲而巡
五岳,國不匱而民不勞,何也?"〔三二四〕<u>文中子</u>曰:"儀衛少而徵求寡也〔三二五〕。"此五年一
行之禮,而告廟止一特,它可知矣〔三二六〕。兹萬世之禮經也。或疑一歲不能周五岳,萬
五千里,以爲四年。而<u>鄭氏</u>謂每一岳歸而更去,是五載巡一岳〔三二七〕。皆妄。<u>元朔</u>六年
之事,以八月而周萬一千里,尊祀天地,豈如是稽留哉〔三二八〕?**卒,斂幣玉臧諸兩**

階之間,然後命徧告,入聽朝〔三二九〕。大傳云:古者巡狩〔三三〇〕,以遷廟之主行。出,以幣帛皮圭告于祖,遂奉以載於齊車;每舍,奠焉然後就舍;反,必告奠;卒,斂幣玉藏之兩階之間,——蓋貴命也〔三三一〕。

五載一巡守,羣后四朝〔三三二〕。唐虞五服。畿内甸服之君,朝夕見,不待脩朝覲之禮〔三三三〕。至侯服,則當朝,一年;綏服,二年;要服,三年;荒服,四年。四年,則天下諸侯畢一朝;一朝,則天子巡狩。蓋五年,則一同至京師,所謂大朝會。此唐虞之典。周官:“六年,五服一朝。又六年,王乃時巡。”〔三三四〕故周十二年一脩法〔三三五〕。六年者,侯、甸、男、采、衛、要,六年一徧也〔三三六〕。五年者,天道大備。或云:舜,土德;土數五,故五載〔三三七〕。周家木德;木星十二年一周,故用十二〔三三八〕。不知五帝二代,皆五載也〔三三九〕。賦奏以言,明試以功〔三四〇〕。言奏功試,則興服以庸之〔三四一〕。奏者,下奏上;納者,上納下;試者,在我;庶者,在人:故舜典與益稷異〔三四二〕。奏言以觀其志,試功以察其事。此黜陟之事也,不言罰,見黜非所先。

設三公、四輔、師保、疑丞〔三四三〕。官不必備,惟人也〔三四四〕。四輔、三公,何敞所謂聖王爭臣七人者〔三四五〕。“建官惟百”〔三四六〕,三公九卿備矣。王吉書以舜、湯爲不用三公九卿之世,妄也〔三四七〕。記曰:“虞、夏、商、周,有師保,有疑丞〔三四八〕。”所謂四鄰也。大傳以爲前疑後丞,左輔右拂;其爵視卿,禄視次國之君〔三四九〕。此皆三公論道者,故周六官無之,非專職也〔三五〇〕。莊子、説苑有“舜問乎丞”之語〔三五一〕。師保,即輔拂,故後周因之。

肇十有二州,封十有二山〔三五二〕。肇,造始也〔三五三〕。古未有十二州,舜蓋以四岳統十二州,在禹治水之前。受禪之初,封其山。後禹治水,見地之大勢止可以成九州,故復爲九。説者謂因冀之北遠,故分衛水以爲并,析燕以北以爲幽;以青越海,乃判遼東以爲營〔三五四〕。夫一州縱廣,豈容析而爲三〔三五五〕?宜合天下而均之〔三五六〕。而幽、并之治適在冀境,營之治適在青境爾〔三五七〕。鄭云:“爲兆域,以祭十二州之分星〔三五八〕。”謀牧並岳,以廣聰而燭隱〔三五九〕。東岳寓于兗牧,青、徐屬焉;南岳寓于荆牧,揚、豫屬焉;西岳寓于雍牧,梁、涼屬焉;北岳寓于幽牧,并、冀屬焉〔三六〇〕。帝覲四岳羣牧,又使岳牧還諸侯之瑞,則羣后隸十二牧,十二牧隸四岳明矣〔三六一〕。然則,四岳總于百揆而非一人,又可知也〔三六二〕。何武、翟方進奏言:“古者選諸侯賢者以爲州伯。‘咨十二牧’,所以廣聰明、燭幽隱也。乞置州牧,以應古制。”〔三六三〕此固服之内。六服之外,揆牧不及,則附麗而已〔三六四〕。

於是沈菑未復,民亡安止〔三六五〕。爰命伯禹繼平水土,主名山川;俾益掌火,烈山澤而焚之,禽獸逃匿,——然後人得平土而居〔三六六〕。乃商九州以正五服,以定任賦;表提類,攷壃域,作十有三載而後同〔三六七〕。晉志云:"虞舜登庸,厥功彌劭,表提類而分區宇,判山河而攷壃域,冀北創并部之名,燕齊起幽營之號,所謂肇十二州,封十二山也。"〔三六八〕既釐下土,方別居方,別生分類,錫土、姓而下亡違者〔三六九〕。賜大賢。壇四奥,沉四海,而函夏正〔三七〇〕。沉,祭水名。

水始平,姦宄衆,於是象以典刑〔三七一〕。典,六典;刑,五刑〔三七二〕。象以示之,所謂"方施象刑",如所垂治象〔三七三〕。蘇軾、胡翼之謂其所犯爲常法,非也〔三七四〕。刑出不復,流以宥之〔三七五〕。爲被五刑爲已重,加鞭朴爲已輕者〔三七六〕。官有慢事,策以訊之〔三七七〕。庶人之在官者。教或不率,朴以威之〔三七八〕。皆教也,非止在學〔三七九〕。罪疑犯誤,金以贖之〔三八〇〕。以上典刑之目。黄金古易得,故大辟罰千鍰〔三八一〕。穎達謂古以銅器,漢始以金,少之令敺〔三八二〕。凶荒災眚,赦以肆之〔三八三〕。肆,赦;眚,災也。春秋"肆大眚",甸師"喪事,代王受眚災",是也〔三八四〕。亦猶荒政者〔三八五〕。諸儒之説非。惟怙終賊,在所刑者〔三八六〕。刑故也〔三八七〕。恃詐力、卒祉惡與賊害三罪,律家之情重者〔三八八〕。康誥曰:"乃有大罪,非終,乃惟眚災;適爾,既道極厥辜,時乃不可殺。"〔三八九〕"眚災肆赦"之謂也〔三九〇〕。"人有小罪,非眚,乃惟終自作不典;式爾,不可不毁"〔三九一〕"怙終賊刑"之謂〔三九二〕。叔向曰:"昏、墨、賊,殺,皋陶之刑也〔三九三〕。"欽哉,欽哉,惟刑之謐哉〔三九四〕!民可觀德,不可觀刑〔三九五〕。方巡狩時,"以庸"一言及賞,而詳刑如是〔三九六〕!或曰:德化不能以獨行〔三九七〕。此養苗去害之説,非也。蓋時洪水方平,下久無刑,姦賊方張,民無奠枕,故水既平而刑首議爾〔三九八〕。韓子云:昔舜使禹決洪水,先令而有功者毁之〔三九九〕。舜法也。"欽哉"之語,非史所記,乃戒皋陶語,文有脱漏〔四〇〇〕。

舉八凱,使主后土以揆百事;百事時敍,地平天成〔四〇一〕。舉八元,使布五教;五教克從,内平外成〔四〇二〕。十六相得,而天地治。事詳左傳文公十八年〔四〇三〕。故晉華歆傳云:"帝舜以二八成功。"〔四〇四〕虞喜疏云:"二八舉而四門穆。"〔四〇五〕袁宏云:"二八升而唐朝盛。"〔四〇六〕皆指攝時。

流共工于幽州,放驩兜於崇山,竄三苗於三危,殛鯀于羽山,四罪而天下咸服〔四〇七〕。共工静言用違，故流〔四〇八〕。驩兜黨敝共工，故放〔四〇九〕。苗頑不即功，故竄〔四一〇〕。鯀方命圮族，故殛〔四一一〕。輕重之敍：流者，屏之遠地；放者，弃之不齒；竄則編管之；惟殛爲重，或云死，非也〔四一二〕。安國以四罪爲皆誅，蘇軾以爲皆不誅而爲遠國君，俱失之〔四一三〕。按四罪皆在堯世舜攝之初，但史官於此摠舜之德，功刑併及爾〔四一四〕。不然，鯀殛豈在肇十二州之後哉〔四一五〕？知二典亦有不次處。且治水時三苗已丕敍矣，何舜晚年復分北哉〔四一六〕？孟以竄爲殺，莊以竄、殛爲俱殺，且易其先後，非義例〔四一七〕。

二十有八載，堯崩〔四一八〕。舜生三十而舉用，歷試三載〔四一九〕，二十八載堯崩，時年六十。三年，諲避帝子朱于南河之南，天下之覲者不之朱而之舜，歐歌者不之朱而之舜，獄訟者不之朱而之舜，夫然後之中國〔四二〇〕。諸儒謂無三年之喪；孰有三年喪畢，寶錄未定，方避堯之子者〔四二一〕？或曰：二十八載，丹朱爲君之心固未忘也〔四二二〕，今而避之，變生柰何？曰：丹朱豈能變哉〔四二三〕？惟順事爾〔四二四〕。不然，舜視弃天下猶弊屨也，豈若鄙夫之患失哉〔四二五〕？以此度舜，宜萬章之徒猶惑。月正元日〔四二六〕，月正，猶詩言朔月、語云吉月者〔四二七〕。元日，甲子也，故世紀以爲仲冬甲子，月次于畢而即位〔四二八〕。康成以爲堯建丑，舜建子，妄矣；王肅謂夏而上皆寅正，得之〔四二九〕。王安石云：曰"月正"者，避堯子，時國未有正，如伐紂而稱"一月"〔四三〇〕。非必然。假于文祖〔四三一〕，太史公以文祖爲堯之太祖〔四三二〕。或云藝祖、文祖同義，非也〔四三三〕。孔氏云：堯文德之祖〔四三四〕。穎達謂其廟不知祭何人〔四三五〕。或以藝祖爲堯之祖，神宗爲堯，或然〔四三六〕。踐天子之位。

都于蒲今河東縣蒲津關，所謂蒲坂，漢志之蒲阪縣〔四三七〕。本曰蒲，或云蒲陰，今河中〔四三八〕。有舜泉坊，二井相通，祥符祠汾陰，臨觀，賜名廣孝泉〔四三九〕。蒲頻河〔四四〇〕，地鹵水鹹，此獨甘美。中山記：蒲陰昌安郭東舜氏甘泉，即此〔四四一〕。有舜與二妃祠。西征記：潼關去蒲坂城六十。城中有舜廟，城外有舜宅并及二妃壇。南去城二十，舜所耕也。宣室志：開成中有盧嗣宗入蒲津娥英廟狎神悸死之事〔四四二〕。及安邑。謐云：舜所都。或云蒲坂，或云平陽及潘。今城中有舜廟。按：潘在媯之懷戎〔四四三〕。西北三里，亦有歷山，上有舜祠。攷之，帝迹未聞在此。媯汭在河中，不得遼隔如此〔四四四〕。以土承火，色尚赤〔四四五〕。世紀、淮南子云尚黃，非。改正易服，明庭土階〔四四六〕。見章華賦、墨子。明堂也。立七廟，家語廟制，有虞七。

孔子曰:天子七廟,自有虞以至于周,不變也。晉泰始二奏置七廟,詔宜權立一廟[四四七]。羣議以爲:上古清廟一宮[四四八]。周制七廟[四四九]。舜承堯禪,受終文祖,則虞氏不改唐廟[四五〇]。乞依有虞故事。説見餘論。祠中霤,社用土封[四五一]。祭先首而尚氣,血、腥、爓祭[四五二]。血陰而氣陽,養生者欲血少而氣多。禮云:虞氏尚氣,商尚聲,周尚臭[四五三]。氣、臭,一也。商不尚氣,何以薦[四五四]?且人鬼之享不在九變之前,搏拊琴瑟不居祖考來格之後,虞夏未嘗不尚聲也[四五五]。冕翣紱紼,緇衣纁裳[四五六]。韍,冕服之鞸也,以韋爲之;舜始作,以尊祭服[四五七]。見明堂位鄭注。乾鑿度云:古田漁而食[四五八],因衣其皮;先知蔽前,未知蔽後。後之,易以布帛,獨存其前,重古道也。要義謂古未知蔽後,舜冕服既備,故復作之[四五九]。非也。深衣縕袍,以視朝;兩敦[四六〇]、黍稷[四六一]。玉斝[四六二]、杜甫云:舜祠宗廟以玉斝[四六三]。泰尊[四六四]、云即瓦甒[四六五]。梡俎、犧尊、甌、豆,大路越席,水陸脩絜,以致敬于鬼神[四六六]。日南至,禘員丘,配以黃帝[四六七]。以夏正,祭帝南郊,配高辛[四六八]。以北至,祀神州于北郊,五天佐、五人神于明堂,高陽、唐堯配焉[四六九]。乾鑿度云:"三王之郊,一用夏正。"蓋特尊也。特尊者,五帝中特祭感生一帝也[四七〇]。"周公郊祀后稷以配天",是矣[四七一]。王者禘其祖所自出,先儒謂是感生帝。鄭謂員丘祀昊天上帝,南郊祭感生帝,以建寅[四七二]。員丘國南,即爲南郊。雩祀、祈穀,皆謂郊也[四七三]。故曰南郊爲大報,而夏正郊亦曰大報[四七四]。祭則報也。春礿,夏禘,秋嘗,冬蒸,所以報本反始也[四七五]。

乃駕五龍[四七六],列子:舜駕五龍馬行康衢[四七七]。乘鑾路,載絜旌——小綏、大綏[四七八],陸佃以鑾車爲金輅,鉤車爲戎輅[四七九]。明堂位:"虞氏之旂",又曰:"虞氏之綏",以月令鑾路青旂,周官金路亦載旂也[四八〇]。日三朝于瞽所。夔夔齊栗,惟盡子道[四八一]。順其性而得其情,故瞽底豫[四八二]。瞽底豫,而天下之爲父子者定[四八三]。竭力耕田,恭爲子職,庶人之孝也[四八四]。以天下養,養之至,天子之孝也。舜爲庶人則盡庶人之孝,爲天子則盡天子之孝,知盡其心而已。而記者曰:舜見瞽叟,其容蹙焉[四八五]。咸丘蒙曰:瞽叟北面而朝舜,堯率諸侯亦北面而朝之[四八六]。是無父無君也。禮不迎尸,爲不敢爲主,而況敢臣父乎[四八七]?

乃建百官，唐虞稽古，建官惟百〔四八八〕。明堂位云“有虞氏官五十”者，妄。主五等，公、侯、伯、子、男〔四八九〕。親親任賢〔四九〇〕。建弟象於有畀〔四九一〕，見鄒陽傳。今道州〔四九二〕。昌邑王賀傳作“鼻”〔四九三〕。或作“庳”，非〔四九四〕。有説，見餘論。封黄帝之孫子十有九人爲侯伯〔四九五〕。都邑、服色、祀享、封列，禮之必至者，故書自格文祖後，即繼以咨四岳〔四九六〕。聽納爲萬事本，故先之，其它常事不書〔四九七〕。韓詩云：封黄帝子一十九人，非法義也〔四九八〕。詢于四岳，辟四門，明四目，達四聰〔四九九〕。咨四方之門以招來，清四方之見以廣覽，擴四方之耳以兼聽，皆因四岳〔五〇〇〕。蓋知四方無逾於四岳也，故首以是詢之。言四目則知聰之爲耳，言四聰則知目之爲明〔五〇一〕。猶言“汝明”“汝聽”，皆体用也〔五〇二〕。咨十有二牧，曰：“食哉，惟時！柔遠能邇，惇德允元，而難任人，蠻夷率服〔五〇三〕。”食，民之命，而蠻夷各隨邊土備禦，故以咨之十二牧。柔遠能邇，必相爲用。遠者，政教有不及而略，故柔之；邇者，政教可以加而詳，故善之。舜戒諸侯柔遠能邇，而蠻夷率服；平王告文侯柔遠能邇，而惠康小民〔五〇四〕。説者以詩書言“能邇”必先“柔遠”，明遠未柔，則邇之惠有不可得善；中庸言“柔遠人”而後“懷諸侯”，允元〔五〇五〕。或以此爲舜德。俱非。

　　乃咨四岳：“有能奮庸，光堯之緒，使宅百揆亮采，惠疇〔五〇六〕？”僉曰：“司空伯禹〔五〇七〕。”司空掌土地以居民〔五〇八〕，百揆非司空之職。舜爲天子，特使之代己事爾。時禹遜于稷、契、皋陶，帝不從〔五〇九〕。爾雅：亮，左右也〔五一〇〕。采，如僚采，言事各有其列〔五一一〕。疇，如九疇，言事各從其類〔五一二〕。仲舒云：舜即天子位，以禹因堯之輔佐，繼其統業，是以垂拱無爲而天下治〔五一三〕。帝曰：“禹，汝平水土，嗣考之勛，四海會同。祇我德先，時乃功惟敍〔五一四〕。”“祇台德先，不距朕行”，非豫於治〔五一五〕。蓋水未平，四方諸侯會同之禮有不講，而上之德或闕，今能使之祇我德先而不距，所謂“迪朕德，時乃功惟敍”，謂天下之人皆縣我之德而行者，是汝功之惟敍也〔五一六〕。禹曰：“俞！小子敢悉考績，以統天意〔五一七〕。”禹功著天下，此不必問而咨岳者，宅揆大職，示不自用也〔五一八〕。曰“汝往哉”，猶曰“無如汝”，蓋先定〔五一九〕。

　　天降秬秠，乃命稷築牆茨屋，辟地蒔穀；萬民乃足〔五二〇〕。詩曰：“誕降嘉種〔五二一〕。”孫氏瑞書云〔五二二〕：舜時后稷播種，天降秬秠。生民有苣菽、禾黍、麻麥、瓜瓞、秬秠、穈芑，所謂百穀〔五二三〕。云"播蒔百穀"同〔五二四〕。

命傿司徒，別三族，親百姓；敬政率經，毋巫；五作十道，孝力爲右，萬民以成〔五二五〕。玄云：五作，五教也。十道者，謂君令、臣恭之類。水土平而衣食足，教化興〔五二六〕。孟子曰：飽食、煖衣、逸居而無教，則近禽獸〔五二七〕。聖人有憂之，使契司徒，教以人倫五品：父子，君臣，夫婦，長幼，朋友；如父子主恩，君臣主敬〔五二八〕。天之與我民，彝者，故謂之典〔五二九〕。其在人，有秩序，則謂之品。及布之下，乃曰教。百姓，百官族姓。膏粱難化，故憂其不親〔五三〇〕。

皋陶爲士，士，理官也，故史云"爲大理"，周官典刑謂之士師〔五三一〕。士者，事人之謂〔五三二〕。事人，則事事當察。爾雅："士，察也〔五三三〕。"刑官獨曰士，見用刑尤當致察〔五三四〕。以五服三次、五宅三居之法，政五刑，以消寇賊姦宄〔五三五〕。帝命皋陶，"蠻夷猾夏〔五三六〕，寇賊姦宄"。此司寇，詰姦慝、刑暴亂者〔五三七〕。夫二帝時民淳俗阜，自無寇賊姦宄，今因蠻夷猾夏而起，故命士師治之〔五三八〕。説者乃以爲唐虞士官兼司馬，而王安石、蘇軾等遂謂以五流三居治蠻夷，疎矣〔五三九〕。刑有五，必服其罪；流有五，必使有所宅，——所謂"有服""有宅"，"三就""三居"〔五四〇〕。王氏之説爲近〔五四一〕。蓋教之原情定罪，不爲執一之説。或以五服爲要荒，三就爲朝、市、原野〔五四二〕。原野之説，蓋本國語，止是大辟一刑〔五四三〕。要荒亦惟流蔡，豈墨、劓亦流之哉〔五四四〕？孔又以三居爲四裔與九州外、千里外，亦非〔五四五〕。密勿淑問，制百姓于刑之中，以教祗德，惟明克允〔五四六〕。刑，法也。惟明足以察，故易每以雷電爲用刑之象，凡以動而明也〔五四七〕。皋陶方施象刑，惟明可見允信，當也〔五四八〕。子曰："舜選於衆，舉皋陶，不仁者遠矣。"〔五四九〕昔楊賜稱尚書令，數日出爲廷尉，自以世非法家，固辭，謂"三后成功，惟殷于民。皋陶不預，蓋吝之也"〔五五〇〕。帝曰："皋陶，惟茲臣庶，罔或干予正。汝明五刑，以輔五教，刑期于亡刑，民恊于中，是乃功〔五五一〕。"以刑教中〔五五二〕。陶乃祗陳九德之序；以刑備僇，是故畫衣異服，而姦不犯其醇〔五五三〕。荀子云："象刑非生於治古，並起於亂今〔五五四〕。"所謂象刑，其説不一。慎子曰：有虞氏之誅也，以畫跪當黥，以草纓當劓，以復緯當刖，以艾畢當宮，布衣無領以當大辟，謂之戮〔五五五〕。上世用僇而民不犯，故文帝詔云："有虞氏畫衣冠異章服以爲戮，而民不犯。"〔五五六〕班固善荀卿説，——"古無肉刑而有象刑"，此不然也，謂象天道而作刑爾〔五五七〕。畫跪，一作"幪巾"。復緯，一作"菲履"〔五五八〕。艾畢，韠也〔五五九〕。草縷,荀作"掻"〔五六〇〕。黥,墨刑也。與甫刑傳之説不同。詳堯紀。布衣無領,即頳衣不純〔五六一〕。

垂爲共工,辨材楛,利器用〔五六二〕。共工,司空之職,使之代禹〔五六三〕。垂有創物之巧,舉極其精,故竹矢猶爲後世寶〔五六四〕。**於是百用作,削鐻脩之迹,流緑其上,輸之宮寢,而當時之諫進者十有三**〔五六五〕。**乃崇納諫之官**〔五六六〕。文子云:舜塗緑,以自怵戒。緑,黃漆也。鬻余云:舜作食器,諸侯以爲益侈,國之不服者十有三〔五六七〕。魏徵有進諫之説〔五六八〕。

益爲公虞,若于上下草木鳥獸,佑之朱虎、熊羆,而物蕃衍〔五六九〕。禹、益、垂、伯夷四人新命,皆四岳所舉。四人皆辭而終命之,舉可謂約。周宜,大山澤虞,中士四人,下士皆八人,與中山澤虞、下山澤虞,甚衆〔五七〇〕。益之爲虞,豈一山一澤哉? 衆虞之伯也〔五七一〕。

夷作秩宗〔五七二〕,孔注云:宗廟之官〔五七三〕。宋百官春秋:王莽以宗正爲秩宗〔五七四〕。繆矣。**降典三禮**〔五七五〕,舜時五禮具備〔五七六〕,云三禮者,據事天、地、人爲之。其實〔五七七〕,事天地爲吉禮,餘四皆人事。**惟寅惟清,以接幽玄,以節天下;哲民惟刑,而上下讓**〔五七八〕。史記:伯主典,上下咸讓〔五七九〕。刑,法也。夷本典禮,而以其法教民若享宗廟,是降此典禮折斷於民以爲法也〔五八〇〕。或云,堯先任皋陶,後任伯夷,故舜典先言之,而吕刑次言之,以刑輔禮〔五八一〕。非也。

后夔典樂,虞帝之世,夷典禮,夔典樂,分爲二。周大司樂屬於宗伯,則爲一,知帝治於禮樂致詳也〔五八二〕。大晟書引傳:"舜五祀,論鍾石,定人聲。"〔五八三〕此大傳語。**以樂德教胄子,樂語興道**〔五八四〕。**其風頌語言,直寬剛簡,惟克有濟**〔五八五〕。興於詩,成於樂,故典樂以教胄爲先〔五八六〕。周宜,大司樂掌成均之法,合國子弟〔五八七〕。詳略雖異,而其教則同。仲舒、康成:五帝之學,周於成均〔五八八〕。教樂德、樂舞、樂器,則習樂所也〔五八九〕。胄子,元子以下及卿大夫子孫〔五九〇〕。所養者厚,所教者薄,故於此而加詳,緜聲之入人深也〔五九一〕。**以六律、五聲、八音、七始在治忽,以出納五言而賞諸侯**〔五九二〕。漢志:"言以律吕和五聲,施之八音,合之成樂。"〔五九三〕謂七始詠者,天地人四時之始也,故以歌詠五言聽之〔五九四〕。**樂歌籥舞,以和鐘鼓**〔五九五〕。大戴記:"夔作"云云〔五九六〕。**詩言志,歌永言,聲依詠,律和聲;八音克諧,神人以和**〔五九七〕。樂之所感,幽明一也〔五九八〕。仲尼燕居謂夔不達禮,妄矣^[五九]。外紀,重黎舉夔典樂,欲益求人^[六〇〇]。事見孔叢子。
按:"八音克諧",此帝之所以責夔;"百獸率舞",此夔之所以許帝^[六〇一]。劉敞等以爲
脱簡,非也^[六〇二]。論見發揮。

晏龍納言,主賓客,夙夜出納^[六〇三]。射侯書擄,以待庶頑讒
説殄行^[六〇四]。格則承之庸之,不者威之,而遠人至^[六〇五]。納言者,
星也;王聽下,言納於上爲名^[六〇六]。詩云:"出納王命,王之喉舌^[六〇七]。"故晉志云:納
言五星,夙夜諮謀;龍作納言,此之象也^[六〇八]。

帝曰:"咨! 汝二十有二人,欽哉! 惟時亮天工^[六〇九]。"王、蘇
等以四岳、九官、十二牧爲之^[六一〇]。然四岳非一人也,故胡益之以百揆易四岳,不知百
揆在九官中矣。若合四岳,則二十五矣,故世紀云"二十五人"。或謂九官或在十二牧
中,一人兼兩職者,若先爲牧,又兼四岳、九官爾^[六一一]。孔氏以爲禹、益、垂、伯夷、夔、
龍六人新命有職,及四岳、十二牧^[六一二]。然其戒四岳以闢四門,戒十二牧以民食、蠻
夷^[六一三],是岳、牧之事已各戒之,則此咨二十二人必不兼矣。況"亮天工"者,非岳牧之
任,而禹、稷、契、皋陶有不應紐者,元凱十六相與羲和之六卿歟^[六一四]? 九官在其中,故
各以事咨戒之^[六一五]。又如羣臣受任而遜於人,亦皆授職;如殳斨、伯與、朱虎、熊羆不
見任用,有舊職,不移也^[六一六]。

三載一攷績;三攷,紐陟幽明^[六一七]。於是俊乂在官,羣后德
巽^[六一八]。三攷,九年。周傳攷績,訓云:三歲小攷,正職而行事;九歲大攷,紐無職,
賞有功也^[六一九]。一之三,以至九年,天數窮矣,陽德終矣^[六二〇]。積不善至於幽,六極
以類降,故黜之^[六二一]。積善至於明,五福以類升,故陟之^[六二二]。皆所自取,聖無容
心也^[六二三]。

巡州觀風,習其情性,因論十有二俗,定以六律、五聲、八音、
七始^[六二四]。著其素以爲韶,退其利欲,返其仁義,九奏具成,而鳥
獸之聲猶悉關於律^[六二五]。關猶統也。惟五祀,定鍾石,論人
聲^[六二六]。鳥獸咸變^[六二七]。乃更著四時,推律吕,均十有二變而
道弘廣^[六二八]。

於是勃然興韶于大麓之野^[六二九]。執事還歸二年,諜然乃作
大唐之歌,以聲帝美^[六三〇]。聲成而絑鳳至,故其樂曰:"舟張辟
雝,鶬鶬相從,八風回回,鳳皇喈喈^[六三一]。"言其和也。書帝命驗云:

“舜舞終而朱鳳來^{〔六三二〕}。”

　　因農而擾兵，因獮而蒐練，寓之牧伯，故干戈不試而人皆體之^{〔六三三〕}。兵衛少而誅求寡，故國不匱^{〔六三四〕}。陰經云：“陶唐氏以人戒於國中，欲人强其命也。有虞氏以農教戰，漁獵簡習，故人皆體之。夏后氏誓衆於軍中，欲人先其慮^{〔六三五〕}。”蓋有虞氏之兵寓于農也，故劉颺云：“有虞始戒於國^{〔六三六〕}。”

　　尚廣能賢以自輔^{〔六三七〕}，博學以成能。師紀后^{〔六三八〕}，紀國之君，即冀后。故柳粲云^{〔六三九〕}：“舜師冀后。”拜蒲衣^{〔六四〇〕}，即披衣。高士傳云：披衣，蒲衣之子。尸子云：八歲，舜遜以天下。妄矣。親單卷，即善卷^{〔六四一〕}。善卷墓在今辰州大酉山^{〔六四二〕}。學於務成蹈^{〔六四三〕}。問於務成蹈曰：“天下未治，何以使我？”對曰：“避天下之逆，從天下之順，天下不足治也^{〔六四四〕}。避天下之順，從天下之逆，天下不足失也。”新序作“務成子跗”，荀子作“務成昭”^{〔六四五〕}。於是依乎中庸，明庶物，察人倫，執兩端而用中於民^{〔六四六〕}。作五明扇，立誹謗木，善旌諫鼓，以廣直言之路^{〔六四七〕}。管子：“舜有告善之旌，上不蔽也^{〔六四八〕}。”褚亮疏：“堯鼓納諫，舜木求箴。”^{〔六四九〕}詳堯紀。訪不逮於總章^{〔六五〇〕}，總章，明堂，一曰總期^{〔六五一〕}。尸子云：有虞曰總章，商曰陽館^{〔六五二〕}。王通、牛洪、杜佑亦云^{〔六五三〕}。故陳子昂云^{〔六五四〕}：黃帝合宮，有虞總章，皆所以調元氣，治陰陽也。然攷月令，南明堂，北玄堂，東陽館，西總章^{〔六五五〕}。三正所尚，故夏、商、周以玄、明、陽爲名^{〔六五六〕}。惟虞非三正，總章非西義，宜吕氏之繆。養國老於上庠，養庶老於下庠，憲其行止，蓋貴德而尚齒^{〔六五七〕}。熊氏云^{〔六五八〕}：國老，卿大夫致仕者；庶老，謂士。皇氏云：庶人在官者^{〔六五九〕}。其致仕之老，大夫以上當養從國老之法，士養從庶老之法，故外饔云“邦饗耆老，掌其割烹”，“周人養國老於東郊，庶老於虞庠”，是也^{〔六六〇〕}。鄭云：虞、夏、商質，取貴成物，故大學在西，小學在東^{〔六六一〕}。深衣燕禮，脱屨陞堂；袒割牲，饋醬進爵；公攝几，卿納牟；祝鯁祝饐，以養其氣體；善則記之，以爲惇史^{〔六六二〕}。崔云：燕禮者，殽蒸於俎，行一獻之禮；坐而飲酒，以至霑醉^{〔六六三〕}。饗禮則體薦而不食，爵盈而不飲，依尊卑而爲獻，取數畢而已，相尊敬也^{〔六六四〕}。食禮則不飲酒，享大牢^{〔六六五〕}，以禮食之而已。

　　嘗謠于衆曰：“吾盡吾敬以事吾上，而見者謂忠焉；吾盡吾敬以接吾敵，而見者謂信焉；吾盡吾敬以致吾下，而見者謂仁焉。吾是以見愛親於天下之民，而歸樂於天下之士，又貴信於天下之君，則取之以敬也〔六六六〕。”所以明道而諭教，惟以忠敬，而時鄉之〔六六七〕。是以未施敬於民而敬〔六六八〕，時鄉，順受之。藏金巉巖之山、捐珠五湖之淵而下服度〔六六九〕。不事采鑿，是藏之山、捐於淵也〔六七〇〕。抱樸子云：“虞舜承禪，抵璧於谷〔六七一〕。”陸賈新語云，以杜淫邪，絕覬媚之情也〔六七二〕。

堀地財，取水利，股肱不居〔六七三〕。故祠于田曰“荷此長耜，耕彼南畝，四海俱有”，志利民也〔六七四〕。

乃作米廩，以教于國，以藏帝耤〔六七五〕；禮傳：“米廩，虞氏之庠也〔六七六〕。”虞氏出于獻畝，故特作米廩，藏粢盛之委焉〔六七七〕。蓋御廩神倉，所謂“廩于籍東南”者〔六七八〕。魯之米廩，虞氏之庠耳〔六七九〕。曰庠者，祥事也，於此教孝。或曰：言詳事攷禮也〔六八〇〕。立兩學，以教國士〔六八一〕。上庠，大學；下庠，小學。小學在東，左學也；大學在西，右學也。小學在國中王宮之東，太學在西郊〔六八二〕。虞夏質而尚右，周則改之〔六八三〕。庠於周爲鄉學〔六八四〕。秋養耆老，春食孤子〔六八五〕。大傳。

於是得策乘馬之數〔六八六〕。乃割高陼，俣太衍，斬羣害，以作策馬貨〔六八七〕。當金，貨一金、二金、二四金、二五金，——策乘馬幣〔六八八〕。詳董氏譜。其文“當”爲“尚”，“策”爲“乘”，“馬”爲“正”。按：漢書天竺爲“乾篤”，而佛書“篤”皆作“竺”〔六八九〕。又爾雅：“竺，厚也〔六九〇〕。”楚詞：“帝何竺之〔六九一〕？”則“竺”之爲“篤”〔六九二〕，不疑矣。五二金者，重貨也；金一者，輕貨也；當金者，當重金也〔六九三〕。攷之管子，可見。又率百畝之夫而與之策：“率二十七日以爲子之春事，以資子之幣〔六九四〕。”分國穀之重，而足國用〔六九五〕。春秋，子穀大登，國穀之重去分，謂農夫曰：“幣之在子者，以爲穀而稟之州里〔六九六〕。”國穀之分在上，國穀之重再十倍，謂遠近之縣、里、邑百官，皆當奉器械備〔六九七〕，曰：“國亡幣，以穀準幣。”國穀之擴，一切什九〔六九八〕。還穀而應穀，國器皆資，而亡藉於民〔六九九〕。不窮其力而巧於使之，故民死而不怨。

飯糗茹菹,鐺盆亡膻,而下不以餘獲罪;瓦甌土型,而工不以巧獲罪;麂衣褻領,而女不以侈獲罪;法下易絲,事寡易功,而民不以政獲罪〔七〇〇〕。道大多容,大德衆下,寡爲而用物常壯〔七〇一〕。故天下之賢,皆躍而歸之;丈夫女子,振振殷殷,亡不戴説〔七〇二〕。乃爲詩曰:"溥天之下,莫非王土。率土之瀕,莫非王臣〔七〇三〕。"以言賢之不時也〔七〇四〕。呂氏:"輆輆啟啟",注:"啟啟,欲動而喜貌。"〔七〇五〕

爰省中河,登南山,觀河渚,録皇圖;壇沈稷下,榮光休至〔七〇六〕。孝經鈎命决云:"舜即位,巡省中河,録圖受文。"稷讀爲側。地在洛水傍。方堯禪舜,沉書日稷,而赤光起。舜禪禹,沈璧堯壇,赤光又起。及湯觀洛,沈璧三投,光不起矣。於是禹、益進戒,見大禹謨〔七〇七〕。遂申錫羣后,封弃百里之駘,賜姓妘氏〔七〇八〕;妘即姬也。故堯本姬姓,傳云妘姓。封契七十里之商,賜姓子氏〔七〇九〕;中候契握〔七一〇〕,湯云:"契賜子氏。"孝經援神契同。遷伯禹夏,賜姓姒氏:皆益命以爲公〔七一一〕。握河紀云:"堯即政七十年,受河圖。"繼云:"堯曰:'嗟!朕無德,欽奉丕圖賜爾二三子〔七一二〕,'斯封稷、契、皋陶,皆賜姓號。"注:"稷、契,公也。自商以上,大國百里。"考河命曰:舜襃賜羣臣,爵賞有分,稷、契、皋陶皆益土〔七一三〕。故康成云:"三人皆先封,舜加其封地〔七一四〕。"而周紀謂禹封弃於邰,妄也〔七一五〕。皋陶能刑,于封之皋;而益滌鴻,奏庶鮮食,于封之梁;伯夷次禹,能禮于神,爰封之呂〔七一六〕。商武正義云:益其封,昔不止於百里〔七一七〕。非。

於是繹承雲,備咸池〔七一八〕,淮南子:舜樂咸池、承雲、九韶〔七一九〕。注:兼用黄帝樂也〔七二〇〕。以六律、五聲、八音、七始詠叶治忽,以出納五言而賞諸侯〔七二一〕。命質作昭華之琯,尺有二寸之箾〔七二二〕。世本:舜造簫,形參差象鳳翼,其管長二尺〔七二三〕。高誘以質爲即夔,非〔七二四〕。夔修大招、六列、五英,以明帝德,以降上神,通八風而齊上下〔七二五〕。拮隔鳴球、搏拊琴瑟以詠〔七二六〕。夏擊,孔安國以爲柷敔〔七二七〕。然搏拊如鼓,以韋爲之,以作止樂,則是與柷敔重設〔七二八〕。抑堂上設之,堂下復設之乎?蓋搏拊非柷敔矣。禮云:"拊搏、玉磬、揩擊、大琴、大瑟、中瑟、小瑟"〔七二九〕。荀子云:懸一鍾而尚拊〔七三〇〕。大戴:懸一磬而尚拊〔七三一〕。拊設於鍾磬之東,爲衆樂之倡〔七三二〕。禮書云:搏拊,鼓類。

舜堂上有鼓,堂下有鼗[七三三]。周官大師、小師:大祭祀,登歌,擊拊[七三四]。蓋夏編磬,擊編鍾,搏小瑟,拊中琴之屬云[七三五]。拊琴擊磬,如摑箏摘阮爾[七三六]。沈括云:鳴球非可以戛擊,和之至,有時而至於戛且擊;琴瑟非可以搏拊,和之至,有時而至於搏且拊。不知其然,宜祖考之來格[七三七]。**搏干玉戚,冕而大舞;下琯鼗鼓,合止柷敔**[七三八],燕禮:"下管新宫。"[七三九]禮:"下管象[七四〇]。"升歌象德,下管象武事。商詩先鼗後鏞鼓,周詩先鼗後惟鏞,天地之義[七四一]。鄭謂九夏先鍾,非也[七四二]。**笙庸以間**[七四三]。笙震鏞兑,陰陽之義[七四四]。笙至細,鏞至大,細大間作。堂上以詠,而不以間[七四五]。八音皆有過[七四六],賴人聲而和。儀禮大射:樂人宿垂于阼階東,笙磬西間,而南笙鍾,其南鏞;西階之西,庸磬,其南鏞[七四七]。蓋阼階東有笙磬、笙鏞,西階西有庸鍾[七四八],迭作之也。**堂上之樂,祖考來格,虞賓來助,羣后德巽**[七四九]。**堂下之樂,鳥獸瑲瑲,擊石拊石,百獸率舞,庶尹允諧**[七五〇]。**韶簫九變,而帝道成,鳳皇儀**[七五一]。**五帝之樂,莫盛於此。**舜治至鳳來儀,然後有簫韶九成以象之[七五二]。武治至復綴以崇,而後有大武六成象之[七五三]。韶,文樂[七五四]。文爲陽,故韶九變而止[七五五]。武爲陰,故武樂六成[七五六]。一變爲一成。簫韶者,舜樂總名,舞者所執上,取羽翟翛翛然之意[七五七]。豈止來鳳? 有苗之格,寔縣乎此[七五八]。世以爲簫。舜樂固自有簫也。康成以百獸爲伏不氏之所養者,然則鳳來,其孟廞之所起乎[七五九]? 有辨,見發揮。書中候考河命云:"舜曰:朕惟不艾,蔓萊孚著,百獸率舞,鳳司晨。"[七六〇]注:"如雞而司晨。"子曰"鳳鳥不至"[七六一],別鳳而言,表靈物也。通云:"夫烏鵲之巢,可俯而窺,鳳皇何爲而藏乎[七六二]?"故仲尼曰:"韶,盡美矣,又盡善也[七六三]。"又曰:"韶者,舜之遺音也。温潤以和,如南風之至。其爲音,如寒暑風雨之動物,物之動人,仁義之動君子,財色之動小人。是以聖人務其本[七六四]。"**乃封夔于歸**[七六五]。歸即夔,國語"羋姓歸越"是矣[七六六]。樂動聲儀云:"昔歸典協樂律。"[七六七]書中候云:"禹拜稽首,讓于益、歸。"[七六八]注:"歸,堯臣,讀爲夔。"宋忠云:歸即夔之歸鄉[七六九]。乃今之秭歸縣。地有夔鄉,夔封在此。地理志云:秭歸,歸子國[七七〇]。是也。予謂古以秭歸鳥名[七七一]。史曆書:"秭雉先噑[七七二]。"蓋俗作子規。今秭歸縣東十里有夔子城[七七三]。高唐賦又作"姊歸",故袁山松等以爲女嫛歸屈原,喜而爲名[七七四]。妄也。

　　自即位以來,順堯叙德,欽翼皇象[七七五]。考河命云:"若稽古,帝舜曰<u>重華</u>,欽翼皇象^{〔七七六〕}。"<u>注</u>:"翼,奉;象,曆也^{〔七七七〕}。言欽奉皇天之曆數也。"天德出寧,日月照而四時行;積正合仁,繇仁義行^{〔七七八〕}。是故好生之德,洽於民心^{〔七七九〕}。在位猶北極,題期立象,臨下以簡,御衆以寬,損益盡繇<u>堯</u>道^{〔七八〇〕}。<u>曹襃傳</u>,<u>肅宗元和</u>二年詔云^{〔七八一〕}:"帝命驗曰:'順<u>堯</u>攷德,題期立象。'"<u>注</u>:<u>堯</u>巡省<u>河</u>、<u>洛</u>,得龜之圖書^{〔七八二〕}。<u>舜</u>禪習禮,題五德之期,立將起之象也^{〔七八三〕}。宥過亡大,刑故亡小,任於人而不任於法^{〔七八四〕},故不賞不罰而民可用。<u>古司馬法注</u>云^{〔七八五〕}:"故,如故,殺。"尊德義,貴縕年,損己以安百姓,是故寡怨於人,率天下以仁而人從之^{〔七八六〕}。光天之下,惟好問而察邇言,隱惡而揚善^{〔七八七〕}。善與人同,舍己從人,樂取諸人以爲善;言行一善,從之若決^{〔七八八〕}。自耕稼陶漁,以至爲帝,亡非取於人者^{〔七八九〕}。體仁孝之德,盡事親之道,五十而嬰兒慕^{〔七九〇〕}。承安引伏,立義治律,而萬物以皆作;分均天財,而萬物以熙熙^{〔七九一〕}。游于巖廊之上,左<u>禹</u>右<u>皋</u>,不事詔而萬物成^{〔七九二〕}。被袗衣,鼓五絃,詠<u>南風</u>之詩,不降席而天下治^{〔七九三〕}。<u>琴書</u>云^{〔七九四〕}:"<u>舜</u>鼓琴而<u>黃河</u>清。"<u>南風詩</u>,説詳<u>餘論</u>。功格亡臬,恩被動植,山川鬼神,莫不咸若^{〔七九五〕}。故曰:"受命於天,惟<u>舜</u>也獨正。幸能正生,以正衆生^{〔七九六〕}。"君天下,生無私,死不厚其子,有慘怛之愛,有忠利之教,親而尊,安而敬,威而愛,富而有禮,思而能教,是以宗廟享之,子孫保之^{〔七九七〕}。故爲法於天下,可傳於後世,天下之明德,皆自帝始^{〔七九八〕}。故<u>仲尼</u>曰:亡爲而治,後世雖有作者,<u>虞帝</u>不可及也^{〔七九九〕}。夫何爲哉?恭己正南面而已矣^{〔八〇〇〕}。<u>舜</u>有天下,何容心哉?敬修其可願而已^{〔八〇一〕}。是故執中含和,不下廟堂而行于四海^{〔八〇二〕}。<u>尸子</u>曰:<u>堯</u>以天下與<u>舜</u>,顔色不變;<u>舜</u>受天下於<u>堯</u>,亦顔色不變^{〔八〇三〕}。知天下無損益於己也,夫何爲哉?<u>董仲舒</u>以爲繼<u>堯</u>故無爲,誤矣^{〔八〇四〕}。

是以教通四海之外,<u>北發</u>、<u>肅慎</u>^{〔八〇五〕},<u>晉灼</u>疑"北發"爲國名^{〔八〇六〕}。<u>大戴禮孔子</u>曰:<u>舜</u>民明教,通于四海之外,<u>北發</u>、<u>肅慎</u>、<u>大教</u>、<u>鮮支</u>、<u>渠搜</u>、<u>氐</u>、<u>羌</u>;南撫<u>交趾</u>^{〔八〇七〕}。按:<u>周書</u>有發人,乃東北夷^{〔八〇八〕}。則<u>發</u>與<u>肅慎</u>,二國焉^{〔八〇九〕}。南撫<u>交</u>

阯,東長、隝夷〔八一〇〕,史作"島夷"〔八一一〕。云長夷、島夷也〔八一二〕。西渠、賜
支。渠,渠搜也,今朔方渠搜縣。賜音錫,析支也,今河關西十里有河曲羌是〔八一三〕。
大戴鮮支,非。出入日月,罔不率俾〔八一四〕。大戴禮孔子之言。大人、反
踵,俱被其澤〔八一五〕。萬邦黎獻,共爲帝臣〔八一六〕。而粒食之民,昭
然明視,屈軼産觀,景星燿房,古黃委彎,山車垂綏〔八一七〕。洛書靈準
聽云:"舜受終,鳳皇儀,黃龍感,朱草生,蓂莢滋。"春秋佐助期云〔八一八〕:"舜時景星出
房。"瑞應圖云:"舜時有三足烏,金車見于庭。"即山車也。蟠龍賁信於其臧,魚
鼈孚游于其穴〔八一九〕。長胡獻白狼之霜,西母進益疆之版〔八二〇〕。
西王母,西方昏荒之國〔八二一〕。説詳餘論。十有二牧,貢亡不時。

　　君子人來效龍,求能食之〔八二二〕。高陽之後,有董父能求其
欲,使豢之,賜之氏曰豢龍,封于鬷川。於是始有豢龍之官。少昊
氏有裔子曰孟虧,能馴鳥獸而致鳳皇,爰封之蕭〔八二三〕。故孔子
曰:舜其大智也歟〔八二四〕!起布衣,積德函和,而終以帝〔八二五〕。其
政好生而惡殺〔八二六〕,其任授賢而替不肖,德若天地而静虚,化若
四時而變物。是以四海承風,暢於異類,鳳翔麟感,鳥獸被
德〔八二七〕。亡它,好生而已〔八二八〕。書大傳:"成王問周公:'舜何人也?'曰:
'其政好生而惡殺。'"尸子曰:有虞之君,使天下貢善〔八二九〕。其治天下,見人有善,若
己有善;見人有過,如己有過。此有虞氏盛德也。

　　宅立三十有三載,咨禹而巽位焉〔八三〇〕。詳見書。乃更著四時,
張樂成於大麓〔八三一〕。大傳附于五祀。鍾石渝,笙管變,未及終,天大
雷電烈風,大木盡拔,大屋盡發,宮羽盡革,二工伏祝以操雅,帝乃
雖而〔八三二〕。歌者重篇,樂正重贊,舞人復綴,乃更容貳尸,備十有
二變,奏肆夏而納以孝成〔八三三〕。四岳三公暨百執事咸贊于帝曰:
"尚稽泰室,唐爲虞賓。始而狂然,汔兹羨于四極。誠禹之命敷
于四海,韶爲賓而雖爲主人,莫能遷矣。"〔八三四〕

　　於是命禹行天子事。巽于皋陶,弗可。其辭見于書。正月朔旦,
受命于神宗,帥百官,如帝之初〔八三五〕。于時八風循通,卿雲叢叢,

俊艾百工胥龢而歌曰："慶雲爛兮,糾縵縵兮!日月光華,旦復旦兮[八三六]!"八伯拜手而進曰："明明上天,爛然星陳。日月光華,宏于一人。"[八三七]帝乃擁璇持衡,沉首而笑曰:"時乎!日月有恒,星辰有行,四時順經,萬物允成。夔乎鼓之,軒乎舞之。英華欲遂,褰裳去之[八三八]。"百工又歌而終焉。

維時洪祀六沴,用咎于下[八三九]。乃令大禹步于上帝而共禦之[八四〇]。帝用不差,神則不怒,五福乃降,用章于下[八四一]。禹乃共辟厥德,用帝休令,爰用五事,建王極,而共禦之[八四二]。共,供也。共禦之法,備見大傳。云"王后元祀",禹攝之元,元年也[八四三]。知五行傳不自後世,歆、向以來訛而繆之爾,大傳得正[八四四]。步,推也。三載,釐。

苗弗恭,命禹征之[八四五]。三旬,苗猶逆命,益贊于禹,曰:"惟德動天,亡遠弗屆。帝之往于田也,號天引慝,瞽亦信順。至誠感神,矧兹苗乎?"[八四六]言有證乎其人者,雖詳必錄。此之類也。苗竄三危而分北,不在舜立之前。此三苗竄後[八四七],復有爲三苗君者。於是般師振旅,帝乃誕敷文德,舞干羽于廟階[八四八]。七旬,而有苗格。分北其民,亡世在下[八四九]。人非禽獸,俱有良心。苗始逆命而終服,何哉?師旅之至,不得自新,故承命而逆,自救之計也[八五〇]。及益言而禹班師矣,苗聞義而始服,果如益言。故善用兵者,示之以生路。故孔子曰:"通乎德之情,則孟門、太行不爲險矣。德之流行,遬於郵傳命。"[八五一]周之明堂,金在其後,先德而後武也[八五二]。舜其繇此乎[八五三]!韓詩、説苑云:禹請伐苗,舜不許,曰:"吾喻教猶未竭也[八五四]。"久喻教而苗請服。天下聞之,皆薄禹之義而美舜之德[八五五]。

初有苗負固,弗用靈,昏迷不恭,侮慢自賢,反道敗德;君子在野,小人在位;斷制五虐之刑,以亂亡辜[八五六]。爰始淫爲劓、刵、椓、黥,越兹麗刑併制,罔差有辭[八五七]。練抑惟刑,麇察于獄之麗;罔擇吉人,惟時庶威奪貨[八五八]。以是爲法而民有惡德,泯泯棼棼,罔中于信[八五九]。及是,亡辭于罰,遂分北于既巽[八六〇]。

遜禹於洞庭,張樂成于洞庭之野[八六一]。乃作大唐之樂以皈帝美，作大化、大訓、六府、九原之章以颺禹功，而君臣之美盡矣〔八六二〕。

十有七載，天見妖孽，黃星靡鋒，帝乃死〔八六三〕。宋張鎰觀象賦云“嘉黃星之靡鋒，明虞舜之不競”也〔八六四〕。以瓦棺葬于紀，是爲鳴條〔八六五〕。紀即冀〔八六六〕，故紀后爲冀后。今河東皮氏東北有冀亭，冀子國也〔八六七〕。鳴條在安邑西北，其地相近〔八六八〕。記謂帝葬蒼梧；皇覽在零陵營浦縣，尤失〔八六九〕。有辨，見發揮。年百十有一。世紀：八十一即真；八十三薦禹；九十五使攝；五年而苗叛，南征而亡〔八七〇〕。皆妄。

　　三妃：娥肓亡子。禮云：蒼梧葬，三妃未之從〔八七一〕。以證古無合葬。先儒謂舜不告而娶，不立正妃，妄矣〔八七二〕。楚辭有湘君、湘夫人，世傳堯女，故退之以娥皇爲正而英爲庶〔八七三〕。皇長，故曰君；次爲夫人。不知堯欽舜之德，釐降二女，方在妻列；釐降，以理下之也，豈云媵哉〔八七四〕？但二女觀舜之德，時以婦道嬪於虞氏〔八七五〕。舜即位，乃擇立焉。鄭云舜但三妃，佃云：三妃，舉其貴耳〔八七六〕。女罃生義鈞及季釐。季釐封緡〔八七七〕，爲桀所克。義鈞封于商〔八七八〕，是爲商均，是喜歌舞。禹封均子于虞〔八七九〕。虞思妻少康〔八八〇〕。厥後虞君，惟專於樂，臣争于權，民盡於利，而亡。見周書。□□以虞思爲象□□孫，妄〔八八一〕。次妃癸比氏生二女，曰宵明、曰燭光，處河大澤，靈照百里，是爲湘之神〔八八二〕。大澤謂洞庭。言爲神處此，故靈光及於百里也。以湘神黃陵爲舜之二女，非堯之女也〔八八三〕。唐屬岳，司馬氏時屬長沙〔八八四〕。天祐中號懿節〔八八五〕。予嘗欲作黃陵碑言之〔八八六〕。詳見發揮辨舜冢中〔八八七〕。庶子七人，皆釐降于齊人〔八八八〕。代宗詔云：“虞、夏之制，諸子疏封。”〔八八九〕世紀云，九人。朝鮮記云：“舜有子八人，始歌舞〔八九〇〕。”圭、胡、負、遂、盧、蒲、衛、甄、潘、饒、番、傅、鄒、息、有、何、母、轅、餘姚、上虞、濮陽、餘虞、西虞、亡錫、巴陵、衡山、長沙，皆其裔也。並詳國名記。

　　夏之世，有箕伯、直柄、伯戲〔八九一〕。中衰，成湯實之于遂，遂世守之，後爲齊所滅〔八九二〕。莊公十二年，齊桓滅之〔八九三〕。左氏正義及風俗通云，商封之于遂〔八九四〕。袁良碑云：世本陳遂，舜後。宋虞思後箕伯、直柄中衰，湯封遂於陳以後舜〔八九五〕。箕伯之後箕子事紂，仍諫不入，陽狂爲奴〔八九六〕。

紂敗囚釋，爲武王陳洪範〔八九七〕。去之朝鮮，以道義化其民，蔚爲君子之國〔八九八〕。宋世家云〔八九九〕：箕子，紂之親戚。蓋外親也。而鄭玄、王肅、馬融之徒以爲紂之諸父，伏虔、杜預以爲紂之庶兄，皆無正文，以意言之〔九〇〇〕。大傳云：箕子不忍爲周之釋，去之朝鮮。武王因封之朝鮮，遂有臣禮，故十三祀乃來朝。然敍云〔九〇一〕：勝商殺紂，以箕子歸。是釋其囚即以歸〔九〇二〕，因訪以伐紂之事；假以天對，陳洪範。而"去之"，蓋遯而去，如夷齊之於首陽，非就封也〔九〇三〕。十三祀，併文王之年。後有箕氏、鮮氏、鮮于氏。姓纂云：其支子仲封鮮于，爲鮮于氏〔九〇四〕。顔真卿鮮于少保碑云：先太師，武王封于鮮，子仲食邑於于而受氏〔九〇五〕。寰宇記，潁川八姓有于、鮮〔九〇六〕。直柄之後有直氏〔九〇七〕。

　　圭、衞、蒲、傅則商滅之，胡、潘則周滅之，息、負、廬、鄒則春秋時入于彊矣〔九〇八〕。後各以國命氏〔九〇九〕，郡國志云：衞國，姚姓〔九一〇〕。亦見水經注。有虞氏、幕氏、司徒氏、申屠氏、信都氏、勝屠氏、勝氏、勝徒氏、申屠見世紀。湯時有申徒狄〔九一一〕。然衞文公子許、宋邊卬、陳成公子，後皆有此氏〔九一二〕。姓纂云申侯子居安定屠原而姓，非〔九一三〕。舀氏、咸氏、遂氏、須遂氏、合博氏、李氏。漢胡不害封合博侯，爲氏〔九一四〕。唐定襄王李大恩本胡氏、李叔明本鮮于氏賜〔九一五〕。

　　胡、有、何皆歸姓。王符云："歸姓胡、有、何〔九一六〕。"魯襄夫人胡女共少歸、齊歸是〔九一七〕。胡公世不淫〔九一八〕。至虞閼父，爲周陶正，武王妃其子胡公滿以太姬〔九一九〕，姓纂，均後三十二世孫遏父〔九二〇〕。袁孝政以太姬穆王女，名胡姬〔九二一〕。妄。錫之嬀姓與肅慎之珛，復之于陳〔九二二〕。大戴禮：禹受命，乃邑姚姓于陳〔九二三〕。則胡公乃繼封也。以備三客〔九二四〕。三恪。義取王之所敬〔九二五〕。左氏傳"以陳備三恪"，徐鍇云："今俗作恪。"〔九二六〕古讀客如恪，即三恪也，詩云"有客"者〔九二七〕。故陳王問太師："周存二代，又有三恪，何也?"對曰："封夏、商之後爲二代，繼虞帝之後爲三恪。恪，敬也，言禮之如賓客，非別有三恪也。"〔九二八〕二十有五世而楚滅之。後有陳氏、遏氏、轅氏、榬氏、袁氏、爰氏、慶氏、衡氏、柳氏、鍼氏、逢氏、敳氏、弱氏、杵臼氏、五父氏、馰氏、恩氏、甄氏、番氏、鬪門氏、壺丘氏、偃師氏、司甄氏、儀氏〔九二九〕。昭公八年滅〔九三〇〕。明年，又書"陳灾"，君存焉爾〔九三一〕。哀十年，楚伐陳〔九三二〕。又十三年云〔九三三〕。退之云父子食采袁郷，爲氏，乃轅也〔九三四〕。甄本音堅。陳留傳云：舜陶甄河濱，後氏〔九三五〕。按：楚子縣陳，通奔周，王以爲中，將美其族，遂命爲甄氏云〔九三六〕。錫姓因生如“堅”之讀，形聲轉注，以“真”爲音。頃林攄倡名呼“堅”，於襟不知也〔九三七〕。見張説甄亶碑〔九三八〕。

初，齊桓公十四年，陳宣公殺其太子御寇而敬仲奔齊，致陳樂，是以孔子在齊而聞韶〔九三九〕。敬仲有禮，桓公説之，以爲工正，爲田氏〔九四〇〕。世家云：“如齊，以陳字爲田氏。”〔九四一〕然左氏云陳，田知非仲所改。應云采邑，亦非〔九四二〕。七世，成子弑簡公，分齊國〔九四三〕。孔子沐浴而朝，請討之。哀公不悟，故孔子曰：“以吾從大夫之後，不敢不告也。”〔九四四〕孔子請討陳常〔九四五〕，時已致仕，其意本以明君臣之義。於三家，使知，不爲夫人討，不爲齊也〔九四六〕。公不知之，反使之告三子，宜三子之不可也。然攷左氏、家語，“不可”似在孔子，不曾之三子〔九四七〕。自是二年，孔子卒。又十一年，公孫于越〔九四八〕。前後學者不知聖人，妄爲之説，故發之，非敢異聖人也。又三世，而田和移齊〔九四九〕。又六世，而齊滅之〔九五〇〕。有敬氏、皮氏、車氏、恪氏、穰氏、汲氏、䅉氏、穪氏、辱氏、廣信穭氏，本陸氏改〔九五一〕。薛氏、法氏、王氏、文氏、苟氏、光氏、紇于氏、尉遲氏、司馬氏〔九五二〕。王建子，爲王氏，望陳留、東海、金城、北海〔九五三〕。第五倫窮，賜販鹽，曰王伯〔九五四〕。襄王法章，後爲法氏〔九五五〕。田文封薛，後有薛綜〔九五六〕。穰本田氏。范希文誌田氏云：“將有穰苴。”〔九五七〕後魏賜大司空田宏，固紇于氏；許昌公陳忻，尉遲氏〔九五八〕。隨並復〔九五九〕。其複氏則有少西、子穆、世本：僖子子子穆安後〔九六〇〕。子占、子沮、世本：烈子後〔九六一〕。子與、子獻、本桓公孫〔九六二〕。子鞅、子梧、子坊、子芒、世本：僖子子子芒後〔九六三〕。一作“竿”。子寤、子尚、世本：僖子生廩丘子尚〔九六四〕。子石〔九六五〕、世本，桓子生子石後〔九六六〕。子夏、子宋、子禽、犨子、子仲、陳宣公子子仲，詩“子仲之子”者〔九六七〕。惟書無子夏，即宣庶子子西〔九六八〕。子禽者，僖子後〔九六九〕。顓孫、亡宇、五王、安平、廣武、即墨、於陵之氏〔九七〇〕。無宇二子：常、書〔九七一〕。書字子占，伐莒功，景公賜姓孫，采於樂安〔九七二〕。登其後〔九七三〕。

霸先亡梁〔九七四〕，以爲陳者五世，而隨滅之。凡三十三年。霸先，寔之十七世〔九七五〕。姓纂：出汝南、東海者，胡公後；出武當者，太丘長後；出長城者，晉中郎將逵，十世爲陳武帝〔九七六〕。

　　齊宣王封母之弟於母鄉，爲胡母氏、胡非氏、威氏、慈母氏、慈氏〔九七七〕。

　　漢初，徙諸田關中，而遂有第三至第八氏〔九七八〕。沙鹿留占，宣生元后，是育孝成，四世稱制〔九七九〕。僖公十四年，沙鹿崩，占曰：“陰爲陽雄，土火相乘，六百四十五祀，有聖女興。其齊田乎！”〔九八〇〕至漢王翁孺徙元城，沙鹿也，舜土漢火，日月復當之〔九八一〕。及生政君，入東宮〔九八二〕，生成帝，四世稱制。及崩，揚雄誄之，及沙鹿事〔九八三〕。漢求帝後，得嬀昌，爲始睦侯，以奉其祀焉〔九八四〕。莽封之。又封田豐爲世睦侯，奉敬仲後〔九八五〕。後魏孝文詔訪舜後，獲東萊郡民嬀苟之，復其家〔九八六〕。

　　始禹分帝之少子于西戎，秦厲公世有無弋爰劍，曾孫舞生子十七，爲十七種；忍九子，研號研種〔九八七〕。十三世燒當，代雄洮、罕之間〔九八八〕。居河北大允谷〔九八九〕。四世孫瑱良益貧，先零、卑湳侵甚，爲所敗〔九九〇〕。生滇岸、滇虞〔九九一〕。即滇吾〔九九二〕。生東吳、迷吾〔九九三〕。後益困，依發羌〔九九四〕。吾曾孫麻奴收怨羌，復振滇零，大捷漢〔九九五〕。遷那內附，中元間寇西郡，馬武〔九九六〕。有弋仲、襄、萇，是爲後秦云〔九九七〕。事詳餘論。有無弋氏、研氏、滇氏、東氏、迷氏、銚氏〔九九八〕。

　　贊〔九九九〕：若昔善化，臧用於民；民縣不知，孰識其仁〔一〇〇〇〕？北面朝堯，君臣道盛。齋栗見瞽，父子以定。二女嬪降，夫婦以貞〔一〇〇一〕。庫貢源源，兄弟以成〔一〇〇二〕。形端表正，萬邦作孚〔一〇〇三〕。能事畢矣，夫何爲乎？

　　予言其略，經載其詳；予言其詳，經載其略〔一〇〇四〕。虞策夏前，不著于經，予則詳之，而略之于典謨〔一〇〇五〕，故曰“予言其略，經載其詳”。夏時之類，各見本紀〔一〇〇六〕。四凶之去，有堯去之者，四凶，當時世家巨室，爲政用事者。按莊子音義，堯六十年乃放驩兜，六十四年流共工,六十六年竄三苗[一〇〇七]。按:縣、共工以誹禪竄逐。今攷此年載,似不相合。然大戴五帝德紀云,四凶之去,皆堯也[一〇〇八]。淮南子、荀子、戰國策亦言堯伐驩兜,荀子、國策言禹伐共工,周語亦云堯殛縣,是縣之殛,非舜明矣[一〇〇九]。世言縣以治水無功殛死,尤妄[一〇一〇]。夫治水縱無成,而仍作九年,亦勤于民事矣[一〇一一]。勤于民事者,先王皆祀之,豈有至於殛死者。使縣不能啓其功于前,則禹亦未能速收功于後,故祭法云:“縣障洪水而殛死,禹能脩縣之功[一〇一二]。”是縣非無功也,不能成爾。果以無功殛,則何以見乎夏郊[一〇一三]? 謂治水殛,吾弗信也。

八元、八凱之用,有堯用之者,而傳壹之于舜[一〇一四];八元,高辛之子伯奮、仲堪、叔獻、季仲、伯虎、仲熊、叔豹、季狸也[一〇一五]。當是二母黨[一〇一六],故皆以伯、仲、叔、季爲號。書有“朱虎熊羆”,説者以爲二人;予稽之,四人也:虎爲伯虎;熊爲仲熊;江東語“豹”爲“朱”,語者相轉,是朱爲叔豹也;則羆爲季狸必矣[一〇一七]。故人物表作季熊,蓋漢去焚書未久[一〇一八],猶有傳習,故尚存一二;但“熊”當作“羆”,傳寫誤也。伯奮是弃、契之倫,而叔獻則叔戲也,是堯多用之者。若八凱,則高陽之子蒼舒、隤敳、檮戭、大臨、厖降、庭堅、仲容、叔達也[一〇一九]。隤敳乃伯益之字,爲堯伊衡[一〇二〇]。服虔以八凱爲垂、益之屬,杜以爲垂、益、皋陶之倫,正義乃謂垂、皋陶皆顓頊之後,妄也[一〇二一]。垂乃炎帝之後,皋陶乃少昊之後也。杜又以八元爲契等,八凱爲禹等,蓋以書言契敷五教,禹平水土,而傳云“舉八凱,使主后土”,“舉八元,使布五教”,因謂禹、契在其中[一〇二二]。蓋八元、八凱,非主一事[一〇二三],云“主后土”、“布五教”,以事之大者言爾。五帝德云,堯命伯夷、夔、龍、虞舜、彭祖[一〇二四]。杜預謂史克之言有過辭[一〇二五]。爲稽庭堅,班固、杜預等以爲皋陶字,鄭注論語以爲皋陶號曰庭堅,非也[一〇二六]。文公五年,蓼與六威,臧文仲曰:“皋陶、庭堅不祀”,是二人也,——書傳本有兩舉人名與字者。是堯多用之矣。

自有能庸命,至乃命以位,略是數十年事[一〇二七],而書不過數語,可謂略矣。以天下予人,異矣;以爲不可而諫者,多矣,豈直崇縣之與共工哉? 經亡見焉,故曰“予言其詳,經載其略”。

【校注】

〔一〕舜本作𦐈:𦐈,各本均作“舜”,而與下“古作𦐈”之“𦐈”同。彦按:舜字“本作”與“古作”不當相同。説文𦐈部舜字作𦐈,今姑訂此“本作”之舜字作“𦐈”。

〔二〕古作𦐈,從癸,從舛:癸,洪本、吴本、備要本作“癶”,四庫本作“夾”。

彦按:板刻古文,率皆失真,不足依信。據説文,舜字本作"𦱤",隸變作"舜",古文或體作"𡕮"。

〔三〕因生賜,在堯世:吴本、四庫本、備要本"在"作"姓",則宜讀"因生賜姓,堯世"。

〔四〕風俗通按書舜生姚虚,云在濟陰成陽:姚虚,即姚墟。成陽,即城陽,縣名,治所在今山東菏澤市牡丹區胡集鎮。風俗通義山澤墟:"謹按:尚書:'舜生姚墟。'……姚墟在濟陰城陽縣,帝顓頊之墟、閼伯之墟是也。"

〔五〕虞:在今山西永濟市蒲州鎮。

〔六〕天子建德,因生以賜姓,祚之土而命之氏:此引左傳隱公八年魯大夫衆仲語。建德,杜預注:"立有德以爲諸侯。"生,通"性",特性,德性。祚,通"胙",賞賜。左傳作"胙"。

〔七〕有鰥在下,曰虞舜:見書堯典。鰥,單身漢。洪本、吴本作"鱞",同。　虞舜側微:見書舜典序。側微,卑賤。

〔八〕志氏姓:潛夫論篇名。　而史伯亦稱虞幕:虞幕,舜之上祖。國語鄭語載史伯對鄭桓公曰:"虞幕能聽協風,以成物樂生者也。"

〔九〕杜預云:幕乃舜之先:幕,各本均譌"虞",今訂正。左傳昭公八年"自幕至于瞽瞍,無違命"杜預注:"幕,舜之先。"

〔一〇〕盲者子:見史記五帝本紀。

〔一一〕二孔以爲有目但不分善惡者:書堯典"瞽子",舊題孔安國傳:"無目曰瞽。舜父有目不能分别好惡,故時人謂之瞽。"又孔穎達正義:"史記云:'舜父瞽瞍盲。'以爲'瞽瞍'是名,身實無目也。孔不然者,以經説舜德行,美其能養惡人,父自名瞍,何須言之?若實無目,即是身有固疾,非善惡之事,輒言舜是盲人之子,意欲何所見乎?論語云:'未見顔色而言,謂之瞽。'則言瞽者,非謂無目。史記又説瞽瞍使舜上廩,從下縱火焚廩;使舜穿井,下土實井。若其身自能然,不得謂之無目,明以不識善惡故稱瞽耳。"　安:四庫本脱文。

〔一二〕五帝之中,獨不出於黄帝:路史以少昊(即少皞)、顓頊、帝嚳、堯、舜爲五帝(見發揮三論史不紀少昊)。獨,通"孰",誰。左傳昭公十七年"少皞氏鳥名官,何故也"杜預注:"少皞,金天氏,黄帝之子,己姓之祖也。"又史記五帝本紀:"帝顓頊高陽者,黄帝之孫而昌意之子也。""帝嚳高辛者,黄帝之曾孫也。”“帝嚳娶陳鋒氏女，生放勳。……帝堯者，放勳。”舜亦出自黃帝，見下注。

〔一三〕自敬康而下，其祖也：敬康，舜高祖。史記五帝本紀：“虞舜者，名曰重華。重華父曰瞽叟，瞽叟父曰橋牛，橋牛父曰句望，句望父曰敬康，敬康父曰窮蟬，窮蟬父曰帝顓頊，顓頊父曰昌意：以至舜七世矣。自從窮蟬以至帝舜，皆微爲庶人。”

〔一四〕幕姓皆云出幕：下一“幕”字指虞幕。

〔一五〕喬牛：史記五帝本紀作“橋牛”。

〔一六〕天瞀：先天失明。

〔一七〕史云窮蟬以來，微在匹庶：匹庶，平民。見上注〔一三〕。

〔一八〕謂庶士，非庶民也：庶士，官府小吏。禮記祭法“庶士、庶人無廟”孔穎達疏：“庶士，府史之屬。庶人，平民也。”彥按：羅氏此說無據。史記明言“微爲庶人”，庶人即庶民，非庶士也。

〔一九〕曰“嬪于虞”：嬪，嫁。書堯典：“（帝）釐降二女于嬀汭，嬪于虞。”虞乃小國，即瞽所封，是侯伯矣：彥按：虞謂有虞氏，此指舜。“即瞽所封”，想當然耳。

〔二〇〕王逸以舜爲布衣：楚辭天問：“舜閔在家，父何以鰥？”王逸章句：“言舜爲布衣，憂閔其家。其父頑母嚚，不爲娶婦，乃至于鰥也。” 而耕漁陶販皆庶人之事者：洪本“販”譌“敗”。尚書大傳卷一：“昔舜耕于歷山，陶于河濱，販于頓丘，就時負夏。”又史記五帝本紀：“舜耕歷山，漁雷澤，陶河濱，作什器於壽丘，就時於負夏。” 蓋以父母頑嚚，去而耕野，若伯奇、重耳云：頑，愚妄。嚚，愚蠢。廣雅釋詁一：“頑、嚚，愚也。”書堯典稱舜：“瞽子，父頑，母嚚。”伯奇，周宣王重臣尹吉甫長子。伯奇孝，而父聽後妻之譖，逐之。乃編水荷而衣之，采蘋花而食之（見初學記卷二天部下霜“尹逐伯奇”注）。重耳，春秋晉文公。其爲公子時，以父晉獻公欲立寵妾之子奚齊爲嗣而遭加害，被迫流亡于外十九年（見史記晉世家）。

〔二一〕幕能平聽協風，以成樂而生物：平聽，辨別察聽。平，通“辨”。協風，和風，指春風。成樂而生物，國語鄭語作“成物樂生”，云：“虞幕能聽協風，以成物樂生者也。”韋昭注：“協，和也。言能聽知和風，因時順氣，以成育萬物，使之樂生者也。周語曰瞽告有協風至，乃耕籍之類是也。” 有虞氏報焉：

報,古祭名,爲報答神靈恩賜而舉行。國語魯語上:"幕,能帥顓頊者也,有虞氏報焉。"韋昭注:"報,報德之祭也。"

〔二二〕幕能修道,功不及祖,德不及宗,故每於歲之大蒸而報祭之:見左傳昭公八年"自幕至于瞽瞍,無違命"孔穎達疏引孔晁云,末句作"故每於歲之大烝而祭焉"。大蒸,即大烝,古祭名。冬時祭先王,以功臣配享。

〔二三〕而風俗通亦謂舜祖幕:風俗通,喬本、備要本譌"風俗志",今據餘諸本訂正。 與吕梁碑合,皆無句望:吕梁碑,漢劉耽撰。句望,見上注〔一三〕。

〔二四〕賈逵、韋昭乃以幕爲虞思:史記陳杞世家:"自幕至于瞽瞍,無違命。"裴駰集解:"賈逵曰:'幕,舜後虞思也。'"國語魯語上"幕,能帥顓頊者也"韋昭注:"幕,舜後虞思也,爲夏諸侯。"又鄭語"虞幕能聽協風,以成物樂生者也"韋昭注:"虞幕,舜後虞思也。"

〔二五〕内傳、國語俱云"自幕至于瞽叟,無違命",然後言"舜重之以明德":内傳,指左傳。彦按:此語見于左傳昭公八年,亦見于史記陳杞世家(並"叟"作"瞍"),國語實無此語,蓋羅氏誤記。

〔二六〕見孔叢子居衛篇。今本文作:"舜身脩八尺有奇,面頷無毛,亦聖。"頷:下巴。

〔二七〕太上員首:太上,高大。太謂其大,上謂其高。員首,圓腦袋。員,"圓"之古字。

〔二八〕舜形體太上而圓首,長於天文,純于孝慈:見春秋繁露三代改制質文,文字略有異同。太上,洪本"太"作"大"。圓,四庫本作"員"。純,謂至善至美。

〔二九〕古謂眉"衡":漢書王莽傳上"盱衡厲色,振揚武怒"顏師古注引孟康曰:"眉上曰衡。"後漢書蔡邕傳"胡老乃揚衡含笑"李賢注:"衡,眉目之間也。" 故執天子之器上衡:吴本"子"譌"于"。禮記曲禮下:"執天子之器則上衡。"鄭玄注:"謂高於心,彌敬也。"

〔三〇〕洛書靈準聽:漢代緯書,洛書緯之一種。 有人方面日衡重華:重華,謂目重瞳子。史記五帝本紀:"虞舜者,名曰重華。"張守節正義:"目重瞳子,故曰重華。" 握石椎:椎,"槌"的古字,捶擊的工具。吴本譌"推"。下"椎讀如錘"之"椎"同。

〔三一〕明信:誠信。

〔三二〕方庭甚口:方庭,謂前額方正。庭,天庭,相面者稱人兩眉之間或前額中央。甚口,大口。

〔三三〕面頤亡髦:頤,同“頷”,下巴。髦,毛。

〔三四〕光曜顯都:光曜,光彩。顯都,顯明美盛。

〔三五〕握褒者,手兆如“褒”字,喻從勞苦受褒飾,致大祥也:手兆,手紋。褒飾,猶誇美。致大祥,藝文類聚卷一一、太平御覽卷八一作“致大位”,初學記卷九作“致大祚”,太平御覽卷三七〇作“致天祚”。

〔三六〕謂知旋璣之道:旋璣,北極星,喻指帝王。

〔三七〕形卷僂,色黳露:卷僂,背項俛曲,嚮前攣卷而傴僂。卷,音 quán,彎曲。僂,通“僂”。黳(yī),黑。露,羸弱,瘦弱。

〔三八〕見徐無鬼篇。

〔三九〕傴凹:彎曲凹陷。

〔四〇〕堯瘦癯,舜黴墨:見文子自然篇。瘦癯,清瘦。黴墨,形容面垢黑。四庫本“黴”譌“黴”。文子原文作“黧黑”。

〔四一〕脯腊:乾肉。腊(xī),乾肉。

〔四二〕堯若腊,舜若腒:腒(jū),乾鳥肉,亦泛指乾肉。論衡道虛:“世稱堯若腊,舜若腒,心愁憂苦,形體羸癯。”　故王充言:“上帝引逸”,此謂舜也;承安繼逸,無爲而治,何爲若腒哉:上帝引逸,書多士語。逸,喬本、備要本譌“挽”,洪本、吳本、四庫本譌“俛”,今訂正。王充論衡語增云:“舜承堯太平,堯、舜襲德,功假荒服,堯尚有憂,舜安能無事。故經曰:‘上帝引逸。’謂虞舜也。舜承安繼治,任賢使能,恭己無爲而天下治。故孔子曰:‘巍巍乎! 舜、禹之有天下,而不與焉!’夫‘不與’尚謂之臞若腒,如德劣承衰,若孔子栖栖周流應聘,身不得容,道不得行,可骨立跂附,僵仆道路乎?”彥按:論衡稱“上帝”謂舜,以“承安繼治”釋“引逸”,恐非書本意。周秉鈞尚書易解云:“上帝引逸,上帝制止淫佚也。”當是。

〔四三〕目童重曜:童,瞳子。重曜,謂連連閃爍。重,重複,反覆。　故曰舜:“舜”即“瞬”。

〔四四〕世紀云,因瞳子,名重華:藝文類聚卷一一引帝王世紀,作:“目重瞳,故名重華。"

〔四五〕真源云,字重華:重華,各本皆作"仲華"。彦按:"仲"當"重"字音
譌。明陳士元名疑卷一:"真源賦云,舜字重華。"今據以訂正。

〔四六〕堯、舜參眸子:見荀子非相。參,通"三"。眸,今本荀子作"牟"。

〔四七〕承乾踵堯:承乾,秉承天意。乾,指天。踵,繼承,因襲。

〔四八〕舜重童子,是謂重原:重原,喬本"重"字處爲空白,洪本則爲墨丁,
此從餘諸本。原,"源"之古字。太平御覽卷三六六引春秋元命苞,"重原"作
"慈原"。　　上應攝提,下應三元:攝提,即攝提格,古代歲星紀年法中十二辰之
一,相當于干支紀年法中的寅年。三元,猶三光,指日、月、星。白虎通聖人:
"舜重瞳子,是謂滋涼,上應攝提,以象三光。"清陳立疏證:"爾雅釋天:'太歲
在寅曰攝提格。'史記注引李注云:'萬物承陽而起,故曰攝提格。格,起也。'
易緯是類謀曰'攝提招紀',注:'天元甲寅之歲。'蓋舜以甲寅蔀之丙辰攝帝
位,故爲上應攝提也。"

〔四九〕舜兩童子:今本淮南子脩務篇"兩"作"二"。　　出言成章:吳本
"出"譌"此"。

〔五〇〕夫舜,葍也,蔓地蓮華之名:葍(fú),草名。多年生蔓草,花相連,
根白色,可蒸食。彦按:説文舜部云:"舜,艸也。楚謂之葍,秦謂之蔓。蔓地連
華。象形。从舜,舜亦聲。"此謂"蔓地蓮華之名",誤。　　有睒曜意,故目好動
而曰舜,或作瞬:睒曜,猶閃耀。睒(shǎn),光閃爍。廣韻獮韻瞬:"瞬目,目
動也。"

〔五一〕見書堯典"有鰥在下曰虞舜"陸德明音義。

〔五二〕儀禮正義以爲名號之名:儀禮士昏禮"賓執鴈,請問名"鄭玄注:
"問名者,將歸卜其吉凶。"賈公彦疏云:"言問名者,問女之姓氏,……然以姓
氏爲名者,名有二種:一者是名字之名,三月之名是也;一者是名號之名,故孔
安國注尚書以舜爲名,鄭君目録以曾子爲姓名亦據子爲名,皆是名號爲名
者也。"

〔五三〕濬哲文明,温恭通智:濬哲,聰慧睿智。文明,文德輝耀。温恭,温
和恭敬。通智,學識淵博。書舜典:"帝舜曰重華,協于帝。濬哲文明,温恭允
塞。"　　敏敦好學而止至善,寅畏天命而尤長於天文:敏敦,勤勉敦厚。寅畏,

敬畏。

〔五四〕寬裕温良,敏敦知時而好學:此所引大戴禮,見五帝德篇,但撮取大意,未照録原文。寬裕,謂爲人寬厚。温良,温和善良。

〔五五〕畏天愛民,恤遠親近,叡明通智,爲天下主:叡明,智慧,聰明。上所引大戴禮記,原文作:"(舜)好學孝友,聞于四海;陶家事親,寬裕温良。敦敏而知時,畏天而愛民,恤遠而親親。……叡明通知,爲天下王。"

〔五六〕冀:在今山西河津市。

〔五七〕意感:謂觸動性欲。

〔五八〕姚氏縱華感樞:樞,星名。即北斗七星之第一星。又稱天樞。

〔五九〕樞如虹也:藝文類聚卷二天部下虹、北堂書鈔卷一五一天部三虹霓、太平御覽卷一四天部十四虹蜺並引春秋運斗樞曰:"樞星散,爲虹蜺。"樞星散,謂樞星之氣放散。

〔六〇〕河圖著命:漢代緯書,河圖緯之一種。各本"著"均譌"注",今據太平御覽卷首經史圖書綱目訂正。　握登見大虹,意生黄帝:彥按:"意"下宜有"感"字。參見下注。

〔六一〕謂舜:明徐應秋玉芝堂談薈卷一帝王誕生瑞徵曰:"河圖注:'握登見大虹,意感生黄帝。'謂舜以土王也。"又明陳士元名疑卷一亦曰:"河圖注云:'握登見大虹,意感生黄帝。'黄帝謂舜,舜以土王也。"彥按:河圖注當是河圖著命之誤。參見上注。

〔六二〕蒙茨緼棘:披蒺藜,戴荆棘。蒙,覆蓋。緼,通"蘊",包裹。　哀綿五至:哀綿,謂綿綿哀思。五至,泛稱志、詩、禮、樂、哀五者達到的最高境界。典出禮記孔子閒居:"子夏曰:'民之父母,既得而聞之矣。敢問何謂五至?'孔子曰:'志之所至,詩亦至焉;詩之所至,禮亦至焉;禮之所至,樂亦至焉;樂之所至,哀亦至焉。哀樂相生,是故正明目而視之,不可得而見也,傾耳而聽之,不可得而聞也,志氣塞乎天地,此之謂五至。'"　猶未歉者,喪期之有數,蓋有是顯:歉,通"慊"(qiè),足。喪期,服喪的期限。顯,表現。

〔六三〕三年問:禮記篇名。　三年之喪,天下之達喪也,百王之所同,古今之所一,未有知其所繇來者:達喪,通用的喪禮。繇,四庫本作"由"。禮記原文作:"故三年之喪,人道之至文者也。夫是之謂至隆。是百王之所同,古今之所壹也。未有知其所由來者也。……夫三年之喪，天下之達喪也。"

〔六四〕三年之喪，雖貴遂服，禮也：左傳昭公十五年載晉大夫叔向語。楊伯峻注："遂，終也，竟也。遂服謂如禮服喪三年。"

〔六五〕而許氏注淮南子，乃以爲"三月之服，夏后之禮"：見淮南子齊俗篇"三月之服，是絕哀而迫切之性也"注，劉文典集解本"夏后"作"夏后氏"。

〔六六〕松外斬衰：松外，指松外蠻。唐初西南族羣之一，以居松州（今四川松潘縣）邊外而得名。各本"外"皆譌"冉"，今訂正。斬衰，喪服中的一種。用粗麻布製成，左右和下邊不縫。衰（cuī），"縗"之古字。新唐書南蠻傳下："松外蠻尚數十百部，大者五六百户，小者二三百。凡數十姓，趙、楊、李、董爲貴族，皆擅山川，不能相君長。……父母喪，斬衰布衣不澡者四五年，近者二三年。" 投和截髮：投和，古國名，即今之泰國。新唐書南蠻傳下："投和，在真臘南，自廣州西南海行百日乃至。王姓投和羅，名脯邪迄遥。……民乘象及馬，無鞍靮，繩穿頰御之。親喪，斷髮爲孝，焚尸斂灰于甕，沈之水。" 室韋、百濟流，思罶三年：室韋，古族名。北魏至唐、遼時居今内蒙古呼倫貝爾盟一帶地區，南北朝時分爲五部，隋唐時分爲三十餘部。各本均作"生韋"，彦按：史籍未見有國、族名稱"生韋"者。"生"當"室"字之誤。蓋"室"失落上部之"宀"，遂與"生"字形近而訛。今訂正。百濟，古國名。在今朝鮮境内。思罶，服喪者默默思念死者之狀，借代居喪。罶，通"闇"，默而不語。字或作"陰"。書説命上："王宅憂，亮陰三祀。"孔氏傳："陰，默也，居憂信默，三年不言。"三年，吴本"三"譌"生"。北史室韋傳："室韋國在勿吉北千里，去洛陽六千里。'室'或爲'失'，蓋契丹之類，其南者爲契丹，在北者號爲失韋。……父母死，男女衆哭三年，尸則置於林樹之上。"又曰："南室韋在契丹北三千里，……部落共爲大棚，人死則置其上。居喪三年，年唯四哭。"周書異域傳上百濟："百濟者，其先蓋馬韓之屬國，夫餘之别種。……父母及夫死者，三年治服；餘親，則葬訖除之。"

〔六七〕通典以喪期無數爲黄帝時，三年遏密爲堯崩後：見通典卷八〇凶禮二總論喪期。喪期無數，見周易繫辭下："古之葬者，厚衣之以薪，葬之中野，不封不樹，喪期无數。"孔穎達疏："'喪期无數'者，哀除則止，无日月限數也。"三年遏密，見書舜典："帝乃殂落，百姓如喪考妣，三載，四海遏密八音。"

〔六八〕瞽叟御而生象：瞽叟，喬本、洪本"叟"作"纂"，誤；吴本作"变"，同。今從四庫本及備要本。御,謂與女子同居。

〔六九〕象得親,乃咸惡舜,御以不道:得親,謂取得父母歡心。得,投合,投契。親,指父母。御,支使。

〔七○〕舜于是往于田,泣旻天,號父母,負罪引慝:旻天,天的別稱,以仁覆愍下故名。引慝,承認罪過。各本"引"皆譌"隱",今訂正。書大禹謨:"帝初于歷山,往于田,日號泣于旻天。于父母,負罪引慝,祇載見瞽瞍,夔夔齋慄。"孔穎達疏:"帝乃初耕於歷山之時,爲父母所疾。往至于田,日號泣于旻天。於父母,乃自負其罪,自引其惡,恭敬以事見父瞽瞍,夔夔然悚懼,齋莊戰慄,不敢言己無罪。" 大杖避,小杖受:初學記卷九、太平御覽卷八一引帝王世紀,並曰:"(舜)其母早死,瞽瞍更娶,生象,傲。而父頑母嚚,咸欲殺舜。舜能和諧,大杖則避,小杖則受,年二十始以孝聞。"

〔七一〕説苑建本:"曾子芸瓜而誤斬其根,曾晳怒,援大杖擊之。曾子仆地,有頃乃蘇,蹶然而起,進曰:'曩者參得罪於大人,大人用力教參,得無疾乎?'退屏鼓琴而歌,欲令曾晳聽其歌聲,知其平也。孔子聞之,告門人曰:'參來,勿内也。'曾子自以無罪,使人謝孔子。孔子曰:'汝不聞瞽叟有子,名曰舜。舜之事父也,索而使之,未嘗不在側;求而殺之,未嘗可得。小箠則待,大箠則走,以逃暴怒也。今子委身以待暴怒,立體而不去,殺身以陷父不義,不孝孰是大乎? 汝非天子之民耶? 殺天子之民,罪奚如?'"其事又見韓詩外傳卷八。

〔七二〕人窮則反本,疾痛則呼天:窮,謂走投無路。反本,回歸本源,謂想起父母。史記屈原列傳:"夫天者,人之始也;父母者,人之本也。人窮則反本,故勞苦倦極,未嘗不呼天也;疾痛慘怛,未嘗不呼父母也。" 韓非以往田號泣爲未盡命:盡命,謂盡責。彥按:韓非,當作"韓嬰"。韓詩外傳卷四:"往田號泣,未盡命也。"

〔七三〕事親拊弟日以篤:拊,安撫。篤,甚。

〔七四〕實知:論衡篇名。 隱藏骨肉之過:骨肉,喻至親。此指舜父瞽瞍及弟象。

〔七五〕象憂亦憂,象喜亦喜,惟恐不獲於象,以貽父母戚:獲,得,投合。戚,"慼"之古字,憂傷。洪本"以貽父母戚"五字闌入注文。

〔七六〕道而不徑,舟而不游:徑,小路。禮記祭義:"壹舉足而不敢忘父

母,是故道而不徑,舟而不游,不敢以先父母之遺體行殆。"呂氏春秋孝行載曾
子曰:"故舟而不游,道而不徑,能全支體,以守宗廟,可謂孝矣。"高誘注:"濟
水載舟不游涉,行道不從邪徑,爲免没溺畏險之害,故曰'能全支體,以守宗
廟'。"　凡所以動心忍性,皆以增其所不能:孟子告子下:"孟子曰:'舜發於畎
畝之中,……故天將降大任於是人也,必先苦其心志,勞其筋骨,餓其體膚,空
乏其身,行拂亂其所爲,所以動心忍性,曾益其所不能。'"趙岐注:"所以動驚
其心,堅忍其性,使不違仁,困而知勤,增益其素所以不能行之者也。"

〔七七〕故死生不入於心,而能動人:莊子田子方:"有虞氏死生不入於心,
故足以動人。"

〔七八〕歷山:所在地至今衆説紛紜,莫衷一是。一説即今山西永濟市蒲
州鎮南之雷首山,相對可信。吴本"歷"作"曆"。　見鳩與母俱飛相哺,益以
感思,因而作歌:藝文類聚卷九二、太平御覽卷九二一引琴操,"俱飛相哺"作
"俱飛鳴,相哺食","因而作歌"作"乃作歌"。

〔七九〕而説者率過實:率,大抵。四庫本如此,文從字順,今從之。餘諸本
均作"帥",蓋音譌。實,吴本作"寔"。

〔八〇〕萬章倡井廪之説:孟子萬章上:"萬章曰:'父母使舜完廪,捐階,瞽
瞍焚廪。使浚井,出,從而揜之。象曰:"謨蓋都君咸我績。牛羊,父母;倉廪,
父母;干戈,朕;琴,朕;弤,朕;二嫂,使治朕棲。"象往入舜宫,舜在牀琴。象曰:
"鬱陶思君爾。"忸怩。舜曰:"惟兹臣庶,汝其于予治!"不識舜不知象之將殺
己與?'"

〔八一〕發揮:喬本"揮"字闕文,今據餘諸本補。

〔八二〕與木石俱:俱,在一起。孟子盡心上:"舜之居深山之中,與木石
居,與鹿豕游,其所以異於深山之野人者幾希。"　麗然汗著:麗然,美好貌。廣
雅釋詁一:"麗,好也。"汗著,謂著録于史册。汗,指汗竹,借指史册。

〔八三〕年二十而以孝友聞四海,故天下大説而將歸焉:孝友,事父母孝順,
對兄弟友愛。説,"悦"之古字。

〔八四〕方是時,口不設言,手不指麾,執玄德,而化馳若神:設言,立言,説
話。指麾,指點。玄德,稱潛藏不露之美德。化,教化,教育。馳,施行。淮南
子原道:"昔舜耕於歷山,……當此之時,口不設言,手不指麾,執玄德於心,而

化馳若神。"

〔八五〕見天道篇。　玄聖素王之道也：玄聖，指有大德而無爵位的聖人。素王，謂具有帝王之德而未居帝王之位的人。

〔八六〕蓋堯以成德爲行，乾之九五是也：成德，高尚的品德。成，通"盛"。易乾九五："飛龍在天，利見大人。"　舜則隱而未見，乾之初九是也：見，"現"之古字。易乾初九："潛龍，勿用。"

〔八七〕歷陽之耕侵畔，乃往耕焉，田父推畔，爭以督亢授：畔，田界。田父，老農。推畔，猶讓畔。古代稱由于聖王的德化，種田人互相謙讓，在田界處讓對方多占有土地的情況。督亢，原爲地名，乃戰國燕膏腴之地，因以泛指膏腴之地。韓非子難一："歷山之農者侵畔，舜往耕焉，朞年，甽畝正。"淮南子原道："昔舜耕於歷山，朞年，而田者爭處境埆，以封壤肥饒相讓。"史記五帝本紀："舜耕歷山，歷山之人皆讓畔。"

〔八八〕舜耕歷山在河東：河東，郡名。水經注卷四河水："（河東）郡南有歷山，謂之歷觀，舜所耕處也。"　首陽山：又稱雷首山。參見上注〔七八〕。

〔八九〕今秦地、池陽、澧陽、潘城、始寧等處皆有之：池陽，縣名，治所在今陝西涇陽縣雲陽鎮。澧陽，縣名，治所在今湖南澧縣。潘城，即潘縣縣城，在今河北涿鹿縣西南。始寧，縣名，治所在今浙江紹興市上虞區南。

〔九〇〕濩澤之漁爭坻：濩澤，澤名，在今山西陽城縣西北。漁，捕魚的人。坻(chí)，水中高地。　乃往漁焉：漁，捕魚。　敓人異長，爭以深潭與：敓人，漁夫，敓同"漁"。洪本、吳本、備要本"敓人"作"鮫人"，疑非原文。韓非子難一："河濱之漁者爭坻，舜往漁焉，朞年而讓長。"淮南子原道："昔舜……釣於河濱，朞年，而漁者爭處湍瀨，以曲隈深潭相予。"

〔九一〕釣於河濱：釣，喬本譌"鈞"，備要本譌"鉤"，今據餘諸本訂正。

〔九二〕澤之陽城：澤，州名。陽城，縣名。

〔九三〕應劭云：四庫本"劭"譌"邵"。　澤在縣西北，沁水東逕濩縣故城南，漢之澤氏縣：彥按：應氏此語見于水經注卷九沁水，羅氏引文有誤。濩縣當作"濩澤縣"，脫"澤"字。又漢無所謂澤氏縣，水經注原文實作"蓋以澤氏縣也"，意謂蓋以澤名爲縣名，羅氏乃改爲"漢之澤氏縣"，大誤。

〔九四〕魏土地記，陽阿有沁，與濩澤水合者：陽阿，縣名，治所在今山西澤州縣大陽鎮。各本皆作"陽河"。彥按:水經注卷九沁水引魏土地記,作"陽阿",曰:"建興郡治陽阿縣。郡西四十里有沁水南流。沁水又南與濩澤水合,水出濩澤城西白澗嶺下,東逕濩澤。"今據以訂正。

〔九五〕紀在梁惠王十九年,晉取玄武、濩澤:梁惠王,水經注卷九沁水引竹書紀年,作"梁惠成王",實同一人。又,今本竹書紀年"晉取玄武、濩澤"事在周顯王十七年,而太平御覽卷一六三引竹書紀年則曰:"梁惠王九年晉取泫氏。"清陳逢衡竹書紀年集證云:"或曰:顯王十七之晉取玄武,即泫氏。蓋'泫'以脱去'水'旁而爲'玄','武'與'氏'又形相似而誤耳。事在惠成十九年,諸書引此脱去'十'字,故云九年。"其説可從。泫氏,縣名,治所在今山西高平市。

〔九六〕墨子亦言舜漁在此:今本墨子尚賢中作"(舜)漁雷澤",孫詒讓閒詁:"水經沁水注曰:'濩澤水出濩澤城西白澗渠,東逕濩澤,墨子曰舜漁濩澤,又東逕濩澤縣故城南,蓋以澤氏縣也。'初學記州郡部,正文出'舜澤'二字,注曰:'墨子曰舜漁于濩澤,在濩澤縣西。'今本初學記作'雷澤',與注不合,明是後人所改。又元和郡縣志河東道下、太平寰宇記河東道下、太平御覽州郡部九、路史疏仡紀,引墨子並作'濩澤',是墨子自作'濩澤',與他書作'雷澤'者不同。"

〔九七〕金鑰:唐李商隱撰。　澤州:治所在今山西晉城市城區。

〔九八〕十道記云:澤州以濩澤得名:十道記,當即唐梁載言撰十道志。得名,喬本"得"譌"德",今據餘諸本改。

〔九九〕東夷之陶苦窳:東夷,我國古代對中原以東各族的統稱。陶,指陶瓷器。苦窳,粗糙質劣。苦,通"盬",不堅固。

〔一〇〇〕當讀如皋陶之陶:皋陶之陶音 yáo,實即視爲"窯"之通假字。故綿詩注云:"鑿地穴居,如陶然":地,四庫本作"池",誤。此注見詩大雅緜"古公亶父,陶復陶穴,未有家室"鄭玄箋,本作:"鑿地曰穴,皆如陶然。"

〔一〇一〕陶于河濱,期年而器以利:陶,燒窯。韓非子難一:"東夷之陶者器苦窳,舜往陶焉,朞年而器牢。"

〔一〇二〕朝子:"朝"疑"韓"字之譌。韓子即韓非子。參見上注。

〔一〇三〕河濱在蒲坂城,北有故陶城,南去歷山甚近,故孟津有陶河之稱:

蒲坂城,各本均作"蒲陶城"。彥按:"蒲陶"當"蒲坂"之譌。水經注卷四河水
云:"河水又南逕陶城西,舜陶河濱,皇甫士安以爲定陶,不在此也。然陶城在
蒲坂城北,城,即舜所都也,南去歷山不遠;或耕或陶,所在則可,何必定陶方得
爲陶也。舜之陶也,斯或一焉。孟津有陶河之稱,蓋從此始之。"今據以訂正。
孟津,古黃河津渡名,在今河南孟州市南、孟津縣東北。

〔一〇四〕濟之鄄城:濟,州名。鄄城,縣名,今屬山東省。　東夷之說:見
上注〔一〇一〕。

〔一〇五〕夫帝冀人,而河濱、歷山、陶城皆在冀:冀,冀州,古九州之一。包
括今山西、陝西間黃河以東,河南、山西間黃河以北,以及山東西部、河北東南
部地。河濱,各本均作"虞濱"。彥按:據本書國名紀四有虞氏後"上虞,今縣,
隸會稽,拒餘姚七十,酈道元所謂虞濱",則虞濱不在冀。且注文所欲釋者,乃
河濱,亦與虞濱無涉,因知此"虞濱"當"河濱"之誤,今訂正。

〔一〇六〕壽丘在濟,負夏在衛:壽丘,地名,在今山東曲阜市東北。濟,州
名。彥按:據元和郡縣圖志卷一〇河南道六及太平寰宇記卷二一河南道二一,
壽丘在兗州曲阜縣境,不隸濟州,此謂"壽丘在濟",非。負夏,地名,又稱瑕
丘,在今山東濟寧市兗州區。參見上注〔二〇〕。

〔一〇七〕牧羊潢陽,而獲玉歷於河巖:潢陽,其地不詳。據字面,地宜在潢
水之北,而據"獲玉歷於河巖"及下文引公孫弘語,則地當在黃河邊。章炳麟
訄書序種姓以爲"潢陽者,漢陽之譌",似無據。玉歷,玉質曆書。

〔一〇八〕嚮合:謂人心所嚮,關係融洽。

〔一〇九〕公孫尼子:孔子弟子公孫尼撰。

〔一一〇〕太平御覽卷八一引公孫弘曰:"舜牧羊於黃河,遇堯,舉爲
天子。"

〔一一一〕干寶:喬本、吳本"干"譌"于",此從餘諸本訂正。　舜耕歷山,
獲玉曆於河際之巖,知天命之在己,體道不倦:見搜神記卷八。體道,行道,修
道。體,踐行。

〔一一二〕當其田也,旱則爲耕者鑿瀆,儉則爲畋者表虎:瀆,田間水道。
儉,通"險"。表虎,謂標示老虎出沒之所。

〔一一三〕云:彥按:"云"上疑脫"又"字。此下至"禹、湯之功不足尚矣"

亦撮取自尸子。　　舜之德無不該,南面而治天下,燭息風食火飲於澧:該,具
備。燭息風食火飲於澧,彦按:此文蓋有訛誤。"燭"疑當作"燭燭",今脱一
"燭"字。飲於澧,疑當作"飲澧",今衍一"於"字。太平御覽卷八一引尸子,
作:"舜南面而治天下,天下太平,燭於玉燭,息於永風,食於膏火,飲於醴泉。"
羅苹引文,往往撮取大意,故如此。燭燭,"燭於玉燭"之省語,謂和光普照。尸
子卷上:"四氣和,正光照,此之謂玉燭。"息風,"息於永風"之省語;永風猶長
風,指大風。食火,"食於膏火"之省語;膏火,指肥美的熟食。澧,通"醴",指
醴泉(甜美的泉水)。

〔一一四〕舜之行,其猶江海乎,千仞之溪滿之,螻螘之穴亦滿之,禹、湯之
功不足尚矣:四庫本脱"之行"二字。吴本"千仞"譌"千仁仞"。太平御覽卷八
一引尸子,作:"舜之行,其猶河海乎,千仞之溪亦滿焉。由此觀之,禹、湯之功
不足言也。"

〔一一五〕太平御覽卷一九五引尸子,作:"舜之方陶,不能利其巷也;及南
面而君天下,蠻夷皆被其福。"

〔一一六〕淮南子俶真:"舜之耕陶也,不能利其里;南面王,則德施乎
四海。"

〔一一七〕故雖躬稼陶敓,惡悴勞苦,躅息火食,口腹不獲於美厚,而諧和正
救,烝烝乂,亡入而不自適:敓,洪本、吴本作"鮫",誤;四庫本作"漁",同。惡
悴,憔悴。躅息,廢止。各本均作"燭息"。彦按:"燭息火食"費解,"燭"當
"躅"字形譌,今訂正。諧和,調和。正救,糾正。烝烝,熱氣升騰貌,借喻勉力
進取之意。乂,治理。

〔一一八〕瞽叟:四庫本"叟"作"瞍"。　　媒首:媒,通"敤"(音 kě)。説文
解字攴部敤云:"舜女弟名敤首。"

〔一一九〕許説文云:"或作畫":今本説文未見此語。

〔一二〇〕叟填井後:四庫本"叟"作"瞍"。瞽叟填井,事載孟子萬章上,見
上注〔八〇〕。

〔一二一〕其父詣羅:其父,洪本、吴本、四庫本、備要本作"其母"。彦按:
當作"其父"。父瞽,故不知其爲子舜,下云"拭其父目,尋自明",尤足爲證。

〔一二二〕舜爲父淘井,取金銀安罐中與父母:御覽原文作:"舜爲父母淘

井,將銀錢安罐中與父母。”

〔一二三〕齊東之語:比喻道聽塗説、不足爲憑之言。典出孟子萬章上:
“咸丘蒙問曰:‘……舜南面而立,堯帥諸侯北面而朝之,瞽瞍亦北面而朝之。
舜見瞽瞍,其容有蹙。孔子曰:“於斯時也,天下殆哉,岌岌乎!”不識此語誠然
乎哉?’孟子曰:‘否。此非君子之言,齊東野人之語也。’”

〔一二四〕“娸”或作“擊”:漢書古今人表:“敤手,舜妹。”顏師古注:“敤音
口果反,流俗書本作‘擊’字者誤。” 一作“繫”:繫,喬本作“擊”,與上重出,非
是。此從餘諸本。下“舜女弟繫”之“繫”同。 舜女弟繫,與二嫂諧:列女傳
原文作:“舜之女弟繫憐之,與二嫂諧。”清閻若璩以爲:“列女傳作舜妹繫,當
是誤合‘敤手’二字爲一字。當以古今人表爲是。”(見潛邱劄記卷一)

〔一二五〕灰於常羊,什器於壽丘,就時負夏:灰,謂燒石灰。什器,謂製作
什器(泛稱各種生產用具或生活器物)。史記五帝本紀“(舜)作什器於壽丘,
就時於負夏”司馬貞索隱:“就時猶逐時,若言乘時射利也。”

〔一二六〕傅虛賣賤,於是債於傅虛:傅虛,地名,在今山西平陸縣聖人澗
鎮。債,借貸,謂將錢物借給他人。彥按:依義此處宜用“買”字。羅氏用“貸”
字者,蓋襲用成文也。帝王世紀曰:“(舜)始遷於負夏,販於頓丘,債於傅虛。”
(見太平御覽卷八一)然而如此套用,可謂不倫不類。 以均救之:謂通過平衡
物價來糾正其偏頗。救,糾正。

〔一二七〕所引孔子語見韓非子難一,此但撮取大意。韓非子原文作:“仲
尼歎曰:‘耕、漁與陶,非舜官也,而舜往爲之者,所以救敗也。舜其信仁乎!乃
躬藉處苦而民從之,故曰:聖人之德化乎!’” 救敗:糾正弊病。 編蒲結罟:
編蒲蓆,結網罟。蒲,水草名,可以織蓆。

〔一二八〕一徙成邑,再徙成都,三徙成國:管子治國:“故舜一徙成邑,貳
徙成都,參徙成國。舜非嚴刑罰、重禁令而民歸之矣;去者必害,從者必利也。”
呂氏春秋貴因:“舜一徙成邑,再徙成都,三徙成國,而堯授之禪位,因人之心
也。”高誘注:“周禮‘四井爲邑’,邑方二里也;‘四縣爲都’,都方二十二里也。”
事亦見于尸子。 至鄧之虛而百千萬家:莊子徐无鬼:“舜有羶行,百姓悦之,
故三徙成都,至鄧之虛而十有萬家。”陳鼓應以爲鄧“在今河南省南陽附近”
(見莊子今注今譯)。

〔一二九〕遷于負黍:負黍,地名,在今河南登封市西南。吴本、備要本作
"負夏"誤。

〔一三○〕今襄之南鳳林:襄,州名。鳳林,地名,在今湖北襄陽市東南。
祈侯:春秋鄧國末代國君。

〔一三一〕小大説之,秀士以從:説,"悦"之古字。秀士,泛稱優秀人才。

〔一三二〕雄陶、方回、續牙、伯陽、東不訿、秦不宇、靈甫,不辟而至,周旋歷
濩之間:雄陶,漢書古今人表作雒陶。續牙,漢書古今人表作續身,顏師古注:
"'身'或作'耳'。"東不訿,尸子作東不識,漢書古今人表作東不訾。秦不宇,
尸子作秦不空,漢書古今人表及晉陶潛聖賢羣輔録上作秦不虛。辟,徵召。周
旋,往來應酬。歷濩,歷山與濩澤。

〔一三三〕王燭云:堯有九佐,舜有七友:見戰國策齊策四,"王燭"作"顏
燭"。顏燭(chù),戰國齊高士。此作"王燭",誤。

〔一三四〕見陶氏所著聖賢羣輔録上。

〔一三五〕魯連子:戰國齊高士魯仲連撰。

〔一三六〕舜:四庫本譌"後"。

〔一三七〕吕本味:指吕氏春秋本味篇。各本"本味"均譌"本法",今訂正。
堯舜得伯陽、續耳而後成:今本吕氏春秋"而後"作"然後"。

〔一三八〕舜染於許繇、伯陽:洪本、吴本、四庫本如此,與吕氏春秋當染文
同,今從之。喬本、備要本"伯陽"作"友魯伯陽"。

〔一三九〕註爲老子,舜師之:爲,通"謂"。高誘注原文作:"伯陽,蓋老子
也,舜時師之者也。"

〔一四○〕温子昇:北魏中軍大將軍。

〔一四一〕潛德:内在美德。

〔一四二〕明明揚仄陋:謂察舉上下不同階層的人才。仄陋,即側陋,指有
才德而地位卑微的人。書堯典:"(帝)曰:'明明揚側陋。'"周秉鈞易解以爲下
"明"字"指貴戚",可從。　得諸服澤之陽:墨子尚賢上:"故古者堯舉舜於服
澤之陽,授之政,天下平。"關于服澤,清畢沅校注云:"'服'與'蒲',音之緩急,
或即蒲澤,今蒲州府。"則地在今山西永濟市西南;帝爲冀人,此地屬冀,或是。
孫詒讓疑服澤即負夏(見墨子閒詁),則地在今山東濟寧市兗州區,距冀甚遠,

蓋誤。

〔一四三〕在僻側微：僻，偏遠，指遠離朝廷之窮鄉僻壤。側微，卑賤。書舜典："虞舜側微。"孔穎達疏："此云側微，即堯典'側陋'也。不在朝廷謂之側，其人貧賤謂之微。"

〔一四四〕致：謂招致。

〔一四五〕執一亡失，行微亡怠，中信亡倦：亡失，四庫本"亡"作"無"。中信，即忠信，忠誠。"中"通"忠"。荀子堯問："堯問於舜曰：'我欲致天下，爲之奈何？'對曰：'執一無失，行微無怠，忠信無勌，而天下自來。'"楊倞注："執一，專意也。行微，行細微之事也。言精專不怠而天下自歸，不必致也。"

〔一四六〕執一如天地，行微如日月，誠盛於内，賁於外，形於四海。天下其在一隅邪？夫亦何足致也：見荀子堯問，原文"誠"作"忠誠"；"亦何"作"有何"。楊倞注："（執一如天地，）如天地無變易時也。（行微如日月，）日月之行，人所不見，似於細微安徐，然而無怠止之時也。"又曰："賁，飾也。形，見也。……夫物在一隅者，則可舉而致之，今有道，天下盡歸，不在於一隅，焉用致也？"賁，音 bì，廣雅釋詁一："賁，美也。"

〔一四七〕問以奚事：自此而下至"務人"，見尸子仁意。此但撮取其意，文字不盡相同。

〔一四八〕任：依託，憑藉。

〔一四九〕務：致力。

〔一五〇〕妻子具而孝衰於親：衰，減少。親，指父母。　者欲得而信衰於友：者，"嗜"之古字。四庫本作"嗜"。荀子性惡："堯問於舜曰：'人情何如？'舜對曰：'人情甚不美，又何問焉？妻子具而孝衰於親，嗜欲得而信衰於友，爵祿盈而忠衰於君。人之情乎！人之情乎！甚不美，又何問焉？'"　若夫從道則吉，反道則凶，猶影響也：書大禹謨："惠迪吉，從逆凶，惟影響。"孔氏傳："迪，道也。順道吉，從逆凶。吉凶之報，若影之隨形，響之應聲，言不虛。"

〔一五一〕席龍垤而蔭翳桑：謂坐在小土丘上、稠密的桑陰下。席，以……爲蓆，即席地而坐之意。龍，通"壟"。垤（dié），小土堆。蔭，遮蓋。翳，"䕃"之古字，草木茂盛貌。　蔭不移而堯志得：蔭，樹蔭，日影。志得，謂實現心願。

〔一五二〕始尚見帝，帝館之于貳室：自此而下至"迭爲賓主"，見孟子萬章下。孟子文作:"舜尚見帝,帝館甥于貳室。"尚,通"上"。貳室,別室,離宫。

〔一五三〕亦享帝:享,通"饗",宴請。孟子作:"亦饗舜。"

〔一五四〕語禮樂,詳而不孛;語政治,簡而易行;論道,廣大而亡窮;論天下事,貫昵條達:不孛,不混亂,不抵牾。孛,"悖"之古字。貫昵,透徹而親切。條達,有條理而通達。太平御覽卷一五六引尸子曰:"舜一徙成邑,再徙成都,三徙成國。堯聞之賢,舉之草茅之中。與之語禮樂而不逆;與之語政,至簡而易行;與之語道,廣大而不窮。"

〔一五五〕咸叶于帝,而咸可底績:叶(xié),合,契合。底績,謂獲得成功,取得成績。

〔一五六〕於是錫之絺衣、雅琴:錫,通"賜"。絺衣,細葛布做的衣。雅琴,琴之美稱。史記五帝本紀:"堯乃賜舜絺衣與琴。"

〔一五七〕天縱:猶天賦,天生。

〔一五八〕論語比考:漢代緯書,論語緯之一種。各本均作"論語撰考比"。彦按:論語緯有論語撰考、論語比考,無所謂"撰考比",今據日人安居香山、中村璋八輯緯書集成訂改。 重童黃姚。黃,其德也:重童,即重瞳。德,指五行屬性。

〔一五九〕賜:喬本譌"陽"。今據餘諸本訂正。

〔一六〇〕上虞:地名。在今浙江紹興市上虞區。

〔一六一〕妃以育,娸以瑩:妃,指元妃,妻。育,四庫本譌"盲"。下羅苹注"育即娥皇字"、"娥、娸、皇、育"之"育"同。娸,指次妃。列女傳有虞二妃云:"有虞二妃者,帝堯之二女也,長娥皇,次女英。"此育即娥皇,瑩即女英。

〔一六二〕娥娸:備要本"娸"譌"經"。

〔一六三〕聲相滋也:滋,謂滋生。

〔一六四〕故孝桓梁后名曰女瑩:孝桓,指東漢桓帝劉志。女瑩,各本均作"文瑩"。彦按:"文瑩"當作"女瑩"。後漢書桓帝懿獻梁皇后紀曰:"桓帝懿獻梁皇后諱女瑩。"今據以訂正。此謂漢桓梁后名女瑩,取意猶"女英"。

〔一六五〕一曰匽,見大戴禮:史記五帝本紀"舜飭下二女於嬀汭"司馬貞索隱:"列女傳云二女長曰娥皇,次曰女英。系本作'女瑩'。大戴禮作'女匽'。" 承受大命,依于倪皇:見大戴禮記五帝德。汪照曰:"倪皇即娥皇,倪、娥聲近。”孔廣森曰：“承受大命，受堯禪命。依，爲所依法也。書曰：‘觀厥刑于二女。’”（轉引自黃懷信等大戴禮記彙校集注）　帝系作女匽氏：大戴禮記帝繫：“帝舜娶于帝堯之子，謂之女匽氏。”

〔一六六〕媵：古指諸侯嫁女而以侄娣從嫁。

〔一六七〕以觀其內：書堯典所謂“女于時，觀厥刑于二女”也。

〔一六八〕及晉劉毅欲婚同姓，遂謂堯、舜之婚，正姓分絶於上：通典卷六〇嘉禮五同姓婚議：“（晉）濮陽太守劉毅與同姓劉疇婚，司徒下太常諸博士議，非之。毅以爲同姓有庶姓，有正姓，有複姓，有單姓。……又與卞壼疏云：‘堯妻舜女，其代不遠。又春秋云“畢、原、酆、郇，文之昭；邘、晉、應、韓，武之穆”。代俗之所惑，上惑堯、舜之代，下惑應、韓之昭穆，欲追過堯、舜邪，則經歷聖人。論者或謂巍巍蕩蕩之德，可以掩堯、舜之疵；或謂代近姓異，可以通應、韓之婚。豈其然哉！若代近姓異可以通應、韓之婚，則周公立百代之限，禮記云“娶於異姓，附遠而厚別”，此二義復何所施？如其不然，則明始限之外，堯、舜可以婚；理終之後，應、韓可以通。堯、舜之婚，以正姓分絶於上；應、韓之通，庶姓異終於下也。絶則無繫，終則更始，斷可識矣。’”

〔一六九〕兄亡則納嫠嫂：納，吳本譌“衲”。嫠（lí），寡婦。洪本、吳本譌“釐”。

〔一七〇〕見餘論七小人之過必文。

〔一七一〕九子事之，以觀其外：史記五帝本紀：“於是堯乃以二女妻舜以觀其內，使九男與處以觀其外。”

〔一七二〕伏氏：指伏生尚書大傳，猶左傳之稱左氏。

〔一七三〕屬之九子：見淮南子泰族，原文作“乃屬以九子”。屬（zhǔ），託付。

〔一七四〕畎畝：四庫本作“畎畝”，同。田地，田野，引申指民間。孟子萬章上：“帝使其子九男二女，百官牛羊倉廩備，以事舜於畎畝之中。”

〔一七五〕傅奕：唐高祖時太史令。　官貴簡約。夏后官百，不如虞之五十：見新唐書傅奕傳，“虞”作“虞氏”。

〔一七六〕蓋因記之妄：禮記明堂位：“有虞氏官五十，夏后氏官百。”

〔一七七〕舜乃飭正二女，勝其鷙忮之情，以應天地之理，澹焉：飭正，謂端正態度,正確對待。二女,吳本"二"脱上畫。勝,抑制。應,順應,使符合。澹焉,猶澹然,恬淡貌。漢書谷永傳:"昔舜飭正二女,以崇至德。"顏師古注:"謂堯以二女妻舜,觀其治家,欲使治國,而舜謹敕正躬以待二女,其德益崇,遂受堯禪也。飭與敕同。"

〔一七八〕馮休:宋真宗時徵士。宋史藝文志四載其著作有删孟子一卷。　豈有始得之,遽使百官事之畎畆之中,而不當天子之朝:此針對孟子萬章上語而發之。孟子語詳下注〔一九三〕。

〔一七九〕宅揆、賓門:書舜典載堯命舜以位,乃"納于百揆,百揆時敍。賓于四門,四門穆穆"。周秉鈞易解云:"王引之曰:'時敍,猶承敍;承敍者,承順也。'……言舜入于百官,百官承順之。"又云:"賓,借爲儐,説文云:'儐,道也。'按道通導。四門,明堂之四門也。穆穆,敬也。言舜引導賓客于明堂之四門,四門之賓客皆敬穆。"

〔一八〇〕二女嬪嬀,純篤盡道:嬀,水名,在今山西永濟市南,源出歷山,西流而入黄河。相傳舜居于嬀水邊。純篤,純樸篤實。盡道,謂盡婦道。

〔一八一〕元始二妃:元始,起始,最早。　卒享福祐:福祐,洪本、吳本作"福祜",與今本列女傳同。

〔一八二〕服勤:服職勤勞。

〔一八三〕可以侈塗人之耳目,而不可以欺同室、刑寡妻:侈,炫示,引申爲迷惑。刑,通"型",示範,作榜樣。寡妻,嫡妻。詩大雅思齊:"刑于寡妻,至于兄弟,以御于家邦。"　刑二女:就書堯典"女于時,觀厥刑于二女"而言。參見後紀十一帝堯陶唐氏注〔四四〇〕。

〔一八四〕非動容周旋中禮,疇克哉:動容,舉止儀容。周旋,指古代行禮時進退揖讓的動作。孟子盡心下:"動容周旋中禮者,盛德之至也。"疇,誰。克,能。

〔一八五〕故能使嬪者,舜之德刑也:能使嬪者,謂能使堯嬪(嫁)二女于虞舜者。喬本、洪本、備要本"能使"作"使能"非,此從吳本及四庫本。德刑,道德典範。

〔一八六〕岳薦舜,不言其它,而言其"烝烝乂":它,吳本、四庫本、備要本作"他"。書堯典載堯欲巽位,四岳薦舜,曰:"瞽子,父頑,母嚚,象傲;克諧以孝,烝烝乂,不格姦。"

〔一八七〕它:四庫本作"他"。

〔一八八〕況以卑正尊,獨正衆,親正疎乎:彥按:"親正疎"當作"疎正親",于理方順。疑"親""疎"二字誤倒。

〔一八九〕書堯典"女于時,觀厥刑于二女"舊題孔安國傳:"堯於是以二女妻舜,觀其法度接二女,以治家觀治國。"

〔一九〇〕南畝:謂農田。南坡嚮陽,利于農作物生長,古人田土多嚮南開闢,故稱。

〔一九一〕尸子文:喬本、洪本、吳本、備要本作"尹文子",四庫本作"尹子文"。彥按:諸本皆誤,當作"尸子文",今訂正。藝文類聚卷六五、太平御覽卷八二二並引尸子曰:"有虞氏身有南畝,妻有桑田。"可以爲證。

〔一九二〕而不至于姦:即書堯典所謂"不格姦"。參見上注〔一八六〕。

〔一九三〕於是帝將胥天下而遷之:孟子萬章上:"帝使其子九男二女,百官牛羊倉廩備,以事舜於畎畝之中,天下之士多就之者,帝將胥天下而遷之焉。"楊伯峻注:"爾雅釋詁云:'胥,皆也。'引伸之便有'盡'義。'胥天下'猶言'盡天下'也。"

〔一九四〕見上注〔一七九〕。

〔一九五〕書中候:備要本"中"譌"申"。下"乃據中候"之"中"同。

〔一九六〕束皙乃據中候追難康成,劉昭云:太尉實司天,當是據位書前職爾:束皙,喬本"皙"譌"晳",此從餘本改。難,四庫本譌"維"。實,吳本作"寔"。後漢書百官志一"太尉,公一人"劉昭注:"前書曰'秦官',鄭玄注月令亦曰'秦官'。尚書中候云舜爲太尉,束皙據非秦官,以此追難玄焉。臣昭曰:……太尉官實司天,虞舜作宰,璇衡賦政,將是據後位以書前,非唐官之實號乎?太尉所職,即舜所掌,遂以同掌追稱太尉,乃中候之妄,蓋非官之爲謬。康成淵博,自注中候,裁及注禮而忘舜位,豈其實哉!此是不發譏於中候,而正之於月令也。廣微之誚,未探碩意。"

〔一九七〕屬之徽典,亡或不從:屬,託付。徽典,典章的美稱,此指五典(見下注)。徽,美好。書舜典:"慎徽五典,五典克從。"周秉鈞易解:"言舜慎重完善五種常法,人民能順從之,無違其教。"　賓于四門,諸侯穆穆:參見上注

〔一七九〕。

〔一九八〕五典：書舜典"慎徽五典"孔氏傳："五典，五常之教，父義、母慈、兄友、弟恭、子孝。"

〔一九九〕即傳所謂"無違教，無廢事，無兇人，無天怒"者：彦按：左傳文公十八年云："故虞書數舜之功，曰'慎徽五典，五典克從'，無違教也。曰'納于百揆，百揆時序'，無廢事也。曰'賓于四門，四門穆穆'，無凶人也。"蓋即羅氏所本。然左傳未見"無天怒"語，疑其為羅氏平添。

〔二○○〕見孟子萬章上。

〔二○一〕烈風雷雨，納于大麓，而弗能迷也：書舜典："納于大麓，烈風雷雨弗迷。"淮南子泰族："既入大麓，烈風雷雨而不迷。"高誘注："林屬於山曰麓。堯使舜入林麓之中，遭大風雨不迷也。"

〔二○二〕漢儒以"大麓"為大録萬機之政：録，統領，管領。萬機，形容紛繁瑣碎。機，通"幾"，微。書舜典"納于大麓，烈風雷雨弗迷"孔氏傳："麓，録也。納舜使大録萬機之政，陰陽和，風雨時，各以其節，不有迷錯愆伏。"後漢書百官志一"太尉，公一人"劉昭注引漢桓譚新論曰："昔堯試於大麓者，領録天子事，如今尚書官矣。"　於是太傅趙喜、太尉牟融並録尚書事，猶古冢宰：冢宰，又稱太宰，周官名，為六卿之首。晉袁宏後漢紀孝明皇帝紀下永平十八年："冬十月乙未，……以衞尉趙喜為太傅，司空牟融為太尉，録尚書事。"後漢書趙喜作趙憙，章帝紀永平十八年十月丁未詔曰："其以憙為太傅，融為太尉，並録尚書事。"李賢注："録尚書事由此始。"

〔二○三〕故沈約云"堯納舜於尊顯之官，使大録萬機之政"：官，備要本如此，餘諸本均作"宮"。彦按："宮"當"官"字形譌。宋書百官志上："録尚書職無不總，王肅注尚書'納于大麓'曰：'堯納舜於尊顯之官，使大録萬機之政也。'"正作"官"字。今訂正。

〔二○四〕夫既有百揆矣：洪本"矣"譌"挨"，蓋受上"揆"字影響而誤。

〔二○五〕王介甫：即宋神宗朝宰相王安石（字介甫）。　吕晦叔：即宋哲宗朝宰相吕公著（字晦叔）。

〔二○六〕上本宋晁説之晁氏客語："荊公論舜納于大麓何義，晦叔曰：'薦之於天。'"

〔二〇七〕行爵出禄,必告太廟:行爵出禄,頒賜爵禄。太廟,吴本“太”作
“大”。　遷廟之主:古天子七廟,太廟之中,中爲始祖或太祖廟,爲不遷之主;
左右三昭三穆,自天子之父、祖、曾祖、高祖、高祖之父、高祖之祖共六代亦各有
專廟。天子薨,其子繼位,則遷新死之天子神主入于專廟爲第六代,而遷出原
第一代之神主于遷廟(集體供奉、祭祀六代以上被遷出神主之廟)。所謂遷廟
之主,特指最後遷入遷廟之神主。

〔二〇八〕孟子萬章上,孟子曰:“昔者,堯薦舜於天,而天受之。”又曰:“使
之主祭,而百神享之,是天受之。”

〔二〇九〕虞衡:古代掌山林川澤之官。

〔二一〇〕帝即致,以昭華之玉贈,而尚之:贈,各本均作“曾”,當“贈”字之
譌,今訂正。尚,通“上”。尚書大傳卷一:“堯致舜天下,贈以昭華之玉。”又淮
南子泰族篇:“(堯)乃屬以九子,贈以昭華之玉,而傳天下焉。”高誘注:“昭華,
玉名。”

〔二一一〕三載程功,亡乖疇策,民安其爲帝,服其聖:程功,衡量功績,考覈
政績。乖,違背。備要本譌“垂”。疇策,謀劃,規劃。疇,通“籌”。服,各本皆
作“覆”。彦按:“覆其聖”于義不通,“覆”當“服”字音譌,今訂正。

〔二一二〕而卒禪舜:四庫本“禪”作“禪”,同。下“必以禪舜”之“禪”同。
史記五帝本紀:“堯知子丹朱之不肖,不足授天下,於是乃權授舜:授舜,則天下
得其利而丹朱病;授丹朱,則天下病而丹朱得其利。堯曰‘終不以天下之病而
利一人’,而卒授舜以天下。”

〔二一三〕舜讓于德,弗嗣:見書舜典。

〔二一四〕太平御覽卷一四六引尚書大傳曰:“故堯推尊舜而尚之,屬諸
侯,致天下於大麓之野。”

〔二一五〕典辭不費:典辭,典雅的文辭。不費,謂無廢話。

〔二一六〕禹遜皋陶:舜晚年有意遜位于禹,禹稱皋陶之德以讓皋陶,事詳
見書大禹謨。

〔二一七〕崇鯀:禹父。名鯀(字亦作“鯀”),爲崇伯,故稱。

〔二一八〕帝乃殛之羽山:書舜典:“殛鯀于羽山。”

〔二一九〕共工又訕,乃流之幽州:訕,毀謗,譏諷。書舜典:“流共工于

幽洲。”

　　〔二二〇〕荀子議兵:“古者帝堯之治天下也,蓋殺一人、刑二人而天下治。”楊倞注:“殺一人,謂殛鯀于羽山。刑二人,謂流共工于幽州,放驩兜于崇山。”郝懿行曰:“刑、殺皆未聞,楊注謬。鯀死於殛所,非堯殺之。‘殛’,古書本作‘極’;極,非殺也。”(見清王先謙荀子集解)說文歺部殛篆段玉裁注亦曰:“殛本殊殺之名,……堯典‘殛鯀’,則爲極之假借,非殊殺也。”彥按:以書“殛鯀于羽山”之“殛”爲“殺”義,非楊注之過,荀卿即此意也,史遷亦同之,故史記禮書亦有“蓋殺一人、刑二人而天下治”語。然其訓終不若“流放”爲愈。書舜典“殛鯀于羽山”孔穎達疏:“傳稱流四凶族者,皆是流而謂之‘殛、竄、放、流,皆誅’者,流者移其居處,若水流然,罪之正名,故先言也;放者使之自活;竄者投棄之名;殛者誅責之稱:俱是流徙。異其文,述作之體也。”最得其意。

　　〔二二一〕荀子云:堯伐共工:今本荀子議兵作“禹伐共工”,楊倞注:“書曰:‘流共工于幽州。’皆堯之事。此云‘禹伐共工’,未詳也。”

　　〔二二二〕國語周語下:“其在有虞,有崇伯鯀,播其淫心,稱遂共工之過,堯用殛之于羽山。”

　　〔二二三〕克流共工,萬國同塵:見曹子建集卷七帝堯贊。原文“流”作“平”。塵,謂風俗。

　　〔二二四〕程子:指北宋理學家程頤。　共、驩:共工、驩兜。

　　〔二二五〕舜以側陋顧居其上:側陋,洪本“側”譌“則”。顧,反而。程氏經說卷二書解云:“或曰:‘共工、鯀之徒,堯既知其惡矣,何不去也?’曰:‘彼所謂大姦者,知惡之不可行也,則能隱其惡,立堯之朝,以助堯之治,何因而去之也?及將舉而進之,則堯知其不可,蓋用過其分,則其惡必見。如王莽、司馬懿,若使終身居卿大夫之位,必不起篡逆之謀,而終身爲才能之臣矣。鯀居堯朝,雖藏方命圮族之心,飾善以取容,故舉朝莫知其惡,是其惡未嘗行也。及居治水之任,則其惡自顯矣。蓋治水,天下之大任也,非其至公之心,能舍己從人,盡天下之議,則不能成其功,豈方命圮族者所能乎? 故其惡顯,而舜得以誅之矣。共工、驩兜之徒,皆凶惡之人也,及舜登庸之始,側陋之人顧居其上,又將使之臣之,此凶亂之人所以不能堪也,故其惡顯,而舜得以誅之。’”

　　〔二二六〕北人無擇非舜,自投清泠之淵:見淮南子齊俗篇。北人無擇,舜

時隱士,北人爲複姓。喬本、備要本"北"譌"比",今據餘本訂正。自投,吳本
"投"譌"扶"。淮南子原文作"而自投"。非舜,高誘淮南子注:"非其德之衰
也。"清泠之淵,泉名。在今河南南陽市臥龍區蒲山鎮豐山下。洪本、吳本、四
庫本"泠"作"冷",通。莊子讓王:"舜以天下讓其友北人无擇,北人无擇曰:
'異哉,后之爲人也!居於畎畝之中,而遊堯之門。不若是而已,又欲以其辱行
漫我。吾羞見之。'因自投清泠之淵。"

〔二二七〕舜德不足以厭衆乎:厭,"壓"之古字,鎮服。

〔二二八〕故仲尼曰:洪本、吳本"曰"譌"知"。　不以所間敗所察:間,非
議。方言卷三:"間,非也。"敗,害,危害。

〔二二九〕正月上日,受終于天府:書舜典作:"正月上日,受終于文祖。"史
記五帝本紀"文祖者,堯大祖也"張守節正義引尚書帝命驗注云:"唐虞謂之天
府,夏謂之正室,殷謂之重屋,周謂之明堂,皆祀五帝之所也。"

〔二三〇〕文祖:帝堯始祖之廟。書舜典"受終于文祖"孔氏傳:"文祖者,
堯文德之祖廟。"蔡沈集傳:"文祖者,堯始祖之廟。"

〔二三一〕然猶攝也:吳本"攝"作"捯",乃俗體。　孟子曰:"舜相堯",又
曰:"堯老而舜攝":俱見孟子萬章上。

〔二三二〕堯率諸侯北面朝之:洪本"率"譌"卒"。

〔二三三〕乃命羲、和,欽若昊天,歷象日月星辰,敬授人時:書堯典文。參
見後紀七小昊青陽氏注〔四二四〕。

〔二三四〕大戴禮孔子云:吳本、四庫本無此六字。大戴禮記五帝德,孔子
曰:"(重華)使……羲、和掌曆,敬授民時。"

〔二三五〕在璿璣玉衡:洪本"衡"作"閡",誤。參見後紀七小昊青陽氏注
〔四二五〕。

〔二三六〕堯歷象,立其數:數,指曆數,曆法。　舜璣衡,立其器:璣衡,即
璿璣玉衡。璣,喬本、洪本、備要本作"機",吳本作"机"。此從四庫本,以與正
文一致。彦按:此以璣衡爲器,蓋承馬融、鄭玄之説,視之猶後世之渾天儀,其
言實誤。揚雄法言重黎云:"或問渾天,曰:落下閎營之,鮮于妄人度之,耿中丞
象之,幾乎幾乎,莫之能違也。"孔穎達舜典疏云:"閎與妄人,武帝時人。宣帝
時司農中丞耿壽昌始鑄銅爲之象。"戴震尚書義考云:"渾天之器創於此三人,

遂以其轉旋名之曰璇璣,以其中之窺管名之曰玉衡,襲取古名,非唐虞時所謂機衡也。"(詳見顧頡剛、劉起釪尚書校釋譯論)説甚辯,可無疑。羅氏乃稱"器出於人,故占之以齊七政於上。……或以爲斗七星者,非"(見下文),謬矣。

〔二三七〕璿生於淵,月魄終焉,陰精之純也:璿,珍珠。月魄,猶月精,月的精華。道家以日爲陽,稱日魂;以月爲陰,稱月魄。終,謂歸宿。宋黃倫尚書精義卷三引宋胡伸曰:"璿生於淵之蚌,而與月虧盈,陰精之純也。"

〔二三八〕玉生於山,虹氣藏焉,陽精之純也:宋黃倫尚書精義卷三引宋胡伸曰:"玉生於山之石,而氣白如虹,陽精之純也。"

〔二三九〕璿璣,謂北辰、勾陳、樞星:見説苑辨物。北辰,北極星。勾陳,亦作鉤陳,星座名。晉書天文志上:"北極五星,鉤陳六星,皆在紫宮中。"樞星,指北斗星。晉書天文志上:"北斗七星在太微北,七政之樞機,陰陽之元本也。"以其爲"七政之樞機",故稱。　以其魁杓所指二十八宿爲吉凶禍福,列舍盈縮之占云:魁杓,指北斗七星。淮南子天文"斗杓爲小歲"高誘注:"斗第一星至第四爲魁,第五至第七爲杓。"二十八宿,喬本、洪本、吳本、備要本"二"譌"之",今據四庫本訂正。列舍,列宿,謂衆星座。盈縮,盛或衰,有餘或不足。説苑原文作:"以其魁杓之所指二十八宿爲吉凶禍福。天文列舍,盈縮之占,各以類爲驗。"

〔二四〇〕孔子之□:喬本"□"處爲墨丁;洪本爲闕文;吳本、四庫本、備要本則作"歷",費解,疑有誤。

〔二四一〕晉志"北斗,魁四星爲璿璣,杓三星爲玉衡":見晉書天文志上。晉志,洪本"晉"字上部磨滅,吳本、四庫本譌"日志",備要本譌"曰志"。北斗,吳本譌"比斗"。玉衡,洪本"玉"字上部磨滅,吳本、四庫本譌"上衡"。

〔二四二〕日、月、五緯也:彦按:此以日、月、五星釋七政,本于二孔。書舜典"在璿璣玉衡,以齊七政"孔氏傳:"七政,日月五星各異政。"孔穎達疏:"七政,謂日月與五星也。"然終不及釋爲七項政事爲允當。參見前紀五遂人氏注〔六三〕。

〔二四三〕堯正經星,舜齊緯星,所以相濟:經星,指二十八宿等恒星。緯星,指金、木、水、火、土(所謂五緯)等行星。相濟,相輔相成。

〔二四四〕肆類于上帝:肆,猶乃,於是。參見前紀九無懷氏注〔五三〕。

〔二四五〕吉祭：吉事之祭。是一個與凶祭（喪事之祭）相對的概念。

〔二四六〕五帝：指五方天帝。洪本“五”誤“王”。

〔二四七〕四類：古祭名。依氣類分建四壇于四郊，以祭諸天神。

〔二四八〕祀五帝四郊，四類如之：五帝，各本皆誤“三帝”今訂正。周禮春官小宗伯原文爲：“兆五帝於四郊，四望、四類亦如之。”

〔二四九〕太祝：六祈，一曰類：六祈，古代祈禱鬼神以期消除災異的六種祭祀。周禮春官大祝：“掌六祈，以同鬼神示，一曰類，二曰造，三曰禬，四曰禜，五曰攻，六曰説。”　而肆師：類造上帝則爲位：肆師，各本皆作“四師”，非是，今訂正。類造，本爲古代兩種祭祀名，類爲祭天神，造爲祀考廟，又泛指祭祀。爲位，謂設立神位。周禮春官肆師：“凡師甸用牲于社宗，則爲位，類造上帝、封于大神、祭兵于山川，亦如之。”　宗伯，有故則類社稷：故，指變故，災故。周禮春官小宗伯：“凡天地之大裁，類社稷宗廟，則爲位。”洪本“稷”誤“傻”。　皆宗廟之大祭也，與類禡異：類禡（mà），軍中祭名。漢書敍傳下：“上官幼尊，類禡厥宗。”顔師古注引應劭曰：“禮，將征伐，告天而祭謂之類，告以事類也。至所征伐之地，表而祭之謂之禡。”玉篇示部：“禡，馬上祭也。”

〔二五〇〕禮書以類造爲劣於正祭與旅：正祭，指有一定時間、一定地點舉行的常祭（反之，非正祭則無常時）。宋陳祥道禮書卷九〇類祭云：“類造之禮，其詳不可得而知。要之，劣於正祭與旅也。觀祀天旅上帝，而大宗伯掌之；類造上帝，小宗伯、肆師掌之，——則禮之隆殺著矣。”

〔二五一〕云“兆五帝四郊”：此引周禮春官小宗伯語，原文作“兆五帝於四郊”。兆，指劃設祭壇之區域。　則上帝其南郊矣：彦按：陳氏禮書卷九〇類祭云：“四類日月星辰於四郊，則類上帝蓋南郊乎？”蓋即羅氏所本。

〔二五二〕王祀昊天上帝，則服大裘而冕，祀五帝如之：王，四庫本誤“主”。大裘，古時天子祭天穿的黑羔羊皮製的禮服。周禮春官司服原文作：“王之吉服，祀昊天上帝則服大裘而冕，祀五帝亦如之。”

〔二五三〕是昊天外更有五帝，上帝可以兼之：此襲用書舜典“肆類于上帝”孔疏語。

〔二五四〕孔氏以爲告天及五帝：孔氏，指爲尚書作傳的孔安國。各本均作“孔子”，誤，今訂正。書舜典：“肆類于上帝。”舊題孔安國傳：“肆，遂也。類，謂攝位事類。遂以攝告天及五帝。”

〔二五五〕鄭以昊天上帝爲天皇大帝,四類爲日、月、星、辰:鄭,指漢鄭玄。書舜典“肆類于上帝”孔穎達疏:“鄭玄篤信讖緯,以爲‘昊天上帝謂天皇大帝,北辰之星也’。”又周禮春官小宗伯:“兆五帝於四郊,四望、四類亦如之。”鄭玄注:“玄謂……四類,日、月、星、辰;運行無常,以氣類爲之位。”

〔二五六〕禋:見後紀十一帝堯陶唐氏注〔三六二〕。

〔二五七〕與文祖而七:吳本“七”作“類七”,“類”字衍。

〔二五八〕禋者,所謂肇禋是也:吳本“禋者”作“者”,脱“禋”字;“肇禋”譌“祭禋”。詩周頌維清:“維清緝熙,文王之典。肇禋,迄用有成,維周之禎。”毛亨傳:“肇,始;禋,祀也。”

〔二五九〕地示:地神。示,“祇”之古字。　於義爲得:吳本、四庫本“於”作“取”。

〔二六〇〕然祭有其舉之莫敢廢也:洪本“舉”作“牽”,乃俗體。同樣情況,以下不煩一一指出。之,連詞,相當于“而”。

〔二六一〕六宗説:本書餘論五作“六宗論”。

〔二六二〕望于山川:望,古祭名。遙望(山川、日月、星辰)而祭祀之。書舜典“望于山川”孔氏傳:“九州名山大川、五岳四瀆之屬,皆一時望祭之。”

〔二六三〕郊後必望:郊、望,並祭名。

〔二六四〕徧于羣神:書舜典“徧于羣神”孔氏傳:“羣神,謂丘陵墳衍,古之聖賢皆祭之。”

〔二六五〕至於“薰蒿,悽愴”:薰蒿,同“焄蒿”,指祭祀時祭品發出氣味。禮記祭義:“其氣發揚于上,爲昭明,焄蒿,悽愴,此百物之精也,神之著也。”鄭玄注:“焄,謂香臭也。蒿,謂氣蒸出貌也。”孔穎達疏:“‘焄蒿,悽愴,此百物之精也’者,焄謂香臭也,言百物之氣,或香或臭;蒿謂烝出貌,言此香臭烝而上出,其氣蒿然也。悽愴者,謂此等之氣,人聞之,情有悽有愴。”

〔二六六〕夫既受終而主祭、行巡守,則爲天子事矣:吳本“夫既受終而主”之後出現裝訂錯頁,而闌入下文“司馬,棄爲之”直至“凡告,必用”整整二頁文字。四庫本“守”作“狩”。

〔二六七〕即真:指由攝政而至正式即帝位。

〔二六八〕輯五瑞,既月乃日,遂覲四岳暨羣后,班還其瑞:洪本“班還其瑞”之“瑞”譌“端”。書舜典:“輯五瑞。既月乃日,覲四岳羣牧,班瑞于羣后。”周秉鈞易解:“輯五瑞者,馬融曰:‘輯,斂也。五瑞,公侯伯子男所執以爲瑞信也。’既月乃日,日與月皆作動詞,言既擇月乃擇日也。覲,見也。班,分也。后,君也。舜既攝位,使四岳羣牧輯斂五瑞;擇月擇日,覲見四岳羣牧,而還瑞于羣后。尚書大傳曰:‘諸侯執所受圭與璧以朝于天子,無過行者,得復其圭以歸其國’,即其事也。”

〔二六九〕收諸侯圭瑞於王府也:收,備要本譌“牧”。圭瑞,玉製符信,長條形,上尖下方。王府,朝廷藏物之府庫。四庫本作“正府”,非。

〔二七〇〕天府:猶王府。

〔二七一〕乃以所集之圭璧付之:集,四庫本作“輯”,詞異而義同。璧,喬本、洪本、備要本作“壁”,此從吳本及四庫本改。

〔二七二〕更代之禮如此:更代,指改朝換代。如此,吳本譌“知此”。

〔二七三〕安守而不自專:吳本“專”譌“寽”。 又以齊其真僞:齊(jì),區分(此義由“分限”義引申而來)。 信不信者:謂使不信者信。

〔二七四〕屬:音zhǔ,取“囑託”、“託付”義。

〔二七五〕見書舜典“班瑞于羣后”孔穎達正義,原文爲:“更復還五瑞於諸侯者,此瑞本受於堯,斂而又還之,若言舜新付之,改爲舜臣,與之正新君之始也。”

〔二七六〕以四仲巡四守:四仲,農曆四季中每季第二個月的合稱,即仲春二月、仲夏五月、仲秋八月、仲冬十一月。四守,猶四方。書舜典:“歲二月,東巡守,至于岱宗,柴。望秩于山川,肆覲東后。……五月,南巡守,至于南岳,如岱禮。八月,西巡守,至于西岳,如初。十有一月,朔巡守,至于北岳,如西禮。”

〔二七七〕元祀:元年。

〔二七八〕馬融以爲“受終後五年”,非也;鄭云“建卯之月”,是矣;建卯之月,即農曆二月。史記五帝本紀:“歲二月,東巡狩,至於岱宗,柴。”裴駰集解:“馬融曰:‘舜受終後五年之二月。’鄭玄曰:‘建卯之月也。’”

〔二七九〕注以爲除堯喪即真之年:賈公彥周禮正義序云:“案尚書傳云:‘惟元祀,巡狩四岳八伯。’注云:‘……元祀者,除堯喪、舜即真之年。’”

〔二八〇〕至于方岳，燔、望、告至，秩山川：燔、望、告至、秩，皆古祭名。焚柴升煙以祭天，稱燔。遥祭山川、日月、星辰，稱望。帝王出巡時所至祭告神明，稱告至。分等級逐一祭祀山川，稱秩。

〔二八一〕屑屑：瑣屑，指代煩瑣之事。

〔二八二〕神祇：神祇。祇，通“祇”，備要本作“祇”。

〔二八三〕今疏出之：不著中岳者，在王畿内，年時有祭：疏，指書舜典孔穎達正義。王畿，古指王城周圍千里的地域，相當于五服中之甸服。年時，猶歲時，謂每年一定的季節或時間。孔疏原文爲：“不巡中岳者，蓋近京師，有事必聞，不慮枉滯，且諸侯分配四方，無屬中岳，故不須巡之也。”

〔二八四〕觀四方羣后，問百年而見之：百年，指百歲老人。尚書大傳虞傳：“見諸侯，問百年。”

〔二八五〕老成人：年高有德的人。　見尊之至：四庫本作“見尊之至也”。

〔二八六〕鄭氏書言：鄭氏，指漢鄭玄。下所引文，至“餘四人無文”，俱見賈公彦周禮正義序引書堯典鄭注，文字略有異同。此“書”字下宜有“注”字。

〔二八七〕羲、和爲之，謂之四伯：羲、和四伯，指羲仲、羲叔、和仲、和叔（俱見書堯典）。

〔二八八〕賈氏：指唐賈公彦。

〔二八九〕元祀代泰山：自此而下至“以稽民之好惡”，大率撮取自尚書大傳。元祀，指一年中起始的祭祀。代，通“岱”，岱宗，泰山之別稱，古人以泰山爲四岳所宗。

〔二九〇〕陽伯，春伯秩宗，伯夷爲之：自此而下至“和伯樂闕”，大率撮取自尚書大傳及鄭玄注。春伯秩宗，吳本作“春伯秋宗”，誤；四庫本作“春官秩宗”，亦通。尚書大傳卷二“陽伯之樂”鄭玄注：“陽伯，猶言春伯，春官秩宗也，伯夷掌之。”

〔二九一〕陽伯之樂，舞侏離；歌，聲比余謡，皙陽：侏離，四庫本作“侏僑”。比，吳本譌“小”。余謡，彦按：據下文依次出現“大謡”、“中謡”、“小謡”，蓋“余謡”即“餘謡”，余，通“餘”，取“饒”義。説文食部：“餘，饒也。”餘、大、中、小之謡，疑其就聲氣之强弱、樂調之渾厚或輕快言。皙陽，皙音 zhé，吳本、四庫本、備要本作“晢”。尚書大傳卷二：“陽伯之樂，舞株離，其歌聲比余謡，名曰皙陽。”

〔二九二〕儀伯之樂，舞鼚哉；歌，聲比大謠，南陽：鼚，音 chāng。大謠，各本均脱“謠”字，今據尚書大傳訂補。南陽，洪本“南”作“南”，乃俗體。同樣情況，以下不煩一一指出。尚書大傳卷二：“儀伯之樂，舞鼚哉，其歌聲比大謠，名曰南陽。”

〔二九三〕大交霍山：大交，即書堯典之南交，借代南方。霍山，即今安徽霍山縣西南天柱山。

〔二九四〕謾哉：洪本“哉”譌“或”。尚書大傳卷二：“夏伯之樂，舞謾哉，其歌聲比中謠，名曰初慮。”

〔二九五〕朱于：各本均譌“朱子”，今訂正。尚書大傳卷二：“羲伯之樂，舞將陽，其歌聲比大謠，名曰朱于。”

〔二九六〕于，大也：于，喬本、四庫本譌“干”，吴本譌“於”，今據洪本、備要本改。

〔二九七〕柳穀：即柳谷，爲日入之處，因以借代西方。

〔二九八〕和仲：各本均譌“秋叔”，今據清皮錫瑞尚書大傳疏證訂正。

〔二九九〕蔡俶：吴本、四庫本“蔡”譌“葵”。尚書大傳卷二：“秋伯之樂，舞蔡俶，其歌聲比小謠，名曰苓落。”

〔三〇〇〕元鶴：四庫本作“玄鶴”。彦按：原樂舞名當是玄鶴，作“元鶴”者，蓋爲宋人避聖祖趙玄朗諱之遺留。至於四庫本“玄”字作“玄”，則是清館臣避康熙帝玄燁諱而有意缺筆。尚書大傳卷二：“和伯之樂，舞玄鶴，其歌聲比中謠，名曰歸來。”

〔三〇一〕俶：吴本、備要本譌“叔”。

〔三〇二〕幽都弘山祀：幽都，北方地名，借代北方。弘山，實謂恒山，尚書大傳因避漢文帝劉恒諱改，路史襲用其文。

〔三〇三〕尚書大傳卷二：“冬伯之樂，舞齊落，歌曰縵縵。”齊，一作“濟”。

〔三〇四〕并論八音四會：并，普遍，全面。八音，蓋指八伯之樂。四會，疑指四時祭祀貢獻正聲，即元祀貢陽伯、儀伯之樂，中祀貢夏伯、羲伯之樂等等。尚書大傳卷二“并論八音四會”鄭玄注：“此上下有脱辭，其説未聞。”　貢正聲以聽天下之治，而民亡有不惠而從：亡，四庫本作“無”。尚書大傳卷二：“五載一巡守,羣后德讓,貢正聲而九族具成。"

〔三〇五〕命太師陳詩:自此而下至"禮樂制度衣服正之",亦見于禮記王制、孔叢子巡守,文字略有異同。太師,洪本、吳本"太"作"大"。

〔三〇六〕命市納賈:市,指主管市場的官員。納,收集。賈,"價"之古字。清孫希旦禮記集解:"市,謂司市之官。命市納賈者,命諸侯司市之官各納其市賈之貴賤也。詩有貞淫、美刺,市賈有貴賤、質侈,觀之,所以見風俗之美惡、好尚之邪正。"

〔三〇七〕命典禮恊時月正日,同律度量衡,禮樂制度衣服正之:典禮,掌管禮儀之官。同,洪本字形殘缺,吳本譌"月"。書舜典:"恊時月正日,同律度量衡。"周秉鈞易解:"恊,合也。正,定也。同,齊也,猶今言統一。鄭玄曰:'律,音律;度,丈尺;量,斗斛;衡,斤兩也。'"又禮記王制:"命典禮考時月,定日,同律、禮樂、制度、衣服,正之。"

〔三〇八〕惟聖人能同天下之志,故帝舜欲同之:自此而下至"則海内歸之",見漢書律曆志上,文字略有改動。同之,吳本作"脩之"誤。漢書原文作:"唯聖人爲能同天下之意,故帝舜欲聞之也。"

〔三〇九〕今修明舊典,同律、審度、嘉量、平衡、均權、正準、直繩:嘉,善,謂完善。衡,秤杆。權,秤錘。準,古代測量水平的儀器。繩,木工用以測定直綫的墨綫。　立于五則,備數和聲:五則,指衡量事物的五個標準。漢書律曆志上:"權與物鈞而生衡,衡運生規,規圜生矩,矩方生繩,繩直生準,準正則平衡而鈞權矣。是爲五則。"備數和聲,謂使禮數完備,音聲協調。數、聲指禮樂。
　正海内於一同,則海内歸之:漢書原文作:"貞天下於一,同海内之歸。"顔師古注:"貞,正也。"

〔三一〇〕脩五禮,五玉、三帛、二生、一死質:見書舜典,而"脩"作"修","質"作"贄"。五禮,清邵懿辰禮經通論論五禮云:"五禮上承五典(指舜典上文"慎徽五典"),似即指父子、兄弟、夫婦、君臣、朋友五品之人所行之節文儀則而言。……舜典'修五禮',亦即修此五典之燦然有文者,謂之'五禮'。"顧頡剛、劉起釪以爲:"邵氏此釋較近是,……總之是泛指幾種禮,不必以後來'五禮'去套。"(見尚書校釋譯論)五玉,指璜、璧、璋、珪、琮,皆諸侯用作符信的瑞玉。洪本"玉"譌"王"。質,通"贄",古人往見尊長時所持的禮物。周秉鈞尚書易解引鄭玄曰:"五玉,即瑞節,執之曰瑞,陳列曰玉也。三帛,所以薦玉也。受瑞玉者以帛薦之。必三者,高陽氏之後用赤繒,高辛氏之後用黑繒,其餘諸侯皆用白繒,周禮改之爲繅也。二生一死贄者,羔、雁,生也,卿大夫所執;雉,死,士所執也。"

〔三一一〕之器,卒則復:之器,其器,指上言之五玉。書舜典作"如五器,卒乃復"。孔氏傳:"卒,終;復,還也。器謂圭璧。如五器,禮終則還之。"

〔三一二〕及修之,則曰玉也:修,謂修飾。"也"字,洪本空白,吳本、四庫本無。

〔三一三〕諸侯之壤奠,所謂"奉圭兼幣":壤奠,本土所産的貢物。圭,命圭,天子賜給諸侯及王公大臣的玉圭。幣,泛指車馬皮帛玉器等禮物。書康王之誥:"賓稱奉圭兼幣,曰:'一二臣衛,敢執壤奠。'"周秉鈞尚書易解:"賓,與擯通。稱,呼也,見國語吳語注。奉,獻也。圭,命圭也。考工記'玉人'注云:'命圭者,王所命之圭也,朝覲執焉。'幣,所以享也。奉圭兼幣,擯者傳呼之辭。"

〔三一四〕謂玄、纁、黃者:玄,赤黑色。又指黑色。纁,淺絳色。書舜典:"修五禮,五玉、三帛、二生、一死贄。"孔氏傳:"三帛:諸侯世子執纁,公之孤執玄,附庸之君執黃。"　纆:吳本譌"徾"。

〔三一五〕世子、孤臣,豈當朝乎:此就書孔氏傳(見上注)而言。

〔三一六〕腒脩:乾鳥肉。腒,音 jū。説文肉部:"腒,北方謂鳥腊曰腒。"又:"脩,脯也。"四庫本、備要本"脩"作"修"誤。

〔三一七〕山川神祇有不舉者,爲不敬:自此而下至"用特",見禮記王制,亦見于尚書大傳。鄭玄禮記注:"舉,猶祭也。"

〔三一八〕宗廟有不順者,爲不孝:鄭玄禮記注:"不順者,謂若逆昭穆。"

〔三一九〕流:流放。

〔三二〇〕歸,次外三日,遂假于禰祖,用特:次,留宿,停留。假,通"格",至,到。吳本譌"暇"。禰祖,父廟及祖廟。特,一牛之牲。孔叢子巡守:"歸反,舍於外次三日,齊,親告於祖禰,用特。"

〔三二一〕王制:禮記篇名。　造:至,到……去。

〔三二二〕又云:造乎祖禰,用特:王制原文作:"歸,假于祖禰,用特。"

〔三二三〕曾子問：禮記篇名。　　凡告，必用牲幣；反，亦如之：曾子問原文無“必”字。牲幣，犧牲和幣帛。

〔三二四〕叔恬：隋末大儒王通弟王凝。　　舜一歲而巡五岳，國不匱而民不勞，何也：見中説王道，原文“匱”作“費”。

〔三二五〕文中子：即隋王通。　　儀衛少而徵求寡也：中説原文“儀衛”作“兵衛”。

〔三二六〕它可知矣：四庫本“它”作“他”。吴本“矣”誤“吴”。

〔三二七〕而鄭氏謂每一岳歸而更去：通典卷五四禮十四巡狩“歸，格于藝祖，用特”注：“鄭玄注尚書云：‘每歸用特者，明每一岳即歸也。’”

〔三二八〕元朔六年之事，以八月而周萬一千里：元朔，漢武帝年號。里，備要本誤“至”。彦按：宋林之奇尚書全解卷二舜典云：“元朔六年冬十月，勒兵十餘萬北巡朔方，東望緱山，登中岳少室，東巡海上；還，封泰山，禪梁父，復之海上並海北之碣石，歷(西)〔北〕朔方、九原，以五月至於甘泉：周萬八千里。夫武帝儀衛可謂多矣，徵求可謂衆矣，尚能八月之間周歷萬八千里，而舜則儀衛少而徵求寡，豈不能周歷萬五千里乎？”蓋即羅氏此注所本，然則此“萬一千里”乃“萬八千里”之誤。又，林氏所稱元朔六年之事，史、漢、通鑑均不見載，今考此上三書，則事實在武帝元鼎六年。羅氏耳食，襲其誤矣。

〔三二九〕卒，斂幣玉臧諸兩階之間：卒，指祭拜結束。臧，“藏”之古字，此謂埋藏。四庫本作“藏”。兩階，宮廷的東、西階梯。　　然後命徧告，入聽朝：孔叢子巡守：“命有司告羣廟、社稷及圻内名山大川，而後入聽朝。”

〔三三〇〕自此“古者巡狩”而下至“蓋貴命也”，又見于禮記曾子問及孔叢子巡守。

〔三三一〕齋車：齋戒時乘用的車，王用金路（帝王家專用的飾金之車）。每舍，奠焉然後就舍：舍，歇宿。奠，置祭品祭祀。就舍，留宿。　　告奠：猶告祭。　　貴命：重視使命。

〔三三二〕五載一巡守，羣后四朝：見書舜典。宋蔡沈集傳：“五載之内，天子巡守者一，諸侯來朝者四。蓋巡守之明年，東方諸侯來朝；又明年，南方諸侯來朝；又明年，西方諸侯來朝；又明年，北方諸侯來朝；又明年，則天子復巡守。天子、諸侯雖有尊卑，而一往一來，禮無不答，是以上下交通而遠近協和也。”

〔三三三〕畿内甸服:參見後紀十一帝堯陶唐氏注〔一二四〕。　不待脩朝覲之禮:脩,施行。朝覲,指臣子朝見君主。

〔三三四〕周官:尚書篇名。　時巡:指帝王按時巡狩。吳本“時”譌“皆”。彥按:“時”古文作“旹”(見説文),形與“皆”近,故致譌。

〔三三五〕脩法:依法(行事),按規定(行事)。脩,遵循。

〔三三六〕侯、甸、男、采、衛、要:周代王畿外諸侯邦國由近及遠六個等次(即所謂“六服”)之名。

〔三三七〕土數五:南齊書樂志:“案鴻範五行,一曰水,二曰火,三曰木,四曰金,五曰土。月令木數八,火數七,土數五,金數九,水數六。”

〔三三八〕故用十二:四庫本“用”作“云”,非。

〔三三九〕五帝二代:指唐堯及虞舜。

〔三四〇〕賦奏以言,明試以功:見書舜典,而“賦”作“敷”。周秉鈞易解:“敷,猶徧也。奏,進也,告也。敷奏以言,羣后述職也。明試以功,考其績也。”彥按:此“賦”通“敷”。

〔三四一〕則輿服以庸之:庸,酬勞。書舜典:“車服以庸。”

〔三四二〕庶者,在人:吳本、四庫本、備要本“庶”皆作“奏”。彥按:“奏者,下奏上”,前已言之,此不當重出“奏”,其誤無疑。　故舜典與益稷異:此就舜典“敷(賦)奏以言,明試以功,車服以庸”與書益稷“敷納以言,明庶以功,車服以庸”二句比較而言。其中“庶”字,周秉鈞易解引章太炎説,讀爲“度”,似可從。然則亦“在我”,非“在人”,羅氏當非如此釋也。其釋如何,並未明言,豈依“庶”之常用義“衆”釋之歟?

〔三四三〕師保:古時擔任輔弼帝王和教導王室子弟的官員——師和保的統稱。　疑丞:古代天子身邊輔佐之臣疑與丞的合稱。洪本、吳本如此,今從之。餘諸本“疑”作“凝”非。下羅苹注“疑丞”、“前疑後丞”之“疑”同。

〔三四四〕書周官:“官不必備,惟其人。”孔氏傳:“三公之官不必備員,惟其人有德乃處之。”

〔三四五〕何敞所謂聖王爭臣七人者:何敞,東漢和帝時侍御史。聖王,四庫本如此,與後漢書同,今從之;餘本皆作“聖主”。爭臣,能直言靜諫的大臣。爭,通“靜”。後漢書郅惲傳:“侍御史何敞上疏理之曰:‘臣聞聖王……爭臣七人,以自鑒照。’”

〔三四六〕建官惟百:書周官:“唐虞稽古,建官惟百。”

〔三四七〕王吉書以舜、湯爲不用三公九卿之世:王吉,漢宣帝時博士諫大夫。漢書王吉傳載王吉上疏言得失曰:“舜、湯不用三公九卿之世而舉皋陶、伊尹,不仁者遠。”

〔三四八〕見禮記文王世子。

〔三四九〕大傳以爲前疑後丞,左輔右拂;其爵視卿,禄視次國之君:見尚書大傳卷二,原文作:“古者天子必有四鄰:前曰疑,後曰丞,左曰輔,右曰弼。……其爵視卿,其禄視次國之君也。”拂,通“弼”。吴本譌“秭”。

〔三五〇〕專職:喬本、洪本“職”字失落“耳”旁作“戠”,今從餘諸本訂正。

〔三五一〕莊子、説苑有“舜問乎丞”之語:莊子見知北遊篇。今本説苑未見此語。

〔三五二〕肇十有二州,封十有二山:見書舜典。肇,通“垗”,謂劃分界域。字亦省作“兆”,吴本即作“兆”。洪本作“垗”,則“兆”字俗體。周秉鈞尚書易解曰:“封,封土爲壇而祭之也。十有二山,十二州之名山也。”

〔三五三〕肇,造始也:造始,開始,初始。彦按:羅氏釋“肇”爲“造始”與尚書孔傳釋爲“始也”意同。而清皮錫瑞尚書大傳疏證則曰:“漢書地理志曰:‘堯遭洪水,懷山襄陵,天下分絕爲十二州,使禹治之。水土既平,更制九州。’王莽傳曰:堯典十二州,‘後定爲九州’。是十二州本非當時剏置,故大傳作‘兆’不作‘肇’。史記作‘肇’是通叚字,其義亦當爲兆。詩后稷‘肇祀’,禮記引作‘兆祀’;‘肇域彼四海’,箋云‘肇當作兆’:是‘肇’‘兆’古通之證。”皮氏説可從。

〔三五四〕説者謂因冀之北遠,故分衛水以爲并,析燕以北以爲幽:此謂由冀州更分出并、幽二州。衛水,水名,在今河北靈壽縣東。燕,山名,即今河北東北部燕山山脈。　以青越海,乃判遼東以爲營:此謂由青州更分出營州。

〔三五五〕豈容:吴本“豈”譌“昰”。

〔三五六〕宜合天下而均之:洪本“天”譌“大”。吴本“均”譌“㪍”。

〔三五七〕適在青境:吴本“適”譌“造”。

〔三五八〕爲兆域,以祭十二州之分星:見尚書大傳卷二“兆十有二州”鄭玄注。清皮錫瑞疏證本“兆域”作“營域”。分星，與地上分野相對應的星次。

〔三五九〕謀牧並岳：並，各本均作“立”。彥按：書、史均不載舜立岳事，且立岳與下文“以廣聰而燭隱”亦欠關聯，此“立”宜作“並”，蓋形近致譌，今訂正。書舜典曰：“月正元日，舜格于文祖，詢于四岳。”孔氏傳：“詢，謀也。”又：“咨十有二牧。”孔氏傳：“咨，亦謀也。”是舜並謀之岳、牧，書已明言之矣，此羅氏所本也。　以廣聰而燭隱：廣聰，廣泛聽取意見。聰，聽。燭隱，洞察隱微。

〔三六〇〕南岳寓于荆牧，揚、豫屬焉：洪本、吳本“揚”譌“陽”。彥按：此述四岳所寓州牧甚悉，然於後紀十一帝堯陶唐氏“設四岳八伯，以典諸侯”下注則又云“胡益之以爲四岳寓于十二牧，不然也”，無乃相違背乎？

〔三六一〕帝觀四岳羣牧，又使岳牧還諸侯之瑞，則羣后隷十二牧，十二牧隷四岳明矣：後一“四岳”，備要本譌“古岳”。彥按：羅氏此説可疑。其所本，自是書舜典“既月乃日，觀四岳羣牧，班瑞于羣后”，然上言“四岳羣牧”，下言“羣后”，文雖變而所指實同，皆泛稱大小諸侯而已。顧頡剛、劉起釪曾對這一異稱現象作解釋曰：“在秦以前，只有‘羣后’，而沒有‘羣牧’。漢代郡國並置，有了‘羣牧’與‘羣后’並立的可能。但漢代的君王已不能稱‘后’，而漢成帝以前州的長官也不能稱‘牧’。這裏顯然是把不同時代的稱謂雜湊到一起的。”（見尚書校釋譯論）其説甚的。羅氏求之過深，反穿鑿矣。

〔三六二〕四岳總于百揆：四岳，四庫本譌“山岳”。總，統領。洪本、四庫本作“摠”，吳本作“捴”，同。

〔三六三〕何武、翟方進：何武，漢成帝時大司空。翟方進，漢成帝時丞相。　古者選諸侯賢者以爲州伯。‘咨十二牧’，所以廣聰明、燭幽隱也。乞置州牧，以應古制：見漢書朱博傳，原文作：“初，何武爲大司空，又與丞相方進共奏言：‘古選諸侯賢者以爲州伯，書曰“咨十有二牧”，所以廣聰明、燭幽隱也。……臣請罷刺史，更置州牧，以應古制。’”備要本“古者”譌“四㫃”。

〔三六四〕六服之外，揆牧不及，則附縻而已：六服，見上注〔三三六〕。揆牧，百揆與十二牧之合稱。附縻，謂使成爲附庸而羈縻（籠絡，懷柔）之。

〔三六五〕安止：安定的住處。止，指止所，居處。

〔三六六〕爰命伯禹繼平水土，主名山川：書吕刑：“禹平水土，主名山川。”孔氏傳：“禹治洪水，山川無名者主名之。”　俾益掌火，烈山澤而焚之，禽獸逃匿，——然後人得平土而居：逃，同"逃"。四庫本、備要本作"逃"。參見後紀十一帝堯陶唐氏注〔四七九〕。

〔三六七〕商九州以正五服：商，計量，計算。 表提類：表，標示，標明。吳本譌"末"。提類，猶提封，指版圖。 作十有三載而後同：書禹貢："作十有三載，乃同。"孔氏傳："治水十三年，乃有賦法，與他州同。"彥按：禹貢此句在"濟、河惟兗州"一節之下，所述爲禹平兗州水土情狀，路史乃套用以泛説舜治，似不妥。

〔三六八〕晉志：各本均作"漢志"。彥按：下所引文，實出晉書地理志上，作"漢志"誤，今訂正。 厥功彌劭：劭，美盛。 冀北創并部之名，燕齊起幽營之號：并部，各本均作"幽部"。彥按：幽部與下句"燕齊起幽營之號"之"幽"重複，誤。晉志實作"并部"，今訂正。幽營，洪本"幽"作"凶"，同。 所謂肇十二州，封十二山也：封，吳本譌"故"。晉志原文作："則書所謂'肇十有二州，封十有二山'者也。"

〔三六九〕既釐下土，方別居方，別生分類：釐，治理。下土，四方，天下。居方，居地。生，通"姓"。尚書序："帝釐下土，方設居方，別生分類。"孔氏傳："生，姓也。別其姓族，分其類，使相從。" 錫土、姓而下亡違者：書禹貢："錫土、姓，祗台德先，不距朕行。"彥按："下亡違者"，亦"不距朕行"意。

〔三七〇〕壇四奥，沉四海：見尚書大傳。壇，築壇祭祀。四奥，四方的邊遠地區。沉，投祭品水中以祭水。四海，古以中國四境有海環繞，按方位分別爲東海、南海、西海和北海，合稱"四海"。 而函夏正：函夏，猶言全國，天下。典出漢揚雄河東賦："以函夏之大漢兮，彼曾何足與比功？"顏師古漢書注引服虔曰："函夏，函諸夏也。"

〔三七一〕於是象以典刑：象，指象刑。荀子正論"治古無肉刑而有象刑"楊倞注："象刑，異章服，恥辱其形象，故謂之象刑也。"典刑，常刑。書舜典："象以典刑。"

〔三七二〕典，六典；刑，五刑：六典見于周禮天官大宰，包括古代六個方面的治國法則，即：一曰治典；二曰教典；三曰禮典；四曰政典；五曰刑典；六曰事典。五刑，見後紀十一帝堯陶唐氏注〔一八三〕。彥按：羅氏以六典五刑釋"象以典刑"之"典刑"，顯然不妥。

〔三七三〕所謂"方施象刑"：方施，大行。方，通"旁"，大。書益稷："皋陶方袛厥敍，方施象刑，惟明。"　如所垂治象：垂，謂垂示。

〔三七四〕胡翼之：即北宋理學家胡瑗，瑗字翼之。

〔三七五〕刑出不復：此謂肉刑一旦使用，則身體傷殘，無法恢復。　流以宥之：流，流放。宥，寬宥。書舜典："流宥五刑。"

〔三七六〕爲被五刑爲已重，加鞭朴爲已輕者：被，加上。已，太。鞭朴，用鞭子或棍棒抽打。

〔三七七〕箠以訊之：箠（zhuā），同"檛"，鞭打。書舜典："鞭作官刑。"周秉鈞易解："官中之刑用鞭也。"

〔三七八〕教或不率，朴以威之：率，遵從。朴，通"扑"，刑杖。威，震懾。書舜典："扑作教刑。"周秉鈞易解："掌教者之刑用扑。"

〔三七九〕皆教也，非止在學：教，指執教者。學，指從學者。

〔三八〇〕罪疑犯誤：罪狀有可疑，或屬于誤犯。　金以贖之：洪本"贖"譌"賣"。書舜典："金作贖刑。"周秉鈞易解："贖罪用金也。孫星衍曰：'古用銅，赤金也。'"

〔三八一〕黄金古易得，故大辟罰千鍰：千，各本均作"六"。彦按："六"當"千"字之譌。書吕刑"大辟疑赦，其罰千鍰"，當即羅氏所本，今據以訂正。鍰（huán），一説爲重量單位，書吕刑孔氏傳以爲六兩；顧頡剛、劉起釪以爲貨幣單位，"罰多少鍰就是罰多少個鍰"（見尚書校釋譯論吕刑"墨辟疑赦，其罰百鍰"注），可從。

〔三八二〕書舜典"金作贖刑"孔穎達疏："此傳'黄金'、吕刑'黄鐵'，皆是今之銅也。古之贖罪者皆用銅，漢始改用黄金，但少其斤兩，令與銅相敵。"

〔三八三〕凶荒災眚，赦以肆之：凶荒，大災荒。肆，寬容。書舜典："眚災肆赦。"彦按：孔氏傳曰："眚，過；災，害。……過而有害，當緩赦之。"則以"眚災"爲因過失而造成災害，似是。羅氏父子之理解，與之不同。

〔三八四〕春秋"肆大眚"：見春秋莊公二十二年。　甸師"喪事，代王受眚災"：甸師，周禮天官章目。今周禮"災"作"裁"。鄭玄注："受眚裁，弭後殃。"

〔三八五〕荒政：賑濟饑荒的政令或措施。

〔三八六〕惟怙終賊，在所刑者：怙終賊，謂故意爲害到底。怙，通"故"。

書舜典："怙終賊刑。"

〔三八七〕刑故也：故，指故意。書大禹謨："宥過無大，刑故無小。"孔氏傳："不忌故犯，雖小必刑。"

〔三八八〕恃詐力、卒袥惡與賊害三罪：恃詐力，針對"怙"言。備要本"恃"譌"特"。彥按：羅氏以"怙"爲"怙恃"義，則其後"詐力"之類不可無，而難逃添字解經之嫌。卒袥惡，針對"終"言。蓋謂始終縱惡。袥，備要本作"袥"。彥按："袥（袥）惡"不辭，"袥（袥）"疑"任"字誤增偏旁。賊害，針對"賊"言。

〔三八九〕康誥：尚書篇名。喬本、洪本、吳本、備要本"誥"作"告"，此從四庫本。　乃有大罪，非終，乃惟眚災：眚災，吳本倒作"災眚"。周秉鈞易解："眚災，過失也。……言人有大罪，非經常爲惡，乃是過失。"　適爾，既道極厥辜，時乃不可殺：適爾，偶然如此。道，行。極，通"殛"。于省吾云："'極'、'殛'古通。多方'我乃其大罰殛之'。釋文：'殛'，本又作'極'。英倫隸古定本亦作'極'，謂責罰也。下文'爽惟天其罰殛我'可證。"（見雙劍誃尚書新證）厥辜，其罪。時，通"是"，此。此句謂偶然犯罪者，既行責罰，乃不可殺。

〔三九〇〕眚災肆赦：書舜典語。

〔三九一〕人有小罪，非眚，乃惟終自作不典；式爾，不可不殺：此亦書康誥語。康誥原文末句作"有厥罪小，乃不可不殺"，此少錄五字。不典，不法。式爾，各本均譌"適爾"，今據康誥訂正。吳闓生寫定尚書云："式爾，常然也。""適爾，偶然也。"（轉引自顧頡剛、劉起釪尚書校釋譯論）殺，"殺"字俗體。吳本、四庫本、備要本作"殺"。下"先令而有功者殺之"之"殺"同。

〔三九二〕怙終賊刑：書舜典語。

〔三九三〕昏、墨、賊、殺，皋陶之刑也：左傳昭公十四年載叔向語。其上文曰："己惡而掠美爲昏，貪以敗官爲墨，殺人不忌爲賊。"四庫本"墨"譌"黑"。

〔三九四〕欽哉，欽哉，惟刑之謐哉：見書舜典，"謐"作"恤"。欽，敬慎。謐，通"恤"，慎重。史記五帝本紀作"惟刑之静哉"。裴駰集解引徐廣曰："今文云'惟刑之謐哉'。"司馬貞索隱："注'惟形之謐哉'，案：古文作'恤哉'，且今文是伏生口誦，卹謐聲近，遂作'謐'也。"王念孫云："堯典曰：'欽哉，欽哉，惟刑之卹哉！'（今本卹作恤，乃衛包所改，古文尚書撰異已辯之。）卹者，慎也。"（見王引之經義述聞尚書上）

〔三九五〕民可覿德,不可覿刑:覿(dí),顯示。

〔三九六〕"以庸"一言:指書舜典"車服以庸"語。參見上注〔三四一〕。

〔三九七〕德化:謂以德行感化。

〔三九八〕蓋時洪水方平,下久無刑:下久,洪本、吳本、四庫本作"不久"誤。　奠枕:猶安枕。奠,通"停",止。

〔三九九〕昔舜使禹決洪水,先令而有功者殺之:見韓非子飾邪,原文作:"昔者舜使吏決鴻水,先令有功而舜殺之。"有功,吳本譌"在功"。

〔四〇〇〕文有脱漏:洪本、吳本無"漏"字。

〔四〇一〕舉八凱,使主后土以揆百事;百事時敍,地平天成:八凱,即八愷。見後紀十高辛紀下注〔六二五〕。后土,土地。揆,管理。時敍,見後紀十一帝堯陶唐氏注〔四五六〕。地平天成,書大禹謨"地平天成"孔氏傳:"水土治曰平,五行敍曰成。"左傳文公十八年"地平天成"杜預注:"成,亦平也。"

〔四〇二〕舉八元,使布五教;五教克從,內平外成:八元,見後紀十高辛紀下注〔六二五〕。左傳文公十八年"內平外成"杜預注:"內,諸夏;外,夷狄。"

〔四〇三〕左傳:吳本"傳"譌"愽"。

〔四〇四〕晉華歆傳:下所引文,實出晉書華譚傳。此作華歆傳,蓋羅氏誤記。　二八:二八,指八凱、八元。

〔四〇五〕虞喜:晉徵士,精天文、經學。　二八舉而四門穆:吳本脱"而"字。彥按:"二八舉而四門穆"句,出晉書虞喜傳所載內史何充上疏語,羅氏誤栽于虞喜,粗疏甚矣。四門穆,見上注〔一七九〕。

〔四〇六〕袁宏:東晉文學家、史學家。　二八升而唐朝盛:見晉書袁宏傳宏撰三國名臣頌。唐朝,唐堯之國。

〔四〇七〕流共工于幽州,放驩兜於崇山,竄三苗於三危,殛鯀于羽山,四罪而天下咸服:見書舜典。洪本脱"流共工于幽州"、"殛鯀于羽山"二句。流、放、竄、殛皆流放、驅逐義。參見前紀四蜀山氏"而其制中國,若是截也"羅苹注及彼章注〔一一三〕、本卷上注〔二二〇〕。

〔四〇八〕共工静言用違,故流:静言用違,書堯典作"静言庸違",義同;意謂語言善巧而行動乖違,即口是行非。書舜典:"流共工于幽州。"孔氏傳:"象恭滔天,足以惑世,故流放之。"

〔四〇九〕驩兜黨敝共工，故放：黨敝，偏袒庇護。敝，通“蔽”。書舜典：“放驩兜于崇山。”孔氏傳：“黨於共工，罪惡同。”

〔四一〇〕苗頑不即功：頑，强暴。即功，猶即工。書益稷，禹曰：“苗頑弗即工，帝其念哉！”周秉鈞易解：“苗，三苗。即，就也。即（功）〔工〕，接受工役。”

〔四一一〕鯀方命圮族：洪本、吳本、備要本“鯀”作“縣”。見後紀十一帝堯陶唐氏注〔四〇三〕。

〔四一二〕流者，屏之遠地：屏，“摒”之古字，摒棄。吳本譌“屠”。　放者，弃之不齒：不齒，不與同列，表示鄙視。　竄則編管之：編管，謂將流放者造册管理。

〔四一三〕安國以四罪爲皆誅：書舜典“殛鯀于羽山”舊題孔安國傳：“殛、竄、放、流，皆誅也。異其文，述作之體。”　蘇軾以爲皆不誅而爲遠國君：東坡志林卷三云：“史記舜本紀：‘舜歸而言帝，請流共工於幽陵，以變北狄；放驩兜於崇山，以變南蠻；遷三苗於三危，以變西戎；殛鯀於羽山，以變東夷。’太史公多見先秦古書，故其言時有可考，以證自漢以來儒者之失。四族者，若皆窮姦極惡，則必見誅於堯之世，不待舜矣。屈原云：‘鯀婞直以亡身’，則鯀蓋剛而犯上者耳。若四族者皆小人也，則安能以變四夷之族哉？由此觀之，四族之誅，皆非誅死，亦不廢棄，但遷之遠方，爲要荒之君長爾。”

〔四一四〕但史官於此摠舜之德，功刑併及爾：四庫本“德”、“功”二字互易其位，于義似長。

〔四一五〕縣殛豈在肇十二州之後哉：四庫本“縣”作“鯀”。洪本“十二”譌“十三”。書舜典：“肇十有二州，……殛鯀于羽山。”

〔四一六〕且治水時三苗已丕敍矣，何舜晚年復分北哉：書禹貢：“三危既宅，三苗丕敍。”周秉鈞易解：“宅，居也，謂可居。丕，大也。敍，順也。史記五帝本紀‘三苗在江、淮荆州，舜遷三苗于三危’，故雍州有三苗，至禹而安定之，其族大順矣。”又書舜典：“分北三苗。”孔穎達疏：“北，背也，善留惡去，使分背也。”分北，分離。北，“背”之古字。

〔四一七〕孟以竄爲殺：洪本“殺”譌“籹”。書舜典：“竄三苗于三危。”孟子萬章上則云：“殺三苗于三危。”　莊以竄、殛爲俱殺，且易其先後：彦按：此説與事實不符。莊子在宥曰："堯於是放讙兜於崇山,投三苗於三峗,流共工於幽都,此不勝天下也夫!"是但變易舜典敍述罪四凶之先後,而既未以竄爲殺,更未言及罪鯀,遑論以殛爲殺乎!

〔四一八〕二十有八載,堯崩:書舜典:"二十有八載,帝乃殂落。"

〔四一九〕舜生三十而舉用:書舜典:"舜生三十登庸。"　歷試三載:書舜典:"帝曰:'格!汝舜。詢事考言,乃言厎可績。三載,汝陟帝位。'"

〔四二〇〕三年,謳避帝子朱于南河之南,天下之覲者不之朱而之舜,歐歌者不之朱而之舜,獄訟者不之朱而之舜,夫然後之中國:歐歌,歌頌。歐,通"謳"。孟子萬章上:"堯崩,三年之喪畢,舜避堯之子於南河之南。天下諸侯,朝覲者不之堯之子而之舜,訟獄者不之堯之子而之舜,謳歌者不謳歌堯之子而謳歌舜,故曰,天也。夫然後之中國,踐天子位焉。"史記五帝本紀亦載其事,文字不盡相同。張守節正義曰:"括地志云:'故堯城在濮州鄄城縣東北十五里;竹書云昔堯德衰,爲舜所囚也。又有偃朱故城,在縣西北十五里;竹書云舜囚堯,復偃塞丹朱,使不與父相見也。'案:濮州北臨漯,大川也。河在堯都之南,故曰南河,禹貢'至于南河'是也。其偃朱城所居,即'舜讓避丹朱於南河之南'處也。"楊伯峻云:"按偃朱故城在今山東濮縣東二十五里,本名朱家阜。"(見孟子譯注)彥按:其地今屬河南范縣濮城鎮。

〔四二一〕寶錄:傳說中鳳凰先後授予黃帝和帝堯的作爲天命象徵的圖錄。此引申指君位。

〔四二二〕丹朱:備要本譌"用朱"。

〔四二三〕丹朱:吳本、四庫本作"一朱"。

〔四二四〕順事:順應其事。

〔四二五〕舜視弃天下猶弊屣也,豈若鄙夫之患失哉:弊屣,亦作"敝蹝",破草鞋。四庫本"弊"作"敝"。豈若,洪本作"囗豈",吳本、四庫本但作"豈"。孟子盡心上:"舜視棄天下,猶棄敝蹝也。"論語陽貨:"子曰:'鄙夫,可與事君也與哉?其未得之也,患得之;既得之,患失之。'"

〔四二六〕月正元日:書舜典:"月正元日,舜格于文祖。"孔氏傳:"月正,正月。元日,上日也。"同篇"正月上日,受終于文祖"孔氏傳:"上日,朔日也。"即以"月正元日"爲正月初一。王引之則以爲"上日謂上旬吉日",而非朔日(見經義述聞尚書上），今人多從之。

〔四二七〕月正，猶詩言朔月、語云吉月者：朔月、吉月，皆爲農曆每月初一之稱。詩小雅十月之交：“十月之交，朔月辛卯，日有食之，亦孔之醜。”鄭玄箋：“周之十月，夏之八月也。八月朔日，日月交會。”論語鄉黨：“吉月，必朝服而朝。”何晏集解引孔安國曰：“吉月，月朔也。”

〔四二八〕故世紀以爲仲冬甲子，月次于畢而即位：次，接近。畢，星宿名。二十八宿之一，有星八顆，以其分布之狀像古代田獵用的畢網，故名。初學記卷九總敍帝王引帝王世紀曰：“舜攝政二十八年而堯崩。三年喪畢，舜年八十一，以仲冬甲子、月次于畢始即真。”

〔四二九〕書舜典“正月上日，受終于文祖”孔穎達疏：“鄭玄以爲：帝王易代，莫不改正。堯正建丑，舜正建子。此時未改堯正，故云‘正月上日’。即位，乃改堯正，故云‘月正元日’。故以異文。先儒王肅等以爲：惟殷、周改正，易民視聽。自夏已上，皆以建寅爲正。此篇二文不同，史異辭耳。”

〔四三〇〕如伐紂而稱“一月”：書武成：“惟一月壬辰，旁死魄。越翼日癸巳，王朝步自周，于征伐商。”孔氏傳：“此本説始伐紂時。一月，周之正月。”

〔四三一〕假于文祖：假，通“格”，至。書舜典作“舜格于文祖”。

〔四三二〕史記五帝本紀：“正月上日，舜受終於文祖。文祖者，堯大祖也。”

〔四三三〕或云藝祖、文祖同義：書舜典“正月上日，受終于文祖”孔穎達疏：“禮有大事，行之於廟，況此是事之大者，知‘文祖者，堯文德之祖廟’也。且下云：‘歸，格于藝祖。’‘藝’‘文’義同。”

〔四三四〕孔氏云：堯文德之祖：洪本“云”譌“去”。書舜典“受終于文祖”孔氏傳：“文祖者，堯文德之祖廟。”又“歸，格于藝祖”孔氏傳：“巡守四岳然後歸，告至文祖之廟。”孔穎達疏：“以上受終在文祖之廟，知此以‘告至文祖之廟’。才、藝、文、德，其義相通，故‘藝’爲文也。‘文祖’、‘藝祖’，史變文耳。”

〔四三五〕書舜典“受終于文祖”孔穎達疏：“堯之文祖，蓋是堯始祖之廟，不知爲誰也。”

〔四三六〕神宗爲堯：書大禹謨：“正月朔旦，受命于神宗。”蘇軾傳：“堯之所從受天下者曰文祖，舜之所從受天下者曰神宗。受天下於人，必告於其人之所從受者。禮曰‘有虞氏禘黃帝而郊嚳,祖顓頊而宗堯’,則神宗爲堯明矣。”

〔四三七〕今河東縣蒲津關:在今陝西大荔縣朝邑鎮東黃河西岸。　所謂蒲坂:水經注卷四河水:“(陶城)南對蒲津關。汲冢竹書紀年魏襄王七年,秦王來見于蒲坂關。”是也。洪本“蒲坂”作“蒲反”,同。　漢志之蒲阪縣:見漢書地理志上河東郡,實作蒲反,不作蒲阪。自注曰:“故曰蒲,秦更名。”顏師古注:“應劭曰:‘秦始皇東巡見長坂,故加“反”云。’孟康曰:‘本蒲也,晉文公以賂秦,後秦人還蒲,魏人喜曰“蒲反矣”。謂秦名之,非也。’臣瓚曰:‘秦世家云“以垣爲蒲反”,然則本非蒲也。’師古曰:‘應説是。’”蒲反縣,治所在今山西永濟市蒲州鎮。

〔四三八〕本曰蒲,或云蒲陰,今河中:吳本、四庫本“云”作“曰”。河中,府名,治所河東縣,即今山西永濟市蒲州鎮。彥按:蒲陰在今河北順平縣,與蒲——宋之河中府相去甚遠,蓋誤,似當作蒲反或蒲阪。

〔四三九〕祥符祠汾陰:祥符,宋真宗年號大中祥符的簡稱。汾陰,指汾陰脽。見前紀三循蜚紀鉅靈氏注〔三〕。各本“汾”均作“分”,非是,今訂正。宋王闢之澠水燕談録卷八事誌:“河中府舜泉坊,二井相通,所謂匼空旁出者也。祥符中,真宗祀汾陰,駐蹕蒲中,車駕臨觀,賜名廣孝泉,并以名其坊,御製贊紀之。蒲濱河,地鹵泉鹹,獨此井甘美,世以爲異。”

〔四四〇〕頻:“瀕”之古字,接近,靠近。

〔四四一〕中山記:西晉張曜撰。　蒲陰昌安郭東舜氏甘泉,即此:彥按:此所引中山記文,見于水經注卷一一滱水,其文曰:“博水又東北,左則濡水注之,水出蒲陰縣西昌安郭南。中山記曰:郭東有舜氏甘泉,有舜及二妃祠。”當即羅氏所本。然酈氏于中山記所載,即已有疑,故隨之云:“稽諸傳記,無聞此處,世代云遠,異説之來,于是乎在矣。”熊會貞又疑水經注文字有誤,其疏曰:“按地形志,蒲陰有安國城,安國即安郭也。‘昌’與‘亭’形近,疑注本作‘安郭亭’,傳抄者誤‘亭’爲‘昌’,後人又移於‘安’字上也。”即無疑誤,蒲陰之與河中,亦相去絶遠,今羅氏乃稱“即此”,謬之甚矣!

〔四四二〕宣室志:唐張讀撰。　開成中有盧嗣宗入蒲津娥英廟狎神悸死之事:開成,唐文宗年號。娥英廟,供奉舜二妃娥皇、女英的祠廟。太平廣記卷三一〇引宣室志:“蒲津有舜祠。又有娥皇女英祠,在舜祠之側。土偶之容,頗盡巧麗。開成中,范陽盧嗣宗假職於蒲津。一日,與其友數輩同遊舜廟。至娥皇女英祠,嗣宗戲曰:'吾願爲帝子之隸,可乎?'再拜而祝者久之。衆皆謂曰:'何侮易之言瀆於神乎?'嗣宗笑益酣。自是往往獨遊娥皇祠,酒酣多爲褻瀆語。俄被疾,肩舁以歸;色悴而戰,身汗如瀝。其夕遂卒。家僮輩見十餘人捽拽嗣宗出門,望舜祠而去。及視嗣宗尸,其背有赤文甚多,若爲所撲。"

〔四四三〕嫣之懷戎:見後紀四附蚩尤傳注〔一九〕。吳本"之"譌"名"。

〔四四四〕嫣汭:在今山西永濟市西南。書堯典:"(堯)釐降二女于嫣汭,嬪于虞。"孔穎達疏:"嫣水在河東虞鄉縣歷山西,西流至蒲坂縣南,入於河。舜居其旁。"

〔四四五〕以土承火,色尚赤:彥按:五色與五行相配,土色黄。今既"以土承",自當色尚黄。初學記卷九、太平御覽卷八一引帝王世紀,並作"以土承火,色尚黄",又淮南子齊俗云:"有虞氏之(祀)〔禮〕,……其服尚黄。"均不誤。不意下羅苹注竟以"尚赤"爲是,"尚黄"爲非,何"色盲"之甚邪!

〔四四六〕明庭土階:土階,各本皆作"玉階"。彥按:據下羅苹注,此路史所本,出邊讓章華賦及墨子。今後漢書邊讓傳載讓章華賦曰:"慕有虞之土階。"又李賢注:"墨子曰:'虞舜土階三尺,茅茨不剪。'"則此"玉階"當爲"土階"之誤,今訂正。

〔四四七〕晉泰始二奏置七廟,詔宜權立一廟:泰始,各本皆作"太始",非是,今訂正。又"二"各本均譌"三","詔"字各本均脱而不成義,今並據晉書訂補。晉書禮志上:"(泰始)二年正月,有司奏置七廟。帝重其役,詔宜權立一廟。於是羣臣議奏:'上古清廟一宮,尊遠神祇。逮至周室,制爲七廟,以辯宗祧。聖旨深弘,遠迹上世,敦崇唐虞,舍七廟之繁華,遵一宮之遠旨。昔舜承堯禪,受終文祖,遂陟帝位,蓋三十載,月正元日,又格于文祖(遂陟帝位),此則虞氏不改唐廟,因仍舊宮。可依有虞氏故事,即用魏廟。'奏可。"

〔四四八〕清廟:即太廟,帝王的祖廟。

〔四四九〕周制七廟:四庫本"制"作"置"。

〔四五〇〕虞氏:洪本作"虞民"誤。

〔四五一〕祠中雷,社用土封:中雷,見前紀九無懷氏注〔六〇〕。社,古代祭祀土神之壇。淮南子齊俗:"有虞氏之(祀)〔禮〕,其社用土,祀中雷。"

〔四五二〕祭先首而尚氣，血、腥、燗祭：先、尚，皆優先、重視義。首，指牲頭。腥，生肉。燗（xún），同“燖”，用熱水燙過的半熟的肉。喬本、吳本、備要本皆譌“爛”，今據洪本、四庫本訂正。禮記明堂位：“有虞氏祭首。”又郊特牲：“有虞氏之祭也，尚用氣。血、腥、燗祭，用氣也。”孔穎達疏：“‘有虞氏之祭也，尚用氣’者，尚謂貴尚，其祭祀之時，先薦用氣物也。‘血、腥、燗祭，用氣也’者，此解用氣之意。血，謂祭初以血詔神於室。腥，謂朝踐薦腥肉於堂。燗，謂沈肉於湯，次腥，亦薦於堂。祭義云‘燗祭，祭腥而退’是也。今於堂以血、腥、燗三者而祭，是用氣也。以其並未熟，故云‘用氣也’。”

〔四五三〕虞氏尚氣，商尚聲，周尚臭：見禮記郊特牲，此但撮其大意。孔穎達疏：“‘殷人尚聲’者，……謂先奏樂也。……臭，謂鬯（古代宗廟祭祀用的香酒，以鬱金香合黑黍釀成）氣也。未殺牲，先酌鬯酒灌地以求神，是尚臭也。”

〔四五四〕商不尚氣，何以薦：商，“適”之古字，如果，假若。喬本外諸本皆譌“商”。

〔四五五〕且人鬼之享不在九變之前：九變，謂樂曲演奏九遍。周禮春官大司樂：“若樂九變，則人鬼可得而禮矣。”　搏拊琴瑟不居祖考來格之後：搏拊，彈奏。祖考，祖先。來格，到來。書益稷：“夔曰：‘戛擊鳴球、搏拊琴瑟以詠，祖考來格。’”

〔四五六〕冕翌紱絑，緇衣纁裳：翌（huáng），也作“皇”，冕名。古代一種上面畫有羽飾的禮帽。紱（fú），也作“韍”，蔽膝（古代祭服服飾，縫于長衣之前）。絑，純赤色。緇，黑色。衣，上衣。纁，淺絳色。裳，下裳（下身穿的衣服）。禮記王制：“有虞氏皇而祭。”鄭玄注：“皇，冕屬也，畫羽飾焉。凡冕屬，其服皆玄上纁下。”又禮記明堂位：“有虞氏服韍。”

〔四五七〕韍，冕服之韠也，以韋爲之：韍，洪本、吳本、四庫本譌“敨”。韠，通“韠”，皮製的蔽膝。禮記明堂位鄭注作“韠”。韋，去毛熟治的獸皮。

〔四五八〕田漁：打獵和捕魚。

〔四五九〕要義謂古未知蔽後，舜冕服既備，故復作之：要義，指漢劉向撰五經要義。復，各本均作“後”。彥按：“後”當“復”字形近而譌。太平御覽卷六九一服章部八韍引五經要義曰：“太古之時，未有布帛，人食禽獸肉而衣其皮，知蔽前未知蔽後。至舜，冕服既備，故復制之，示不忘古。”今據以訂正。

又,細味要義,"故復制之"當謂復制韍以蔽前,故下方有"示不忘古"之説。今羅氏乃約其文爲"要義謂古未知蔽後,……故復作之",實曲解其原意。

〔四六〇〕深衣緼袍:深衣,古代上衣、下裳相連綴的一種服裝,爲諸侯、士大夫家居常穿之服。禮記王制:"有虞氏皇而祭,深衣而養老。"鄭玄注:"凡養老之服,皆其時與羣臣燕之服。有虞氏質,深衣而已。"緼袍,以亂麻爲絮的袍子,古爲貧者所服。彦按:路史"緼袍"云者,乃極言舜之簡樸。 兩敦:敦(duì),古代盛黍稷等穀物之器,蓋和器身都作半圓形,合而成球狀。禮記明堂位:"有虞氏之兩敦。"

〔四六一〕黍稷:吴本、四庫本無此二字。彦按:禮記明堂位"有虞氏之兩敦,夏后氏之四璉,殷之六瑚,周之八簋"鄭玄注:"皆黍稷器。"疑此"黍稷"下脱一"器"字。

〔四六二〕玉斝:玉製的酒器。洪本"玉"譌"王"。斝,音 jiǎ。

〔四六三〕杜甫云:舜祠宗廟以玉斝:見杜甫朝享太廟賦"芳霏霏於玉斝"注。吴本、四庫本"杜甫云"上有"兩敦,黍稷也"五字,當爲衍文。

〔四六四〕泰尊:古代祭祀用的大酒杯。禮記明堂位:"泰,有虞氏之尊也。"鄭玄注:"泰,用瓦。"

〔四六五〕云即瓦甒:吴本、四庫本無"云"字。瓦甒(wǔ),陶製的酒器。

〔四六六〕梡俎:梡(kuǎn),上古陳放全牲的禮器,木製,四足,爲俎之一種。吴本譌"挽"。俎,古代祭祀、燕饗時陳置牲體或其他食物的禮器。禮記明堂位:"俎,有虞氏以梡。" 犧尊:古代一種有雕飾的酒樽。犧,音 suō。各本均譌"義",今訂正。藝文類聚卷二二引禮記曰:"虞夏之質,殷周之文,至矣。虞夏之文,不勝其質;殷周之質,不勝其文。"又曰:"禮有以素爲貴者,……犧尊疏布幂,此以素爲貴也。" 甌:"簋"之古字,古代祭祀宴享時盛黍稷的器皿,一般爲圓腹、侈口、圈足。韓詩外傳卷三:"傳曰:昔者舜……飯乎土簋,啜乎土型,而農不以力獲罪。" 大路越席:大路,即大輅。路,通"輅"。越席,蒲草編的蓆子。越,音 huó。禮記禮器:"(禮)有以素爲貴者,……大路素而越席,…… 此以素爲貴也。"左傳桓公二年:"是以清廟茅屋,大路越席,……昭其儉也。"杜預注:"大路,玉路,祀天車也。"楊伯峻注:"大路越席者,謂大路之中用蒲草之席爲茵藉。" 水陸脩絜:水陸,此泛指來自水陸所產的祭品。脩絜,整齊而清潔。絜,"潔"之古字。

〔四六七〕日南至,禘員丘,配以黃帝:日南至,指冬至日。夏至以後,日躔自北而南;冬至以後,又自南而北。冬至日爲日躔居南之極,故稱。員丘,即圜丘,古時祭天的圓形高壇。四庫本"員"作"圜"。下羅苹注"員丘"之"員"同。禮記祭法:"有虞氏禘黃帝而郊嚳。"孔穎達疏:"'有虞氏禘黃帝'者,謂虞氏冬至祭昊天上帝於圜丘,大禘之時,以黃帝配祭。"

〔四六八〕以夏正,祭帝南郊,配高辛:夏正,夏曆正月的省稱。高辛,即嚳。辛,同"辛",吳本、四庫本、備要本作"辛"。禮記祭法"有虞氏禘黃帝而郊嚳"孔穎達疏:"'而郊嚳'者,謂夏正建寅之月,祭感生之帝於南郊,以嚳配也。"

〔四六九〕以北至,祀神州于北郊:北至,即夏至日。因夏至日爲日躔居北之極,故稱。神州,指神州之神,即地祇。　五天佐、五人神于明堂,高陽、唐堯配焉:五天佐,即五人帝,指太昊、炎帝、黃帝、少昊、顓頊。五人帝爲五方天帝(東曰靈威仰,南曰赤熛怒,中央曰含樞紐,西曰白招拒,北曰汁光紀)之副,故稱五天佐。五人神,指句芒、祝融、后土、蓐收、玄冥。禮記祭法:"有虞氏……祖顓頊而宗堯。"鄭玄注:"祭五帝、五神於明堂,曰祖、宗。祖、宗,通言爾。……明堂月令,春曰'其帝大昊,其神句芒',夏曰'其帝炎帝,其神祝融',中央曰'其帝黃帝,其神后土',秋曰'其帝少昊,其神蓐收',冬曰'其帝顓頊,其神玄冥'。"孔穎達疏:"'祖顓頊而宗堯'者,謂祭五天帝、五人帝及五人神於明堂。以顓頊及堯配之,故云'祖顓頊而宗堯'。"彥按:所祭五人帝(五天佐)已有顓頊,而又以高陽(即顓頊)配享,則重出矣。然此等讖緯家言本出杜撰,不足深究,姑存其説可矣。

〔四七〇〕特尊者,五帝中特祭感生一帝也:感生,古代讖緯家認爲王者之先祖皆感太微五帝之精而生,因有"感生"之説。禮記大傳:"王者禘其祖之所自出,以其祖配之。"鄭玄注:"凡大祭曰禘。自,由也。大祭其先祖所由生,謂郊祀天也。王者之先祖,皆感大微五帝之精以生,蒼則靈威仰,赤則赤熛怒,黃則含樞紐,白則白招拒,黑則汁光紀,皆用正歲之正月郊祭之,蓋特尊焉。"

〔四七一〕周公郊祀后稷以配天:見孝經聖治章。

〔四七二〕以建寅:謂于建寅之月,即夏正。

〔四七三〕雩祀、祈穀,皆謂郊也:雩祀,古代祈雨的祭祀。雩,音 yú。禮記月令:"(仲夏之月)大雩帝,用盛樂。乃命百縣雩祀百辟卿士有益於民者,以祈穀實。"鄭玄注:"雩,吁嗟求雨之祭也。雩帝,謂爲壇南郊之旁,雩五精之帝,配以先帝也。"祈穀,古代祈求穀物豐熟的祭禮。吴本"祈"譌"所"。禮記月令:"(孟春之月)天子乃以元日祈穀于上帝。"鄭玄注:"謂以上辛郊祭天也。"

〔四七四〕大報:謂徧祭天神以答謝恩德。

〔四七五〕春礿,夏禘,秋嘗,冬蒸:礿(yuè)、禘、嘗、蒸,古代天子、諸侯四時宗廟祭祀之名。蒸,亦作"烝"。禮記王制:"天子諸侯宗廟之祭,春曰礿,夏曰禘,秋曰嘗,冬曰烝。"　所以報本反始也:報本反始,謂答謝神祖。反,義同"報",回報,答謝。禮記郊特牲:"萬物本乎天,人本乎祖,此所以配上帝也。郊之祭也,大報本反始也。"孔穎達疏:"天爲物本,祖爲王本,祭天以祖配,此所以報謝其本。"

〔四七六〕乃駕五龍:龍,駿馬。

〔四七七〕舜駕五龍馬行康衢:龍馬,駿馬。康衢,太平御覽卷八一引列子,作"唐衢",曰:"舜嘗駕五龍,以騰唐衢。"

〔四七八〕乘鑾路:鑾路,有鑾鈴(帝王車馬的裝飾物。金屬鑄成鸞鳥形,其口中含鈴)的車駕。四庫本作"鑾輅",禮記作"鸞路",同。禮記月令:"(孟春之月)乘鸞路,駕倉龍。"鄭玄注:"鸞路,有虞氏之車。"　載絜旌——小綏、大綏:載,車子,即鑾路。絜,通"挈",攜帶。小綏,古代諸侯田獵時所建之旌旗。大綏,古代天子田獵時所建之旌旗。禮記王制:"天子殺則下大綏,諸侯殺則下小綏。"鄭玄注:"'綏'當爲'緌'。緌,有虞氏之旌旗也。"

〔四七九〕陸佃以鑾車爲金輅,鉤車爲戎輅:鑾車,也作"鸞車",即鑾路。吴本"鑾"譌"鑿"。金輅,古代帝王所乘用車五輅之一。飾以金,故稱。鉤車,古兵車之一種。上設鉤梯(一種攀援器械,用以爬高),用于偵察。洪本、吴本"鉤"譌"釣"。戎輅,即戎車,兵車。禮記明堂位:"鸞車,有虞氏之路也。鉤車,夏后氏之路也。"太平御覽卷三三四引古司馬兵法曰:"戎車,夏曰鉤車。"

〔四八〇〕明堂位:"虞氏之旂",又曰:"虞氏之綏":洪本"又曰"作"又以"非。彦按:此引明堂位,兩言虞氏,其一乃夏后氏之誤。禮記明堂位:"有虞氏之旂,夏后氏之綏,殷之大白,周之大赤。"鄭玄注:"四者,旌旗之屬也。綏當爲綏,讀如冠蕤之‘蕤’。有虞氏當言綏,夏后氏當言旞,此蓋錯誤也。”　月令鸞路青旂:見禮記月令孟春之月,而“鸞”作“鷥”。四庫本“路”作“輅”。　周官金路亦載旂:見周禮春官巾車。

〔四八一〕夔夔齊栗,惟盡子道:夔夔,和順恭敬貌。齊栗,敬慎恐懼。齊,同“齋”。喬本作“襺”,誤。四庫本作“齊”,亦當讀“齋”。此從餘諸本。栗,通“慄”。書大禹謨:“(舜)負罪引慝,祗載見瞽瞍,夔夔齋慄,瞽亦允若。”又史記五帝本紀:“舜之踐帝位,載天子旗,往朝父瞽叟,夔夔唯謹,如子道。”

〔四八二〕底豫:得到快樂。底,通“厎”,洪本作“厎”。下“底豫”之“底”同。孟子離婁上:“舜盡事親之道,而瞽瞍厎豫。”趙岐注:“厎,致也。豫,樂也。”

〔四八三〕瞽底豫,而天下之爲父子者定:孟子離婁上:“瞽瞍厎豫,而天下化。瞽瞍厎豫,而天下之爲父子者定。”

〔四八四〕子職:喬本、洪本、吳本“職”譌“戢”,此從餘本。

〔四八五〕而記者曰:舜見瞽叟,其容蹙焉:瞽叟,四庫本“叟”作“瞍”。蹙(cù),憂愁貌。洪本作“造”,通。孟子萬章上:“舜見瞽瞍,其容有蹙。”朱熹集注:“蹙,顰蹙不自安也。”韓非子忠孝作:“舜見瞽瞍,其容造焉。”彥按:洪本作“造”蓋爲路史原文,後來諸本作“蹙”,乃以本字易借字。

〔四八六〕咸丘蒙:孟子弟子。　瞽叟北面而朝舜:瞽叟,吳本、四庫本“叟”作“瞍”。孟子萬章上:“咸丘蒙問曰:‘……舜南面而立,堯帥諸侯北面而朝之,瞽瞍亦北面而朝之。舜見瞽瞍,其容有蹙。孔子曰:“於斯時也,天下殆哉,岌岌乎!”不識此語誠然乎哉?’”

〔四八七〕禮不迎尸,爲不敢爲主:尸,古代祭祀時代死者受祭的人。儀禮士虞禮“祝迎尸”鄭玄注:“尸,主也。孝子之祭,不見親之形象,心無所繫,立尸而主意焉。”禮記祭統:“君迎牲而不迎尸,別嫌也。尸在廟門外則疑於臣,在廟中則全於君。君在廟門外則疑於君,入廟門則全於臣、全於子。是故不出者,明君臣之義也。”疑,通“擬”,類似,如同。　而況敢臣父乎:臣父,以父爲臣。

〔四八八〕唐虞稽古,建官惟百:書周官載周成王語。

〔四八九〕公:洪本、吳本譌“分”。

〔四九〇〕漢書張安世傳:"夫親親任賢,唐虞之道也。"

〔四九一〕建弟象於有畀:有畀,地名,在今湖南道縣北。一説在今湖南東安縣蘆洪市鎮之東。孟子萬章上作"有庳",曰:"象至不仁,封之有庳。"漢書昌邑王劉賀傳作"有鼻",曰:"舜封象於有鼻,死不爲置後,以爲暴亂之人不宜爲太祖。"又鄒陽傳作"有卑",曰:"昔者,舜之弟象日以殺舜爲事,及舜立爲天子,封之於有卑。"

〔四九二〕道州:治所在今湖南道縣。

〔四九三〕見上注〔四九一〕。

〔四九四〕或作"庳":庳,同"庫"。喬本作"廙",當誤,此從餘諸本。孟子萬章上作"有庫",蓋即羅氏所指。

〔四九五〕封黃帝之孫子十有九人爲侯伯:韓詩外傳卷四:"舜兼二女,非達禮也。封黃帝之子十九人,非法義也。"

〔四九六〕都邑、服色、祀享、封列,禮之必至者:都邑,洪本"都"字闕文,吳本、備要本作"爵邑"。祀享,祭祀供獻。封列,封侯賜土。列,"裂"之古字,此謂裂土。　書自格文祖後,即繼以咨四岳:詳書舜典。

〔四九七〕其它常事不書:四庫本"它"作"他"。

〔四九八〕法義:法度義理。

〔四九九〕詢于四岳,辟四門,明四目,達四聰:自此而下至"司空伯禹",大抵撮取自書舜典。書"辟"作"闢"。周秉鈞易解:"闢,開也。四門,明堂之四門也,古以明堂爲行政之地。達,通也。江聲曰:開明堂之四門,以出政教于天下,以明通四方之耳目。"

〔五〇〇〕咨四方之門以招來:彦按:此句疏"辟(闢)四門","咨"無"闢"義,當誤。疑宜作"開",説文門部:"闢,開也。……虞書曰:'闢四門。'"此蓋因涉上正文"詢于四岳"之"詢"而誤。　皆因四岳:因,通過。

〔五〇一〕言四目則知聰之爲耳,言四聰則知目之爲明:此即後世所謂互文見義。聰之爲耳,四庫本"聰"作"聽"誤。

〔五〇二〕猶言"汝明""汝聽":備要本"聽"譌"聰"。"汝明""汝聽",見書益稷:"帝曰:'臣作朕股肱耳目。……予欲觀古人之象,……以五采彰施于五色,作服,汝明。予欲聞六律、五聲、八音,在治忽,以出納五言,汝聽。'"彦按：汝明，猶言汝作朕目。汝聽，猶言汝作朕耳。　皆体用也：体，謂股肱耳目，比喻左右輔佐之臣。用，作用。

〔五〇三〕食哉，惟時：蔡沈書經集傳：“王政以食爲首，農事以時爲先。舜言足食之道，惟在於不違農時也。”　柔遠能邇：柔，安撫。爾雅釋詁：“柔，安也。”能，親善，和睦。蘇軾書傳：“能，讀如‘不相能’之‘能’。”王念孫云：“古者謂相善爲相能。”（見王引之經義述聞尚書上）　惇德允元，而難任人：惇，厚也（見說文），此謂厚待，優待。德，此指有德者。允，信。元，善，此指善人。難（nàn），拒斥。孔氏傳：“難，拒也。”任人，佞人。爾雅釋詁：“任，佞也。”蔡沈集傳：“言當厚有德，信仁人，而拒姦惡也。”　蠻夷率服：率服，服從，順服。

〔五〇四〕平王告文侯柔遠能邇，而惠康小民：平王，周平王姬宜臼。文侯，晉文侯姬仇（字義和）。惠康，謂加恩以使安樂。洪本、吳本、備要本“惠康”上衍“蠻”字，吳本且脱“小民”二字。喬本則“惠康”上有一墨丁，疑覺知衍文而剗去。書文侯之命：“王曰：‘父義和，其歸視爾師，寧爾邦。……父往哉！柔遠能邇，惠康小民，無荒寧。’”孔氏傳文侯之命曰：“幽王爲犬戎所殺，平王立而東遷洛邑，晉文侯迎送安定之，故錫命焉。”

〔五〇五〕説者以詩書言“能邇”必先“柔遠”：書之舜典、顧命、文侯之命，詩之大雅民勞，皆有“柔遠能邇”語。　則邇之惠有不可得善：洪本“之”字爲墨丁。　中庸言“柔遠人”而後“懷諸侯”：禮記中庸：“柔遠人也，懷諸侯也。……柔遠人則四方歸之，懷諸侯則天下畏之。”又：“送往迎來，嘉善而矜不能，所以柔遠人也。繼絶世，舉廢國，治亂持危，朝聘以時，厚往而薄來，所以懷諸侯也。”　允元：猶言誠善，真對。

〔五〇六〕有能奮庸，光堯之緒，使宅百揆亮采，惠疇：奮庸，努力從事。庸，用。光堯之緒，光大堯之事業。書舜典此句作“熙帝之載”，餘文字同。周秉鈞易解曰：“宅，居也。百揆，官名。亮，釋詁：導也。采，事也。惠，助詞。……疇，誰也。”而譯“亮采”爲“領導政事”。

〔五〇七〕書舜典作：“僉曰：‘伯禹作司空。’”

〔五〇八〕居民：讓民居住。

〔五〇九〕時禹遜于稷、契、皋陶：喬本“于”誤“干”，此從餘諸本。吳本“皋”下部筆畫失落作“臭”。

〔五一〇〕爾雅:亮,左右也:見爾雅釋詁,原文作:"左右,亮也。"左右,輔佐。

〔五一一〕采,如僚采,言事各有其列:僚采,同僚。彥按:是則羅氏釋"亮采"爲輔佐之臣、佐臣之列。可備一説。

〔五一二〕疇,如九疇,言事各從其類:備要本"從其"誤倒作"其從"。彥按:羅氏蓋釋"惠"爲"順",釋"疇"爲"類",故作此言。其説亦非無據,爾雅釋言"惠,順也",書洪範"帝乃震怒,不畀洪範九疇"孔傳"疇,類也",是也。

〔五一三〕舜即天子位,以禹因堯之輔佐,繼其統業,是以垂拱無爲而天下治:見漢書董仲舒傳,"以禹"作"以禹爲相"。統業,指帝王之業。

〔五一四〕禹,汝平水土:書舜典:"帝曰:'俞,咨! 禹,汝平水土,惟時懋哉!'" 嗣考之勛:繼父之功。吳越春秋越王無余外傳:"四嶽謂禹曰:'舜以治水無功,舉爾嗣考之勳。'" 四海會同:會同,古代諸侯朝見天子的通稱。周禮春官大宗伯"時見曰會,殷見曰同"鄭玄注:"時見者,言無常期。……殷見,四方四時分來,終歲則徧。"書禹貢:"四隩既宅,九山刊旅,九川滌源,九澤既陂,四海會同。" 祇我德先,時乃功惟敍:祇,敬。時,通"是",此。乃,你,你的。功,事,工作。敍,次序,謂有次序、有條理。

〔五一五〕祇台德先,不距朕行:見書禹貢。孔穎達疏:"'台,我',釋詁文。……王者既能用賢,又能謹敬,其立意也常自以敬我德爲先,則天下無有距違我天子之行者。……王者自敬其德,則民豈敢不敬之? 人皆敬之,誰敢距違者?"非豫於治:非豫,無關。豫,通"與",關涉。

〔五一六〕迪朕德,時乃功惟敍:書益稷載舜帝語。迪,通"由",遵從。孔氏傳:"言天下蹈行我德,是汝治水之功有次序,敢不念乎!" 謂天下之人皆繇我之德而行者:繇,通"由",遵從。四庫本作"由"。

〔五一七〕禹曰:"俞! 小子敢悉考績,以統天意":悉,盡,謂盡心力。考績,父業。統,合。漢書敍傳下"準天地,統陰陽"顏師古注引張晏曰:"統,合也。"天意,帝旨。吳越春秋越王無余外傳:"舜與四嶽舉鯀之子高密。四嶽謂禹曰:'舜以治水無功,舉爾嗣考之勳。'禹曰:'俞! 小子敢悉考績,以統天意。惟委而已。'"

〔五一八〕示不自用也:四庫本"示"譌"亦"。

〔五一九〕曰"汝往哉"：書舜典："帝曰：'俞，咨！禹，汝平水土，惟時懋哉！'禹拜稽首，讓于稷、契暨皋陶。帝曰：'俞，汝往哉！'"

〔五二〇〕天降秠秬，乃命稷築牆茨屋，辟地蒔穀：秠秬(pī jù)，泛指黑黍。分而言之，則秬是黑黍的大名，秠是黑黍中一稃二米者。古人視秠秬爲嘉穀。茨屋，用茅草蓋屋。辟，"闢"之古字，開發，開拓。蒔，種植。洪本作"時"，通。淮南子脩務："舜作室，築牆茨屋，辟地樹穀。"

〔五二一〕誕降嘉種：見詩大雅生民，文曰："誕降嘉種，維秬維秠，維穈維芑。"誕，發語詞，無實義。

〔五二二〕孫氏瑞書：即孫氏瑞應圖，南朝梁孫柔之撰。吳本"氏"譌"曰"。

〔五二三〕生民有荏菽、禾黍、麻麥、瓜瓞、秬秠、穈芑：生民，詩經大雅篇名。荏菽，大豆。禾黍，彥按：生民有"禾役"(穀禾植株的行列)，未見有"禾黍"，"黍"字本不當有，蓋爲湊成雙音節而連類及之。瓜瓞，吳本"瓞"譌"瓝"。穈(mén)，粟之一種，初生時葉純赤，後漸變青。各本皆譌"穈"，今訂正。芑，粟之一種，莖白色，又名白粱粟。

〔五二四〕播蒔百穀：見書舜典，而"蒔"作"時"："帝曰：'棄，黎民阻飢，汝后稷，播時百穀。'"

〔五二五〕命偰司徒：管子法法："舜之有天下也，禹爲司空，契爲司徒。"別三族，親百姓：三族，謂父、子、孫。見周禮春官小宗伯"掌三族之別，以辨親疏"鄭玄注。史記五帝本紀："契主司徒，百姓親和。" 敬政率經，毋虺：政，指政令。率，遵循。經，常，指常道。毋虺，猶言在寬。大戴禮記五帝德："契作司徒，教民孝友，敬政率經。"書舜典："帝曰：'契，百姓不親，五品不遜，汝作司徒，敬敷五教，在寬。'" 五作十道，孝力爲右，萬民以成：爲右，猶爲上。尚書大傳卷二："五作十道，孝力爲右。"鄭玄注："五作，五教也。十道，謂君令、臣共(恭)、父慈、子孝、兄愛、弟敬、夫和、妻柔、姑慈、婦聽者也。"皮錫瑞疏證："大傳云'孝力爲右'者，蓋謂孝弟、力田。漢書高后紀元年：'初置孝弟力田二千石者一人。'師古曰：'特置孝弟力田官而尊其秩，欲以勸屬天下，令各敦行務本。'"

〔五二六〕水土平而衣食足，教化興：四庫本"而"作"而後"，"興"作"興也"。吳本此句作："水土平而後民得食，乃教之也。"

〔五二七〕飽食、煖衣、逸居而無教，則近禽獸：自此而下至“父子，君臣，夫婦，長幼，朋友”，大抵撮取自孟子滕文公上。

〔五二八〕聖人有憂之：聖人，洪本、吳本作“至人”。有，通“又”。　如父子主恩，君臣主敬：主恩，吳本“主”作“有”。孟子公孫丑下：“景子曰：‘内則父子，外則君臣，人之大倫也。父子主恩，君臣主敬。’”

〔五二九〕彝者，故謂之典：彝，常，常規。

〔五三〇〕膏粱難化：膏粱，肥美的食物，喻指富貴人家過慣享樂生活的子弟。粱，通“粱”，備要本作“粱”。化，教化，教育。國語晉語七：“夫膏粱之性難正也，故使惇惠者教之，使文敏者導之，使果敢者諗之，使鎮静者修之。”韋昭注：“膏，肉之肥者；粱，食之精者。言食肥美者，率多驕放，其性難正。”

〔五三一〕士，理官也：理官，掌管刑獄的官員。　故史云“爲大理”：喬本、洪本、吳本、備要本“大”譌“夫”，今從四庫本訂正。史記五帝本紀：“皋陶爲大理，平，民各伏得其實。”

〔五三二〕事人：事奉人，服侍人。

〔五三三〕見釋詁下。

〔五三四〕見用刑尤當致察：致，給予。察，喬本譌“祭”，今從餘諸本訂正。

〔五三五〕以五服三次、五宅三居之法，政五刑，以消寇賊姦宄：次，備要本譌“坎”。政，通“正”，審正。書舜典：“帝曰：‘皋陶，蠻夷猾夏，寇賊奸宄，汝作士。五刑有服，五服三就；五流有宅，五宅三居。惟明克允。’”周秉鈞易解云：“强取爲寇。殺人爲賊。亂在外爲姦，在内爲宄。此言中國受蠻夷之影響而發生强取財物、殺害人民、爲亂于内外之事。”又云：“五刑，墨、劓、剕、宫、大辟也。服，用也。五刑有服者，魯語‘大刑用甲兵，其次用斧鉞，中刑用刀鋸，其次用鑽筰（彦按：筰通“鑿”），薄刑用鞭扑’是也。就，次也，處也。三就者，魯語‘大者陳之原野，小者致之市朝。五刑三次，是無隱也’，是也。韋昭曰：‘次，處也。三處，野、朝、市也。’言汝作士官，五種刑罰各有所用，五種用刑當于三處執行。”又云：“流放所以寬宥五刑，故有五流。宅，居也。三居，鄭玄曰：‘自九州之外至于四海，三分其地以爲遠近，若周之夷、鎮、蕃也。’……言五種流放各有所居，五居又分三處。”

〔五三六〕猾：擾亂。

〔五三七〕此司寇，詰姦慝、刑暴亂者：詰，查究。姦慝，姦詐邪惡的人。書周官：“司寇掌邦禁，詰姦慝，刑暴亂。”

〔五三八〕夫二帝時民淳俗阜：二帝，指堯、舜。阜，淳厚，樸實。　今因蠻夷猾夏而起：喬本、洪本、吳本“夏”譌“憂”，今據四庫本、備要本訂正。

〔五三九〕王安石、蘇軾等遂謂以五流三居治蠻夷：王安石説出處不詳。蘇軾説見蘇氏所撰書傳卷二舜典“五流有宅，五宅三居”傳，其文曰：“堯舜以德禮治天下，雖有蠻夷寇賊，時犯其法，然未嘗命將出師，時使皋陶作士，以五刑三就、五流三居之法治之足矣。”五流三居，參見上注〔五三五〕。

〔五四〇〕彥按：羅氏此以“刑有五，必服其罪”釋書舜典之“五服”，不可取。參見上注〔五三五〕。

〔五四一〕王氏之説爲近：王安石子王雱曾撰有新經尚書義。是書當時頒於學官，用以取士（見宋晁公武郡齋讀書志卷一上），今已佚，内容不復可考。吳本“氏”字闕文。

〔五四二〕或以五服爲要荒：五服，吳本“五”譌“工”。要荒，要服、荒服，爲五服中距離王畿最遠之二服。　三就爲朝、市、原野：見上注〔五三五〕。

〔五四三〕原野之説，蓋本國語：國語魯語上：“大刑用甲兵，其次用斧鉞；中刑用刀鋸，其次用鑽笮；薄刑用鞭扑：以威民也。故大者陳之原野，小者致之市朝。”

〔五四四〕要荒亦惟流蔡，豈墨、劓亦流之哉：流蔡（sà），流放。墨，吳本譌“𪵩”。

〔五四五〕孔又以三居爲四裔與九州外、千里外：四裔，各本均譌“四夷”，今訂正。書舜典孔氏傳原文作：“五居之差，有三等之居：大罪四裔，次九州之外，次千里之外。”

〔五四六〕密勿淑問：密勿，勤勉努力。淑問，善于審判。詩魯頌泮水：“淑問如皋陶，在泮獻囚。”鄭玄箋：“淑，善也。囚，所虜獲者。僖公既伐淮夷而反，在泮宫使武臣獻馘，又使善聽獄之吏如皋陶者獻囚。”　制百姓于刑之中，以教祇德：書吕刑：“士制百姓于刑之中，以教祇德。”孔氏傳以“士”指皋陶，蓋即羅氏所本。然後漢書梁統傳引此經，“士”作“爰”，清王鳴盛研究之後斷言：“此經無皋陶。”（見尚書後案）學者多從之（參見顧頡剛、劉起釪尚書校釋譯論）。周秉鈞易解云：“士，士師也。制，御也。百姓，百官。于，以也。中，平也。祗，敬也。言……士師制御百官以刑之平，以教之敬德也。”　惟明克允：書舜典舜命皋陶之辭。周秉鈞易解：“惟，命令之詞。允，信也。惟明克允，宜明察而能使人信服之。”

〔五四七〕故易每以雷電爲用刑之象：如易噬嗑象傳：“電雷，噬嗑；先王以明罰勅法。”高亨今注：“噬嗑之上卦爲離，下卦爲震。離爲電，震爲雷。然則噬嗑之卦象是電與雷，即電雷并作。按象傳以電比人之明察，以雷比刑。卦象是上電下雷，象傳之文是先電後雷，故此是比明察于刑罰，即修明刑罰。先王觀此卦象，從而明察其刑罰，修正其法律。”又易豐象傳：“雷電皆至，豐；君子以折獄致刑。”高亨今注：“折獄，斷獄也。致刑，行刑也。豐之上卦爲震，下卦爲離。震爲雷，離爲電。然則豐之卦象是雷電皆至。……按豐之卦象是先雷後電。象傳又以雷比刑，以電比人之明察，以先雷後電比統治者刑罰嚴明。君子觀此卦象及卦名，從而在刑罰嚴明之原則下，以斷訟獄，施刑罰。”　凡以動而明也：凡，皆。以，因。易噬嗑象傳：“噬嗑而‘亨’，剛柔分，動而明，雷電合而章。”高亨今注：“噬嗑之下卦爲震，上卦爲離。……震，動也；離，明也。然則噬嗑之卦象又是‘動而明’，即人之行動明察，非盲動也。”

〔五四八〕皋陶方施象刑：參見上注〔三七三〕。　惟明可見允信：允信，真實。　當也：當（dàng），謂合乎道理。正字通田部：“當，事理合宜也。”備要本“當”譌“爲”。

〔五四九〕子曰：“舜選於衆，舉皋陶，不仁者遠矣”：“舜選於衆”云云，見于論語顏淵（原文“舜”下有“有天下”三字）。乃子夏語，而非孔子言，“子曰”當作“子夏曰”。

〔五五〇〕見後漢書楊賜傳。　昔楊賜稱尚書令，數日出爲廷尉：昔，吳本作“昚”，同。楊賜，東漢名臣。喬本、洪本、吳本“楊”譌“揚”。廷尉，官名，主管刑獄。　法家：研治刑法的人，刑獄之官。　三后成功，惟殷于民，皋陶不預，蓋吝之也：“三后成功，惟殷于民”二句，乃引書呂刑語。三后，指伯夷、禹、稷。蔡沈書經集傳釋云：“三后成功，在致民之殷盛富庶也。”預，後漢書作“與”，義同，皆謂參與、關涉。吝，各本均譌“容”，今據後漢書訂正。李賢注云：“吝，恥也。殷，盛也。尚書曰：‘伯夷降典，折人惟刑；禹平水土，主名山川；

稷降播種，農殖嘉穀。三后成功，惟殷於人。'言皋陶不預其數者，蓋恥之。"

〔五五一〕此句大抵撮取自書大禹謨。　惟兹臣庶，罔或干予正：臣庶，臣民。干，干擾，冒犯。正，通"政"。　汝明五刑，以輔五教：書大禹謨作："汝作士，明于五刑，以弼五教，期于予治。"　刑期于亡刑：意謂刑罰之目的在于消滅刑罰。期，期望，企求。　民協于中，是乃功：協，符合。中，指中道。是，此。乃，你，你的。

〔五五二〕以刑教中：彦按：此四字突兀游離于上下文，而更像是對上文之注解，疑其爲注文而闌入者。

〔五五三〕陶乃祗陳九德之序：祗，敬。陳，陳述。九德，古聖賢具備的九種優良品格，即：寬而栗、柔而立、愿而恭、亂而敬、擾而毅、直而温、簡而廉、剛而塞、彊而義。九德見書皋陶謨，周秉鈞易解引金履祥尚書表注曰："九德凡十八字，而合爲九德者，上九字其資質，下九字則進修，亦有德行之全美者。寬者易弛，寬而堅栗則爲德。柔者易弱，柔而卓立則爲德。謹厚曰愿，愿者易同流合汙而不莊，愿而嚴莊則爲德。治亂曰亂，亂者恃有治亂解紛之才則易忽，亂而敬謹則爲德。擾者馴熟而易夾，擾而剛毅則爲德。直者徑行而易訐，直而温和則爲德。簡者多率略，簡而有廉隅則爲德。剛者多無蓄，剛而塞實則爲德。彊者恃勇而不審宜，故以彊而義爲德也。"序，次序，先後。　以刑備僇，是故畫衣異服，而姦不犯其醇：備，輔助。僇（lù），羞辱。畫衣異服，即所謂象刑。參見後紀十一帝堯陶唐氏注〔一九〇〕。姦，指姦邪的人。醇，指淳樸的人。

〔五五四〕見荀子正論。原文作："故象刑殆非生於治古，竝起於亂今也。"

〔五五五〕慎子：各本"慎"均譌"真"，今據北堂書鈔卷四四引訂正。　以畫跪當黥：跪，各本均譌"詭"，今據北堂書鈔訂正。下"畫跪"之"跪"同。黥，四庫本譌"點"。　以草纓當劓：草纓，草做的冠帶。即繫冠之繩用草帶子。吴本譌作"以草草當纓"。　以復緋當刖：彦按：復緋，下文或作"復封"，均不可解，當誤。北堂書鈔卷四四作"履菲"，初學記卷二〇作"履屝"，太平御覽卷六四五作"菲履"。菲履即草鞋，意謂穿草鞋，而與上句"草纓"對仗工整，當是。蓋"菲"譌"封"，進而譌"緋"，"履"譌"復"，加之誤倒，遂成"復緋"矣。"草纓當劓"、"菲履當刖"，異其冠履，以代上刑之劓（截去鼻）、下刑之刖（砍斷足），正相貼切。　以艾畢當宫：艾畢，割去蔽膝。艾，通"刈"，割。吴本譌"艾"。

畢,通“韠”,即蔽膝:上古一種服飾,于裳裙之外,自前身之腰帶處繫一大致是長方形的帛巾,下垂蔽至膝。參見黄金貴古代文化詞義集類辨考服飾“裳·裙(帬)○芾(韍、紱、韍)、韠”條。　謂之戮:戮,通“僇”,羞辱。

〔五五六〕故文帝詔云:四庫本“詔”譌“治”。史記孝文本紀載帝詔文,作:“蓋聞有虞氏之時,畫衣冠異章服以爲僇,而民不犯。何則? 至治也。”

〔五五七〕漢書刑法志:“善乎! 孫卿之論刑也,曰:‘世俗之爲説者,以爲治古者無肉刑,有象刑墨黥之屬,菲履赭衣而不純,是不然矣。以爲治古,則人莫觸罪邪,豈獨無肉刑哉,亦不待象刑矣。以爲人或觸罪矣,而直輕其刑,是殺人者不死,而傷人者不刑也。罪至重而刑至輕,民無所畏,亂莫大焉。凡制刑之本,將以禁暴惡,且懲其未也。殺人者不死,傷人者不刑,是惠暴而寬惡也。故象刑非生於治古,方起於亂今也。……’所謂‘象刑惟明’者,言象天道而作刑,安有菲履赭衣者哉?”

〔五五八〕復緋:四庫本如此,與上文一律,今姑從之。餘諸本均作“復封”。

〔五五九〕艾畢:吳本“艾”譌“文”。

〔五六○〕草纓,荀作“搔”:今本荀子正論“草纓”作“慅嬰”。楊倞注:“當爲‘澡嬰’,謂澡濯其布爲纓,鄭云:‘凶冠之飾,令罪人服之。’……澡,或讀爲草,慎子作‘草纓’也。”

〔五六一〕赬衣不純:赬衣,猶赭衣。赬(chēng),紅,紅色。參見後紀十一帝堯陶唐氏注〔一九五〕。

〔五六二〕垂爲共工,辨材楛,利器用:共工,各本均作“宗工”。彦按:宗工當“共工”之誤。書舜典:“帝曰:‘俞,咨! 垂,汝共工。’”漢書百官公卿表上亦曰:“垂作共工,利器用。”又下羅苹注,洪本、吳本並作:“共工,司空之職。”是則正文原爲“共工”,可以無疑,今訂正。材楛(kǔ),器物之質量優劣。楛,器物粗劣不堅。

〔五六三〕共工:洪本、吳本如此,當爲本來面目,今從之。餘本作“宗工”誤。參見上注。

〔五六四〕書顧命:周成王崩,“兑之戈、和之弓、垂之竹矢,在東房。”孔氏傳:“兑、和,古之巧人。垂,舜共工。所爲皆中法,故亦傳寶之。”

〔五六五〕於是百用作,削鏚脩之迹,流髹其上,輸之宮寢,而當時之諫進者十有三:百用,泛稱各種用器。削,古代一種用于削木的刀具。鏚,通“鋸”。脩之迹,謂磨掉其痕迹。髹(xiū),赤黑漆(見玉篇),亦泛指漆。宮寢,宮廷。諫進,進諫。韓非子十過載由余對秦穆公:“堯禪天下,虞舜受之。作爲食器,斬山木而財之,削鋸脩其迹,流漆墨其上,輸之於宮,以爲食器。諸候以爲益侈,國之不服者十三。”

〔五六六〕納諫之官:納諫,猶進諫。

〔五六七〕繇余:即由余。見後紀八帝顓頊高陽氏注〔三八二〕。　舜作食器,諸侯以爲益侈,國之不服者十有三:食器,洪本、吴本如此,與韓非子同,今從之。餘諸本作“漆器”。益,過分。參見上注〔五六五〕。

〔五六八〕魏徵有進諫之説:魏徵,唐太宗朝宰相,以直諫敢言稱。舊唐書魏徵傳載徵對唐太宗曰:“昔舜誡羣臣:‘爾無面從,退有後言。’若臣面從陛下方始諫,此即‘退有後言’,豈是稷、契事堯、舜之意耶?”

〔五六九〕益爲公虞,若于上下草木鳥獸,佑之朱虎、熊羆:虞,掌管山林川澤之官。若,順應。上下,謂山澤。佑,輔助,幫助。朱虎、熊羆,二臣名。書舜典:“帝曰:‘俞,咨! 益,汝作朕虞。’益拜稽首,讓于朱虎、熊羆。帝曰:‘俞,往哉! 汝諧。’”

〔五七〇〕中山澤虞:洪本、吴本脱“虞”字。

〔五七一〕衆虞之伯也:伯,長,長官。

〔五七二〕夷:伯夷。

〔五七三〕孔注云:宗廟之官:“宗廟”當作“郊廟”。書舜典“伯,汝作秩宗”孔氏傳:“秩,序;宗,尊也。主郊廟之官。”孔穎達疏:“郊謂祭天南郊,祭地北郊;廟謂祭先祖。即周禮所謂天神、人鬼、地祇之禮是也。”

〔五七四〕宋百官春秋:佚書,作者不詳。　宗正:官名。掌管王室親族的事務。

〔五七五〕降典三禮:降,賜給。典,主管。三禮,指祭祀天、地、宗廟之禮。書舜典:“帝曰:‘咨! 四岳,有能典朕三禮?’僉曰:‘伯夷。’”

〔五七六〕五禮:指吉禮(祭祀之禮)、凶禮(凶事哀弔之禮)、軍禮(軍中之禮)、賓禮(接待賓客之禮)、嘉禮(飲食、昏冠、賓射、饗燕、脤膰、賀慶之禮)。

〔五七七〕其實：吳本"實"作"寔"。

〔五七八〕惟寅惟清：寅，敬，謂敬職事。清，清明。書舜典："帝曰：'俞咨！伯，汝作秩宗。夙夜惟寅，直哉惟清。'" 以接幽玄，以節天下：接，接觸，交往。幽玄，指鬼神。節，節制。大戴禮記五帝德："伯夷主禮，以節天下。" 哲民惟刑，而上下讓：哲，通"折"，制，制裁，管束。讓，洪本作"攘"非。書呂刑："伯夷降典，折民惟刑。"墨子尚賢中引呂刑，"折民"作"哲民"。

〔五七九〕伯主典：四庫本作"伯夷主禮"，與今本史記五帝本紀同。

〔五八〇〕夷本典禮，而以其法教民若享宗廟：若，連詞；與，及。享，祭祀。是降此典禮折斷於民以爲法也：典禮，制度禮儀。折斷，裁斷，判決。

〔五八一〕或云，堯先任皋陶，後任伯夷，故舜典先言之，而呂刑次言之，以刑輔禮：舜典先言者，書舜典："帝曰：'皋陶！……汝作士。五刑有服，五服三就；五流有宅，五宅三居：惟明克允。'"是也。呂刑次言者，書呂刑："伯夷降典，折民惟刑。"是也。

〔五八二〕周大司樂屬於宗伯，則爲一，知帝治於禮樂致詳也：大司樂，官名，爲樂官之長。宗伯，官名，周代六卿之一，爲主禮之官。致詳，極其詳盡。致，通"至"。

〔五八三〕大晟書：四庫本"晟"譌"晨"。 舜五祀，論鍾石，定人聲：祀，年。論，備要本譌"諭"。鍾石，鍾磬。人聲，指唱腔。

〔五八四〕以樂德教冑子，樂語興道：樂德，指音樂所體現的道德精神。樂語，音樂語言，指音樂的表現形式與方法。興道，啓發誘導。洪本"興"譌"與"。周禮春官大司樂："以樂德教國子：中和，祗庸，孝友。以樂語教國子：興道，諷誦，言語。"

〔五八五〕其風頌語言，直寬剛簡，惟克有濟：風頌，泛稱音樂。風，指民謠，鄉土音樂。頌，指宗廟樂歌，廟堂音樂。直寬剛簡，正直、寬弘、剛毅、簡約。克，能。有濟，有成就，獲得成功。書舜典："帝曰：'夔，命汝典樂，教冑子。直而溫，寬而栗，剛而無虐，簡而無傲。'"

〔五八六〕興於詩，成於樂：論語泰伯："子曰：'興於詩，立於禮，成於樂。'"

〔五八七〕大司樂掌成均之法，合國子弟：成均，古之大學。合，聚合，會聚。國子弟，公卿大夫的子弟。周禮春官大司樂："大司樂掌成均之灋，以治建國之學政,而合國之子弟焉。"

〔五八八〕五帝之學,周於成均:學,學校。周禮春官大司樂"大司樂掌成均之瀍"鄭玄注:"玄謂董仲舒云:'成均,五帝之學。'……文王世子曰:'於成均,以及取爵於上尊。'然則周人立此學之宫。"又于禮記文王世子注云:"董仲舒曰:五帝名大學曰成均。"

〔五八九〕教樂德、樂舞、樂器:彦按:周禮春官大司樂云:"以樂德教國子,……以樂語教國子,……以樂舞教國子。"有樂舞而不及樂器。羅氏此説疑無依據。

〔五九〇〕胄子:吴本"胄"謁"胃"。　元子:天子和諸侯的嫡長子。

〔五九一〕繇聲之入人深也:吴本、四庫本、備要本"繇"作"由"。

〔五九二〕以六律、五聲、八音、七始在治忽,以出納五言而賞諸侯:七始,見前紀八祝誦氏注〔一〇三〕。在,察,審察。治忽,治亂。喬本"忽"謁"忿",今據餘諸本訂正。出納,進退,謂斟酌取舍。五言,五方之言,指五方之意見(取周秉鈞尚書易解説)。書益稷:"予欲聞六律、五聲、八音,在治忽,以出納五言,汝聽。"

〔五九三〕見漢書律曆志,原文爲:"書曰:'予欲聞六律、五聲、八音、七始詠,以出内五言,女聽。'予者,帝舜也。言以律吕和五聲,施之八音,合之成樂。七者,天地四時人之始也。順以歌詠五常之言,聽之則順乎天地,序乎四時,應人倫,本陰陽,原情性,風之以德,感之以樂,莫不同乎一。"

〔五九四〕故以歌詠五言聽之:五言,指五常(仁、義、禮、智、信)之言。參見上注。

〔五九五〕籥舞:吹籥而舞,舞時依照籥聲爲節拍。古代屬于文舞(與執斧楯而舞之武舞相對)。

〔五九六〕大戴記:"夔作"云云:吴本、四庫本無此七字。大戴禮記五帝德:"夔作樂,以歌籥舞,和以鐘鼓。"

〔五九七〕詩言志,歌永言,聲依詠,律和聲:見書舜典,"詠"作"永"。永,通"詠",曼聲長吟。聲,指五聲,即我國古代五聲音階中的五個音級:宫、商、角、徵、羽。律,律管,有十二律。和,協調。　八音克諧,神人以和:書舜典作:"八音克諧,無相奪倫,神人以和。"

〔五九八〕樂之所感，幽明一也：感，感化，感染，影響。幽明，指陰間與陽間，鬼神與人。

〔五九九〕仲尼燕居：禮記篇名。仲尼燕居載孔子曰：“達於禮而不達於樂謂之素，達於樂而不達於禮謂之偏。夫夔達於樂，而不達於禮，是以傳於此名也。”

〔六〇〇〕資治通鑑外紀卷一帝舜紀：“舜以樂教天下。重黎舉夔，舜以爲樂正，命延益八弦爲二十三弦之瑟。夔修九招、六列、六英以明帝德，於是正六律，和五聲，以通八風，而天下大服。重黎欲益求人，舜曰：‘樂，天地之精，得失之節，夔能和之以平天下，一而足矣。’”

〔六〇一〕“八音克諧”，此帝之所以責夔；“百獸率舞”，此夔之所以許帝：責，要求，期望。率舞，隨之而舞。洪本“率”譌“卒”。許，答應。書舜典：“帝曰：‘夔，命汝典樂，教胄子。……八音克諧，無相奪倫，神人以和。’夔曰：‘於！予擊石拊石，百獸率舞。’”周秉鈞易解：“按此自謙之詞，言能奏音樂以舞百獸，不能和神人也。”

〔六〇二〕劉敞等以爲脱簡：劉敞，北宋經學家。彦按：劉氏説見所撰七經小傳卷上尚書。其語云：“（舜典）‘夔曰：於！予擊石拊石，百獸率舞’。益稷之末又有‘夔曰：於！予擊石拊石，百獸率舞’。然則，舜典之末衍一簡也。何以知之邪？方舜之命二十二人，莫不讓者，惟夔、龍爲否；則亦已矣，又自贊其能，夔必不爲也。且夔於爾時始見命典，不應遂已有百獸率舞之事，是今日適越而昔至也。”是則劉氏以爲“衍簡”，而非“脱簡”。

〔六〇三〕晏龍納言，主賓客，夙夜出納：納言，官名。主出納王命。夙，吴本譌“風”。出納，傳達。書舜典：“帝曰：‘龍，朕聖讒説殄行震驚朕師，命汝作納言，夙夜出納朕命，惟允。’”彦按：晏龍，書舜典但稱龍，路史則以爲晏龍，不知何據。又，納言之職，書已明言“出納朕命”，孔氏傳云“喉舌之官，聽下言納於上，受上言宣於下”，可從；路史稱“主賓客”，似亦臆説。

〔六〇四〕射侯書擽，以待庶頑讒説殄行：射侯，用箭射靶。此謂行射禮。周秉鈞云：“古代不賢的人不能參加射侯，所以射侯之禮可以勉勵人。”（見許嘉璐主編文白對照十三經尚書益稷“侯以明之”周氏注）侯，用獸皮或布做成的靶子。書擽，記下犯罪受刑的事實。擽，同“撻”，施鞭笞，此泛指犯罪受刑。

喬本、洪本作"攄"、吴本作"攄"，俗譌；備要本作"據"，誤。此從四庫本。庶，
衆。頑，愚頑。讒説，讒言。殄行，敗行，惡劣行爲。書益稷："庶頑讒説，若不
在時，侯以明之，撻以記之，書用識哉，欲並生哉！"

〔六〇五〕格則承之庸之，不者威之：庸，用。書益稷："工以納言，時而颺
之，格則承之庸之，否則威之。"周秉鈞注："工：官。納：采納。時：善。颺：宣
揚。格：方言：格，正也。承：通烝，進也。威：懲罰。"（見文白對照十三經尚
書）

〔六〇六〕納言者，星也：彦按：納言非星。説見下注〔六〇八〕。　王聽
下，言納於上爲名：吴本"納"譌"納"。

〔六〇七〕見大雅烝民。

〔六〇八〕故晉志云：納言五星，夙夜諮謀；龍作納言，此之象也：諮謀，商議
謀劃。彦按：此所謂之晉志，指晉書天文志上，志文原爲："門内東南維五星曰
尚書，主納言，夙夜諮謀；龍作納言，此之象也。"然則星名尚書，而非納言，此羅
氏誤讀、誤解又誤説也。

〔六〇九〕帝曰："咨！汝二十有二人，欽哉！惟時亮天工"：見書舜典，
"工"作"功"。二十有二人，所指何人，衆説紛紜，顧頡剛、劉起釪尚書校釋譯
論述之甚詳，可參考。欽，敬也。時，善。亮，助。天工，天功，王事。功，事。
王爲天子，王之事亦天之事也。

〔六一〇〕王、蘇：指王安石、蘇軾。　九官：舜設置的九個大臣，即司空禹、
后稷棄、司徒契、士皋繇、共工垂、虞益、秩宗伯夷、典樂夔、納言龍。喬本"官"
譌"宫"，今據餘本訂正。蘇軾書傳卷二舜典"帝曰：'咨！汝二十有二人'"傳
曰："書曰：'内有百揆、四岳。'堯欲使巽朕位，則非四人明矣。二十二人者，蓋
十二牧、四岳、九官也。而舊説以爲四人，蓋每訪四岳必'僉曰'以答之。訪者
一，而答者衆，不害四岳之爲一人也。"

〔六一一〕或謂九官或在十二牧中，一人兼兩職者：謂，各本均作"在"。彦
按：作"在"文殊不暢，蓋涉下文"或在"而誤，今據文意訂"謂"。

〔六一二〕見書舜典舊題孔安國傳。　伯夷：吴本"伯"譌"怕"。

〔六一三〕戒四岳以闢四門：書舜典："詢于四岳，闢四門，明四目，達四
聰。"彦按：羅注"戒"疑當作"詢"。　戒十二牧以民食、蠻夷：書舜典："咨十有

二牧,曰:'食哉,惟時! 柔遠能邇,惇德允元,而難任人,蠻夷率服。'"

〔六一四〕而禹、稷、契、皋陶有不應絀者:有,通"又"。絀,通"黜",排除。彥按:上引孔氏所稱新命有職六人,已見及禹,此處之"禹"當衍。　元凱十六相與羲和之六卿歟:此句以質疑表示否定。元凱十六相,指八元八凱。見後紀十高辛紀下注〔六二二〕、〔六二五〕,後紀八帝顓頊高陽氏。羲和六卿,指羲、羲仲、羲叔及和、和仲、和叔(見書堯典)。吳本"羲"譌"義"。

〔六一五〕咨戒:咨詢、告戒。

〔六一六〕如殳斨、伯與、朱虎、熊羆不見任用,有舊職,不移也:殳斨,洪本、吳本、四庫本"斨"作"戕"。書舜典:"帝曰:'俞,咨! 垂,汝共工。'垂拜稽首,讓于殳斨暨伯與。"又:"帝曰:'俞,咨! 益,汝作朕虞。'益拜稽首,讓于朱虎、熊羆。"

〔六一七〕三載一攷績;三攷,絀陟幽明:絀陟,貶降與提拔。幽明,比喻惡與善、愚與賢。書舜典:"三載考績;三考,黜陟幽明。"

〔六一八〕於是俊乂在官:俊乂,才德出衆的人。書皋陶謨:"俊乂在官。"　羣后德巽:德巽,猶德讓。原謂以德相讓,後亦泛稱禮讓。書益稷:"虞賓在位,羣后德讓。"孔穎達疏:"虞之賓客丹朱者在於臣位,與羣君諸侯以德相讓。"

〔六一九〕周傳攷績,訓云:三歲小攷,正職而行事;九歲大攷,絀無職,賞有功也:訓,吳本譌"謂"。正職,謂審定職責。行事,謂施政。彥按:"周傳"疑爲"周制"之誤。羅氏此注實本杜佑通典。通典卷一五選舉三考績云:"周制:三載考績;三考,黜陟。其訓曰:'三歲而小考其功也。小考者,正職而行事也。九歲而大考有功也。大考者,黜無職而賞有功也。'"

〔六二○〕以至九年,天數窮矣:天數即陽數,指一、三、五、七、九諸奇數。漢書杜周傳"所以極陽數"顏師古注引張晏曰:"陽數一三五七九;九,數之極也。"

〔六二一〕積不善至於幽:幽,即"絀陟幽明"之"幽"。見上注〔六一七〕。六極以類降:六極,指六種極凶惡之事。書洪範:"六極:一曰凶短折,二曰疾,三曰憂,四曰貧,五曰惡(醜陋),六曰弱。"降,至。漢揚雄太玄玄測都序:"陰幽六極以類降。"晉范望注:"降,下也。……陰爲凶,故與六極退下也。"彥按:羅氏此但借太玄之文而活用其意,故“降”取“至”義。

〔六二二〕五福以類升:五福,指五種幸福。書洪範:“五福:一曰壽,二曰富,三曰康寧,四曰攸好德(所好者德),五曰考終命(終天年,不横夭)。”太玄玄測都序:“陽推五福以類升。”晉范望注:“陽爲吉,故與五福升也。”

〔六二三〕聖無容心:謂與聖人不相干。容心,用心。容,通“庸”。

〔六二四〕尚書大傳卷一:“樂者,人性所自有也,故聖王巡十有二州,觀其風俗,習其情性,因論十有二俗,定以六律、五聲、八音、七始,著其素。”

〔六二五〕著其素以爲韶:著,突出。素,原始,本質。韶,舜樂名。尚書大傳卷一“著其素”鄭玄注:“素,猶始也。”　九奏具成,而鳥獸之聲猶悉關於律:參見前紀八祝誦氏注〔一〇三〕。

〔六二六〕惟五祀,定鍾石,論人聲:自此而下至“鳳皇喈喈”一段文字,大抵撮取自尚書大傳卷二。

〔六二七〕鳥獸咸變:此謂音樂有移風易俗作用,影響及于鳥獸。

〔六二八〕乃更著四時,推律吕,均十有二變而道弘廣:著,建立。推,推算。均,“韻”之古字,韻調。尚書大傳作“詢”,鄭玄注:“詢,均也。”

〔六二九〕於是勃然興韶于大麓之野:勃然,興起貌。尚書大傳作:“乃浡然招樂興於大鹿之野。”皮錫瑞疏證:“大鹿之野,大傳以爲舜受禪之處。舜於此時已有禪禹之意,故興招樂於大鹿之野。招,本舜樂。……蓋以舜將禪禹,乃作招樂,欲禹之紹己,如己之紹堯,乃興樂於己受禪之地以示其意。”

〔六三〇〕執事還歸二年,譤然乃作大唐之歌,以聲帝美:執事,主事者,此爲對舜之稱。還歸,謂返回洞庭。舜禪禹後,居于洞庭。譤然,熱烈。譤,音yíng。各本均譌“謗”,今據尚書大傳訂正。聲,謂吟詠,歌唱。帝,指堯。

〔六三一〕舟張辟雝,鶬鶬相從,八風回回,鳳皇喈喈:舟張,周遊。辟雝,古之大學。鶬鶬,步趨有節貌。鶬,通“蹌”。書益稷:“鳥獸蹌蹌。”因以借代鳥獸。八風,八方之風。回回,盤旋回轉貌。喈喈,象聲詞。象禽鳥鳴聲。

〔六三二〕舜舞終而朱鳳來:舞,喬本作“受”,洪本作“舜”,俱誤。今從餘諸本訂正。

〔六三三〕因農而擾兵,因獮而蒐練,寓之牧伯,故干戈不試而人皆體之:擾,馴,教導。獮(xiǎn),秋獵的專稱,此泛稱狩獵。蒐練,訓練,練兵。寓,託付。牧伯,州部長官。干戈不試,謂未經歷戰争。試,用。體,體驗。

〔六三四〕誅求:需索,强制徵收。

〔六三五〕陶唐氏以人戒於國中,欲人强其命也:戒,警戒,防備。强其命,謂使脆弱的生命變得强大。　漁獵簡習:吳本“獵”譌“儠”。簡習,演習,訓練。

〔六三六〕見文心雕龍檄移。

〔六三七〕尚廣能賢以自輔:尚,尊崇。廣,指知識淵博的人。能,親善。

〔六三八〕潛夫論讚學:“舜師紀后。”

〔六三九〕柳粲:唐末宰相。

〔六四〇〕太平御覽卷四〇四引莊子曰:“蒲衣八歲而舜之師。”

〔六四一〕藝文類聚卷二一引慎子曰:“舜讓善卷。”莊子讓王:“舜以天下讓善卷,善卷曰:‘余立於宇宙之中,冬日衣皮毛,夏日衣葛絺;春耕種,形足以勞動;秋收斂,身足以休息;日出而作,日入而息,逍遥於天地之間而心意自得。吾何以天下爲哉?’”

〔六四二〕辰州大酉山:辰州,治所在今湖南沅陵縣。大酉山,在沅陵縣西北。

〔六四三〕務成輻:輻,音 yáo。

〔六四四〕不足:謂不難。

〔六四五〕新序作“務成子跗”:今本新序雜事五作“務成跗”。

〔六四六〕於是依乎中庸,明庶物,察人倫,執兩端而用中於民:兩端,指太過與不及兩方面的觀點。用中,謂折中而用之。孟子離婁下:“舜明於庶物,察於人倫,由仁義行,非行仁義也。”趙岐注:“舜明庶物之情,識人事之序。仁義生於内,由其中而行,非强力行仁義也。”禮記中庸:“子曰:‘舜其大知也與?舜好問而好察邇言,隱惡而揚善,執其兩端,用其中於民,其斯以爲舜乎!’”

〔六四七〕作五明扇:五明扇,古代儀仗中用的一種長柄掌形扇。各本均譌作“五葆扇”,今訂正。晉崔豹古今注輿服:“五明扇,舜所作也。既受堯禪,廣開視聽,求賢人以自輔,故作五明扇焉。”　立誹謗木:吕氏春秋自知:“舜有誹謗之木。”高誘注:“書其過失以表木也。”　善旌諫鼓,以廣直言之路:善旌,古代人主爲求善言所立之旗。白孔六帖卷三九諫諍:“堯設誹謗之木,舜縣招諫之鼓。”

〔六四八〕舜有告善之旌，上不蔽也：見管子桓公問，“上不蔽”作“而主不蔽”。喬本、吳本、四庫本、備要本“上”作“示”，意牽强，此從洪本。

〔六四九〕褚亮：唐初秦王李世民文學館學士。吳本“褚”譌“治”。　堯鼓納諫，舜木求箴：見舊唐書褚亮傳。箴，諫誡。

〔六五○〕訪不逮於總章：訪，詢問。不逮，不足之處，過錯。

〔六五一〕總章，明堂，一曰總期：吳本“總章”“總期”之“總”作“揔”，乃俗體。下“總章”之“總”同。備要本誤倒作“章總明一堂曰總期”。文選張衡東京賦“有虞總期”薛綜注：“舜之明堂以草蓋之，名曰總章。”李善注：“章、期一也。”

〔六五二〕有虞曰總章：吳本“章”譌“帝”。

〔六五三〕王通、牛洪、杜佑亦云：彦按：“牛洪”當作“牛弘”。牛弘，隋禮部尚書。隋書本傳載弘上議請依古制修立明堂，有“黃帝曰合宮，堯曰五府，舜曰總章，布政興治，由來尚矣”云云。亦見于北史牛弘傳。

〔六五四〕陳子昂：喬本、洪本、吳本、四庫本“昂”譌作“昇”。今據備要本訂正。下子昂語見新唐書陳子昂傳，注文稍有省略。

〔六五五〕然攷月令：彦按：據下文稱“宜吕氏之繆”，疑此所謂月令，指吕氏春秋之十二紀，而非禮記之月令。　東陽館：陽館，吕氏春秋正月紀、二月紀、三月紀實作“青陽”，禮記月令同。

〔六五六〕三正所尚，故夏、商、周以玄、明、陽爲名：三正，指夏、商、周三代。尚，崇尚。夏尚黑，商尚白，周尚赤。此謂夏稱玄堂、商稱陽館，周稱明堂，與三代所尚相關。本書後紀十三帝禹夏后氏“玄堂世室”羅苹注：“玄堂，夏之明堂。夏尚黑也，由(猶)周尚赤而曰明堂。”彦按：羅注不及陽館，考禮記祭義“殷人祭其陽”宋陳詳道釋云：“商尚白，用日中，故祭其陽。”（見禮書卷七二三代祭時）尚白祭陽，而稱祭所爲陽館，不亦宜乎？

〔六五七〕養國老於上庠，養庶老於下庠：禮記王制：“有虞氏養國老於上庠，養庶老於下庠。”鄭玄注：“上庠，右學，大學也，在西郊；下庠，左學，小學也，在國中王宮之東。”　憲其行止，蓋貴德而尚齒：憲，效法，學習。齒，人的年齡。禮記祭義：“昔者，有虞氏貴德而尚齒。”

〔六五八〕熊氏:指北朝經學家熊安生。

〔六五九〕皇氏:指南朝梁經學家皇侃。　庶人在官者:禮記王制孔疏引皇氏云,作"兼庶人在官者"。

〔六六〇〕見禮記王制孔疏,文字稍有出入。　故外饔云"邦饗耆老,掌其割烹":外饔,周禮天官章目。各本"饗"均譌"饗",今訂正。割烹,泛指宰牲及烹飪等廚師的工作。　周人養國老於東郊,庶老於虞庠:禮記王制語,"東郊"作"東膠"。鄭玄注:"東序,東膠,亦大學,在國中王宫之東;西序,虞庠,亦小學也。西序在西郊,周立小學於西郊。"此作"東郊"誤。

〔六六一〕鄭云:虞、夏、商質,取貴成物,故大學在西,小學在東:備要本"貴"作"責"。彦按:羅氏此注多誤。其所引語,乃出王制孔疏,而非鄭注。至于引語内容,亦與原來文意不符。孔疏原文爲:"虞、殷尚質,貴取物成,故大學在西,小學在東。"然則,"鄭云"當作"孔云","夏"不當有,而"取貴成物"當作"貴取物成"。

〔六六二〕深衣燕禮,脱屨陞堂:深衣,見上注〔四六〇〕。燕禮,古代天子諸侯與羣臣宴飲之禮。屨,吴本、備要本作"履"。禮記王制:"凡養老,有虞氏以燕禮。"孔穎達疏:"'有虞氏以燕禮'者,盧氏云:'燕禮,脱屨升堂。'崔氏云:'燕者,殽烝於俎,行一獻之禮,坐而飲酒,以至於醉。以虞氏帝道弘大,故養老以燕禮。'"　袒割牲,餽醬進爵:袒,脱衣露出上身。喬本、洪本、吴本、備要本均譌"袒",今據四庫本訂正。禮記樂記:"食三老、五更於大學,天子袒而割牲,執醬而餽,執爵而酳。"　公攝几,卿納舄;祝鯁祝饐,以養其氣體;善則記之,以爲惇史:攝,持。几,各本均譌"凡",今訂正。納舄,謂爲國老、庶老穿鞋。納,穿,著。祝鯁祝饐,"鯁"通"哽","饐"同"噎"。後漢書明帝紀"祝哽在前,祝噎在後"李賢注:"老人食多哽噎,故置人於前後祝之,令其不哽噎也。"惇史,有德行者之言行録。後漢書禮儀志上:"養三老、五更之儀,……三老升,東面,三公設几,九卿正履,天子親袒割牲,執醬而餽,執爵而酳,祝鯁在前,祝饐在後。"又禮記内則:"凡養老,五帝憲,三王有乞言。五帝憲,養氣體而不乞言,有善則記之爲惇史。"孔穎達疏:"'五帝憲'者,憲,法也,言五帝養老,法其德行。……'五帝憲,養氣體而不乞言'者,……奉養老人,就氣息身體,恐其勞動,故不乞言。'有善則記之爲惇史'者,惇,厚也,言老人有善德行,則記録之使衆人法則,爲惇厚之史。”

〔六六三〕崔云:崔指南朝梁崔靈恩。下文直至“以禮食之而已”皆崔氏語,俱引自禮記王制“凡養老,有虞氏以燕禮,夏后氏以饗禮,殷人以食禮,周人脩而兼用之”孔穎達疏,文字不盡相同。　燕禮者,殽烝於俎,行一獻之禮:殽烝,洪本作“殸有烝”,餘本作“殽有烝”。彦按:孔疏作“殽烝”,無“有”字,“有”字當爲衍文。疑以“殽”通“肴”,或注“肴”于“殽”旁,因譌“有”而闌入。今刪去。殽,通“肴”,帶骨的熟肉。烝,亦作“烝”,古代祭祀時將牲體置俎上。一獻之禮,見前紀九無懷氏注〔六八〕。　坐而飲酒,以至霑醉:霑醉,大醉。洪本“醉”譌“舜”。孔疏作“於醉”。

〔六六四〕饗禮則體薦而不食:體薦,古代祭祀、宴饗時,將牲的半體置于大俎以進獻。左傳宣公十六年“王享有體薦”杜預注:“享則半解其體而薦之。”取數畢而已:數畢,禮數具備。

〔六六五〕享大牢:享,洪本譌“李”。大牢,喬本如此,餘諸本“大”作“太”,同。

〔六六六〕嘗譖于衆曰:譖,清楚,明白。此下舜語見于漢賈誼新書脩政語上,文字略有不同。　吾盡吾敬以事吾上,而見者謂忠焉:而見者謂,新書作“故見謂”。下“而見者謂”同。　吾盡吾敬以接吾敵:接吾敵,與我的同輩交往。接,接觸,交往。敵,爾雅釋詁上:“匹也”,廣雅釋詁一:“輩也”。　吾盡吾敬以致吾下:致,招引。新書作“使”。　吾是以見愛親於天下之民,而歸樂於天下之士,又貴信於天下之君:愛親,愛戴與親近。歸樂,歸心與好感。貴信,尊重與信任。新書“民”,盧文弨訂作“人”。又新書“士”作“民”,“又貴信”作“而見貴信”。　則取之以敬也:新書“則”作“故吾”。

〔六六七〕所以明道而諭教,惟以忠敬,而時鄉之:明道而諭教,謂闡明治道、曉諭政教。時,謂時時。鄉,“嚮”之古字,嚮往,謂心中存念。下羅苹注釋爲“順受之”,恐非。新書脩政語上作:“故欲明道而諭教,惟以敬者爲忠,必服之。”“服”蓋取“任用”義。

〔六六八〕是以未施敬於民而敬:彦按:禮記檀弓下云:“有虞氏未施信於民而民信之,夏后氏未施敬於民而民敬之。”與此説似不同,然彼實用參互修辭手法,未施信於民而民信之固非有虞氏所獨專,而未施敬於民而民敬之亦有虞氏所堪有,未可執一。

〔六六九〕藏金巉巖之山、捐珠五湖之淵而下服度:捐,放棄,捨棄。漢陸賈新語:"故舜(棄)〔弄〕黄金於嶄巖之山,捐珠玉於五湖之淵,將以杜淫邪之欲,絶琦瑋之情。"太平御覽卷八一一引,"琦瑋"作"覬媚"。

〔六七〇〕是藏之山、捐於淵也:吴本、四庫本"是"作"而"。

〔六七一〕抱樸子:樸,喬木、洪本、吴本、備要本作"撲",四庫本作"撲",並誤。今訂作"樸"。　虞舜承禪,抵璧於谷:見抱朴子外篇鮐鮑,今楊明照校箋本訂作"虞舜之禪也,捐璧於谷"。抵(zhǐ),用同"抵",投擲。

〔六七二〕覬媚:追求侈美。覬,希望。媚,美。

〔六七三〕堀地財,取水利,股肱不居:堀,通"掘"。股肱不居,猶言手脚不停,謂勞動不止。吕氏春秋慎人:"舜之耕漁,其賢不肖與爲天子同。其未遇時也,以其徒屬,掘地財,取水利,編蒲葦,結罘網,手足胼胝不居,然後免於凍餒之患。"高誘注:"地財,五穀。水利,濯灌。"陳奇猷校釋:"'掘地財',指掘地殖穀言也。"

〔六七四〕文心雕龍祝盟:"舜之祠田云:'荷此長耜,耕彼南畝,四海俱有。'利民之志,頗形於言矣。"

〔六七五〕乃作米廩,以教于國,以藏帝耤:米廩,舜時學校。周代魯國仍然沿用。藏,"藏"之古字。帝耤(jí),即耤田(也作藉田),爲古代天子挂名親耕之田(因實際上還是徵用藉助于民力,故稱耤田)。此借指耤田收穫的穀物(供宗廟祭祀之用)。

〔六七六〕米廩,虞氏之庠也:見禮記明堂位,"虞氏"作"有虞氏"。

〔六七七〕藏粢盛之委焉:委,堆積。參見下注〔六七九〕。

〔六七八〕蓋御廩神倉:吴本"倉"譌"食"。春秋桓公十四年:"秋八月壬申,御廩災。"杜預注:"御廩,公所親耕以奉粢盛之倉也。"禮記月令季秋之月"藏帝藉之收於神倉"鄭玄注:"藏祭祀之穀爲神倉。"又國語周語上"廩于籍東南"韋昭注:"廩,御廩,一名神倉。"　所謂"廩于籍東南"者:廩于籍東南,見國語周語上。籍,通"耤",指耤田。洪本"東"譌"庲"。

〔六七九〕魯之米廩,虞氏之庠耳:禮記明堂位:"米廩,有虞氏之庠也。序,夏后氏之序也。"鄭玄注:"庠、序,亦學也。……魯謂之米廩。虞帝上孝,令藏粢盛之委焉。"

〔六八〇〕或曰:言詳事攷禮也:吴本、四庫本"詳"作"祥"非。禮記明堂位"米廩,有虞氏之庠也"鄭玄注:"庠之言詳也,於以考禮詳事也。"

〔六八一〕國士:猶國子,指公卿大夫的子弟。

〔六八二〕小學在國中王宫之東:吴本"國"作"田"。　太學在西郊:太學,四庫本作"大學",同。

〔六八三〕虞夏質而尚右,周則改之:彦按:此"夏"字不當有。據禮記王制,殷與虞同而尚右,夏與周同而尚左,故孔疏云:"夏、周貴文,取積漸長養,故大學在東,小學在西。……以虞、殷質,俱貴於西,故併言之。夏、周爲文,皆上東,故亦併言之。"

〔六八四〕庠於周爲鄉學:禮記學記:"古之教者,家有塾,黨有庠。"鄭玄注:"周禮五百家爲黨,……黨屬於鄉。"

〔六八五〕秋養耆老,春食孤子:食,"飼"之古字,養。孤子,孤兒。洪本作"餔于",吴本作"餔於",俱誤。

〔六八六〕於是得策乘馬之數:數,術,方法。管子臣乘馬:"管子曰:'虞國得策乘馬之數矣。'"趙守正注譯云:"'乘',是加減乘除的乘;'馬',是計數籌碼的馬。乘馬即經濟方面的計算籌劃。'策',指策劃或運用。策乘馬三字連文就是運用經濟上的計算籌劃。"(見管子臣乘馬篇名注)

〔六八七〕乃割高陊,倮太衍,斬羣害:陊,疑爲"嶺"字俗譌。倮,赤體,此謂(除去草穢)使之如倮。太衍即大衍,大沼澤地。斬,各本均譌"軡",今據管子訂正。羣害,指禽獸。管子輕重戊:"禽獸者,羣害也,明王之所棄逐也。"又:"有虞之王,燒曾藪,斬羣害,以爲民利。"又同書七臣七主云:"春,……無割大陵,倮大衍。"尹知章注:"割,謂掘徙之也。倮,謂焚燒令蕩然俱盡。"路史于此則借文而殊意矣。　以作策馬貨:策馬貨,舜貨幣名。

〔六八八〕策乘馬幣:四庫本"乘"譌"垂"。

〔六八九〕按:漢書天竺爲"乾篤",而佛書"篤"皆作"竺":彦按:自此而下至"不疑矣"一段按語,不知因何而發,疑今本正文存在脱文。宋范正敏遯齋閒覽證誤:"漢身毒國亦號捐篤,其後改爲乾篤,又曰乾竺,今遂呼爲天竺矣。譯者但取在語音與中國相近者言之,故隨時更變而莫能定也。"

〔六九〇〕見釋詁下。

〔六九一〕見楚辭天問。

〔六九二〕"竺"之爲"篤"：喬本、洪本"竺"譌"工"，今據餘諸本訂正。

〔六九三〕五二金者，重貨也；金一者，輕貨也：重貨，指幣值大的貨幣。輕貨，指幣值小的貨幣。彦按：正文但有"二五金"而無"五二金"，此"五二"二字疑倒。

〔六九四〕又率百畆之夫而與之策：自此而下至"而亡藉於民"，引自管子臣乘馬。率(lǜ)，計算。趙守正管子注譯："策：簡書，此指以國家名義發給農民的通知或指令。" 率二十七日以爲子之春事：率(shuài)，大約。二十七日，王引之以爲"七"當爲"五"，云："上文曰：'一農之量，壞百畝也，春事二十五日之內'，是也。古'五'字作'乂'，與'七'相似，故'五'譌爲'七'。"(見王念孫讀書雜志管子十"二十七日"條)春事，指春耕之事。 以資子之幣：資，供給。此謂借給。洪本"幣"譌"弊"。

〔六九五〕分國穀之重，而足國用：此二句爲今本管子所無。蓋謂賣出部分高價官糧以滿足國用。國穀，馬非百以爲"乃指國境以內所有之穀(包括封建國家及民間所有之穀)而言"。(見管子輕重篇新詮)重，謂昂貴，價高。

〔六九六〕春秋，子穀大登，國穀之重去分：春秋，王念孫以爲"當爲'泰秋'，此涉上文'春事'而誤。"(見讀書雜志管子十"春秋"條)馬非百云："泰與大通，與孟義近。"彦按："泰"之作"春"，形近而誤。然其誤早見于管子舊本，路史但襲之耳。子穀，泛稱五穀之子粒。去分，日人安井衡云："分，半也；去分，減半也。"(見管子纂詁) 謂農夫曰："幣之在子者，以爲穀而禀之州里"：謂，喬本、備要本作"爲"，此從餘本。以爲穀，謂折算成穀。禀，同"廩"，倉廩，糧倉。此作動詞用，謂輸入倉廩。州里，州和里，借代地方政府。

〔六九七〕國穀之分在上，國穀之重再十倍：分，半，一半。上，謂朝廷。吳本、四庫本譌"土"。再十倍，張佩綸以爲："當作'稱十倍'，即山國軌'穀坐長而十倍'也。"(見管子學)似是。稱，謂相當，字亦作"禹"，與"再"形近，故易誤。 謂遠近之縣、里、邑百官，皆當奉器械備：百官，馬非百云："'官'爲'工'之借字。百官即百工。"奉，供奉，供應。備，齊備。

〔六九八〕國穀之橫，一切什九：橫(guàng)，價，價格，價值。四庫本譌

“擴”。切，分割，分取。什九，十分之九。彥按：馬非百云：“穀之原價本僅爲一，由於爲國家所收藏，藏則重，故坐長加十。除原價外，獲利九倍。故曰‘國穀之擴，一切什九’也。”説甚的。唯馬氏于“一切”之解，取用漢書平帝紀顏師古注“權時之事，非經常也”爲釋，則誤。

〔六九九〕還穀而應穀，國器皆資，而亡藉於民：應，支付，償付。資，供給。藉，通“籍”，徵收賦税。馬非百云：“此處‘還穀而應穀’，當作‘還穀而應器’。謂百工所奉器械之價，只須以‘一切什九’之穀支付之，即足以清償債務而有餘。故下文即承之曰：‘國器皆資，無求於民也。’”可從。張佩綸云：“無籍於民者，縣、邑、里之器械本當征之於民，今以穀幣出入之贏餘資之，不必别取於民。”

〔七〇〇〕飯糗茹菹，鐏盆亡膻，而下不以餘獲罪：自此而下至“用物常壯”，見韓詩外傳卷三，文字不盡相同。飯，喫（飯）。糗（qiǔ），炒熟的米麥，乾糧。菹（zū），腌菜。鐏盆，猶飯鉢。鐏，同“甎”。亡膻，没有羶味，謂不見葷。餘，富餘。　麂衣蟄領：麂衣，猶麂裘。見後紀十一帝堯陶唐氏注〔六八〕。蟄領，句領。蟄（zhōu），同“謷”，曲。見前紀五有巢氏注〔一九〕。　法下易繇：下，謂要求低。繇，通“由”，行，遵從。

〔七〇一〕道大多容，大德衆下，寡爲而用物常壯：下，謂歸附于下。用物，即用人。壯，强，强大。韓詩外傳作：“故大道多容，大德多（“多”一本作“衆”）下。聖人寡爲，故用物常壯也。”

〔七〇二〕故天下之賢，皆躍而歸之；丈夫女子，振振殷殷，亡不戴説：戴説，擁戴悦服。各本“戴”均譌“載”，今訂正。説，“悦”之古字。吕氏春秋慎人：“舜……登爲天子，賢士歸之，萬民譽之，丈夫女子，振振殷殷，無不戴説。”高誘注：“振振殷殷，衆友之盛。”

〔七〇三〕溥天之下，莫非王土。率土之瀕，莫非王臣：詩小雅北山語，“瀕”作“濱”，通。四庫本“溥”作“普”，“瀕”作“濱”，與吕氏春秋慎人同。率，循，沿著。之，至。瀕（濱），邊境。

〔七〇四〕以言賢之不時也：此謂舜之賢，一以貫之，不因時異。不時，不因于時。即吕氏春秋慎人“舜之耕漁，其賢不肖與爲天子同，……盡有之，賢非加也；盡無之，賢非損也”之意。

〔七〇五〕吕氏："輾輾敐敐"，注："敐敐，欲動而喜貌"：輾輾，猶振振，衆多貌。敐敐（chēn chēn），各本均譌"顾顾"，今訂正。彦按：羅氏此注所引吕氏及注，見于文選王元長（融）三月三日曲水詩序"殷殷均乎姚澤"李善注，原文無"欲"字，疑因與上"敐"字形近而衍。今本吕氏春秋慎人"輾輾敐敐"作"振振殷殷"，陳奇猷校釋云："案此（指李善文選注）所引蓋吕覽别本。"

〔七〇六〕爰省中河，登南山，觀河渚，録皇圖：中河，指黄河中游地區。録，收藏。皇圖，即河圖。　壇沈稷下，榮光休至：壇沈，築壇並沈璧。稷下，指太陽偏西下落。榮光，吴本、四庫本作"瑩光"非。休，指休氣。参見後紀十一帝堯陶唐氏注〔四六四〕。尚書中候云："帝堯即政七十載，脩壇河洛，仲月辛日禮備，至于日稷，榮光出河。"（見文選顔延之赭白馬賦"實有騰光吐圖"李善注）

〔七〇七〕大禹謨：尚書篇名。

〔七〇八〕遂申錫羣后，封弃百里之駘，賜姓妘氏：申錫，重（chóng）賜。錫，通"賜"。駘（tāi），也作邰，在今陝西武功縣西。史記周本紀"駘"作"邰"，"賜姓妘氏"作"别姓姬氏"，云："帝舜……封弃於邰，號曰后稷，别姓姬氏。"

〔七〇九〕封契七十里之商，賜姓子氏：商，在今河南商丘市梁園區西南。史記殷本紀："契長而佐禹治水有功，帝舜乃……封于商，賜姓子氏。"

〔七一〇〕中候契握：漢代緯書，尚書中候之一種。

〔七一一〕遷伯禹夏，賜姓姒氏：夏，在今河南禹州市。彦按：吴越春秋越王無余外傳云："堯……乃號禹曰伯禹，官曰司空，賜姓姒氏。"則以禹之得姓姒氏，在堯之時。　皆益命以爲公：益命，加封。

〔七一二〕欽奉丕圖賜爾二三子：欽奉，敬獻。丕圖，大圖，指版圖，借代疆域，領土。爾二三子，你們幾位。

〔七一三〕考河命：漢代緯書，尚書中候之一種。　舜褒賜羣臣，爵賞有分，稷、契、皋陶皆益土：洪本"褒賜羣臣，爵賞"爲一占二字位之墨丁。吴本"土"譌"上"。

〔七一四〕三人皆先封，舜加其封地：洪本"皆先封"三字爲墨丁。加，洪本、吴本、四庫本譌"如"，備要本譌"知"。

〔七一五〕而周紀謂禹封弃於邰，妄也：彦按：考史記周本紀，封弃於邰者舜而非禹(參見上注〔七〇八〕),羅氏若非誤記即因誤本,指摘失據。

〔七一六〕皋陶能刑,于封之皋:能刑,勝任刑官。皋,在今安徽六安市故城東。洪本“皋”連下“而益”三字爲墨丁。　　而益滌鴻,奏庶鮮食,于封之梁:滌鴻,排除洪水。奏,進獻。庶,大衆,百姓。鮮食,鮮活的食品,如禽、魚之類。梁,在今河北辛集市南智邱鎮大車城。書益稷載禹曰:“予乘四載,隨山刊木,暨益奏庶鮮食。”　　伯夷次禹,能禮于神,爰封之呂:次,謂緊隨于後。呂,在今河南南陽市卧龍區。漢書地理志下:“伯夷能禮於神以佐堯。”

〔七一七〕商武正義云:益其封,昔不止於百里:商武,指詩之商頌殷武。其四章曰:“天命降監,下民有嚴。不僭不濫,不敢怠遑。命于下國,封建厥福。”孔穎達正義:“中候契握曰:‘曰若稽古,王湯既受命,興由七十里起。’孟子所云‘湯以七十里,文王以百里’。案:契爲上公受封,舜之末年又益以土地,則當爲大國,過百里矣。而成湯之起,止由七十里,蓋湯之前世有君衰弱,土地減削,故至於湯時止有七十里耳。”

〔七一八〕於是繹承雲,備咸池:繹,演奏。備,用。禮記樂記:“咸池,備矣。”孔穎達疏:“咸池,黃帝之樂名,言黃帝之德皆施被於天下,無不周徧,是爲備具矣。”此但套用其詞,不用其義。

〔七一九〕見淮南子齊俗。

〔七二〇〕兼用黃帝樂也:高誘注原文作:“舜兼用黃帝樂。”洪本“帝”譌“本”。

〔七二一〕以六律、五聲、八音、七始詠叶治忽,以出納五言而賞諸侯:七始詠,見漢書律曆志上。書益稷作“在治忽”,錢宗武以爲“七始詠”實爲“在治忽”譌文(見尚書文字歧異成因説,零陵師專學報1991年第4期),宜可從。路史未知就里,糅合二書異文而並出之,其所理解之“七始詠”,當取鄭玄“七始”之説(見前紀八祝誦氏注〔一〇三〕)。叶,同“協”,協調,協助。參見上注〔五九二〕。

〔七二二〕命質作昭華之琯,尺有二寸之簫:琯,玉管,古樂器。如笛,六孔。曆家亦用以候氣。晉書律曆志上:“至舜時,西王母獻昭華之琯,以玉爲之。”簫(shuò),古代舞者所執之竿。

〔七二三〕舜造簫,……其管長二尺:簫,四庫本如此,今從之。餘諸本皆作

“蕭”，非其義。其，洪本、吳本、備要本作“翼”非。

〔七二四〕高誘以質爲即夔：“爲即”宜作“當爲”。吕氏春秋古樂：“帝堯立，乃命質爲樂。質乃效山林谿谷之音以歌。”高誘注：“‘質’當爲‘夔’。”

〔七二五〕夔修大招、六列、五英，以明帝德，以降上神，通八風而齊上下：八風，指八方之風氣。通志卷二五帝紀二帝舜，“大招”作“九韶”，“五英”作“六英”，云：“夔修九韶、六列、六英，以明帝德；正六律，和五聲，以通八風。”而吕氏春秋古樂則云：“帝舜乃令質修九招、六列、六英，以明帝德。”又察傳云：“昔者舜欲以樂傳教於天下，乃令重黎舉夔於草莽之中而進之，舜以爲樂正。夔於是正六律，和五聲，以通八風，而天下大服。”不但樂名有不同，且事分屬于質、夔二人矣。

〔七二六〕拮隔鳴球、搏拊琴瑟以詠：拮隔，敲擊。拮，音 jiá。鳴球，玉磬。搏拊，彈奏。此書益稷載夔語，“拮隔”作“戛擊”。彦按：“拮隔”見漢揚雄長楊賦“拮隔鳴球，掉八列之舞”，蓋即“戛擊”之轉語。

〔七二七〕戛擊，孔安國以爲柷敔：柷敔（zhù yǔ），二種古樂器名。均爲木製，而柷形如方斗，奏樂開始時擊之；敔形如伏虎，脊上如鋸齒，曲終以破竹刮之。書益稷“戛擊鳴球”孔氏傳：“戛擊，柷敔，所以作止樂。”

〔七二八〕然搏拊如鼓，以韋爲之，以作止樂，則是與柷敔重設：柷敔，吴本譌“柷欲”。書益稷“搏拊琴瑟”，舊釋以“搏拊”爲樂器名。孔氏傳云：“搏拊以韋爲之，實之以糠，所以節樂。”

〔七二九〕拊搏、玉磬、揩擊、大琴、大瑟、中瑟、小瑟：見禮記明堂位。鄭玄注：“拊搏，以韋爲之，充之以穅，形如小鼓。揩擊，謂柷、敔，皆所以節樂者也。”揩，音 jiá。各本“拊搏”皆倒作“搏拊”，“揩擊”皆譌作“指擊”，今並據明堂位訂正。又，吴本“玉磬”之“玉”譌“王”。

〔七三〇〕懸一鍾而尚拊：見荀子禮論，原文作“縣一鍾，尚拊之膈”。郝懿行補注云：“樂論篇以‘拊鞷’與‘鞉柷’‘椌楬’相儷，則皆樂器名也。拊者，以韋爲之，實以穅。‘膈’彼作‘鞷’，其字從革，竊疑亦拊之類。……以此互相訂正，則此當‘縣之一鍾’句，‘尚拊膈’句，文誤倒耳。尚者，上也。鍾聲宏大，言不貴彼而上此聲之近質者也。”

〔七三一〕懸一磬而尚拊：見大戴禮記禮三本，今本作：“縣一磬而尚拊搏”。

〔七三二〕倡:先導。

〔七三三〕見陳祥道禮書卷一二七。原文作:“拊搏,鼓類也。是舜之時,堂上有戞擊,堂下有柷敔;堂上有鳴球,堂下有石磬;堂上有拊搏,堂下有鼗鼓也。”　搏拊,鼓類:洪本、吳本“拊”譌“附”。　舜堂上有鼓:吳本“鼓”作“籈”。

〔七三四〕周禮春官大師:“大祭祀,帥瞽登歌,令奏擊拊。”又小師:“大祭祀,登歌,擊拊。”

〔七三五〕蓋戞編磬,擊編鍾,搏小瑟,拊中琴之屬云:戞、擊,均敲擊義。編磬,古代打擊樂器。石製或玉製,一般十六枚,應十二正律加四半律,按不同大小、厚薄,從低音到高音順序排列,分兩排懸木架上,用小木槌擊奏。搏、拊,均彈奏義。中琴,四庫本作“中瑟”。

〔七三六〕拊琴擊磬,如搊筝摘阮爾:琴,四庫本作“瑟”。搊(chōu),用手指彈撥弦索樂器。摘(tì),用手指撥弄弦索樂器。阮,古樂器名阮咸的簡稱,屬古琵琶之一種。相傳晉名士阮咸創製且善彈之,因得名。

〔七三七〕見夢溪筆談樂律一,原文作:“虞書曰:‘戞擊鳴球、搏拊琴瑟以詠,祖考來格。’鳴球非可以戞,和之至,詠之不足,有時而至于戞且擊。琴瑟非可以搏拊,和之至,詠之不足,有時而至于搏且拊。所謂手之舞之、足之蹈之而不自知其然,和之至,則宜祖考之來格也。和之生於心,其可見者如此。”　琴瑟非可以搏拊,和之至,有時而至於搏且拊:搏,謂拍擊。拊,謂撫拍。至於,吳本作“到於”。

〔七三八〕絑干玉戚,冕而大舞:禮記明堂位:“朱干玉戚,冕而舞大武。”鄭玄注:“朱干,赤大盾也。戚,斧也。冕,冠名也。”　下琯鼗鼓,合止柷敔:下,指堂下。琯,通“管”。書益稷:“下管鼗鼓,合止柷敔。”孔氏傳:“上下合、止樂,各有柷、敔。”

〔七三九〕燕禮:儀禮篇名。　下管新宮:管,吹奏管樂。鄭玄注:“新宮,(詩)小雅逸篇也。”

〔七四〇〕下管象:見禮記明堂位。象,古武舞名。

〔七四一〕商詩先鼗後鏞鼓:指詩商頌那先言“置我鞀鼓”,後言“庸鼓有斁"。"鞉"同"鼗"。"庸"通"鏞",古樂器,即大鐘。　周詩先鼖後惟鏞:鼖(fén),大鼓。各本均誤"鼖",今訂正。詩大雅靈臺:"賁鼓維鏞。"賁,通"鼖"。惟,通"維"。宋陳暘樂書卷七九尚書訓義益稷云:"蓋樂之作也,先鼓以警戒,後鐘以應之。故虞書論堂下之樂,以鼖鼓爲先,笙鏞次之;商詩以'置我鞉鼓'爲先,鏞鼓次之;周詩以鼖鼓爲先,'維鏞'次之。則鼓,大麗而象天;鐘,統實而象地。天先而地從之,鼓先而鏞從之,先王立樂之方也。"

〔七四二〕鄭謂九夏先鍾:九夏,九種以"夏"爲名之古樂統稱。鄭玄以爲"九夏皆詩篇名,頌之族類也"。周禮春官鍾師:"鍾師掌金奏。凡樂事,以鍾鼓奏九夏:王夏、肆夏、昭夏、納夏、章夏、齊夏、族夏、祴夏、驁夏。"鄭玄注:"以鍾鼓者,先擊鍾,次擊鼓,以奏九夏。"

〔七四三〕笙庸以間:庸,通"鏞"。書益稷作"鏞"。孔穎達疏:"吹笙擊鍾,以次迭作。"

〔七四四〕笙震鏞兌,陰陽之義:震、兌(duì),八卦之二卦名。震象徵東方,兌象徵西方。陳暘樂書卷七九尚書訓義益稷云:"笙,震音也,於方爲陽。鏞,兌音也,於方爲陰。"

〔七四五〕樂書卷七九尚書訓義益稷:"臣聞古者作樂,'戛擊鳴球、搏拊琴瑟以詠',堂上之樂也。'下管鼖鼓,合止柷敔,笙鏞以間',堂下之樂也。堂上以詠,則以歌爲主,所謂'聲依永'也。堂下以間,則以管爲主,所謂'律和聲'也。"

〔七四六〕過:太甚,偏頗。

〔七四七〕樂人宿垂于阼階東,笙磬西間,而南笙鍾,其南鏄:宿,夜,謂前一夜。阼階,東階。阼,音zuò。鏄(bó),古樂器,如鍾而大,奏樂以爲節。儀禮原文"垂"作"縣","西間"作"西面"。　西階之西,庸磬,其南鏄:儀禮原文"庸磬"作"頌磬"。鄭玄注:"古文'頌'爲'庸'。"

〔七四八〕庸鍾:四庫本"庸"作"鏞"。

〔七四九〕此自書益稷"戛擊鳴球、搏拊琴瑟以詠,祖考來格,虞賓在位,羣后德讓"化裁而來。參見上注〔六一八〕。

〔七五〇〕堂下之樂,鳥獸瑲瑲,擊石拊石,百獸率舞,庶尹允諧:瑲瑲,通"蹡蹡",步趨有節貌。庶尹,衆官府之長。允諧,真誠和諧。此撮取書益稷

“下管鼗鼓,合止柷敔,笙鏞以間,鳥獸蹌蹌”及“予擊石拊石,百獸率舞,庶尹
允諧”而來。

〔七五一〕韶箾九變,而帝道成,鳳皇儀:韶箾,舜樂名,“箾”通“簫”。儀,
到來,至。方言卷二:“儀,來也。陳穎之間曰儀。”左傳襄公二十九年“見舞韶
箾者”孔穎達疏:“箾即簫也。尚書曰:‘簫韶九成,鳳皇來儀。’此云韶箾,即彼
簫韶是也。……蓋韶樂兼簫爲名,簫字或上或下耳。”

〔七五二〕然後有簫韶九成以象之:九成,書益稷“簫韶九成,鳳凰來儀”孔
穎達疏:“鄭云:‘成猶終也。’每曲一終,必變更奏,故經言‘九成’,傳言‘九
奏’,周禮謂之‘九變’,其實一也。”象,表現。

〔七五三〕武治至復綴以崇:武,指周武王。至,洪本、吳本作“治”,蓋由音
譌。崇,通“終”。洪本譌“宗”。復綴以崇,語出禮記樂記:“且夫武,始而北
出;再成而滅商;三成而南;四成而南國是疆;五成而分,周公左,召公右;六成
復綴以崇。”原意謂舞者回到起始位置而結束。綴,位置。而鄭玄注則釋“崇”
爲“充”,後世多從之,羅氏亦然,又稍變“復綴”之意,蓋謂(周武王)居天子位
而德惠充滿天下。　而後有大武六成象之:六成,各本“成”皆譌“戚”,今
訂正。

〔七五四〕文樂:頌揚文德的舞樂。是一個與“武樂”相對的概念。

〔七五五〕文爲陽,故韶九變而止:易家以九爲老陽。

〔七五六〕武爲陰,故武樂六成:易家以六爲老陰。

〔七五七〕舜樂總名,舞者所執上,取羽翟翛翛然之意:洪本、吳本“總”作
“揔”。羽翟,用長尾野雞羽毛製的舞具。翛翛然,長貌。翛,音 xiāo。

〔七五八〕有苗之格,寔繇乎此:四庫本“寔繇”作“實由”。書大禹謨:“帝
乃誕敷文德,舞干羽于兩階,七旬,有苗格。”

〔七五九〕康成以百獸爲伏不氏之所養者:伏不氏,即服不氏,官名。周禮
夏官服不氏:“服不氏掌養猛獸而教擾之。”禮記郊特牲“饗農及郵表畷、禽獸”
鄭玄注:“禽獸,服不氏所教擾猛獸也。”　然則鳳來,其孟虧之所起乎:路史本
卷下文云:“少昊氏有裔子曰孟虧,能馴鳥獸而致鳳皇,爰封之蕭。”

〔七六〇〕書中候考河命:喬本、備要本“候”譌“侯”,今據餘本訂正。　朕
惟不艾,蘡莢孚著,百獸率舞,鳳司晨:艾,通“乂”,殺。蘡莢,洪本“莢”譌

“羑”。孚著(zhuó),萌生。孚義同“孚甲”之“孚”。著義同“著花”之“著”。司晨,負責報曉。

〔七六一〕子曰“鳳鳥不至”:論語子罕:“子曰:‘鳳鳥不至,河不出圖,吾已矣夫!’”

〔七六二〕夫鳥鵲之巢,可俯而窺,鳳皇何爲而藏乎:見中説王道篇。洪本“夫”字闕文。莊子馬蹄:“故至德之世,……禽獸可係羈而遊,鳥鵲之巢可攀援而闚。”荀子哀公:“古之王者,……其政好生而惡殺焉,是以鳳在列樹,麟在郊野,鳥鵲之巢可俯而窺也。”鶡冠子備知:“德之盛,……鳥鵲之巢可俯而窺也,麋鹿羣居可從而係也。”

〔七六三〕見論語八佾。

〔七六四〕見樂動聲儀。此與太平御覽卷八一所引,文字不盡相同。 如寒暑風雨之動物:吳本“暑”譌“者”。

〔七六五〕歸:在今湖北秭歸縣歸州鎮東。

〔七六六〕芈姓歸越:見國語鄭語,“歸越”作“蓑越”。蓑即夔字。芈,諸本多譌“芊”,此從備要本訂正。

〔七六七〕樂動聲儀:漢代緯書,樂緯之一種。動,吳本譌“呌”,餘本譌“叶”,今訂正。 昔歸典協樂律:水經注卷三四江水引樂緯,作:“昔歸典叶聲律。”

〔七六八〕書中候:喬本、備要本“候”譌“侯”,今據餘本訂正。 禹拜稽首:洪本“禹”譌“爲”。

〔七六九〕宋忠云:歸即夔之歸鄉:吳本“鄉”譌“卿”。彦按:此所引宋忠語,疑有誤。水經注卷三四江水引宋忠曰,作:“歸即夔,歸鄉蓋夔鄉矣。”

〔七七〇〕地理志云:秭歸,歸子國:見漢書地理志上南郡。其“秭歸(縣)”注曰:“歸鄉,故歸國。”秭,喬本、洪本、備要本譌“秼”,吳本譌“株”,今據四庫本訂正。

〔七七一〕予謂古以秭歸鳥名:予,喬本、備要本譌“子”,今據餘本訂正。

〔七七二〕秭雉先嗥:今史記曆書作“秭鳺先滜”;滜,通“嗥”。雉,同“鳺”。各本均譌“雊”,今訂正。嗥,鳴叫。

〔七七三〕今秭歸縣東十里有夔子城:彦按:十里,當作“二十里”,蓋脱

“二”字。本書國名紀三高陽氏後曰：“今秭歸城東二十有故夔子城。”太平寰宇記卷一四八歸州秭歸縣亦曰：“夔子城，在縣東二十里。”

〔七七四〕高唐賦又作“姊歸”：高唐賦，賦名，戰國楚宋玉撰。各本均譌作“高堂賦”，今訂正。姊，洪本、吳本作“娣”，四庫本作“秭”，均誤。　故袁山松等以爲女嬃歸屈原，喜而爲名：袁山松，亦作袁崧，東晉吳郡太守，博學而能文。女嬃，屈原之姐。彥按：水經注卷三四江水引袁山松曰：“屈原有賢姊，聞原放逐，亦來歸，喻令自寬。全鄉人冀其見從，因名曰秭歸，即離騷所謂女嬃嬋媛以詈余也。”是此所謂“女嬃歸屈原”者，女嬃以屈原而歸也；“喜而爲名”者，鄉人喜而爲名也。

〔七七五〕順堯攷德：攷，成，成就。後漢書曹褒傳：“（尚書）帝命驗曰：‘順堯考德，題期立象。’”

〔七七六〕欽翼皇象：吳本“翼”作“翌”非。

〔七七七〕象，曆也：四庫本誤倒作“曆，象也”。

〔七七八〕天德出寧，日月照而四時行：出莊子天道引舜之語，首句原作“天德而出寧”。孫雍長注譯譯爲：“以天然爲德性，一切出自安寧，如同日月普照，四時運行。”　積正合仁，繇仁義行：積正，蓄養正氣。繇，通“由”。四庫本作“由”。下“盡繇堯道”之“繇”同。説苑脩文：“彼舜以匹夫，積正合仁，履中行善，而卒以興。”孟子離婁下：“舜明於庶物，察於人倫，由仁義行，非行仁義也。”

〔七七九〕好生之德，洽於民心：見書大禹謨。好生，愛惜生靈，謂不嗜殺。洽，浸潤。

〔七八〇〕在位猶北極：北極，指北極星。晉書天文志上：“北極，北辰最尊者也。……天運無窮，三光迭耀，而極星不移，故曰‘居其所而衆星共之’。”題期立象：見下注〔七八三〕。　臨下以簡，御衆以寬：書大禹謨：“皋陶曰：‘帝德罔愆，臨下以簡，御衆以寬。’”

〔七八一〕曹褒傳：見後漢書卷三五。　肅宗元和二年詔云：肅宗，漢章帝劉炟廟號。元和，各本均譌“元守”，今訂正。

〔七八二〕得龜之圖書：後漢書曹褒傳李賢注，“龜”下有“龍”字。備要本“書”字與下句句首“舜”字互倒。

〔七八三〕舜禪習禮:後漢書曹襃傳李賢注作"舜受禪後習堯禮"。 題五德之期,立將起之象也:題,標記。五德之期,指帝王更迭、王朝興替之期。五德,木、火、土、金、水五行之德。古代陰陽家認爲:"自伏羲已下,帝王相代,各據其一行。始於木,終於水,則復始也。"(見文選班固典引"五德初始"蔡邕注)立,定,確定。

〔七八四〕任於人而不任於法:任,依賴。

〔七八五〕古司馬法注:司馬法,兵書名,春秋齊司馬穰苴撰。古司馬法,蓋即司馬法之古本,其注人不詳。

〔七八六〕尊德義,貴緼年:德義,道德信義。貴,重視。緼年,也作薀年,謂儲積糧食。緼,通"薀"。左傳襄公十一年"毋薀年"杜預注:"薀積年穀而不分災。" 損己以安百姓:太平御覽卷八一引禮含文嘉曰:"舜損己以安百姓。"是故寡怨於人,率天下以仁而人從之:禮記表記:"子曰:'虞、夏之道,寡怨於民。'"又大學:"堯、舜率天下以仁而民從之。"

〔七八七〕光天之下,惟好問而察邇言,隱惡而揚善:光天之下,猶言普天之下。光,通"廣"。邇言,淺近之言,常人之語。禮記中庸:"子曰:'舜其大知也與! 舜好問而好察邇言,隱惡而揚善,執其兩端,用其中於民,其斯以爲舜乎!'"

〔七八八〕善與人同,舍己從人,樂取諸人以爲善:孟子公孫丑上:"禹聞善言則拜。大舜有大焉,善與人同,舍己從人,樂取於人以爲善。" 言行一善,從之若決:孟子盡心上:"孟子曰:'舜之居深山之中,與木石居,與鹿豕遊,其所以異於深山之野人者幾希;及其聞一善言,見一善行,若決江河,沛然莫之能禦也。'"

〔七八九〕自耕稼陶漁,以至爲帝,亡非取於人者:見孟子公孫丑上,"亡"作"無"。

〔七九〇〕體仁孝之德,盡事親之道,五十而嬰兒慕:體,躬行。親,指父母。慕,指小兒隨父母身後而啼哭。禮記檀弓上"其往也如慕"鄭玄注:"慕,謂小兒隨父母啼呼。"孟子離婁上:"舜盡事親之道,而瞽瞍底豫。"又新序雜事一:"昔者舜自耕稼陶漁而躬孝友。……瞽瞍與象爲浚井塗廩之謀,欲以殺舜。舜孝益篤,出田則號泣,年五十猶嬰兒慕,可謂至孝矣。"

〔七九一〕承安引佚，立義治律，而萬物以皆作；分均天財，而萬物以熙熙：立義治律，立道義，治法律。作，興起，振作。分均，謂均匀分配。天財，自然資源。熙熙，繁盛貌。逸周書太子晉："穆穆虞舜，明明赫赫。立義治律，萬物皆作；分均天財，萬物熙熙。非舜而誰能？"

〔七九二〕游于巖廊之上，左禹右皋，不事詔而萬物成：皋，指皋陶。詔，告，告知，吩咐。藝文類聚卷六九引孔子曰："昔者帝舜，左禹右皋繇，不下席而天下治。"説苑君道亦曰："昔者虞舜左禹右皋陶，不下堂而天下治。"又荀子解蔽："昔者舜之治天下也，不以事詔而萬物成。"楊倞注："舜能一於道，但委任衆賢而已，未嘗躬親以事告人。"參見前紀九昊英氏注〔三〇〕。

〔七九三〕被袗衣，鼓五絃，詠南風之詩，不降席而天下治：南風，虞舜所作歌曲名。禮記樂記："昔者舜作五弦之琴，以歌南風。"史記樂書："故舜彈五弦之琴，歌南風之詩，而天下治。"藝文類聚卷六九引子思曰："舜不降席而天下治。"參見前紀九昊英氏注〔三〇〕。

〔七九四〕琴書：唐翰林待詔趙惟暕撰。

〔七九五〕功格亡臬：格，至。亡臬，無涯。小爾雅廣言："臬，極也。"　恩被動植：中説王道："故詔之成也，虞氏之恩被動植矣。"　山川鬼神，莫不咸若：若，順，順適。

〔七九六〕受命於天，惟舜也獨正。幸能正生，以正衆生：見莊子德充符，"舜也獨正"作"舜獨也正"。郭象注："言特受自然之正氣者，至希也。"能，猶得。生，通"性"，本性。

〔七九七〕君天下，生無私，死不厚其子，有慘怛之愛，有忠利之教，親而尊，安而敬，威而愛，富而有禮，思而能教：此大體撮取自禮記表記。慘怛(dá)，憂傷，悲痛。四庫本作"惻怛"，表記作"憯怛"，義並同。"有忠利"之"有"，洪本、吳本、四庫本作"無"，誤。忠利，忠實謙和。王念孫曰："後漢書章帝紀'利'作'和'，是利與和同義。"（見廣雅釋詁三"利，和也"疏證）親而尊，可親而有尊嚴。安而敬，平和而嚴肅。説文苟部："敬，肅也。"思而能教，表記作"惠而能散"。孔穎達疏："'惠而能散'者，施惠得所，爲'能散'也。"　是以宗廟享之，子孫保之：禮記中庸："子曰：'舜其大孝也與！德爲聖人，尊爲天子，富有四海之内，宗廟饗之，子孫保之。'"孔穎達疏："'子孫保之'者，師説云：舜禪與禹,何言保者,此子孫承保祭祀,故云‘保’。”

〔七九八〕故爲法於天下,可傳於後世:孟子離婁下:“舜,人也;我,亦人也。舜爲法於天下,可傳於後世,我由未免爲鄉人也,是則可憂也。” 天下之明德,皆自帝始:明德,美德。史記五帝本紀:“天下明德,皆自虞帝始。”

〔七九九〕故仲尼曰:亡爲而治,後世雖有作者,虞帝不可及也:論語衛靈公:“子曰:‘無爲而治者,其舜也與!夫何爲哉?恭己正南面而已矣。’”禮記表記:“子言之曰:‘後世雖有作者,虞帝弗可及也已矣。’”彥按:路史此處所引仲尼語,實際上分別取自論語、禮記二書素材而撮合之,牽强武斷,頗不可取。

〔八〇〇〕恭己:謂以恭謹律己。

〔八〇一〕敬修其可願而已:可願,猶所願。書大禹謨:“欽哉!慎乃有位,敬修其可願。”孔氏傳:“可願,謂道德之美。”

〔八〇二〕是故執中含和,不下廟堂而行于四海:執中含和,執持中和。文子精誠:“故大人……執沖含和,不下堂而行四海。”淮南子泰族:“故聖人……執中含和,不下廟堂而衍四海。”

〔八〇三〕尸子:備要本“子”譌“牙”。 亦顏色不變:吳本“亦”譌“首”。

〔八〇四〕董仲舒以爲繼堯故無爲:春秋繁露楚莊王:“孔子曰:‘無爲而治者,其舜乎!’言其主堯之道而已。”

〔八〇五〕發:即北發。北狄地名。 肅慎:中國古代民族名,爲現代滿族之祖先。上古分布於黑龍江、烏蘇里江流域和長白山一帶。

〔八〇六〕晉灼疑“北發”爲國名:晉灼,晉尚書郎,撰有漢書音義等。漢書武帝紀“北發渠搜”顏師古注引晉灼曰:“王恢傳‘北發、月支可得而臣’,似國名也。”

〔八〇七〕舜民明教,通于四海之外,北發、肅慎、大教、鮮支、渠搜、氐、羌;南撫交趾:舜民明教,四庫本“民明”倒作“明民”。大教,黃懷信以爲“南方古族名,或即大交”(見大戴禮記彙校集注)。鮮支,即析支,又作賜支,古西戎國名。地在今青海海南藏族自治州及果洛藏族自治州的黃河流域。氐,備要本譌“氏”。大戴禮記少閒:“昔虞舜以天德嗣堯,……南撫交趾,……粒食之民昭然明視,民明教,通於四海,海外肅慎、北發、渠搜、氐、羌來服。”又五帝德:“(舜)南撫交趾、大教,[西]鮮支、渠廋、氐、羌,北山戎、發、息慎。”

〔八〇八〕周書有發人:見逸周書王會。　乃東北夷:彥按:孔晁注云:"發亦東夷。"不謂"東北"。

〔八〇九〕二國焉:焉,洪本誤"則",吳本、四庫本作"名"。

〔八一〇〕交阯:四庫本"阯"作"趾"。　長、隨夷:長,長夷;隨夷,即島夷:並東方古族名。隨,同"島"。大戴禮記五帝德作"東長、鳥夷"。

〔八一一〕史作"島夷":吳本、備要本"島"誤"四"。今本史記五帝本紀作"鳥夷"。張守節正義云:"'鳥'或作'島'。"

〔八一二〕云長夷、島夷也:洪本、吳本"島"作"鳥"。吳本、備要本無"也"字。

〔八一三〕河關:地名。在今甘肅積石山縣西北。

〔八一四〕出入日月,罔不率俾:見大戴禮記少閒,"罔"作"莫"。黃懷信集注:"出入明月,即日月出入之東極、西極也。率,遵也。俾,從也。"

〔八一五〕大人、反踵:傳說中二古國名。大人國其人巨大,反踵國其人腳跟朝前。

〔八一六〕萬邦黎獻,共爲帝臣:見書益稷,"爲"作"惟"。蔡沈集傳:"獻,賢也。黎獻者,黎民之賢者也。"

〔八一七〕粒食之民,昭然明視:見大戴禮記少閒。昭然,明白貌。黃懷信集注:"昭然明視,得教化也。"　屈軼產觀,景星燿房,古黃委彎,山車垂綏:屈軼,見後紀五黃帝有熊氏注〔五二四〕。觀,古代宮門外兩側的高臺。景星,見後紀十一帝堯陶唐氏注〔五二七〕。古黃,傳說中神馬名,又稱乘黃。逸周書王會:"犬戎文馬,而赤鬣縞身,目若黃金,名古黃之乘。"初學記卷二九引符瑞圖:"騰黃者,神馬也。其色黃,一名乘黃,亦曰飛黃,或作古黃。"委彎,交出繮繩,表示聽任騎乘。洪本"彎"作"戀",同。山車,傳說中一種神異之車。帝王有盛德,天下太平,則出現於山中。綏,挽以登車的繩索。藝文類聚卷一一引帝王世紀曰:"景星曜於房,羣瑞畢致,地出乘黃,舜於是德被天下。"又太平御覽卷七七三引孝經援神契:"虞舜德盛於山陵,故山車出。……舜時盛,山車有垂綏。"

〔八一八〕春秋佐助期:漢代緯書,春秋緯之一種。

〔八一九〕蟠龍賁信於其臧,魚鼈孚游于其穴:蟠龍,盤伏的龍。方言第一二："未陞天龍謂之蟠龍。"蟠,盤曲。賁信,吐舌。賁,通"奮"。洪本譌"賣",吳本譌"青"。信,龍蛇之舌。臧,通"藏"。孚,通"浮"。尚書大傳卷二："蟠龍賁信於其藏,蛟魚踴躍於其淵,龜鼈咸出於其穴。"

〔八二〇〕長胡獻白狼之霜:長胡,指北戎部族首領長胡大王。白狼之霜,即白琅之霜,道家靈丹名。狼,通"琅"。真誥稽神樞："北戎長胡大王獻帝舜以白琅之霜、十轉紫華,服之使人長生飛仙,與天地相傾。"　西母進益疆之版:西母,即西王母。益,指益州。版,版圖。藝文類聚卷一一引雒書靈准聽曰:"舜受終,……西王母授益地圖。"注云:"西王母得益地之圖來獻。"

〔八二一〕昏荒:蒙昧荒涼。

〔八二二〕君子人來效龍,求能食之:君子,傳說中之古國名。效,獻,進獻。食,"飼"之古字,飼養。

〔八二三〕鳳皇:四庫本"皇"作"凰"。　蕭:在今安徽蕭縣西北。

〔八二四〕舜其大智也歟:四庫本"歟"作"與"。禮記中庸："子曰:'舜其大知也與?'"

〔八二五〕函和:猶含和,謂蘊藏祥和之氣。孔子家語辯樂解："夫舜起布衣,積德含和,而終以帝。"

〔八二六〕其政好生而惡殺:自此而下至"好生而已",見孔子家語好生,文字略有異同。喬本"政"譌"致",今據餘諸本訂正。

〔八二七〕是以四海承風,暢於異類:承風,接受教化。暢,達。王肅孔子家語注："異類,四方之夷狄也。"　鳳翔麟感,鳥獸被德:洪本、吳本"被"譌"彼"。孔子家語作:"鳳翔麟至,鳥獸馴德。"

〔八二八〕亡它,好生而已:四庫本"它"作"他"。孔子家語"而已"作"故也"。

〔八二九〕貢善:進善;進呈善言,進舉善人。

〔八三〇〕宅立:居位。立,通"位"。書大禹謨："帝曰:'格,汝禹。朕宅帝位三十有三載,耄期倦于勤。汝惟不怠,揔朕師。'"

〔八三一〕張樂:置樂。

〔八三二〕鍾石渝,笙管變,未及終,天大雷電烈風,大木盡拔,大屋盡發,宮羽盡革,二工伏枕以操雅,帝乃離而:石,備要本譌"后"。渝,變更。發,掀開。

宮羽,五音中的宮音與羽音,借代音調。工,指樂師。操,演奏。雅,樂器名,即
柷。雝而,猶雝然,神情舒緩、從容不迫貌。尚書大傳卷二:"維十有四祀,鐘石
笙筦變,聲樂未罷,疾風發屋,天大雷雨。帝沈首而笑曰:'明哉,非一人天下
也! 乃見於鐘石。'"皮錫瑞疏證:"樂緯稽耀嘉曰:禹將受禪,天意大變,迅風
靡木,雷雨晦冥。"

　　〔八三三〕歌者重篇,樂正重贊:重篇,謂重歌詩篇。重贊,謂重頌贊語。文
心雕龍頌讚:"昔虞舜之祀,樂正重讚,蓋唱發之辭也。" 乃更容貳尸:謂容許
祭祀時有兩個主祭人(一正一副)。尸,主持。各本"尸"均作"節"。彥按:
"節"當作"尸"。蓋"節"古字作"卩",與"尸"形近,因誤認"尸"爲"卩"而改
書"節"。今訂正。尚書大傳卷一下:"維十有五祀,祀者貳尸。舜爲賓客,而
禹爲主人。" 備十有二變,奏肆夏而納以孝成:備,周徧。變,指樂章之變。彥
按:"奏"前宜有"始"字。尚書大傳卷二:"始奏肆夏,納以孝成。"鄭玄注:"始,
謂尸入時也。納,謂薦獻時也。肆夏、孝成,皆樂章名。"

　　〔八三四〕四岳三公暨百執事咸贊于帝:贊,告,報告。 尚稽泰室,唐爲虞
賓:尚,通"上"。泰室,即太室(亦作"大室")。尚書大傳卷二:"樂正進贊曰:
'尚考大室之義,唐爲虞賓。'"鄭玄注:"大室,明堂中央室也。義,當爲'儀'。
儀,禮儀也。謂祭大室之禮,堯爲舜賓也。" 始而狂然,汔兹羡于四極:狂然,
猶惘然,疑惑不解貌。羡,通"衍",溢出,散布。尚書大傳卷二無"始而"句,
"汔兹"句作"至今衍於四海"。鄭玄注:"衍,猶溢也。言舜之禪天下,至於今,
其德業溢滿四海也。" 諴禹之命敷于四海:諴(xián),通"成",成就,促成。
命,政令,教令。尚書大傳卷二作:"成禹之變,垂於萬世之後。" 韶爲賓而雝
爲主人,莫能遷矣:尚書大傳卷二:"招爲賓客,而雍爲主人。"鄭玄注:"招、雍
皆樂章名也。賓入奏招,主人入奏雍也。"彥按:招即韶。此語意帶雙關。韶爲
賓而雝爲主人,猶謂舜爲賓而禹爲主人也。

　　〔八三五〕正月朔旦,受命于神宗,帥百官,如帝之初:見書大禹謨,"帥"作
"率","如"作"若"。神宗,謂堯廟。參見上注〔四三六〕。帝之初,指舜當初
受堯禪事。

　　〔八三六〕于時八風循通,卿雲叢叢:自此而下至"而共禦之",大抵撮取自
尚書大傳。于時,四庫本作"于是"。循通,順通,暢通。卿雲,慶雲。卿,通

"慶"。竹書紀年卷上帝舜有虞氏十四年:"卿雲見,命禹代虞事。……於是八風循通,慶雲叢集。"太平御覽卷九引尚書大傳曰:"舜將禪禹,八風循通。"又卷二八引符瑞圖曰:"八風循通,八方之風應時而至也。"　俊艾百工胥龢而歌曰:俊艾,即俊乂,才德出衆的人。四庫本"艾"作"乂"。胥,相。龢,吳本、四庫本作"和"。尚書大傳卷二作"於時俊乂百工相和而歌卿雲,帝乃倡之曰",則下四句乃帝所倡。竹書紀年沈約注同。　慶雲爛兮,糾縵縵兮:糾,纏繞。吳本作"斜",乃俗體。縵縵,紆緩回旋貌。　日月光華,旦復旦兮:鄭玄尚書大傳注:"言明明相代。"

〔八三七〕拜手而進:拜手,亦稱"拜首"。古代跪拜禮之一。跪後兩手相拱,俯頭至手。尚書大傳作"咸進稽首"。　爛然星陳:星敶,星羣,羣星。敶,同"陣"。　宏于一人:宏,光大,顯耀。

〔八三八〕帝乃擁旋持衡,沉首而笑曰:擁,亦"持"義。旋,通"璿",指璿璣。衡,指玉衡。彦按:此之璿璣玉衡,當指玉飾的觀測天象的儀器,故用"擁""持"字。然已非書舜典"璿璣玉衡"之義,以此類儀器,至漢世始有也。沉首,低頭。竹書紀年沈約注作"帝乃再歌曰"。　日月有恒:竹書紀年沈約注"恒"作"常"。　四時順經,萬物允成:順經,遵循常軌。竹書紀年沈約注作"從經"。允成,真正有成。竹書紀年沈約注下句作"萬姓允誠"。　饜乎鼓之,軒乎舞之:饜(chāng),鼓聲。軒,舞貌。　英華欲遂,褰裳去之:英華,猶今言精英,精英分子。欲遂,願望實現。褰裳,撩起下裳。褰,音 qiān。彦按:路史此二句及上文所述若干情節,隱約有韓非子説疑"禹偪舜"之味道,蓋古史之遺留,殊堪珍貴。竹書紀年沈約注"英華欲遂"作"精華已竭",意思遂截然不同。

〔八三九〕維時洪祀六沴,用咎于下:見尚書大傳卷四。皮錫瑞疏證:"案梁開宗本儀禮經傳通解引傳文,作'維時供祀六沴';注:'供,謂大也;始大祀六沴之神。咎,猶極也。用極于下者,謂備極其祀之豐美也。'"是則,洪祀,大祭祀;六沴,六氣不和之災,此指主管六沴之神。

〔八四〇〕乃令大禹步于上帝而共禦之:步于,洪本譌"步子"。共禦,敬奉,謂敬獻或敬事。共,"恭"之古字。禦,通"御"。尚書大傳卷四:"維王后元祀,帝令大禹步于上帝。"鄭玄注:"王,謂禹也。后,君也。祀,年也;禹始居攝爲君之元年也。帝,舜也。步,推也。于,於也。上帝,謂天也。令禹推演天道,謂覩得失反覆也。”

〔八四一〕帝用不差,神則不怒,五福乃降,用章于下:帝,指上帝。用,用度。差,欠缺。章,表彰。

〔八四二〕禹乃共辟厥德,用帝休令:尚書大傳卷四下句作“受命休令”。皮錫瑞疏證:“案梁本儀禮經傳通解引注:‘辟,明也。厥,其也。休,美也。禹於是恭明其德,孳孳受舜之美令奉行之。’袁鈞曰:‘受命’之‘命’譌字,觀注‘受舜之美令’,疑當作‘帝’。後注云‘奉帝命而陳之’,可證。” 爰用五事,建王極:五事,見後紀七小昊青陽氏注〔四三一〕。王極,即皇極。各本“王”均譌“五”,今據尚書大傳卷四訂正。

〔八四三〕云“王后元祀”:見上注〔八四〇〕。 禹攝之元:元,始。

〔八四四〕知五行傳不自後世,歆、向以來訛而繆之爾:五行傳,即洪範五行傳,爲尚書大傳中之一篇。其傳據説出自漢武帝時經學家夏侯始昌。歆、向,指西漢經學家劉向、劉歆父子。二人于洪範五行傳均有闡發及著述。爾,備要本譌“寔”。漢書五行志中之上云:“孝武時,夏侯始昌通五經,善推五行傳,以傳族子夏侯勝,下及許商,皆以教所賢弟子。其傳與劉向同,唯劉歆傳獨異。”又隋書經籍志一云:“晉世祕府所存,有古文尚書經文,今無有傳者。及永嘉之亂,歐陽,大、小夏侯尚書並亡。濟南伏生之傳,唯劉向父子所著五行傳,是其本法,而又多乖戾。” 大傳得正:得正,可以證實。正,通“證”。

〔八四五〕苗弗恭,命禹征之:書大禹謨:“帝曰:‘咨！禹,惟時有苗弗率,汝徂征。’”又竹書紀年卷上帝舜有虞氏三十三年:“春正月,夏后受命于神宗。”三十五年:“帝命夏后征有苗,有苗氏來朝。”

〔八四六〕三旬,苗猶逆命:自此而下至“七旬而有苗格”,大抵撮取自書大禹謨。 益贊于禹曰:贊,告。 惟德動天,亡遠弗届:届,至。 帝之往于田也,號天引慝:引,四庫本如此,是,今從之。餘諸本均譌“隱”。參見上注〔七〇〕。 瞽亦信順:信順,真心順從。書大禹謨作:“瞽亦允若。” 矧兹苗乎:矧(shěn),何況,況且。

〔八四七〕此三苗寔後:喬本、洪本、吳本、備要本“三”譌“二”,今據四庫本訂正。

〔八四八〕於是般師振旅,帝乃誕敷文德,舞干羽于廟階:般師,即班師。

般,通"班"。洪本、吴本"師"譌"帥"。尚書作"班師"。振旅,整頓軍隊。誕敷,大布,大肆宣揚。廟階,指宫廷的東西兩階。廟,指王宫的前殿。尚書作"兩階"。

〔八四九〕分北其民,亡世在下:世,後嗣。書吕刑:"遏絶苗民,無世在下。"孫星衍疏:"無令嗣世在下土也。"

〔八五〇〕不得自新:謂没有重新做人的機會。 故承命而逆:承命,接受命運,認命。

〔八五一〕故孔子曰:自此而下,至"舜其繇此乎",見吕氏春秋上德。 孟門:古隘道名。在今河南輝縣市西。喬本、洪本作"盟門"誤,今據餘本訂正。 德之流行,遬於郎傳命:遬,同"速"。郎,"郵"字俗書,驛站。吕氏春秋作:"故曰德之速,疾乎以郵傳命。"又孟子公孫丑上:"孔子曰:'德之流行,速於置郵而傳命。'"

〔八五二〕周之明堂,金在其後,先德而後武也:周,各本均譌"用",今據吕氏春秋訂正。其文作:"周明堂,金在其後,有以見先德後武也。"高誘注:"作樂,金鑄在後,故曰先德後武。"陳奇猷校釋云:"此所謂'金在其後',疑係指明堂之製作及陳設金屬物置於堂後,非僅指樂器言也。高説似未可從。……又案:五行,金爲殺氣,……故爲武事。"

〔八五三〕舜其繇此乎:繇,四庫本作"由",吕氏春秋作"猶"。依義當作"猶"。

〔八五四〕喻教:開導教育。

〔八五五〕皆薄禹之義而美舜之德:義,道,指做法。

〔八五六〕初有苗負固,弗用靈:用靈,謂實行善政。藝文類聚卷一一引帝王世紀:"有苗氏負固不服,禹請征之。"書吕刑:"苗民弗用靈,制以刑。" 昏迷不恭……以亂亡辜:參見後紀六帝鴻氏注〔五二〕、〔五三〕。

〔八五七〕爰始淫爲劓、刵、椓、黥,越兹麗刑并制,罔差有辭:洪本"黥"譌"黜"。書吕刑"併"作"并"。椓,喬本、吴本、備要本作"捄",洪本作"捄",四庫本作"椓",並爲"椓"字俗譌,今訂正。越兹,於是。麗,施。併,通"屛",屛棄。制,法制。罔差有辭,不管辯解與否。罔差,没有差别。辭,辯解。

〔八五八〕練抑惟刑:見後紀六帝鴻氏注〔五三〕。 靡察于獄之麗;罔擇吉人,惟時庶威奪貨:獄,刑獄,刑罰。麗,施。曾運乾正讀:"吉人,善士也。庶威,盛爲威勢。"書呂刑:"惟時苗民匪察于獄之麗,罔擇吉人觀于五刑之中,惟時庶威奪貨。"

〔八五九〕以是爲法而民有惡德:禮記緇衣:"甫刑曰:'苗民匪用命,制以刑,惟作五虐之刑曰法。'是以民有惡德,而遂絕其世也。"　泯泯棼棼,罔中于信:泯泯棼棼,紛亂貌。四庫本"泯"作"泯",同。罔中,不合。書呂刑:"民興胥漸,泯泯棼棼,罔中于信,以覆詛盟。"

〔八六〇〕及是,亡辭于罰,遂分北于既巽:亡辭,無法逃避。既巽,歸順之後。廣雅釋詁一:"巽,順也。"

〔八六一〕遜禹於洞庭:各本均無"遜"字。彦按:此述舜事,主語當爲舜而非禹。考本書發揮五辯帝舜冢也有此句,句首有"遜"字,當是。此蓋因上句末之"巽"字("巽""遜"時或相通)而脱文也,今補。

〔八六二〕乃作大唐之樂以皈帝美,作大化、大訓、六府、九原之章以颺禹功:皈,歸。帝,指堯。颺,顯揚,頌揚。尚書大傳卷二:"歌大化、大訓、六府、九原而夏道興。"鄭玄注:"四章皆歌禹之功。"

〔八六三〕天見妖孽,黃星靡鋒:見,"現"之古字。妖孽,指反常現象,古人以爲不祥,故稱。黃星,星名。靡鋒,没有光芒。鋒,同"鋒"。吴本、四庫本、備要本作"鋒"。下羅苹注"靡鋒"之"鋒"同。唐瞿曇悉達開元占經卷六二:"郗萌曰:昴有一星,大名黃星。其星明者天下安,不明者天下大凶。"

〔八六四〕宋張鎰觀象賦云"嘉黃星之靡鋒,明虞舜之不競"也:張鎰,四庫本作"張謐",初學記卷一則作"張鏡"。宋王應麟困學紀聞卷九天道曰:"觀象賦,後魏張淵撰(見後魏書)。初學記云宋張鏡,非也。"彦按:王氏説是。羅氏以觀象賦作者爲宋張鎰(或張謐),誤。清陳元龍奉敕編纂之歷代賦彙卷一收入該賦,作者題陳張鏡,亦誤。不競,猶不爭。競,爭逐。

〔八六五〕以瓦棺葬于紀,是爲鳴條:禮記檀弓上:"有虞氏瓦棺。"鳴條,地名。在今山西運城市鹽湖區東北。

〔八六六〕紀即冀:洪本"冀"譌"異"。

〔八六七〕今河東皮氏東北有冀亭:河東,舊郡名。皮氏,舊縣名,治所在今山西河津市西。冀亭,洪本"冀"譌"異"。

〔八六八〕鳴條在安邑西北:吳本"北"譌"比"。

〔八六九〕零陵營浦縣:零陵,郡名。營浦縣,治所在今湖南道縣東門街道。

〔八七〇〕八十一即真:即真,謂由攝政而正式即帝位。喬本、洪本、備要本"真"譌"貞",今據吳本、四庫本訂正。　五年而苗叛:吳本"苗"譌"禹"。

〔八七一〕三妃未之從:三妃,洪本、吳本作"二妃"非。禮記檀弓上:"舜葬於蒼梧之野,蓋三妃未之從也。"鄭玄注:"古者不合葬。"

〔八七二〕先儒謂舜不告而娶:吳本"告"譌"吉"。孟子離婁上:"孟子曰:'不孝有三,無後爲大,舜不告而娶,爲無後也,君子以爲猶告也。'"列子楊朱:"(舜)行年三十,不告而娶。"淮南子氾論:"舜不告而娶,非禮也。"　不立正妃:禮記檀弓上鄭玄注:"帝嚳而立四妃矣,象后妃四星,其一明者爲正妃,餘三小者爲次妃。帝堯因焉。至舜不告而取,不立正妃,但三妃而已,謂之三夫人。離騷所歌湘夫人,舜妃也。"

〔八七三〕楚辭有湘君、湘夫人:吳本"湘夫人"之"湘"譌"相"。　故退之以娥皇爲正而英爲庶:退之,唐文學家韓愈(字退之)。娥皇,洪本"娥"譌"觧"。正,指正妻,即嫡妻。庶,指庶妻,即妾。韓氏黃陵廟碑曰:"離騷、九歌既有湘君,又有湘夫人。王逸之解,以湘君者自其水神;而謂湘夫人乃二妃也,從舜南征三苗不返,道死沅、湘之間。山海經曰:洞庭之山,帝之二女居之。郭璞疑二女者,帝舜之后,不當降小君爲其夫人,因以二女爲天帝之女。以予考之,璞與王逸俱失也。堯之長女娥皇,爲舜正妃,故曰君;其二女女英,自宜降曰夫人也。故九歌詞謂娥皇爲君,謂女英爲帝子,各以其盛者推言之也。"

〔八七四〕釐降二女:書堯典:"釐降二女于嬀汭,嬪于虞。"史記五帝本紀"釐降"作"飭下"。周秉鈞尚書易解云:"釐,飭也,命令之意。"　方在妻列:方,並。　釐降,以理下之也:釐,喬本、洪本作"厘",今從餘本,以與上文一致。彥按:此羅氏以"理"釋"釐"者,廣韻之韻:"釐,理也。"然恐未妥。　豈云塍哉:云,吳本作"曰",四庫本譌"女"。

〔八七五〕時以婦道嬪於虞氏:時,通"是",于是。

〔八七六〕鄭云舜但三妃:鄭,指鄭玄。三妃,各本"三"均譌"二",今訂正。鄭語見禮記注,詳上注〔八七二〕。　佃:指宋陸佃。

〔八七七〕緡：在今山東金鄉縣。

〔八七八〕商：在今河南商丘市睢陽區西南。

〔八七九〕禹封均子于虞：洪本、吳本、備要本“均子”作“其子”。虞，在今河南虞城縣。彥按：此謂“禹封均子”，通志卷三上三王紀上夏紀則以爲封商均，云：“（禹）於是即天子位，號夏后氏元年，作都于韓。……封丹朱於唐、商均於虞爲諸侯。”以禹並封堯、舜之子，似較路史之封堯子、舜孫合理。然本書後紀十三帝禹夏后氏亦云“（禹）封丹朱唐、商均之子于虞，作賓王家”，則或者路史原文如此，非梓工之誤也。

〔八八〇〕虞思妻少康：虞思，虞君，商均之後。少康，夏帝相子，爲中興之主。初逃難奔有虞，爲之庖正，有虞思夏德，於是妻之以二女而邑之於綸。左傳哀公元年、史記吳太伯世家、潛夫論五德志及水經注卷二三獲水均載其事。

〔八八一〕□□以虞思爲象□□孫：象，舜異母弟。此四闕文處，喬本爲墨丁，洪本、備要本爲空闕，吳本、四庫本則全脫之。

〔八八二〕次妃癸比氏生二女，曰宵明，曰燭光，處河大澤，靈照百里，是爲湘之神：癸比氏，山海經海內北經作“登比氏”，云：“舜妻登比氏，生宵明、燭光，處河大澤，二女之靈能照此所方百里。一曰登北氏。”湘，指湘水。彥按：羅氏以大澤謂洞庭湖，故有“湘之神”說。若依郭璞注：“澤，河邊溢漫處。”則與湘水遠隔，不得爲其神矣。然既稱河大澤，則此澤宜在黃河之濱，郭氏說于義似長。

〔八八三〕以湘神黃陵爲舜之二女：黃陵，黃陵廟，在今湖南湘陰縣北湘水之濱。此指其廟神。

〔八八四〕唐屬岳，司馬氏時屬長沙：岳，州名，治所在今湖南岳陽市。司馬氏，指晉王朝。長沙，郡名，治所在今湖南長沙市。

〔八八五〕天祐中號懿節：舊唐書哀帝紀天祐二年六月：“敕旨黃陵二妃祠曰懿節。”

〔八八六〕予嘗欲作黃陵碑言之：四庫本“予”譌“子”。

〔八八七〕辨舜冢：即辯帝舜冢。

〔八八八〕齊人：平民。

〔八八九〕見舊唐書代宗子睦王述傳。　　代宗：唐代宗李豫。　　諸子疎封:疎,少。

〔八九○〕山海經海内經亦云:"帝俊有子八人,是始爲歌舞。"帝俊即舜。

〔八九一〕箕伯、直柄、伯戲:左傳昭公三年"箕伯、直柄、虞遂、伯戲"杜預注:"四人皆舜後,陳氏之先。"

〔八九二〕中衰,成湯實之于遂,遂世守之:遂,在今山東肥城市安臨站鎮。左傳昭公八年:"晉侯問於史趙曰:'陳其遂亡乎?'對曰:'未也。'公曰:'何故?'對曰:'陳,顓頊之族也,歲在鶉火,是以卒滅。陳將如之。今在析木之津,猶將復由。且……自幕至于瞽瞍無違命,舜重之以明德,實德於遂。遂世守之。……臣聞盛德必百世祀,虞之世數未也。'"杜預注:"遂,舜後。蓋殷之興,存舜之後而封遂,言舜德乃至於遂。"此蓋羅氏所本。

〔八九三〕莊公十二年,齊桓滅之:十二,當作"十三"。春秋莊公十三年:"夏六月,齊人滅遂。"

〔八九四〕左氏正義:指左傳昭公八年孔穎達正義。洪本"正"譌"云"。

〔八九五〕袁良碑:袁良,東漢國三老。碑于漢順帝永建中立,宋時在開封扶溝(今河南扶溝縣)。見隸釋卷二三。　宋虞思後箕伯、直柄中衰,湯封遂於陳以後舜:宋,猶言商。虞思封于商,其地至周爲宋國,故又稱宋。直柄,喬本、洪本、吳本、備要本作"直炳",今從四庫本,以與正文一致。

〔八九六〕箕伯之後箕子事紂,仍諫不入,陽狂爲奴:仍,一再,屢次。入,謂采納。陽狂,裝瘋。陽,通"佯"。史記宋微子世家:"紂爲淫泆,箕子諫,不聽。人或曰:'可以去矣。'箕子曰:'爲人臣諫不聽而去,是彰君之惡而自説於民,吾不忍爲也。'乃被髮詳狂而爲奴。"

〔八九七〕書洪範序:"武王勝殷,……以箕子歸,作洪範。"孔穎達正義曰:"武王伐殷,既勝,……以箕子歸鎬京,訪以天道。箕子爲陳天地之大法,敍述其事,作洪範。"

〔八九八〕去之朝鮮,以道義化其民,蔚爲君子之國:去之,備要本誤倒作"之去"。蔚,文采繁富貌。漢書地理志下:"殷道衰,箕子去之朝鮮,教其民以禮義,田蠶織作。"

〔八九九〕宋世家:指史記宋微子世家。

〔九○○〕而鄭玄、王肅、馬融之徒以爲紂之諸父,伏虔、杜預以爲紂之庶兄：諸父,泛稱叔父和伯父。<u>伏虔</u>,即<u>服虔</u>。經傳多作<u>服虔</u>,而<u>羅</u>氏則堅持字當作"伏"。見<u>後紀一太昊伏戲氏</u>"服氏"<u>羅苹</u>注。<u>史記宋微子世家</u>"<u>箕子</u>者,<u>紂</u>親戚也"<u>司馬貞索隱</u>："<u>馬融</u>、<u>王肅</u>以<u>箕子</u>爲<u>紂</u>之諸父。<u>服虔</u>、<u>杜預</u>以爲<u>紂</u>之庶兄。"　以意言之：意,臆測。

〔九〇一〕敍：指書洪範序。

〔九〇二〕是釋其囚即以歸：備要本"釋其囚"誤倒作"其釋囚"。

〔九〇三〕蓋遯而去：<u>洪</u>本"而"譌"帀",<u>吴</u>本、<u>四庫</u>本無"而"字。　如<u>夷齊</u>之於<u>首陽</u>：<u>史記伯夷列傳</u>："<u>伯夷</u>、<u>叔齊</u>,<u>孤竹</u>君之二子也。父欲立<u>叔齊</u>,及父卒,<u>叔齊</u>讓<u>伯夷</u>。<u>伯夷</u>曰：'父命也。'遂逃去。<u>叔齊</u>亦不肯立而逃之。……於是<u>伯夷</u>、<u>叔齊</u>聞<u>西伯昌</u>善養老,盍往歸焉。及至,<u>西伯</u>卒,<u>武王</u>載木主,號爲<u>文王</u>,東伐<u>紂</u>。<u>伯夷</u>、<u>叔齊</u>叩馬而諫。……<u>武王</u>已平殷亂,天下宗周,而<u>伯夷</u>、<u>叔齊</u>恥之,義不食周粟,隱於<u>首陽</u>山,采薇而食之。……遂餓死於<u>首陽</u>山。"

〔九〇四〕其支子仲封鮮于：<u>鮮于</u>,<u>元和姓纂</u>卷五仙韻<u>鮮于</u>作"于",云："<u>箕子</u>封于<u>朝鮮</u>,支子<u>仲</u>食采於<u>于</u>,子孫因合'鮮''于'爲氏。"<u>于</u>,在今<u>韓國忠清北道清州邑</u>。

〔九〇五〕鮮于少保碑：即<u>中散大夫京兆尹漢陽郡太守贈太子少保鮮于公神道碑銘</u>,見<u>顏魯公集</u>卷六。其文曰："公諱<u>向</u>,字<u>仲通</u>。……其先出于<u>殷</u>太師,<u>周武王</u>封于<u>朝鮮</u>。子<u>仲</u>食邑於<u>于</u>,因而受氏。"

〔九〇六〕見<u>太平寰宇記</u>卷七<u>許州</u>。　<u>穎川</u>：郡名,治所在今<u>河南許昌市</u>。

〔九〇七〕直柄之後有直氏：<u>直柄</u>,各本均作"直伯"。<u>彦</u>按：上文但見<u>直柄</u>,未有<u>直伯</u>。此承上言,"直伯"當爲"直柄"之誤。卷二十七<u>國名紀</u>四有<u>虞</u>氏後<u>直</u>云："<u>直柄國</u>",亦可爲證。今訂正。

〔九〇八〕入于彊：謂爲彊國所吞併。

〔九〇九〕後各以國命氏：<u>洪</u>本"氏"譌"民"。

〔九一〇〕後漢書郡國志三兖州東郡："<u>衛</u>公國,本<u>觀</u>故國,<u>姚</u>姓,<u>光武</u>更名。"

〔九一一〕申徒狄：<u>四庫</u>本作"申屠狄"。<u>元和姓纂</u>卷三真韻<u>申徒</u>引<u>風俗通</u>云："本<u>申屠</u>氏,隨音改爲<u>申徒</u>。<u>尸子</u>云：<u>狄</u>,<u>夏</u>賢也。<u>湯</u>以天下讓,<u>狄</u>以不義聞己,自投於<u>河</u>。"

〔九一二〕然衞文公子許、宋邊卬、陳成公子，後皆有此氏：衞文公，春秋衞國國君姬毀。許，元和姓纂作“其許”。宋邊卬，喬本作“宋□公卬”，洪本、吳本、四庫本、備要本均作“宋邊公卬”。“公”字當衍，今據元和姓纂訂作宋邊卬。左傳昭公二十二年“宋公使……邊卬爲大司徒”，即其人。陳成公，春秋陳國國君嬀午。彥按：羅氏此説當本元和姓纂卷二之韻司徒之説，然引文多誤。姓纂原文爲：“帝王世記曰：舜爲堯司徒，支孫氏焉。衞文公生公子其許，之後爲司徒氏。宋邊卬爲其司徒，後氏焉。陳成公子亦司徒氏。”又姓纂此文疑亦有誤，岑仲勉校記曰：“溫校謂‘衞文公’以下數語訛脱不可讀，疑通志‘衞有司徒瞞成，宋有司徒邊卬，陳有司徒公子招，其後皆爲司徒氏’，當係姓纂原文云。”

〔九一三〕姓纂云申侯子居安定屠原而姓：見元和姓纂卷三真韻申屠，原文爲：“周幽王后申氏兄申侯之後，支孫居安定屠原，因以爲氏。”此所引有出入。吳本“申侯”譌“中侯”。安定，郡名，治所在今甘肅涇川縣。屠原，其地不詳，待考。

〔九一四〕漢胡不害封合愽侯，爲氏：合愽侯，洪本、吳本作“合傅侯”，與正文合愽氏不符，非是。彥按：胡不害，其人不見史籍。今考古今姓氏書辯證卷四〇合韻合博云：“漢功臣表有賔齊侯合博胡害，以越户將從破秦。”疑即羅氏所據而舛誤。然漢書高惠高后文功臣表文，原作“賔齊合侯傅胡害”。則所謂之合愽侯，但子虛烏有耳。

〔九一五〕唐定襄王李大恩本胡氏：李大恩，各本均譌作“李文恩”，今據新、舊唐書訂正。舊唐書高祖本紀武德四年：“春正月丁卯，竇建德行臺尚書令胡大恩以大安鎮來降，封定襄郡王，賜姓李氏。”　李叔明本鮮于氏：李叔明，唐大臣，德宗朝官至太子太傅。洪本“李”譌“本”。鮮于氏，吳本“于”作“於”，非。舊唐書李叔明傳：“李叔明字晉卿，閬州新政人。本姓鮮于氏。”

〔九一六〕見潛夫論志氏姓。

〔九一七〕魯襄夫人胡女共少歸、齊歸是：魯襄，魯襄公，春秋魯君姬午。共少歸，吳本作“若少歸”，四庫本作“共少婦”。彥按：諸本均誤，依左傳當作“敬歸”。襄公三十一年傳云：“立胡女敬歸之子子野。”杜預注：“胡，歸姓之國。敬歸，襄公妾。”又：“立敬歸之娣齊歸之子公子裯。”是也。蓋“敬”初譌

“恭”（疑初因避宋太祖趙匡胤祖趙敬諱改），“恭”又譌“共少”。杜預春秋釋例卷八，魯夫人有“胡女敬歸：襄公妃，生子野”，又有“夫人歸氏：齊歸，襄公妃，生昭公”。

〔九一八〕胡公世不淫：不淫，無過失。穀梁傳襄公二十五年：“莊公失言，淫于崔氏。”范甯集解引范邵曰：“淫，過也。言莊公言語失漏，有過於崔子，而崔子弒之。”彥按：左傳昭公八年：“舜重之以明德，寘德於遂。遂世守之。及胡公不淫，故周賜之姓，使祀虞帝。”杜預注：“胡公滿，遂之後也，事周武王，賜姓曰媯，封諸陳，紹舜後。”楊伯峻春秋左傳注以“不淫”爲人名，云：“杜注以不淫爲‘胡公滿遂之後’，李慈銘則以爲不淫即滿之字。見越縵堂讀書記。”蓋誤讀誤解杜注矣。然以“不淫”爲胡公滿之名若字，則下“故”字無所承應，當非確詁。又，杜注以不淫而周賜姓之胡公爲胡公滿，路史此言“胡公世不淫”之胡公則指胡公滿之先人，故下文方有“至虞閼父，爲周陶正，武王妃其子胡公滿以太姬”語也，不可不知。

〔九一九〕武王妃其子胡公滿以太姬：妃（pèi），婚配。太姬，周武王長女。左傳襄公二十五年：“鄭子產獻捷于晉，戎服將事。晉人問陳之罪。對曰：‘昔虞閼父爲周陶正，以服事我先王。我先王賴其利器用也，與其神明之後也，庸以元女大姬配胡公，而封諸陳，以備三恪。”杜預注：“胡公，閼父之子滿也。”

〔九二〇〕古今姓氏書辯證卷六真韻陳引元和姓纂曰：“夏禹封舜子商均于虞城，三十二世孫遏父爲周陶正，武王妻以元女太姬，封之宛丘，爲陳侯，以奉舜後，是爲胡公滿。”彥按：遏父即閼父。此以遏父爲胡公滿，蓋誤。

〔九二一〕袁孝政：唐播州録事參軍，曾注劉子。

〔九二二〕珤：“寶”之古字。

〔九二三〕大戴禮記少閒：“舜崩，有禹代興。禹卒受命，乃遷邑姚姓于陳。”

〔九二四〕以備三客：三客，即三恪。客，通“恪”，敬也。周朝新立，封虞、夏、商之後于陳、杞、宋，稱爲“三恪”。

〔九二五〕義取王之所敬：之，各本均作“尸”。彥按：“王尸所敬”費解。“尸”當“之”字之譌。通典卷七四賓禮一三恪二王後：“周武王克商，而封夏後於杞、殷後於宋，皆爵公；封舜後於陳，爵侯，以備三恪。”注云：“恪，敬也，義取王之所敬。”蓋即羅氏所本,今訂正。

〔九二六〕左氏傳“以陳備三窓”:見説文解字心部窓引,今本左傳襄公二十五年作“以備三恪”。吴本、四庫本“窓”作“客”,非。　徐鍇云:“今俗作恪”:彦按:“今俗作恪”,實出大徐本説文徐鉉按語,不見于徐鍇之説文解字繫傳,羅氏蓋誤記。

〔九二七〕詩云“有客”者:毛詩序周頌有客:“有客,微子來見祖廟也。”鄭玄箋:“成王既黜殷命,殺武庚,命微子代殷後。既受命,來朝而見也。”陸德明音義:“有客,二王之後,爲客也。”彦按:解詩諸家無有讀有客之“客”爲“恪”者,羅氏説牽强,不可從。

〔九二八〕見孔叢子答問,文字略有異同。　陳王:指秦末農民起義領袖、張楚政權創立者陳涉。　繼虞帝之後爲三窓:吴本“繼”譌“總”。

〔九二九〕壺丘氏:喬本、備要本“壺”作“壼”誤,此從餘本。

〔九三〇〕春秋昭公八年:“冬十月壬午,楚師滅陳。”

〔九三一〕明年,又書“陳灾”:春秋昭公九年:“夏四月,陳災。”　君存焉爾:彦按:關于“陳災”之義,前人存在不同理解,杜預注云:“陳既已滅,降爲楚縣,而書‘陳災’者,猶晉之梁山、沙鹿崩,不書晉。災害繫於所災所害,故以所在爲名。”孔穎達疏曰:“公羊、穀梁經皆作‘陳火’。公羊傳曰:‘陳已滅矣,其言陳火何? 存陳也。’穀梁傳曰:‘國曰災,邑曰火。火不志,此何以志? 閔陳而存之也。’賈、服取彼爲説,言慜陳不與楚,故存陳而書之,言陳尚爲國也。杜以左氏無此義,故辯而異之云:陳既已滅,降爲楚縣,不言楚陳災,而直書陳災者,猶如晉之梁山、沙鹿崩,不書晉也。以彼不繫晉,知法自不當繫楚,非是存陳如舊國也。凡災害所及,繫於所災所害之處,故以所在爲名,不復繫其本國。大都以名,通例不繫國。陳是楚之大都,無緣當繫於楚。二傳妄説,故杜不從。”杜注當是,孔疏甚的。羅氏從公、穀二傳説,誤。陳之復國,在“楚師滅陳”後之第五個年頭。春秋昭公十三年云:“陳侯吴歸于陳。”

〔九三二〕春秋哀公十年:“冬,楚公子結帥師伐陳。”

〔九三三〕春秋哀公十三年:“楚公子申帥師伐陳。”

〔九三四〕退之云父子食采袁鄉,爲氏:韓愈袁氏先廟碑曰:“周樹舜後陳。陳公子有爲大夫食國之地袁鄉者,其子孫世守不失,因自別爲袁氏。”

〔九三五〕陶甄：同義複詞，製作陶器。說文瓦部："甄，匋也。"段玉裁注："匋者，作瓦器也。"

〔九三六〕楚子縣陳，通奔周，王以爲中，將美其族，遂命爲甄氏云：中，當作"忠"。遂，洪本闕文，吳本、四庫本脱。文苑英華卷九一三唐張說廣州都督甄公碑云："昔胡公紹舜，奄有大邦。楚子縣陳，逃威樂土。當烈王之世也，有陳通奔周，王以爲忠，將美其族，言舜居陶甄之職，命爲甄氏。錫姓因生如'堅'之讀，形聲轉注，以'真'爲音。"

〔九三七〕頃林攄倡名呼"堅"，於襟不知也：頃，往時。喬本、四庫本、備要本作"鎮"，義不可解；洪本字形模糊不清；此從吳本。林攄，宋徽宗朝中書侍郎。倡名，即唱名。科舉時代，進士殿試後，皇帝召見，按甲第呼名傳唤，叫唱名。襟，心中。宋彭百川太平治迹統類卷二七："先是，中書侍郎林攄唱進士第，姓甄而呼'堅'，名盉而呼'怏'。于是中丞石公弼論攄不學無術，傳笑中外。"

〔九三八〕甄亶碑：即廣州都督甄公碑。

〔九三九〕齊桓公十四年：公元前 672 年。　陳宣公殺其太子御寇而敬仲奔齊，致陳樂：敬仲，即陳厲公次子陳完。完與御寇相善，恐禍及身，故奔齊。致，奉獻。　是以孔子在齊而聞韶：韶，舜樂名。陳爲舜後，陳樂本源于舜樂也。

〔九四〇〕桓公說之，以爲工正：說，"悦"之古字，喜愛。工正，官名。爲掌百工之官。

〔九四一〕世家：指史記田敬仲完世家。　如齊，以陳字爲田氏：裴駰集解引徐廣曰："應劭云：始食菜地於田，由是改姓田氏。"司馬貞索隱："據如此云，敬仲奔齊，以'陳''田'二字聲相近，遂以爲田氏。"張守節正義："案：敬仲既奔齊，不欲稱本國故號，故改陳字爲田氏。"

〔九四二〕應云采邑：應，指應劭。應氏語詳上注。　亦非：各本皆作"亦有"，于義不通，當誤。今訂作"亦非"，以與上"田知非仲所改"相應。

〔九四三〕成子弑簡公，分齊國：成子，陳成子，亦稱田成子，名恒，齊簡公相。簡公，春秋齊簡公姜壬。

〔九四四〕哀公：魯哀公姬將。　以吾從大夫之後：謙稱己曾忝列大夫之

位。論語憲問:"陳成子弑簡公。孔子沐浴而朝,告於哀公曰:'陳恒弑其君,
請討之。'公曰:'告夫三子!'孔子曰:'以吾從大夫之後,不敢不告也。君曰
"告夫三子"者!'之三子告,不可。"

　　〔九四五〕陳常:即陳恒。漢代避文帝劉恒諱,追改而作陳常。此其遺留。
喬本、備要本"常"譌"當",此從餘諸本。

　　〔九四六〕於三家,使知,不爲夫人討,不爲齊也:三家,指魯國三卿季孫、仲
孫、孟孫。夫人,謂衆人,別人。四庫本作"大夫"誤。不爲齊,喬本、四庫本、備
要本作"本爲齊"非,此從洪本及吳本。

　　〔九四七〕左傳哀公十四年記其事,作:"公曰:'子告季孫。'孔子辭。"孔子
家語正論解亦云:"公曰:'子告季氏。'孔子辭。"

　　〔九四八〕又十一年,公孫于越:洪本"年"譌"牟"。孫,通"遜",逃遁,流
亡。史記魯周公世家哀公二十七年:"公欲以越伐三桓。八月,哀公如陘氏。
三桓攻公,公奔於衛,去如鄒,遂如越。"

　　〔九四九〕而田和移齊:田和,戰國齊太公,田齊開國君主。吳本"田"譌
"曰"。移,更移,謂取代。

　　〔九五〇〕而齊滅之:之,足音助詞。

　　〔九五一〕廣信穭氏,本陸氏改:廣信,縣名。在今廣東封開縣。通志氏族
略三以鄉爲氏穭氏作"廣信都",元和姓纂作"廣信郡",誤。穭氏,洪本、吳本
"穭"作"櫋"。古今姓氏書辯證卷三六沃韻穭云:"廣信穭氏,本姓陸,避事改
爲穭。"蓋即羅氏所本。穭,同"櫋"。元和姓纂卷一〇沃韻作"褥"。彥按:此
姓疑以姓纂作"褥"爲是。今封開縣長安鎮境内尚有褥姓分布。

　　〔九五二〕紇于氏:洪本、吳本、備要本"于"譌"子"。

　　〔九五三〕王建子,爲王氏:王建,戰國齊末代國君共王田建。　望陳留、
東海、金城、北海:陳留,郡名,治所在今河南開封市祥符區陳留鎮。東海,郡
名,治所在今山東郯城縣。金城,郡名,治所在今甘肅蘭州市。北海,郡名,治
所在今山東昌樂縣。洪本"北"譌"比"。

　　〔九五四〕第五倫窮,賜販鹽,曰王伯:第五倫,東漢直臣,章帝時官至司空。
窮,謂不得志。王伯,彥按:當作"王伯齊"。後漢書第五倫傳云:"第五倫字伯
魚,京兆長陵人也。其先齊諸田。諸田徙園陵者多,故以次第爲氏。……自以

爲久宦不達,遂將家屬客河東,變名姓,自稱王伯齊,載鹽往來太原、上黨,所過輒爲糞除而去。"

〔九五五〕襄王法章,後爲法氏:襄王法章,戰國齊國君。見史記田敬仲完世家。元和姓纂卷一〇乏韻法云:"齊襄王子法章,支孫以名爲姓。""子"字當爲衍文。

〔九五六〕田文封薛,後有薛綜:田文,即戰國齊宗室大臣孟嘗君。薛,在今山東滕州市官橋鎮。薛綜,三國吳文學家,官至太子少傅,兼領選曹尚書。三國志吳志薛綜傳:"薛綜字敬文,沛郡竹邑人也。"裴松之注引吳録曰:"其先齊孟嘗君封於薛,秦滅六國,而失其祀,子孫分散。漢祖定天下,過齊,求孟嘗後,得其孫陵、國二人,欲復其封。陵、國兄弟相推,莫適受,乃去之竹邑,因家焉,故遂氏薛。"

〔九五七〕范希文:即北宋名臣范仲淹(字希文)。　將有穰苴:穰苴,田穰苴,春秋末齊大司馬,軍事家。范仲淹贈兵部尚書田公墓誌銘云:"昔武王封舜之後於陳,春秋時公子完如齊,子孫遂大,食采於田而命氏焉。厥後將有穰苴,相有千秋,斯可謂之著矣。"(范文正集卷一二)

〔九五八〕後魏賜大司空田宏,固紇于氏:田宏,當作田弘。紇于氏,吳本"于"作"於"非。北周庾信周柱國大將軍紇于弘神道碑曰:"公諱弘,字廣略,原州長城縣人也。本姓田氏。……建德元年,拜大司空。"(文苑英華卷九〇五)即其人。　許昌公陳忻,尉遲氏:北齊書陳忻傳:"陳忻字永怡,宜陽人也。……(魏恭帝)二年,進位驃騎大將軍、開府儀同三司,加侍中。其年,授宜陽邑大中正,賜姓尉遲氏。……孝閔帝踐阼,徵忻入朝,進爵爲伯,尋又進爵許昌縣公。"

〔九五九〕隨:通"隋"。

〔九六〇〕僖子子子穆安後:僖子,春秋末齊大夫田乞,即田成子父。子穆安,左傳哀公十四年"夏五月壬申,成子兄弟四乘如公"杜預注作穆子安,史記齊太公世家司馬貞索隱據系本(即世本,唐人避太宗諱改稱)同。頗疑"子穆"乃"穆子"之誤。然考古今姓氏書辯證卷二二止韻下子穆引世本曰:"陳僖子生子穆安,因爲子穆氏。"則其誤並非自羅氏始。要之,所謂子穆一姓,恐爲子虛烏有者。

〔九六一〕世本:烈子後:古今姓氏書辯證卷二二止韻下子沮引世本,作:"陳烈子生子沮輿,後爲子沮氏。"陳烈子,其人不詳。而通志卷二七氏族略三以字爲氏則曰:"子沮氏,嬀姓。陳桓公生子輿,爲子沮氏。"中疑有誤。

〔九六二〕桓公:春秋陳桓公嬀鮑。吳本"桓"譌"恒"。

〔九六三〕世本:僖子子子芒後:元和姓纂卷六止韻子芒亦云:"世本,陳僖子生子芒盈,因氏焉。"然史記齊太公世家司馬貞索隱引系本則作芒子盈,左傳哀公十四年杜預注同,是則所謂子芒一姓,亦可疑矣。路史書中此種情況甚多,難予一一指出,讀者當自辨之,未可輕信也。

〔九六四〕僖子生廩丘子尚:四庫本"廩丘子尚"作"廩子尚","丘"字闌入下面正文。彦按:此説亦見元和姓纂卷六止韻子尚引世本,疑即羅氏所本。然史記齊太公世家司馬貞索隱引系本,作廩丘子尚曁兹;中華書局1959年版史記,點校者以"尚"字爲衍文。而左傳哀公十四年杜預注,即作廩丘子意兹。故其説亦當存疑。

〔九六五〕子石:四庫本作"丘子石","丘"字乃上注文闌入此者。

〔九六六〕桓子:田桓子,又稱陳桓子,名無宇,春秋齊大夫。

〔九六七〕陳宣公:春秋陳國國君嬀杵臼。　詩"子仲之子":見詩陳風東門之枌。毛亨傳:"子仲,陳大夫氏。"

〔九六八〕惟書無子夏,即宣庶子子西:宣,指春秋陳宣公。古今姓氏書辯證卷二二止韻下子夏云:"元和姓纂曰:'陳宣公生子夏,後爲氏。'誤矣。謹按左傳,此即夏氏。春秋以來,未嘗有子夏氏。姓纂承襲久誤,以夏爲姒姓之後,故指子夏爲複姓,今駁正之。"又卷二六馬韻夏云:"謹按春秋,出自嬀姓。陳宣公庶子西,字子夏,别其族爲少西氏。"

〔九六九〕子禽者,僖子後:古今姓氏書辯證卷二二止韻下子禽云:"陳僖子生惠子得,爲子禽氏。按:論語有陳子禽毀仲尼於子貢,陳僖子相去未遠,必僖子之子字子禽,而其子若孫以王父字爲氏。"

〔九七〇〕亡宇:即無宇。吳本"宇"譌"字"。

〔九七一〕無宇二子:常、書:無宇,見上注〔九六六〕。洪本、吳本"宇"譌"字"。新唐書宰相世系表三下孫氏"常"作"恒"。彦按:本名蓋恒,作"常"者,疑爲避宋真宗趙恒諱之遺留。

〔九七二〕景公賜姓孫,采於樂安:景公,指春秋齊景公。樂安,在今山東博興縣東北。

〔九七三〕登其後:登,孫登,西晉隱士。彥按:據新唐書宰相世系表三下孫氏,孫登出自姬姓衛康叔後,與出自嬀姓齊田完後之無宇不同世系。羅氏説誤。

〔九七四〕霸先:陳霸先,即陳武帝,南朝陳開國之君。

〔九七五〕寔:陳寔,東漢太丘長,爲吏有清譽。

〔九七六〕見元和姓纂卷三真韻陳。　出汝南、東海者,胡公後:汝南,郡名,治所在今河南上蔡縣西南。各本均作“武南”,蓋因涉下“武當”而誤。今據姓纂訂正。　出武當者,太丘長後:武當,郡名,治所在今湖北丹江口市西北。太丘長,即陳寔。四庫本“丘”作“邱”。　出長城者,晉中郎將逵,十世爲陳武帝:長城,縣名,治所在今浙江長興縣。晉中郎將逵,彥按:今查姓纂無此語,而曰:“(陳準)孫達,晉長城令,因居之。”又陳書高祖紀上云:“寔玄孫準,晉太尉。準生匡,匡生達,永嘉南遷,爲丞相掾,歷太子洗馬,出爲長城令,悦其山水,遂家焉。”載其世系,自達而下至陳武帝,正好十世。是知陳武帝十世祖名達而非逵也。羅氏所謂“晉中郎將逵”,當屬張冠李戴,晉書穆帝紀及石遵載記有西中郎將陳逵。

〔九七七〕齊宣王封母之弟於母鄉:齊宣王,戰國齊國國君田辟疆,公元前319—前301年在位。母鄉,在今山東東平縣境。

〔九七八〕漢初,徙諸田關中,而遂有第三至第八氏:彥按:第三疑當作第二。後漢書第五倫傳云:“其先齊諸田。諸田徙園陵者多,故以次第爲氏。”以次第爲氏,似不當自第三開始。潛夫論志氏姓云:“漢高祖徙諸田關中,而有第一至第八氏。”尤爲明證。

〔九七九〕沙鹿留占,亶生元后:沙鹿,又作沙麓,山名。在今河北大名縣東。占,謂占語,預言。亶,果真。元后,漢元帝劉奭皇后王政君,漢成帝劉驁生母。漢書元后傳:“孝元皇后,王莽之姑也。莽自謂黃帝之後,其自本曰:黃帝姓姚氏,八世生虞舜。舜起嬀汭,以嬀爲姓。至周武王封舜後嬀滿於陳,是爲胡公。十三世生完。完字敬仲,犇齊,齊桓公以爲卿,姓田氏。十一世,田和有齊國。二世稱王,至王建爲秦所滅。項羽起,封建孫安爲濟北王。至漢興,安失國,齊人謂之‘王家’,因以爲氏。文、景間,安孫遂字伯紀處東平陵,生賀,字翁孺。爲武帝繡衣御史,逐捕魏郡羣盜堅盧等黨與,及吏畏懦逗遛當坐者,翁孺皆縱不誅。……翁孺以奉使不稱免,嘆曰:‘吾聞活千人有封子孫,吾所活者萬餘人,後世其興乎!’翁孺既免,而與東平陵終氏爲怨,乃徙魏郡元城委粟里,爲三老。魏郡人德之。元城建公曰:‘昔春秋沙麓崩,晉史卜之,曰:“陰爲陽雄,土火相乘,故有沙麓崩。後六百四十五年,宜有聖女興。其齊田乎!”今王翁孺徙,正直其地,日月當之。元城郭東有五鹿之虛,即沙鹿地也。後八十年,當有貴女興天下’云。翁孺生禁,字稚君,少學法律長安,爲廷尉史。本始三年,生女政君,即元后也。” 是育孝成,四世稱制:孝成,即漢成帝。四世,指漢成帝、漢哀帝、漢平帝及孺子嬰。稱制,行使皇帝職權。彥按:此稱元后“四世稱制”,言過其實。漢書元后傳引班彪語,稱“孝元后歷漢四世爲天下母”,得之。

〔九八〇〕僖公十四年:自此而下至“及沙鹿事”,見水經注卷五河水,其中部分亦見于漢書元后傳。 占曰:備要本“占”譌“古”。 陰爲陽雄,土火相乘:雄,指強勢之一方,強有力者。乘,侵凌。各本均作“承”,當由音譌,今據漢書及水經注訂正。顏師古漢書注引李奇曰:“此龜繇文也。陰,元后也。陽,漢也。王氏,舜後,土也。漢,火也。故曰土火相乘。陰盛而沙麓崩。” 六百四十五祀:祀,年。

〔九八一〕至漢王翁孺徙元城:王翁孺,即王賀,漢元后祖父。詳上注〔九七九〕。徙,洪本譌“徒”。元城,縣名,治所在沙鹿旁。 舜土漢火:水經注作:“王氏爲舜後,土也;漢,火也。”

〔九八二〕入東宮:備要本“入”譌“八”。

〔九八三〕及崩,揚雄誄之,及沙鹿事:揚雄,此從四庫本,餘諸本“揚”作“楊”。誄,各本均譌“諫”,今訂正。水經注作:“及崩,大夫揚雄作誄,曰‘太陰之精,沙鹿之靈。作合于漢,配元生成’者也。”

〔九八四〕漢求帝後,得嫣昌,爲始睦侯,以奉其祀焉:嫣昌,洪本“昌”譌“冒”。彥按:漢當作新,下羅苹注云“莽封之”是。漢書王莽傳中:“惟王氏,虞帝之後也,出自帝嚳,……於是封……嫣昌爲始睦侯,奉虞帝後。”時爲新莽始建國元年正月朔。

〔九八五〕又封田豐爲世睦侯,奉敬仲後:田豐,各本均譌“田封”,今訂正。漢書王莽傳中:“(封)田豐爲世睦侯,奉敬王後。”顏師古注引孟康曰:“追王陳敬仲。”

〔九八六〕後魏孝文詔訪舜後,獲東萊郡民媯苟之,復其家:東萊郡,治所在今山東萊州市。各本均脱“東”字,今訂補。復,免除徭役、賦税。魏書高祖紀上延興元年:“(十二月)壬辰,詔訪舜後,獲東萊郡民媯苟之,復其家畢世,以彰盛德之不朽。”

〔九八七〕始禹分帝之少子于西戎:十六國春秋後秦録一姚弋仲:“昔夏禹封舜少子於西戎,世爲羌長。”　秦厲公世有無弋爰劍,曾孫舞生子十七,爲十七種;忍九子,研號研種:秦厲公,即秦厲共公,戰國秦國君,公元前476—前443年在位。忍,舞之兄。研,忍之子。後漢書西羌傳:“羌無弋爰劍者,秦厲公時爲秦所拘執,以爲奴隸。不知爰劍何戎之别也。後得亡歸。……其後世世爲豪。至爰劍曾孫忍時,秦獻公初立,欲復穆公之迹,兵臨渭首,滅狄䝠戎。忍季父卬畏秦之威,將其種人附落而南,出賜支河曲西數千里,與衆羌絶遠,不復交通。……忍及弟舞獨留湟中,並多娶妻婦。忍生九子爲九種,舞生十七子爲十七種,羌之興盛,從此起矣。及忍子研立,……研至豪健,故羌中號其後爲研種。”

〔九八八〕十三世燒當,代雄洮、罕之間:代,世代。洮,臨洮,縣名,在今甘肅岷縣。罕,枹罕,縣名,在今甘肅臨夏縣。後漢書西羌傳:“從爰劍種五世至研,研最豪健,自後以研爲種號。十三世至燒當,復豪健,其子孫更以燒當爲種號。”

〔九八九〕居河北大允谷:大允谷,在今青海貴德縣西北黄河北岸一帶。吴本“大”譌“人”。後漢書西羌傳:“自燒當至滇良,世居河北大允谷。”

〔九九〇〕瑱良:後漢書西羌傳作“滇良”,云:“滇良者,燒當之玄孫也。……種小人貧。”　先零、卑湳侵甚,爲所敗:先零,西羌種族名。各本皆譌作“良”,今據後漢書訂正。卑湳(nǎn),西羌種族名。後漢書西羌傳:“而先零、卑湳並皆强富,數侵犯之。滇良父子積見陵易,憤怒,而素有恩信於種中,於是集會附落及諸雜種,乃從大榆入,掩擊先零、卑湳,大破之,殺三千人,掠取財畜,奪居其地大榆中,由是始强。”

〔九九一〕生滇岸、滇虞:生,各本均作"虞",文不成義。本書餘論九鄧至爰劍作"生岍、滇虞",是,今據以訂作"生"。滇虞,即滇吾,據後漢書西羌傳滇岸、滇吾二人爲滇良子,滇吾爲兄而滇岸爲弟。

〔九九二〕即滇吾:各本"滇吾"均作"吾嗔"。彦按:"即"後之名當是達稱,史籍中無稱滇虞爲吾嗔者,此必"滇吾"二字譌、倒,今訂正。

〔九九三〕生東吾、迷吾:東吾,後漢書西羌傳作"東吾"。東吾、迷吾爲滇吾子,東吾爲兄而迷吾爲弟。

〔九九四〕發羌:西羌種族名。

〔九九五〕吾曾孫麻奴收怨羌,復振滇零,大捷漢:吾,指滇吾。據後漢書西羌傳,滇吾子東吾,東吾子東號,東號子麻奴。滇零,先零別種。"滇"喬本、洪本作"滇",吳本、四庫本作"渼",備要本作"滇",並誤,今據後漢書西羌傳訂正。

〔九九六〕遷那內附,中元間寇西郡,馬武:此句文意頗不順暢,疑有譌、脱乃至倒文。遷那,滇虞九世孫。中元,亦作建武中元,東漢光武帝年號。西郡,晉書作"西州",漢晉時泛指涼州,約當今甘肅中部和西北部一帶。馬武,東漢初年名將。晉書姚弋仲載記云:"禹封舜少子於西戎,世爲羌酋。其後燒當雄於洮罕之間,七世孫填虞,漢中元末寇擾西州,爲楊虛侯馬武所敗,徙出塞。虞九世孫遷那率種人內附,漢朝嘉之,假冠軍將軍、西羌校尉、歸順王,處之於南安之赤亭。"

〔九九七〕有弋仲、襄、萇:弋仲,姚弋仲,十六國時南安赤亭(今甘肅隴西縣首陽鎮)羌族酋長,先後降于前趙、後趙及東晉,晉拜之爲六夷大都督、車騎大將軍、大單于,封高陵郡公。襄,姚弋仲第五子。弋仲死後,襄統其衆。後爲前秦苻堅所敗,被殺。萇,姚弋仲第二十四子,十六國時期後秦開國君主,公元384—393年在位。

〔九九八〕銚氏:銚(yáo),吳本、四庫本如此,今從之;喬本、洪本作"鈆",乃"銚"字俗體;備要本作"錘",譌。

〔九九九〕贊:吳本、四庫本、備要本作"贊曰"。

〔一〇〇〇〕若昔善化,臧用於民;民繇不知,孰識其仁:若昔,猶在昔。"若"爲語氣助詞。善化,善于教化。臧,"藏"之古字。繇,四庫本作"由"。不知,無知。

〔一〇〇一〕夫婦以貞:吳本“夫”譌“大”。貞,正。

〔一〇〇二〕庳貢源源,兄弟以成:庳,有庳,即有鼻。洪本、吳本作“鼻”。源源,洪本、吳本作“諓諓”。孟子萬章上曰:“象至不仁,封之有庳。”又曰:“象不得有爲於其國,天子使吏治其國而納其貢税焉,故謂之放。……雖然,欲常常而見之,故源源而來不及貢,以政接于有庳。”趙岐注:“不及貢者,不待朝貢諸侯常禮乃來也。”

〔一〇〇三〕萬邦作孚:作孚,信服,信從。語出詩大雅文王:“儀刑文王,萬邦作孚。”

〔一〇〇四〕此段文字之前,喬本及備要本原有“有虞紀”三字標題,而洪本、吳本、四庫本無之。考慮到本書他卷跋語均無標題,今亦從之,以求一律。

〔一〇〇五〕虞策夏前,不著于經,予則詳之,而略之于典謨:洪本“之而略”三字爲墨丁,吳本乃脱之。策,謀劃,籌措。典謨,尚書中堯典、舜典和大禹謨、皋陶謨等篇的並稱。

〔一〇〇六〕夏時:指夏代曆法。禮記禮運:“孔子曰:‘我欲觀夏道,是故之杞,而不足徵也,吾得夏時焉。’”鄭玄注:“得夏四時之書也。其書存者有小正。”

〔一〇〇七〕見唐陸德明經典釋文卷二七莊子音義中在宥第十一。　堯六十年乃放驩兜:六十年,洪本、吳本脱“十”字。

〔一〇〇八〕然大戴五帝德紀云:大戴,吳本、備要本“戴”譌“載”。紀,通“記”。洪本、吳本譌“孔”。

〔一〇〇九〕淮南子、荀子、戰國策亦言堯伐驩兜:彦按:淮南子脩務云:“(堯)放讙兜於崇山。”言“放”不言“伐”。然羅氏此處重在説明施爲者爲堯而非舜,不在“伐”“放”之别,故籠統而言之。　周語亦云堯殛鯀:洪本“云”譌“去”。

〔一〇一〇〕世言鯀以治水無功殛死:吳本“功”譌“仍”。

〔一〇一一〕仞作:辛勤勞作,努力工作。仞,通“力”。

〔一〇一二〕禹能脩鯀之功:能,乃,于是。脩,從事。功,事業。

〔一〇一三〕禮記祭法:“夏后氏亦禘黄帝,而郊鯀。”鄭玄注:“禘、郊、祖、宗,謂祭祀以配食也。……祭上帝於南郊,曰郊。”

〔一○一四〕而傳壹之于舜:壹,一概,盡。

〔一○一五〕季狸:狸,洪本譌“貍”;四庫本作“貍”,下“季狸”之“狸”同。

〔一○一六〕母黨:母族。

〔一○一七〕書有“朱虎熊羆”:見舜典。　　説者以爲二人:備要本“二”作“三”誤。　　語者相轉:轉,喬本、四庫本作“傳”;餘本均作“轉”,于義爲長,今從之。　　則羆爲季狸必矣:羆,各本均作“熊”。彦按:“熊爲仲熊”,已見于上,此不當重出“熊”。其當作“羆”,甚爲顯然,今訂正。吳本“狸”譌“俚”。

〔一○一八〕人物表:指漢書古今人表。吳本“表”譌“末”。　　蓋漢去焚書未久:蓋,吳本譌“義”。焚書,指秦始皇三十四年(前 213),采納丞相李斯建議,除醫藥、卜筮、種樹書外,民間所藏詩、書和諸子百家書一律焚毁事。

〔一○一九〕隤歊:各本“歊”均作“歆”,當即前者俗寫譌字,今訂作“歊”。下“隤歊”之“歊”同。　　大臨:吳本“臨”譌“臨”。

〔一○二○〕伊衡:商湯宰臣伊尹的別稱,借代宰相之臣。

〔一○二一〕服虔以八凱爲垂、益之屬,杜以爲垂、益、皋陶之倫,正義乃謂垂、皋陶皆顓頊之後:彦按:“垂、益之屬”當作“禹、垂之屬”。左傳文公十八年:“昔高陽氏有才子八人,蒼舒、隤歊、檮戭、大臨、龙降、庭堅、仲容、叔達,……天下之民謂之‘八愷’。”杜預注:“此即垂、益、禹、皋陶之倫。”孔穎達疏:“司馬遷采帝系、世本以爲史記,其夏本紀稱禹是顓頊之後,秦本紀稱皋陶是顓頊之後,伯益則皋陶之子。垂之所出,史無其文。舊説相傳,亦出顓頊,故云此即垂、益、禹、皋陶之倫也。服虔云:八人,禹、垂之屬也。”

〔一○二二〕杜又以八元爲契等:左傳文公十八年“高辛氏有才子八人,伯奮、仲堪、叔獻、季仲、伯虎、仲熊、叔豹、季狸,……天下之民謂之‘八元’”杜預注:“此即稷、契、朱虎、熊羆之倫。”　　書言契敷五教,禹平水土:並見書舜典。

傳云“舉八凱,使主后土”,“舉八元,使布五教”:見左傳文公十八年,“八凱”作“八愷”,“使布五教”作“使布五教于四方”。

〔一○二三〕非主一事:洪本“主”譌“王”。

〔一○二四〕伯夷:吳本“夷”譌“夾”。大戴禮記五帝德:“伯夷主禮,龍、夔教舞,舉舜、彭祖而任之。”

〔一○二五〕杜預謂史克之言有過辭：史克，春秋魯國太史。四庫本"克"
譌"堯"。備要本"過"譌"遇"。左傳文公十八年載：莒紀公生大子僕，又生季
佗，愛季佗而黜僕，且多行無禮於國。僕因國人以弑紀公，以其寶玉來奔，納諸
宣公。公命與之邑，曰："今日必授！"季文子（季孫行父）則使司寇出諸竟，曰：
"今日必達！"公問其故，季文子使大史克對，語有："舜有大功二十而爲天子。
今行父雖未獲一吉人，去一凶矣，於舜之功，二十之一也，庶幾免於戾乎！"杜預
注："史克激稱以辨宣公之惑，釋行父之志，故其言，美惡有過辭，蓋事宜也。"

〔一○二六〕爲稽庭堅：稽，喬本作"■稱"，洪本作"□稱"，備要本作"稽
稱"。吳本、四庫作"稽"，于義爲長，今姑從之。　班固、杜預等以爲皋陶字，鄭
注論語以爲皋陶號曰庭堅：左傳文公十八年"庭堅"杜預注："庭堅即皋陶字。"孔
穎達疏："鄭玄注論語云：‘皋陶爲士師，號曰庭堅。’"班固之説，出處不詳。

〔一○二七〕略是數十年事：略，約略，大致。

附：明堂圖説〔一〕

黄帝曰合宫，有虞氏曰總章，夏后氏世室，殷人重屋，周曰
明堂〔二〕。

大戴禮云：明堂凡九室，一室有四户八牖，三十六户七十二
牖；以茅蓋屋，上圓下方〔三〕。茅取潔義。

【校注】

〔一〕此圖説,僅見於吴本、四庫本及備要本,而爲喬本、洪本所無。又,標題爲筆者所加。

〔二〕藝文類聚卷三八禮部上明堂引周禮曰:"夏后氏世室,殷人重屋,周人明堂。"參見後紀五黄帝有熊氏注〔三六八〕。

〔三〕見大戴禮記明堂。

路史卷二十二

後紀十三

疏仡紀第九

夏后紀上

帝禹夏后氏

帝禹,齊鎛作𝌆;志作𢀳;古書𡴝;雲臺𥹄;嘯堂集古有夏禹印,正作𥡴[一]。夏后氏,夏,籀文𤇯。夏,𩂥,書夏[二]。盠鍾夏,𥅴。隸省作夏,後用之[三]。姒姓,名禹,按禹廟諡議云:或曰禹、桀皆易名,周人革民視聽,故以行爲諡,追夏始祖與末王而加之[四]。夏、商之世,諱忌未行,臣子呼君父名無嫌,猶"朕"尊卑得共稱之。大禹之名,飛在金烏前,懸於玉兔上;大荒杳而必作,億載聞而亦新[五]。而開元禮祭夏王云:"敢召告于夏王禹",瀆矣[六]。一曰伯禹,按:禹一曰伯禹,亦曰大禹者,尊其爵爲稱也。羅疇老云:禹之功,至水平而後大,故於"禹成厥功"之後,始稱大禹;湯之功,至克夏而後成,故於"湯歸自夏"之後始稱成湯[七]。然則,果諡乎,抑字號也? 是爲文命。孟子曰:"放勳乃徂落[八]。"知放勳者,號也。王安石曰:"放勳,堯號,見之孟子。則重華、文命爲舜、禹之號明矣。"武梁祠像碑,堯曰放勳,舜曰重華,而禹不著,故"文命"之説爲迂[九]。詳發揮非諡辨。其先出於高陽。高陽生駱明,駱明生白馬生,海内朝鮮記。是爲伯鯀。傳記鯀爲高陽玄孫,故世族譜譏之。按:漢律志及帝系、三統曆皆謂爲高陽五世孫[一〇],世本等以爲高陽生鯀,失其世矣。字熙,汶山廣柔人也〔一〕。見子雲蜀記〔一二〕。今之茂州，後周汶山郡汶川縣，漢廣柔也〔一三〕。故縣城在其西。婞直敗數，帝使治水，稱遂共工之過，廢帝之庸，九載亡功〔一四〕。墨云：伯縣，帝之元子，廢帝之德庸，既乃荆之羽之郊，此親而不善者〔一五〕。楚辭云："鯀婞直以亡身〔一六〕。"蘇軾云：蓋剛而犯上者〔一七〕。若小人也，安能以變四夷哉〔一八〕？左氏之言，〔一九〕後世流傳之過。逮帝禪舜，熙怒于帝，曰："得天之道者帝，得地之道者三公，胡爲失論〔二〇〕？"意欲自以爲公，彷徨于野以患〔二一〕。帝乃殛之羽山〔二二〕。書：殛于羽山。殛者，致之死地而不返云尒。經云：縣竊息壤以堙鴻水，帝怒，命祝融煞之羽郊〔二三〕。故天問云"永遏羽山"，歐文忠云"縣殛羽山，憖而斃"，騷經云"終殀乎羽之野"〔二四〕。漢志，羽山在不其縣南〔二五〕。今海之朐山縣獨居山也〔二六〕。元和志：縣西北百二十〔二七〕。寰宇：九十，臨沂東南百十，高四里，周八里，蓬萊南十五〔二八〕。俗呼懲父山。南百步外有淵，水常清，牛羊不敢飲，曰羽淵〔二九〕。淵上多細柳，鳥獸不敢踐。有羽潭。羽、朐音同。三年而死，是爲羽鼎之神〔三〇〕。山海經云："南望禪渚，禹父之所化〔三一〕。"今陸渾東有禪渚，即縣化之所〔三二〕。河南密亦有羽山〔三三〕；縣化羽淵，一或在此。神則無不在也。子產云："其神化爲黄熊。"〔三四〕事詳晉語〔三五〕。或云黄龍，或云玄魚，云能鼈〔三六〕。有説，別見〔三七〕。寘爲憂郊，三代舉之〔三八〕。見晉語。按：縣以殛死，墓今在臨沂東百里，惟神化尒。歸藏啓筮云：縣死三歲不腐，副之以吳刀，是用出啓〔三九〕。寓言也〔四〇〕。

　　初，縣納有莘氏曰志〔四一〕，帝系：有莘氏之子謂之女志。傳作有嫠、女娸〔四二〕。故記多作女嬉，失之〔四三〕。是爲脩己〔四四〕。一作"紀"。年壯不字，獲若石于石紐〔四五〕，秦宓云：禹生石紐，今之汶山郡〔四六〕。乃今茂之汶川縣石紐山也，在西蕃界龍冡山之原〔四七〕。青城記訾"生於石紐，起於龍冡"者〔四八〕，世紀作石坳，雒書云"有人出石夷"，隨巢子謂"禹生崑石"，皆指此也。越春秋云，女嬉於砥山得薏苡〔四九〕。蓋石似薏，流星之爲〔五〇〕。蓋桓玄母馬氏之類，故禮緯云：祖以感薏生〔五一〕。按書帝命驗云："白帝以星感，脩紀山行〔五二〕，見流星貫昴，感，生姒戎，文命禹。"注："星，金精。姒，禹氏。感生戎地，名文命也〔五三〕。"又孝經鉤命訣云："命星貫昴，脩紀夢接，生禹〔五四〕。"注："命使之星〔五五〕。"故世紀云：修己山行〔五六〕，見流星貫昴，夢接意感，生禹於石紐。服媚之，而遂孕〔五七〕。歲有二月，遁甲開山圖榮氏注云：女狄莫及石紐山下〔五八〕，泉中得月精如雞子，愛而吞之，遂孕。十四月，生夏禹。

以六月六日,今淮南俗尚以六月六日爲禹王生日。蘇軾游塗山廟詩自注云〔五九〕:
"是日數萬人。"屠巂而生禹〔六〇〕。蜀本紀云:禹生石紐〔六一〕。禹母吞珠孕之,拆副
而生〔六二〕。世紀云:吞神珠,拆智而生。故仲舒繁露云,禹生發於背,契生發於胷;屈原
云"勤子屠母"〔六三〕。於僰道之石紐鄉,所謂刳兒坪者〔六四〕。孟子云:"禹
生石紐〔六五〕。"華陽志、郡國志:生於石紐村〔六六〕。寰宇記:今在茂之汶川縣北四十。任
豫益州記:廣柔之石紐村者,今其地名刳兒坪〔六七〕。蜀本記作痢兒畔〔六八〕。夷人共營
其地,方百里不敢處及畜牧〔六九〕。有罪者逃之,捕者不逼,三年則原之〔七〇〕。畏禹之
神,亦猶窮山不敢西,畏軒轅之丘也〔七一〕。十道記:紐爲秦州地名,隨巢音禹生碣石之
東,斯繆矣〔七二〕。禹生在縣未出用之前十數載,則其在僰道矣〔七三〕。長於西羌,西
夷之人也〔七四〕。青城記云:禹生於石紐,起於龍冢。龍冢,江源岷山也〔七五〕。有禹
廟塡許山上,廟平八十畒〔七六〕。每朔望,池自漏,繼有水,給千口〔七七〕。禹所遺弓〔七八〕。

身長九尺有只,虎鼻河目,駢齒鳥喙,耳三扁〔七九〕;世紀:長九尺
二寸,耳參鏤〔八〇〕。本作"漏"。一云,九尺九寸〔八一〕。戴成鈐,裹玉斗〔八二〕,鄭
注雒書靈準聽云:有人出石夷,掘地代〔八三〕,戴成鈐,懷玉斗。注:姚氏云,禹智有墨如
北斗〔八四〕。鄭謂懷旋璣玉衡之道〔八五〕。戴鈐,謂有骨表如鈎鈐星也。玉骹履
"己"〔八六〕;世紀云:智有玉斗,首戴鈎鈐,虎憍大口,足文履"己"〔八七〕。董繁露云:
"足䏚,疾行先左,隨以右〔八八〕。"聲爲律,身爲度,稱以出〔八九〕;司馬索隱云:
"聲與身爲律度,則權衡亦自身出,故云'稱以出'〔九〇〕。"非也。蓋稱量而出之,用權之
道〔九一〕。如巽卦,以巽行權,而云"巽,稱而隱"〔九二〕。隱,微也。其次,爲天秤,本
此〔九三〕。亹亹穆穆,爲綱爲紀〔九四〕。家語,支子云每,子云:"爲綱爲紀。"〔九五〕
敏給克勤,其德不違,其仁可親〔九六〕。大戴禮。師於大成摯作"覽",作
"贊",新序作"執"〔九七〕。暨墨如、一作"默"〔九八〕。子高,百成子高〔九九〕。學於
西王惺,西王犉也。新序作西王國〔一〇〇〕。白虎通義曰"國先生",繆也〔一〇一〕。寔
懋聖德〔一〇二〕。

夢自㴑於河〔一〇三〕。四岳舉之,舜進之,世紀〔一〇四〕。拜治水土,
爵司空〔一〇五〕。易林云:舜升大禹石夷之野,進詣王庭,拜治水土〔一〇六〕。傅子云:
荀仲豫稱禹十二爲司空〔一〇七〕。按:舜攝時縣殛,既死而禹用。攝時蓋年十四,後代守
中多矣〔一〇八〕。傳云大司空,按建武詔:契爲司徒,禹爲司空,皆無"大"名〔一〇九〕。乃

握括命〔一一〇〕，書中候云：伯禹在庶，師舉薦之帝堯〔一一一〕。握括命，不試爵，授司空。伯禹啓，首遜于益、歸〔一一二〕。帝曰："何斯？若真。出厼命圖，示乃天〔一一三〕。"握括地象，天以命之，故不復試〔一一四〕。司空，周之冬卿，行導水之事〔一一五〕。遜，讓〔一一六〕。若真者，此汝真其人。暨虞余度〔一一七〕。人徒以傅土〔一一八〕。傅，敷布之謂。言略分布之〔一一九〕，定州土之形，然後施工。天問云："降省下土四方。"傅荀作"溥"〔一二〇〕。即云"敷治"，非也〔一二一〕。悼前人之非度，乃勞身焦思，輕尺璧而憐寸陰，志勤天下〔一二二〕。左準繩，右規矩；纚長風，沐甚雨；攝從三子〔一二三〕，稷、契、益〔一二四〕。履四時，乘四載〔一二五〕。"四載"多説。書注、説文、淮南注皆以舟、車獨充；獨尸子塗以楯，險以撮，山樏，沙軌，宜是〔一二六〕。有説，別見。行山表木，斬高喬下〔一二七〕，管形勢云："禹斬高橋下，以致民利。"〔一二八〕定高山大川。廣谷大川，風俗之所以異，九州之所以分。故推其高大者先正之，然後九州可別，如大山定而山之西爲兖，大河定而河之南爲豫，此分畫之要也〔一二九〕。孔云岳瀆差秩，失之〔一三〇〕。疏停道滯，鍾水豐物，身畚臿以爲人先〔一三一〕。禹功記云：禹治水，其功暨成，令江、河、淮、海之神曰："魚鼈盛衰，隨世安危。自是之後，年必小減其物，遞增其價，以食晚末之民，應天意也。"〔一三二〕

　　堯之水，河之患爲甚，沛次之，淮次之，江、漢次之〔一三三〕。濁河所被，冀、兖重而雝輕；沛之所被，則徐輕而兖、青、冀重〔一三四〕。兖之流，皆自其東北走海，而冀又上京，故治水之急先於河。自上而下。有治水先後説，見發揮。舊説自下而治上，非是。於是發迹壼口，治梁及岐〔一三五〕，呂覽、淮南子：禹時龍門未闢，呂梁未鑿，河出孟門之上，大溢逆流，無有丘陵高阜滅之，曰洪水〔一三六〕。禹通之，爲孟門水〔一三七〕。尸子云："呂梁未闢，河出孟門爲二。"寰宇記：呂梁在離石北以東可三百餘里，今石之定胡〔一三八〕。龍門在壼西南；梁山在馮翊，則龍門之南；岐山在扶風；夏陽則在其西差遠：水溢孟門，時皆墊溺〔一三九〕。故始於壼口，乃治梁山，方及岐。所謂"既載壼口"，猶俶載也〔一四〇〕。南至于華陰，東至底柱〔一四一〕。鱟孟津，梳三門，以奠西河〔一四二〕；既修大原，至於岳陽，覃懷底績〔一四三〕。孟門既開，二地出於水，從而治之〔一四四〕。漢志以爲二山，蘇軾以爲河患上及之〔一四五〕。水經：禹鑿砥柱以通河水，謂之三門〔一四六〕。今在陝，一曰闚流〔一四七〕。地記"河水東流，貫柱觸於流"者，在南河〔一四八〕。水峻害舟，一十九灘，勢三陝，所言"龍門下駃如竹箭"者[一四九]。鴻嘉中，楊焉言底柱淤遠，成帝使鐫，没水，鑿之不能去，水益怒，至今[一五〇]。伯禹爲萬世慮，豈有可鑿，留以俟焉者？西河觸華山之北，故妄者遂謂巨靈分山，遂有二華之説[一五一]。斯二渠[一五二]，史云，斯留二渠，而北載之高地[一五三]。二渠謂濟、漯。漯川出貝丘[一五四]。今大河之所流，周、漢移改，非古河也。舊謂今河與北瀆，亦非[一五五]。漯川，王莽所塞[一五六]。書無二渠之説，故林之奇非太史公易禹北山川，言水行地中，禹無載之高地事[一五七]。過洚水，至大陸，敶爲九河，合爲逆河以入海[一五八]。九河始元城，今大名縣西三里故瀆也[一五九]。新論，王平仲云：西南河間，涇渭漆沮，伊洛瀍澗，衆流輻凑，昏墊常先[一六〇]。聖人故於冀、兗間逆設爲河，以防暴至之患[一六一]。未至則不妨於民耕，既至則不瞭民舍[一六二]。周譜：定王五年，河徙故道[一六三]。今禹穿[一六四]。猶未暇積石也[一六五]。自壺口至積石三千里，水無甚害[一六六]。始壺口者，以水患極於冀，冀之水患在壺口也。其功之所施，見下石篸説[一六七]。

　　冀州既乂，於是準地之勢，自北而南。兗、青、徐爲東偏，雕高於豫，豫高於青、徐，雕、豫餘流，縣鞏洛而入河；揚下於荆，荆下於梁，梁、荆之水，東自揚而入海[一六八]。故東南次兗、青，又南次徐，四州治而河患息。又南沉于揚，又西次于荆，以放江淮，江淮乂而洪水定[一六九]。瀹洮、漯，決汝、漢，引南河以通淮、泗，排淮、泗而注之海。南河，汴也[一七〇]。道元云：大禹塞滎澤，開汴以通淮、泗[一七一]。有汴説，別見[一七二]。泝從下邳入泗，泗至淮陰入淮[一七三]。書云：東會于泗、沂，入于海[一七四]。孟子言"排淮、泗注之江"，非也[一七五]。故李翱來南録云，自淮泝流至高郵，乃泝至于江[一七六]。併引孟子，謂淮、泗嘗入江，禹之舊迹也。熙寧中，遣使按圖求之，見故道宛然；但江、淮已深，無復能至高郵[一七七]。所謂故道者，果邪[一七八]？傳云雕、豫洪流，縣青、徐而入海，尤妄[一七九]。於是縣荆而北，次于豫；縣豫而西，次于梁；縣梁而北，次于雕，以奠江、河之上流。謂道積石[一八〇]。此治九州餘浸者。舊云，水自下而治上。魏幾道論禹貢：豫居九州之中，與兗、徐接境，何自徐之揚，顧以豫爲後乎[一八一]？蓋順五行而治之。冀爲帝都，在所先；而地居東北，於五行爲水[一八二]。水生木；木，東方，故次之兗、青、徐。木生火；火，南方，故次之揚、荆。火生土；土，中央，故次之豫。土生金；金，西方，故終之梁、雕。所謂"彝倫攸敍"[一八三]。蓋本於王安石"冀地下而在北方，水所始"之言。洪紫微愛之，非也[一八四]。冀縣有治水先後説,見發揮〔一八五〕。櫛泉蘩以汲諸術,濬畎澮以距諸川,汩九川以距諸海〔一八六〕。九州滌原,九山封崇,九澤始陂〔一八七〕。子晉云:"封崇九山,決汩九川,陂障九澤,豐植九藪,汩越九原,宅居九隩,合通四海。"〔一八八〕太史公云"禹漸九川",國語云"曲九防",謂陂障也〔一八九〕。澤,如"靁夏既澤"、"大野既豬"之類;川,如"恒、衞既從"、"灉、淄其道"之類;山,如"蒙、羽其乂"、"蔡、蒙旅平"之類〔一九〇〕。川不可使之堙,澤不可使其散,故或導之使行,或鍾之使止,順其自然〔一九一〕。暨伊益奏庶鮮食;暨伊稷播,庶艱食,奏庶鮮食;阜通有亡,化居:蒸民乃粒,萬邦作乂〔一九二〕。上"鮮食",肉食、鳥獸也;下"鮮食",魚鼈也。山林,與益同之行;川澤,與稷同之水〔一九三〕。功方興,必先圖食,于時五穀不殖,食鮮而已〔一九四〕。黍稷之類,水時施功,尤難得以播之。化居者,懋遷阜通貨賄之謂〔一九五〕。有則懋使之遷以濟無,無則懋使之遷以從有,故士農不斲削而械用足,工商不耕稼而穀粟充〔一九六〕。物不可積,故使之化;化之,所以爲貨。可積以待財,使之居;居之,所以爲賄〔一九七〕。此"有無化居"之利也。

始禹之治水,七年矣,傷功未就,愁然沈思〔一九八〕。于是上觀于河,河精授圖〔一九九〕。書中候云:伯禹曰:"臣觀於河,白面人首魚身出曰:'吾,河精也。'授臣河圖,躍入淵。"〔二〇〇〕伯禹拜辭。注:"即括地象也。躍,去也。"今孟津陶河〔二〇一〕。乃北見六子,獲玉匱之書以從事〔二〇二〕,所謂天下經〔二〇三〕。詳予福地記。受黑書於臨洮,得綠字于濁水〔二〇四〕。乃駐江山,棲桐柏,受策鬼神之書〔二〇五〕。乃得童律、狂章、鴻蒙之徒,制其水怪〔二〇六〕。水怪,無支祈。事詳岳瀆經、集仙録〔二〇七〕。晉天志云:"昔大禹觀濁河而受綠字,寰瀛之內可得而言也。"〔二〇八〕有支祈説,別見〔二〇九〕。乘龍降之,乃命范成光、郭哀御,以通原〔二一〇〕。天問云:"鴟龜曳銜,鯀何聽焉?順欲成功,帝何刑焉?"〔二一一〕王逸以爲鯀殺羽山,飛鳥水蟲曳銜而食之〔二一二〕。柳子爰有"鴟龜肆喙"之語〔二一三〕。洪注不能正〔二一四〕。有應龍説,別見〔二一五〕。聞宛委黃帝書,乃吉禧,刉白馬〔二一六〕。三月庚子,登覆釜,探穴,獲五符,知治水要〔二一七〕。孔靈符會稽紀:會稽委宛曰石簣。昔禹治水,功未就,發石簣,得金簡玉字,以知三河體勢,於是疏導百川,各盡其宜〔二一八〕。聖賢處所記與越春秋皆記之〔二一九〕。太霄琅書及四極明科云:夏禹於陽明洞天感,太上命繡衣使者降授五符以治

水,橇召萬神,後爲紫庭真人[二〇]。陽明洞,會稽也[二一]。餘詳福地記。於是復

岳,下龍門,受玉簡以揆地[二二]。拾遺記:禹鑿龍門,至空巖,得伏羲玉簡長

尺有二寸及八卦圖[二三]。拾遺記又云:游龍門,八神探玉簡授之,長尺二寸[二四]。禹

執簡平定水土。開山圖云:禹游東海,得玉圭,碧色,長尺二寸,光如日月。禹以自照,

洞達幽明[二五]。按張衡傳,即"洞視玉版"也[二六]。遂周行天下,主名山川,

以利於民[二七]。張揖云:"禹爲堯司空,辨九州,名山,別草木[二八]。"禮云夏禹

主名山川也[二九]。山川理脉,土地所宜,風炁所生,畢究其政;草木企

走,蚔動蟲魚,俾益疏之,以爲岳瀆、山海二經[三〇]。越春秋云:禹按

黃帝經,見聖賢所記,在九疑東南天柱號曰宛委,承以文玉,覆以盤石,其書金簡,青玉

爲字,編以白銀,琭其文[三一]。禹乃東巡,登衡山求之[三二]。赤繡文衣男子自稱玄夷

蒼水使者來候,令齋三月受求[三三]。禹乃齋三月,登宛委,得金簡,通治水之理。遂

巡,周行天下四瀆。所至名山大川[三四],召問其神,使益疏之,爲山海經。王充別通

云:"禹治水,益主記異物,海外山表,無遠不至,以所聞見作山海經。非禹行遠,山海經

不造。仲舒觀重常之鳥,子政識二負之尸,以見經也。"[三五]東造絕迹,西延積

石,南逾赤岸,北過寒谷而裴衷乎昆侖[三六]。察六扈;青泉、赤

淵,分入洞穴;金匱玉符,以鎮川瀆[三七]。禹功記云:道河之際,沈祕景

符,以鎮五方水患[三八]。後人賴焉。昔王賈引杜遣下浙江,觀禹玉匱[三九]。事見紀

聞[四〇]。當是時也,晝不暇食,夜不獲寢,以與萬民同務[二四一];賈

云[二四二]。燒不及擢,濡不給扢,冠掛而弗顧,屨稅而弗納[二四三];淮南

子:"禹身執虆臿以爲民先,剔河而道九岐,鑿江而通九路,辟五湖、定東海。當此時,燒

不暇擢,濡不給扢,死陵者葬於陵,死澤者葬於澤,故節財、薄葬、閒服生焉。"[二四四]韓子

云"身執耒臿"[二四五]。充云"禹決江河,不秉鑱鍤",異矣[二四六]。躬操橐相而九

雜天下之川[二四七]。見莊子。御覽作"九滌",集韻作"鳩汆",非也[二四八]。

居外三十年,三過門而不入。東至榑木、日出、九津、青羌之

野,攢樹之所,搢天之山,鳥谷、青山之鄉,窮髮、帶方之地;南至交

趾、孫濮、續樠之或,丹栗、沸水之際,南娭、黃支之堵,不死之望;

西過三危之阨、巫山之下,飲露之民,奇肱、三面;北至太正之谷,

夏海之窮,祝栗之界,禹强之里,積冰、積石之山[二四九]。未嘗暇

息，勤考之勳〔二五〇〕。憂其黔首，身解陓之河〔二五一〕。即陽紆。經所言"縱極之淵"也〔二五二〕。括地圖言河水又出於陽紆陵門之山者，穆王之所至〔二五三〕。然爾雅云"秦有陽紆"，在今扶風汧縣之西，周書、周禮以爲冀州藪〔二五四〕。外鑿二十寅，鞣十七湛，疏三江，道四涇，通十有二渚〔二五五〕。並管〔二五六〕。開峽口〔二五七〕，川陝〔二五八〕。璞江賦云：巴東之陜，夏禹所鑿〔二五九〕。故杜甫云："早知乘四載，疏鑿控三巴〔二六〇〕。"闢伊闕，鑿轘轅，破碣石〔二六一〕。伊闕即今龍門，在伊陽縣〔二六二〕。是爲河津巨靈之迹〔二六三〕。水經云：禹決梁山，所謂龍門，孟津河口，廣八十步，岩際鐫迹，遺功尚存〔二六四〕。又云：風山西四十里，河水南出孟門山，與龍門對，即龍門之上口，黄河之巨厄〔二六五〕。此經禹鑿，廣岸深崖。穆王西出孟門九州之隥者，河出兩山之門，最湍悍，故鑿之〔二六六〕。今韓城有禹廟〔二六七〕。寰宇記云："禹治水至龍門，今夏陽縣是。禹巡遶至遶山，即此〔二六八〕。"龍門山即龍門関，極險，魏大統元置戍〔二六九〕。司馬彪云：吕梁即龍門〔二七〇〕。又鄉寧西南百五壘石城〔二七一〕，據嶺臨谷，西南俯河，龍門之上口，號倚梯，中有禹廟。魏孝文至，立碑〔二七二〕。黄囊經云：南北相去萬里，五湖四海凡〔二七三〕□□□□□□□□□□□□□月□□朝龍門，故□□□□□□□□□□□□□□慈之文城西南三〔二七四〕□□□□□□□□□□□□誌云：禹鑿山，河水下趨峻急，深七丈〔二七五〕。□經行之處，元禁捕魚〔二七六〕。今山中鑿空架槽，闊五十步，□河水東流，懸注七十餘尺，魚鼈所不能游，號石槽〔二七七〕。□□□東岸有石槽祠，禹之所施功，在此〔二七八〕。伐山封伪，以載厥功〔二七九〕，拾遺記：禹治水，所穿鑿處，皆以青泥封記之，龜印其上〔二八〇〕。十洲記：禹至鍾南山，經諸五岳，使工刻石識其里數、高下，其字科斗文〔二八一〕。載厥里數，皆禹明書也〔二八二〕。不但刻劚五岳，諸名山亦皆有之〔二八三〕。亦見雲笈二十六〔二八四〕。而矩數行矣〔二八五〕。周髀經商高語周公積矩之法，禹所以治天下者也，數之所生也〔二八六〕。趙語云："禹治洪水，決疏江河，望山川之形，定高下之勢，除滔天之災，使東注海，無浸溺之患，此句股之所繇生也〔二八七〕。"泄流沙于西隅，決弱水於北漢〔二八八〕。青流沇之下，地下而土疏，故釁九河於緡崩，道五水於東北〔二八九〕。爰虚其處，及時水至而得以縱逸〔二九〇〕。濟口碑云：姬氏之所常蹙，崇縣之所不能治〔二九一〕。漢長水校尉關並言："河決率於平原、東郡左右，其地形下而土疏惡也。聞禹治水，本空此地，以爲水猥盛則放溢，少稍自索。察秦漢河決曹、衛之域，不過百八十里，可空此地，勿以爲民室。"〔二九二〕漢古河決瓠子云〔二九三〕。熙寧十年秋，大決曹村下埽，及澶，後派爲二,一會南清河入淮,一合北清入海〔二九四〕。乃故瓠子地。上詔築堤石十四里〔二九五〕。孫洙作記〔二九六〕。皆九河故道所致。功之所施,名川三百,支流三千,而弗自功,惟心勤形瘵以趣事〔二九七〕。手不爪,腓亡胈,儀色黴〔二九八〕,黀〔二九九〕。偏支不遂,跳不相及,竅息不通,勞而不居,以勤于民而中帝心〔三〇〇〕。古人云:"明德遠矣。微禹之功,吾其魚乎〔三〇一〕!"其功之施于下世者,如此其深且著也。

行年三十,取於塗山氏〔三〇二〕,舜攝之十五年。越春秋云:禹年三十未娶,行塗山,恐時莫失制,曰:"娶必有應。"〔三〇三〕乃有白狐九尾造焉。禹曰:"白者,吾服也。九尾者,陽數也〔三〇四〕。"塗人歌曰:"綏綏白狐也,九尾痝痝。成家成室,我造彼昌。"〔三〇五〕於是娶於塗。而天問云:"焉得彼嵞山女,而通之于台桑?"〔三〇六〕世紀云:塗山氏合昏于台桑之野〔三〇七〕。塗山,濠之鍾離西九十五里塗山也,即平阿縣之當塗,壽春東北〔三〇八〕。太康地記云:古當塗國也,漢當塗縣。□□□塗山西南台桑地也〔三〇九〕。隨爲塗山縣。應劭等以爲會諸侯處,非也〔三一〇〕。乃穆王會諸侯所。又巴渝江北岸有塗山、禹廟、塗君祠,常璩、仲雛等言禹會在此,尤疎脫〔三一一〕。曰趫〔三一二〕,世本、廣雅作"嬌",繆。是爲攸女,連山云:禹娶塗山之子,名曰攸女,生啓〔三一三〕。故世紀云"納塗山氏,是爲攸女"也〔三一四〕。辛壬癸甲〔三一五〕。行十月而生啓〔三一六〕。啓見其父,呱呱而泣,而弗皇子也〔三一七〕。劉向説苑及孔晁云出先人書家語〔三一八〕。國語同。吕氏云:禹娶于塗,不以私害公,自辛至甲,越四辰而復往治水〔三一九〕。或謂辛壬癸甲爲四年,然後有啓,太史公言"辛壬娶,癸甲生啓",繆矣〔三二〇〕。或云,"癸甲"下缺文。俱妄。夫娶與生子,乃自二事〔三二一〕。其娶止以辛壬癸甲四日,一也;子生,啼而不暇子之,二也。吳越春秋云:娶于塗山,辛壬癸甲;禹行十月而生子。是啓十月而生也。列女傳言娶四日,去而治水;啓既生,呱呱〔三二二〕。是矣。王逸言"辛酉日娶,甲子日去,而有啓",故説文云,九江當塗民以辛壬癸甲之日嫁娶;而水經亦言江淮之俗,至今以辛壬癸甲爲嫁娶日也〔三二三〕。

稱畚築,議遠邇,程土石〔三二四〕,吕氏云:"禹之決水也,令民聚瓦礫。事已成,功已立,爲萬世利者,禹之所見遠,而民莫之知也〔三二五〕。"淮南齊俗云:禹時天下大雨,令民聚土積薪,擇丘陵處之〔三二六〕。略基趾,平版榦,坏城郭,謹關遂,以御寇攘,使民知間閻屋室之築〔三二七〕。城池古有,禹作郭爾〔三二八〕。傳云:"處士東里槐責禹亂天下。禹乃退而作三章,强者攻,弱者守,敵者戰。故城郭繇禹始〔三二九〕。”而淮南子言:“縣作三仞之城,諸侯背之。禹乃壞城平地,散財物,禁甲兵,施之以德,海外賓服。會諸侯於塗山,執玉帛者列萬國。故機械之心藏於胷中,則純白不粹;在身不知,何遠之能懷〔三三〇〕?”其爲説之爲異如此! 謂人亡食則不能使也,不利於人則不能勸也,故鬈河而定之九牧,鑿江而涓之九路,澄五湖而定東海,民勞矣而不怨,利於民也〔三三一〕。故不自言其信,而信諭矣〔三三二〕。外紀云:“通九派,疏五湖,鴻水漏,中州乾〔三三三〕。”率然語也〔三三四〕。三江、九江、四瀆、沇、濟,並詳于福地記。人阻饑而價子者,取歷山之金制弊贖之〔三三五〕。羨餘胥給,以均諸侯〔三三六〕。高道穆表:“禹遭大水,以歷山之金鑄錢,救人之困。湯遭大旱,以莊山之金鑄錢,贖人之子。”〔三三七〕事本管子〔三三八〕。傳言夏以貝。按夏貨乃有二金〔三三九〕。金字作舌;二,川〔三四〇〕。義雲章“夏”作仐,而倏集古“夏”正與此弊同〔三四一〕。又有一金。一金,輕貨;二金,重也。

乃商九州之高下,相其原隰及山川之便利,任其胜腈、格肭,胗其殖礑、剽惢、沙礫,作其畦畛,正其疆界,以杜争奪〔三四二〕。傳言禹“經啓九道”,“畫爲九州”〔三四三〕。禹貢九州之畫,實在治水之後〔三四四〕。蓋因治水見地勢之分斷,皆出自然,不可十二,乃復爲九爾〔三四五〕。九州之土有常而物有次〔三四六〕。五沃之土,五粟爲長,五臭所毓〔三四七〕。凡彼草木,有十二壤〔三四八〕。此以壤邑辨,蓋如周禮草人糞種之法〔三四九〕。劉氏以大司徒十二土爲十二州之土,如職方所掌;職方從時王,大司徒因上古;如十二壤,每土有十二之别,若草人騂剛之九土,而益以青黎、塗泥〔三五〇〕。其説非是。上土廣舄、黄壤、赤埴,中土黑墳、白壤、墳壚,下土青驪、塗泥,品居庶彙,而正九賦〔三五一〕。隨食志云:“禹制九等而康歌興。”〔三五二〕九州以土色定田,皆有定賦,惟冀、豫、梁、揚錯出〔三五三〕。冀、豫、荆、青、徐、雍、兖、揚、梁爲次,然雍、兖皆六,六而無九〔三五四〕。一夫履地五十而貢〔三五五〕。井里古法〔三五六〕。孫毓以謂井、邑、丘、甸爲周制;禹治水,未暇及丘甸〔三五七〕。妄也。語云“盡力溝洫”,書云“濬畎澮”,此井制也;詩亦有云“惟禹甸之”,何云未暇〔三五八〕?

乃復定其九貢〔三五九〕。沇之漆、絲、織文;青之鹽、絺,海物惟錯,岱畎絲、枲、鉛、松、怪石,萊夷厭絲;徐之色土,羽畎夏翟,泗濱浮磬,繹陽孤桐,淮夷之玄纖、縞、玭珠及魚〔三六〇〕;禹貢之匪三,出於夷,傳不之別〔三六一〕。玄、纖、縞,三物〔三六二〕。古今訓纖物爲細,亦非〔三六三〕。**揚、荆,三金、齒、革、羽、毛惟木;揚之瑤琨、筱簜,島夷卉服、織貝、橘櫾錫貢**〔三六四〕。卉,今之黃草;貝,今之吉貝〔三六五〕。代亦弗知〔三六六〕。説文:批,夏書從賓、從虫〔三六七〕。宋弘云:淮水出批珠,珠之有聲者〔三六八〕。**荆之杶、幹、栝、柏,厎、砮、丹,及箘簵、楛,玄纁、璣組,包軌菁茅**〔三六九〕;茅生巴陵〔三七〇〕。祥符東荆惟一老人識之〔三七一〕。**豫之漆、枲、絺、紵、纖、纊、磬錯;梁之熊、羆、狐、狸、璆、鐵、銀、鏤、砮、磬;雝之球、琳、琅玕;東海,魚須、魚目;南海,魚革、璣珠、大貝;西海,骨、幹、脇;北海,魚石、魚劍、出瑱、擊間**〔三七二〕;古貢必以用物,如怪石、微物,亦適用然後貢。魚石,魚頭石。魚刀、魚劍,魚兵如刀劍者,與魚革、脇皆以飾小車、纏兵室羽葆者〔三七三〕。旄牛尾,樂舞用,非甚切,故禹貢不著。出瑱,如凝膏,浮水上〔三七四〕。擊間,如鮎,大五六尺,可治劍〔三七五〕。周書言間似鮈冠〔三七六〕。鮈冠,奇魚,出揚州〔三七七〕。注:"射禮以間爲射器〔三七八〕。"鄉射注以爲獸,謂似驢,妄〔三七九〕。**大都,鯉魚、魚刀、河蚖、江蟬;五湖,元唐;鉅野之芰;鉅定之蠃;濟中,蟾諸、孟諸、九江,大龜;隆谷,玄玉:歲咸會于尚方,以俟其工之需**〔三八〇〕。**上農掫土出金,上工碼石出玉,各以土產,任土作貢**〔三八一〕。貢者,夏賦之總名。別九州,賦九等,貢九等,聖人敍之。云"任土作貢"不云"賦"者,九州之物,惟貢入于王,賦歸諸侯也。任土者,隨土所出,不以所無若所難得者也〔三八二〕。鄭志云:凡所貢匭,皆以稅物隨時價市之〔三八三〕。其地之所有,以當邦賦〔三八四〕。蓋圻外侯不以致遠故也〔三八五〕。龍子曰:"莫不善於貢",然則貢非禹之法乎〔三八六〕?此禹之後世。禹之時,法已有助,安有不善〔三八七〕?後乃知其有不善爾。**畿不貢穀米,兵車是之取**〔三八八〕。

百里賦納總,二百里納銍,三百里秸服,四百里粟,五百里米:邇重而遠輕,凡五百里,爲甸服〔三八九〕。甸,佃也〔三九〇〕。總,當是薪芻成束者〔三九一〕。銍是所刈,至即納之。夏服,槀蒙之屬〔三九二〕。如云總爲槀、秸,銍——所刈秸,秸爲槀,非惟顛倒,是内反輕矣〔三九三〕。冀不貢者,以其入穀。而八州地遠〔三九四〕,穀重難致,故先王制爲之貢。此仁政也。是則貢者,在九等田賦之内,以其多寡爲賦之常,非九等賦之外有貢也〔三九五〕。經文"納銍",而上特加一"賦"字,則貢賦出於田可知矣〔三九六〕。侯服以下,不及所輸物,惟可見也〔三九七〕。**甸外率五百而爲侯、綏、**

要、荒。侯服之内,采、男、諸侯隸焉[三九八]。卿大夫采,在六百里内。男,小國,七百里内。侯,大國,在千里内。不言四百,五百里皆侯也[三九九]。以大庇小,故在外;懼大陵小,故在内[四〇〇]。綏服之内,以撲文教,以奮武衛[四〇一]。此外諸侯,綏之而已。千三百里之内,使撲文以教。千五百内,使奮武以衛。武衛,如今邊地右軍武、略文藝[四〇二]。要服之内,夷、蔡屬焉[四〇三]。荒服之内,蠻、流屬焉[四〇四]。示其遠,爲之紀。蠻、夷三百里,流、蔡二百里,此之里川長短,與畿内、侯、甸殊[四〇五]。夷、蔡在要服,蠻、流在荒服。夷,性近人;蠻,遠人也。古者流蔡以王圻定遠近,今以逐處論,異矣[四〇六]。流共工,蔡蔡叔,此五宅三居之二[四〇七]。視數歲之豐約,酌以爲常[四〇八],上下足以相輔,然後禮成而教行,取之有制。而其所以垂法也,九州攸同:九壍咸宅,四海會同;六府孔修,庶土交正;致重財賦,咸則三壤,成賦中邦[四〇九]。九州二千四百三十萬八千二十四頃,定賦九百一十萬八千二十四頃,不墾者千五百萬有二千頃[四一〇]。冀流廣而河、濟盛,水既退而民作多,故作十有三載,而後同[四一一]。十三載止爲冀、兗二州[四一二]。舊説天下共十三載,或止以爲兗州[四一三]。馬融、康成、穎達更以爲併縣之九年,舜攝元年,九州始畢,繆也[四一四]。按洪範,縣殛死,禹乃興[四一五]。縣喪三年,禹乃娶。今云“禹治三年,八州平,故堯以爲功而禪舜。是十二年八州平,十三年而兗州平,在舜受終之年”,穎達因之,誤矣[四一六]。高堂隆云治洪水前後二十二載,以縣之至禹言之也[四一七]。然水未平,豈得行巡狩哉[四一八]?八年之外,特記過門不入之年而已[四一九]。

乃命堅亥步經,大章行緯,暢于八極,方以爲國[四二〇]。十國而有長[四二一]。長有師,五長而一師,師五十國[四二二]。州十有二師[四二三]。州有牧,牧稟命于上京[四二四]。州十二師,百二十長[四二五]。按:十二師,五長,本似非此,然胃説來,及酌之,亦或可行[四二六]。孔氏謂州十二師爲三萬人,非也[四二七]。豈州等三萬庸哉[四二八]?此不過所謂“承以大夫師長”者,商周之連帥、卒正也[四二九]。薛氏以爲兵制,或然[四三〇]。邸成五服,至于五千[四三一];兵民之法,皆自比始,故有比卦[四三二]。漢八月按比,是也[四三三]。伏生以入聲讀爾[四三四]。外迫四海,咸建五長[四三五]。小比大,卑承尊,故人趨事而赴功[四三六]。小大之國,内外之侯,三正之所用者,蓋七千矣[四三七],

綏服内三千里,九州。舊説州十二師,爲六百國,十二州爲七千二百國。詩箋謂禹弼成
五服,方萬里;以七千里爲九州,方千里者四十九,八州各得千里者六;百國一師,州十
二師,八州計九千六百國;圻内以子、男備數,——爲萬國之説[四三八]。康成謂夏縣内四
百國,然在王制,又以縣内九十三國爲夏制,俱繆[四三九]。百國一師,不出典記,益難取
信。且禹之功在於平水土,不在於拓疆境,豈有土地三倍於二帝而傳無聞者? 無信可
也。淮南子云"定千七百國",亦妄[四四〇]。蓋因商家有千七百七十三國之説[四四一]。
得齒千三百五十五萬四千[四四二],**三千九百二十三**[四四三]。**男耕女織,**
不奪其時[四四四]。**鼇改制量,象物天地,比類百則,義之民而度之**
羣生[四四五]。**故天亡伏陰,地亡散陽;水亡沈氣,火亡災煇;神亡間**
行,時亡逆數;民亡濫心,物亡害生[四四六]。**率帝之功,而度之儀**
軌,近遠通其明,以佑不逮[四四七]。**東漸于海,西被于流沙,北逾碣**
石,南越衡山,咸暨,聲教汔于四海[四四八]。浸而入之者,漸[四四九]。加而
覆之者,被。暨,言及之遠。汔,言至之盡。南亦海,不言漸;北亦沙,不言被:有不盡
矣,聲教及之而已。治水定力[四五〇],堯舜世事,著之此,見禹所以得天下,而謂之夏
書也。

　　禹錫玄圭,告厥成功[四五一]。**夏后氏尚黑,職緣此始**[四五二]。
玄者水之德,圭者君之瑞,嘗意治水之時,從禹于外[四五三]。堯以是假之,俾之便宜馭
衆,而不緣中履介[四五四]。令功既畢,則前之所假,當以歸之君而告其成。錫,如"納
錫"、"錫帝"之"錫"[四五五]。而記皆以爲天錫若堯錫之,是錫亦非"禹錫"也[四五六]。**封**
之高密,以處于櫟[四五七],**是爲有夏,曰夏伯**。密,今密之高密,禹之初
封[四五八]。故世本云:鯀生高密,是爲禹[四五九]。宋云,禹之封國[四六〇]。櫟,今之許昌陽
翟,漢屬潁川,唐隸河南[四六一]。有禹山、禹故城及鄭之櫟邑[四六二]。昔武王至周,曰:吾
其爲有夏之居乎? 遂營洛邑[四六三]。謂櫟也。世紀云"夏,今陽翟",即此。地志云:
"陽翟,夏禹國[四六四]。"或云都之,非也。故汲古文云,聞不居陽翟[四六五]。寰宇記鄧州
引漢志[四六六]:潁川南陽本夏禹國,周爲申國。按志,潁川陽翟,夏禹國;南陽,故宛,今
南陽,爲申[四六七]。錯陽翟言之,兩誤[四六八]。王充云:堯以唐侯嗣位,舜以虞地得達,禹
緣夏而起,湯自商而興,皆本興昌之地爲號,重本不忘始也[四六九]。或云封在虹[四七〇]。
虹今宿之縣[四七一]。輿地志云:堯封夏禹爲伯,邑于此[四七二]。即位徙都於陽翟[四七三]。
漢爲夏丘縣,北齊爲夏丘郡。世紀又以高密爲禹字,益繆[四七四]。

初,縣以崇伯事帝,連山易云縣封於崇,故國語言崇伯〔四七五〕。今在鄠東〔四七六〕。熙寧五年,議廟事,王安石以爲禹非因縣受封,故楊雄云"禹以舜作土",謂前代固有不待有國王天下者,禹是也〔四七七〕。上曰:縣治水,或有封,不可知。安石曰:据書傳,封於有夏,曰有夏,曰有姒者,禹也,無豫於縣〔四七八〕。妄矣。帝爲滐水之患,訪於四岳,求能治之者〔四七九〕。四岳稱縣,帝曰:"方命圮族〔四八○〕。"岳曰:"舉哉〔四八一〕!試之不可,乃已。"乃以命縣〔四八二〕。縣蓲之于歸臧,得其大明〔四八三〕,曰:"不吉。有初亡後。"縣障水,汩陳其五行,水不閏下〔四八四〕。上帝震怒,不畀洪範九疇,彝倫攸斁〔四八五〕。縣障水,故有縣隄,在相之安陽,縣築以捍孟門。今謂三兩城〔四八六〕。又歷亭東三十五;又清河西三十自宗城界來;而澶之臨河西十五,縣隄自黎陽界入〔四八七〕。堯命縣治水,築之以障,故無功。又澶德清軍城東南五十有堯隄,過飛狐界古長城,即堯遭洪水命縣築之者〔四八八〕。經云:洪水滔天,縣竊帝之息壤以堙洪水,帝令祝融殺之羽淵〔四八九〕。淮南之説本此。息壤,生息之壤也〔四九○〕。有息壤説,見餘論〔四九一〕。逮帝授歷,縣則殛死,禹乃嗣興,從而道之,百川順流〔四九二〕。天乃錫以洪範九疇,彝倫攸敍,所謂洛書者也〔四九三〕。九疇,即皋陶所陳者〔四九四〕。言縣逆之,所以凶;禹順之,所以吉〔四九五〕。帝怒不畀,如云"天誘其衷",若鬼神予奪之者〔四九六〕。閏下者,水之性,而縣堙之,以拂其性〔四九七〕。此五行所以亂,彝倫所以敗。禹能修之,得其性,故五行攸敍〔四九八〕。自漢儒泥河圖洛書之説,以天錫禹者,——其文自洛出,禹因次之,自"初一曰"六十五字皆龜背所負者〔四九九〕。或云三十八字,或云二十七字〔五○○〕。怪哉!氏出於理之自然〔五○一〕,非人力私智所致者,古人必重而歸之天。洪範概發明彝倫敍非縣數起〔五○二〕。

帝崩,舜爲天子,命爲司徒,代典百揆,内輔虞位,外行九伯〔五○三〕。百揆,衆職之尊。禹以功德盛極,岳薦乃授,雖未禪而意已見。蘇軾以爲司空之異名,蓋以左氏"使主后土,揆百事"與四岳薦語誤之〔五○四〕。不知熙帝載非司空之事,而周官水土乃司徒職〔五○五〕。且禹爲司空,在舜攝初,至是已六十載〔五○六〕。岳薦之語,殆今如制首敍功勤爾〔五○七〕。或以爲若魏晉之相國,有禪之漸,則除者無是〔五○八〕。

三十有三載,帝以耄期券劇〔五○九〕,時帝年九十三。期,如字。受命以位,堯將用舜,以試之娶二女矣,又歷試諸難〔五一○〕。舜禪禹不加試者,六府三事之治已效也〔五一一〕。曰："汝惟弗倦,總朕師〔五一二〕!"遜于伯益、皋陶,不可,則拜稽首固辭,重弗獲命〔五一三〕。正月朔旦,受命于神宗〔五一四〕,堯授舜,告于祖。舜授禹,告于宗。一云:神宗,堯也。率百工如帝之朔〔五一五〕。如虞故事,璿璣齊七政、類帝、禋宗、巡狩之類,皆行之〔五一六〕。帝告禹曰:"予告汝九術,五勝之常,可以克之。汝能從之,師徒其興〔五一七〕。"見河圖握矩紀〔五一八〕。乃治六師,以征不序〔五一九〕。始歲三驅,以柬車徒〔五二〇〕。三載,有苗弗共,奉辭誓伐〔五二一〕。三旬,而苗逆命。益贊于禹,乃班師,而苗格〔五二二〕。詳虞紀及帝鴻紀。禹治水,汔四海,各迪有功〔五二三〕。苗獨頑,不肯即功,故禹勸帝念哉,欲帝念其事,備伐之〔五二四〕。三旬逆命,乃優贊帝修德班師〔五二五〕。於此見禹於兵弛張之道。一月已久,何八月而師還哉〔五二六〕?隨巢子云:昔三苗大亂,天命禹於玄宮〔五二七〕。有神人面鳥身,降而輔之,司禄益食而人不饑,司金益富而國家實,司命益年而民不夭〔五二八〕。四方歸禹,乃克三苗,而神人不違〔五二九〕。墨子云:三苗大亂,天命殛之,雨血三朝,龍生于廟,犬哭于市〔五三〇〕。金匱言三苗之時,三月不見日。論衡言三苗之亡,五穀變種,鬼哭于郊〔五三一〕。紀年、墨子言龍生廟,夏冰,雨血,地坼,及日夜出、晝不見〔五三二〕。——皆異說也。於是四海之內咸戴帝舜,禹駢三聖,乃興九招〔五三三〕。命皋陶爲夏龠,足鼓、龍簴簫,八佾六列,皮弁素積,九成而功昭,曰大夏〔五三四〕。使四海之內咸戴帝舜之功。於是禹興九韶之樂,致異物,鳳凰來翔,故孔融傳言禹興九韶之樂,致異物〔五三五〕。淮南子云:禹樂夏龠九成,六佾、六列、六英〔五三六〕。九成,九變也。明堂位云:"皮弁素積,裼而舞大夏。"〔五三七〕祭統云"八佾以舞大夏",天子之文舞也〔五三八〕。內則傳云:在干戈前,文武俱備〔五三九〕。春秋元命苞云:禹之時,民大樂其駢三聖相繼,故名大夏。大司樂注謂"德能大中國",非也〔五四〇〕。

　　十有五載,帝將死,真泠禹曰:戒之哉〔五四一〕!形莫若緣,德莫若率〔五四二〕。緣則不離,率則不勞;不離不勞,則不求文以待形;不求文以待形,固不待物〔五四三〕。欽哉〔五四四〕!慎乃有位,敬脩其可願〔五四五〕。四海困窮,天禄永終〔五四六〕。惟口出好興戎,朕言不再〔五四七〕。泠,曉也,言用此真教命大禹也。夫堯命舜不戒,而舜命禹丁寧戒之如此,恐其矜功矣〔五四八〕。

帝崩，禹即真，越春秋云：堯崩，禹服三年，氣不屬聲〔五四九〕。舜崩，又服三年，朝夕號泣，形體枯稿〔五五〇〕。蓋因孟氏之妄〔五五一〕。王以金成〔五五二〕，都陽城、瓚云：“世本，禹都陽城〔五五三〕。”在大梁之南，今陳留浚儀〔五五四〕。故寰宇記登封古鄩城引地理志，潁川陽城爲禹都，非也〔五五五〕。乃澤之陽城〔五五六〕。堯、舜皆都河東北，不居河南。故説者又謂禹避商均於此，皆非〔五五七〕。夫堯不聽舜讓，受終，二十八載。舜不聽禹辭，受命，已十七年，曆數已決，豈復方爲區區匹夫之遜避哉〔五五八〕？此孟氏之罔〔五五九〕。太原、即晉陽。世紀云：禹自安邑徙晉陽〔五六〇〕。漢志，自平陽遷安邑，後徙晉陽〔五六一〕。通典，并州太原，禹所都〔五六二〕。注云禹都或爲今太原，或爲今平陽，或爲河東安邑，或云今河南陽翟，不一也。安邑。世紀云，或居安邑。今陝之夏縣，魏太和元析安邑置，以禹都名〔五六三〕。北十五有夏宮、夏故城、夏禹臺〔五六四〕。十道志云，縣有夏禹宮。夏静與洛下書云：安邑禹舊宮有石殿、金户、丹庭、紫房，俗名驪姬故房〔五六五〕。臺在縣西北十五〔五六六〕。十三州志云：塗山氏思本國，築以望之，基猶在夏城南〔五六七〕。安邑塗山臺，俗謂青臺，上有禹祠〔五六八〕。縣東南五十五中條山有望川，夏后避夏離宮之所〔五六九〕。地形志，河北有北安邑縣，漢、晉屬河東；又有南安邑，注：太和十一置〔五七〇〕。元和志：今安邑地，太和十一別置，十八年爲夏縣。寰宇記置胐，誤〔五七一〕。革正朔，奠服色，以日至六十日爲正，色尚黑〔五七二〕。樂稽耀嘉及元命苞云：夏以十三月爲正，息卦受泰〔五七三〕。注云：物之始，其色黑。以寅爲朔，商以十二月，周以十一月，所謂三統〔五七四〕。淮南云“服尚青”，非〔五七五〕。其祀户，祭先心，社用松，牲用黝〔五七六〕。大事斂用昏，戎事乘雒驪〔五七七〕，雒，馬黑鬣〔五七八〕。尚明水而旂綏〔五七九〕。明堂位：“有虞氏之旂，夏后氏之綏〔五八〇〕。”注：爲綏，夏當言旂〔五八一〕。山罍、楬豆、璞罉、四棟，以施之宗廟〔五八二〕。孔云：夏四璉，殷六瑚〔五八三〕。山罍，夏后之尊也〔五八四〕。哀十一年“胡簋”注：“夏曰胡，商曰簋。”〔五八五〕虞祭尚陶，夏尚匠〔五八六〕。蓋虞以陶得人心，故尚之。周禮云“夏后氏尚匠”，所謂“反其所自生”〔五八七〕。虞氏尚陶，泰尊以瓦，則山罍亦瓦矣〔五八八〕。玄堂世室，九階三階，厥用亡文。玄堂，夏之明堂。夏尚黑也，由周尚赤而曰明堂〔五八九〕。説苑：墨子曰，古之無用文者，禹是也。土階三等，衣裳細布，當此之時，黼黻無所用也〔五九〇〕。黄圖義云：明堂，夏后益之爲世室〔五九一〕。堂之大，百四十有四尺，坤之策；屋圓徑，三百一十六尺，乾之策〔五九二〕。九階者，周禮〔五九三〕。注：南三，東、西、北各二〔五九四〕。賈、馬等以爲九等，非也〔五九五〕。禮傳：周堂九尺，商三尺，夏一尺，相三數

也〔五九六〕。佑云:"禹卑宫室,爲一尺〔五九七〕。"衣裳細布,牟追玄冕〔五九八〕;記:
"母追,夏后氏之道〔五九九〕。"白虎通:追,大也,其體最大〔六〇〇〕。輿服志:夏母追長七寸,
高四寸,廣五寸,後廣二寸,制如覆桮,前高廣,後卑鋭〔六〇一〕。商章甫即牟追,今之委
貌〔六〇二〕。委以綏言;追以笄、衡言,周禮言"追笄、衡"是矣〔六〇三〕。其制相比,漆布爲
殼,緇縫其上,前廣四寸、高五寸,後高二寸〔六〇四〕。五經通義云:夏冕黑、白、赤組
旒〔六〇五〕。獨斷云:明帝采尚書皋陶及周禮以定冕,皆廣七寸,長尺二寸,綏白玉珠其
端,凡十二旒〔六〇六〕。郊特牲言商尋夏收,故夏收而祭〔六〇七〕。毛詩許字從羽〔六〇八〕。三
王共皮弁素積〔六〇九〕。爲弁不易也〔六一〇〕。白虎通云:"收而達,故前思,大者在後,時物
亦前忽也。"〔六一一〕然堯、黄收,夏后因之。爾雅云:收,言收斂髮〔六一二〕。純黑,前小後
大。商因曰尋,黑而微白,前大後小〔六一三〕。袞龍而山韍〔六一四〕,環濟要略云:夏
后氏山韍,取其仁也〔六一五〕。立尸而卒祭〔六一六〕。有事則坐。祭以其闇,明
日而復祚〔六一七〕。復祚,繹祭〔六一八〕。商曰肜〔六一九〕。

　　蓋貴爵而尚齒〔六二〇〕,七十者皆引年〔六二一〕。養國老於東序,養庶
老於西序,燕衣而以饗禮,以教民之孝弟〔六二二〕。卒食,燕衣玄端〔六二三〕。
玄端,注:黑衣裳〔六二四〕。襲堯爵,行堯道,修五等以賞諸侯〔六二五〕。舜之
禪,集五瑞。禹政縣舊,列爵爲五〔六二六〕。自唐至周,五等一也。鄭釋王制,謂商因夏,
三等,無子、男;公羊謂春秋變周從商,合伯、男皆曰子:妄也〔六二七〕。追縣父〔六二八〕,
國語,禹云"豈伊多寵"也,云"亡王之後"〔六二九〕。注:"禹郊縣而追王之。"禘黄帝,
而封丹朱唐、商均之子於虞,作賓王家〔六三〇〕。天子弗臣,謂不以臣禮
貴。君臣之義固定,故云"作賓"者,異於諸臣矣。而議者或異,亦闇於大義哉〔六三一〕!
立三公九卿,百二十官;三公,此在九卿外。佑云:三公以下百二十,此夏時
也〔六三二〕。記云官倍,則宜二百四十,不然者,唐虞清要,三代不變,其餘稱事爲之
爾〔六三三〕。三妃九嬪,以爲内治〔六三四〕。春秋説,天子娶十二〔六三五〕。佑云,夏
時制〔六三六〕。三歲而攷績,五歲而定政〔六三七〕。惡旨酒,好善言;好予
而不取,好緣而惡駔;亦上信而賤文,必度其正〔六三八〕。爲政先禄
而後威,先賞而後罰,故能敬德,面稽天若〔六三九〕。召誥。言面攷天心
而順之〔六四〇〕。承安繼治,任賢使能,充云:禹引失,承安繼治,任賢使能,共己無
爲而天下治〔六四一〕。繕賞不罰,而民不負言〔六四二〕。慎子云:有虞氏不賞不

罰,夏后賞而不罰,商罰而不賞,周賞且罰。亡廢功,亡蔽財,自眠觖如〔六四三〕。淮南王術〔六四四〕。愉易平静以待之,使夫自得之;因然而然之,使夫自寧之〔六四五〕。不求葡,不大望於民,是故寡怨於民,□民未厭其親〔六四六〕。通乎己之不足,而不與物争〔六四七〕。□□□□□南子云:禹治天下,朝廷之間可以羅雀〔六四八〕。劌精神,明耳目,□□□□□□民鍾〔六四九〕。顀俊尊帝,以故黑、風會紀,而明明在朝〔六五〇〕。詩含神霧云:"夏禹之興,黑、風會紀。"〔六五一〕注:黑,力墨;風,風后:皆黄帝臣〔六五二〕。禹,伯禹,當其至也〔六五三〕。按:玄經亦有禹□風□□風力之世云〔六五四〕。又得咎陶、杜子業、既子、黯、季甯、然□□□□□□□□□□□□□勞身以治天下,迪知恂于九德之行,故民承寬厚而亡懷薄〔六五五〕。立三年,而百姓以仁遂焉〔六五六〕。□戴繼□〔六五七〕。

　　勤求賢士,以及方外〔六五八〕。見耕者五偶而式之,所過之邑必下〔六五九〕。見山仰之,見谷俯之,以葡道秉德之士存焉〔六六〇〕。董子〔六六一〕。適于郊,芴焉遇其縛于路,謖降,拊而泣之〔六六二〕。左右曰:"彼則不刑,於王何痛焉〔六六三〕?"曰:"天下有道,民不離辜;天下亡道,罪及善人。堯舜之民以堯舜爲心,朕爲民辟,百姓各以其心,是用矜之〔六六四〕。"吴越春秋云:"計於蒼梧,而見縛人〔六六五〕。"陳蕃傳云:"禹巡蒼梧,見市煞人,下車而哭,曰:'萬方有罪,在予一人。'故其興也勃然〔六六六〕。"注,見説苑〔六六七〕。淳化四年閏十月,上謂輔臣曰:"孟昶於刑獄,優游不斷,以爲夏禹泣辜,竊效之;不明古聖之旨。朕深味其理,蓋大禹止能行王道,自悲不及堯舜,致人死法,所以下車而哭之。今犯罪之人,情理難恕,朕固不容〔六六八〕。"可謂異世而同仁矣。立諫幡,陣建鼓〔六六九〕。太公金匱:禹居人上,慄慄如不滿日,乃立建鼓〔六七〇〕。管子云:"舜有告善之旌而主不蔽,禹立建鼓於朝而備辭訟。"〔六七一〕何敞傳云:"禹致敢諫之幡〔六七二〕。"故光武詔云"舜居人上,兢兢如履薄冰;禹居人上,慄慄如不滿日。敬勝怠則吉,義勝欲則昌,日謹一日,壽終無殃"也〔六七三〕。不矜不伐,不自滿假,投一饋而七起,一沐而三捉髮,曰:"予惟四海之士須于門,而四方之民弗至也〔六七四〕。"諸侯朝覲而親報之,士月見而躬接之,曰:"諸侯能亡以予爲驕乎?諸大夫能亡以予爲汰乎?且晤其驕若汰而不予穀,是逢君之惡而教寡人之殘也〔六七五〕。"是以天下大治,諸侯萬人而一知其體,則能以愿爲之也〔六七六〕。故未施敬於民而民敬之〔六七七〕。賈誼新書云:禹猶大恐,諸侯朝則問於諸侯云云,朔日士見則問於士云云。敬者,禮之本。禮者,忠信之薄〔六七八〕。老氏言道,其中有信。有虞時大道未隱,故未施信而民信之〔六七九〕。夏后時道隱而未喪,故未施敬而民敬之〔六八〇〕。此哀公所以問〔六八一〕。新書作"民信之",誤〔六八二〕。

命伯封叔及昭明作衍曆,歲紀甲寅,鈞天行施,敬授人時〔六八三〕。人事是重,故建首寅,而後冬夏正。春,斤不升山;夏,罟不趣淵:以宛生長而專民力〔六八四〕。乃布令曰:"九月除道,十月成梁〔六八五〕。"故其時儆曰:"收而場功,偫乃畚梮,營室之中,土工其始。火之初見,期於司里〔六八六〕。""速畦塍之就,而執成男女之功〔六八七〕!"故生不失宜而物不失性,人不失事,天得時而萬財成焉〔六八八〕。昔孔子觀夏道,得其四時之書者,是矣〔六八九〕。曆象〔六九〇〕,堯舜之法,三代以來未始可廢,而書不著者,法已成於堯舜,後王守而用之,故不之復錄。大聚云:"禹之禁,春三月,山林不登斧斤,以成草木之長;夏三月,川澤不入網罟,以成魚鼈之長"云云〔六九一〕。禮云夏不田,以生長之時也〔六九二〕。鄭謂夏禹以仁讓得天下,觸其夏名,故不田〔六九三〕。此運斗樞之文。

謂土少則民失業,土多則內亡守,於是有不稱之災,故其箴曰:"中不容利,民乃外次。"〔六九四〕又曰:"小人亡兼年之食,遇天饑,妻子非其有也;大夫亡兼年之食,遇天饑,臣妾、輿馬非其有也;國亡兼年之食,遇天饑,百姓非其有也〔六九五〕。"故諸橫生,盡以養從生,盡以養一人〔六九六〕。不煞胎,不夭奧,不隳時,十年而王道固〔六九七〕。乃立祈祥以固山澤,立器械以使四國;破增藪,焚沛澤;以立三幣,而操其重策以守國穀;存菹丘,立駓牢,以爲民饒;以人御人,逃戈刃而高仁義,乘天固以安己,而民心一〔六九八〕。

政德既成,而聽于人,矇誦於朝,史箴于位,官獻使勿兜,采臚言于市,致百事于廷,耆艾脩之,以聞其缺而斟酌之,行善而備敗,

是以事行而不悖,天下復璞[六九九]。_{文中子}:"舜、禹繼軌而天下璞,桀承之
而天下詐[七〇〇]。"

有君民之大德,有事君之小心,_{禮記}[七〇一]。是以神勞五岳,形
瘦九州,而不以爲苦[七〇二]。攝位行政,攷之於天,是以克勤于家,
克儉于邦,而盡敬于神[七〇三]。故孔子曰:"禹,吾亡間然矣! 菲
飲食,而致孝鬼神;惡衣服,致美黻冕;卑宫室,而垂意溝洫。禹,
吾亡間然矣[七〇四]!"_{諸侯王表云:舜禹受禪,積德纍仁,功洽于百姓,攝位行政,}
_{攷之于天下,數十年,然後在位[七〇五]。}

越在先時,閼伯火正,寔事唐虞[七〇六]。及是,更以相土,居
之商虚,入爲王官,出長諸侯[七〇七]。有勤于民,以食於眯[七〇八]。
_{衷云相土就契封商,妄[七〇九]。}

命任奚爲車正[七一〇],_{文子:堯以奚仲爲工師[七一一]。淮南子:堯治天下,以}
_{后稷爲大田,任奚爲工[七一二]。}子吉光暨相土佐之[七一三]。昇物以時,五
財皆良,乃剏鈎車[七一四],_{記云:"鈎車,夏后氏之路[七一五]。"作"勾輅"同,今戎}
_{車也[七一六]。商曰寅車;周曰元戎,先良也[七一七]。儒者因謂曲輿[七一八]。傅玄子云,夏}
_{后輦曰余車[七一九]。故通典云:夏末代制。輦,人所輦[七二〇]。晉志:商曰胡奴,周曰輞}
_{車[七二一]。司馬法:夏后余車,二十人輦;商胡奴,十八人;周輞輦,十五人[七二二]。}建
綏斾[七二三]。_{明堂位:夏后之綏[七二四]。綏最短,亦曰旒。又云:有虞之綏,夏后氏之}
_{綢練[七二五]。檀弓亦云:"綢練設旐,夏。"[七二六]記此旐謂之綏也[七二七]。曲禮:"武車綏}
_{旌[七二八]。"注綏無旄,所謂大麾[七二九]。周禮王建斗尾于祛首,大麾以田者也[七三〇]。}
相土始乘,肇用六馬,於是登降有數[七三一]。_{五子歌言"六馬",天子用六,}
_{久矣[七三二]。記言禹駕四,妄。}乃封奚仲於薛。_{今徐之薛城南二十五有奚公山、}
_{奚仲冢,楊曄徐州記云,仲造車處[七三三]。}

謂政衰於唐虞而民齴于昔,始政肉刑[七三四]。_{武梁祠堂畫贊云:夏}
_{禹退爲肉刑[七三五]。應氏云:"三皇結繩,五帝畫像,三王肉刑。"[七三六]非也。肉刑,蚩尤}
_{之法。穆王曰,苗民作五虐之刑,爰始淫爲劓、刵、椓、黥[七三七]。亦未原其始也。嗟夫!}
_{肉刑,政之本也。後世以爲不忍而去之者,誠不仁矣。君子曰:小仁者,大仁之賊}
_{也[七三八]。以肉刑爲當除,是亦志於仁而未知仁之術也。故荀卿、班固、曹操、鍾繇、陸}

紀、葛亮、曹彥之徒,皆欲復之〔七三九〕。而祖訥以漢文爲非聖,誠有見矣〔七四○〕。彼孔融、王朗之論,亦已淺矣〔七四一〕!論見國名記。謀面用丕訓德,則乃宅人,乃三宅亡義之民〔七四二〕。大罪宥之四裔,次九州外,次中國之外〔七四三〕。罪疑從輕:死者千鍰,中罪五百,下鍰二百〔七四四〕。罰有罪而民不輕罰,輕而貧者不致於散,故不殺不刑,罰弗及彊而天下治〔七四五〕。大傳甫刑傳云:"禹之君民也,罰弗及强而天下治。"一鍰,六兩。鄭云:"所出金鐵也。死罪出三百七十五斤,用財少爾。"命孟涂爲理,刑正訟從,以爲神主〔七四六〕。經云:"夏后啓之臣孟涂,是司神于巴。巴人訟于孟涂之所,其衣有血者執之,是謂主。"〔七四七〕

乃備祭用:簠簋巖俎,雞彝龍勺〔七四八〕,賀云:"直有脚曰梡,脚中央橫木曰巖。"〔七四九〕有虞上質,未有餘飾,始有四足;夏漸文,橫木爲距於足中也〔七五○〕。彫勒粉澤,流糅其上,蔣席祔鞄頗緣,觴酌有采,籩豆有踐,而當時之不内者,三十有三國〔七五一〕。韓子云:"禹作食器,墨染其外,朱畫其内;縵帛爲裀,蔣席頗緣;觴酌有采,尊俎有飾〔七五二〕。"康成云,赤多黑少爲髹〔七五三〕。韋云:"刷漆爲髹〔七五四〕。"墨子云"禹造粉",繆也,唐虞已有粉采矣〔七五五〕。爲喪法曰:死于陵者葬於陵,死於澤者葬于澤。桐棺三寸,制喪三日,亡得而逾。見尸子。淮南子云:禹之時,天下大水,死陵者葬陵,死澤者葬澤,節財也,故節財、薄葬、簡服生焉〔七五六〕。又云:以洪水之患,陂塘之事,故朝死而暮葬,所以順時偶變,見形施宜也〔七五七〕。祝餘鬶〔七五八〕,以生事親,祝鬶餘飯,既夕禮:漸米,差盛之〔七五九〕。飯九貝,作葦茭〔七六○〕。通典:夏后氏金行,初作葦茭,言氣所交也。商人水德,以螺首,謹閉塞也〔七六一〕。周木德,以桃爲梗〔七六二〕。風俗通:"傳:'萑葦有叢。'吕春秋言湯被伊尹以萑葦。欲子孫蕃,不失類也〔七六三〕。"而牆置翣,綢練設旐,立凶門,用明器,有金革則殯而致事,而人於死者益以致〔七六四〕。王肅要記云:魯哀公葬其父,孔子問曰:"設表門乎?"〔七六五〕公曰:"夫表門起於禹。禹治洪水,故表其門以紀其功。吾父無功,何用焉?"孔琳之議曰:凶門柏裝,不出禮典,起自末代,宜罷〔七六六〕。故禮論云:改葬,立凶門不〔七六七〕?蔡謨曰:改葬若停喪,有凶門〔七六八〕。是惟喪事用之,故韋宏與蔡謨牋,問父在母喪及與父别止,立凶門不〔七六九〕?曰:禮,命士以上,父子異宫〔七七○〕。故卑私之喪,皆别開門〔七七一〕。范堅荅問,謂凶門、薄帳,不出禮文;有懸重於庭,以席覆之,形似於此,後世於門外表喪,縣是〔七七二〕。

　　命扶登氏爲承夏之樂，哥九敍以樂其成，是謂九夏〔七七三〕。六府、三事，所謂九功〔七七四〕。九功惟敍，九敍惟歌，此禹之九夏也〔七七五〕。鍾師，以鍾鼓奏九夏，即大夏也〔七七六〕。大宗伯，奏九德之歌、九韶之舞〔七七七〕。瞽師，掌九德之哥，以役太師〔七七八〕。故左氏曰："九功之德，皆可歌也，謂之九歌〔七七九〕。"猶言舜之韶謂之九韶爾。烝民以王者爲君，九夏以王夏爲首，豈偶然〔七八〇〕？

　　設五器于庭〔七八一〕，一作"門"。而詔于簴曰：有以道憲我者，聲鼓；以義告我者，鳴鍾；以事詔者，振鐸；以憂聞者，發磬；以獄復者，揮鞀〔七八二〕。政天下於五聲。後世寶用，至於追蠡〔七八三〕。鶡子："禹治天下，以五聲聽治。門懸鍾鼓磬鐸而置鞀，以得四海之士。爲銘於筍簴"云云〔七八四〕。選策秀才文注者，此也〔七八五〕。淮南汎論注："五聲，宮商之屬。"〔七八六〕安矣。

　　作棧鍾於會稽以定奏〔七八七〕。王澄云：夏、商之政，九州貢金以定奏〔七八八〕。晉世剡縣民於田得鍾，長七寸，口徑四寸，銘曰"棧"〔七八九〕。案爾雅，鍾之小者棧〔七九〇〕。音蓋。

　　遠方圖物，貢金九牧，鑄九鼎於紫金、條荆之山〔七九一〕。鼎之爲物，左氏嘗言之，人得藉口〔七九二〕。舊云九鼎者，所謂九州鼎，實則一鼎〔七九三〕。又別有九鼎，圖九州之方物〔七九四〕。拾遺記〔七九五〕。使人知神姦，入川澤而不逢不若，魑魅罔閬，莫能逢之〔七九六〕。鼎成而太白見者九日。瑞圖云："金銅之精，知吉凶存亡，不爨自沸，不汲自盈，不舉自藏，不遷自行。日移五步，自郊郦來。日東南移，今不知所。"〔七九七〕孫暢之述書云：道人商行傳云，今在罽賓〔七九八〕。神怪之説。然今深山大澤往往有之。晉陽秋，咸康四穀城門外有光，取得九鼎一〔七九九〕。湘潭縣興唐寺在磯上，泉流莫測，石嵌旁入及法堂，下有大鼎，沒者有見〔八〇〇〕。南遷録以爲禹迹〔八〇一〕。

　　帝女儀翟，醞釀稷麥以爲酒澧，醪變五味〔八〇二〕。進之帝，飲而甘之，折頞而歎："後世必有酒亡國者！"〔八〇三〕遂疏儀翟。戰國策云，魯君語梁王：昔帝女令儀狄作酒而美，進之禹〔八〇四〕。飲甘之，疏儀狄，絶旨酒〔八〇五〕。或云初作酒，非。虞酒養老，而岐、雷有醪醴，黄帝内傳"王母之酒"，而神農爲醴酪，其來尚矣。本草夏禹仙經：取菖蒲，玄酒封，百日，綠葉色，投黍米；十四日，出飲之，去三十六種風〔八〇六〕。不自後世。

　　於是舉咎陶而薦之，將畀之政〔八〇七〕。辭，乃封之六〔八〇八〕。

其仲子克世,使襲六,奉其祀[八〇九]。文王之史編云:"編之太祖疇爲禹占,得皋陶,縣比於此[八一〇]。"見六韜[八一一]。

宅立一十有五歲[八一二]。七表承風,化制殊類[八一三]。青縈、九陽,奇怪之所際,莫不内拱[八一四]。八風循通,而百穀用成[八一五]。木榮冬敷,天雨稻,蜚莵應[八一六],瑞圖云:"飛莵日行三萬里,禹治水土,勤勞歷年,天應其德而至。騶蹄者,后土之獸,自能語言,王者仁孝於民則出,禹治水有功而來[八一七]。"騶駼出[八一八],即騶蹄。見孫氏瑞應圖[八一九]。方澤出馬[八二〇],隨巢子,禹方興時。靈龜穴庭[八二一],宋書志:玄龜書者,天符也[八二二]。德至淵泉,洛出龜書。玄龍衒雲[八二三]。孔演圖云:天命之見,候期門,靈龜穴庭,玄龍衒雲[八二四]。注:靈龜,虛危也[八二五]。穴庭者,星入太微門[八二六]。□□□□□□□□□□□□□□也[八二七]。衒雲者,□□□□□□□□□□□□神龍至,靈龜服,玉女敬養,天賜妾[八二八]。□□□□□□□□故孔子曰:"巍巍乎!舜、禹之有天下也,而不與焉[八二九]!"□□□□□□□十年[八三〇]。紀年:"禹立四十五年。"宜贅"四"字。

於是大宣教化[八三一],□□云:"省方宣教,化制殊類。"[八三二]玄云:五年一巡者,虞夏之制[八三三]。□□□,虞五載一巡狩,夏后因之[八三四]。□□□,以常行[八三五]。歸元勳,祠上帝。河圖云:禹治水功大,天帝以寶文大字賜[八三六]。禹佩,免北海溺水之難[八三七]。故方朔十洲記云:禹治洪畢,乘蹻度弱,東至鍾山,祠上帝於北阿,歸功九天[八三八]。乃大計治道,外美州塵、息慎之功,内演龍德以當天心;撰玄要,集天書[八三九],道學傳云:夏禹撰真靈之玄要,集天官之寶書,以南和繒,封以金英函,檢以元都印[八四〇]。原禹之先,得玄女之法,標其二五九迹之術[八四一]。承舜命,鑿龍門,開九江,遇巨石則施之。一鳴其術,石立銷金,呼"禹步"[八四二]。修神仙之術,開鑿洞天,盡立五岳名山形,撰靈寶文。以藏南浮之洞。即宛委、衡山也[八四三]。詳于福地記。禹功記云:渡江河者,以朱書"禹"字佩之,免風濤,保安吉。

遂致羣神于鍾山[八四四],即會稽前山,一曰楝山。越絕書云:楝猶鎮也[八四五]。中茅傳云"禹詣鍾山,行九真",此也[八四六]。亦曰茅山。晉灼言會稽茅山,是矣。故越絕書、越春秋皆言禹登茅山,朝羣臣,乃更名曰會稽[八四七]。即苗山矣。今會稽有禹村、禹虚〔八四八〕。然九江當塗界當塗故城云禹會處,故塗山亦有會稽之名〔八四九〕。宋之問云:"朝玉帛兮何地,聲存而處亡。"〔八五〇〕杜預以爲會在壽春之塗,妄矣〔八五一〕。以觀其用,執玉帛且萬數。執玉,諸侯;帛者,小國之君〔八五二〕。禹之初,進而受命者七千國,左云萬國者,號數爾〔八五三〕。齊王鬺云"大禹之時,諸侯萬國",非〔八五四〕。安石云:不過東方諸侯,有天下皆會〔八五五〕。非也。防風氏後至,戮之以徇於諸侯〔八五六〕。伐屈、鷔,攻曹、魏,而萬國定〔八五七〕。舜之初,正四罪;末年,分三苗〔八五八〕。禹初治水,誅相繇,至是數十年,戮一防風,天下可大治,——蓋始之形,以立我之綱;後之誅,以立後世之紀〔八五九〕。後代聖王,不可不知也。

初來南,塗山之女作歌以候,其伯姬曰:"候人兮猗!"〔八六〇〕而南音自此始〔八六一〕。至周之君臣取風焉,寔爲周南、召南,——正始之道,王化之基也〔八六二〕。南,樂名。"胥鼓南","以雅以南",若象箾、南籥是也,豈得謂之風〔八六三〕?有樂有舞,故曰:"人而不爲周南、召南,其猶正牆面而立也。末至於舞大夏,知不特誦其詩而已〔八六四〕。"周南,天子之事,故繫之周,周王室也〔八六五〕。召南,諸侯之事,故繫之召;召,諸侯之伯也〔八六六〕。豈周公、召公哉! 周自太王爰及姜女,王季太任,"思媚周姜","太姒嗣徽音",世有賢妃之助〔八六七〕。文王刑于寡妻,以御于家邦〔八六八〕。故詩以后妃、夫人之德爲二南之首,實取效於塗山〔八六九〕。

自塗山南省南〔八七〇〕,南,今之江陵〔八七一〕。秦昭襄二十九年,使白起拔鄢郢,以漢南置南郡〔八七二〕。周書云"南,國名",是也,非南方〔八七三〕。舟濟于江,黃龍負舟〔八七四〕。人甚恐,帝清儀亡易,龍顧弭鱗而逝〔八七五〕。事見呂春秋、淮南子、水經、地記等,誠有兹事矣。説詳餘論中。乃巡大越,見耆老,納詩書,審銓衡,平斗斛;立典則以貽子孫〔八七六〕,見越絶書。禹救水,至大越,上茅山,大會計;及其王,乃狩大越云云,所謂"關石和鈞"者〔八七七〕。焚戈甲而夷人附。崔融四鎮議:神農修德而夙沙至,夏禹焚戈甲而夷人附,舜舞干戚而苗民舉〔八七八〕。追思覆韛之書,於是復會諸侯於江南〔八七九〕。蓋九江、浙江。今所在古迹,如杭之餘杭,即秦故〔八八〇〕。謙之之吳興記:始皇三十七年上會稽,塗出此,因立縣〔八八一〕。杭即航也。史記亦明,圖經不之知〔八八二〕。然郡國志以爲夏禹東去,舍舟航,登陸於此〔八八三〕。蓋乘海舍航皆在是〔八八四〕。董逌不知,以爲杭州當用所部,屬潁川,音抗〔八八五〕。作刀劍,刀劍録云:高密在位十年,以庚戌八月鑄一劍,藏之秦望山腹,上面刻二十八宿,北記山水日月[八八六]。伐靡山而邑之[八八七]。塗山之會,禹志也,非常之會。傳謂禹望九山之南苑宛中者,則意在此久矣,故特爲是會[八八八]。尋崩,因葬之。只即會稽山[八八九]。詳予福地説[八九〇]。天問:"何勤子屠母,而死分竟地[八九一]?"補注云:"拆副而産,有之;死分竟地,未必然。竟地猶言竟天。今段成式言'迸分竟地',用此語[八九二]。"絞衾,堲周,葛以繃之[八九三]。其坎深不邸水,上不通臭;收壤爲墳,廣終畮[八九四]。木不改列,畚不易畮,若參耕之壟焉[八九五]。世紀云:"衣衾三領,桐棺三寸。"墨子云:"桐棺三寸,絞衾三通[八九六]。"其言大率□□□□□,固云:墨之儉,本於大禹之致孝鬼神,美黻冕[八九七]。故莊周曰:禹堙洪水,親操橐耜而九雜天下之川,股無胈,脛無毛,沐甚雨,櫛疾風,置萬國[八九八]。禹,大聖也,而形勞天下如此! 後世墨者多以裘褐爲衣,履屩爲服,日夜不休,以自苦爲極,曰:"不如此,非禹道也,不足謂墨[八九九]。"年百有六,寔祀于社[九〇〇],淮南子:"禹勞天下,而死爲社。"[九〇一]漢興,立官社,復立官稷,以禹配社,以稷配稷[九〇二]。亦謂白帝。王符五德云:少昊,其後白帝,——見流星,意感,生白帝文命[九〇三]。

后趫生啓及均,塗山於是獨明教訓而致其化,乃立庶子之官[九〇四]。嗟乎! 天下之命懸太子,若塗山,可謂知所本矣[九〇五]。趫,世本、世紀、廣雍、列女傳皆作嬌,帝係作女憍[九〇六]。蜀王本紀云:禹母坼臏生禹,後於塗山娶妻,生子名啓[九〇七]。於塗山有禹廟。亦爲其母立廟[九〇八]。寰宇記塗山在渝州巴縣東南八里岷江南岸,華陽國志以娶塗山爲江州塗山,皆非[九〇九]。后趫死,葬陽城[九一〇]。倦游録:三門禹廟神儀、侍衛極嚴肅。後殿爲一胡人,氈冠夷服,侍衛皆胡人,云禹婦翁[九一一]。俗有此。

均生固,固生伎來,伎來生循蛬[九一二]。是殺綽人,帝念之[九一三]。大荒經"固"作"國","伎"或作"役"。其裔居兜牟山,北人號突厥窟[九一四]。匈奴別種。代居金山城,狀如兜鍪,兜鍪俗呼"突厥",因號之[九一五]。先,狼種也,故施金狼頭於纛;衛士曰附離,夏言狼也[九一六]。歷魏晉十代而屬蠕蠕,是爲阿史那、德,那最爲長[九一七]。宇文末,滅蠕蠕[九一八]。百餘年,曁處羅、蘇尼失,始歸北,號阿史那[九一九]。至開元,爲史氏。

帝之支子或封于辛[九二〇]。辛甲事紂,七十五諫不從。文王以爲史,封之長子〔九二一〕。見劉向別録。昭王南征,辛繇靡爲御右,拯王而俱溺,封其子西翟〔九二二〕。有辛氏、計氏、司空氏、宇文氏、周賜辛幵〔九二三〕。普屯氏、魏賜辛威〔九二四〕。隨皆復〔九二五〕。崇——後滅于周文王。有崇侯虎〔九二六〕。

帝崩而啓立。

贊〔九二七〕:相彼夏后,天地功深。纂修前緒,載惜分陰〔九二八〕。斬高喬下,纚風沐雨〔九二九〕。身解揚陉,爲百神主〔九三〇〕。克勤克儉,菲食惡衣。奏黻艱鮮,手足胼胝〔九三一〕。握髮投饋,爲綱爲紀〔九三二〕。河洛興思,明德遠矣〔九三三〕。

天下公器,不可得而私也〔九三四〕。主之必有道,而處之也必有義。主之不以其道則亂,處之不合於義則争。是故君天下爲甚易,而授天下爲甚難。

丹朱、商均不足以託天下,而舜、禹者可以託天下,于從而授之〔九三五〕。時無舜、禹之有可傳,而啓可傳,則從而授之啓,是聖人之意矣。戰國之士不知乎此,乃謂禹不勝其私而傳子,知啓之不足以任天下而私意勝,陽以天下授益,而盡以啓人爲吏,禹崩,啓連黨而攻益取之〔九三六〕。此鹿毛壽等爲蘇代設辭以喻子噲,使異之子之者〔九三七〕。韓子外儲亦有,此潘壽説〔九三八〕。故子車曰:禹崩,益避啓于箕陰,而益佐帝之日淺,澤未洽於天下,天下之人不歸益而歸啓矣〔九三九〕。益暨禹同事唐虞,而同功于水,佐帝之日不爲淺矣,功施於人者不爲不久矣,且啓之德固無以尚於益,而謂天下不歸益而歸啓,其然乎?符子云:禹遜天下於奇子,奇子曰:“君之佐舜,勞矣。鑿山川,通河、濟〔九四〇〕,首無髮,股無毛,故舜也以勞報子。我生而逸,不能爲子之勞矣!”乃從去之。而墨子云:“禹舉益於陰方之中,授之以政而九州成〔九四一〕。”夫益雖壽年亦有〔九四二〕,禹死矣,無從避啓。辨見發揮。

六經之存,聖人固不以纖芥疑後世也〔九四三〕。堯授終,舜授

命〔九四四〕，一于文祖，一于神宗；而禹之末無是舉也。堯曰“汝
陟帝”，舜曰“汝陟后”，而益之初無是語也〔九四五〕。禹之傳，蓋
天下之不復昔也〔九四六〕。王充問孔云：書言“無若丹朱傲，惟慢游是好”，此
帝舜勑禹無與不肖子也〔九四七〕。舜重天命，恐禹私其子，故引丹朱以勑戒之〔九四八〕。
禹曰：“予娶若時，辛壬癸甲〔九四九〕。啓呱呱而泣，予弗子。”此陳已行之事以推來，見
己之不私不肖子也。夫若是，則舜逆禹之將傳子，故誌之，而禹之卒傳子也〔九五〇〕。
有是哉？“毋若丹朱”，乃禹之語，誠舜語〔九五一〕。始堯爲世，使民心親，民
有爲其親殺其殺，而民不非也〔九五二〕。舜之爲世，使民心競，故
子生三月而言，不至于孩而時誰，而人始夭也〔九五三〕。及禹治天
下，使人心變，人有心而兵有順，殺盜非殺，而人自爲釋
矣〔九五四〕。蓋三聖之季，功美漸去而其世且然尒〔九五五〕。禹初嘗
以天下巽于奇子、伯益，奇子、伯益辭焉，而死矣。啓可傳而傳
之，顧可以私召亂名啓爭哉〔九五六〕？

　　子不可傳，乃蔽於親愛之私而必傳；子可傳，或貪於巽禪之
名而不傳：均非天下之公行也。方帝之授禹也，柏成子皐擿語
禹曰：堯舜之治天下，舉天下傳它人，至無欲也；擇賢而與之其
位，至公也〔九五七〕。以至公、至無欲之行示天下，是以不賞而勸，
不罰而畏。今君賞罰而民欲且多，百姓知之，德自此衰，貪争之
端自此始矣〔九五八〕。然則啓之傳，禹顧任其私哉？承百代之流
而會其變，不得而不然也。子可傳而傳，不失於公；人不可傳而
必傳，不免於私。聖人者，知可不可傳而已，又何計夫私若公
哉〔九五九〕？後有天下，未之思尒〔九六〇〕。子孫雖不肖，猶以必傳
爲□也，且人心、天命既已俱去，而且展轉惴息而不肯瞑，苟不
以禍敗奪則不止，顧不謂大哀乎〔九六一〕？

　　孔子曰：“巍巍乎〔九六二〕！舜、禹之有天下，而不與焉！”匹
夫而有天下，真可謂大異事矣。然以道觀之，舜自舜，禹自禹，
天下自天下，果何與？天予賢則予賢，天予子則予子，吾固因天

而已〔九六三〕。予賢,予子,子車顧知之矣〔九六四〕。避啓之言,殆爲辨士設也〔九六五〕。

【校注】

〔一〕齊鎛作珇:鎛(bó),青銅製打擊樂器。形似鐘而口緣平,單獨懸挂,以槌叩之而鳴。諸本"作"均作"仕",乃"作"字俗體,今訂作"作"。同樣情況路史書中時見,不煩枚指。　志作俞:志,指金石文字方面之志書。　古書仒:仒,吴本作"命"。　雲臺仐:雲臺,宋陳思寶刻叢編卷一○唐雲臺觀金籙齋頌云:"唐衛包撰并書。字爲古文。……碑以天寶九年四月立。"疑指是碑。嘯堂集古:全稱嘯堂集古録,宋王俅撰。

〔二〕夏,夐,書夏:彦按:疑原文作"夐,夏書夏",今本"夐""夏"二字誤倒。

〔三〕隸省作夏,後用之:省,喬本、洪本、四庫本作"肖",吴本作"㝯",備要本作"肖",今訂作"省"。後,四庫本作"后"。

〔四〕禹廟謚議:不知何時、何人所撰,待考。　禹、桀皆易名:易名,謚號。　追夏始祖與末王而加之:夏始祖,指禹。(夏)末王,指桀。

〔五〕大禹之名,飛在金烏前,懸於玉兔上:此句謂大禹名懸日月。飛,飛升。金烏,借代太陽。古代神話傳説謂太陽中有三足烏,故稱。玉兔,借代月亮。古代神話傳説謂月亮中有白兔,故稱。　大荒咅而必作,億載聞而亦新:大荒,荒遠地區。咅,同"言",謂言及、提及。各本均作"咅"。彦按:咅,説文釋曰:"相與語,唾而不受也。"義不相牟。當是"咅"字形譌,今訂正。作,振作。億載,億年,極言時間之久遠。

〔六〕開元禮:即大唐開元禮。唐開元間起居舍人王仲丘撰。　敢召告于夏王禹:召告,告知。召,通"詔"。四庫本"召"作"昭";吴本"告"譌"敢"。瀆:通"嬻"。褻瀆,輕慢。

〔七〕羅疇老:即北宋右文殿修撰羅畸(字疇老)。　禹成厥功:見書大禹謨序。　湯歸自夏:見書仲虺之誥序。

〔八〕放勳乃徂落:見孟子萬章上。

〔九〕武梁祠像碑:武梁,各本均誤倒作"梁武",今訂正。説詳前紀一初三皇紀初人皇注〔四七〕。

〔一○〕皆謂爲高陽五世孫:洪本、吴本"孫"譌"係"。

〔一一〕汶山廣柔人也：汶山，郡名。廣柔，縣名，治所在今四川理縣桃坪鄉。

〔一二〕子雲：即西漢揚雄（字子雲）。

〔一三〕茂州：各本“州”均作“洲”，當由音譌。今訂正。　汶川縣：吳本“汶”譌“浚”。

〔一四〕婞直敗數：婞直，倔强固執。各本均作“婞直”。彥按：“婞直”不辭，“婞”當“婞”字之譌。楚辭離騷：“曰鯀婞直以亡身兮，終然殀乎羽之野。”蓋即路史所本。今訂正。敗數，破壞禮數。　稱遂共工之過：稱，舉，指行爲、做法。遂，促成，導致。國語周語下：“其在有虞，有崇伯鯀，播其淫心，稱遂共工之過，堯用殛之于羽山。”　廢帝之庸：庸，法度。

〔一五〕見墨子尚賢中。　廢帝之德庸，既乃刑之羽之郊：德庸，功德。刑，同“刑”。吳本、四庫本、備要本譌“刓”。羽，指羽山。

〔一六〕見屈原離騷。

〔一七〕蓋剛而犯上者：自此而下至“後世流傳之過”，節引自東坡全集卷九二評史四十六首之一堯不誅四凶。

〔一八〕若小人也，安能以變四夷哉：史記五帝本紀云：“於是舜歸而言於帝，請流共工於幽陵，以變北狄；放驩兜於崇山，以變南蠻；遷三苗於三危，以變西戎；殛鯀於羽山，以變東夷。”蘇氏此語，即就史記此説而言。

〔一九〕左氏之言：蓋指左傳僖公三十三年所云：“舜之罪也，殛鯀。”

〔二〇〕逮帝禪舜：禪，吳本、備要本作“禪”，同。　得地之道者三公：三公，喬本、四庫本作“王公”，此從洪本、吳本及備要本。　胡爲失論：“失”字，喬本爲墨丁，洪本、吳本、四庫本、備要本並作“尖”，今據呂氏春秋訂“失”。呂氏春秋行論：“堯以天下讓舜，鯀爲諸侯，怒於堯曰：‘得天之道者爲帝，得地之道者爲三公，今我得地之道，而不以我爲三公。’以堯爲失論。”高誘注：“論，猶理也。”

〔二一〕彷徨于野以患：彷徨，猶仿佯，游蕩。患，爲害。呂氏春秋行論作：“仿佯於野以患帝。”

〔二二〕帝乃遏之羽山：遏，禁阻。呂氏春秋行論作：“舜於是殛之於羽山，副之以吳刀。”

〔二三〕鮌竊息壤以亜鴻水，帝怒，命祝融煞之羽郊：鮌，四庫本作"鯀"。下諸"鮌"字同。竊，吳本譌"寢"。息壤，古代傳説中一種能够生長不息的土壤。息，生長。亜，"堙"之古字，堵塞。鴻水，四庫本作"洪水"。帝，此指天帝。煞，通"殺"，四庫本作"殺"。山海經海内經："洪水滔天，鯀竊帝之息壤以堙洪水，不待帝命。帝令祝融殺鯀於羽郊。"

〔二四〕故天問云"永遏羽山"：楚辭天問原文作"永遏在羽山"。 歐文忠云"鮌殛羽山，憝而斃"：見歐陽修鞏縣初見黄河詩。原文爲："衆臣薦鯀，帝曰：'其試之。'九載，功不成，遂殛羽山。憝而斃。" 騒經云"終殀乎羽之野"：騒經，即楚辭離騒。原文作："終然殀乎羽之野。"殀，喬本、備要本作"殁"；洪本作"殀"，當是"殀"字之譌。今據離騒原文訂正。自此"騒經云"而下至"羽山在不其縣南"十八字，不見於吳本及四庫本，當爲脱文。

〔二五〕漢志，羽山在不其縣南：彦按：不其，漢書地理志上實作"祝其"，此蓋誤記。祝其縣治所在今江蘇連雲港市贛榆區。

〔二六〕今海之朐山縣獨居山也：今，吳本、四庫本作"羽山"。海，指海州。朐山縣，治所在今江蘇連雲港市海州區。各本均譌作"羽山縣"。今據下文所引元和志、寰宇記訂正。居，洪本、吳本、四庫本作"屈"，同。同樣情況，下不煩一一指出。後漢書郡國志三東海郡："祝其有羽山。"梁劉昭注引博物記曰："東北獨居山；西南有淵水，即羽泉也。俗謂此山爲懲父山。"

〔二七〕縣西北百二十：今查中華書局 1983 年版元和郡縣圖志卷一一河南道七海州朐山縣，則云："羽山，在縣西北一百里。"

〔二八〕九十：太平寰宇記卷二二海州朐山縣云："羽山，在縣西北九十里。" 臨沂東南百十，高四里，周八里：臨沂，縣名，治所在今山東臨沂市。喬本、洪本、吳本、備要本"沂"譌"沶"，此從四庫本。八里，各本"八"均譌"公"，今訂正。太平寰宇記卷二三沂州臨沂縣云："羽山，在縣東南一百一十里。尚書：'殛鯀于羽山。'……地理志曰：'羽山在東海祝其縣南。'今按山高四里，周迴八里，山之東南與海州朐山縣分界。" 蓬萊南十五：太平寰宇記卷二〇登州蓬萊縣云："羽山，在縣南十五里。尚書云：'殛鯀于羽山。'"

〔二九〕水常清，牛羊不敢飲：水，吳本譌"之"。牛羊，喬本、洪本作"半半"，文不成義。今據餘本訂正。

〔三〇〕是爲羽朏之神：朏，同“淵”。吴本、四庫本作“淵”。

〔三一〕南望禪渚，禹父之所化：望，對著。禪渚，今山海經中山經作“墠渚”。郭璞注：“水中小洲名渚。墠音填。”

〔三二〕陸渾：縣名，治所在今河南嵩縣田湖鎮。

〔三三〕密：密縣。

〔三四〕見左傳昭公七年。

〔三五〕見國語晉語八。

〔三六〕或云玄魚，云能鼈：玄魚，魚名。能鼈，三足鼈。爾雅釋魚：“鼈三足，能。”

〔三七〕見餘論九黄熊化。

〔三八〕寔爲夏郊，三代舉之：寔，國語晉國八作“實”。夏，同“夏”。舉，祭祀。禮記王制：“山川神祇，有不舉者爲不敬。”鄭玄注：“舉，猶祭也。”

〔三九〕骸死三歲不腐，副之以吴刀：骸，吴本、四庫本作“殛”。副（pì），剖分，破開。吴刀，吴地産的利刀。

〔四〇〕寓喑也：喑，同“言”。吴本、四庫本、備要本作“喑”，形近而譌。下“青城記喑”之“喑”同。

〔四一〕納：娶。

〔四二〕傳作有嫠、女娸：康熙字典女部嫠：“有嫠，國名。鯀妃，有嫠氏女，生禹，名女志，一名修己。”又玉篇女部娸：“有莘之女，鯀娶之，謂之女娸。”

〔四三〕故記多作女嬉：如吴越春秋越王無余外傳：“鯀娶於有莘氏之女，名曰女嬉。”

〔四四〕脩己：四庫本作“修己”。

〔四五〕年壯不字，獲若石于石紐：字，懷孕，生育。若石，謂其質地若石之物，即下羅氏注文所謂石似薏苡者。各本“石”均譌“后”，今據古微書卷三引路史訂正。石紐，地名。在今四川汶川縣威州鎮。吴本“紐”譌“組”。竹書紀年卷上帝禹夏后氏，梁沈約注：“母曰修己，出行，見流星貫昴，夢接意感，既而吞神珠。修己背剖，而生禹于石紐。”

〔四六〕見三國志蜀志秦宓傳。　秦宓：三國蜀漢謀臣，官至大司農。

〔四七〕乃今茂之汶川縣石紐山也，在西蕃界龍冢山之原：茂，州名。汶川縣,吳本"川"譌"山"。西蕃,吐蕃的別稱,指今西藏地區。吳本"蕃"譌"蕊"。原,高平之地。

〔四八〕青城記:前蜀道士杜光庭撰。

〔四九〕越春秋云,女嬉於砥山得薏苡:見吳越春秋越王無余外傳。越春秋,洪本"春"作"旾",同。同樣情況,以下不煩一一指出。砥山,吳本、四庫本作"岷山",備要本及今本吳越春秋作"砥山","砥"同"砥"。彥按:下文羅苹注引青城記云:"禹生於石紐,起於龍冢。龍冢,江源岷山也。"此處似以作"岷山"爲是。

〔五〇〕蓋石似薏,流星之爲:似,四庫本作"苡",誤。薏,薏苡。爲,通"謂"。

〔五一〕蓋桓玄母馬氏之類:桓玄,東晉權臣,桓楚政權之建立者。晉書桓玄傳:"其母馬氏嘗與同輩夜坐,於月下見流星墜銅盆水中,忽如二寸火珠,冏然明净。競以瓢接取,馬氏得而吞之,若有感,遂有娠。及生玄,有光照室,占者奇之,故小名靈寶。"

〔五二〕脩紀:洪本、吳本、四庫本"脩"作"修"。

〔五三〕感生戎地:感,各本均作"成"。彥按:"成生"費解。古微書卷三引尚書帝命驗注,作"感生",當是。今據以訂正。

〔五四〕脩紀夢接:接,交接,性交。

〔五五〕命使:謂承受使命。

〔五六〕修己:四庫本"修"作"脩"。

〔五七〕服媚之:以喜愛而服食之。

〔五八〕莫:"暮"之古字。

〔五九〕游堘山廟詩:即上巳日與二子迨過游堘山荆山記所見詩。

〔六〇〕屠膼:剖裂。

〔六一〕蜀本紀:即蜀王本紀,漢揚雄撰。

〔六二〕拆副:裂開。拆,同"坼"。

〔六三〕禹生發於背,契生發於智:見春秋繁露三代改制質文。 屈原云"勤子屠母":吳本、四庫本如此,喬本、洪本、備要本"勤子屠母"下復重出"勤子屠母"四字,當爲衍文,今從前者。楚辭天問:"何勤子屠母,而死分竟地?"

王逸注:"勤,勞也。屠,裂剥也。言禹膈剥母背而生,其母之身分散竟地,何以能有聖德,憂勞天下乎?"

〔六四〕僰道:古縣名。地在今四川宜賓縣境。洪本、吳本、四庫本"僰"作"僰",同。

〔六五〕見史記六國年表"故禹興於西羌"裴駰集解引皇甫謐曰。

〔六六〕華陽志、郡國志:生於石紐村:華陽志,即晉常璩華陽國志。喬本、洪本"華"譌"菫",今據餘諸本訂正。郡國志,彦按:當作郡國志注。後漢書郡國志五蜀郡廣柔縣劉昭注引帝王世(記)〔紀〕曰:"禹生石紐。"

〔六七〕任豫:晉代人,餘不詳。　廣柔之石紐村者,今其地名刳兒坪:廣柔,各本均作"廣平"。彦按:廣平地在今河北雞澤縣,距禹生地石紐絶遠。"平"當"柔"之譌字。後漢書郡國志五蜀郡廣柔縣,劉昭注云"縣有石紐邑",是也。今訂正。石紐村,各本"村"均譌"林",今並訂正。明陳耀文天中記卷一六村引元和郡縣志云:"禹,汶山廣柔人,生於石紐村。其地名刳兒坪。"其說正與此符。

〔六八〕蜀本記:即蜀本紀,見上注〔六一〕。太平御覽卷八二引揚雄蜀王本紀曰:"禹本(没)〔汶〕山廣柔縣人,生於石紐,其地名痢兒畔。"

〔六九〕夷人共營其地,方百里不敢處及畜牧:營,環繞,圍繞。處,居住。畜牧,放養牲畜。

〔七〇〕有罪者逃之:洪本、吳本"逃"作"迯",同。　三年則原之:原,原諒,寬恕。

〔七一〕亦猶窮山不敢西,畏軒轅之丘也:彦按:"西"當作"西射"。山海經海外西經:"軒轅之國在(此)窮山之際,……窮山在其北,不敢西射,畏軒轅之丘。"郭璞注:"言敬畏黄帝威靈,故不敢向西而射也。"

〔七二〕紐爲秦州地名:紐,指石紐。秦州,州名,治所在今甘肅天水市秦州區。　隨巢誓禹生碣石之東:誓,同"言"。喬本、洪本、備要本譌"音",吳本、四庫本譌"誓",今訂正。

〔七三〕禹生在縣未出用之前十數載:喬本、洪本"在"譌"杜",今訂正。則其在僰道矣:吳本"僰"作"僰"。

〔七四〕西羌:古稱今甘肅、青海兩省黄河以西,即河西走廊與湟水流域羌人聚居地區。　西夷:古代指我國西部地區的部族。藝文類聚卷一一引帝王世紀曰:"(伯禹)長於西羌,西羌夷人也。"

〔七五〕江源:縣名,治所在今四川松潘縣安宏鄉。

〔七六〕有禹廟塡許山上,廟平八十畝:塡,通"鎮"。許,此。平,謂平地。

〔七七〕給千口:給(jǐ),供給。

〔七八〕禹所遺弓:吳本、四庫本無此四字。所遺弓,婉稱死的地方。史記封禪書載,黃帝騎龍昇天之時,"墮黃帝之弓"。後世遂以"遺弓"爲帝王死亡之委婉語。

〔七九〕身長九尺有只,虎鼻河目,駢齒鳥喙,耳三扁:有,通"又"。只,通"咫",八寸。虎,同"虎"。鳥喙,喬本"喙"作"啄",義同而疑非原文,此從餘諸本。耳,喬本、洪本譌"臣",今據餘本訂正。扁,"漏"之古字,孔穴。

〔八〇〕耳參鏤:參鏤,三孔。參,通"三"。鏤,通"漏"。洪本譌"鏉"。

〔八一〕竹書紀年卷上帝禹夏后氏,沈約注:"長九尺九寸。"

〔八二〕戴成鈐,裦玉斗:戴,四庫本譌"載"。鈐(qián),鉤鈐,星座名,屬房宿輔官,共兩星。裦,"懷"之古字。洪本、吳本、四庫本譌"襄"。玉斗,北斗星之美稱。

〔八三〕代:古地區名。指今河北西北部、山西中部與北部一帶地區。

〔八四〕禹脣有墨如北斗:吳本"脣"譌"肑"。四庫本"斗"譌"牛"。

〔八五〕鄭謂懷旋璣玉衡之道:旋璣玉衡,北斗七星之美稱,喻指帝王。晉書天文志上:"北斗七星在太微北,……魁四星爲琁璣,杓三星爲玉衡。……斗爲人君之象,號令之主也。"旋,通"璇"。吳本、四庫本作"璇"。

〔八六〕玉骭履"己":玉骭(gàn),足之美稱。骭,脚。吳本"玉"譌"庄"。太平御覽卷三七二引帝王世紀曰:"大禹右足文履‘己'字。"又卷八二引雒書靈准聽:"有人大口,耳參漏,足履‘己'。"注:"戊己,土之日,故當平水土,故以爲名也。"彥按:己,天干的第六位,於五行屬土。

〔八七〕脣有玉斗,首戴鉤鈐,虎慄大口,足文履"己":各本"脣有玉斗"作"鈐脣有玉斗",當衍"鈐"字;"首戴鉤鈐"作"首戴鈐",當脫"鉤"字:今爲删補。慄,"鼻"之譌字。藝文類聚卷一一引帝王世紀,作:"虎鼻大口,兩耳參漏,首戴鉤鈐,胸有玉斗,足文履‘己'。"

〔八八〕足肵,疾行先左,隨以右:見春秋繁露三代改制質文。肵,通“踦”,
脚跛。各本均譌“昕”,今訂正。尚書大傳卷七:“禹其跳,……其跳者,踦也。”
鄭玄注:“踦,步足不能相過也。”

〔八九〕聲爲律,身爲度,稱以出:自此而下至“其仁可親”,見史記夏本紀,
語序不盡相同。亦見於孔子家語五帝德及大戴禮記五帝德,文字稍有出入。
黃懷信大戴禮記集注云:“聲爲律,以人聲定律吕也。身爲度,以人身之不同部
位與動作爲法度,如寸、尺、仞、尋、步之類。稱,相稱,相合。稱以出,言與聲、
身相合乃出爲律、度也。”

〔九〇〕則權衡亦自身出:索隱原文作“則權衡亦出於其身”。

〔九一〕蓋稱量而出之,用權之道:稱量,權衡,斟酌。權,謂權變。

〔九二〕如巽卦,以巽行權:洪本作“如罪拜以行行權”,吴本作“如巽井以
行權”,俱誤。喬本、備要本“巽卦”之“巽”作“罪”,乃俗體之譌,今訂正。四庫
本“以巽”之“巽”作“㢸”,同。周易繫辭下:“巽以行權。”高亨今注:“巽是退
讓。常用之道爲經,一時之計爲權。退讓者稱而隱,乃行其一時之計也。故
曰:‘巽以行權。’”　而云“巽,稱而隱”:見周易繫辭下。高亨今注:“巽是退
讓。而猶且也。君子退讓,有所稱述,又有所隱諱,不敢處處直言,所以避免招
禍也。”“巽”字,四庫本外諸本均作“罪”,此從四庫本。

〔九三〕其次,爲天秤:其次,猶此外。爲,通“謂”。天秤,即天平。

〔九四〕亹亹穆穆,爲綱爲紀:亹亹穆穆,勤勉莊敬。亹,音 wěi。大戴禮記
五帝德王聘珍解詁:“亹亹,勉也。穆穆,敬也。”爲綱爲紀,備要本脫前一“爲”
字。綱紀,綱常,法度。

〔九五〕家語,支子云每,子云:“爲綱爲紀”:支子云每,不可解,蓋譌文。
彦按:孔子家語五帝德云:“宰我曰:‘請問禹。’孔子曰:‘高陽之孫,鯀之子也,
曰夏后。……亹亹穆穆,爲紀爲綱。’”宰我即宰予,疑“支子云每”爲“宰予問
禹”之譌。

〔九六〕敏給克勤,其德不違:敏給,敏捷。克,能。違,通“回”,邪。大戴
禮記五帝德作“敏給克濟,其德不回”,孔子家語五帝德作“敏給克齊,其德不
爽”。

〔九七〕作“贄”:吴本、四庫本“贄”作“摯”,與正文同,當誤。

〔九八〕一作"默"：吳本、四庫本無此三字。

〔九九〕百成子高：即伯成子高。事迹散見於莊子天地、列子楊朱、吕氏春秋長利、淮南子氾論、新序節士、論衡逢遇等書篇。洪本"百"作"栢"，蓋"栢"字之譌。吳本、備要本作"桓"，則當由洪本進一步譌變而來。

〔一〇〇〕見新序雜事五。

〔一〇一〕白虎通義曰"國先生"：見白虎通義辟雍。

〔一〇二〕寔懋聖德：寔，吳本、四庫本作"實"。懋，盛大美好。

〔一〇三〕夢自湔於河：湔(jiān)，洗滌。河，各本均作"河西"。彦按："西"字不當有，蓋因與下"四"字形近而誤衍。今删去。太平御覽卷八二引帝王世紀，作"夢自洗於河"。

〔一〇四〕世紀：吳本、四庫本無此二字。

〔一〇五〕拜治水土：拜，授以官爵。

〔一〇六〕舜升大禹石夷之野：升，提拔。吳本、四庫本作"生"，蓋由音譌。進詣王庭：喬本、洪本"進"字爲墨丁，此據餘諸本訂補。

〔一〇七〕荀仲豫：即東漢史學家荀悦(字仲豫)。

〔一〇八〕攝時蓋年十四，後代守中多矣：攝，謂攝政。吳本作"捋"，即"攝"字省文。守，秦代郡長官名，借指州、府地方長官。

〔一〇九〕建武：東漢光武帝劉秀年號。後漢書光武帝紀："(建武)二十七年夏四月戊午，大司徒玉況薨。五月丁丑，詔曰：'昔契作司徒，禹作司空，皆無"大"名，其令二府去"大"。'"

〔一一〇〕握括命：謂手握括地象之瑞命。括，指括地象，緯書河圖緯之一種。太平御覽卷八二引帝王世紀曰："伯禹……觀於河，始受圖括地象也。圖言治水之意。"又引尚書中候："伯禹……握括命，不試爵，授司空。"注曰："禹握括地象，天已命之，故不復試以衆官。"

〔一一一〕書中候云：伯禹在庶，師舉薦之帝堯：書中候，備要本如此，是，今從之。餘諸本"候"譌"侯"。在庶，謂爲庶民時。師，衆。

〔一一二〕伯禹啓，首遜于益、歸：自此而下至"此汝真其人"，吳本、四庫本無。啓，啓奏，稟告。歸，即夔。太平御覽卷八二引尚書中候，作："伯禹稽首，讓于益、歸。"注："歸，讀曰夔也。"

〔一一三〕何斯？若真。出尒命圖，示乃天：何斯，何以如此。若真，謂汝正其人。若，汝。命圖，瑞命之圖，指括地象。"圖"字原脱，今據御覽補出。示，各本均譌"亦"字，今據御覽訂正。御覽卷八二引尚書中候，附注曰："何，不聽讓之辭。斯，此也。若，汝也。此汝真其人。"又曰："示，讀曰'祇'；祇，是也。乃天使汝治水，非我也。"彦按：據注，則當讀："何？斯若真。"然"斯若真"極牽强，今不從。

〔一一四〕握括地象，天以命之："握括地象"四字，喬本爲墨條，洪本現鑱迹，備要本爲空白，今據太平御覽卷八二引尚書中候訂補。以，通"已"，御覽引書中候作"已"。

〔一一五〕周之冬卿，行導水之事：冬卿，即冬官。周代六卿之一，主管百工事務。"導水之事"四字，喬本爲墨條，洪本現鑱迹，備要本爲空白，今據太平御覽卷八二引尚書中候訂補。

〔一一六〕遜，讓：喬本作"■遜"，洪本墨丁處現鑱迹，備要本墨丁處爲空白。彦按：闕文當爲"讓"字，而"讓遜"又爲"遜讓"倒文，以此釋上"首遜于益、歸"之"遜"字也。今訂正。

〔一一七〕暨虞余度：喬本、洪本此四字前後均有闕文若干，版面已鑱，字不可考。洪本"暨"字上有一注文"空"字，"空"前"度"後成行字迹亦鑱。備要本作"暨暨虞余度"，前後亦呈空白。吴本、四庫本則前後文字相接，已不見闕文痕迹。

〔一一八〕人徒以傅土：人徒，服徭役的人。傅，通"付"，託付。彦按："人徒"上一字闕文當爲"興"字。史記夏本紀："禹乃遂與益、后稷奉帝命，命諸侯、百姓興人徒以傅土，行山表木。"司馬貞索隱："尚書作'敷土隨山刊木'。今案：大戴禮作'傅土'，故此紀依之。傅即付也，謂付功屬役之事。若尚書作'敷'，敷，分也，謂令人分布理九州之土地也。"

〔一一九〕言略分布之：洪本"言"字闕文，吴本、四庫本則脱。

〔一二〇〕傅荀作"溥"：傅，各本均作"即"。彦按："即"當作"傅"，文理方順，蓋涉下"即云"之"即"而譌，今訂正。荀子成相："禹溥土，平天下，躬親爲民行勞苦。"

〔一二一〕即云"敷治"：即，連詞，若。

〔一二二〕悼前人之非度,乃勞身焦思,輕尺璧而憐寸陰,志勤天下:悼,傷感,哀傷。非度,違反法度。焦思,焦苦思慮。憐,愛惜。陰,光陰。勤,謂盡心盡力。史記夏本紀:"禹傷先人父鯀功之不成受誅,乃勞身焦思,居外十三年,過家門不敢入。"淮南子原道:"故聖人不貴尺之璧,而重寸之陰,時難得而易失也。禹之趨時也,履遺而弗取,冠挂而弗顧,非爭其先也,而爭其得時也。"

〔一二三〕左準繩,右規矩:並見於孔子家語五帝德、史記夏本紀、大戴禮記五帝德。準,測平面的水準器;繩,量直度的墨綫;規,畫圓的工具;矩,校正方形的工具。此以四者比喻準則、法度。黃懷信大戴禮記彙校集注:"左準繩右規矩,言一切都有標準。"　纚長風,沐甚雨:纚,通"灑",(風)吹颭。長風,大風。甚雨,驟雨,大雨。莊子天下:"昔者禹之湮洪水,決江河而通四夷九州也,……親自操橐耜而九雜天下之川,腓无胈,脛无毛,沐甚雨,櫛疾風,置萬國。"　攝從三子:攝,佐理,輔助。從,謂在後面跟著。

〔一二四〕稷、契、益:吳本、四庫本無此三字注文。

〔一二五〕履四時:謂順應四時而行。履,踐行。孔子家語五帝德"履四時"王肅注:"所行不違四時之宜。"　乘四載:書益稷載禹曰:"予乘四載,隨山刊木。"孔氏傳:"所載者四,謂水乘舟,陸乘車,泥乘輴,山乘樏。"輴(chūn),古代用於泥濘路上行走的交通工具,亦稱爲橇。元王禎農書卷一五:"橇,泥行具也。……嘗聞向時河水退灘淤地,農人欲就泥裂漫撒麥種,奈泥深恐没,故製木板以爲履,前頭及兩邊高起如箕,中綴毛繩,前後繫足底。板既濶,則舉步不陷,今海陵人泥行及刈過葦泊中皆用之。"樏(léi),古代用於登山的交通工具,蓋如後世之肩輿。

〔一二六〕書注、説文、淮南注皆以舟、車獨充:彦按:四載,尚書益稷孔氏傳以爲舟、車、輴、樏,説文木部檋以爲舟、車、欙、輴,淮南子脩務篇高誘注則以爲舟、車、蔂、蕝。　尸子塗以楯,險以撮,山樏,沙軌:塗,泥巴路。楯,通"輴"。撮,通"橇",音zuī。吳本、四庫本、備要本作"撞",非。軌,吳本譌"軏"。本書國名紀七雜國下跋語云"沙用鳩",則作"鳩",蓋皆通"𨋬"(參見彼處注〔二二七〕)。楯、撮、樏、軌四者,爲古代適用於不同路況之交通工具。

〔一二七〕行山表木:巡視山岳,立木以爲標誌。史記夏本紀:"禹乃遂與益、后稷奉帝命,……行山表木,定高山大川。"　斬高喬下:謂鏟低高地,填高洼地。喬,高。

〔一二八〕管形勢:各本"形"皆譌"刑",今訂正。　禹斬高橋下,以致民利:禹,洪本、吳本譌"高"。橋,通"喬"。吳本、四庫本作"喬"。利,各本均作"力",當由音譌。今據管子訂正。管子形勢解文作:"禹身决瀆,斬高橋下,以致民利。"

〔一二九〕如大山定而山之西爲兖,大河定而河之南爲豫:大山,泰山。大,音tài。兖,兖州。大河,即黄河。豫,豫州。

〔一三〇〕孔云岳瀆差秩:差秩,等級次序。差,音cī。秩,喬本譌"秋",洪本譌"秩",今據餘本訂正。書禹貢"奠高山大川"孔氏傳:"高山,五岳。大川,四瀆。定其差秩,祀禮所視。"

〔一三一〕疏停道滯,鍾水豐物:停,指積水。道,通"導",疏通。豐,洪本、吳本作"豊"。國語周語下:"其後伯禹念前之非度,……共之從孫四嶽佐之,高高下下,疏川導滯,鍾水豐物。"韋昭注:"鍾,聚也。畜水潦,所以豐殖百物。"　身畚茿以爲人先:畚茿,泛稱竹筐、草筐之類盛土器。畚,"畚"字俗體。茿,通"筊"。韓非子五蠹:"禹之王天下也,身執耒臿,以爲民先。"又太平御覽卷八二、卷七六四、卷七六五引淮南子,並曰:"禹身執畚鍤,以爲民先。"

〔一三二〕禹功記:佚書,作者不詳。　禹治水,其功暨成,令江、河、淮、海之神曰:暨,已。令,各本均譌"今",今據唐馮贄雲仙雜記卷八魚鼈隨世安危引禹功記訂正。　自是之後,年必小减其物,遞增其價,以食晚末之民:必,喬本、洪本譌"心",今據餘本訂正。食,養。晚末,末世,後代。

〔一三三〕沛:亦作"濟",古水名。原發源於今河南濟源市王屋山,東流至山東東北部入海。歷代屢經變遷,今已不可詳考。

〔一三四〕濁河所被,冀、兖重而雕輕:冀,冀州。指今山西和陝西間黄河以東、河南和山西間黄河以北及山東西部、河北東南部地。兖,兖州。指自今河南武陟縣東北流至今山東利津縣南入海之古濟水,與自今武陟縣東北流至今河北滄縣東北入海之古黄河之間地區。雕,雕州,即雍州。指今陝西、甘肅二省和青海東部地區。　沛之所被,則徐輕而兖、青、冀重:徐,徐州。指今黄海、泰山及淮河之間地區。青,青州。指今渤海至泰山間之山東北部地區。"重"字,喬本、洪本所無,當爲脱文,今從餘本補。

〔一三五〕發迹壺口,治梁及岐:發迹,起程,出發。壺口,地名。在今山西吉縣西南黃河畔。梁,梁山。即今山西呂梁市離石區東北之呂梁山。岐,岐山。在今山西孝義市西。書禹貢:“既載壺口,治梁及岐。”

〔一三六〕禹時龍門未闢,呂梁未鑿,河出孟門之上,大溢逆流,無有丘陵高阜滅之,曰洪水:龍門,又稱禹門口,在今山西河津市與陝西韓城市之間,爲黃河巨阨。呂梁,即上文“治梁及岐”之梁山。孟門,在龍門北,今山西柳林縣與陝西吳堡縣之間,亦黃河巨阨。呂氏春秋愛類文作:“昔上古龍門未開,呂梁未發,河出孟門,大溢逆流,無有丘陵沃衍、平原高阜,盡皆滅之,名曰鴻水。”淮南子本經亦載其事,而詳略不同。

〔一三七〕禹通之,爲孟門水:四庫本“通”作“道”。彦按:孟門水,“水”字不當有。今考太平寰宇記卷四八慈州文城縣,有“孟門山,俗名石槽,在縣西南三十六里。淮南子云:‘龍門未闢,呂梁未鑿,河出孟門之上,大溢逆流,無有丘陵高阜,名曰洪水。大禹疏通,謂之孟門。’水經注”云云(元和郡縣圖志卷一二河東道一慈州文城縣所載大同),頗疑羅氏之注本此,而刄遽間誤連“水經注”之“水”字于“孟門”也。

〔一三八〕呂梁在離石北以東可三百餘里,今石之定胡:見太平寰宇記卷四二石州定胡縣。離石,即今山西呂梁市離石區。三百餘里,今本寰宇記作“三十餘里”,王文楚等校勘記:“‘十’,永樂大典卷五二〇二引本書作‘百’。水經河水注作‘可二百有餘里’。此里數當誤。”定胡,縣名,治所在今山西柳林縣孟門鎮。

〔一三九〕差遠:差,略,稍微。墊溺:沉溺,淹入水中。

〔一四〇〕所謂“既載壺口”,猶俶載也:既載壺口,書禹貢語。詩小雅大田:“俶載南畝。”朱熹集傳:“俶,始也。載,事也。……取其利耜,而始有事于南畝。”

〔一四一〕南至于華陰,東至底柱:華陰,華山之北,山在今陝西華陰市南。底柱,也作砥柱,山名。在今河南三門峽市陝州區東北黃河中。書禹貢:“南至于華陰,東至于底柱。”

〔一四二〕斲孟津,梳三門,以奠西河:斲,同“鑿”。孟津,指孟門。梳,疏導,疏通。三門,即砥柱山在黃河中之北端隘口。唐趙冬曦三門賦并序:“砥柱山之六峯者皆生河之中流,蓋夏后之所開鑿。其最北有兩柱相對,距崖而立,即所謂三門也。”奠,定。西河,古代稱黃河自今潼關以上由北向南流的一段。因這段黃河在夏、商及周代山東諸國都城之西,故稱。

〔一四三〕既修大原,至於岳陽,覃懷底績:見書禹貢,“大原”作“太原”,路史吳本、四庫本同。周秉鈞尚書易解云:“修,治也。太原,今山西太原一帶,汾水上游。岳陽,水經汾水注云:‘禹貢所謂岳陽,即霍太山。’霍太山,即太岳山,在今山西霍縣東。太岳山,汾水所經之地。此謂治汾水,使之順流入河。”又云:“覃懷,地名,今河南武陟、沁陽一帶。厎,致也。厎績,獲致功績。”彥按:霍縣,今稱霍州市。

〔一四四〕孟門既開,二地出於水:二地,據下文“漢志以爲”、“蘇軾以爲”云云,當指梁、岐。出於水,謂脫離水患。

〔一四五〕蘇軾以爲河患上及之:蘇軾書傳卷五夏書禹貢“冀州:既載壺口,治梁及岐”傳云:“壺口在河東屈縣東南,梁山在左馮翊夏陽縣西北,岐山在扶風美陽縣西北。梁、岐二山在雍州,今於冀州言之者,豈當時河患上及梁、岐乎?禹通砥柱,則壺口平而梁、岐自治;因河而言,非以二山爲冀州之地也。”

〔一四六〕見水經注卷四河水,原文爲:“砥柱,山名也。昔禹治洪水,山陵當水者鑿之,故破山以通河。河水分流,包山而過,山見水中若柱然,故曰砥柱也。三穿既決,水流疏分,指狀表目,亦謂之三門矣。”

〔一四七〕今在陝:陝,縣名。即今河南三門峽市陝州區。　一曰闕流:吳本“闕”作“閗”,蓋爲俗體。

〔一四八〕地記“河水東流,貫柱觸於流”者,在南河:地記,疑當作地説。柱,指砥柱山。於流,即闕流。吳本、四庫本“於”作“于”非。南河,古代稱黃河自今潼關以下由西向東流的一段。水經注卷四河水:“鄭玄按地説,河水東流,貫砥柱,觸闕流,今世所謂砥柱者,蓋乃闕流也。砥柱當在西河,未詳也。余按:鄭玄所説非是,西河當無山以擬之。”

〔一四九〕水峻害舟,一十九灘,勢三陿,所言“龍門下駃如竹箭”者:峻,急迫,湍急。陿,狹窄。駃,“快”之後起本字,迅疾。字彙馬部:“駃,音快。尸子:‘黃河龍門駃流如竹箭。’”又太平御覽卷四〇引慎子曰:“河之下龍門,其流駃如竹箭,駟馬追走弗能及。”水經注卷四河水:“(砥柱)其山雖闕,尚梗湍流。激石雲洄,漰波怒溢,合有十九灘;水流迅急,勢同三峽。破害舟船,自古所患。”

〔一五〇〕鴻嘉中,楊焉言底柱淤遠,成帝使鑴,没水,鑿之不能去,水益怒,至今:鴻嘉,漢成帝劉鶩年號。楊焉,漢成帝時丞相史。淤遠,謂因堵塞造成路程迂遠。成帝使,洪本作“成帝使帝使”,衍“帝使”二字;喬本“成帝”下有兩字長墨條,應是衍文剷刮之迹;備要本“成帝”下空出兩字之位,則是不明喬本之意,誤以墨條爲闕文。怒,謂氣勢强盛。漢書溝洫志:“鴻嘉四年,楊焉言:‘從河上下,患底柱隘,可鑴廣之。’上從其言,使焉鑴之。鑴之裁没水中,不能去,而令水益湍怒,爲害甚於故。”

〔一五一〕故妄者遂謂巨靈分山,遂有二華之説:妄者,喬本、洪本作“妄妄者”,衍一“妄”字,今從餘本刪去。二華,指太華山(即華山)、少華山。二山俱在今陝西華陰市境,太華在東,少華在西。搜神記卷一三:“二華之山,本一山也。當河,河水過之而曲行。河神巨靈,以手擘開其上,以足蹈離其下,中分爲兩,以利河流。”

〔一五二〕斯二渠:斯,分開。

〔一五三〕史云:四庫本作“史記”。 斯留二渠,而北載之高地:留,通“流”。載,處,置。史記河渠書:“於是禹以爲河所從來者高,水湍悍,難以行平地,數爲敗,乃厮二渠以引其河,北載之高地。”

〔一五四〕貝丘:在今山東博興縣南。

〔一五五〕舊謂今河與北瀆:與,猶爲。北瀆,古稱西漢時黄河自今河南濮陽市以下之故道。

〔一五六〕漯川,王莽所塞:彥按:此注有誤。漯川宜作北瀆,“所”字當作“時”。史記河渠書“乃厮二渠以引其河”司馬貞索隱云:“二渠,其一即漯川,其二王莽時遂空也。”水經注卷五河水亦曰:“一則漯川,今所流也。一則北瀆,王莽時空,故世俗名是瀆爲王莽河也。”是王莽時滯塞無水者,乃北瀆,非漯川,亦非莽所塞也。順及,南宋汪夢斗有貝丘道中看王莽所塞黄河舊迹詩,詩云:“從來四瀆各入海,底事黄河今亂淮? 新莽智欲出神禹,坐令四瀆名實乖。”(見北遊集卷上)以北瀆之塞乃王莽有意爲之,亦非。

〔一五七〕故林之奇非太史公易禹北山川,言水行地中,禹無載之高地事:

林之奇,宋代學者,撰有尚書全解、拙齋文集等著作。“奇”字喬本爲墨丁,洪本爲闕文,備要本譌“説”,今訂正。吳本、四庫本無“故林之奇非”五字,當爲脱文。易,改變。林氏尚書全解卷一〇云:“太史公河渠書曰:‘導河自積石歷龍門,南到華陰,東下底柱,自盟津、洛汭至于大伾。於是禹以河所從來者高,水湍悍,難以行平地,數爲敗,乃釃二渠引其河。北載之高地,過降水,至于大陸。’此説不然。據經但言‘東過洛汭,至于大伾;北過降水,至于大陸’,初未嘗有二渠之説。況禹之治水,欲使水由地中行,自高而決之於下流者也,今乃謂‘載之高’,無此理也。”

〔一五八〕過洚水,至大陸,敷爲九河,合爲逆河以入海:見書禹貢、史記夏本紀及河渠書,文字略有不同。洚水,古水名,爲濁漳水之上游,源出今山西屯留縣,東流入漳水以注入古黃河。尚書、史記作降水,同。大陸,古澤藪名。在今河北任縣、巨鹿、隆堯三縣之間。敷,同“播”,分散。尚書、史記作“播”。合,匯合。尚書、史記作“同”,漢鄭玄釋爲“合”,宋程大昌釋爲“一(一樣)”。顧頡剛、劉起釪贊同後説。逆河,古稱河流臨近海口的河段。因海水漲潮時鹹水倒灌入之,故稱。説詳顧頡剛、劉起釪尚書校釋譯論。海,史記河渠書作“勃海”。

〔一五九〕大名縣:縣名,今屬河北省。

〔一六〇〕王平仲:王莽時大司空掾王橫(字平仲)。　西南河間,涇渭漆沮,伊洛瀍澗,衆流輻湊,昏墊常先:涇、渭、漆、沮、伊、洛、瀍、澗,皆水名。其中,涇、漆、沮爲渭之支流,伊、瀍、澗爲洛之支流(六水主流皆在陝西境内),而渭、洛又皆流入黃河。昏墊,陷溺,常指水患。

〔一六一〕逆設:預先規劃、建設。

〔一六二〕民舍:洪本“舍”作“舍”。

〔一六三〕周譜:周王室的譜録。

〔一六四〕今禹穿:彥按:漢書溝洫志曰:“周譜云定王五年河徙,則今所行非禹之所穿也。”疑即羅氏注文所本。此當有脱文。

〔一六五〕積石:指積石山。

〔一六六〕三千里:備要本“三千”譌“三十”。

〔一六七〕其功之所施,見下石簀説:石簀,石匣子。簀,通“匱”。各本均作“曹”。彦按:下無所謂之“石曹説”,當“石簣説”之誤,下羅氏注文“昔禹治水,功未就,發石簣,得金簡玉字,以知三河體勢,於是疏導百川,各盡其宜”云云是也。今訂正。

〔一六八〕兖、青、徐爲東偏:兖、青、徐,書禹貢孔疏作“青、徐、揚”,詳見下注。　雍、豫餘流,緣鞏洛而入河:餘流,水流之下游。緣,四庫本作“由”。書禹貢孔疏則曰:“雍、豫之水,從青、徐而入海也。”詳見下注。　揚下於荆,荆下於梁:揚,揚州。包括今江蘇、安徽兩省淮水以南地區,江西、浙江、福建三省全境及粤東一角等地。荆,荆州。大抵包括今湖北省荆山以南地區,湖南全省,南及廣東省境。梁,梁州。大抵包括陝西省華山以南地區,四川全境,以及雲南、貴州之北部。　梁、荆之水,東自揚而入海:備要本“揚”作“楊”。

〔一六九〕又南沉于揚,又西次于荆,以放江淮:沉,謂地勢低。次,謂次沉,此承上而省“沉”字。放,至。彦按:路史此文大抵本書禹貢“冀州”孔穎達疏爲説而偶有不同。孔疏云:“九州之次,以治爲先後。以水性下流,當從下而泄,故治水皆從下爲始。冀州,帝都,於九州近北,故首從冀起。而東南次兖,而東南次青,而南次徐,而南次揚。從揚而西,次荆;從荆而北,次豫;從豫而西,次梁;從梁而北,次雍。雍地最高,故在後也。自兖已下,皆準地之形勢,從下向高,從東向西。青、徐、揚三州並爲東偏,雍州高於豫州,豫州高於青、徐,雍、豫之水,從青、徐而入海也。梁高於荆,荆高於揚,梁、荆之水從揚而入海也。兖州在冀州東南,冀、兖二州之水,各自東北入海也。冀州之水不經兖州,以冀是帝都,河爲大患,故先從冀起,而次治兖。若使冀州之水東入兖州,水無去處,治之無益,雖是帝都,不得先也。”

〔一七〇〕南河,汴也:汴,謂汴渠,即從今河南滎陽一帶黄河分出的蒗蕩渠。

〔一七一〕道元云:道元,指水經注作者酈道元。喬本、洪本“云”譌“玄”,今訂正。　大禹塞滎澤,開汴以通淮、泗:見水經注卷五河水。原文作:“大禹塞滎澤,開之以通淮、泗。即經所謂蒗蕩渠也。”滎澤,古澤名。故址在今河南鄭州市惠濟區古滎鎮北。

〔一七二〕汴説:指本書餘論十汴。

〔一七三〕沂從下邳入泗:沂,沂水,即今山東南部之沂河。下邳,縣名,治所在今江蘇睢寧縣古邳鎮。　　泗至淮陰入淮:洪本、吳本“淮陰”譌“淮陵”。

〔一七四〕東會于泗、沂,入于海:見書禹貢,“入”作“東入”。

〔一七五〕孟子言“排淮、泗注之江”:見孟子滕文公上。

〔一七六〕李翺:唐代文學家,歷官至山南東道節度使。　　高郵:縣名。即今江蘇高郵市。　　乃沂至于江:吳本“于”譌“十”。

〔一七七〕熙寧:宋神宗趙頊年號。　　江、淮已深:洪本、吳本“深”作“㴱”,同。

〔一七八〕果邪:果,吳本譌“㮇”。邪,四庫本作“耶”。

〔一七九〕傳云雝、豫洪流,繇青、徐而入海:傳,指書禹貢“冀州”孔穎達疏。詳見上注〔一六九〕。四庫本“繇”作“由”。此下一節路史正文、注文諸“繇”字同。

〔一八〇〕謂道積石:道,疏導,疏通。

〔一八一〕魏幾道論禹貢:見宋洪邁容齋隨筆卷一禹治水。魏幾道,南宋時人,名志,字幾道。事迹不詳。　　顧以豫爲後乎:乎,喬本、洪本作“㡽”,蓋俗譌體,今從餘本作“乎”。

〔一八二〕而地居東北,於五行爲水:彥按:五行之水,位在北方,此“東北”當作“北”或“北方”。容齋隨筆此句作“而地居北方”。

〔一八三〕彝倫攸敘:見書洪範。周秉鈞易解:“彝,釋詁曰:常也。倫,理也。攸,所以也,王引之説。敘,次序,用作動詞,猶言規定。”彥按:攸,猶“由”,因此。

〔一八四〕洪紫微:即南宋文學家洪邁。唐代開元初曾改中書省爲紫微省,因稱中書舍人爲紫微舍人。邁曾官中書舍人,故稱。

〔一八五〕見發揮六論治水先後。

〔一八六〕櫛泉薠以汳諸術:櫛(zhì),梳理,整治。泉薠(fán),泉源。汳,疑“返”字之譌。術(suì),溝渠。　　濬畎澮以距諸川:濬,疏通水道。畎澮(kuài),溝渠,溪流。距,至,到達。書益稷,禹曰:“予決九川距四海,濬畎澮距川。”　　汩九川以距諸海:汩(gǔ),治水,謂疏通。九川,猶九河,詳下注。國語周語下:“(伯禹)決汩九川。”

〔一八七〕九州滌原:滌原,疏通水源。原,同“原”。書禹貢作“九川滌

原”,周秉鈞易解本段玉裁説,以爲:“九川者,……弱水,一也;黑水,二也;河,
三也;漾,四也;江,五也;沇,六也;淮,七也;渭,八也;洛,九也。”　九山封崇,
九澤始陂:九山,書禹貢“九山刊旅”周秉鈞易解本皮錫瑞説,以爲指九條山
脈,即:“岍及岐至于荆山,一也;壺口、雷首至于太岳,二也;厎柱、析城至于王
屋,三也;太行、恒山至于碣石,四也;西傾、朱圉、鳥鼠至于太華,五也;熊耳、外
方、桐柏至于陪尾,六也;嶓冢至于荆山,七也;内方至于大别,八也;岷山之陽
至于衡山,九也。”封崇,堆土增高。九澤,書禹貢“九澤既陂”周秉鈞易解本皮
錫瑞説云:“九澤者,雷夏,一也;大野,二也;彭蠡,三也;震澤,四也;雲夢,五
也;滎波,六也;菏澤,七也;盟豬,八也;豬野,九也。”陂(bēi),築堤防。國語周
語下稱伯禹治水,有“封崇九山,決汩九川,陂鄣九澤”云云。

〔一八八〕見國語周語下。　決汩九川:決汩,疏通。　陂障九澤:陂障,
築堤圍護。吳本“障”譌“澤”,“澤”譌“渾”。　豐植九藪:豐植,繁衍。豐,洪
本、吳本作“豐”。植,生長,國語作“殖”。九藪,吳之具區,楚之雲夢,秦之陽
華,晉之大陸,梁之圃田,宋之孟諸,齊之海隅,趙之鉅鹿,燕之大昭(見呂氏春
秋有始)。　汩越九原:汩越,治理。九原,泛稱九州大地。　宅居九隩:宅居,
居住。九隩(yù),九州之内。隩,内。　合通四海:合通,會通、溝通。

〔一八九〕太史公云“禹漸九川”:漸,疏導。史記越王句踐世家:“太史公
曰:禹之功大矣,漸九川,定九州,至于今諸夏艾安。”　國語云“曲九防”:曲,
此謂委曲而築。九防,泛稱衆堤防。彦按:今國語查無“曲九防”三字,而史記
李斯列傳云:“禹鑿龍門,通大夏,疏九河,曲九防,決淳水致之海。”疑此羅氏
誤記。

〔一九〇〕澤,如“靁夏既澤”、“大野既潴”之類:靁夏既澤、大野既潴,並見
於書禹貢。下之引文,出處同此。靁夏,今書作“雷夏”,澤名。在今山東菏澤
市牡丹區東北。孔穎達疏:“洪水之時,高原亦水,澤不爲澤。‘雷夏既澤’,高
地水盡,此復爲澤也。”大野,澤名,即鉅野澤。在今山東巨野縣。潴,水停聚。
今書作“豬”。孔穎達疏:“往前漫溢,今得豬水爲澤也。”　川,如“恒、衛既
從”、“濰、淄其道”之類:周秉鈞尚書易解:“恒、衛,二水名。胡渭以爲恒即滱
水,衛即滹沱。從,從其道也。”又云:“濰,即今濰水。淄,即今淄水。道,通也。
王念孫説。”　山,如“蒙、羽其乂”、“蔡、蒙旅平”之類:乂,書實作“藝”。彦按:

禹貢文云:"淮、沂其乂,蒙、羽其藝。"此蓋涉上句而誤記。周秉鈞尚書易解:
"蒙,山名,在山東蒙陰縣西南。羽,羽山,在江蘇贛榆縣西南。其,猶既也。
藝,種植。"又云:"蔡,山名,胡渭以爲即峨嵋山。蒙,山名,在今四川雅安北。
旅,猶治也。"彥按:贛榆縣,今爲連雲港市贛榆區。

〔一九一〕澤不可使其散:散,謂漫溢。　或鍾之使止:鍾,匯聚。吳本、四
庫本、備要本作"鎮",非是。

〔一九二〕暨伊益奏庶鮮食:此下至"萬邦作乂",見書益稷,文字不盡相
同。暨,與。伊,猶彼。奏庶鮮食,見後紀十二帝舜有虞氏注〔七一六〕。　暨
伊稷播,庶艱食,奏庶鮮食:"庶艱食,奏庶鮮食",書益稷文作"奏庶艱食、鮮
食",陸德明釋文:"艱,馬本作'根',云:'根生之食,謂百穀。'"彥按:馬説可
從。又史記夏本紀譯此句作"與稷予衆庶難得之食",亦通。羅氏蓋從二孔
傳、疏,以"庶艱食"爲"衆難得食處(時)"、"衆人難得食處(時)",遂覺經文佶
屈而竄改之。　阜通有亡,化居:阜通,謂使豐富並流通。有亡,泛指一切物
品、商品。化居,謂居貨爲買。書益稷文作"懋遷有無化居"。孫星衍疏:
"'化'即古文'貨'字。"劉逢禄集解:"化居謂居貨爲買。"　蒸民乃粒,萬邦作
乂:蒸,通"烝"。書益稷作"烝"。作,始。乂,治。

〔一九三〕與益同之行:之,往,至。行,道路。

〔一九四〕食鮮:鮮,指鮮食。

〔一九五〕懋遷:貿易。懋,通"貿"。

〔一九六〕故士農不斲削而械用足,工商不耕稼而穀粟充:士農,士子與農
夫。械用,器械用具。耕,吳本作"畊"。穀粟,泛稱糧食。喬本、洪本"粟"譌
"棗",今據餘本訂正。荀子王制:"農夫不斲削、不陶冶而足械用,工賈不耕田
而足菽粟。"

〔一九七〕賄:財物。

〔一九八〕始禹之治水,七年矣,傷功未就,愁然沈思:吳越春秋越王無余
外傳:"禹傷父功不成,循江泝河,盡濟(甄)〔暨〕淮,乃勞身焦思以行。七年,聞
樂不聽,過門不入,冠挂不顧,履遺不躡,功未及成,愁然沈思。"

〔一九九〕于是上觀于河,河精授圖:河精,猶河神。彥按:"上"字疑衍。
尸子卷下:"禹理洪水,觀於河,見白面長人魚身出曰:'吾河精也。'授禹河圖

而還於淵中。"

〔二〇〇〕白面人首魚身出曰:'吾,河精也。'授臣河圖,帶足入淵:白面,各本均作"伯",太平御覽卷八二引尚書中候,作"百面"。彥按:原文當是"白面"。尸子、竹書紀年卷上帝禹夏后氏注、水經注卷五河水、宋書符瑞志上載其事,均作"白面"。今據以訂正。人首,上引諸書皆作"長人",唯或作"白面長人",或作"長人白面"不同耳。疐(chì),逝、去意。各本均作"疐"。彥按:疐字不見於辭書,"正"當是"疋"之譌,"疋"即"足"。說文疋部:"疋,足也。"太平御覽卷八二誤拆爲"帶足"。春秋運斗樞:"黄龍五采負圖出,置舜前,疐入水而前去。"宋均注:"疐,去也。"今訂改。下"疐"字同。

〔二〇一〕孟津陶河:今河南孟州市南一段古黄河之别稱。各本"陶"譌"淘",今訂正。參見後紀十二帝舜有虞氏注〔一〇三〕。

〔二〇二〕乃北見六子,獲玉匱之書以從事:六子,蓋神名。獲,洪本作"穫",譌。從事,行事。太平御覽卷八二引黄帝玄女兵法曰:"禹北見六子,問海口所出。禹乃决江口,鳴角會稽,龍神爲見,玉匱浮。禹乃開而視之,中有天下經十二卷。禹未及持之,其四卷飛上天,禹不能得也;其四卷復下陂池,禹不能極也。禹得中四卷,開而視之。"

〔二〇三〕所謂天下經:天下經,各本均作"鳴天下經"。彥按:據太平御覽卷八二引黄帝玄女兵法,當是天下經,"鳴"字爲衍文,今删去。

〔二〇四〕受黑書於臨洮,得緑字于濁水:語出南朝陳馬樞道學傳。明徐應秋玉芝堂談薈卷一帝王符命、明董斯張廣博物志卷二八藝苑三引道學傳,並同。黑書,黑字之書。緑字,緑字之書。濁水,即濁河,黄河之别稱。晉書地理志上亦曰:"昔大禹觀於濁河而受緑字,寰瀛之内可得而言也。"

〔二〇五〕乃駐江山,棲桐柏,受策鬼神之書:桐柏,山名。在今河南桐柏縣西南。策,驅使。太平廣記卷五六女仙一雲華夫人引集仙録:"雲華夫人,王母第二十三女,太真王夫人之妹也。名瑶姬,受徊風混合萬景鍊神飛化之道。嘗東海遊還,過江。上有巫山焉,峯巖挺拔,林壑幽麗,巨石如壇,留連久之。時大禹理水,駐山下,大風卒至,崖振谷隕不可制,因與夫人相值。拜而求助,即敕侍女授禹策召鬼神之書。因命其神狂章、虞余、黄魔、大翳、庚辰、童律等助禹斷石疏波,决塞導阨,以循其流。禹拜而謝焉。"

〔二〇六〕乃得童律、狂章、鴻蒙之徒，制其水怪：童律、狂章，神名。見上注。鴻蒙，即鴻蒙氏。太平廣記卷四六七水族四李湯引戎幕閑談：“禹理水，三至桐柏山，驚風走雷，石號木鳴，五伯擁川，天老肅兵，不能興。禹怒，召集百靈，搜命夔、龍。桐柏千君長稽首請命。禹因囚鴻蒙氏、章商氏、兜廬氏、犁婁氏，乃獲淮、渦水神名無支祁。”羅氏乃以鴻蒙亦童律、狂章之類，助禹治水之徒，謬矣！

〔二〇七〕岳瀆經：唐李公佐撰。

〔二〇八〕晉天志：彥按：下所引文見晉書地理志上，此稱“晉天志”誤。寰瀛：猶寰宇，謂普天下。

〔二〇九〕見餘論九無支祁。

〔二一〇〕乘龍降之，乃命范成光、郭哀御，以通原：乘（shèng），四。范成光、郭哀，皆禹臣。吴本、四庫本“郭”作“國”非。通原，疏通水源。

〔二一一〕天問云：“鴟龜曳銜，鯀何聽焉？順欲成功，帝何刑焉”：吴本、四庫本如此，疑有闕文，今姑從之。喬本“天問云鴟龜曳”六字位當雙行夾注之左下側，其右側爲一長形墨條。洪本未見“天問”二字，又“云”字前有八字闕文。鴟龜，傳説中一種鳥首蛇尾，叫聲如鴟（貓頭鷹）的龜。蓋即山海經之旋龜一類。山海經南山經云：“（杻陽之山）怪水出焉，而東流注于憲翼之水。其中多玄龜，其狀如龜而鳥首虺尾，其名曰旋龜，其音如判木。”曳銜，謂曳尾（拖著尾巴）銜泥（嘴銜土塊）以佐障水。何聽，謂何以使之聽己之令。聽，用如使動詞。順欲成功，謂服從帝命，希望成功。帝，指舜。

〔二一二〕王逸以爲鯀殺羽山，飛鳥水蟲曳銜而食之：洪本、吴本“蟲”譌“出”。逸語見楚辭天問“鴟龜曳銜，鮌何聽焉”章句。

〔二一三〕柳子爰有“鴟龜肆喙”之語：柳子，指唐柳宗元。此語見柳氏天對。肆喙，縱情地喫。

〔二一四〕洪注：指宋洪興祖楚辭補注。

〔二一五〕有應龍説：見發揮六煬帝水戲。

〔二一六〕聞宛委黄帝書，乃吉禬，刲白馬：宛委，宛委山，會稽山之一峯。吉禬，擇吉齋戒。禬，同“齋”。刲（kuī），宰殺。吴本譌“封”。吴越春秋越王無余外傳：“乃案黄帝中經曆，蓋聖人所記曰：‘在于九山東南天柱號曰宛委，赤帝左闕，其巖之巔，承以文玉，覆以磐石。其書金簡，青玉爲字，編以白銀，皆瑑其文。'禹乃東巡，登衡嶽，血白馬以祭。"

〔二一七〕三月庚子，登覆䉡，探穴，獲五符，知治水要：覆䉡，亦作"覆釜"，又稱釜山，會稽山之別稱。　五符，五符經，亦稱靈寶五符。吳越春秋越王無余外傳："（禹）夢見赤繡衣男子，自稱玄夷蒼水使者，……謂禹曰：'欲得我山神書者，齋於黃帝之嶽巖之下。三月庚子，登山發石，金簡之書存矣。'禹退，又齋。三月庚子，登宛委山，發金簡之書，案金簡玉字，得通水之理。"徐天祐注："輿地志：'會稽山有石，狀如覆䉡，謂之覆䉡山，一名釜山。''䉡'亦作'釜'。"

〔二一八〕孔靈符：南朝宋會稽太守。吳本如此，是，今從之。洪本譌"化"，餘諸本乃譌"仙"。　會稽委宛曰石匱：吳本"匱"作"賣"。彦按：本字當作"匱"。　以知三河體勢：三河，指黃河以東、黃河以北（古稱河內）、黃河以南沿岸地區。史記貨殖列傳："昔唐人都河東，殷人都河內，周人都河南。夫三河，在天下之中，若鼎足，王者所更居也。"體，吳本作"骵"，同。

〔二一九〕聖賢處所記與越春秋皆記之：吳本、四庫本無此一十二字。聖賢處所記，佚書，作者不詳。

〔二二〇〕太霄琅書：四庫本"太"作"大"。　夏禹於陽明洞天感，太上命繡衣使者降授五符以治水，檄召萬神：陽明洞天，道家三十六小洞天之第十洞，唐杜光庭洞天福地記云："會稽山周迴三百五十里，名陽明洞天。"（説郛弓六六）感，謂感夢。太上，指太上道君，道教上清派所尊奉之最高神靈。繡衣使者，穿繡衣的使者，指特派官員。檄，檄書，文體名。古代官府用以徵召、曉喻、聲討的文書。　紫庭真人：紫庭，天庭。真人，道家稱修真得道之人。亦泛指成仙之人，仙人。

〔二二一〕陽明洞：即上文"夏禹於陽明洞天感"之陽明洞天。各本均作"陽命洞"，當由音譌，今訂正。

〔二二二〕於是復岳：復，返回。岳，指衡岳。吳越春秋越王無余外傳："禹乃東巡，登衡嶽，血白馬以祭。不幸所求。……三月庚子，登宛委山，發金簡之書。案金簡玉字，得通水之理。復返歸嶽。"　受玉簡以揆地：揆，度量，測量。

〔二二三〕空巖：山洞。

〔二二四〕拾遺記又云：拾遺記，各本均作"開山圖"。彦按：上文但引拾遺記,未引開山圖,故"又云"者,當是拾遺記,而非開山圖。下文有"開山圖云"云云,始引開山圖也。今查拾遺記,内容正相符合,益證此之開山圖當作拾遺記無疑,蓋涉下文"開山圖"而誤者,今訂正。　　游龍門,八神探玉簡授之,長尺二寸:八神,吳本"八"譌"人"。探,各本均譌"採",今據拾遺記訂正。玉簡,洪本"玉"譌"王"。彦按:所引拾遺記見卷二夏禹。原文爲:"禹鑿龍關之山,亦謂之龍門。至一空巖,深數十里,幽暗不可復行。禹乃負火而進。……見一神,蛇身人面。禹因與語。神即示禹八卦之圖,列於金版之上。又有八神侍側。禹曰:'華胥生聖子,是汝耶?'答曰:'華胥是九河神女,以生余也。'乃探玉簡授禹,長一尺二寸,以合十二時之數,使量度天地。禹即執持此簡,以平定水土。"是探玉簡授禹者但一神,即華胥之子,非八神也。羅氏引文失實。

〔二二五〕洞達幽明:洞達,穿透,謂看得很清楚。幽明,泛稱世間有形與無形的事物。

〔二二六〕洞視玉版:洞視,看透,謂透徹瞭解。玉版,刻有重要文字内容的大玉片。常用以指神仙祕授之典籍。洪本"玉"譌"王"。後漢書張衡傳:"永元中,清河宋景遂以歷紀推言水灾,而僞稱洞視玉版。"

〔二二七〕主名山川,以利於民:主,主持,負責。名,命名。書吕刑:"禹平水土,主名山川。"又大戴禮記五帝德:"(重華)使禹敷土,主名山川,以利於民。"

〔二二八〕見文選司馬長卿子虚賦"禹不能名"郭璞注引張揖曰。

〔二二九〕禮云夏禹主名山川也:喬本、備要本"主"譌"王",今從餘本訂正。

〔二三〇〕山川理脉,土地所宜,風炁所生,畢究其政:理脉,地理地脉。究,探求。政,通"正",真諦,正解。　　草木企走,蜚動蟲魚,俾益疏之,以爲岳瀆、山海二經:企走,企足者與奔跑者。吳本"企"譌"个"。蜚動,飛翔者與蠕動者。蜚,通"飛"。疏,分條記録。

〔二三一〕越春秋云:此下至"爲山海經",見吳越春秋越王無余外傳。禹按黄帝經,見聖賢所記,在九疑東南天柱號曰宛委:黄帝經,吳越春秋作黄帝中經曆。九疑,吳越春秋一作"九山"。　　承以文玉,覆以盤石:文玉,美玉。盤石,即磐石,吳越春秋作"磐石"。　　編以白銀,瑑其文:編,吳本譌"徧"。瑑,雕刻。喬本作“塚”，洪本作“𡩋”，俱誤。此從餘本。

〔二三二〕衡山：吳越春秋作“衡嶽”。

〔二三三〕令齋三月受求：三月，吳本、四庫本、備要本作“三日”誤。下“禹乃齋三月”之“三月”同。受求，吳本奪此二字，備要本“求”譌“來”。

〔二三四〕名山大川：洪本“大”作“太”非。

〔二三五〕別通：論衡篇名。　禹治水，益主記異物，海外山表，無遠不至，以所聞見作山海經：禹治水，論衡原文作“禹主治水”。山表，山外。作，吳本作“住”，四庫本作“傳”，均非。　非禹行遠，山海經不造：論衡原文作：“非禹、益不能行遠，山海不造。”　仲舒觀重常之鳥，子政識二負之尸，以見經也：論衡原文“董仲舒睹重常之鳥，劉子政曉貳負之尸，皆見山海經”。觀，認識。重常，即鶅鶬（chóng cháng），鳥名。二負，即貳負，古代傳説中的神名。吳本“二”譌“工”。山海經海內西經：“貳負之臣曰危。危與貳負殺窫窳，帝乃梏之疏屬之山，桎其右足，反縛兩手與髮，繫之山上木，在開題西北。”彥按：西漢劉秀（即劉歆）上山海經表曰：“孝武皇帝時，嘗有獻異鳥者，食之，百物所不肯食。東方朔見之，言其鳥名，又言其所當食。如朔言。問朔何以知之，即山海經所出也。孝宣帝時，擊磻石於上郡，陷，得石室，其中有反縛盜械人。時臣秀父向爲諫議大夫，言此貳負之臣也。詔問何以知之，亦以山海經對。”（見袁珂山海經校注附錄山海經敍錄）所敍二事，前一事與論衡説不同，蓋傳聞有異也。

〔二三六〕東造絕迹，西延積石，南逾赤岸，北過寒谷而裴裵乎昆侖：見吳越春秋越王無余外傳。今本吳越春秋“而裴裵乎昆侖”作“徊崑崙”。造，到，至。絕迹，無人迹處。延，達到，及於。赤岸，山名。在今江蘇南京市六合區境。寒谷，山名，在今北京市密雲區南。喬本、洪本脱“寒”字，今據餘諸本訂補。裴裵，即徘徊。洪本、吳本、四庫本“裵”作“回”。謂反覆往返。

〔二三七〕察六扈：見吳越春秋越王無余外傳，孫詒讓札迻曰：“‘六’疑當作‘玄’。山海經中山經云：‘陽虛之山臨于玄扈之水。’郭注引河圖云：‘蒼頡爲帝，南巡狩，登楊虛之山，臨于玄扈、洛汭，靈龜負書，丹甲青文，以授之。’‘玄’，俗書或作‘玅’，挽其半，遂成‘六’字耳。”玄扈，水名。在今陝西洛南縣西，源出玄扈山。　青泉、赤淵，分入洞穴：見吳越春秋越王無余外傳。青泉，泉名。赤淵，水潭名。入，吳本、四庫本、備要本譌“八”。　金匱玉符，以鎮川瀆：出處見下注〔二三九〕。金匱玉符，藏於金匱中的玉符錄。

〔二三八〕道河之際，沈祕景符：際，吳本譌"溍"。祕景符，符錄名。

〔二三九〕昔王賈引杜暹下浙江，觀禹玉匱：王賈，喬本、洪本、四庫本、備要本作"王原"，吳本作"三原"，並誤。今訂正。其事詳見太平廣記卷三二王賈引紀聞，文曰："婺州參軍王賈，本太原人，移家覃懷。……時杜暹爲婺州參軍，與賈同列，相得甚歡。與暹同部領，使于洛陽，過錢塘江，登羅刹山，觀浙江潮，謂暹曰：'大禹真聖者，當理水時，所有金櫃玉符，以鎮川瀆。若此杭州城不鎮壓，尋當陷矣。'暹曰：'何以知之？'賈曰：'此石下是。相與觀焉。'因令暹閉目，執其手，令暹跳下。暹忽閉目，已至水底。其空處如堂，有大石櫃高丈餘，鏁之。賈手開其鏁，去其蓋，引暹手登之，因同入櫃。中又有金櫃，可高三尺，金鏁鎖之。賈曰：'玉符在中，然世人不合見。'暹觀之。既已，又接其手，令騰出。暹距躍，則至岸矣。"

〔二四〇〕紀聞：唐牛肅撰。

〔二四一〕夜不獲寢：洪本"獲"譌"薐"。賈誼新書脩政語上："禹嘗晝不暇食，夜不暇寢矣。方是時也，憂務故也。故禹與士民同務，故不自言其信，而信諭矣。"

〔二四二〕賈云：賈，指西漢賈誼。詳上注。吳本、四庫本、備要本均無此二字，備要本此處且留空白，占竪行二字之位。又，喬本、洪本"賈云"二字俱作左"賈"右"云"橫向排列，其下喬本有一橫連墨條，洪本則留空，均占豎行一字之位。是否存在闕文，不得而知。

〔二四三〕燒不及攟，濡不給扐：燒，此指燒飯的灰燼。攟（guì），排去，清除。濡，沾濕，此謂淋濕。不給，猶不暇。扐（gǔ），揩擦。　冠罣而弗顧，屐稅而弗納：罣（guà），絆住。屐（jī），鞋。稅（tuō），通"挩"，脫落。淮南子原道："禹之趨時也，履遺而弗取，冠挂而弗顧。"

〔二四四〕見淮南子要略。　禹身執虆臿以爲民先，剗河而道九岐，鑿江而通九路，辟五湖、定東海：虆，籮筐。吳本譌"纍"。臿，後世作"鍤"，即鍬。備要本譌"重"。剗，疏通。河，各本均作"九河"。彥按：淮南子原文但作"河"，此"剗河"與下"鑿江"對文，"九"字當涉下文"九岐""九路"而衍，今刪去。道，謂引出。岐，分歧，此指支流。路，指水道。辟，通"闢"，開闢。定，止，此謂流注。　燒不暇撌:喬本、備要本"撌"譌"橨",今訂正。　死陵者葬於陵:洪本無"葬於"二字。　故節財、薄葬、間服生焉:間服,即簡服。古指服喪三月,以其制簡易,故稱。間,通"簡"。吴本、四庫本作"簡服",今本淮南子作"閑服"或"閒服"。王念孫云:"'閒'與'簡'同。簡服,謂三月之服也。宋書禮志引尸子曰:'禹治爲喪法,使死於陵者葬於陵,死於澤者葬於澤,桐棺三寸,制喪三月。'是也。道藏本、劉本作'閒服'。他本'閒'字皆誤作'閑',而莊本從之,謬矣。"(見讀書雜志淮南内篇第二一)

〔二四五〕見韓非子五蠹。

〔二四六〕充云"禹决江河,不秉钁鍤":見論衡程材。不秉钁鍤,各本均倒、譌作"不鍤秉钁",此據今本論衡訂正。钁(jué),钁頭,又稱大鋤。

〔二四七〕躬操橐耜而九雜天下之川:見莊子天下,"躬"作"親自"。橐,盛土器。耜,同"耜",鍬一類的挖土農具。九雜,匯合。九,通"鳩",聚。雜,通"集"。

〔二四八〕御覽作"九滌":中華書局影印上海涵芬樓影宋本太平御覽卷八二,但作"滌"。　集韻作"鳩汆":見集韻合韻汆。

〔二四九〕東至榑木、日出、九津、青羌之野:彦按:此下至"憂其黔首",出自吕氏春秋求人,文字略有異同。榑木,即扶桑,爲東方之極,日出之處。日出,陳奇猷吕氏春秋校釋以爲當即日下,云:"爾雅釋地:'觚竹、北户、西王母、日下謂之四荒',郭注:'日下在東',疏云:'日下者,謂日所出處其下之國也。'"九津,高誘注:"之津,崖也。"(文淵閣四庫全書本如此,陳奇猷校釋本無"之"字)沈祖緜曰:"'九'字疑'之'字之誤。'日出之津',方與上下文合。"有理。青羌,高誘注:"青羌,東方之野也。"　攢樹之所,揝天之山:攢,音 cuán。揝,音 mín。陳奇猷校釋:"案:當是此地名攢樹,此山名揝天。'攢樹之所'疑即淮南時則訓'樹木之野'。漢書司馬相如傳注、文選班固賦注引蒼頡篇皆云'攢,聚也'。'攢樹之所'即樹木聚生之所,故與淮南'樹木之野'同義。"畢沅曰:"揝音民,撫也。疑亦與'抿'同音義。"　鳥谷、青山之鄉:鳥谷,陳奇猷校釋云:"'鳥'疑本作'易',蓋'鳥'或書作'鳥',與'易'形近而譌。'易'爲'陽''暘'之本字。日出陽谷,見尚書堯典,亦見淮南。"青山,吕氏春秋作"青丘"。沈祖緜曰:"服虔以爲青丘國在海東三百里(見漢書司馬相如傳注)。"

窮髮、帶方之地：彥按：此句不見於呂氏春秋，而所言似誤。窮髮見於莊子逍遙遊“窮髮之北有冥海者”，成玄英疏云：“地以草爲毛髮，北方寒沍之地，草木不生，故名窮髮，所謂不毛之地。”則非東方之地可知。帶方於西漢爲樂浪郡屬縣名，地在今朝鮮境，前此則所未聞，故亦甚可疑。　南至交趾，孫濮、續檞之或：孫濮，呂氏春秋作“孫樸”。續檞，陳奇猷校釋：“‘檞’疑爲‘蠻’之假音，續蠻當爲南蠻之一種。”或，各本均作“或”，呂氏春秋作“國”。彥按：“或”當“或”字之譌。“或”即古文“國”字（見龍龕手鑑戈部），今訂正。　丹栗、沸水之際：丹栗，呂氏春秋作“丹粟”。之際，吴本作“之水”非。　南嬉、黄支之堵，不死之望：彥按：南嬉（xī），出自漢書司馬相如傳大人賦“吾欲往乎南嬉”、楚辭漢王襃九懷陶壅“吾乃逝兮南嬉”，歷來注家並不視爲地名。羅氏以爲南荒之地，不足爲信。黄支，見於楚辭王逸九思傷時：“陟丹山兮炎野，屯余車兮黄支。”原注：“黄支，南極國名也。”一般以爲在今印度馬德拉斯西南的甘吉布勒姆。堵，謂盡頭。不死之望，不死爲傳説中之國名，其人長壽，故稱。望，邊際。呂氏春秋作“不死之鄉”。高誘注：“鄉，亦國也。”山海經大荒南經：“有不死之國，阿姓，甘木是食。”郭璞注：“甘木，即不死樹，食之不老。”　西過三危之阨、巫山之下，飲露之民，奇肱、三面：三危之阨，阨指險阻之處。呂氏春秋作“三危之國”。飲露之民，呂氏春秋作“飲露、吸氣之民”，陳奇猷校釋云：“案：山海經大荒西經云：‘西有王母之山，有沃之國。沃民之處，鳳鳥之卵是食，甘露是飲’，然則此所謂‘飲露、吸氣’，即沃民之別國也。”奇肱、三面，傳説中二國名。山海經海外西經：“奇肱之國在其北，其人一臂三目，有陰有陽，乘文馬。”又大荒西經：“大荒之中，有山名曰大荒之山，日月所入。有人焉三面，是顓頊之子，三面一臂。三面之人不死，是謂大荒之野。”　北至太正之谷，夏海之窮，祝栗之界，禺强之里，積氷、積石之山：太正之谷，淮南子時則篇作“令正之谷”，許匡一注：“令正：莊逵吉認爲應作‘令止’。谷名，在河北灤縣遷安之間。”呂氏春秋作“人正之國”，高誘注“人正”作“令正”。陳奇猷校釋云：“當從御覽引淮南作‘令止’，……令止即令支。國語齊語‘齊桓公北伐山戎，刜令支’，逸周書王會解作‘不令支’。止隸咍部，支隸支部。咍、支二部，晚周多通，故此及淮南假止爲支也。”夏海，淮南子時則作“夏晦”。窮，盡頭處。祝栗之界，此句不見於呂氏春秋。爾雅釋地：“東至於泰遠，西至於邠國，南至於濮鈆，北至於祝栗,謂之四極。"郭璞注:"皆四方極遠之國。"禺强之里,里,家鄉。吕氏春秋作"禺彊之所"。高誘注:"禺彊,天神也。"陳奇猷校釋:"禺彊當即逸周書王會解之禺氏,孔晁注云:'禺氏,西北戎夷。'"積水,"水"同"冰",備要本譌"水"。今本吕氏春秋作"積水"。陳奇猷新校釋曰:"'積水、積石之山'連讀,積水顯係山名,然積水不能成山,'水'當係'冰'之壞字。淮南時則訓云'北方之極,有凍寒、積冰之野',可以爲證。"彦按:陳氏説甚辯。路史後紀十三帝禹夏后氏載禹之事,作"積水、積石之山",正可爲佐證。"水"同"冰",蓋字原作"水",偶脱左上點而成"水"字耳。

〔二五〇〕勤考之勳:勤,吴本譌"動"。考,亡父之稱,指鯀。勳,事業。

〔二五一〕身解陓之河:解(jiě),禳除,嚮鬼神祈禱消災。陓(yū),楊陓,亦作楊紆、陽盱。地在今陝西境,具體不詳。淮南子脩務:"是故禹之爲水,以身解於陽盱之河。"高誘注:"爲治水解禱,以身爲質。陽盱河,在秦地。"

〔二五二〕經所言"縱極之淵"也:縱極之淵,傳説中水潭名,取義"極深之淵"。縱,今山海經作"從"。淵,吴本譌"𤃩"。海内北經云:"從極之淵,深三百仞,維冰夷恒都焉。"

〔二五三〕括地圖䇂:䇂,同"言"。各本均譌"音",今訂正。

〔二五四〕然爾雅云"秦有陽紆":今本爾雅釋地作"秦有楊陓"。　在今扶風汧縣之西:彦按:此襲取晉郭璞爾雅注"今在扶風汧縣"語,地在今陝西隴縣。宋時已不稱汧縣矣。　周書、周禮以爲冀州藪:藪,吴本、四庫本、備要本作"妄",誤。逸周書職方解、周禮夏官職方氏並曰:"河内曰冀州。其山鎮曰霍山,其澤藪曰楊紆。"

〔二五五〕外鑿二十蚃,糶十七湛,疏三江,道四涇:見管子輕重戊。二十,喬本、備要本作"三十",今從餘本,以與管子吻合。蚃,通"㐬"(音 huāng),大川。備要本作"虻"。糶,通"渫"(音 xiè),疏通。湛,通"潭",水潭。涇,幹流。章炳麟管子餘義云:"'蚃'疑'㐬'之誤,或'充'之借。虞氏易泰九二'包㐬',注:'㐬,大川也。''糶'借爲'渫',易井九三'井渫',向注:'浚治去泥濁也。'湛者,文選注引倉頡篇云:'湛,水不流也。'然則此謂鑿二十大川,浚十七停污不流之水也。"聞一多云:"四涇之水,即四經水,亦即四瀆也。"(見郭沫若等管子集校)爾雅釋水:"江、河、淮、濟爲四瀆。"　通十有二渚:渚,通"瀦",停滯不留之水。

〔二五六〕管：備要本作管子。

〔二五七〕峽口：指西陵陝口，爲長江出蜀的險隘。

〔二五八〕川陝：陝，同“峽”。

〔二五九〕巴東之陝，夏禹所鑿：文選郭璞江賦原文爲：“若乃巴東之峽，夏后疏鑿。”洪本巴東之“巴”作“𢀖”。下三巴之“巴”同。

〔二六〇〕早知乘四載，疏鑿控三巴：杜甫禹廟詩。四載，見上注〔一二五〕。三巴，巴郡、巴東、巴西的合稱，相當今四川嘉陵江和綦江流域以東的大部地區。四庫本“三巴”下有“唐”字，當爲衍文。

〔二六一〕闢伊闕，鑿轘轅，破碣石：闢，吳本譌“關”。伊闕，在今河南洛陽市南龍門山。水經注卷一五伊水：“伊水又北入伊闕。昔大禹疏以通水，兩山相對，望之若闕，伊水歷其間北流，故謂之伊闕矣。”轘轅，山名。在今河南偃師市緱氏鎮東南，接鞏義市和登封市界。漢書溝洫志：“昔大禹治水，山陵當路者毀之，故鑿龍門，辟伊闕，析底柱，破碣石，墮斷天地之性。”

〔二六二〕伊陽縣：治所在今河南嵩縣舊縣鎮。

〔二六三〕巨靈：神話傳説中劈開華山的河神。

〔二六四〕水經云：此下所引，見水經注卷四河水，但撮取其大意。　禹決梁山，所謂龍門，孟津河口，廣八十步，岩際鐫迹，遺功尚存：吳本“鐫”譌“鎬”。彦按：“孟津河口”上宜有“通”字。水經注原文爲：“昔者，大禹導河積石，疏決梁山，謂斯處也。即經所謂龍門矣。魏土地記曰：梁山北有龍門山，大禹所鑿，通孟津河口，廣八十步，巖際鐫迹，遺功尚存。”

〔二六五〕風山：在今山西吉縣西北。　黃河之巨厄：厄，“阨”之古字，關隘。

〔二六六〕穆王西出孟門九州之阨者：西出，水經注卷四河水引穆天子傳作“北登”，今本穆天子傳卷四作“西北升”。彦按：此處方位詞蓋以作“西北”爲是，水經注脱“西”字，路史注脱“北”字耳。又“登”、“升”同義，作“出”則偏離。孟門，穆天子傳作“盟門”，字異詞同。九州，穆天子傳、水經注作“九河”。顧實穆天子傳西征講疏云：“河，當爲‘阿’之誤，卷五云‘天子西征，升于九阿’，可爲比證。況於事理，可以有九阿之阨，而决不能有九河之阨，尤極明白也。然山海經注、水經注引均作‘河’,其誤久矣。"彥按:顧説蓋是。今路史注又由"九河"進而謂"九州"矣。九阿指多曲折之山坡,未必爲地名,地固在孟門矣。隥,石級。各本均謂"澄",今據穆天子傳及水經注訂正。

〔二六七〕韓城:縣名,治所在今陝西韓城市東南。

〔二六八〕見太平寰宇記卷二八同州韓城縣。　禹治水至龍門,今夏陽縣是:寰宇記原文作:"書云:‘禹治水至于龍門。’今夏陽縣是也。"夏陽縣,治所在今陝西合陽縣東南。　禹巡遶至遶山,即此:巡遶,循環巡行。寰宇記原文作"巡狩"。

〔二六九〕龍門山即龍門関,極險,魏大統元置戍:関,同"關"。四庫本、備要本作"關"。魏大統元置戍,吴本、四庫本無此六字,蓋脱文。餘本"元"謂"七","戍"謂"成",今並據太平寰宇記訂正。寰宇記卷二八同州韓城縣云:"龍門關,一謂龍門戍,極峻嶮,西魏文帝大統元年置,在龍門山下。關口有龍門城,即戍所也。"

〔二七〇〕太平寰宇記卷二八同州韓城縣龍門關:"司馬彪注莊子云:‘吕梁,即龍門也,在縣東北。’"

〔二七一〕又鄉寧西南百五壘石城:鄉寧,縣名。今屬山西省。百五,各本均謂"北五",今據寰宇記(詳下注)訂正。壘,壘,堆砌。

〔二七二〕太平寰宇記卷四八慈州鄉寧縣:"倚梯故城,在縣西南一百五里。累石爲之,東北兩面據嶺臨谷,西南二面俯眺黄河,懸崖絶壁百有餘尺。其西南角,即龍門之上口也。以城在高嶺,非倚梯不得上,因以爲名。城中有禹廟。後魏孝文帝西巡至此,立碑,今見存。"

〔二七三〕黄囊經云:自此而下至"禹之所施功,在此"整段注文,吴本、四庫本全然不見,蓋徑删之;餘本亦多闕失,非爲完文。　五湖四海凡:凡,喬本作"儿",洪本作"几",此姑從備要本。

〔二七四〕慈之文城:慈,州名。文城,縣名,治所在今山西吉縣文城鄉。

〔二七五〕禹鑿山,河水下趨峻急,深七丈:"趨峻"及"丈"三字原爲闕文,此據清儲大文等纂山西通志卷一六七祠廟四吉州引元和志訂補。同書卷二八山川十二吉州引唐慈州志,"七丈"作"七尺"。

〔二七六〕□經行之處,元禁捕魚:"經行"二字原爲闕文,此據山西通志訂補。元,原來,向來。

〔二七七〕今山中鑿空架槽,闊五十步,□河水東流:今,原譌“金”;架,喬本、備要本譌“如”,洪本譌“知”;又“河水”二字原闕。今並據山西通志改、補。

〔二七八〕□□□東岸有石槽祠,禹之所施功,在此:洪本“在”譌“杜”。山西通志作:“東岸有石槽祠,禹之施功,始此。”而於羅注上三闕文,並無相應文字。

〔二七九〕伐山封仂,以載厥功:伐山,謂鐫功於山。封仂,封禪刻石。仂,通“勒”。功,事。喬本、洪本此字闕如,今據餘本訂補。

〔二八〇〕拾遺記:禹治水,所穿鑿處,皆以青泥封記之,龜印其上:拾遺記,喬本、洪本“拾遺”二字原鑱,吳本、四庫本則作“王子年云”,此據備要本訂補。所穿鑿處,喬本作“□□所穿”,洪本作“所穿□□”,吳本、四庫本作“所穿鑿”,此從備要本。封,堆(土)。按拾遺記卷二夏禹,原文作:“禹盡力溝洫,導川夷岳,黃龍曳尾於前,玄龜負青泥於後。玄龜,河精之使者也。龜頷下有印,文皆古篆,字作九州山川之字。禹所穿鑿之處,皆以青泥封記其所,使玄龜印其上。”

〔二八一〕十洲記:又稱海內十洲記,漢東方朔撰。　禹至鍾南山,經諸五岳,使工刻石識其里數、高下,其字科斗文:鍾南山,喬本、洪本“南山”二字原鑱,今姑從餘本補。彥按:今考海內十洲記,其山應是鍾山,“南”字實爲衍文。使工刻石,吳本、四庫本作“使工刻其石”。科斗文,古文字體的一種。筆畫多頭大尾小,形如蝌蚪,故稱。喬本、洪本“文”字鑱,此據餘本補。今錄説郛卷六六下海內十洲記文於下:“其北海外,又有鐘山,在北海之子地,隔弱水之北一萬九千里,高一萬三千里,上方七千里,周旋三萬里,自生玉芝及神草四十餘種。上有金臺玉闕,亦元氣之所舍,天帝居治處也。……昔禹治洪水既畢,乃乘蹻車,度弱水,而到此山,祠上帝於北阿,歸大功於九天。又禹經諸五岳,使工刻石識其里數、高下。其字科斗書,非漢人所書。今丈尺里數,皆禹時書也。不但刻劚五岳,諸名山亦然,刻山之獨高處爾。”

〔二八二〕載厥里數,皆禹明書也:“載厥”二字,喬本、洪本原鑱,今據餘本補。彥按:“明”疑“時”字之誤。

〔二八三〕不但刻劚五岳:刻劚(mó),鐫刻。今本海內十洲記作“刻劚”。

〔二八四〕雲笈：即雲笈七籤。宋張君房撰。　二十六：喬本此下留有鑱去一字之迹。

〔二八五〕而矩數行矣：“而矩”二字喬本、洪本原鑱，今據餘本補。矩數，標記長度、角度之法。周禮考工記輪人“凡斬轂之道，必矩其陰陽”鄭玄注：“矩，謂刻識之也。”又淮南子本經“天地之大，可以矩表識也”高誘注：“矩，度也。”

〔二八六〕周脾經商高語周公積矩之法，禹所以治天下者也，數之所生也：周脾經，即周髀，亦稱周髀算經。脾，通“髀”。商高，周大夫，善算。積矩，不等腰直角三角形兩直角邊之平方和。積矩之法，指通過直角三角形兩直角邊（矩）之長求取斜邊（弦）長度之方法。數，指數學。周髀算經卷上之一：“兩矩共長二十有五，是謂積矩。故禹之所以治天下者，此數之所生也。”漢趙爽注云：“兩矩者，句股各自乘之實。共長者，并實之數。”

〔二八七〕趙語云：指周髀算經卷上之一“故禹之所以治天下者，此數之所生也”漢趙爽注。　禹治洪水，決疏江河：疏，各本均訛“流”，今訂正。　使東注海，無浸溺之患：文淵閣四庫全書本周髀算經作“使東注於海而無浸逆”。此句股之所繇生也：四庫本“繇”作“由”。句股，數學名詞。古稱直角三角形兩直角邊，短者爲句，長者爲股。句股定理證明：直角三角形的兩條直角邊的長度的平方和等於斜邊長度的平方。

〔二八八〕泄流沙于西隅，決弱水於北漢：見吳越春秋越王無余外傳，“泄”作“寫”。張覺校證注疏：“漢：各本皆作‘漢’，實當作‘漠’，形近而誤。……此‘漠’即指弱水附近的沙漠。尚書禹貢：‘導弱水，至於合黎，餘波入于流沙。’即此文所謂‘決弱水於北漠’。”彦按：張氏説是。路史蓋沿吳越春秋舊本之誤。參見前紀四蜀山氏注〔九一〕、注〔九九〕。

〔二八九〕青流沇之下，地下而土疏：青，青州。見上注〔一三四〕。流，漂没。沇，沇水，濟水之古稱。發源於今河南濟源市境，流經今之山東而入渤海。土，各本均作“上”。彦按：“上”當“土”字形訛。漢書溝洫志：“河決率常於平原、東郡左右，其地形下而土疏惡。”此之“地下而土疏”猶彼之“其地形下而土疏惡”也。今訂正。　故鬢九河於緡岊，道五水於東北：鬢九河，彦按：此蓋自賈誼新書脩政語上“鬢河”移植而來。脩政語文云：“（大禹）故鬢河而道之九

(牧)〔歧〕,鑿江而道之九路,澄五湖而定東海。"盧文弨曰:"'鬟'與'環'同,別本作'環'。"蔣禮鴻曰:"案:此所導者乃河,非别有他物可環河而導之也。環河義不可通,鬟乃鬌字之誤。詩魯頌泮水:'狄彼東南。'釋文曰:'鄭作剔,治也。韓詩云鬌,鬌,除也。'陳奐詩毛氏傳疏謂鄭箋從韓義。然則鬌河而道之即治河而導之,鬌者,謂疏濬耳。淮南子要略篇作'剔河而道九歧,鑿江而通九路',足證鬟字爲鬌之誤。"(見義府續貂)蔣説可從。緡𣎴,即緡淵("𣎴"同"淵"),見於山海經大荒南經"少昊生倍伐,倍伐降處緡淵",爲地名。蓋即古有緡國地,在今山東金鄉縣東北。然其地不見於大禹治水之相關文獻,頗可疑。今考吴越春秋越王無余外傳云:"(禹)疏九河於潝淵,開五水於東北。"當即路史所本,而作"潝淵"。或羅氏誤栽以山海經地名也。張覺校證注疏:"潝(hùn 混):混濁的水。淵:打漩的水。"又譯該句作:"在混濁的漩渦中疏通黄河下游的九條分水道",可參考。五水,疑即新書脩政語上"澄五湖而定東海"之"五湖"。淮南子要略述禹治水,"剔河而道九歧,鑿江而通九路,辟五湖而定東海",亦有五湖而無五水,蓋五湖即五水也。張覺吴越春秋校證注疏云:"五水:指長江北岸的支流巴水、蘄水、希水(今作'浠水')、西歸水(今'倒水')、赤亭水(今'舉水'),在今武漢市以東。"然依照史爲樂中國歷史地名大辭典之説法,張氏所謂之五水,是東晉、南朝時的稱法(見該書"五水"條解釋),今用以詮釋大禹治水時之五水,顯然並不合適。

〔二九〇〕爰虚其處,及時水至而得以縱逸:虚,謂騰出空間,不建官寺民舍。縱逸,謂毫無阻擋地奔流。

〔二九一〕濟口碑:彦按:下所載碑文見於水經注卷七濟水。彼文曰:"濟水又東合滎瀆,瀆首受河水,有石門,謂之爲滎口石門也,而地形殊卑,蓋故滎播所導,自此始也。門南際河,有故碑"云云,是則合稱爲滎口碑而不當稱濟口碑。此蓋因碑文見於水經注濟水而誤記。明梅鼎祚東漢文紀卷一二收該碑文,稱漢滎瀆石門碑,是。　姬氏之所常蹙:姬氏,借代周王朝。蹙,窘迫。

〔二九二〕漢長水校尉關並言:見漢書溝洫志。此下所引,文字不盡相同。關並,各本均譌"高並",今據漢書訂正。　河決率於平原、東郡左右,其地形下而土疏惡也:平原,郡名,治所在今山東平原縣王廟鎮。土,除洪本外餘本皆譌"上",今訂正。疏惡,粗劣。　以爲水猥盛則放溢,少稍自索:猥盛,盛多。猥,多。吴本作"畏",四庫本作"限",並誤。放溢,汎濫。稍,漸。各本均讹"損",今據漢書訂正。索,散失,消盡。　察秦漢河決曹、衛之域,不過百八十里:曹、衛之域,約當今山東菏澤市定陶區至河南淇縣一帶。

〔二九三〕漢古河決瓠子云:喬本"漢"字之前有一墨丁,洪本、備要本則闕一字之文。今讀此句,從節奏上可以感知,"漢"前應該還有一字。瓠子,地名,在今河南濮陽縣西南。史記河渠書:"今天子元光之中,而河決於瓠子。"

〔二九四〕熙寧十年秋,大決曹村下埽,及澶:曹村,地名。在今河南滑縣東北。埽,堤岸。澶,指澶淵,古湖泊名。在今河南濮陽縣西。宋史五行志一上:"(熙寧)十年七月,河決曹村下埽,澶淵絶流,河南徙。"　後派爲二,一會南清河入淮,一合北清入海:"爲二"、"一會",喬本、洪本、吴本"二"、"一"二字誤倒,作"爲一"、"二會";四庫本則"爲二"讹作"爲一"。今據備要本訂正。南清河,古泗水到宋以後通稱清河,又稱南清河。發源於今山東泗水縣境,西流經曲阜市、濟寧市兗州區,折南至微山縣魯橋鎮入運河。古泗水自魯橋以下又南流至江蘇徐州市東北,循淤黃河東南流至淮安市淮陰區北,注入淮河。北清,指北清河,即古濟水。其上源與會通河合,自山東東平縣分流而西北,至東阿縣魚山鎮東,復折而東北,經東阿縣、平陰縣、濟南市長清區、濟陽縣、博興縣等地,東北入海。宋史河渠志二:"己丑,遂大決於澶州曹村,澶淵北流斷絶,河道南徙,東匯于梁山、張澤濼,分爲二派,一合南清河入于淮,一合北清河入于海。"

〔二九五〕上詔築堤石十四里:上,指宋神宗。喬本、洪本、備要本讹"土",今據吴本、四庫本訂正。

〔二九六〕孫洙作記:即澶州靈津廟碑(見宋文鑑卷七六)。孫洙,北宋詞人,官至翰林學士。

〔二九七〕功之所施,名川三百,支流三千:莊子天下:"昔者禹之湮洪水,決江河而通四夷九州也,名川三百,支川三千,小者无數。"　而弗自功,惟心勦形瘵以趣事:自功,自以爲有功績。勦(jiǎo),勞累。各本均作"剝"。彦按:作"剝"於義不合,當爲"勦"字之讹。"剝"即"剥"字,亦作"剿",與"勦"形近;蓋"勦"先讹"剿",輾轉又成"剝"也。今訂正。瘵(zhài),病,憔悴。趣事,猶今言投身工作。趣(qū),赴。

〔二九八〕手不爪，腓亡肢：不爪，沒有指甲。腓，小腿肚。肢（bá），腿、脚上的肉。喬本、洪本、備要本作“肰”，吳本、四庫本作“然”。彥按：作“肰”、作“然”無解，“肰”當是“肢”字形近而譌。今訂正。俗以“肰”爲“然”字異體，故或又作“然”。尸子君治：“禹於是疏河決江，十年未闚其家，手不爪，脛不毛，生偏枯之疾，步不相過，人曰禹步。”又莊子天下：“昔者禹之湮洪水，……親自操橐耜而九雜天下之川，腓无胈，脛无毛。”　儀色黴：儀色，面容，臉色。洪本“色”譌“邑”。黴（méi），垢而黑。

〔二九九〕黐：字書不見，蓋同“驁”，即“鷔”字。廣韻齊韻：“鷔，黑而黄也。”以釋“黴”，正相符。吳本、四庫本無此注文。

〔三〇〇〕偏支不遂，跳不相及：偏支不遂，猶言半身不遂，偏癱。“偏”字吳本、四庫本未見，餘本則誤闌入注文中，今移出爲正文。支，“肢”之古字。跳，謂一瘸一拐地走路。不相及，猶不相過，謂後脚不能邁到前脚之前。荀子非相：“禹跳，湯偏。”參見上注〔二九八〕。　竅息不通，勞而不居，以勤于民而中帝心：竅息，鼻息，呼吸之氣。居，據有，謂居功。中（zhòng），契合。吕氏春秋行論：“禹……官爲司空，以通水潦，顏色黎黑，步不相過，竅氣不通，以中帝心。”逸周書太子晉解：“如禹者聖，勞而不居，以利天下。”

〔三〇一〕微：無，沒有。左傳昭公元年：“劉子曰：‘美哉，禹功！明德遠矣。微禹，吾其魚乎！’”

〔三〇二〕行年三十，取於塗山氏：行年，洪本“行”字闕文，吳本、四庫本則脱。取，“娶”之古字。四庫本作“娶”。

〔三〇三〕越春秋：各本均作吕春秋。彥按：下文所載，出自吳越春秋越王無余外傳，“吕”當作“越”，今訂正。　禹年三十未娶，行塗山，恐時莫失制，曰：“娶必有應”：塗山，在今浙江紹興市越城區西北。莫，“暮”之古字。失制，謂違背禮制。應，顯應，徵驗。吳越春秋原文作：“禹三十未娶，行到塗山，恐時之暮，失其度制，乃辭云：‘吾娶也，必有應矣。’”

〔三〇四〕白者，吾服也：吾，各本均譌“五”，今訂正。今本吳越春秋此句作：“白者，吾之服也。”。　九尾者，陽數也：今本吳越春秋作：“其九尾者，王之證也。”

〔三〇五〕塗人歌曰：自此至下“我造彼昌”二十一字，不見於吳本及四庫本。　綏綏白狐也：吳越春秋無"也"字。詩衛風有狐："有狐綏綏，在彼淇梁。"朱熹集傳："綏綏，獨行求匹之貌。"　九尾瀧瀧：原作"九尾九尾龐"，顯然有誤，今據吳越春秋訂正。瀧瀧（máng máng），大而蓬鬆貌。　成家成室，我造彼昌：原書有闕文，作"□□成□□□□昌"，今據吳越春秋訂補。

〔三〇六〕而天問云：洪本"云"字爲墨丁，吳本、四庫本作"曰"。　焉得彼盦山女，而通之于台桑：洪本作"焉得□山□□□□□之于台桑"，闕文處爲塗墨。盦，"塗"之古字，吳本作"𡈼"，四庫本作"塗"。"而通"之下，喬本有一墨丁，備要本亦空一字之位，查天問，此處並無闕文，今從吳本及四庫本。台桑，地名，即禹娶塗山氏女處。吳本、四庫本"桑"作"棸"，同。下"台桑"之"桑"同。朱熹楚辭集注："此問禹……當此之時，焉得彼盦山氏之女而通夫婦之道於台桑之地乎？"

〔三〇七〕世紀云："云"字喬本爲墨丁，洪本爲闕文，今姑從餘本。　塗山氏合昏于台桑之野：合昏，結婚。昏，"婚"之古字。野，洪本闕文，吳本、四庫本作"地"。

〔三〇八〕塗山，濠之鍾離西九十五里塗山也：濠，州名，治所即在鍾離。該字喬本爲墨丁，備要本作空白，而洪本則連其上"塗山濠"三字並爲墨丁，吳本、四庫本又連其下"濠之"二字並脱之。又，"九十五里"，各本皆作"七十里五"。彥按：闕文當爲"濠"字。"七十里五"則爲"九十五里"之訛。元和郡縣圖志卷九濠州鍾離縣、太平寰宇記卷一二八濠州鍾離縣並曰："塗山，在縣西九十五里。"今據以訂補。鍾離，縣名，治所在今安徽鳳陽縣臨淮關鎮。　即平阿縣之當塗：各本皆作"即平河之當塗縣"。彥按：平河在今山西臨汾市堯都區境，與濠之鍾離相去絶遠，必誤。今謂平河當作平阿，"縣"字亦當上移至"平阿"下。平阿縣，治所在今安徽懷遠縣西南。懷遠正在鳳陽之西也。水經注卷三〇淮水引郡國志曰："平阿縣有當塗山。"蓋即羅氏所本。今據以訂正。附帶言之，上水經注"平阿縣有當塗山"，或以"當"字爲衍文而删之，楊守敬疏曰："按：續漢志無'當'字，故戴删。然初學記六、御覽四十三、通鑑梁普通五年，注引此並作當塗山。後漢書(滕)[勝]撫傳，陰陵人徐鳳反，築營於當塗山中。即此。章懷云，當塗縣之山。（惟云在宣州誤。）蓋就山言曰塗山，就縣言曰當塗山，如弋山亦稱弋陽山，蒙山亦稱蒙陰山也。當塗、平阿二縣相接，故分有此山。又地形志,巳吾有當塗山。隋志,塗山縣有當塗山。皆稱當塗山之證。酈氏下以荆山、當塗對舉,當塗緊承此當塗山言,足徵‘當’字不宜删。”其説可從。　　壽春東北:洪本“壽”字爲墨丁。吳本、四庫本無此四字。壽春,縣名,治所在今安徽壽縣。

〔三〇九〕□□□塗山西南台桑地也:吳本、四庫本無此注文。喬本、洪本前四字並爲塗墨,備要本則呈闕文,此據清蔣驥山帶閣註楚辭卷三天問“焉得彼嵞山女而通之於台桑”注引太康地紀補出“塗”字。

〔三一〇〕應劭等以爲會諸侯處:自此而下至“尤疎脱”,吳本、四庫本所無。洪本“會諸”二字爲塗墨。

〔三一一〕又巴渝江北岸有塗山、禹廟、塗君祠,常璩、仲雝等言禹會在此,尤疎脱:洪本“塗山”、“禹會”四字爲塗墨。巴渝,指今重慶市一帶地區,其地古或稱巴郡,或稱渝州。仲雝,指南朝宋地理學家庾仲雝。疎脱,粗疏,輕率。水經注卷三三江水:“江之北岸,有塗山,南有夏禹廟、塗君祠,廟銘存焉。常璩、庾仲雝竝言禹娶於此。余按羣書,咸言禹娶在壽春當塗,不于此也。”

〔三一二〕趫:音 qiáo。吳越春秋越王無余外傳作“女嬌”,云:“禹因娶塗山女,謂之女嬌。”

〔三一三〕禹娶塗山之子,名曰攸女,生啓:洪本“禹娶”二字爲塗墨。吳本“娶”譌“聚”。啓,喬本、洪本、備要本譌“余”,此從吳本、四庫本訂正。

〔三一四〕故世紀云“納塗山氏,是爲攸女”也:世紀云,吳本如此,喬本、四庫本、備要本作“世本禹”,洪本作“世□□”。彦按:太平御覽卷一三五引帝王世紀,内容大體相同,蓋吳本作“世紀云”是,今姑從之。

〔三一五〕辛壬癸甲:書益稷,禹曰:“(予)娶于塗山,辛壬癸甲。”周秉鈞易解:“辛壬癸甲,婚事所歷之日期。”

〔三一六〕行十月而生啓:啓,洪本爲塗墨;吳本作“子”,則下“啓”字宜連上讀。吳越春秋越王無余外傳:“禹行十月,女嬌生子啓。”

〔三一七〕啓見其父,呱呱而泣,而弗皇子也:洪本“啓”字爲塗墨。呱呱(gū gū),小兒哭聲。弗皇,無暇,没空。皇,通“遑”。子,謂當幼子對待,即給予關愛。書益稷,禹曰:“啓呱呱而泣,予弗子,惟荒度土功。”

〔三一八〕劉向説苑及孔晁云出先人書家語:彦按:此説有誤。“孔晁云出”或當作“孔猛所出”。水經注卷三〇淮水，在敍述有關禹與塗山傳説之後云：“又按劉向説苑辨物，王肅之敍孔子廿二世孫孔猛所出先人書家語，並出此事。”是也。

〔三一九〕見水經注卷三〇淮水引吕氏春秋，文字略有異同。　越四辰而復往治水：吴本“往”譌“注”。

〔三二〇〕太史公言“辛壬娶，癸甲生啓”，繆矣：史記夏本紀：“禹曰：‘予辛壬娶塗山，癸甲生啓。’”司馬貞索隱：“按：尚書云‘娶于塗山，辛壬癸甲。啓呱呱而泣，予弗子’。今此云‘辛壬娶塗山，癸甲生啓’，蓋今文尚書脱漏，太史公取以爲言，亦不稽其本意。豈有辛壬娶妻，經二日生子？不經之甚。”

〔三二一〕夫娶與生子：吴本“娶”譌“妻”。

〔三二二〕列女傳言娶四日，去而治水；啓既生，呱呱：去而治水，各本原作“而去治水”，今據列女傳訂正。列女傳卷一啓母塗山原文爲：“既生啓，辛壬癸甲，啓呱呱泣，禹去而治水。”

〔三二三〕王逸言“辛酉日娶，甲子日去，而有啓”：見楚辭天問“閔妃匹合厥身是繼，胡維嗜不同味而快鼂飽”王逸章句。　故説文云，九江當塗民以辛壬癸甲之日嫁娶：四庫本“民”譌“氏”。説文屾部：“嵞，會稽山。一曰九江當嵞也。民以辛壬癸甲之日嫁娶。”　而水經亦言江淮之俗，至今以辛壬癸甲爲嫁娶日也：見水經注卷三〇淮水。江淮，各本均譌作“汝淮”，今據水經注訂正。

〔三二四〕稱畚築，議遠邇，程土石：稱，均衡。畚，盛土之器。築，築土之杵。左傳宣公十一年“稱畚築”孔穎達疏：“稱畚築者，量其輕重，均負土與築者之力也。”議遠邇，各本均作“賦襄蘧”。彦按：賦襄蘧，費解。左傳宣公十一年載楚令尹蒍艾獵城沂，稱其做法，有“平板幹，稱畚築，程土物，議遠邇，略基趾”云云，羅氏蓋借其詞以稱禹，故多同。“賦襄蘧”宜即“議遠邇”之譌，今訂正。程，計量。土石，各本“石”均作“后”。彦按：“程土后”不辭，“后”當“石”字形譌，今訂正。

〔三二五〕見吕氏春秋樂成，文字略有異同。　令民聚瓦礫：聚，備要本如此，與今本吕氏春秋同，今從之。喬本、洪本、吴本作“娶”，誤。四庫本作“聖”，與“聚”音同義通。

〔三二六〕令民聚土積薪：聚，備要本如此，與今本淮南子同，今從之。喬本作"取"，洪本、吳本作"娶"，非；四庫本作"堅"，音義同"聚"。

〔三二七〕略基趾，平版幹：略，巡行，巡視。基趾，建築物之地基。各本均作"略兹基"。彥按：略兹基，費解。當即左傳宣公十一年"略基趾"之譌，今訂正。楊伯峻春秋左傳注云："案行邊境曰略。城郭基趾亦是城郭之界，故亦用略字。呂祖謙左氏傳説云：'先巡略基趾，闊狹、高下、方圓、曲直都安排之。'"板幹，古代築城或築牆時用的夾板及其兩旁支撑的木柱。左傳宣公十一年"平版幹"孔穎達疏："平板幹者，等其高下，使城齊也。"　坏城郭，謹關遂，以御寇攘，使民知間闠屋室之築：坏，通"培"，增益，謂加厚、加固。字亦作"坯"。禮記月令孟冬之月："坏城郭。"鄭玄注："坏，益也。"關遂，邊關的烽火，借代邊防。遂，通"燧"。寇攘，劫掠，侵擾。間闠(huì)，泛稱門間。各本"闠"作"闠"。彥按："闠"字不見於字書，疑爲"闠"字之訛(二字形絕相近)。玉篇門部"間，里門也"，"闠，市外門也"，於義爲同類，其連用亦合古漢語多同義連文之特點。今姑訂作"闠"。

〔三二八〕城池古有：洪本、吳本、備要本"池"譌"也"。

〔三二九〕處士東里槐責禹亂天下。禹乃退而作三章，强者攻，弱者守，敵者戰。故城郭繇禹始：見晉張華博物志史補，"東里槐"或作"東鬼塊"，"三章"或作"三城"。東里槐，洪本"東"譌"束"。攻，洪本、吳本譌"殳"。敵，謂相匹敵，力量相當。彥按："三章"疑當從别本博物志作"三城"爲是。如此，方與下"故城郭繇禹始"相應。

〔三三〇〕見淮南子原道，文字不盡相同。　緜作三仞之城：緜，洪本、吳本譌"繇"。仞，各本均譌"勺"，今據淮南子訂正。　禁甲兵：淮南子原文作"焚甲兵"。　海外賓服：賓服，歸順，服從。淮南子原文作"賓伏"，字異詞同。　會諸侯於塗山，執玉帛者列萬國：執玉帛者，古諸侯朝聘、會盟，均執玉帛。洪本"玉"譌"王"。　故機械之心藏於胷中，則純白不粹：純白，指人純潔之本性。高誘注："機械，巧詐也。藏之于智臆之内，故純白之道不粹。"　在身不知，何遠之能懷：在身，於己。身，自身。知，"智"之古字，明智，理智。懷，安撫。

〔三三一〕謂人亡食則不能使也，不利於人則不能勸也，故鑿河而定之九牧，鑿江而涓之九路，澄五湖而定東海：自此而下至"而信諭矣"，大抵撮取自新書脩政語上。勸,鼓勵。鬟河,見上注〔二八九〕。九牧,九州。涓,流。澄,澄清,安定。喬本、洪本、吳本、備要本作"鄧",四庫本作"疏"。彥按:字當從新書作"澄",蓋因訛而作"鄧",義不可解,故四庫本又改爲"疏"。今訂正。新書脩政語上:"大禹曰:'民無食也,則我弗能使也;功成而不利於民,我弗能勸也。'故鬟河而導之九牧,鑿江而導之九路,澄五湖而定東海,民勞矣而弗苦者,功成而利於民也。"彥按:新書"九牧"之"牧",方向東"疑當從淮南子作'歧'",云:"九歧,九條支流。"(見賈誼集匯校集解)其說可從。而路史既改"導之九牧"爲"定之九牧",則羅氏蓋未以譌字視"牧"也。

〔三三二〕諭:表明,顯示。

〔三三三〕通九派,疏五湖,鴻水漏,中州乾:見資治通鑑外紀卷一帝堯。原文"疏五湖"下尚有"濬四瀆"一句。派,江河的支流。漏,排泄。中州,指中原地區。乾(gān),謂水潦消失。

〔三三四〕率然:灑脱。

〔三三五〕人阻饑而價子者,取歷山之金制弊贖之:阻饑,飢餓。典出書舜典:"黎民阻飢。"喬本、洪本"阻"譌"祖",此從餘本訂正。又洪本"饑"作"飢",通。價(yù),賣。弊,通"幣",吳本、四庫本、備要本作"幣"。贖,各本均作"賣"。彥按:"賣"當"贖"字之譌。管子山權數云:"湯七年旱,禹五年水,民(之)[有]無糧賣子者。湯以莊山之金鑄幣,而贖民之無糧賣子者。禹以歷山之金鑄幣,而贖民之無糧賣子者。"又鹽鐵論力耕云:"禹以歷山之金,湯以莊山之銅,鑄幣以贖其民,而天下稱仁。"當即路史所本,今據以訂正。

〔三三六〕羨餘胥給,以均諸侯:羨餘,盈餘,剩餘。胥給(jǐ),互相接濟。胥,相。給,足。史記夏本紀:"(禹)命后稷予衆庶難得之食。食少,調有餘相給,以均諸侯。"

〔三三七〕高道穆表:彥按:高道穆當作高謙之,謙之爲道穆兄,北魏時官鑄錢都將長史,其所上表並見魏書、北史高謙之傳。羅氏於此張冠李戴矣。　莊山:在今四川滎經縣北。

〔三三八〕詳上注〔三三五〕。

〔三三九〕按夏貨乃有二金:此下至"重也"四十二字爲吳本、四庫本所無。

〔三四〇〕金字作舌;二,川:金,原作"一金"。彥按:"一"字當爲衍文。下

“又有一金”，始言一金耳。今删去。舌，洪本、備要本作“舌”。又，“川”字下喬本、備要本有一字之空位，洪本作“𦬕”，是否闕文，抑爲何字，待考。

〔三四一〕義雲章“夏”作仌：義雲章，佚書，作者不詳。備要本“仌”作“仝”。　而俅集古“夏”正與此弊同：俅，指宋代金石學家王俅。集古，指嘯堂集古録。弊，通“幣”。

〔三四二〕乃商九州之高下，相其原隰及山川之便利：商，計量，計算。相，考察。原隰，平原與窪地，泛稱原野。　任其胜腃、格朷：任，依據。胜腃，肥瘠，指土質之肥沃或磽薄。管子入國“必知其食飲飢寒、身之腃胜而哀憐之”尹知章注：“腃，瘦也。胜，肥也。”胜，各本均譌“肚”，今訂正。腃，四庫本譌“腊”。格朷，堅硬或柔韌。格，通“垎”，土堅硬。朷，同“韌”。　胗其殖礛、剽恋、沙礫：胗，通“診”，視，察。殖，通“埴”，黏土。礛（lán），礛諸，礪石，粗石。各本均作“磤”。彦按：“磤”字不見於字書，當爲“礛”字形譌。蓋因上“殖”字而誤同偏旁也。今訂正。剽恋（shù），堅密。管子地員“剽恋囊土”尹知章注：“剽，堅也。恋，密也。”吴本、備要本“恋”譌“杰”。沙礫，沙子和碎石。各本“礫”均作“桀”。彦按：“沙桀”無義，“桀”當“礫”字形譌，今訂正。　作其畦畛：畦（qí），田園中劃分的小區塊。畛（zhěn），田間分界的小路。

〔三四三〕傳言禹“經启九道”，“畫爲九州”：左傳襄公四年：“芒芒禹迹，畫爲九州，經启九道。”楊伯峻注：“經启，經略而開通。九道，九言其多。舊注以爲‘九州之道’，似失之拘泥。”

〔三四四〕實在治水之後：四庫本“實”作“寔”。

〔三四五〕蓋因治水見地勢之分斷，皆出自然：見，洪本作“息”，吴本、四庫本作“悉”，俱誤。蓋“見”初形近而譌“息”，後復音近而譌“悉”。分斷，分隔。

不可十二，乃復爲九爾：彦按：書舜典：“肇十有二州。”孔氏傳云：“肇，始也。禹治水之後，舜分冀州爲幽州、并州，分青州爲營州，始置十二州。”羅氏所説之“復爲九州”，宜更在其後。

〔三四六〕九州之土有常而物有次：物，物産。次，等級，等差。管子地員：“九州之土，爲九十物。每（州）[土]有常，而物有次。”

〔三四七〕五沃之土，五粟爲長，五臭所毓：五沃之土，泛稱五方沃土。五粟，指五種最適宜種植的優質土壤，其顔色或赤或青或白或黑或黄。長，最上等。五臭,指薜荔、白芷、蘪蕪、椒、連(通"蘭")五種有氣味的植物。毓,同"育"。管子地員:"羣土之長,是唯五粟。五粟之物,或赤或青或白或黑或黄。……五粟之土,……五臭生之:薜荔、白芷、蘪蕪、椒、連。"

〔三四八〕有十二壤:壤,土,謂方土。各本均譌"襄",今訂正。十二壤見周禮地官大司徒:"辨十有二壤之物而知其種,以教稼穡樹藝。"鄭玄注:"壤亦土也,變言耳。"又其上文"以土宜之灋辨十有二土之名物"注:"十二土分野十二邦,上繫十二次,各有所宜也。"

〔三四九〕此以壤邑辨,蓋如周禮草人糞種之法:壤邑,猶鄉土。備要本"壤"譌"襄"。周禮,各本"禮"均譌"施",今訂正。糞種,古代農民播種前對種子的一種處理方法,即根據土質之不同,使用不同動物骨頭煮汁拌和穀物種子。周禮地官草人:"凡糞種,騂剛用牛,赤緹用羊,墳壤用麋,渴澤用鹿,鹹潟用貆,勃壤用狐,埴壚用豕,彊㯺用蕡,輕㷀用犬。"鄭玄注:"凡所以糞種者,皆謂煮取汁也。"彦按:書禹貢,冀州云白壤,青州云白墳,兗州云黑墳,徐州云赤埴墳,揚州、荆州云涂泥,豫州云墳壚,梁州云青黎,雍州云黄壤,此蓋羅氏所謂"壤邑"也。

〔三五〇〕劉氏以大司徒十二土爲十二州之土,如職方所掌:劉氏,指宋劉敞。大司徒,周禮地官篇名。職方,即職方氏,周代官名。掌天下地圖與四方職貢。　職方從時王,大司徒因上古:職方,即職方氏,周禮夏官篇名。時王,當時王朝,此指周。彦按:職方氏但言九州,此所謂"從時王"也。上古,喬本、備要本"上"譌"土",此從餘本。　如十二壤,每土有十二之別,若草人騂剛之九土,而益以青黎、涂泥:十二壤,見上注〔三四八〕。每土,四庫本"土"譌"上"。騂剛之九土,見上注。騂剛,指色赤而堅硬之土。騂(xīng),赤色。各本均譌"醉",今訂正。青黎,青黑色,此指青黑色土。涂泥,猶今言濕土。彦按:照此説,則周禮地官大司徒"以土宜之灋辨十有二土之名物"之"十有二土",與"辨十有二壤之物而知其種"之"十有二壤"不同,而與鄭玄説異。今録敞公是七經小傳卷中周禮原文於下:"大司徒:'以土宜之灋辨十有二土之名物……'十有二土者,即十二州也。州各有宜,如職方氏所掌耳。周雖合十二州爲九州,然本堯所分,十二異宜,故職方氏從時王之制以正其名,而大司徒因上古之法以教民。"又曰:"'辨十有二壤之物而知其種,以教稼穡樹藝',……

此言十二壤者,率一土復有此十二之別,當知其種之所入,即草人所掌糞種之法:騂剛用牛,赤緹用羊,墳壤用麋,渴澤用鹿,鹹潟用貆,勃壤用狐,埴壚用豕,彊㯺用蕡,輕㺀用犬,凡九也。又有青黎、塗泥、墳壚,草人不掌者,青黎、塗泥可不必糞,墳壚則從埴壚矣。此所謂十二壤。”

〔三五一〕上土廣舄、黄壤、赤埴:廣舄(xì),廣闊的鹽漬土,指濱海地區。舄,通“潟”,鹽碱地。禹貢作“廣斥”,以稱青州土。黄壤,黄色細土。禹貢以稱雍州土。赤埴,紅色黏土。埴,通“埴”,黏土。禹貢作“赤埴墳”,以稱徐州土。　中土黑墳、白壤、墳壚:黑墳(fén),黑色沃土。禹貢以稱兗州土。白壤,淺色細土。禹貢以稱冀州土。墳壚,肥沃黑土。禹貢以稱豫州土。　下土青驪、塗泥:青驪,同“青黎”。禹貢作“青黎”,以稱梁州土。塗泥,禹貢以稱揚州及荆州土。　品居庶彙,而正九賦:品居,評價辨別。庶彙,衆類。正,定,確定。九賦,九州之賦。彦按:以上路史上土、中土、下土之分,本於禹貢。顧頡剛、劉起釪云:“禹貢九州田地的分等,大體是根據當時農業發展情況,不是率意編排的,也不是根據什麽地形高下或地質肥瘠,而只是反映了禹貢編寫者所處的周代華夏這塊大地上各地區農業生產水平的高低。由此並可悟各州賦入的等第當也有所據,大體當是根據各地經濟繁榮程度來定的。”(見尚書校釋譯論禹貢冀州“厥田惟中中”校釋)是矣。

〔三五二〕隨食志:即隋書食貨志。隨,通“隋”。　禹制九等而康歌興:九等,指九等之賦。康歌,即所謂“康哉之歌”。見書益稷:“(皋陶)乃賡載歌曰:‘元首明哉! 股肱良哉! 庶事康哉!’”

〔三五三〕惟冀、豫、梁、揚錯出:錯出,雜出。彦按:“禹貢把九州的田和賦都分成九等,即是:上上、上中、上下,爲一、二、三等;中上、中中、中下,爲四、五、六等;下上、下中、下下,爲七、八、九等。”(見尚書校釋譯論禹貢冀州“厥賦惟上上錯”校釋)於此四州之賦,冀州則稱“厥賦惟上上,錯”,豫州則稱“厥賦錯上中”,梁州則稱“厥賦下中,三錯”,揚州則稱“厥賦下上,上錯”,皆有“錯”,即所謂“錯出”也。錯者,錯雜之意,謂除標準賦外,又雜出特殊賦。如冀州“厥賦惟上上,錯”,孔穎達疏:“此州以上上爲正,而雜爲次等,言出上上時多,而上中時少也。多者爲正,少者爲錯。”是也。據此,即冀州賦爲一等,雜出二等;豫州賦爲二等,雜出一等;梁州賦爲八等,雜出七等與九等;揚州賦爲七等,雜出六等。

〔三五四〕冀、豫、荆、青、徐、雍、兗、揚、梁爲次：彦按：冀州賦爲一等，雜出二等；豫州賦爲二等，雜出一等；荆州賦爲三等；……並以賦之遞減爲次。惟兗州賦今本禹貢作"厥賦貞"，未明其等。羅氏列之於雍（六等）、揚（七等，雜六等）二州之間，蓋從蘇軾書傳之説。蘇氏云："貞，正也。賦隨田高下，此其正也。……此州田中下，賦亦中下，田賦皆第六，故曰貞。"其説實非。宋馬廷鸞以爲："貞字不過'下下'之誤耳。"（見六經集傳）元金履祥尚書表注亦云："貞，本'下下'篆文重字，但於字下從'二'。兗賦下下，古篆作'丟'，或誤作'正'，遂訛爲'貞'。"其説甚辯。顧頡剛、劉起釪又提出五條證據以證成之（詳尚書校釋譯論），當可依信。若然，則兗州賦爲九等，宜移梁後。　然雍、兗皆六，六而無九：六，謂賦第六等。九，謂賦第九等。此因禹貢兗賦譌文導致誤解其義，乃有此言。

〔三五五〕一夫履地五十而貢：履地，指擁有土地。履，謂踐履所及之範圍。孟子滕文公上："夏后氏五十而貢。"趙岐注："民耕五十畝，貢上五畝。"

〔三五六〕井里古法：指古代井田與邑里劃分及賦稅之法。四庫本"井里"作"井田"。

〔三五七〕孫毓以謂井、邑、丘、甸爲周制；禹治水，未暇及丘甸：孫毓，晉汝南太守。以謂，四庫本作"以爲"。井、邑、丘、甸，古井田制時代政區單位名稱。周禮地官小司徒："乃經土地而井牧其田野，九夫爲井，四井爲邑，四邑爲丘，四丘爲甸，四甸爲縣，四縣爲都，以任地事而令貢賦，凡稅斂之事。"詩小雅信南山："信彼南山，維禹甸之。"鄭玄箋："信乎彼南山之野，禹治而丘甸之。"孔穎達疏："箋以此'維禹甸之'爲丘甸。孫毓云：'禹平治水土，以除洪水之災。當此之時，未及丘甸其田也。且井、邑、丘、甸，出于周法；虞、夏之制，未有聞焉。今以周之法爲虞、夏之説，又謂禹治水土皆丘甸之，非其義也。'"

〔三五八〕語云"盡力溝洫"：溝洫，田間水道，借指農田水利。宋書符瑞志下引禮含文嘉曰："禹卑宫室，盡力溝洫，百穀用成，神龍女降。"　書云"濬畎澮"：見書益稷。　詩亦有云"惟禹甸之"：見小雅信南山，其文曰："信彼南山，維禹甸之。"鄭玄箋："信乎彼南山之野，禹治而丘甸之。"蓋即羅氏所本。

〔三五九〕九貢：指九州進貢之方物。

〔三六〇〕沇之漆、絲、織文：此下至“雝之球、琳，琅干”，大抵撮取自書禹貢。沇，同“兖”，指兖州。吳本譌“沈”。織文，有花紋圖案的絲織品。織，音zhì。　青之鹽、絺，海物惟錯，岱畎絲、枲、鉛、松、怪石，萊夷厭絲：海物，泛稱包括魚類在内的海產品。惟錯，言其種類繁多。錯，錯雜。岱畎，泰山谷地。畎，山谷。枲(xǐ)，大麻的雄株，纖維可織麻布。此泛指麻。萊夷，古族名，居住地在今山東半島。厭絲，柞蠶絲。厭，通“檿”，音yǎn，山桑，即柞樹。禹貢作“檿絲”。　徐之色土，羽畎夏翟，泗濱浮磬，繹陽孤桐，淮夷之玄纖、縞、玭珠及魚：色土，即五色土，古代帝王鋪填社壇用的五種不同顏色的土。羽，指羽山。在今山東郯城縣東北。夏翟，五色野雞羽毛。夏，五色，五彩。翟，長尾野雞。浮磬，見後紀七小昊青陽氏注〔一〇七〕。繹陽，地名，在嶧山南面，即今山東鄒城市東南。繹，通“嶧”。禹貢作嶧陽。孤桐，高大的桐木。孤，特，聳立。玄纖，黑色繒。縞，白色綢。玭珠，即蚌珠，珍珠。玭，音pín，各本皆作“班”。彦按：“班珠”費解。“班”當“玭”字形譌，“玭”同“蠙”。禹貢即作“蠙珠”。今訂正。

〔三六一〕禹貢之匪三：匪，“筐”之古字，圓形竹筐。今本禹貢作“筐”。其於兖州，文曰：“厥筐織文。”其於青州，文曰：“厥筐檿絲。”其於徐州，文曰：“厥筐玄纖、縞。”孔氏於“厥筐織文”之下傳曰：“織文，錦綺之屬，盛之筐篚而貢焉。”孔穎達疏：“筐是入貢之時盛在於筐。”

〔三六二〕玄、纖、縞，三物：彦按：宋蔡沈書經集傳卷二禹貢“厥筐玄纖縞”集傳：“玄，赤黑色幣也。……纖、縞，皆繒也。”蓋即羅氏所本。然以“玄”爲名詞，極可疑。

〔三六三〕古今訓纖物爲細：彦按：書禹貢“厥筐玄纖縞”孔氏傳：“纖，細也。”疑此“纖物”之“物”字爲衍文。

〔三六四〕揚、荆，三金、齒、革、羽、毛惟木：揚，洪本、吳本譌“楊”。三金，禹貢作“金三品”，顧頡剛、劉起釪校釋譯論：“金三品即青銅、白銅、赤銅。”齒、革、羽、毛惟木，孔氏傳：“齒，象牙。革，犀皮。羽，鳥羽。毛，旄牛尾。木，楩梓、豫章。”惟，與。　揚之瑤瑻、筱簜，島夷卉服、織貝、橘櫨錫貢：瑤瑻，美玉美石名。說文玉部：“瑤，玉之美者。”“琨，石之美者。……瑻，琨或从瓘。”各本“瑤”作“搖”，“瑻”作“關”。彦按：今本禹貢作“瑤琨”，陸德明釋文：“琨，美石

也。馬本作‘瓃’，韋昭音貫。”此“摇”乃“瑶”字音譌，“關”乃“瓃”字音譌。今
訂正。筱簜，竹子。筱，同“篠”；簜，通“簜”。禹貢作“篠簜”。説文竹部：“筱，
箭屬，小竹也。”“簜，大竹也。……簜可爲幹，筱可爲矢。”島夷，指東南沿海島
嶼上的少數民族。卉服，草編的衣服。後世蓑衣，蓋其遺留。織貝，用貝殼編
連而成的衣飾。喬本、洪本、吴本“貝”譌“具”，此從四庫本及備要本。彦按：
前人多釋爲織有貝殼花紋之錦名。顧頡剛云：“此承島夷來，彼方固不産帛
也。”又云：“臺灣高山族切貝殼至極薄，成小圓片，鑽孔而以繩連貫之以爲飾。
疑禹貢揚州‘厥篚織貝’，即是此製。”（見尚書校釋譯論）可從。櫠，同“柚”。
禹貢作“柚”。錫貢，猶進貢。錫，通“賜”，給予。上古時，無論上予下，還是下
予上，皆可稱“錫”。

〔三六五〕卉，今之黄草：黄草，草名。又稱藎草。莖葉可作染料，煮以染
黄。又多用於編織草鞋、草帽等生活用品。　　貝，今之吉貝：洪本作“具，今之
吉貝”，吴本、四庫本作“具，今之吉草”，俱誤。吉貝，梵語或馬來語的譯音，古
時兼指棉花和木棉。

〔三六六〕代：世。

〔三六七〕玭，夏書從賓、從虫：自此而下至“珠之有聲者”，撮引自説文玉
部玭篆説解。玭，各本均譌“班”，今訂正。下“玭珠”之“玭”同。

〔三六八〕宋弘云：淮水出玭珠，珠之有聲者：宋弘，東漢賢臣，官至大司空，
封宣平侯。淮水，喬本“淮”譌“准”，今訂正。珠之有聲者，明楊慎曰：“聲謂有
名價也。唐人文有‘珠聲玉價’之語，本此。”（見丹鉛續録卷五評文珠聲玉價）

〔三六九〕荆之杶、幹、栝、柏，厲、砥、砮、丹，及箘簵、楛，玄纁、璣組，包軌菁
茅：杶、幹、栝、柏，並木名。杶，同“椿”，又稱香椿。其木適用於製琴及車轅。
幹，禹貢作“榦”，同；柘木。其木適用於製弓榦。栝（kuò），即檜，俗稱圓柏。
柏，即側柏。栝、柏適用於製棺槨及舟。厲、砥、砮（nǔ）、丹，皆石之類。厲，
“礪”之古字，禹貢作“礪”；粗磨刀石。砥，禹貢作“砥”，同；細磨刀石。備要本
作“底”非。砮，可製箭鏃的石頭。丹，礦物名，即朱砂。箘簵（jùn lù），竹名。
禹貢“簵”作“簬”，同。楛，音 hù，木名，荆屬。箘簵及楛均質堅勁，適用於製箭
桿。玄纁，借代赤黑色和黄赤色的絲織品。玄，赤黑色。纁，黄赤色。璣組，用
以穿珠飾之絲帶。璣，不圓的珠，一説小珠，亦泛稱珠。包軌，“軌”通“匭”，禹

貢作"包匭"。蔡沈集傳:"匭,匣也。……既包而又匣之,所以示敬也。"菁茅,
香草名。茅的一種,有毛刺而三脊。古代祭祀時用以縮酒(束茅立之祭前,灑
酒其上,視其滲下爲神所飲)。吳本"菁"作"青"非。

〔三七〇〕巴陵:郡名,治所在今湖南岳陽市岳陽樓區。

〔三七一〕祥符東荆惟一老人識之:祥符,宋真宗年號大中祥符之省稱。東
荆,舊州名,治所在今河南泌陽縣。喬本、洪本、備要本作"東刻",不可解,此
姑從吳本及四庫本。

〔三七二〕豫之漆、枲、絺、紵、纖、纊、磬錯:紵,紵麻。纖,繒帛。纊,綿絮。
磬錯,治磬用的粗磨石。　梁之熊、羆、狐、狾、璆、鐵、銀、鏤、砮、磬:狾(lái),山
貓。禹貢作"貍",義同。玉篇犬部:"狾,貍也。"璆(qiú),今本禹貢同。而史
記夏本紀"貢璆、鐵、銀、鏤、砮、磬"裴駰集解引鄭玄曰:"黃金之美者謂之鏐。"
則鄭氏所見者當作"鏐"。段玉裁古文尚書撰異從之。顧頡剛、劉起釪云:"段
說極是,此句'鐵銀鏤'三字皆金旁,則第一字亦當爲金旁之'鏐',而後四者皆
金屬。"詳見尚書校釋譯論。其說確鑿不移,當爲定論。鏐(liú),純美的黃金,
又稱紫磨金。鏤,剛鐵,即鋼。磬,洪本譌"砮"。　雝之球、琳,琅玕:喬本、洪
本"琅玕"下有一墨丁,備要本則闕一文。球、琳,皆美玉名。琅玕,即琅玕,似
珠之美石。禹貢作"琅玕"。　東海,魚須、魚目:此下至"隆谷,玄玉",大抵撮
取自尚書大傳。魚須,指鯊魚的須。魚目,指鯨魚的眼珠。晉崔豹古今注:"鯨
魚者,海魚也。大者長千里,小者數十丈。……其雌曰鯢,大者亦長千里。眼
爲明月珠。"又梁任昉述異記卷上:"南海有明珠,即鯨魚目瞳。鯨死而目皆無
精,夜可以鑒,謂之夜光。"　南海,魚革、璣珠、大貝:魚革,魚皮,如鯊魚皮。璣
珠,泛稱珍珠。分而言之,小而不圓者稱璣,大而圓者稱珠。尚書大傳作"珠
璣"。大貝,大型貝殼。喬本、洪本"貝"譌"具",今據餘諸本訂正。藝文類聚
卷八四引毛詩義疏曰:"又有紫貝,其白質如玉,紫點爲文,皆行列相當。大者
有徑一尺六寸。今九真、交阯以爲杯盤。寶物也。"　西海,骨、幹、脅:骨、幹、
脅,尚書大傳作"魚骨、魚幹、魚脅"。鄭玄注:"魚幹、魚脅,未聞。"彥按:魚幹、
魚脅,疑指大海魚不同部位之骨。蓋幹爲脊骨,脅爲肋骨。　北海,魚石、魚
劍、出瑱、擊間:魚石,魚頭中骨如石者。唐劉恂嶺表録異卷下:"石頭魚,狀如
鯆魚,隨其大小。腦中有二石子如蕎麥,瑩白如玉。"即其類。魚劍,鄭玄尚書

大傳注："魚兵如劍也。"彥按：魚兵，漢語大詞典釋爲"指剖魚工具如刀劍者"，則非海中所出，於義不合。而據此下羅苹注文，又似飾物，因疑指魚骨頭製成之兵器狀飾物也。出瑱，鄭玄尚書大傳注："狀如凝膏，在水上。"皮錫瑞疏證："如鄭注義，蓋即今之水母。"

〔三七三〕魚兵如刀劍者：吳本"兵"作"𠂆"誤。 與魚革、脇皆以飾小車、纏兵室羽葆者：小車，馬拉的輕便車。吳本、四庫本"車"譌"東"。兵室，刀鞘、劍鞘之類。羽葆，古代儀仗之一種，即聯綴鳥羽爲飾之華蓋。

〔三七四〕此釋"出瑱"及下釋"擊鼉"，均本鄭玄尚書大傳注。

〔三七五〕如鮐：鄭玄尚書大傳注作"狀如鮐魚"。鮐（tái），海魚名。

〔三七六〕周書言鼉似豲冠：洪本、吳本"似"作"以"。今本逸周書王會作"鼉以豲冠"。黃懷信等彙校："（鼉）〔鼉〕以，王應麟本作'鼉似'，盧校從。"與此正同。彥按：羅氏此言，似以鼉爲擊鼉，並無根據。

〔三七七〕豲冠，奇魚，出揚州：揚州，喬本、吳本、備要本"揚"作"楊"。此從洪本及四庫本。彥按：今本逸周書王會作："揚州禺禺，魚名。解，豲冠。"孔晁注："亦奇魚也。"未知羅氏所見本逸周書無"解"字邪，抑視解與豲冠爲並列之二物邪？若爲後者，則解又爲何物乎？皆可疑。又，何秋濤云："此揚州，孔氏、王氏俱無注，今以上下文推之，非淮海之揚州也，當是今朝鮮國京畿道所屬之揚州。所以知其然者，蓋上文肅慎、穢人、良夷，下文發人，皆在東北海濱，若以淮海揚州列此，則非其次矣。且彼揚州亦未聞有禺禺之魚也。今案呂氏春秋恃君覽曰：'夷穢之鄉，大解、陵魚、其、鹿野、搖山、揚島。'此皆東北地名。大解即下文之解，則揚島蓋即此揚州矣。東山經云：'橄欖（速株二音）之山，食水出焉，而東北流注于海。其中多鱅鱅之魚，其狀如犂牛，其音如彘鳴。'是鱅鱅之魚產于東北陬近海之地。說文言鮷出樂浪東暆，案西漢東暆縣在今朝鮮國京畿道城西南，蓋王會揚州即在此處。今其附近亦有地名揚州，當是相沿古來舊名。堯典：'宅嵎夷，曰暘谷。'嵎夷地在朝鮮暘谷，與揚州聲轉字通，疑是一地。魚之名鮷，蓋亦取嵎夷之地以命名。以此互證，尤爲確鑿也。……解國地在東北陬，蓋即今之費雅喀部人，俗謂之魚皮島者也。在三姓以東，混同江口海口大島也。南北二千餘里，東西數百里，距西岸近處僅百里許。"（轉引自黃懷信等逸周書彙校集注）宜可信從。

〔三七八〕射禮以閒爲射器：見逸周書王會“北唐戎以閒。（閭）〔閒〕（以）〔似〕隃冠”孔晁注。原文“閒”作“閭、象”。射器，射禮所用的器物。儀禮鄉射禮“司射降自西階，階前西面命弟子納射器”鄭玄注：“射器：弓，矢，決，拾，旌，中，籌，福，豐也。”

〔三七九〕鄉射注以爲獸，謂似驢：儀禮鄉射禮“君國中射，則皮樹中，……於郊，則閒中”鄭玄注：“閒，獸名。如驢，一角。或曰：如驢，歧蹄。”

〔三八〇〕大都，鰹魚、魚刀、河蚖、江鼉：大都，古澤名。即明都（據鄭玄尚書大傳注），又稱孟諸。在今河南商丘市梁園區東北、虞城縣西北。鰹，音qíng。魚刀，備要本“刀”譌“刃”。河蚖，尚書大傳作“河魭”。“蚖”通“魭”，同“黿”。江鼉（tuó），尚書大傳作“江鱓”。“鼉”通“鱓”，同“鼉”，即揚子鰐。鄭玄注：“鰹魚，今江南以爲鮑。魚刀，魚兵如刀者也。”又云：“‘魭’當作‘黿’。黿狀如鼈而大。月令季夏‘命漁師伐蛟取鼉，登龜取黿’也。‘鱓’當作‘鼉’。鼉狀如蜥蜴，長六七尺。”　五湖，元唐：史記夏本紀“震澤致定”張守節正義：“五湖者，菱湖、游湖、莫湖、貢湖、胥湖，皆太湖東岸，五灣爲五湖，蓋古時應別，今並相連。”又鄭玄尚書大傳注：“元唐，未聞。”　鉅野之芰：鉅野，古澤名。在今山東巨野縣北。尚書大傳作“鉅野，菠”。説文艸部：“菠，芰也。”一年生草本植物名，其果實即菱角。　鉅定之蠃：鉅定，澤名。故地在今山東博興縣境。蠃，同“螺”。吳本、四庫本譌“蠃”。　濟中，蟾諸：濟中，蓋指古濟水流域中部地區。各本均作“治中”。彥按：“治中”不似地名。尚書大傳作“濟中”，“治”當“濟”字之誤，今據以改。蟾諸，即蟾蜍。各本“蟾”作“膽”。彥按：尚書大傳作“詹”；“詹”通“蟾”。“膽”蓋“蟾”字之譌，今姑訂作“蟾”。　孟諸、九江，大龜：孟諸，古澤名。與上“大都”同地而異稱。尚書大傳：“孟諸，靈龜。”又書禹貢：“九江納錫大龜。”　隆谷，玄玉：隆谷，“隆”通“降”，音xiáng，尚書大傳作“降谷”。鄭玄注：“或作函谷。今河南穀城西關山也。”穀城，縣名，治所在今河南洛陽市西北。玄玉，黑色的玉。　歲咸會于尚方：尚方，古代製造帝王所用器物的官署。

〔三八一〕上農挊土出金，上工碻石出玉：挊（huò），裂。碻，同“毀”。宋陳暘樂書卷一〇六八音中：“古者上農挊土出金以爲鍾，上工磨石出玉以爲磬。”　各以土産，任土作貢：任，依據。書禹貢序：“禹別九州，隨山濬川，任土作貢。"孔氏傳:"任其土地所有,定其貢賦之差。"

〔三八二〕不以所無若所難得者也:若,與。

〔三八三〕凡所貢匪,皆以税物隨時價市之:貢匪,指進貢,貢獻。典出書禹貢:"厥貢漆絲,厥篚織文。"匪,"篚"之古字,竹篋。上古進貢時,絲織品等貴重貢物盛於篚。税物,徵調之物,貢品。市,買。

〔三八四〕邦賦:一地(包括諸侯國及地方行政區)應納之賦税。

〔三八五〕蓋圻外侯不以致遠故也:這大概就是京畿以外諸侯用不着自遠方輸送邦賦穀物之原因了(因爲進貢之土特産已折算成邦賦了)。

〔三八六〕龍子曰:"莫不善於貢":孟子滕文公上:"龍子曰:'治地莫善於助,莫不善於貢。'"趙岐注:"龍子,古賢人也。"

〔三八七〕助:古代借民力助耕公田的一種勞役租賦制度,但制公田而不税夫。

〔三八八〕畿不貢穀米,兵車是之取:兵車是之取,即取兵車。此謂京畿地區不貢穀米而貢兵車。

〔三八九〕自此而下至"蠻流屬焉",大抵撮取自書禹貢。　百里賦納總:參見後紀十一帝堯陶唐氏注〔一二六〕。　二百里納銍:銍(zhì),短鐮刀,借代割下的禾穗。書禹貢"二百里納銍"孔穎達疏:"禾穗用銍以刈,故以銍表禾穗也。"　三百里鞃服:鞃,同"秸",去掉了尖端芒毛的禾穗。禹貢作:"三百里納秸服。"顧頡剛、劉起釪云:"'服'疑爲衍文,承上服字而誤。秸實與總、銍、粟、米並列,其下應無服字。"(見尚書校釋譯論)所疑有理。　四百里粟:粟,穀粒。　凡五百里,爲甸服:五百里,各本均脱"百"字,今據禹貢訂補。

〔三九〇〕甸,佃也:佃,蓋取耕田之義。

〔三九一〕薪芻:柴草。彦按:"薪芻"蓋誤。禹貢"五百里甸服",孔氏傳以爲"爲天子服治田",是也。其賦自宜納田地所産之物,薪芻非其物也。疑本作"秣芻",因"薪芻"一詞常見而誤裁。秣芻,喂牲口的草料,此指禾稾。禹貢"百里賦納總"孔氏傳:"禾稾曰總。"

〔三九二〕戛服,稾蒙之屬:戛服,即秸服。書禹貢:"三百里納秸服。"漢書地理志上作:"三百里内戛服。"稾蒙,未聞。疑即"稾秣":"稾"通"稾","蒙"爲"秣"字音譌。

〔三九三〕如云總爲稾、䆉,銍——所刈䆉,秸爲稾,非惟顛倒,是内反輕矣:各本"如云"下皆有"寢衣之"三字,與上下文均不相屬,當爲衍文,今刪去。彦按:此駁書孔氏傳。孔傳云:"秸,稿也。"

〔三九四〕八州:洪本、吴本、四庫本、備要本"八"均譌"入"。

〔三九五〕是則貢者,在九等田賦之内,以其多寡爲賦之常,非九等賦之外有貢也:吴本脱此二十八字。洪本其中"爲"、"非九等賦"諸字爲闕文,又"貢"字譌"真"。

〔三九六〕經文"納銍",而上特加一"賦"字,則貢賦出於田可知矣:納銍,當作"納總"。禹貢"百里賦納總,二百里納銍","納總"上有"賦"字而"納銍"上無。上,洪本、吴本譌"土"。特,吴本譌"物"。貢,洪本闕文,吴本譌"知"。

〔三九七〕侯服以下,不及所輸物,惟可見也:吴本脱此一十三字。

〔三九八〕侯服之内,采、男、諸侯隸焉:書禹貢:"五百里侯服。百里采,二百里男邦,三百里諸侯。"蘇軾書傳:"此五百里始有諸侯,故曰侯服。"又蔡沈集傳:"采者,卿大夫邑地。男邦,男爵小國也。諸侯,諸侯之爵,大國次國也。"

〔三九九〕五百里皆侯也:洪本"皆"譌"昔"。

〔四〇〇〕以大庇小,故在外:在外,謂大在外。　懼大陵小,故在内:懼大陵小,吴本、四庫本作"懼小陵大"誤。在内,謂小在内。

〔四〇一〕綏服之内,以揆文教,以奮武衛:書禹貢:"五百里綏服。三百里揆文教,二百里奮武衛。"孔氏傳云:"綏,安也。侯服外之五百里,安服王者之政教。"又云:"揆,度也。度王者文教而行之。"

〔四〇二〕如今邊地右軍武、略文藝:右,崇尚。軍武,軍事武備。略,忽視。文藝,文才。

〔四〇三〕要服之内,夷、蔡屬焉:書禹貢:"五百里要服。三百里夷,二百里蔡。"周秉鈞易解:"要者,約也。受王者約束而服事之,謂之要服。"顧頡剛、劉起釪校釋:"馬其昶尚書誼詁云:'要、徼通用,邊塞曰徼,要服即邊服。'其説可通。在本服内按遠近分兩個區域:前三百里内居住夷人,後二百里内安置判處'蔡'(一作粲)刑的人。左傳定公四年'蔡蔡叔'。杜注:'蔡,放也。'釋文引説文作'粲'。"

〔四〇四〕荒服之内,蠻、流屬焉:書禹貢:"五百里荒服。三百里蠻,二百里流。”顧頡剛、劉起釪校釋:“‘荒’,荒遠之意。其所分兩區域,前三百里内居住蠻族,後二百里内安置判處流放刑的人。”

〔四○五〕里川:里程。吳本、四庫本作“里州”,非是。

〔四○六〕古者流蔡以王圻定遠近,今以逐處論,異矣:王圻,王畿。今,洪本、吳本謁“人”。逐處,流放地。

〔四○七〕蔡蔡叔:左傳昭公元年:“周公殺管叔而蔡蔡叔。” 此五宅三居之二:參見後紀十二帝舜有虞氏注〔五三五〕、〔五四五〕。

〔四○八〕視數歲之豐約,酌以爲常:豐約,豐,指豐收,洪本、吳本作“豊”;約,指歉收。酌,斟酌,衡量。常,指常賦。

〔四○九〕而其所以垂法也,九州攸同:九墺咸宅,四海會同:自“九州攸同”而下至“成賦中邦”,見書禹貢,文字略有異同。攸,所。九墺,九州之内。墺,通“奥”,内。吳本、四庫本作“隩”。書禹貢:“九州攸同:四隩既宅,……四海會同。”顧頡剛、劉起釪校釋:“‘四海會同’就是普天下合通統一了。”又國語周語下載禹治水事,則曰:“宅居九隩,合通四海。” 六府孔修,庶土交正;致重財賦,咸則三壤,成賦中邦:六府,掌管貢賦稅收的六個府庫。禮記曲禮下:“天子之六府,曰司土、司木、司水、司草、司器、司貨,典司六職。”孔修,大治。庶土,衆土,各地。交,俱,皆。正,通“征”,徵稅。致重,給予重視。禹貢作“厎慎”,義同。財賦,財貨賦稅。則,準則,謂據以爲準。三壤,指土壤依肥瘠而分的上中下三品。成賦,制定賦稅。中邦,猶中國,指諸夏。

〔四一○〕定賦九百一十萬八千二十四頃:“賦”字喬本爲墨丁,洪本爲闕文。今據吳本、四庫本、備要本訂補。 不墾者千五百萬有二千頃:墾,喬本、洪本、備要本謁“懇”,吳本謁“肯”,今從四庫本訂正。

〔四一一〕冀流廣而河、濟盛,水既退而民作多,故作十有三載,而後同:彦按:“冀”當作“兗”。禹貢:“濟、河惟兗州。……作十有三載,乃同。”而於冀州,並無如此記載。可證。而下羅苹注乃持“作十有三載”包括冀、兗二州之説,並無根據,蓋刻意爲父回護耳。然則可知羅苹所見路史,其文已謁“冀”矣。作,勞作。蔡沈書經集傳:“‘作十有三載,乃同’者,兗當河下流之衝,水激而湍悍,地平而土疏,被害尤劇。今水患雖平,而卑濕沮洳未必盡去,土曠人稀,生理鮮少,必作治十有三載,然後賦法同于他州。”

〔四一二〕冀:洪本譌"異"。

〔四一三〕舊説天下共十三載:共,洪本闕文,吳本作"一"。

〔四一四〕馬融、康成、穎達更以爲併鯀之九年,舜攝元年,九州始畢:各本"縣"字上均有"禹"字。彦按:"禹"字不當有,乃衍文,今删去。書禹貢"作十有三載,乃同"孔穎達疏:"堯典言鯀治水九載,績用不成,然後堯命得舜,舜乃舉禹治水,三載功成,堯即禪舜。此言十三載者,并鯀九載數之。祭法云'禹能修鯀之功',明鯀已加功,而禹因之也。此言十三載者,記其治水之年,言其水害除耳,非言十三年内皆是禹之治水施功也。馬融曰:'禹治水三年,八州平,故堯以爲功而禪舜。是十二年而八州平,十三年而兗州平。兗州平在舜受終之年也。'"　繆也:喬本此下空出二字之位。

〔四一五〕按洪範,鯀殛死,禹乃興:洪本"按"字下空出二字之位。興,吳本、四庫本譌"與"。書洪範:"鯀則殛死,禹乃嗣興。"

〔四一六〕今云"禹治三年,八州平,故堯以爲功而禪舜。是十二年八州平,十三年而兗州平,在舜受終之年":此引馬融語,文字稍有出入。詳上注〔四一四〕。是十二年八州平,洪本"州平"二字闕文。

〔四一七〕高堂隆云治洪水前後二十二載:高堂隆,各本"堂"均作"唐",當由音譌,今訂正。洪水,喬本、洪本、吳本、備要本作"決水",此從四庫本。三國志魏志高堂隆傳載堂隆上疏曰:"昔在伊唐,世值陽九厄運之會,洪水滔天,使鯀治之,績用不成,乃舉文命,隨山刊木,前後歷年二十二載。"　以縣之至禹言之也:洪本"禹"字闕文。

〔四一八〕巡狩:洪本"狩"作"守"。

〔四一九〕八年之外:之,猶"于"。孟子滕文公上:"當是時也,禹八年於外,三過其門而不入。"

〔四二〇〕乃命竪亥步經,大章行緯:竪亥,即豎亥。洪本"竪"作"堅",誤。吳本、四庫本"竪"作"豎",同。經,南北嚮的道路或土地。大章,即太章。緯,東西嚮的道路或土地。淮南子墜形:"禹乃使太章步自東極,至于西極,二億三萬三千五百里七十五步;使豎亥步自北極,至于南極,二億三萬三千五百里七十五步。"高誘注:"太章、豎亥,善行人,皆禹臣也。"　暢于八極,方以爲國:暢,通。方,區域。此作動詞用,謂劃分區域。

〔四二一〕十國而有長:本書國名紀六夏世侯伯跋語作“五國有長”,似是。宋劉敞公是七經小傳卷上尚書云:“益稷曰:禹曰:‘弼成五服,至于五千,州十有二師。外薄四海,咸建五長。各迪有功。’説者謂禹治水,州用三萬人,非也。師猶長爾,一州十二師,以商、周之制推之,則連率、卒正之類也。以五長稽之,則五國有長,而十長有師乎?”

〔四二二〕五長而一師:本書國名紀六夏世侯伯跋語作“十長而一師”,當以彼爲是。參見上注及下注〔四二五〕。

〔四二三〕書益稷:“州十有二師,外薄四海,咸建五長。”

〔四二四〕州有牧,牧稟命于上京:牧,州之長官。稟命,接受命令。上京,帝都,京師。

〔四二五〕州十二師,百二十長:彦按:此説可爲正文“五長而一師”爲“十長而一師”之誤之佐證。十長而一師,州十二師,正好百二十長。

〔四二六〕按:十二師,五長,本似非此,然冐説來,及酌之,亦或可行:吴本、四庫本無此注文。五,備要本作“丑”。冐,洪本、備要本作“冒”。彦按:上二十一字,文不成義,蓋有訛、脱。

〔四二七〕孔氏謂州十二師爲三萬人:書益稷“州十有二師”孔氏傳:“一州用三萬人功,九州二十七萬庸。”孔穎達疏:“州十有二師,其治水之時,所役人功每州用十有二師,各用三萬人也。”

〔四二八〕豈州等三萬庸哉:等,等同。庸,“備”之古字,雇用之勞力。此指民工。

〔四二九〕此不過所謂“承以大夫師長”者:見書説命中:“明王奉若天道,建邦設都,樹后王君公,承以大夫師長。”孔穎達疏:“承者,奉上之名。后王君公,人主也。大夫師長,人臣也。臣當奉行君命,故以‘承’言之。周禮立官多以‘師’爲名。師者,衆所法,亦是‘長’之義也。”吴本“承”譌“牧”。　商周之連帥、卒正也:連帥,相傳殷、周時十國諸侯之長稱連帥。卒正,相傳殷、周時三十國諸侯之長稱卒正。漢書刑法志:“五國爲屬,屬有長;十國爲連,連有帥;三十國爲卒,卒有正;二百一十國爲州,州有牧。”

〔四三〇〕薛氏:指南宋哲學家薛季宣。薛氏著有書古文訓。

〔四三一〕邸成五服,至于五千:自此而下至“咸建五長”,見書益稷。邸,輔助。書作“弼”，同。成，定，制定。書孔氏傳：“服五百里，四方相距爲方五千里。”

〔四三二〕兵民之法，皆自比始，故有比卦：比，猶“弼”，輔助。備要本如此，洪本作“尢”，喬本作“北”，吳本、四庫本作“此”。彥按：此當以作“比”爲是，方與下“故有比卦”相應。作“北”、作“此”，皆“比”字形譌也。今從備要本。比卦，吳本譌“此卦”。易比象曰：“比，輔也，下順從也。”

〔四三三〕漢八月按比，是也：按比，即“案比”，謂清理户口。案，案驗，審覈。比，次比，編排。後漢書安帝紀元初四年：“方今案比之時，郡縣多不奉行。”李賢注：“東觀記曰：‘方今八月案比之時。’謂案驗户口，次比之也。”彥按：“案比”之“比”，與比卦之“比”，取義實不相同。羅氏混爲一談，非也。

〔四三四〕伏生以入聲讀爾：伏生，名勝，秦博士，治尚書，漢初以授徒。西漢尚書學者，皆出其門。相傳尚書大傳爲其所撰。入，洪本譌“人”。

〔四三五〕外迫四海：迫，接近。書益稷作“薄”。孔氏傳：“薄，迫也。言至海。”周秉鈞易解：“爾雅云：‘九夷八狄七戎六蠻謂之四海。’……言……外至四夷之境。”

〔四三六〕小比大，卑承尊，故人趨事而赴功：比，輔助。承，順從，侍奉。人，洪本、吳本、四庫本譌“入”。趨事而赴功，謂投身於事業。“趨事”與“赴功”同意。吳本、四庫本“趨”作“趍”，同。

〔四三七〕内外之侯：吳本“外”譌“水”。彥按：“外”俗體作“氺”，與“水”形近，故譌。　三正之所用者：即使用三正者，指夏、商、周三代。

〔四三八〕詩箋謂禹弼成五服，方萬里；以七千里爲九州，方千里者四十九，八州各得千里者六；百國一師，州十二師，八州計九千六百國；圻内以子、男備數，——爲萬國之説：吳本、四庫本“説”作“號”非。彥按：宋林之奇尚書全解卷六、魏了翁尚書要義卷五、王應麟玉海卷一七、楊簡慈湖遺書卷八均引鄭氏此語，而並不言出自詩箋，今詩箋亦不見之。此稱“詩箋謂”，不知何據。又，羅氏注文所引鄭氏之説，删削過多，或有殘脱，頗爲費解。林之奇尚書全解卷六亦引鄭氏説，可助理解，今録於下：“蓋其説以謂堯初制五服，服各五百里，禹弼五服之殘數，亦每服各五百里，故有萬里之界，萬國之封焉。猶用要服之内爲九州，州更方七千里，七七四十九，得方千里者四十九，其一以爲圻内，餘四十八,八州分而各有六。蓋百國一師,州十有二師,則州千二百國也。八州凡九千六百國,其餘四百國在圻内,合於春秋傳禹朝羣臣於會稽,執玉帛者萬國之言。"

〔四三九〕康成謂夏縣内四百國:縣,猶畿,指京都地區。　然在王制,又以縣内九十三國爲夏制:禮記王制:"天子之縣内,方百里之國九,七十里之國二十有一,五十里之國六十有三,凡九十三國。"鄭玄注:"縣内,夏時天子所居州界名也。殷曰畿。……周亦曰畿。"

〔四四〇〕淮南子云"定千七百國":吳本"千"譌"于"。彦按:千七百國,當作"千八百國"。此蓋涉下文"商家有千七百七十三國"之"千七百"而譌。其實,千七百七十三國,約略取其整數,則千八百國也。淮南子脩務:"(禹)平治水土,定千八百國。"

〔四四一〕商家有千七百七十三國之説:禮記王制:"凡九州,千七百七十三國。"鄭玄注:"春秋傳云:'禹會諸侯於塗山,執玉帛者萬國。'言執玉帛,則是惟謂中國耳。中國而言萬國,則是諸侯之地有方百里,有方七十里,有方五十里者,禹承堯、舜而然矣。要服之内,地方七千里,乃能容之。夏末既衰,夷狄内侵,諸侯相并,土地減,國數少。殷湯承之,更制中國方三千里之界,亦分爲九州,而建此千七百七十三國焉。"

〔四四二〕得齒千三百五十五萬四千:齒,謂人口。千,吳本譌"于"。三百,各本均脱"三"字,今補正。彦按:通典卷七食貨七歷代盛衰户口:"禹平水土,爲九州,人口千三百五十五萬三千九百二十三。"後漢書郡國志一"凡縣名先書者,郡所治也"劉昭注引帝王世紀,亦謂禹時"民口千三百五十五萬三千九百二十三人"。此稱"千三百五十五萬四千"者,舉其大數也。

〔四四三〕三千九百二十三:吳本"三千"作"二千",誤。

〔四四四〕男耕女織,不奪其時:吳本"耕"作"畊"。彦按:通典卷七食貨七歷代盛衰户口稱夏禹時,"男女耕織,不奪其時。"蓋即路史所本。

〔四四五〕釐改制量,象物天地,比類百則,義之民而度之羣生:自此而下至"而度之儀軌",大抵撮引自國語周語下。釐改,改革。制量,制度。象物,取法。比類,效法。百則,各種法則。義之民,謂以民意爲依準。義,通"儀",準則。國語作"儀",韋昭注:"准也。"度,考慮,着想。

〔四四六〕故天亡伏陰，地亡散陽：洪本“天”譌“夭”。伏陰，隱藏之寒氣。洪本“伏”譌“伏”。散陽，外散之陽氣。國語周語下“於是乎氣無滯陰，亦無散陽”韋昭注：“滯，積也。積陰而發，則夏有霜雹。散陽，陽不藏，冬無冰、李梅實之類是也。”　水亡沈氣，火亡災燀：沈氣，伏積之氣。災燀（chǎn），焚燒之災。燀，火焰昇起貌。　神亡間行，時亡逆數：間行，邪僻的行爲。間，音jiàn。逆數，謂氣象反常。　民亡濫心，物亡害生：濫心，非分之心。濫，過度，非分。國語作“淫心”，詞異而義同。

〔四四七〕率帝之功，而度之儀軌：率，遵循。帝，指禹。功，事，此指做法。洪本譌“功”。度，考慮。儀軌，儀制法規，此泛指法則規律。洪本、吳本“軌”譌“軓”。國語作：“帥象禹之功，度之于軌儀。”　近遠通其明，以佑不逮：通，通報。明，本謂眼睛，此指知見之事。佑，助。不逮，不足之處。

〔四四八〕東漸于海，西被于流沙，北逾碣石，南越衡山，咸暨，聲教汔于四海：漸，音jiān。聲教，聲威教化。書禹貢：“東漸于海，西被于流沙，朔南暨，聲教訖于四海。”

〔四四九〕浸：逐漸。

〔四五〇〕定力：奠定功勳。

〔四五一〕禹錫玄圭，告厥成功：見書禹貢。錫，與，此謂交回。玄圭，一種黑色的長條狀玉質禮器，上尖下方，是古代天子頒給諸侯、命臣作爲身份象徵之瑞玉。參見下注〔四五六〕。

〔四五二〕夏后氏尚黑：見禮記檀弓上。　職緣此始：職，當。緣，四庫本作“由”。

〔四五三〕玄者水之德：德，品性，屬性。玄爲黑色，於五行屬水。　圭者君之瑞：瑞，古代用作符信的玉。　嘗意治水之時，從禹于外：意，揣測，懷疑。

〔四五四〕堯以是假之，俾之便宜馭衆，而不緣中履介：假，授予，給予。便宜，謂從方便與合適著眼靈活地做某事。便，音biàn。緣中，從中。四庫本“緣”作“由”。履介，進行干預。介，居間，介入。

〔四五五〕錫，如“納錫”、“錫帝”之“錫”：納錫，入貢，入獻。見書禹貢“九江納錫大龜”。錫帝，見書堯典“師錫帝曰”。孔氏傳：“師，衆；錫，與也。”

〔四五六〕而記皆以爲天錫若堯錫之：若，或者。書禹貢“禹錫玄圭，告厥成功”孔氏傳：“禹功盡加于四海，故堯賜玄圭以彰顯之，言天功成。”又史記夏本紀：“於是帝錫禹玄圭，以告成功于天下。”

〔四五七〕櫟：四庫本譌“擽”。

〔四五八〕密：宜作“高密”。疑脱“高”字。　今密之高密：密，州名。高密，縣名，即今山東高密市。

〔四五九〕故世本云：鯀生高密，是爲禹：生，謂生子。太平御覽卷一三五引世本，作：“鯀娶有莘氏女志，是生高密禹。”（此據文淵閣四庫全書本）

〔四六〇〕宋云，禹之封國：宋，指宋衷。史記夏本紀“夏禹，名曰文命”司馬貞索隱引宋衷云：“高密，禹所封國。”

〔四六一〕今之許昌陽翟：在今河南禹州市。　漢屬潁川，唐隸河南：潁川，指潁川郡。河南，指河南道。

〔四六二〕鄭之櫟邑：春秋鄭别都。

〔四六三〕洛邑：故址在今河南洛陽市東北。水經注卷二二潁水：“潁水自堨東逕陽翟縣故城北，夏禹始封于此爲夏國，故武王至周曰：吾其有夏之居乎？遂營洛邑。”

〔四六四〕陽翟，夏禹國：見漢書地理志上潁川郡。

〔四六五〕故汲古文云，聞不居陽翟：汲古文，吳本譌“夏國文”。彦按：漢書地理志上“陽翟，夏禹國”顏師古注引臣瓚曰：“世本禹都陽城，汲郡古文亦云居之，不居陽翟也。”蓋即羅氏所本。然“不居陽翟也”爲臣瓚語，非汲郡古文所載，羅氏誤混之矣。

〔四六六〕漢志：指漢書地理志。

〔四六七〕南陽，故宛，今南陽，爲申：宛（yuān），縣名，爲南陽郡治所。治所在今河南南陽市宛城區。各本均譌“苑”，今訂正。漢書地理志上南陽郡：“縣三十六：宛，故申伯國。”

〔四六八〕錯：混雜。

〔四六九〕堯以唐侯嗣位，舜以虞地得達，禹緣夏而起，湯自商而興，皆本興昌之地爲號，重本不忘始也：見論衡正説，文字稍有不同。四庫本“緣”作“由”。

〔四七〇〕虹：縣名，治所在今安徽固鎮縣東南。

〔四七一〕宿之縣：吳本、四庫本、備要本作“宿丘縣”誤。宿，州名。

〔四七二〕堯封夏禹爲伯：吳本“伯”作“北”，蓋由音譌。

〔四七三〕於陽翟：各本均誤倒作“陽於翟”，今訂正。

〔四七四〕世紀又以高密爲禹字：世紀，四庫本如此，是，今從之。餘諸本均譌“世記”。洪本“字”字爲墨丁。

〔四七五〕縣封於崇：四庫本“縣”作“鯀”。

〔四七六〕今在鄠東：鄠（hù），縣名，治所在今陝西戶縣。洪本、吳本如此，喬本、四庫本、備要本作“鄂”。彦按：崇在今河南嵩縣北，正在鄠之東。鄂，鄂州，地在今湖北武漢市武昌區一帶，非其地矣。當由形譌。今訂正。

〔四七七〕故楊雄云“禹以舜作土”：楊雄，即揚雄。雄法言重黎云：“舜以堯作土，禹以舜作土。”作，通“胙”，賞賜。

〔四七八〕其事亦見宋李燾續資治通鑑長編卷二四〇熙寧五年十一月戊辰、宋李攸宋朝事實卷六廟制。　曰有夏，曰有姒者，禹也：備要本脫“曰有夏”三字。

〔四七九〕自此而下至“乃以命縣”，乃撮取書堯典大意。

〔四八〇〕方命圮族：洪本“圮”譌“圮”。

〔四八一〕舉哉：猶今言“選用吧”。舉，推舉。書堯典作“异哉”，意大不同。

〔四八二〕乃以命縣：四庫本“縣”作“鯀”。下“縣莝之”之“縣”同。

〔四八三〕縣莝之于歸藏，得其大明：歸藏，即歸藏。“藏”讀爲“藏”，四庫本作“藏”。大明，歸藏卦名。

〔四八四〕縣障水，汩陳其五行：汩陳，胡亂處置。汩（gǔ），亂。書洪範：“鯀陻洪水，汩陳其五行。”周秉鈞易解：“五行，金木水火土五種有用之物。汩陳其五行，謂亂安排五種用物，如水性流行而鯀陻塞之，失其本性是也。”　水不閏下：閏，通“潤”，滋潤。下，謂下行。書洪範：“水曰潤下。”

〔四八五〕上帝震怒，不畀洪範九疇，彝倫攸斁：見書洪範，“上帝”作“帝乃”。畀，予。洪範，大法。範，規範，法則。疇，類。斁（dù），敗壞。

〔四八六〕三兩城：彦按：當作“三刃城”。太平寰宇記卷五五相州安陽縣載：“鯀堤，堯臣禹之父所築，以捍孟門，今謂三刃城是也。”中華書局2007年版王文楚等點校本如此。文淵閣四庫全書本則作“之兩城”，尤誤。所謂三刃城者，三仞城也，“刃”通“仞”。淮南子原道云：“昔者夏鯀作三仞之城。”城名當取義於此。作“三兩城”者，疑“兩”爲“仞”字形譌。然太平寰宇記既有本子作“之兩城”，則“仞”之譌“兩”，未必肇自羅氏也。

〔四八七〕又歷亭東三十五：歷亭，縣名，治所在今山東武城縣。各本“亭”均譌“高”今訂正。太平寰宇記卷五八貝州歷亭縣：“鯀堤，在縣東三十五里。”

又清河西三十自宗城界來：清河，縣名。今屬河北省。宗城，縣名，治所在今河北威縣東。太平寰宇記卷五八貝州清河縣：“鯀堤，在縣西三十里，自宗城縣界來。是鯀治水時築。”　而澶之臨河西十五，縣隄自黎陽界入：澶，州名。臨河，縣名，治所在今河南濬縣東北。黎陽，縣名，治所在今河南濬縣東。太平寰宇記卷五七澶州臨河縣：“鯀堤，在縣西一十五里，自黎陽入界。”

〔四八八〕又澶德清軍城東南五十有堯隄：德清軍，治所在今河南清豐縣古城鄉。各本“德”作“澶”，蓋由形譌。今訂正。太平寰宇記卷五七德清軍云：“堯堤，在城東南五十里。”　過飛狐界古長城：飛狐，縣名，治所在今河北淶源縣。洪本、吳本“狐”譌“狐”。

〔四八九〕鯀竊帝之息壤以闉洪水，帝令祝融殺之羽淵：見山海經海內經。闉，通“堙”，填塞，堵塞。羽淵，山海經作“羽郊”。參見上注〔二三〕。

〔四九〇〕生息：生殖蕃息，生長。

〔四九一〕餘論：四庫本“論”作“篇”非。

〔四九二〕逮帝授歷：帝，謂堯。授歷，謂禪位。歷，指歷運、帝業。　鯀則殛死，禹乃嗣興：見書洪範。

〔四九三〕天乃錫以洪範九疇，彝倫攸敍：見書洪範，“以”作“禹”。

〔四九四〕九疇，即皋陶所陳者：彥按：皋陶，當作箕子，蓋誤記。箕子陳洪範九疇事，詳見書洪範。

〔四九五〕言鯀逆之，所以凶：之，洪本、吳本作“此”。凶，吳本作“者”，誤。禹順之：吳本“禹”字闕文。

〔四九六〕天誘其衷：謂上天開導其心意。語出左傳僖公二十八年：“天禍衛國，君臣不協，以及此憂也。今天誘其衷，使皆降心以相從也。”　若鬼神予奪之者：予奪，賜予和剝奪。引申之，猶言主宰。

〔四九七〕閏下者,水之性,而縣壅之,以拂其性:閏,四庫本作"潤"。拂,逆,違背。

〔四九八〕修:循,遵循。

〔四九九〕次:編次,編排。　六十五字:指書洪範文:"初一曰五行;次二曰敬用五事;次三曰農用八政;次四曰協用五紀;次五曰建用皇極;次六曰乂用三德;次七曰明用稽疑;次八曰念用庶徵;次九曰嚮用五福,威用六極。"

〔五〇〇〕或云三十八字,或云二十七字:彦按:二十七字,當作"二十字"。書洪範"初一曰五行"節孔穎達疏:"傳言此'禹所第敍',不知洛書本有幾字。五行志悉載此一章,乃云:'凡此六十五字,皆洛書本文。'計天言簡要,必無次第之數。上傳云禹'因而第之',則孔以第是禹之所爲,'初一曰'等二十七字必是禹加之也。其'敬用'、'農用'等一十八字,大劉及顧氏以爲龜背先有,揔三十八字。小劉以爲'敬用'等亦禹所第敍,其龜文惟有二十字。並無明據,未知孰是,故兩存焉。"蓋即羅氏所本。

〔五〇一〕氐:"柢"之古字,根本,本。吴本、四庫本、備要本作"事"。

〔五〇二〕洪範概發明彝倫敍非繇數起:概,大略。繇,四庫本作"由"。數,運數,運氣。

〔五〇三〕内輔虞位,外行九伯:虞,舜有天下之號,即謂舜。行,謂履行其職。九伯,九州諸侯之長。

〔五〇四〕蘇軾以爲司空之異名:蘇軾書傳卷二舜典"納于百揆"傳:"書曰:'有能奮庸熙帝之載,使宅百揆亮采,惠疇?僉曰:伯禹作司空。'而左氏傳亦云:'使主后土,以揆百事。'則百揆,司空之事也。"　左氏"使主后土,揆百事":左傳文公十八年:"舜臣堯,舉八愷,使主后土,以揆百事。"杜預注:"后土,地官。禹作司空,平水土,即主地之官。"

〔五〇五〕不知熙帝載非司空之事:熙,興,光大。載,事,事業。

〔五〇六〕攝:吴本譌"枱"。

〔五〇七〕殆今如制首敍功勤爾:殆,接近。制,謂制書,寫着帝王命令之文書。功勤,功勞。

〔五〇八〕或以爲若魏晉之相國,有禪之漸,則除者無是:吴本自此"或以爲"起,至下注文"又歷試諸難,舜"止,凡脱注文 44 字、正文 15 字。禪,禪讓。

漸,端倪,迹象。除,任命官職。

〔五〇九〕三十有三載,帝以耄期劵劇:耄期,高齡。各本均作"教期"。<u>彦</u>按:"教期"無義,當爲"耄期"之誤。<u>書大禹謨</u>:"朕宅帝位三十有三載,耄期倦于勤。"<u>孔氏傳</u>:"八十、九十曰耄,百年曰期頤。言己年老,厭倦萬機。"今據以訂正。劵劇,即"厭倦萬機"義。劵,"倦"之古字。劇,謂劇務,指繁重之政務。

〔五一〇〕以試之娶二女矣:以,通"已"。

〔五一一〕六府三事之治已效也:效,顯示,驗證。<u>左傳文公七年</u>:"水、火、金、木、土、穀,謂之六府。正德、利用、厚生,謂之三事。"<u>書大禹謨</u>:"帝曰:'俞!地平天成,六府三事允治,萬世永賴,時乃功。'"<u>孔穎達疏</u>云:"府者藏財之處,六者貨財所聚,故稱六府。"又云:"正德者,自正其德,居上位者正己以治民,故所以率下人。利用者,謂在上節儉,不爲縻費,以利而用,使財物殷阜,利民之用,爲民興利除害,使不匱乏,故所以阜財。……厚生,謂薄征徭,輕賦稅,不奪農時,令民生計温厚,衣食豐足,故所以養民也。"

〔五一二〕汝惟弗倦,總朕師:<u>書大禹謨</u>"弗倦"作"不怠",義同;"總"作"揔",字同。總,統領,率領。師,衆。

〔五一三〕重弗獲命:重,又。獲命,謂獲得同意。

〔五一四〕正月朔旦,受命于神宗:見<u>書大禹謨</u>。神宗,<u>堯</u>之廟。參見後紀十二帝舜有虞氏注〔四三六〕。

〔五一五〕率百工如帝之朔:百工,百官。帝,指<u>舜</u>。朔,初。<u>書大禹謨</u>作"率百官若帝之初"。

〔五一六〕如虞故事,璿璣齊七政、類帝、禋宗、巡狩之類:璿璣齊七政,<u>吳</u>本"璣"譌"玩"。<u>書舜典</u>:"正月上日,受終于文祖。在璿璣玉衡,以齊七政。肆類于上帝,禋于六宗,望于山川,徧于羣神。"又:"歲二月,東巡守,至于<u>岱宗</u>,柴;望秩于山川,肆覲東后。……五月,南巡守,至于<u>南岳</u>,如<u>岱</u>禮。八月,西巡守,至于<u>西岳</u>,如初。十月一月,朔巡守,至于<u>北岳</u>,如西禮。"

〔五一七〕予告汝九術,五勝之常,可以克之:九術,不詳,待考。五勝,指五行相勝,即:水勝火、火勝金、金勝木、木勝土、土勝水。克,克服,制勝。　汝能從之,師徒其興:師徒,軍隊。興,盛,此謂強大。

〔五一八〕河圖握矩紀:<u>漢</u>代緯書,河圖緯之一種。"紀"亦作"記"或

“起”。

〔五一九〕乃治六師,以征不序:六師,猶六軍,泛稱天子之軍隊。不序,不遵守統治秩序,謂不臣服。孔子家語五帝德:“(禹)興六師以征不序。”

〔五二〇〕始歲三驅,以柬車徒:三驅,謂田獵三次。驅,指驅逐禽獸。柬,通“簡”,檢閱。車徒,兵車和步卒。

〔五二一〕三載,有苗弗共,奉辭誓伐:弗共,不敬。共,通“恭”。書大禹謨:“帝曰:‘咨!禹,惟時有苗弗率,汝徂征。’禹乃會羣后,誓于師曰:‘濟濟有衆,咸聽朕命。……肆予以爾衆士,奉辭伐罪。’”蔡沈集傳:“奉帝之辭,罰苗之罪。”

〔五二二〕見書大禹謨:“三旬,苗民逆命。益贊于禹曰:‘惟德動天,無遠弗屆。滿招損,謙受益,時乃天道。帝初于歷山,往于田,日號泣于旻天于父母,負罪引慝,祗載見瞽瞍,夔夔齋慄。瞽亦允若。至誠感神,矧兹有苗。’禹拜昌言曰:‘俞!’班師振旅。帝乃誕敷文德,舞干羽于兩階。七旬,有苗格。”格:洪本譌“挌”。

〔五二三〕各迪有功:迪,履行,遵循。蔡沈書經集傳:“(各迪有功,)謂十二師五長,内而侯牧,外而蕃夷,皆蹈行有功。”

〔五二四〕苗獨頑,不肯即功,故禹勸帝念哉:參見後紀十二帝舜有虞氏注〔四一〇〕。

〔五二五〕三旬逆命,乃優贊帝修德班師:優贊,吳本、四庫本但作“贊”,無“優”字。彦按:“優贊”費解,故吳本、四庫本删“優”字。疑“優”乃“幽”字音譌。幽贊,暗地里告訴。

〔五二六〕一月已久,何八月而師還哉:此句突兀。“八月師還”之説不見於前後文,疑其中或有譌脱。

〔五二七〕昔三苗大亂,天命禹於玄宮:三苗,吳本“三”譌“二”。玄宮,天宮。天色玄,故稱玄宮。

〔五二八〕有神人面鳥身,降而輔之:人面,各本均譌“大面”,今據藝文類聚訂正。藝文類聚卷一〇引隨巢子:“有大神人面鳥身,降而福之。” 司禄益食而人不饑,司金益富而國家實:司,掌管,主持。益,增加,助長。饑,洪本、吳本、四庫本作“飢”。實,四庫本作“寔”。

〔五二九〕不違：謂和諧。違，違背。

〔五三〇〕三苗大亂，天命殛之，雨血三朝，龍生于庿，犬哭于市：見墨子非攻下。大，洪本、吳本譌“人”。殛，誅，懲罰。庿，各本均作“廣”。彥按：墨子作“廟”。“廣”當“庿”字形譌，“庿”即“廟”之古文（見説文）。下文“龍生庿”，喬本、洪本正作“庿”，而餘本亦皆譌“廣”，可爲佐證。今訂正。犬，洪本字畫殘缺，吳本、四庫本譌“天”。

〔五三一〕五穀變種：五穀，洪本、吳本“穀”作“谷”。

〔五三二〕紀年、墨子言龍生庿，夏氷，雨血，地圻，及日夜出、晝不見：庿，吳本、四庫本、備要本譌“廣”。夏氷，各本“氷”均作“水”。地圻，各本“圻”均作“坼”。彥按：“水”當“氷”字形譌，“氷”即“冰”之俗字（見字彙）；“圻”當“坼”字形譌。今並訂正。墨子非攻下：“昔者三苗大亂，天命殛之。日妖宵出，雨血三朝，龍生於廟，犬哭乎市，夏冰，地坼及泉，五穀變化，民乃大振。”

〔五三三〕於是四海之内咸戴帝舜，禹駢三聖，乃興九招：洪本“内咸戴帝”四字爲塗墨。戴，擁戴，尊奉。駢，並列。九招（sháo），即九韶，舜時樂名。漢書高惠高后文功臣表序“湯法三聖”顏師古注：“三聖，謂堯、舜、禹也。”史記五帝本紀：“四海之内咸戴帝舜之功。於是禹乃興九招之樂。”

〔五三四〕命皋陶爲夏龠，足鼓、龍簨簴，八佾六列，皮弁素積，九成而功昭，曰大夏：夏龠，即夏籥。禮記仲尼燕居“夏籥序興”鄭玄注：“夏籥，文舞也。”孔穎達疏：“夏籥謂大夏文舞之樂。”足鼓，夏后氏鼓，四足（見廣雅釋樂）。龍簨簴（sǔn jù），以龍爲飾之懸挂鐘磬之木架。簴，同“虡”。禮記明堂位“夏后氏之龍簨虡”鄭玄注：“簨虡，所以縣鍾磬也。橫曰簨，飾之以鱗屬；植曰虡，飾之以羸屬、羽屬。”孔穎達疏：“‘夏后氏之龍簨虡’者，謂簨虡之上，以龍飾之。”八佾六列，謂樂舞之行列爲一行八人，凡六行。吳本“列”譌“刊”。皮弁，古禮帽名，用白鹿皮製成。素積，古禮服名，是一種腰間有褶子的白色綢下衣。禮記郊特牲：“三王共皮弁素積。”孫希旦集解：“素積，以素繒爲裳而襞積之也。素言其色，積言其制。”九成，見後紀十二帝舜有虞氏注〔七五二〕。呂氏春秋古樂：“（禹）於是命皋陶作爲夏籥九成，以昭其功。”

〔五三五〕於是禹興九韶之樂，致異物，鳳凰來翔：吳本“興”譌“兴”。史記五帝本紀“興”作“乃興”，“韶”作“招”，“凰”作“皇”。　　故孔融傳言禹興九

韶之樂,致異物:吴本“異”譌“异”。彦按:此文出史記五帝本紀,亦見後漢書
孔融傳李賢注引史記。非孔融傳文,羅氏誤記。

〔五三六〕禹樂夏籥九成:四庫本“籥”作“龠”。

〔五三七〕明堂位云:洪本“云”字闕文,吴本則作“曰”。　皮弁素積,裼而
舞大夏:洪本“積”譌“𧝄”。裼(xī),裼衣,古稱覆加在裘外之無袖衣。

〔五三八〕祭統云“八佾以舞大夏”,天子之文舞也:祭統,禮記篇名。文
舞,古代宫廷雅樂舞蹈之一,用於郊廟祭祀。祭統“八佾以舞大夏”鄭玄注:
“大夏,禹樂,文舞也。”

〔五三九〕内則傳云:在干戈前,文武俱備:内則傳,指禮記内則孔穎達疏。
干戈,吴本“干”譌“于”。前,各本均譌“既”,今訂正。孔疏曰:“‘舞大夏’者,
大夏是禹樂,禪代之後,在干戈之前,文武俱備。”

〔五四〇〕大司樂注謂“德能大中國”:周禮春官大司樂:“以樂舞教國子:
舞雲門、大卷、大咸、大磬、大夏、大濩、大武。”鄭玄注:“大夏,禹樂也。禹治水
傅土,言其德能大中國也。”

〔五四一〕帝將死,真泠禹曰:戒之哉:自此而下至“固不待物”,見莊子山
木,文字不盡相同。死,各本均譌“陶”,今據莊子訂正。真泠,莊子作“真泠”。
陸德明音義:“真,司馬本作直。”又云:“泠,曉也,謂以真道曉語禹也。泠,或
爲命,又作令。命,猶教也。”王引之云:“直當爲卤。卤,籀文乃字,隸書作𠧪。
卤形似直,故譌作直,又訛作真。命與令,古字通,作命作令者是也。卤令禹
者,乃命禹也。”(見王念孫讀書雜志餘編卷上莊子)彦按:王氏説甚辯。是
“陶”之譌“死”,路史新誤;“真泠”爲“卤令”之譌,乃沿襲舊文也(“泠”可通
“泠”)。

〔五四二〕形莫若緣,德莫若率:緣,隨緣,謂任其自然。德,心意。率,直
率,真率。莊子“德”作“情”。

〔五四三〕緣則不離,率則不勞:離,離失,喪失。勞,勞累。　不離不勞,則
不求文以待形:文,謂文飾。以,猶而。連詞,表示並列。待,依賴,倚靠。下
“固不待物”之“待”義同。

〔五四四〕欽哉:洪本“欽”譌“飲”。自此而下至“朕言不再”,見書大
禹謨。

〔五四五〕慎乃有位，敬脩其可願：慎，慎重。乃，猶汝，第二人稱代詞。有位，即“位”。“有”爲名詞詞頭。書孔氏傳：“有位，天子位。”脩，通“修”，行，從事。其，承上文指民衆。可願，指認同與希望之事。

〔五四六〕四海困窮，天禄永終：此係一假設條件句，意謂“若四海困窮，則天禄永終”。天禄，天賜之福禄。

〔五四七〕惟口出好興戎：惟，讀爲“雖”，雖然。好，謂美言。戎，指惡語。書孔氏傳：“好謂賞善，戎謂伐惡。”孔穎達疏：“出好，謂愛人而出好言，故爲‘賞善’。興戎，謂疾人而動甲兵，故謂‘伐惡’。” 言不再：謂不改口。

〔五四八〕夫堯命舜不戒，而舜命禹丁寧戒之如此，恐其矜功矣：戒，告戒。丁寧，即叮嚀，再三囑咐。矜功，恃功驕傲。

〔五四九〕堯崩，禹服三年，氣不屬聲：自此而下至“形體枯稿”，撮引自吴越春秋越王無余外傳。氣不屬聲，形容啜泣抽噎，哭聲斷續之狀。氣，指呼吸之氣息。聲，指哭泣之聲。不屬，謂不能讓之（聲）連續。屬（zhǔ），連接。

〔五五○〕朝夕號泣，形體枯稿：號泣，各本均作“旒（旒）位”。彦按：旒位不辭。當爲“號泣”形譌。太平御覽卷八二引吴越春秋，即作“號泣”，今據以訂正。枯稿，乾瘦。吴本、四庫本作“枯槁”，同。

〔五五一〕孟子萬章上：“昔者，舜薦禹於天，十有七年，舜崩，三年之喪畢，禹避舜之子於陽城。”

〔五五二〕王以金成：孔子家語五帝：“夏后氏以金德王。”

〔五五三〕瓚：指臣瓚，西晉學者，撰有漢書集解音義。 世本，禹都陽城：見漢書地理志上潁川郡“陽翟”顏師古注引臣瓚曰。

〔五五四〕在大梁之南，今陳留浚儀：大梁，洪本“大”譌“天”。陳留，郡名。浚儀，縣名，治所在今河南開封市。各本“浚”皆譌“俊”，今訂正。

〔五五五〕潁川陽城：潁川，郡名。陽城，縣名，治所在今河南登封市告成鎮。

〔五五六〕澤之陽城：澤，州名。陽城，縣名，治所在今山西陽城縣。

〔五五七〕故説者又謂禹避商均於此：水經卷二二潁水：“潁水出潁川陽城縣西北少室山，東南過其縣南。”酈道元注：“昔舜禪禹，禹避商均，伯益避啓，竝于此也。”

〔五五八〕豈復方爲區區匹夫之遜避哉：洪本"夫"譌"大"，"哉"字模糊。遜避，退避，禪讓。

〔五五九〕此孟氏之罔：孟氏，指孟軻（即孟子）。罔，通"惘"，迷惘，糊塗。四庫本作"妄"。參見上注〔五五一〕。

〔五六〇〕禹自安邑徙晉陽：安邑，在今山西夏縣禹王鄉。晉陽，在今山西太原市晉源區。

〔五六一〕漢志，自平陽遷安邑，後徙晉陽：平陽，在今山西臨汾市堯都區金殿鎮。彥按：今查漢書諸志，均無如此記載。而太平寰宇記卷六陝州夏縣載："古安邑城，在縣西北一十五里。按地理志云：夏禹自平陽徙都安邑，後徙晉陽。"疑即羅氏所本。然所謂之"地理志"，未必是書名，更未言爲漢志也。

〔五六二〕通典，并州太原，禹所都：見通典卷一七九州郡九并州。原文爲："今之并州（爲太原府），古唐國也。昔帝堯爲唐侯所封之國，及夏禹所都之地。"

〔五六三〕今陝之夏縣，魏太和元析安邑置：陝，州名。彥按：此蓋據太平寰宇記爲説，而實有誤。太平寰宇記卷六陝州夏縣云："夏縣，本漢安邑故地。魏孝文太和元年析安邑縣置夏縣，以夏禹所都之地爲名，屬河東郡。"舊本有校勘記云："按後魏地形志，河北郡有北安邑縣，注云'二漢、晉屬河東郡'，又有南安邑縣，注云'太和十一年置。'故元和郡縣志云：'本漢安邑縣地，屬河東郡。後魏太和十一年別置安邑縣，十八年方改爲夏縣。'頗爲有據。今記云'魏太和元年析安邑縣置夏縣'，所書之年既誤，所紀置縣亦脫略。"可以信從。

〔五六四〕北十五有夏宮、夏故城、夏禹臺：彥按："北"疑當作"西北"，今脫"西"字。下文云："臺在縣西北十五"，語意與此重複，然作"西北"，而與太平寰宇記卷六夏縣"夏禹臺，在縣西北十五里"相符。

〔五六五〕夏静與洛下書云：夏静，晉豫章太守。與洛下書，太平寰宇記卷六夏縣引，作與洛下人書，疑此脫"人"字。　安邑禹舊宮有石殿、金户、丹庭、紫房：金户，各本均作"陰户"，頗不類，其誤無疑，今據太平寰宇記訂改。紫房，太平寰宇記作"紫宮"。

〔五六六〕臺在縣西北十五：備要本"在"譌"亦"。

〔五六七〕十三州志：太平寰宇記卷六夏縣夏禹臺引，作土地十三州志。

塗山氏思本國,築以望之,基猶在夏城南:太平寰宇記作:"禹娶塗山氏女,思本國,築臺以望。今城南門臺基猶存。"

〔五六八〕安邑塗山臺,俗謂青臺,上有禹祠:見太平寰宇記卷六夏縣引夏靜與洛下人書。寰宇記"塗山臺"作"塗山氏臺"。

〔五六九〕縣東南五十五中條山有望川,夏后避夏離宮之所:望川,太平寰宇記作"皇川"。避夏,太平寰宇記作"避暑"。彥按:作"皇川"蓋是,作"望川"疑誤。文淵閣四庫全書大清一統志卷一一七解州山川云:"皇川,在夏縣東南五十五里中條山內。"可爲佐證。

〔五七〇〕地形志:此下所引內容,見魏書地形志二下陝州。洪本"地形志"前有一字,模糊難辨,而喬本爲墨丁,備要本呈闕文。參見上注〔五六三〕。

〔五七一〕寰宇記置胅,誤:彥按:"置胅"無解,當有脫誤。又上文稱"今陝之夏縣,魏太和元析安邑置"云云,顯然襲取自寰宇記(見上注〔五六三〕),既以之爲是矣,此又謂"誤",蓋雜鈔衆書,而失審諦,遂前後牴牾也。

〔五七二〕奠服色:奠,定,確定。服色,車馬的顏色。禮記大傳:"改正朔,易服色。"鄭玄注:"服色,車馬也。"　以日至六十日爲正:日至,指冬至。正,指正月,即農曆一年的第一個月。

〔五七三〕樂稽耀嘉:漢代緯書,樂緯之一種。各本"耀"皆譌"躍",今訂正。　夏以十三月爲正,息卦受泰:十三月,指農曆正月。息卦,漢易學指六十四卦中復(䷗)、臨(䷒)、泰(䷊)、大壯(䷡)、夬(䷪)、乾(䷀)六卦。此六卦最爲形象地體現了陰陽兩氣陰消陽長的過程,故稱息卦。與此相對,又有姤(䷫)、遯(䷠)、否(䷋)、觀(䷓)、剥(䷖)、坤(䷁)六卦,其卦象充分體現了陰陽兩氣陰長陽消的過程,故稱消卦。古人用十二消息卦來解釋一年中的節氣變化,並以之分別代表一年的十二個月,復卦代表陽氣初生的農曆十一月,臨卦代表十二月,泰卦代表正月,……以此類推。

〔五七四〕以寅爲朔,商以十二月,周以十一月,所謂三統:寅,指建寅之月,即農曆正月。朔,始。喬本、備要本"十二月"與"十一月"互倒,誤。此從洪本、吳本及四庫本。漢書劉向傳"王者必通三統"顏師古注引張晏曰:"一曰天統,爲周十一月建子爲正,天始施之端也。二曰地統,謂殷以十二月建丑爲正,地始化之端也。三曰人統,謂夏以十三月建寅爲正,人始成之端也。"

〔五七五〕淮南云"服尚青"：見齊俗篇。

〔五七六〕其祀户：户，指住宅内門户之神。淮南子齊俗："夏后氏其社用松，祀户。"高誘注："春祭先户。"　祭先心：心，指祭牲之心臟。禮記明堂位："夏后氏祭心。"　牲用黝：黝，黑色。禮記檀弓上："夏后氏尚黑，……牲用玄。"

〔五七七〕大事斂用昏，戎事乘雒驪：大事，指喪事。斂，通"殮"，謂給死者穿衣，入棺。戎事，軍事，戰事。雒，黑身白鬣的馬。彦按：路史"雒"字當"駱"之誤。詩魯頌駉"有驈有皇，有驪有黄"毛亨傳："白馬黑鬣曰駱。……黑身白鬣曰雒。"是雒、駱不同，黑馬白鬣者雒，白馬黑鬣者駱。而禮記明堂位曰："夏后氏駱馬，黑鬣。"是當作"駱"也。下羅苹注"雒"字誤同。禮記檀弓上："夏后氏尚黑，大事斂用昏，戎事乘驪。"鄭玄注："昏時亦黑。此大事，謂喪事也。"又曰："馬黑色曰驪。"

〔五七八〕馬黑鬣：吴本、四庫本"馬"作"爲"。

〔五七九〕尚明水而旂綏：旂，通"旗"。綏（ruí），古代旌旗之一種，以牦牛尾注於竿首爲之。禮記明堂位云："夏后氏尚明水。"又云："有虞氏之旂，夏后氏之綏。"鄭玄注："綏當爲緌，讀如冠蕤之'蕤'。有虞氏當言綏，夏后氏當言旂，此蓋錯誤也。緌，謂注旄牛尾於杠首，所謂大麾。"彦按：鄭説是。釋名釋兵亦云："緌，有虞氏之旌也。"則夏后氏之旗爲旂。旂是古代帛上畫有兩龍，竿頭繫有鈴的一種旗（其義與"尚明水而旂綏"之"旂"不同）。

〔五八〇〕夏后氏之綏：各本"綏"作"緌"。彦按：明堂位原文作"綏"。此處不宜改"緌"，否則下引鄭注全不可解。今訂作"綏"。

〔五八一〕注：爲緌，夏當言旂：吴本、四庫本無此七字。彦按："爲緌"上宜有"綏當"二字。參見上注〔五七九〕。

〔五八二〕山罍：古代刻有山雲圖紋的盛酒祭器。禮記明堂位："山罍，夏后氏之尊也。"孔穎達疏："罍爲雲雷也，畫爲山雲之形也。"　梮豆：古祭器。爲不加裝飾的木製高脚盤。梮（jié），各本皆誤"揭"，今據禮記訂正。禮記明堂位："夏后氏以梮豆。"鄭玄注："梮，無異物之飾也。……齊人謂無髮爲秃梮。"　琖斝：琖，同"盞"。斝，音jiǎ。彦按：琖、斝同爲爵類而有別。禮記明堂位："爵，夏后氏以琖，殷以斝，周以爵。"孔穎達疏："'夏后氏以琖者'，夏爵名也。以玉飾之,故前云'爵用玉琖仍雕'是也。'殷以斝'者,殷亦爵形,而畫爲禾稼,故名斝。斝,稼也。"此稱"琖"而連及"斝",不妥。　四槤:槤,古代祭祀時盛黍稷的器皿。禮記明堂位:"有虞氏之兩敦,夏后氏之四連,殷之六瑚,周之八簋。"鄭玄注:"皆黍稷器。制之異同,未聞。"孫希旦集解:"敦、璉、瑚、簋,四代之名雖異,而其實爲一物也。"連,亦作"璉",通"槤"。

〔五八三〕孔云:夏四璉,殷六瑚:孔云,吳本、四庫本作"孔氏"。殷,吳本譌"敦"。

〔五八四〕尊:"樽"之古字,古代盛酒禮器。

〔五八五〕哀十一年"胡簋"注:"夏曰胡,商曰簋":胡簋,喬本、洪本、吳本、四庫本"胡"作"瑚";此從備要本,以使傳、注相應,亦與左氏原文一致。曰胡,吳本、四庫本"胡"作"瑚"。商,杜注實作"周",蓋羅氏誤記。

〔五八六〕虞祭尚陶,夏尚匠:尚,看重,尊崇。陶,指主管製作陶器之官。匠,指主管土木工程之官。彥按:周禮考工記云:"有虞氏上陶,夏后氏上匠。"鄭玄注:"官各有所尊,王者相變也。舜至質,貴陶器,甒、大瓦棺是也。禹治洪水,民降丘宅土,卑宮室,盡力乎溝洫,而尊匠。"是虞之尚陶、夏之尚匠,無關乎祭,羅氏注文"祭"字似不當有。

〔五八七〕周禮云"夏后氏尚匠":見周禮考工記,"尚"作"上"。　所謂"反其所自生":反,猶追溯。禮記禮器:"禮也者,反其所自生。"鄭玄注:"自,由也。制禮者,本己所由,得民心也。"

〔五八八〕泰尊以瓦:泰尊,祭祀用的大酒杯。瓦,陶。禮記明堂位:"泰,有虞氏之尊也。"鄭玄注:"泰用瓦。"

〔五八九〕夏尚黑也,由周尚赤而曰明堂:由,通"猶"。四庫本作"猶"。

〔五九〇〕見說苑反質。其文曰:"禽滑釐問於墨子曰:'錦繡絺紵,將安用之?'墨子曰:'惡!是非吾用務也。古有無文者,得之矣,夏禹是也。卑小宮室,損薄飲食,土階三等,衣裳細布。當此之時,黼黻無所用,而務在於完堅。'"

〔五九一〕黄圖義:佚書,作者不詳。

〔五九二〕堂之大,百四十有四尺,坤之策;屋圓徑,三百一十六尺,乾之策:策,數,數值。彥按:"三百一十六"當作"二百一十六"。易繫辭上:"乾之策二百一十有六,坤之策百四十有四,凡三百有六十,當期之日。"是也。魏書及北史賈思伯傳引蔡邕論明堂之制,並云:"堂方(一)百四十尺,象坤之策;屋圓徑二百一十六尺,象乾之策。"通志卷一五一引同。所言"方(一)百四十尺",亦誤。

〔五九三〕九階者,周禮:周禮考工記:"夏后氏世室,……九階。"

〔五九四〕注:南三,東、西、北各二:鄭注原文作:"南面三,三面各二。"

〔五九五〕賈、馬等以爲九等:見陸德明釋文。原文爲:"按:賈、馬諸家皆以爲九等階。"賈,指賈逵。馬,指馬融。

〔五九六〕禮傳:周堂九尺,商三尺,夏一尺,相三數也:彥按:"三"當作"參",謂比勘。疑撰者或梓者誤讀以改之。周禮考工記:"周人明堂,度九尺之筵。"鄭玄注:"周堂高九尺,殷三尺,則夏一尺矣,相參之數。"孔穎達疏:"云'周堂高九尺,殷三尺,則夏一尺矣'者,夏無文,以後代文而漸高,則夏當一尺,故云'相參之數'。"

〔五九七〕禹卑宮室,爲一尺:見通典卷四四吉禮三大享明堂。原文爲:"周堂高九尺,殷三尺,夏一尺,相參之數也。禹卑宮室,爲一尺之堂歟?"

〔五九八〕牟追玄冕:牟追(duī),亦作"毋追",古冠名。形如覆杯,前高廣,後卑銳。玄冕,古祭服。周禮春官司服"祭羣小祀則玄冕"鄭玄注:"玄者,衣無文,裳刺黻而已,是以謂玄焉。"

〔五九九〕母追,夏后氏之道:見儀禮士冠禮。母追,即毋追。母,"毋"之古字。

〔六〇〇〕追,大也,其體最大:見白虎通紼冕篇。其文曰:"夏統十三月爲正,其飾最大,故曰毋追。毋追者,言其追大也。"吳本"最"作"寂",同。

〔六〇一〕輿服志:蓋指後漢書輿服志。然下所述毋追形制,比之後漢書輿服志尤詳,而與通典卷五七嘉禮二牟追冠大同。

〔六〇二〕商章甫即牟追,今之委貌:後漢書輿服志下:"委貌冠,……所謂夏之毋追,殷之章甫者也。"

〔六〇三〕委以綏言:綏,帽帶結子之下垂部分。彥按:委有下垂義。　追以笄、衡言,周禮言"追笄、衡"是矣:笄,古代用以別住挽起之頭髮之簪。衡,古代用以固冠之橫簪。此處兩"衡"字,諸本均作"衛",蓋即"衡"字俗譌,今據周禮訂正。追笄、衡,周禮天官追師作"追衡、笄"。彥按:鄭玄注云:"追,猶治也。"引鄭司農曰:"衡,維持冠者。"又曰:"王后之衡、笄,皆以玉爲之。"玉篇辵部亦云:"追,治玉名也。"清朱駿聲以爲:"追,叚借爲彫。"(見説文通訓定聲履部追)羅氏以毋追之"追"得義於"追笄、衡"之"追",亦即治玉之名,可疑。

〔六〇四〕其制相比,漆布爲殻,緇縫其上,前廣四寸、高五寸,後高二寸:相比,相近。比,近,接近。漆布,用漆塗過的布。緇,黑色之帛。縫,喬本、洪本、備要本譌"縱",今從吳本、四庫本訂正。後高二寸,彦按:"二寸"當作"三寸"。宋聶崇義三禮圖集注卷三云:"舊圖云:毋追,殷曰章甫,周曰委貌。……其制相比,皆以漆布爲殻,以緇縫其上,前廣四寸、高五寸,後廣四寸、高三寸。"當即羅氏所本,而作"三寸"。又宋錢時融堂書解卷一八、明胡廣書經大全卷首圖説,亦均作"三寸"。

〔六〇五〕五經通義:漢劉向撰。　黑、白、赤組旒:用黑、白、赤三色絲帶聯綴而成的玉串。組,絲帶。旒,通"瑬",古代帝王冠冕前後懸垂的玉串。

〔六〇六〕明帝采尚書皋陶及周禮以定冕:明帝,指漢明帝劉莊。采,吳本、四庫本譌"来"、"來"。尚書皋陶,謂書皋陶謨。　綏白玉珠其端:綏(tuǒ),垂。洪本字跡漶漫,吳本、四庫本作"綾"。彦按:獨斷原文作"係","綏"、"綾"皆"係"字之譌。

〔六〇七〕郊特牲言商冔夏收:冔(xǔ),殷代冠名。收,夏代冠名。　故夏收而祭:禮記王制:"夏后氏收而祭。"

〔六〇八〕毛詩許字從羽:吳本、四庫本無此六字。彦按:此句突兀費解,疑有誤。蓋吳本、四庫本以此而刪去之。

〔六〇九〕三王共皮弁素積:禮記郊特牲:"周弁,殷冔,夏收。三王共皮弁素積。"參見上注〔五三四〕。

〔六一〇〕爲弁不易也:爲,通"謂"。易,改變。

〔六一一〕白虎通云:"收而達,故前思,大者在後,時物亦前忽也":見白虎通紼冕篇,清陳立疏證本"前思"、"前忽"並作"前蔥"。句末注曰:"語有譌脱。"吳本、四庫本無此二十字。

〔六一二〕爾雅云:收,言收斂髮:今本爾雅不見此文。釋名釋首飾曰:"收,夏后氏冠名也,言收斂髮也。"蓋羅氏誤記。

〔六一三〕因:沿用,承襲。

〔六一四〕袞龍而山韍：袞龍，指袞龍袍，古代帝王的朝服。上有龍紋，故稱。吳本、四庫本作“袞衣”。山韍（fú），繡有山形花紋的蔽膝。各本“韍”均作“韨”。彥按：“韨”同“韍”。説文支部：“韨，戾也。”於義不合。當爲“韍”字形譌。韍，古代祭服服飾，用熟皮製成，縫於長衣之前。形制、圖案、顏色因等級而別。用於此，恰到好處，亦與禮記明堂位所載合拍。今訂正。下羅苹注“山韍”之“韍”同。禮記明堂位：“有虞氏服韍，夏后氏山，殷火，周龍章。”鄭玄注：“韍，冕服之韠也。舜始作之，以尊祭服。禹、湯至周，增以畫文，後王彌飾也。”

〔六一五〕夏后氏山韍，取其仁也：彥按：山性安固永恒，與仁者静而壽相類，論語雍也云“仁者樂山”，亦同類相求也。

〔六一六〕立尸而卒祭：尸，古代祭祀時立一代表死者受祭的人，稱尸。卒，終，直至結束。備要本譌“平”。禮記禮器：“夏立尸而卒祭。”鄭玄注：“夏禮，尸有事乃坐。”孔穎達疏：“夏祭乃有尸，但立，猶質。言尸是人，人不可久坐神坐，故尸唯飲食蹔坐；若不飲食時，則尸倚立，以至祭竟也。”

〔六一七〕祭以其闇：禮記祭義：“夏后氏祭其闇。”鄭玄注：“闇，昏時也。”孔穎達疏：“‘夏后氏祭其闇’者，以夏后氏尚黑，故祭在於昏時。”　明日而復祚：復祚，即復胙。“祚”通“胙”。謂正祭後之翌日再祭。爾雅釋天：“繹，又祭也。周曰繹，商曰肜，夏曰復胙。”邢昺疏：“説者云：胙是祭肉也。以祭之旦日，復陳其祭肉以賓尸也。”

〔六一八〕繹祭：古稱正祭之次日續祭。

〔六一九〕商曰融：備要本“曰”譌“三”。彥按：“融”當作“肜”，音同而譌。書高宗肜日孔氏傳：“祭之明日又祭，殷曰肜，周曰繹。”

〔六二〇〕蓋貴爵而尚齒：禮記祭義：“夏后氏貴爵而尚齒。”

〔六二一〕七十者皆引年：古禮對年老而賢者加以尊養，稱“引年”。禮記王制、内則並曰：“七十養於學。”又曰：“凡三王養老，皆引年。”

〔六二二〕養國老於東序，養庶老於西序：東序，夏代大學名，亦爲國老養老之所。西序，夏代小學名，亦爲庶老養老之所。禮記王制：“夏后氏養國老於東序，養庶老於西序。”鄭玄注：“東序、東膠，亦大學，在國中王宮之東；西序、虞庠，亦小學也，西序在西郊。”　燕衣而以饗禮：燕衣，古天子宴羣臣時所著之

服。饗禮,古代一種隆重的宴飲賓客之禮。禮記王制:"夏后氏收而祭,燕衣而
養老。"又:"凡養老,有虞氏以燕禮,夏后氏以饗禮。"孔穎達疏:"'夏后氏以饗
禮'者,崔氏云:'饗則體薦而不食,爵盈而不飲,依尊卑而爲獻,取數畢而已。
夏既受禪於虞,是三王之首,貴尚於禮,故養老以饗禮,相養敬也。"

〔六二三〕卒食,燕衣玄端:玄端,古代一種黑色禮服。既爲天子、諸侯、士
大夫之祭服,亦爲天子閑居所服。禮記玉藻:"卒食,玄端而居。"鄭玄注:"天
子服玄端燕居也。"

〔六二四〕玄端,注:黑衣裳:儀禮士喪禮"褖衣"鄭玄注:"黑衣裳,赤緣謂
之褖。"賈公彥疏:"知此褖衣是黑衣裳者,此褖衣則玄端。知者,以其士冠禮
陳三服,玄端、皮弁、爵弁,有玄端無褖衣;此士喪襲亦陳三服,與彼同,此無玄
端有褖衣,——故知此褖衣則玄端者也。"

〔六二五〕襲堯爵,行堯道:法言問道:"在昔虞、夏,襲堯之爵,行堯之道,
法度彰,禮樂著,垂拱而視天下民之阜也,無爲矣。" 修五等以賞諸侯:禮記王
制:"王者之制禄爵,公、侯、伯、子、男,凡五等。"孔穎達疏:"此作記者,雖記
'虞氏皇而祭'之文,大都揔記三王制度,故言王者之制,不云帝皇制也。"

〔六二六〕禹政縣舊:洪本、吳本"禹"譌"㕚"。四庫本"縣"作"由"。

〔六二七〕鄭釋王制,謂商因夏,三等,無子、男:洪本、吳本、四庫本"因"譌
"殷"。禮記王制"公侯田方百里,伯七十里,子男五十里"鄭玄注:"此地,殷所
因夏爵,三等之制也。殷有鬼侯、梅伯,春秋變周之文,從殷之質,合伯、子、男
以爲一,則殷爵三等者,公、侯、伯也。" 公羊謂春秋變周從商,合伯、男皆曰
子:吳本、四庫本無此及下"妄也"凡十七字。春秋,喬本、洪本作"春",備要本
作"秦"。彥按:當作"春秋"。喬、洪二本脱"秋"字,備要本"春"更譌"秦",今
據公羊傳訂正。又,此所引公羊説,見春秋桓公十一年"鄭忽出奔衞"公羊傳:
"忽何以名? 春秋伯、子、男一也,辭無所貶。"何休解詁云:"春秋改周之文,從
殷之質,合伯、子、男爲一,一辭無所貶。皆從子,夷狄進爵稱子是也。"是公羊
傳所謂"春秋伯、子、男一也"云云,是説春秋在某種情況下對爵爲伯、子、男者
都可以不稱其爵而呼其名,而無貶意,何注則進一步以爲春秋於伯、子、男或籠
統稱"子",並不具貶義,均無關乎爵之三等、五等。羅氏似誤解其意。

〔六二八〕追縣父:謂追祔父縣。此"祔"蒙下"祔黃帝"而省,但取祭祀之

義。禮記祭法:"有虞氏禘黄帝而郊嚳,……夏后氏亦禘黄帝而郊鯀。"鄭玄
注:"禘、郊、祖、宗,謂祭祀以配食也。"

〔六二九〕禹云"豈伊多寵"也,云"亡王之後":見國語周語下周靈王太子
晉語。伊,猶"繄"。亡王,喬本、洪本作"二上",吳本、四庫本、備要本作"三
王",皆誤。今據國語訂正。國語原文爲:"此一王四伯,豈繄多寵?皆亡王之
後也。"韋昭注:"一王,謂禹。四伯,謂四嶽也。……繄,是也。言禹與四嶽豈
是多寵之人?乃亡王之後。禹,鯀之子。禹郊鯀而追王之也。"

〔六三〇〕而封丹朱唐、商均之子於虞:彦按:"之子"二字疑不當有。參見
後紀十二帝舜有虞氏注〔八七九〕。　　作賓王家:謂作爲王家之貴賓。彦按:書
益稷云:"虞賓在位,羣后德讓。"蔡沈集傳:"虞賓,丹朱也。堯之後,爲賓於
虞。"此稱禹封堯、舜之後,而謂丹朱及商均之子"作賓王家",蓋仿其意而
用之。

〔六三一〕亦闇於大義哉:闇,不明白,糊塗。喬本作"間",洪本作"問",俱
誤。今據餘本訂正。

〔六三二〕佑云:三公以下百二十,此夏時也:見通典卷五八嘉禮三天子册
妃嬪夫人"周制,天子后立六宫,三夫人、九嬪、二十七世婦、八十一御女,以聽
天下之内治"注。原文爲:"三夫人以下百二十人,周制也。三公以下百二十
人,似夏時也,以治外。"

〔六三三〕記云官倍:書周官:"唐虞稽古,建官惟百。……夏商官倍,亦克
用乂。"　　唐虞清要,三代不變,其餘稱事爲之爾:清要,清簡得要。其餘,謂三
代以後各個朝代。稱事爲之,謂衡量政務以設官。

〔六三四〕三妃九嬪,以爲内治:嬪,備要本誤"殯"。内治,古指對婦女的
教育。

〔六三五〕春秋説:漢劉歆撰。

〔六三六〕佑云,夏時制:見通典卷五八嘉禮三天子册妃嬪夫人。原文爲:
"春秋説云天子娶十二,即夏制也。"

〔六三七〕定政:評定政績。

〔六三八〕惡旨酒,好善言:旨酒,美酒。孟子離婁下:"孟子曰:禹惡旨酒
而好善言。"　　好予而不取:逸周書太子晉:"如禹者聖。……好(取)〔與〕不好

（與）〔取〕,必度其正,是之謂聖。"　　好緣而惡駔:緣,順,柔順。駔(zǎng),猶
羸,謂粗野。管子侈靡:"上信而賤文,好緣而(好)〔嫌〕駔。"　亦上信而賤文,
必度其正:信,謂誠信。文,謂文飾。度,讀爲"宅",居。

〔六三九〕爲政先禄而後威,先賞而後罰:禮記表記:"子曰:夏道……先禄
而後威,先賞而後罰,親而不尊。"　故能敬德,面稽天若:書召誥:"相古先民
有夏,天迪從子保;面稽天若,今時既墜厥命。"孔氏傳:"夏禹能敬德,天道從
而子安之。禹亦面考天心而順之,今是桀棄禹之道,天已墜其王命。"彦按:路
史説蓋本此。然今人多不認同孔傳。于省吾雙劍誃尚書新證云:"按:面即偭,
應訓背。"其下夾注:"禮記少儀'尊壺者面其鼻',面,説文引作偭。離騷'偭規
矩而改錯',王注:'偭,背也。'史記項羽本紀'馬童面之',張晏訓面爲背。是
面、偭古通之證。"臧克和云:"按于説是。稽,説文稽部:留止也。……稽有滯
礙義,漢書公孫弘傳:'滑稽則東方朔、枚皋。'顏師古注:滑,亂也;稽,礙也。
'面稽'連文,義爲違乖。"(見尚書文字校詁)又俞樾云:"若,順也,順即道也。
論衡本性篇引陸賈曰:'人能察己所以受命則順,順之爲道。'國語楚語以'違
而道'、'從而逆'相對。是古人謂順爲道。'天若'即天順,天順即天道也。"
(見羣經平議尚書四)皆似有理。

〔六四○〕言面攷天心而順之:書孔傳語。見上注。

〔六四一〕禹引失,承安繼治,任賢使能,共己無爲而天下治:見論衡自然
篇。原文爲:"周公曰:'上帝引佚。'上帝,謂舜、禹也。舜、禹承安繼治,任賢
使能,恭己無爲而天下治。"引,長久,常。爾雅釋詁上:"引,長也。"失,通
"逸",安逸。共己,謂恭謹以律己。共,通"恭"。

〔六四二〕繕賞不罰:繕,通"善",喜好。司馬法天子之義:"夏賞而不罰,
至教也。"　而民不負言:文子上義、淮南子氾論並云:"夏后氏不負言。"又鹽
鐵論詔聖:"夏后氏不倍言。"

〔六四三〕亡廢功,亡蔽財,自眂觖如:廢,浪費。功,謂勞力、民力。蔽,通
"敝",破壞,損害。眂,同"視"。吳本、四庫本作"眡",亦同。觖如,不滿足貌。
各本"觖"皆譌"觓",今訂正。淮南子繆稱篇:"禹無廢功,無廢財,自視猶觖
如也。"

〔六四四〕淮南王術:彦按:淮南子無王術篇。此文本出自淮南子繆稱篇,

蓋羅氏誤記爲主術篇(二篇相鄰),傳抄錯譌遂成"王術"。

〔六四五〕愉易平静以待之,使夫自得之;因然而然之,使夫自寧之:見吕氏春秋謹聽。舊校:"(得)一作'以'。"陳奇猷校釋云:"'得'當從舊校及治要作'以',……當訓爲及(以猶及也,詳經傳釋詞)。韓非子揚權云:'虚而待之,彼自以之'。此文與韓子同意,正可爲證。"愉易,和樂,愉悦安適。夫,彼。寧,吕氏原本作"言",舊校:"一作'寧'。"彦按:篇名謹聽,所述皆人君宜謹聽臣下言事,則此固當作"言"。陳奇猷校釋云:"'因然而然之,使夫自言之',蓋謂聽言之時,然然諾諾,使臣下言之,而己不言説也。"得之。

〔六四六〕不求苟,不大望於民,是故寡怨於民,□民未厭其親:自此"寡怨於民"而下至羅苹注"朝廷之間可以羅雀",不見於吴本及四庫本。洪本"怨於民□"四字爲塗墨。苟,"備"之古字。禮記表記:"子曰:'夏道未瀆辭,不求備,不大望於民,民未厭其親。'"鄭玄注:"'不求備,不大望',言其政寬,貢税輕也。"孔穎達疏:"'民未厭其親'者,以上'不求備,不大望於民',民無困苦,故未厭其上下相親之心也。"

〔六四七〕通乎己之不足,而不與物争:"物争"二字,喬本、洪本爲塗墨,備要本留空白,此據吕氏春秋謹聽訂補。吕氏文曰:"昔者禹一沐而三捉髮,一食而三起,以禮有道之士,通乎己之不足也。通乎己之不足,則不與物争矣。"

〔六四八〕南子云:禹治天下,朝廷之間可以羅雀:彦按:今考淮南子,不見有此文,蓋"南"上一字闕文非爲"淮"也。而藝文類聚卷一一引鬻子曰:"禹飯一饋而七起,曰:'吾不恐四海之士留於道路也,恐其留吾門也。'是以四海之士皆至。禹當朝廷,門可以羅雀。"頗疑此南子爲鬻子之譌。蓋舊本闕文所及至于"鬻"字上半之"粥",所餘下半之"鬲"則因形近而譌"南"。又,"間"字疑亦"門"字之誤。

〔六四九〕剴精神:剴(kǎi),磨,磨礪,磨鍊。　明耳目:洪本"目"字爲塗墨。大戴禮記五帝德:"(禹)明耳目,治天下。"　□□□□□□民鍾:吴本、四庫本無此,蓋徑删之。

〔六五〇〕籲俊尊帝:籲,同"籲",呼喚,招求。俊,才俊,賢人。帝,指上天。書立政:"古之人迪惟有夏,乃有室大競,籲俊尊上帝。"蔡沈集傳:"古之人有行此道者,惟有夏之君。當王室大强之時,而求賢以爲事天之實也。"

黑、風會紀：會，一同。紀，治理。廣韻止韻：“紀，理也。”　而明明在朝：明明，指賢明之士。文選漢王子淵（褒）聖主得賢臣頌：“故世平主聖，俊乂將自至，若堯、舜、禹、湯、文、武之君，獲稷、契、皋陶、伊尹、吕望之臣，明明在朝，穆穆布列。”

〔六五一〕詩含神霧：吴本譌作“詩含文侯”。洪本“神霧”連下“云夏”凡四字爲塗墨。　夏禹：吴本、四庫本作“大禹”。

〔六五二〕黑，力墨；風，風后：墨，吴本譌“纛”。風后，洪本、吴本譌“七后”。　皆黄帝臣：太平御覽卷八二引之，作：“並黄帝臣復神。”

〔六五三〕禹，伯禹，當其至也：太平御覽卷八二引之，作：“伯禹當斯而至也。”

〔六五四〕按：玄經亦有禹□風□□風力之世云：此十五字，不見於吴本及四庫本。玄經，似指漢揚雄太玄經，然今本太玄經無此文。

〔六五五〕又得咎陶、杜子業、既子、黯、季甯、然□□□□□□□□□□：此上文字不見於吴本及四庫本。洪本闕文似少一字。杜子業，原本“杜”譌“在”。黯，原本譌“黥”。今並據鷁子訂正。鷁子禹政：“禹之治天下也，得皋陶，得杜子業，得既子，得施子黯，得季子甯，得然子堪，得輕子玉，得七大夫以佐其身，以治天下，以天下治。”　勞身以治天下：“勞”字喬本、洪本原爲闕文，此從餘本。　迪知恂于九德之行：此句當撮取書立政“古之人迪惟有夏，……迪知忱恂于九德之行”之説而來。迪，語詞。恂，相信。方言卷一：“恂，信也。……宋衛汝潁之間曰恂。”九德，前人多以書皋陶謨之“九德”當之，即：寬而栗、柔而立、愿而恭、亂而敬、擾而毅、直而温、簡而廉、剛而塞、彊而義。顧頡剛、劉起釪則以爲書立政成書在皋陶謨前，立政作於周初，由西周至春秋所流傳之“九德”説，反而是受立政之影響才形成的（見尚書校釋譯論）。　故民承寬厚而亡懷薄：薄，刻薄。

〔六五六〕百姓以仁遂焉：謂百姓因禹之仁而亦做到仁。遂，達到。洪本“仁”字爲墨丁，吴本、四庫本脱文。禮記緇衣：“子曰：‘禹立三年，百姓以仁遂焉，豈必盡仁？’”鄭玄注：“言百姓傚禹爲仁，非本性能仁也。遂，猶達也。”

〔六五七〕□戴繼□：吴本、四庫本無此。

〔六五八〕方外：猶域外。漢書鼂錯傳：“昔者大禹勤求賢士，施及方外。”

〔六五九〕見耕者五偶而式之,所過之邑必下:上十四字,吴本、四庫本並亡脱。洪本"之所過"三字爲塗墨。五偶,謂十。偶,二,雙;亦作"耦"。式,通"軾",本爲車前扶手之横木,古時對人表示敬意則以手撫軾,亦稱爲"式"。大戴禮記曾子制言下:"是故昔者禹見耕者五耦而式,過十室之邑則下,爲秉德之士存焉。"又荀子大略:"禹見耕者耦,立而式;過十室之邑,必下。"

〔六六〇〕見山仰之,見谷俯之,以葡道秉德之士存焉:喬本"焉"字下有一墨丁,備要本則闕文。疑此墨丁爲刻工鑱去誤刻之遺迹,非闕文也。葡道秉德,謂道德完美而秉持之。太平御覽卷四七四引董子曰,作:"禹見耕者五耦而式,過十室之邑而下,見山仰之,見谷俯之,避有道德之人、避俗之士也。"

〔六六一〕董子:周董無心撰。

〔六六二〕適于郊,芴焉遇其縛于路,謖降:適,往。芴焉,忽然。芴,通"忽"。于路,洪本譌"子路"。謖,通"稷",即。降,謂下車。

〔六六三〕彼則不刑:則,猶乃,用於加强肯定語氣。

〔六六四〕天下有道,民不離辜:離辜,犯罪,受懲處。離,通"罹"。各本"辜"皆譌"幸",今據吴越春秋訂正。　堯舜之民以堯舜爲心,朕爲民辟,百姓各以其心,是用矜之:以堯舜爲心,謂以堯舜之心爲心,即想堯舜之所想。辟,君。各以其心,謂各有自己的想法。矜,憐憫,同情。吴越春秋越王無余外傳:"(禹)南到計於蒼梧,而見縛人。禹拊其背而哭。益曰:'斯人犯法,自合如此。哭之何也?'禹曰:'天下有道,民不罹辜;天下無道,罪及善人。……吾爲帝統治水土,調民安居,使得其所。今乃罹法如斯!此吾德薄不能化民證也,故哭之悲耳。'"又説苑君道:"禹出見罪人,下車問而泣之。左右曰:'夫罪人不順道,故使然焉,君王何爲痛之至於此也?'禹曰:'堯舜之民,皆以堯舜之心爲心。今寡人爲君也,百姓各自以其心爲心,是以痛之也。'"

〔六六五〕計於蒼梧:計,考覈官吏。

〔六六六〕禹巡蒼梧,見市煞人,下車而哭,曰:'萬方有罪,在予一人。'故其興也勃然:巡,後漢書陳蕃傳作"巡狩"。煞,通"殺"。四庫本作"殺",與陳蕃傳同。予,喬本、洪本、備要本作"於",吴本作"于",並誤。今從四庫本。勃然,形容勢頭迅猛而旺盛。陳蕃傳作"勃焉",義同。

〔六六七〕注,見説苑:吴本、四庫本無此四字。

〔六六八〕淳化:宋太宗年號。　孟昶於刑獄,優游不斷,以爲夏禹泣辜,竊效之:其事備載於宋李燾續資治通鑑長編卷三四。孟昶,後蜀末代皇帝。優游,猶豫。辜,謂辜人,即犯罪之人。竊,洪本作"功",吳本作"昶",俱誤。今犯罪之人:洪本"犯"作"犯",同。

〔六六九〕立諫幡,陣建鼓:幡,旗幟。陣,"陳"之古字,陳設。建鼓,即諫鼓。吳本、四庫本"鼓"作"皷",同。

〔六七〇〕慄慄如不滿日:慄慄,畏懼貌。不滿日,謂活不到一天。

〔六七一〕管子:洪本"子"譌"十"。　舜有告善之旌而主不蔽,禹立建鼓於朝而備辭訟:見管子桓公問,"辭訟"作"訊唉"。參見後紀十一帝堯陶唐氏注〔二二〇〕。

〔六七二〕何敞傳云:"禹致敢諫之幡":致,當"置"字音誤。彥按:此語出自後漢書郅壽傳李賢注。郅壽傳:壽被陷下吏當誅,侍御史何敞上疏理之曰:"臣聞聖王闢四門,開四聰,延直言之路,下不諱之詔,立敢諫之旗,聽歌謠於路。"李賢注:"禹置敢諫之幡,解已見上。"羅氏張冠李戴。

〔六七三〕舜居人上,兢兢如履薄冰;禹居人上,慄慄如不滿日。敬勝怠則吉,義勝欲則昌,日謹一日,壽終無殃:洪本"冰"譌"水"。彥按:此語見後漢書光武帝紀上李賢注引太公金匱,羅氏誤記出處。又"日謹一日",李賢注原文作"日慎一日"。

〔六七四〕不矜不伐,不自滿假:書大禹謨:"帝曰:'來,禹。降水儆予,成允成功,惟汝賢。克勤于邦,克儉于家,不自滿假,惟汝賢。汝惟不矜,天下莫與汝爭能。汝惟不伐,天下莫與汝爭功。'"孔氏傳:"假,大也。"又云:"自賢曰矜,自功曰伐。"　投一饋而七起,一沐而三捉髮:投,置放。饋,食物。七,疑爲"十"字之誤。沐,吳本、四庫本譌"沭"。三捉髮,謂數次中斷洗頭。捉髮,握住頭髮。呂氏春秋謹聽:"昔者禹一沐而三捉髮,一食而三起,以禮有道之士,通乎己之不足也。"淮南子氾論:"禹之時,以五音聽治,……當此之時,一饋而十起,一沐而三捉髮,以勞天下之民。"　予惟四海之士須于門,而四方之民弗至也:惟,願,希望。須,留止。

〔六七五〕諸大夫能亡以予爲汰乎?且聏其驕若汰而不予穀,是逢君之惡而教寡人之殘也:汰,通"泰",奢侈。且聏,喬本、洪本、備要本"聏"作"昏"。

又洪本此二字闌入注文,吳本、四庫本則無此二字。彥按:"昏"當作"睯"。"睯"爲"聞"字古文,見説文耳部。蓋"睯"脱耳旁而訛爲"昏",遂至義不可解,故吳本、四庫本徑删去之。今訂正。不予穀,猶詩言"不我肯穀"。小雅黃鳥:"此邦之人,不我肯穀。"毛亨傳:"穀,善也。"鄭玄箋:"云不肯以善道與我。"備要本"予"譌"子"。逢,迎合。新書脩政語上:"諸侯朝會而禹親報之,故是以禹一皆知其國也;其士月朝而禹親見之,故是以禹一皆知其體也。然且大禹其猶大恐,諸侯會,則問於諸侯曰:'諸侯以寡人爲驕乎?'朔日士朝,則問於士曰:'諸大夫以寡人爲汏乎? 其聞寡人之驕之汏耶,而不以語寡人者,此教寡人殘道也,滅天下之教也。故寡人之所怨於人者,莫大於此也。'"

〔六七六〕諸侯萬人而一知其體:新書脩政語上:"大禹之治天下也,諸侯萬人而禹一皆知其體。"　則能以愿爲之也:愿,朴實恭謹。書皋陶謨"愿而恭"孔穎達疏:"愿者,愨謹良善之名。"

〔六七七〕故未施敬於民而民敬之:吳本、四庫本脱上一"敬"字。禮記檀弓下:"夏后氏未施敬於民而民敬之。"

〔六七八〕禮者,忠信之薄:老子三十八章:"夫禮者,忠信之薄,而亂之首。"河上公注:"言禮廢本治末,忠信日以衰薄。"

〔六七九〕禮記檀弓下:"有虞氏未施信於民而民信之。"

〔六八〇〕夏后時道隱而未喪:吳本"時"作"事","道隱"作"道德",並誤。

〔六八一〕此哀公所以問:哀公,指春秋魯哀公姬將。禮記檀弓下載,魯有賢人周豐,哀公使人問焉,曰:"有虞氏未施信於民而民信之,夏后氏未施敬於民而民敬之,何施而得斯於民也?"

〔六八二〕新書作"民信之":今本新書未見"民信之"語,疑爲佚文。

〔六八三〕命伯封叔及昭明作衍曆:伯封叔及昭明,並禹臣名。伯封叔爲樂正夔子。衍曆,曆法名。　鈐天行施:鈐,鎖,引申爲牢牢掌握。行施,運行變化。

〔六八四〕春,斤不升山;夏,罟不趣淵:以宛生長而專民力:斤,斧頭。夏,洪本譌"下"。罟,網,此指魚網。趣(qū),赴,往。宛,通"蘊",蘊蓄,積聚。專,通"摶",結聚,聚集。逸周書大聚載周公曰:"旦聞禹之禁:春三月,山林不登斧[斤],以成草木之長;夏三月,川澤不入網罟,以成魚鼈之長。"

〔六八五〕乃布令曰:"九月除道,十月成梁":自此而下至"其於司里",撮取自國語周語中。乃布令曰,國語作"故夏令曰"。除道,泛稱開路、修路。成梁,修建橋梁。

〔六八六〕故其時儆曰:儆,告戒,警告。　收而場功,偫乃畚梮:收,結束,完成。而,汝,第二人稱代詞。場功,泛稱曬穀場上之農事。偫(zhì),儲備,準備。喬本、洪本、吳本、備要本譌"待",此從四庫本。乃,汝,第二人稱代詞。國語作"而",義同。畚梮(jú),盛土和擡土的工具。喬本、洪本、吳本、備要本"梮"譌"祸",此從四庫本。　營室之中,土工其始:營室,星宿名,又稱定星。此星昏而正中,爲夏正十月。土工,指營造宮室之土木工程。國語作"土功",義同。喬本、洪本"土"譌"上",今從餘諸本訂正。　火之初見,期于司里:火,星名,又稱大火。火星晨見於東南方,爲夏正十月。期,會,集合。各本均譌作"其",今據國語訂正。司里,官名,即里長。

〔六八七〕速畦埕之就,而執成男女之功:畦埕(qí chéng),田中分成的小區塊與田埂。就,成,完成。執,從事。逸周書大聚:"且以并農力,執成男女之功。"孔晁注:"男耕女桑,成此功也。"

〔六八八〕故生不失宜而物不失性,人不失事:生不失宜,就草木言,以"斤不升山"而然。物不失性,就魚鱉言,以"罟不趣淵"而然。失事,謂錯失土事及農事。　天得時而萬財成焉:彦按:"天得時"疑當作"天時得"。"天時得"謂符合天道運行之規律,義既貼切,亦與"萬物成"對應整齊。

〔六八九〕昔孔子觀夏道,得其四時之書者:禮記禮運:"孔子曰:'我欲觀夏道,是故之杞,而不足徵也,吾得夏時焉。'"鄭玄注:"得夏四時之書也。"

〔六九〇〕曆象:猶曆法。

〔六九一〕大聚:逸周書篇名。　云云:吳本、四庫本無此二字。

〔六九二〕禮云夏不田:田,"畋"之古字,狩獵。洪本譌"由"。禮記王制:"天子、諸侯,無事則歲三田。"鄭玄注:"三田者,夏不田。蓋夏時也。"

〔六九三〕鄭謂夏禹以仁讓得天下,觸其夏名,故不田:彦按:此文出禮記王制鄭玄注"三田者,夏不田。蓋夏時也"孔穎達正義,原文爲:"'夏不田,蓋夏時也'者,以夏是生養之時,夏禹以仁讓得天下,又觸其夏名,故夏不田。鄭之此注,取春秋緯運斗樞之文,故以爲夏不田。""鄭謂"當作"孔謂",蓋羅氏誤記。

〔六九四〕謂土少則民失業,土多則内亡守,於是有不稱之災:土少,謂土少民多。土多,謂土多民少。洪本"土"譌"上"。内亡守,謂内無守土之民,是則土易喪失。不稱,謂土與民多寡不相稱。逸周書文傳引開望曰:"土廣無守,可襲伐;土狹無食,可圍竭。二禍之來,不稱之災。"　中不容利,民乃外次:逸周書文傳引夏箴語。中,内,謂境内。不容利,不能够獲利。容,容許,可以。外次,居住到境外。次,居止。

〔六九五〕小人亡兼年之食,遇天饑,妻子非其有也;大夫亡兼年之食,遇天饑,臣妾、輿馬非其有也;國亡兼年之食,遇天饑,百姓非其有也:今本逸周書文傳引夏箴,"亡"作"無",且無其末"國亡……非其有也"分句,疑爲脱文。又,太平御覽卷三五引夏歸藏,作:"土無兼年之食,遇天飢,妻子非其妻子也;大夫無兼年之食,遇天飢,輿馬、臣妾非其有也;國無兼年之食,遇天飢,百姓非所有也。"内容大致相同。兼年,兩年。

〔六九六〕故諸横生,盡以養從生,盡以養一人:逸周書文傳:"故諸横生盡以養從[生],從生盡以養一丈夫。"孔晁注:"横生,萬物也。從生,人也。一丈夫,天子也。"清潘振周書解義:"横生,指物,背向上也。從生,指人,首戴天也。"

〔六九七〕不煞胎,不夭奧,不隳時:煞,四庫本作"殺",同。夭奧,費解。彦按:當作"殀夭"。殀,斷殺,殘害。夭,動植物中之稚嫩者。禮記王制:"不殺胎,不殀夭。"鄭玄注:"殀,斷殺。少長曰夭。"陸德明釋文:"殀夭,上於表反,下烏老反。"烏老反之"夭",音與"奧"近,故路史訛而爲"奧"。至於路史"殀"字作"夭",則是改用古字;其音廣韻標於兆切,與釋文烏老反之"夭"實不同詞。隳時,浪費時光。　十年而王道固:洪本"而"譌"兒",蓋以音近。

〔六九八〕乃立祈祥以固山澤,立器械以使四國:祈祥,古代祭山的一種祭儀。烹羊以祈禱,故稱。祥,讀爲"羊"。管子國准:"立祈祥以固山澤,立械器以使萬物。"趙守正注譯:"'立祈祥以固山澤',即設立祭祀鬼神的壇場,以借此封禁山澤。"　破增藪,焚沛澤:增藪,野草叢生的窪地。增,通"層"。焚,各本均作"楚"。彦按:作"楚"不可解。"楚"當"焚"字形譌。管子國准云:"夏后之王,燒增藪,焚沛澤,不益民之利。"又云:"燒山林,破增藪,焚沛澤,禽獸衆也。"當即羅氏所本,今據以訂正。　以立三幣,而操其重策以守國穀:三幣,指珠玉、黃金、刀布。管子國蓄:"以珠玉爲上幣,以黃金爲中幣,以刀布爲下幣。"操,吳本作"捼",四庫本作"捼",同。重策,指貨幣政策、物價調控政策。管子山權數:"禹以歷山之金鑄幣。"又國准:"天下皆利而謹操重筴。"又山權數:"管子曰:'以守國穀。'"　存菹丘,立駢牢,以爲民饒:菹丘,茅草繁茂的山丘。菹(jù),四庫本作"葅",譌;備要本作"葅",同。牢,各本均譌"守",今據管子訂正。管子國准:"存菹丘,立駢牢,以爲民饒。"趙守正注譯:"立駢牢:建立成排的牛馬棚圈,意即發展畜牧事業。駢,駢比成列之意。"　以人御人,逃戈刃而高仁義,乘天固以安己,而民心一:以人御人,謂設官治民。御,治理。逃,謂離開,遠離。洪本、吳本作"迺",同。乘,憑藉,利用。天固,猶天常,指倫理道德。彥按:路史此語,當襲取管子國准"以人御人,逃戈刃,高仁義,乘天固,以安己者也"句意。然管子此語實承上文"周人之王,官能以備物"言,是謂周人,而非夏禹,今移於此,殊爲不妥。

〔六九九〕政德既成,而聽于人,矇誦於朝,史筬于位,官獻使勿兜,采臚言于市,攷百事于廷,耆艾脩之,以聞其缺而斟酌之,行善而備敗,是以事行而不悖:政德,猶正德,謂端正的德行。矇,指樂官。上古樂官以盲人充任,故名。誦,諷諫。吳本譌"重"。史,史官。筬,規諫,告戒。兜,迷惑,受蒙蔽。臚言,傳言。耆艾,老年人,師長。脩,整理。國語晉語六載晉大夫范文子曰:"吾聞古之王者,政德既成,又聽於民,於是乎使工誦諫於朝,在列者獻詩使勿兜,風聽臚言於市,辨祅祥於謠,考百事於朝,問謗譽於路,有邪而正之,盡戒之術也。"韋昭注:"兜,惑也。"王引之曰:"'兜'當爲'兂',說文:'兂,廱蔽也。從人,象左右皆蔽形。讀若瞀。'勿兂,謂勿廱蔽也。"(見經義述聞國語下)又周語上:"故天子聽政,使公卿至於列士獻詩,瞽獻曲,史獻書,師箴,瞍賦,矇誦,百工諫,庶人傳語,近臣盡規,親戚補察,瞽史教誨,耆艾修之,而後王斟酌焉,是以事行而不悖。"韋昭注:"耆艾,師傅也。"

〔七〇〇〕舜、禹繼軌而天下璞,桀承之而天下詐:見文中子立命,"璞"作"樸","桀"作"夏桀"。繼軌,謂遵循前人之做法。軌,洪本作"軏",吳本作"軓",俱誤。

〔七〇一〕見其表記。

〔七〇二〕神勞五岳,形瘦九州:南朝宋謝惠連祭禹廟文:"運此宏謨,邮彼民憂,身勞五岳,形瘦九州。"

〔七〇三〕攝位行政,攷之於天:漢書異姓諸侯王表:"昔詩書述虞夏之際,舜禹受襢,積德累功,洽於百姓,攝位行政,考之于天。"　是以克勤于家,克儉于邦,而盡敬于神:彥按:書大禹謨:"帝曰:'來,禹。……克勤于邦,克儉于家,不自滿假,惟汝賢。'"疑路史"家"、"邦"二字誤倒。

〔七〇四〕禹,吾亡間然矣! 菲飲食,而致孝鬼神;惡衣服,致美黻冕;卑宮室,而垂意溝洫。禹,吾亡間然矣:見論語泰伯,文字稍有不同。亡間然,猶今言"没説的",謂没有可以指責的缺點。四庫本"亡"作"無",與今本論語同。菲,微薄,簡單。惡,粗劣。致美,吳本、四庫本作"而致美"。黻冕,祭祀時穿的禮服和戴的禮帽。垂意,論語作"盡力"。

〔七〇五〕諸侯王表:指漢書異姓諸侯王表。此所引文,與原書略有異同。

〔七〇六〕越在先時,閼伯火正,寔事唐虞:越,遠。寔,吳本、四庫本作"實"。

〔七〇七〕及是,更以相土,居之商虛:相土,吳本"土"誤"上"。彥按:商虛,據左傳當作商丘。見下注。

〔七〇八〕有勤于民,以食於味:味,星宿名,亦稱鶉火,即柳宿。喬本如此,餘本皆誤"味"。左傳襄公九年:"古之火正,或食於心,或食於味,以出内火。是故味爲鶉火,心爲大火。陶唐氏之火正閼伯居商丘,祀大火,而火紀時焉。相土因之,故商主大火。"杜預注:"謂火正之官,配食於火星。"又云:"相土,契孫,商之祖也。始代閼伯之後居商丘,祀大火。"孔穎達疏:"祀大火者,閼伯祀此大火之星,居商丘而祀火星也。相土因之,復主大火,是商丘之地屬大火也。"

〔七〇九〕衷云相土就契封商:衷,指東漢訓詁學家宋衷。洪本、吳本作"襄",疑爲"衷"字俗體;備要本作"襄",誤。史記殷本紀"昭明卒,子相土立"裴駰集解引宋忠曰:"相土就契封於商。"

〔七一〇〕任奚:即奚仲。

〔七一一〕見文子自然篇。

〔七一二〕堯治天下,以后稷爲大田,任奚爲工:見淮南子齊俗。大田,各本“田”均譌“匠”，今訂正。今本淮南子文作：“故堯之治天下也，舜爲司徒，契爲司馬，禹爲司空，后稷爲大田師，奚仲爲工。”中華書局 1989 年版劉文典淮南鴻烈集解本馮逸、喬華校勘記：“‘師’字當在下句‘工’字下。”甚是。

〔七一三〕子吉光曁相土佐之：山海經海内經：“番禺生奚仲，奚仲生吉光，吉光是始以木爲車。”郭璞注：“世本云奚仲作車，此言吉光，明其父子共創作意，是以互稱之。”

〔七一四〕昇物以時，五財皆良，乃朸鉤車：昇物，進用之物。五財，即五材，“財”通“材”。周禮冬官考工記：“或審曲面埶，以飭五材，以辨民器。”鄭玄注：“玄謂此五材，金、木、皮、玉、土。”彦按：此泛稱造車所用各種材料。鉤車，夏后氏所造車名。車前欄彎曲如鉤，故稱。

〔七一五〕見禮記明堂位。

〔七一六〕戎車：兵車。

〔七一七〕商曰寅車；周曰元戎，先良也：先良，各本均作“元良”。彦按：“元”乃“先”字形譌，今訂正。詩小雅六月“元戎十乘，以先啓行”毛亨傳：“元，大也。夏后氏曰鉤車，先正也。殷曰寅車，先疾也。周曰元戎，先良也。”孔穎達疏：“其元戎者，……言大車之善者，故云‘先良’也。”

〔七一八〕儒者因謂曲輿：曲輿，吴本、四庫本作“典輿”，誤。禮記明堂位：“鉤車，夏后氏之路也。”鄭玄注：“鉤，有曲輿者也。”孔穎達疏：“曲輿，謂曲前闌也。”

〔七一九〕傅玄子云，夏后輦曰余車：傅玄子，晉傅玄撰。宋書禮志五：“傅玄子曰：‘夏曰余車，殷曰胡奴，周曰輜車。’輜車，即輦也。”

〔七二〇〕見通典卷六六嘉禮十一輦輿。　輦，人所輦：上“輦”字，名詞，指古代一種人拉的車子。下“輦”字動詞，謂輓，拉（車）。

〔七二一〕晉志：商曰胡奴，周曰輜車：彦按：今考晉書諸志無此，而宋書禮志五有之，疑羅氏誤記出處。

〔七二二〕夏后余車，二十人輦；商胡奴，十八人；周輜輦，十五人：見周禮地官鄉師“正治其徒役與其輂輦”鄭玄注引司馬法。此但攝取大意。十八人，喬本“八”譌“人”，今據餘諸本訂正。

〔七二三〕綏斾：夏后氏旌旗名。有旒蘇。

〔七二四〕見上注〔五七九〕。

〔七二五〕有虞之綏，夏后氏之綢練：<u>禮記明堂位鄭玄注</u>以爲此綏及綢練，“皆喪葬之飾”。又<u>孔穎達疏</u>：“‘<u>有虞氏之綏</u>’者，則前經注‘旄於竿首’。‘<u>夏后氏之綢練</u>’者，謂綢杠以練，又爲之旒。”綢，纏繞。

〔七二六〕檀弓亦云：“綢練設旒，夏”：見<u>禮記檀弓上</u>，“夏”作“夏也”。喬本、洪本“檀”譌“禮”，今據餘本訂正。又，“練”字各本均脱，今補。<u>鄭玄禮記注</u>云：“綢練，以練綢旌之杠，此旌葬乘車所建也。旌之旒，緇布廣充幅，長尋，曰旐。”

〔七二七〕記此旐謂之綏也：謂此（指<u>檀弓</u>）之旐，記（指<u>明堂位</u>）稱作綏。吳本、四庫本無“此”字，當爲脱文。

〔七二八〕武車綏旌：武車，兵車。綏旌，垂旒舒展之旌旗。<u>禮記曲禮上</u>“武車綏旌”<u>孔穎達疏</u>：“綏，謂舒垂散之也。旌，謂車上旗幡也。尚威武，故舒散旗幡垂綏然。<u>何胤</u>云：‘垂放旌旗之旒，以見於美也。’”

〔七二九〕注綏無旄，所謂大麾：<u>彦</u>按：“注綏無旄”費解，疑有譌脱。<u>禮記明堂位鄭玄注</u>：“綏，謂注旄牛尾於杠首，所謂大麾。”或爲<u>羅氏</u>所本。

〔七三〇〕周禮王建斗尾于祇首，大麾以田者也：<u>彦</u>按：“王建斗尾于祇首”，文不成義，當有譌脱。<u>周禮春官巾車</u>：“木路，前樊鵠纓，建大麾，以田，以封蕃國。”又<u>禮記明堂位鄭玄注</u>：“周禮：王建大旂以賓，建大赤以朝，建大白以即戎，建大麾以田也。”或爲<u>羅氏</u>所本。

〔七三一〕於是登降有數：登降，上下，尊卑。數，謂禮數，等級。<u>左傳桓公</u>二年：“夫德，儉而有度，登降有數。”<u>杜預注</u>：“登降，謂上下尊卑。”<u>彦</u>按：<u>王引之經義述聞春秋左傳上</u>以“數”謂數量，因稱“登降以數言之，非以位言之也。登謂增其數，降謂減其數也”，未必可從。

〔七三二〕五子歌言“六馬”：<u>書五子之歌</u>：“予臨兆民，懍乎若朽索之馭六馬。” 久：洪本此字漶漫，喬本、備要本譌“文”，此從吳本、四庫本改。

〔七三三〕徐之薛城：<u>徐</u>，州名。<u>薛城</u>，在今<u>山東滕州市官橋鎮</u>。 楊曄：<u>彦</u>按：<u>楊氏</u>所著徐州記，不見於<u>漢書藝文志</u>、<u>隋書經籍志</u>及新、舊<u>唐志</u>，引之者最早見於<u>宋</u>人之<u>太平御覽</u>及<u>太平寰宇記</u>，疑其即與<u>膳夫經</u>之作者<u>唐巢縣</u>令<u>楊曄</u>（見<u>宋朱勝非紺珠集</u>卷一一）爲同一人。

〔七三四〕謂政衰於唐虞而民翾于昔，始政肉刑：翾（xuān），通“儇”，輕佻，浮薄。洪本作“翾”，吴本、四庫本脱文。政，通“正”，定。

〔七三五〕武梁祠堂畫贊：各本“武梁”皆誤倒作“梁武”，今訂正。

〔七三六〕應氏：指東漢應劭。　三皇結繩，五帝畫像，三王肉刑：見應劭風俗通（據太平御覽卷七七引）。

〔七三七〕穆王曰，苗民作五虐之刑，爰始淫爲劓、刵、椓、黥：虐，吴本譌“虘”。刵，各本均作“刖”；椓，洪本筆畫殘缺。喬本、備要本作“捄”，吴本、四庫本作“捸”，並誤。今訂正。書吕刑：“（穆）王曰：‘若古有訓，蚩尤惟始作亂，……苗民弗用靈，制以刑，惟作五虐之刑曰法，殺戮無辜。爰始淫爲劓、刵、椓、黥。’”

〔七三八〕通典卷一六九刑法七赦宥載唐太宗貞觀二年七月謂侍臣曰：“夫小仁者，大仁之賊。故我有天下以來，不甚放赦。”

〔七三九〕故荀卿、班固、曹操、鍾繇、陸紀、葛亮、曹彦之徒，皆欲復之：荀卿之言曰：“世俗之爲説者曰：‘治古無肉刑而有象刑：墨，墨幪；劓，草纓；宫，艾畢；荆，緋屨；殺，赭衣而不純。治古如是。’是不然。以爲治邪，則人固莫觸罪，非獨不用肉刑，亦不用象刑矣；以爲人或觸罪矣，而直輕其刑，然則是殺人者不死，傷人者不刑也，罪至重而刑至輕，庸人不知惡矣。亂莫大焉。凡刑人之本，禁暴，惡惡，且徵其未也。殺人者不死，而傷人者不刑，是謂惠暴而寬賊也，非惡惡也。故，象刑殆非生於治古，竝起於亂今也。治古不然。”（見荀子正論）班固之言曰：“善乎！孫卿之論刑也。……孫卿之言既然，又因俗説而論之曰：禹承堯舜之後，自以德衰而制肉刑，湯武順而行之者，以俗薄於唐虞故也。今漢承衰周暴秦極敝之流，俗已薄於三代，而行堯舜之刑，是猶以羈而御駻突，違救時之宜矣。且除肉刑者，本欲以全民也，今去髡鉗一等，轉而入於大辟，以死罔民，失本惠矣。……豈宜惟思所以清原正本之論，删定律令，纂二百章，以應大辟。其餘罪次，於古當生，今觸死者，皆可募行肉刑。及傷人與盜，吏受賕枉法，男女淫亂，皆復古刑，爲三千章。”（見漢書刑法志）曹操，即魏太祖。吴本“操”作“撡”，乃俗體。三國志魏志陳羣傳云：“時太祖議復肉刑，令曰：‘安得通理君子達於古今者，使平斯事乎！……’羣對曰：‘臣父紀以爲漢除肉刑而增加笞，本興仁惻而死者更衆，所謂名輕而實重者也。名輕則易犯，實重則傷

民。……且殺人償死，合於古制；至於傷人，或殘毀其體而裁翦毛髮，非其理
也。若用古刑，使淫者下蠶室，盜者刖其足，則永無淫放穿窬之姦矣。夫三千
之屬，雖未可悉復，若斯數者，時之所患，宜先施用。漢律所殺殊死之罪，仁所
不及也，其餘逮死者，可以刑殺。如此，則所刑之與所生，足以相貿矣。今以笞
死之法易不殺之刑，是重人支體而輕人軀命也。’時鍾繇與羣議同，王朗及議者
多以爲未可行。太祖深善繇、羣言。”鍾繇，三國魏太傅，書法家。其欲復肉刑
之論，見下注〔七四一〕。陸紀，彥按：史籍查無其人，當爲陳紀之譌。陳紀，東
漢名儒，官大鴻臚，即三國魏御史中丞陳羣之父。紀復肉刑之論已見上引陳羣
傳。又晉書刑法志載：漢末，“天下將亂，百姓有土崩之勢，刑罰不足以懲惡，於
是名儒大才故遼東太守崔寔、大司農鄭玄、大鴻臚陳紀之徒，咸以爲宜復行肉
刑。”事均吻合。葛亮，四庫本作“諸葛”。彥按：即諸葛亮也。其人姓諸葛，名
亮，稱之葛亮，割裂殊甚。四庫本蓋知不妥而改“諸葛”，然恐非羅氏原文。晉
袁宏後漢紀卷三〇孝獻皇帝紀建安十九年：“夏五月，劉備克成都，遂有益州。
諸葛亮爲股肱，乃峻刑法，自君子小人咸懷怨歎。法正諫曰：‘昔高祖入關，約
法三章，秦民知德。今君假借威力，跨有一州，初有其國，未垂惠撫，且客主之
義，宜相降下，願緩刑弛禁，以慰其望。’亮曰：‘君知其一，未知其二。秦以無
道，政苛民怨，一夫掉臂，天下土崩，高祖因之，以成帝業。劉璋闇弱，自是已來
有累世之恩，支柱羈縻，示相承奉，德政不修，威刑不肅。寵之以位，位極則賤；
順之以恩，恩竭則慢。所以致弊，實由此也。吾今先威以法，法行則知恩；限之
以爵，爵加則知榮。恩榮並濟，上下有節，爲治之要，於此爲著。’”曹彥，晉尚書
郎。太平御覽卷六四八引王隱晉書曰：“曹彥議云：‘嚴刑以殺，犯之者寡；刑
輕易犯，蹈惡者多。臣謂玩常苟免，犯法乃衆；黥刖彰刑，而民甚恥。且創黥
刖，見者知禁；彰罪表惡，亦足以畏。所以易曰，小懲大戒。豈蹈惡者多耶？假
使多惡，尚不至死，无妨産育；苟必行殺，爲惡縱寡，殺而不已，將至无人，天无
以神，君无以尊矣。古人寧失不經，是以爲上寧寬得衆。若乃皋陶聽訟，刑以
止刑，不可及已。過此以往，肉刑宜復。肉刑於死爲輕，減死五百爲重。重不
害生，足以懲姦；輕則知禁，禁民爲非。所謂相濟，經常之法。議云不可，或未
知之也。’”

　〔七四〇〕祖訥以漢文爲非聖：祖訥，北齊光禄卿。漢書文帝紀十三年：

“五月,除肉刑法。”北齊書樊遜傳:“鍾繇、王朗追怨張蒼,祖訥、梅陶共尤文帝。便謂化屍起偃,在復肉刑;致治興邦,無關周禮。”

〔七四一〕彼孔融、王朗之論,亦已淺矣:孔融,東漢文學家,孔子二十世孫,歷官北海相、少府、太中大夫等職。王朗,三國魏司徒,經學家。已,太。洪本、吳本、四庫本“矣”作“哉”。後漢書孔融傳:“時論者多欲復肉刑。融乃建議曰:‘古者敦庬,善否不別,吏端刑清,政無過失。百姓有罪,皆自取之。末世陵遲,風化壞亂,政撓其俗,法害其人。故曰上失其道,民散久矣。而欲繩之以古刑,投之以殘弃,非所謂與時消息者也。紂斮朝涉之脛,天下謂爲無道。夫九牧之地,千八百君,若各刖一人,是下常有千八百紂也。求俗休和,弗可得已。且被刑之人,慮不念生,志在思死,類多趨惡,莫復歸正。夙沙亂齊,伊戾禍宋,趙高、英布,爲世大患。不能止人遂爲非也,適足絶人還爲善耳。雖忠如鬻拳,信如卞和,智如孫臏,冤如巷伯,才如史遷,達如子政,一離刀鋸,没世不齒。是太甲之思庸,穆公之霸秦,南睢之骨立,衛武之初筵,陳湯之都賴,魏尚之守邊,無所復施也。漢開改惡之路,凡爲此也。故明德之君,遠度深惟,弃短就長,不苟革其政者也。’朝廷善之,卒不改焉。”三國志魏志鍾繇傳:“初,太祖下令,使平議死刑可宫割者。繇以爲‘古之肉刑,更歷聖人,宜復施行,以代死刑’。議者以爲非悦民之道,遂寝。及文帝臨饗羣臣,詔謂‘大理欲復肉刑,此誠聖王之法。公卿當善共議’。議未定,會有軍事,復寝。太和中,繇上疏曰:‘大魏受命,繼蹤虞、夏。孝文革法,不合古道。……’書奏,詔曰:‘太傅學優才高,留心政事,又於刑理深遠。此大事,公卿羣僚善共平議。’司徒王朗議,以爲:‘繇欲輕減大辟之條,以增益刖刑之數,此即起偃爲豎,化屍爲人矣。然臣之愚,猶有未合微異之意。夫五刑之屬,著在科律,自有減死一等之法,不死即爲減。施行已久,不待遠假斧鑿于彼肉刑,然後有罪次也。前世仁者,不忍肉刑之慘酷,是以廢而不用。不用已來,歷年數百。今履行之,恐所減之文未彰于萬民之目,而肉刑之間已宣于寇讎之耳,非所以來遠人也。今可按繇所欲輕之死罪,使減死之髠、刖。嫌其輕者,可倍其居作之歲數。内有以生易死不訾之恩,外無以刖易鈦駭耳之聲。’”

〔七四二〕謀面用丕訓德,則乃宅人,乃三宅亡義之民:見書立政,末句作:“兹乃三宅無義民。”謀面,努力。于省吾雙劍誃尚書新證云:“謀面,即爾雅釋詁之‘匾没’,詩小雅十月之交之‘黽勉’,漢書劉向傳之‘密勿’,皆同聲叚字也。”丕,大。訓,順。宅,安置,任用。義,通“俄”,姦邪。王引之經義述聞尚書下引父王念孫曰:“説文曰:‘俄,行頃也。’（頃與傾同。説文又曰:義,‘從我。’‘我,頃頓也。’我、義、俄,古竝同聲。）小雅賓之初筵篇‘側弁之俄’,鄭箋曰:‘俄,傾貌。’廣雅曰:‘俄,衺也。’古者俄、義同聲,故俄或通作義。立政曰:‘謀面用丕訓德,則乃宅人,兹乃三宅無義民。’義與俄同,衺也。言夏先王謀勉用大順之德,然後居賢人於官而任之,則三宅皆無傾衺之民也。”

〔七四三〕中國:指京畿地區。

〔七四四〕死者千鐉:鐉,尚書大傳作“饌”,並通“鍰”。彦按:史記平準書:“故白金三品:其一曰重八兩,圜之,其文龍,名曰‘白選’。”司馬貞索隱引尚書大傳云:“夏后氏不殺不刑,死罪罰二千饌。”與路史説不同,不知羅氏何據。

〔七四五〕罰有罪而民不輕罰:彦按:“輕罰”疑當作“輕犯”,罰、犯音近而訛。尚書大傳:“語曰:夏后不殺不刑,罰有罪而民不輕犯。”蓋即路史所本。　輕而貧者不致於散:散,謂破産。　　罰弗及彊而天下治:及,至,至於。彊,暴,過分。

〔七四六〕命孟涂爲理,刑正訟從,以爲神主:理,主管獄訟之官。神主,指主刑訟之神。

〔七四七〕經:指山海經海内南經。　夏后啓之臣孟涂,是司神于巴:巴,洪本、吴本、四庫本譌“邑”。　巴人訟于孟涂之所,其衣有血者執之,是謂主:孟涂,喬本、洪本、備要本“涂”譌“余”,今從吴本、四庫本訂正。是謂主,洪本作“是謂生”,吴本無此三字;四庫本作“是爲主”;今本山海經作“是請生”,郭璞注:“言好生也。”水經注卷三四引江水同。彦按:經之原文當是“是謂主”,以與上文“司神于巴”相呼應。其意爲:人請訟於孟涂之所,其衣有血者乃執之,此即所謂“爲之神主”也。“謂”與“請”,“主”與“生”形俱相近,故譌。

〔七四八〕乃備祭用:祭用,祭器。　　簠簋嶡俎,雞彝龍勺:嶡俎,即嶡(jué)。上古陳放祭牲的木器。形如今之小方几,有四足,足間有橫檔。禮記明堂位“俎用梡、嶡”孔穎達疏:“梡、嶡,兩代俎也。虞俎名梡,梡形四足如案。……夏俎名嶡。嶡亦如梡,而横柱四足,中央如距也。”雞彝,亦作“雞夷”,刻畫有雞形圖飾的酒樽。禮記明堂位:“灌尊,夏后氏以雞夷。”鄭玄注:“夷讀爲彝。”

龍勺,舀酒漿的勺子,以柄刻龍形故稱。禮記明堂位:"其勺,夏后氏以龍勺。"
孔穎達疏:"勺爲龍頭。"

〔七四九〕賀:指晉賀循。　直有脚曰梡,脚中央橫木曰嶡:直,僅,祇是。
梡,音 kuǎn。禮記明堂位孔穎達疏引,後"脚"上有"加"字。

〔七五〇〕有虞上質,未有餘飾,始有四足:上,通"尚",崇尚。質,質樸。
餘飾,過分的修飾。餘,多餘,過分。喬本、洪本、吳本、四庫本譌"餗",此從備
要本。禮記明堂位"俎用梡、嶡"鄭玄注"梡,始有四足也"孔穎達疏:"云'梡,
始有四足也'者,以虞氏尚質,未有餘飾,故知始有四足。"當即羅氏所本。　夏
漸文,橫木爲距於足中也:距,支撑。四庫本譌"矩"。禮記明堂位"俎用梡、
嶡"鄭玄注"嶡,爲之距"孔穎達疏:"云'嶡,爲之距'者,以夏世漸文,故知以橫
木距於足中。"

〔七五一〕彫勒粉澤:彫勒,雕刻。四庫本"彫"作"雕",通。粉澤,塗脂抹
粉,謂裝飾。　蔣席祔鞇頗緣:蔣席,蔣草編的蓆子。蔣,草名。祔鞇,即帗茵,
氈褥子。祔,通"氈"。洪本、吳本、四庫本譌"衲"。鞇,同"茵",車中坐墊,泛
稱墊褥。頗,悉,皆。緣,緄邊。　觴酌有采:觴酌,酒杯。采,花紋。　籩豆有
踐:語出詩經豳風伐柯及小雅伐木。　而當時之不内者,三十有三國:不内,謂
不入朝覲。韓非子十過作:"而國之不服者三十三。"説苑反質作:"而國之不
服者三十有二。"

〔七五二〕禹作食器,墨染其外,朱畫其内;縵帛爲祔,蔣席頗緣;觴酌有采,
尊俎有飾:見韓非子十過。食器,韓非子作"祭器",説苑反質同,"食"當"祭"
字之誤。縵帛,無花紋的絲織品。祔,通"茵",墊褥。洪本、吳本、四庫本譌
"衲"。尊俎,盛酒肉的器皿。尊,盛酒之器;俎,置肉之几。

〔七五三〕康成云,赤多黑少爲緅:周禮春官巾車"駹車,藋蔽,然幦,緅飾"
鄭玄注:"緅,赤多黑少之色。"緅,同"緐"。

〔七五四〕刷漆爲緐:見文選何平叔(晏)景福殿賦"列緐彤之繡桷"李善注
引韋昭曰。

〔七五五〕墨子云"禹造粉":見太平御覽卷七一九引。粉,化妝傅面用的
粉末。　唐虞已有粉采矣:粉采,指脂粉。洪本如此,今從之;餘諸本作"粉
米",非是。

〔七五六〕見淮南子要略篇。　簡服：今本淮南子作"閑服"。王念孫以爲作"閑服"誤，簡服謂三月之服。參見上注〔二四四〕。

〔七五七〕以洪水之患，陂塘之事，故朝死而暮葬，所以順時偶變，見形施宜也：見淮南子齊俗篇。以洪水，淮南子作"禹遭洪水"。陂塘，堤防。而暮葬，吳本、四庫本無"而"字。喬本"暮"譌"墓"，今從餘諸本訂正。順時偶變，謂順應時勢，相應變化。洪本"順"字闕文。吳本、四庫本作"因時偶變"，今本淮南子作"應時耦變"，義並同。

〔七五八〕祝餘鬻：祝，祭祀時主持禮儀的人。餘鬻，彥按：儀禮士喪禮："夏祝鬻餘飯。"當即路史所本。鄭玄儀禮注："夏祝，祝習夏禮者也。……鬻餘飯，以飯尸餘米爲鬻也。"許嘉璐譯"夏祝"句云："夏祝把往死者口中放剩下的米煮成粥。"（見文白對照十三經儀禮）然今本路史變儀禮"鬻餘飯"爲"餘鬻"，失其義矣。

〔七五九〕以生事親：謂以事生之禮事已死之親。　祝鬻餘飯：各本均作"祝徹鬻餘飯"。彥按：此"徹"字當爲衍文，今删去。鬻餘飯，義見上注。　既夕禮：淅米，差盛之：吳本、四庫本無此八字。喬本、洪本、備要本作"執禮漸米羞盛之"。彥按："執禮漸米羞盛之"，文不成義，當有譌誤。蓋"執"當作"既夕"，"漸"爲"淅"之誤，"羞"爲"差"之誤。儀禮既夕禮："夏祝淅米，差盛之。"是也。今訂正。淅米，淘米。差，音 chāi，選擇，挑揀。許嘉璐譯該句作："夏祝淘米時，要挑選較好的米粒放到敦裏，以備放到死者口中。"（見文白對照十三經儀禮）

〔七六〇〕飯九貝：飯，謂飯含（古喪禮，以玉、珠、米、貝等物納於死者之口）。貝，喬本、備要本作"具"，洪本、吳本、四庫本作"具"，俱誤。今訂正。禮記雜記下："天子飯九貝，諸侯七，大夫五，士三。"鄭玄注："此蓋夏時禮也。周禮，天子飯含用玉。"　作葦茭：葦茭，用葦草編成的繩索。相傳始於夏代。古人施之門户，以祈福禳災。後漢書禮儀志中："仲夏之月，萬物方盛。日夏至，陰氣萌作，恐物不楙。其禮：以朱索連葷菜，彌牟〔朴〕蠱鍾。以桃印長六寸、方三寸，五色書文如法，以施門户。代以所尚爲飾。夏后氏金行，作葦茭，言氣交也。"梁劉昭注引風俗通曰："故用葦者，欲人之子孫蕃（植）〔殖〕，不失其類，有如萑葦。茭者交易，陰陽代興者也。"

〔七六一〕商人水德,以螺首,謹閉塞也:見通典卷五五吉禮十四禳祈。原文作:“殷人水德,以螺首,慎其閉塞,使如螺也。”首,標示。謹閉塞,謂重視門户關閉周密。

〔七六二〕周木德,以桃爲梗:通典原文“周”作“周人”,注云:“梗,更也。言氣相更也。”

〔七六三〕此撮引自風俗通義祀典,並非照録原文。　萑葦有叢:萑葦,兩種蘆類植物:萑初生名“葭”,幼小時叫“蒹”,長成後稱“萑”。葦初生名“葭”,長大時叫“蘆”,長成後稱“葦”。有叢,猶叢叢,密集貌,衆多貌。　吕春秋言湯祓伊尹以萑葦:祓,古代爲除災去邪而舉行的祭禮。風俗通義原文:“吕氏春秋:‘湯始得伊尹,祓之於廟,薰以萑葦。’”　欲子孫蕃,不失類也:風俗通義原文作:“欲人子孫蕃殖,不失其類,有如萑葦。”

〔七六四〕而牆置翣:牆,指出殯時靈車上覆棺的布帷。以其障柩,猶垣牆之障家,故稱。翣,古代棺飾,狀如長柄之掌形扇。淮南子齊俗:“夏后氏其社用松,祀户,葬牆置翣。”　綢練設旐:見上注〔七二五〕、〔七二六〕。　立凶門,用明器:凶門,舊時舉喪之家在門外用白絹或白布結縶成門形,稱“凶門”。洪本“門”譌“明”。禮記檀弓上:“仲憲言於曾子曰:‘夏后氏用明器,示民無知也。’”　有金革則殯而致事:金革,借指戰争。金,戈兵之屬;革,甲胄之屬。致事,謂投身戎事。禮記曾子問:“子夏問曰:‘三年之喪,卒哭,金革之事無辟也者,禮與? 初有司與?’孔子曰:‘夏后氏三年之喪,既殯而致事,殷人既葬而致事。’”彦按:子夏稱“三年之喪,卒哭,金革之事無辟”者,周制也。孔子曰“夏后氏三年之喪,既殯而致事,殷人既葬而致事”者,夏、殷制也。致事,即“金革之事無辟”也。夏質周文,殷介於其間,故夏既殯而致事,殷既葬而致事,周卒哭而致事。鄭玄注以“致事”爲“還其職位於君”,今人遂多以“退役”、“辭職”釋之,非也。禮記王制云:“大夫、士、庶人三日而殯,三月而葬。”又雜記下云:“士三月而葬,是月也卒哭。大夫三月而葬,五月而卒哭。”退役、辭職,何必于數月後行之?　而人於死者益以致:致,謂盡心意。論語子張:“人未有自致者也,必也親喪乎?”朱熹集注:“致,盡其極也。”

〔七六五〕要記:指喪服要記。　表門:凶門之類。洪本、吴本譌“哀門”。下“表門”同。

〔七六六〕孔琳之：東晉名士，官至御史中丞。　凶門柏裝，不出禮典，起自末代，宜罷：柏裝，即柏歷。古人始死，立木於庭中，上橫一木如門，叫“重”。橫木之下懸鬲（即“歷”），中盛粥，謂爲死者神所憑依，稱柏歷。葬後始改用木主。魏晉而後又有凶門柏歷置於門外以表喪，略似後世之喪事牌樓。吳本、四庫本“柏”作“杓”，蓋因字迹漶漫致譌。不出禮典，各本均無“出禮典”三字。彥按：無此三字，則“不”當與下“起自末代”連讀而義正相反，蓋爲脱文，今據宋書補出。宋書孔琳之傳載琳之建言曰：“凶門柏裝，不出禮典，起自末代，積習生常，遂成舊俗。……謂宜謹遵先典，一罷凶門之式。”

〔七六七〕禮論：晉摯虞、傅咸、刁協、荀崧、蔡謨等撰。

〔七六八〕蔡謨：東晉名儒，歷官至左光禄大夫、開府儀同三司。

〔七六九〕是惟喪事用之，故韋宏與蔡謨牋，問父在母喪及與父別止，立凶門不：喪事，吳本“喪”作“叅”，當爲俗體。下“卑私之喪”、“表喪”之“喪”同。韋宏，其人不詳。四庫本“宏”作“弘”，與御覽同。牋，書信。別止，別居。太平御覽卷五四八載其事，作：“韋弘與蔡謨牋問凶門曰：‘父在母喪，應立凶門不？’又問：‘與父別止，立凶門，愚意猶所疑，厭於父故也。今於父大門之内別立凶門，便爲父一家有二門。以名義言之，門者，父之有也，今子復立門，豈合聖人之典訓？苟不出於禮，其所不曰，故以諮白。’”

〔七七〇〕禮，命士以上，父子異宮：命士，古代稱經封爵授職之士。異宮，不同居室。宮，室。禮記内則：“由命士以上，父子皆異宮。”

〔七七一〕故卑私之喪，皆別開門：卑私，謂地位卑微之人家。開門，喬本、四庫本、備要本作“凶門”，洪本作“門門”，而吳本但作“門”。彥按：太平御覽此句，“故”作“今”，“凶門”作“開門”。此當以作“開門”爲是，以御覽所録爲詳，而其下緊承之云“亦不知今人如此者，皆有凶門不”也。今訂正。

〔七七二〕范堅荅問，謂凶門、薄帳，不出禮文；有懸重於庭，以席覆之，形似於此，後世於門外表喪，緣是：范堅，晉護軍。荅，吳本、四庫本作“答”，同。薄帳，懸掛在靈堂的帷幕。懸重，即柏歷。釋名釋喪制：“重，死者之資重也。含餘米以爲粥，投之甕而懸之。比葬未作主，權以重主其神也。”參見上注〔七六六〕。緣是，四庫本“緣”作“由”。御覽文作：“范堅答凶門問，曰：‘薄帳似不出禮文，何由行此？’答曰：‘凶門非禮。禮有縣重于庭，以席覆之，其形似凶門。

後出之于門外,表喪由此,俗遂行之耳。'"晉書禮志中亦載范堅語,作:"凶門非禮。禮有懸重,形似凶門。後人出之門外以表喪,俗遂行之。薄帳,即古弔幕之類也。"

〔七七三〕命扶登氏爲承夏之樂:扶登氏,通典卷一四一樂一歷代沿革上作"登扶氏"。 哥九敍以樂其成:哥,"歌"之古字。吳本、四庫本作"歌"。敍,順序更替。以,猶"而"。其,猶"乃"。

〔七七四〕六府、三事,所謂九功:左傳文公七年:"六府、三事,謂之九功。"參見上注〔五一一〕。

〔七七五〕九功惟敍,九敍惟歌:見書大禹謨。惟,則,乃。敍,有次序,有條理。九敍,即"九功惟敍"之省文。惟歌,洪本、吳本脱"惟"字。孔氏傳:"言六府三事之功有次敍,皆可歌樂,乃德政之致。"

〔七七六〕鍾師,以鍾鼓奏九夏:鍾師,周禮官名。掌擊鐘奏樂。參見後紀十二帝舜有虞氏注〔七四二〕。

〔七七七〕大宗伯,奏九德之歌、九韶之舞:彦按:大宗伯,當作"大司樂",蓋羅氏誤記。大司樂,周禮官名。爲樂官之長,以樂舞教國子。九韶,周禮作"九磬",同。周禮春官大司樂:"九德之歌,九磬之舞,於宗廟之中奏之。"

〔七七八〕瞽師,掌九德之哥,以役太師:瞽師,周禮作"瞽矇"。瞽矇,周禮官名。爲樂官,以盲人充。哥,吳本、四庫本、備要本作"歌",與周禮同。役,各本均作"娛"。彦按:作"娛"不可解,今據周禮訂作"役"。太師,周禮官名。爲樂官之長。洪本、吳本、備要本作"大師",同。周禮春官瞽矇:"掌九德、六詩之歌,以役大師。"鄭玄注:"役,爲之使。"

〔七七九〕九功之德,皆可歌也,謂之九歌:見左傳文公七年。

〔七八〇〕九夏以王夏爲首:參見後紀十二帝舜有虞氏注〔七四二〕。

〔七八一〕五器:即下文所言之鼓、鍾、鐸、磬、鞀。

〔七八二〕詔于簴:詔,告示。簴,古代懸掛鐘磬的木架的兩側立柱。參見上注〔五三四〕。 有以道憲我者,聲鼓:憲我,爲我榜樣。憲,典範,榜樣。聲鼓,謂擊鼓使響。 以事詔者,振鐸:詔,告,指教。振鐸,搖鈴。鐸,有舌之大鈴。 以憂聞者,發磬:發磬,謂擊磬使發聲。喬本、洪本、備要本"磬"作"聲",誤。今據吳本、四庫本訂正。 以獄復者,揮鞀:獄,訴訟。復,告,告訴。

揮,搖動。輎,見後紀四諸帝贊語帝魁注〔一○〕。鬻子禹政:"禹之治天下也,以五聲聽,門懸鐘鼓鐸磬而置輎,以待四海之士。爲銘於筍簴曰:'教寡人以道者擊鼓,教寡人以義者擊鐘,教寡人以事者振鐸,語寡人以憂者擊磬,語寡人以訟獄者揮輎。'"

〔七八三〕後世寶用,至於追蠡:寶用,當寶貝用,珍重使用。追蠡,鐘紐欲斷貌。追,音 duī。孟子盡心下:"高子曰:'禹之聲,尚文王之聲。'孟子曰:'何以言之?'曰:'以追蠡。'"趙岐注:"高子曰:禹時鐘在者,追蠡也。追,鐘鈕也。鈕磨齧處深矣。蠡,欲絶之貌也。文王之鐘不然。以禹爲尚樂也。"

〔七八四〕禹治天下,以五聲聽治。門懸鍾鼓磬鐸而置輎,以得四海之士。爲銘於筍簴:磬,喬本、備要本譌"聲",今據餘本訂正。得,鍾肇鵬鬻子校理據羣書治要三十一引鬻子校作"待",當是。蓋羅氏所見鬻子文本已誤。筍簴,"筍"通"簨"。參見上注〔五三四〕。

〔七八五〕選策秀才文注者,此也:吳本、四庫本無此九字。選,謂文選,疑上脱"文"字。策秀才文,全稱永明九年策秀才文,南朝齊文學家王融撰。文凡五首,之一有"或設虡待賢"句,李善注引及鬻子此文。

〔七八六〕淮南汎論注:"汎"當作"氾"。淮南子有氾論篇無汎論篇。　五聲,宮商之屬:今本淮南子注文未見有此。是否佚文,待考。

〔七八七〕作棧鍾於會稽以定奏:棧鍾,古樂器。小鐘。棧,音 zhǎn。定奏,謂定樂調。奏,演奏。

〔七八八〕王澄云:夏、商之政,九州貢金以定奏:王澄,指北魏任城王元澄。彦按:羅氏此説當本魏書食貨志"熙平初,尚書令、任城王澄上言:……夏殷之政,九州貢金,以定五品",然改"定五品"爲"定奏"以投合所注之文,甚是不妥。且即可稱之爲"定奏","貢金以定奏"之"定奏"與"作棧鍾以定奏"之"定奏"義亦不同,前者之"奏"取義進貢,後者之"奏"取義演奏也。

〔七八九〕晉世剡縣民於田得鐘,長七寸,口徑四寸,銘曰"棧":剡縣,即今浙江嵊州市。剡,音 shàn。棧,吳本作"一",四庫本作"棧小",并誤。宋書符瑞志上:晉愍帝建興四年,"會稽剡縣陳清又於井中得棧鐘,長七寸二分,口徑四寸,其器雖小,形制甚精,上有古文書十八字,其四字可識,云:'會稽徽命。'"

〔七九○〕案爾雅,鍾之小者棧:爾雅,喬本、備要本作"小爾雅",洪本、吳本作"爾小雅",四庫本以其上"案""小"二字倒置,"小"入前句,此作"爾雅"。彥按:小爾雅未見有此内容,而爾雅有之,"小"字當爲衍文,今删去之。爾雅釋樂:"大鐘謂之鏞,其中謂之剽,小者謂之棧。"

〔七九一〕遠方圖物,貢金九牧,鑄九鼎於紫金、條荆之山:自此而下至"莫能逢之",大抵撮取自左傳宣公三年,文字略有異同。左傳文曰:"昔夏之方有德也,遠方圖物,貢金九牧,鑄鼎象物,百物而爲之備。"杜預注:"(遠方圖物,)圖畫山川奇異之物而獻之。(貢金九牧,)使九州之牧貢金。(鑄鼎象物,)象所圖物,著之於鼎。"紫金,山名。在今陝西富平縣西北。條荆之山,指北條荆山,在今陝西富平縣西南。南朝陳虞荔鼎録:"昔虞夏之盛,遠方皆至,使九牧貢九金,鑄九鼎於荆山之下。"

〔七九二〕鼎之爲物,左氏嘗言之,人得藉口:此十三字,除喬本外,餘本均作路史正文。彥按:品味之,必非正文,當由注文闌入者,喬本爲是。鼎之爲物,猶言"鼎之象物"。嘗,喬本作"當",此從餘諸本。藉口,謂引以爲據。

〔七九三〕實則一鼎:實,四庫本作"寔"。喬本、備要本"一"字下留出七字空位,視之若有闕文,然讀之文意緊湊,似未必然。

〔七九四〕圖九州之方物:吳本、四庫本"物"下有"也"字。

〔七九五〕拾遺記:吳本、四庫本無此三字。喬本、洪本此下現剷白之板,備要本此下亦留出大片空白,是當有闕文也。疑即拾遺記所載禹鑄九鼎之文。拾遺記卷二夏禹云:"禹鑄九鼎,五者以應陽法,四者以象陰數。使工師以雌金爲陰鼎,以雄金爲陽鼎。鼎中常滿,以占氣象之休否。當夏桀之世,鼎水忽沸。及周將末,九鼎咸震,皆應滅亡之兆。"

〔七九六〕使人知神姦,入川澤而不逢不若,魑魅罔閬,莫能逢之:洪本"逢不若魑魅"五字未見,但留下三字位之墨痕。吳本二"逢"字均作"逄",乃用俗字;又脱"魑魅"二字。神姦,泛指鬼神怪異之物能害人者。不若,不順,泛指凶逆之事物。此文左傳作:"使民知神姦。故民入川澤山林,不逢不若。螭魅罔兩,莫能逢之。"

〔七九七〕瑞圖云:瑞圖,即瑞應圖。古微書卷一九及格致鏡原卷四三引,並作瑞應圖。云,洪本作"天",吳本作"太",俱誤。　　不舉自藏:舉,疑爲"弆"

字音譌。玄應一切經音義卷一三："弆,藏也。通俗文:'密藏曰弆。'"　日移
五步,自郟鄏來。日東南移,今不知所:郟鄏(jiá rǔ),周朝東都。故地在今河
南洛陽市。左傳宣公三年:"昔夏之方有德也,遠方圖物,貢金九牧,鑄鼎象
物,……桀有昏德,鼎遷于商,載祀六百。商紂暴虐,鼎遷于周。……成王定鼎
于郟鄏。"杜預注:"武王遷之,成王定之。"明董斯張廣博物志卷三九、清陳元
龍格致鏡原卷四三並引孫暢之述書曰:"禹鑄九鼎,人不覺鼎移而日移五步。
自周郟鄏已來東南移,不知今至何國也。"

〔七九八〕孫暢之述書云:道人商行傳云,今在罽賓:孫暢之,南朝宋奉朝
請。罽賓,漢魏時西域國名。在今克什米爾及喀布爾河下游一帶。各本"罽"
均譌"剡",今據廣博物志、格致鏡原訂正。

〔七九九〕晉陽秋:晉孫盛撰。　咸康四穀城門外有光,取得九鼎一:咸
康,晉成帝司馬衍年號。四,喬本、四庫本、備要本作"回";洪本作"囬",亦
"回"字異體,費解。今從吴本。四謂(咸康)四年。穀城,在今河南洛陽市
西北。

〔八〇〇〕湘潭縣興唐寺在磯上,泉流莫測,石嵌旁入及法堂:湘潭縣,治所
在今湖南湘潭市雨湖區城正街街道。磯,水邊突出的巖石。泉流,喬本、洪本
"泉"作"前",蓋音譌,此從餘本。法堂,佛寺中演説佛法的講堂。　没者有
見:此謂其鼎爲水所淹,唯没水者得見之。吴本、四庫本無此四字。

〔八〇一〕南遷録:北宋文學家張舜民撰。

〔八〇二〕帝女儀翟,醞釀稷麥以爲酒醴,醪變五味:帝女,宋鮑彪戰國策
注:"蓋堯、舜女。"洪本、吴本誤倒作"女帝"。儀翟,亦作儀狄。醞,吴本譌
"酝"。酒醴,泛稱酒。醴,通"醴",甜酒。四庫本作"醴"。醪(láo),帶糟的
酒,亦泛稱酒。初學記卷二六、太平御覽卷八四三並引世本曰:"儀狄始作酒,
醪變五味。"

〔八〇三〕折頞而歡:折頞,皺眉頭。頞,通"額"。吴本、四庫本作"額"。
後世必有酒亡國者:酒亡國,吴本、四庫本、備要本作"以酒亡國"。

〔八〇四〕自此而下至"絶旨酒",見戰國策魏策二。　昔帝女令儀狄作酒
而美:宋姚宏戰國策注:"一本無'令'字。"彦按:儀狄即帝女。當以無"令"字
者爲是。

〔八〇五〕疎儀狄：吳本、四庫本“疎”作“疏”。

〔八〇六〕本草夏禹仙經：佚書。作者及時代不詳。　取菖蒲，玄酒封：菖蒲，洪本、吳本、四庫本“菖”作“昌”。玄酒，淡薄的酒。　黍米：黍子碾成的米。　去三十六種風：風，中醫對由“風邪”引起之疾病之統稱。其症候具有病位游移、動搖不定、變化迅速等與風類似的特點。

〔八〇七〕咎陶：四庫本作“皋陶”，同。

〔八〇八〕六：在今安徽六安市金安區城北鄉。

〔八〇九〕其仲子克世：克，能够。世，繼承。

〔八一〇〕文王之史編：史，史官。各本均作“使”。彦按：宋洪邁容齋五筆卷二、清馬驌繹史卷一九、清李鍇尚史卷二五引六韜，並作“史”，此作“使”，當由音譌，今訂正。　編之太祖疇爲禹占，得皋陶，繇比於此：太祖，世系可考的最初祖先。疇，吳本譌“一”。占，占卜。皋陶，吳本“皋”譌“辠”。繇（zhòu），卦兆之占辭。吳本譌“孫”。比，類同，同。

〔八一一〕六韜：吳本“韜”譌“一”。

〔八一二〕宅立一十有五歲：宅立，居位。立，“位”之古字。備要本脱“宅”字。

〔八一三〕七表承風：七表，原指七種不同的地表地貌，如山川、原隰、丘陵、湖澤之類，具體不詳。晉書地理志上：“天有七星，地有七表。”此泛稱天下各地。承風，接受教化。　化制殊類：化制，改造。殊類，不同族類，指少數民族。吳本“殊”左偏旁脱落譌“朱”。柳宗元塗山銘：“惟禹體道，功厚德茂。會朝侯衛，統壹憲度。省方宣教，化制殊類。”

〔八一四〕青綮、九陽，奇怪之所際，莫不内拱：内拱，謂嚮朝廷表示敬意。拱，拱手，古人以示敬意。青綮，疑當作“青北”。吕氏春秋知度：“禹曰：‘若何而治青北，化九陽，奇怪之所際。’”高誘注：“皆四夷之遠國。際，至也。”孫詒讓曰：“‘青北’當作‘青北’，‘奇怪’當作‘奇肱’。求人篇云：‘禹東至鳥谷青丘之鄉。’又云：‘南至九陽之山，西至其肱一臂三面之鄉。’（‘其’、‘奇’字通。）山海經海外東經云：‘青丘國在朝陽北。’又海外西經云：‘奇肱之國在一臂北，其人一臂三目。’‘北’即‘北’之壞字。（‘北’隸變作‘丘’。）‘肱’，説文作‘厷’，與‘怪’形近，故譌。”（見札迻卷六）

〔八一五〕八風循通：循通，順通。太平御覽卷九引尚書大傳曰：“舜將禪禹，八風循通。”又卷二八引符瑞圖曰：“八風循通，八方之風應時而至也。”而百穀用成：太平御覽卷八二引禮含文嘉曰：“禹卑宮室，垂意於溝洫，百穀用成。”

〔八一六〕木榮冬敷：木榮，樹木之花。敷，開放。清倪濤六藝之一録卷五五魏受禪碑：“夏后承統，木榮冬敷。”　天雨稻：吳本“稻”譌“稻”。梁任昉述異記卷下：“大禹時，天雨稻。”　蜚菟應：蜚菟，即飛兔，神馬名。“蜚”通“飛”，“菟”通“兔”。宋書符瑞志下：“飛菟者，神馬之名也，日行三萬里。禹治水勤勞歷年，救民之害，天應其德而至。”

〔八一七〕藝文類聚卷九九、太平御覽卷八九六引瑞應圖，大同。　天應其德而至：而，洪本作“而”，吳本乃譌“雨”。　駃蹄者，后土之獸：駃蹄（jué tí），即駃騠，良馬名。后土，土地神。

〔八一八〕騊駼：音 táo tú。

〔八一九〕瑞應圖：備要本脱“圖”字。

〔八二〇〕方澤出馬：方澤，大澤。方，通“旁”，大。唐瞿曇悉達唐開元占經卷一一八引隨巢子曰：“夏后之興，方澤出馬。”

〔八二一〕穴：此謂穴居。

〔八二二〕玄黿書者，天符也：玄黿書者，各本均無“書”字。彦按：“書”字當有。今據宋書符瑞志中訂補。

〔八二三〕玄龍銜雲：銜雲，吳本、四庫本作“御雲”，下羅苹注“銜雲”同。中華書局1960年版影宋本太平御覽卷八二引春秋孔演圖亦作“銜雲”，而文淵閣四庫全書本太平御覽則作“御雲”。彦按：“銜雲”費解，當以作“御雲”爲是，“銜”應爲“御”字形譌。然由來蓋久，非自路史始也。

〔八二四〕天命之見，候期門：候，徵候，徵兆。期，會合。門，門庭。

〔八二五〕虚危也：虚危，虚宿和危宿。北方玄武七宿中二星宿名。吳本、四庫本“虚”作“虛”，同。同樣情況，以下不煩一一指出。洪本、吳本、四庫本“危”作“虎”，太平御覽卷八二引春秋孔演圖注同。“虎”當“危”字譌文。

〔八二六〕穴庭者，星入太微門：穴，吳本譌“六”。太微門，備要本作“太微也”，餘諸本皆作“太微□”，太平御覽卷八二引春秋孔演圖注作“太微門”，今據以訂。太微,古代星官名。位於北斗之南,軫、翼之北,大角之西,軒轅之東。古以爲天庭。

〔八二七〕□□□□□□□□□□□□□□〔也〕:自此而下至正文“故孔子曰”之前文字,皆吴本、四庫本所無,而備要本則呈空白。

〔八二八〕神龍至,靈龜服,玉女敬養,天賜妾:神龍至,喬本、洪本並作“□□至”。玉女敬養,喬本作“王□□敬養”,洪本作“王□敬養”。妾,喬本、洪本並作“妄”。今皆據太平御覽訂正。御覽卷八二引禮含文嘉曰:“禹卑宫室,垂意於溝洫,百穀用成,神龍至,靈龜服,玉女敬養,天賜妾。”

〔八二九〕故孔子曰:此四字,喬本、洪本原爲闕文,今據吴本、四庫本、備要本訂補。　巍巍乎!舜、禹之有天下也,而不與焉:見論語泰伯。洪本但存“巍乎舜禹之”五字,餘皆闕文。巍巍,崇高偉大貌。而,如,如同。不與,不相干。

〔八三〇〕□□□□□□□十年:自此而下至“宜贅‘四’字”,吴本、四庫本所無。

〔八三一〕於是大宣教化:洪本“教化”二字爲塗墨。

〔八三二〕□□云:吴本、四庫本無此三字。彦按:下“省方”云云見柳宗元塗山銘,疑此闕文爲“宗元”二字。　省方宣教,化制殊類:洪本“省”字模糊,“化”爲墨痕。吴本“類”字闕文。參見上注〔八一三〕。

〔八三三〕玄云:五年一巡者,虞夏之制:洪本“制”字爲塗墨。禮記王制:“天子五年一巡守。”鄭玄注:“天子以海内爲家,時一巡省之。五年者,虞夏之制也。”

〔八三四〕□□□,虞五載一巡狩,夏后因之:□□□,吴本、四庫本無此。又,吴本“載”字闕文,“夏”字譌“史”。

〔八三五〕□□□,以常行:吴本、四庫本無此,備要本則空其文。

〔八三六〕天帝以寶文大字賜:天帝,洪本、吴本作“大帝”非。寶文,指符籙。各本“寶”皆譌“贅”,今訂正。賜,吴本譌“一”。

〔八三七〕禹佩,免北海溺水之難:洪本“免”字爲墨丁。北海,古以中國四境有海環繞,其北境之海稱爲北海。溺水,即弱水。漢東方朔海内十洲記:“崑崙號曰崑崚,在……北海之亥地。去岸十三萬里,又有弱水周迴繞帀。”初學記卷九引河圖曰:“禹既治水,功大,天帝以寶文大字錫禹。佩,渡北海弱水之難。"古微書卷三三引河圖挺佐輔,末句作:"佩,渡北海,免弱水之難。"錦繡萬花谷後集卷七引河圖,則曰:"禹既治水功大,天帝以寶文大字賜禹。佩,渡北海弱水之灘。"玉海卷一五、山堂肆考卷三二、淵鑑類函卷四七大抵相同。

〔八三八〕十洲記:四庫本"洲"作"州"非。　禹治洪畢,乘蹻度弱,東至鍾山,祠上帝於北阿:蹻,通"橇",古代用於泥地上行走的乘具。度,"渡"之古字。弱,弱水。鍾山,即會稽前山,見下"遂致羣臣于鍾山"羅苹注。阿,山坡。

〔八三九〕乃大計治道,外美州靡、息慎之功,内演龍德以當天心:大計,謂下工夫思考。治道,指治國方略、措施。美,贊美,表彰。州靡,古國名。息慎,即肅慎,我國古代東方少數民族名。演,推廣。龍德,天子之德,聖人之德。當,順應。天心,天意。吳越春秋越王無余外傳則云:"(禹)乃大會計治國之道,内美釜山州慎之功,外演聖德以應天心。"元徐天祐注:"慎,當作'鎮'。"撰玄要:玄要,指奧妙精粹之文。

〔八四〇〕道學傳:南朝陳馬樞撰。　夏禹撰真靈之玄要,集天官之寶書,以南和繒,封以金英函,檢以元都印:真靈,真人,神仙。天官,天府,天宫。南和繒,佩文韻府卷二五之三蒸韻三繒云:"南和繒,……赤色繒也。"南和,縣名。今屬河北省。繒,四庫本譌"繪"。金英函,精金匣子。金英,金屬之精華。函,各本皆譌"涵",今據文選李善注訂正。檢,封緘。古書以竹木簡爲之,書成,穿以皮條或絲繩,於繩結處封泥,在泥上鈐印,稱"檢"。此謂蓋印。元都,即玄都,蓋避宋聖祖玄朗偏諱追改之遺留。玄都,古國名,出寶玉。印,備要本譌"即"。文選江文通(淹)雜體詩三十首之三十休上人"寶書爲君掩,瑶琴詎能開"李善注引道學傳,作:"夏禹撰真靈之玄要,集天官之寶書。書以南和丹繒,封以金英之函,檢以玄都之印。"

〔八四一〕標其二五九迹之術:標,標明,揭示。二五,指陰陽與五行。九迹,即所謂"禹步",是道士作法召遣神靈之一種動作。其法以三舉足爲一步,凡三步,留九足迹,故稱。雲笈七籤卷六一諸家氣法服五方靈氣法云:"諸步綱起於三步九迹,是謂'禹步'。其來甚遠,而夏禹得之,因而傳世。"又抱朴子内篇仙藥載其法云:"'禹步'法:前舉左,右過左,左就右;次舉右,左過右,右就左;次舉(右)[左],右過左,左就右。如此三步,當滿二丈一尺,後有九迹。"

〔八四二〕一鳴其術,石立銷金,呼"禹步":鳴,發聲,引申指發揮作用。銷金,謂如金屬銷熔。

〔八四三〕即宛委、衡山也:彥按:"宛委、衡山"疑當作宛委山,衍一"衡"字。太平御覽卷六七九引内音玉字經曰:"大梵隱語:西母以上皇元年七月丙午於洞室下教,以授清虚真人王君,傳於夏禹,封文於南浮洞室石匱。……孔靈符云:會稽山南有宛委山,其上石,俗呼爲石匱,壁立于雲,累梯然後至焉。昔禹治洪水,其功未就,乃齋於此山,發石匱,得金簡玉字,以知山河躰勢,於是疏導百川,各盡其宜。"雲笈七籤卷七三洞經教部石碩亦載其事,大梵隱語作三洞珠囊。

〔八四四〕遂致羣神于鍾山:神,四庫作"臣",非。國語魯語下:"昔禹致羣神於會稽之山。"韋昭注:"羣神,謂主山川之君,爲羣神之主,故謂之神也。"

〔八四五〕揀猶鎮也:今本越絶書無此文,亦未見有揀山。

〔八四六〕中茅傳云"禹詣鍾山,行九真":中茅傳,彥按:當作"茅傳","中"字不當有。茅傳即茅君傳,古籍中多有援引,作者不詳。真誥稽神樞"夏禹詣鍾山,啖紫柰,醉金酒,服靈寶,行九真"注:"此事亦出五符中。茅傳又云'受行玄真之法'。"蓋即羅氏所本,而誤連上"中"字讀之。九真,指九真之法,修道成仙之術。

〔八四七〕朝羣臣:喬本、洪本"羣"譌"郡",今據餘本訂正。

〔八四八〕今會稽有禹村、禹虚:彥按:據太平寰宇記卷一二八濠州鍾離縣載,鍾離縣(治今安徽鳳陽縣臨淮關鎮)西九十五里塗山亦有禹墟、禹村。以羅氏下文稱"塗山亦有會稽之名",頗疑此所謂之會稽禹村、禹虚,即寰宇記鍾離縣塗山之禹村、禹墟。

〔八四九〕然九江當塗界當塗故城云禹會處,故塗山亦有會稽之名:九江,郡名。當塗,縣名,治所在今安徽懷遠縣南。塗山,又稱當塗山,在今安徽懷遠縣東南。

〔八五〇〕宋之問:初唐詩人。　朝玉帛兮何地,聲存而處亡:見宋之問祭禹廟文。朝玉帛,謂執玉帛以朝。喬本、洪本、吳本、備要本"玉帛"譌"玉泉",四庫本譌"王泉"。兮何地,文苑英華卷九九八載宋氏文作"於斯地"。左傳哀公七年:"禹合諸侯於塗山,執玉帛者萬國。"

〔八五一〕杜預以爲會在壽春之塗:壽春,縣名,即今安徽壽縣。左傳哀公七年"禹合諸侯於塗山"杜預注:"塗山在壽春東北。"彥按:據史爲樂主編中國歷史地名大辭典"涂(塗)山"詞條,此杜氏所稱壽春東北之塗山,與上羅氏所言九江當塗界當塗故城之塗山爲同一山。

〔八五二〕執玉,諸侯;帛者,小國之君:左傳哀公七年"執玉帛者萬國"杜預注:"諸侯執玉,附庸執帛。"

〔八五三〕禹之初,進而受命者七千國:彥按:羅氏此説不知何據。舊唐書南蠻西南蠻傳史臣曰:"禹畫九州,周分六服,斷長補短,止方七千,國賦之所均,王教之所備,此謂華夏者也。"豈匆遽而誤斷舊唐書文,以"止方七千國"作一句讀乎?　號數:揚言之數,宣稱之數。

〔八五四〕齊王臅云"大禹之時,諸侯萬國":王臅,四庫本如此,洪本作"王獨",喬本、備要本作"王鐲",吳本作"王独"。彥按:諸本俱誤,其人姓名乃爲顏臅。考慮到本書卷二一、卷二九羅注兩引臅言,俱作"王臅",知其誤實出羅氏,非由刻工,此姑從四庫本,以存其舊。參見後紀十二帝舜有虞氏注〔一三三〕。戰國策齊策四,顏臅對齊宣王曰:"臅聞古大禹之時,諸侯萬國。"

〔八五五〕不過東方諸侯,有天下皆會:彥按:"過"疑當作"啻"。

〔八五六〕防風氏後至,戮之以徇於諸侯:防風氏,傳説中之古代部落酋長。徇,示衆。吳本譌"狥"。國語魯語下:"昔禹致羣神於會稽之山,防風氏後至,禹殺而戮之。"

〔八五七〕伐屈、鷔,攻曹、魏,而萬國定:屈、鷔、曹、魏,四國名。見國名紀六夏世侯伯。呂氏春秋召類:"禹攻曹、魏、屈、鷔、有扈,以行其教。"

〔八五八〕舜之初,正四罪;末年,分三苗:正,治。四罪,指共工、驩兜、三苗、鯀四凶之罪。書舜典云:"流共工于幽州,放驩兜于崇山,竄三苗于三危,殛鯀于羽山,四罪而天下咸服。"又云:"分北三苗。"

〔八五九〕禹初治水,誅相繇:山海經大荒北經:"共工之臣名曰相繇,九首蛇身,自環,食于九土。其所歍所尼,即爲源澤,不辛乃苦,百獸莫能處。禹湮洪水,殺相繇。"　至是數十年,戮一防風:四庫本"數十年"作"四十年","戮"作"戳",並誤。　蓋始之形,以立我之綱;後之誅,以立後世之紀:蓋,吳本作"故",非。形,通"刑",吳本、四庫本作"刑"。綱、紀,謂法度,準則。

〔八六〇〕其伯姬曰:"候人兮猗":備要本"候"譌"侯"。彥按:"伯姬"費解。吕氏春秋音初載其事,作"女乃作歌,歌曰",疑"伯姬"當作"歌"。

〔八六一〕而南音自此始:南音,吕氏春秋音初高誘注:"南方國風之音。"音,各本均譌"言",今據吕氏春秋訂正。

〔八六二〕至周之君臣取風焉,寔爲周南、召南:風,謂音調。寔,吴本、備要本作"實"。周南、召南,詩經十五國風之二。吕氏春秋音初:"禹行功,見塗山之女,禹未之遇而巡省南土。塗山氏之女乃令其妾待禹于塗山之陽,女乃作歌,歌曰'候人猗',實始作爲南音。周公及召公取風焉,以爲周南、召南。"正始之道,王化之基也:毛詩序:"周南、召南,正始之道,王化之基。"孔穎達疏:"周南、召南二十五篇之詩,皆是正其初始之大道,王業風化之基本也。"

〔八六三〕"胥鼓南","以雅以南",若象簫、南籥是也:胥,古官名,樂官之屬。象簫、南籥,均周文王時樂舞名。禮記文王世子:"胥鼓南。"鄭玄注:"南,南夷之樂也。"詩小雅鼓鍾:"以雅以南,以籥不僭。"程俊英註:"以,爲。雅,雅樂,天子之樂曰雅,古稱爲正樂。周都城在今陝西,雅樂就是當時的陝西調。南,指南方的樂調。現在河南的南部,湖北的襄陽、宜昌、江陵一帶地區,古代屬於南夷,它的樂調稱爲'南'或'任'。"左傳襄公二十九年:"見舞象簫、南籥者,曰:'美哉! 猶有憾。'"杜預注:"象簫,舞所執;南籥,以籥舞也。皆文王之樂。"孔穎達疏:"杜云'皆文王之樂',則象簫與南籥各是一舞。南籥既是文舞,則象簫當是武舞也。"

〔八六四〕人而不爲周南、召南,其猶正牆面而立也:論語陽貨:"子謂伯魚曰:'女爲周南、召南矣乎? 人而不爲周南、召南,其猶正牆面而立也與!'"邢昺疏:"牆面,面向牆也。周南、召南,國風之始,三綱之首,王教之端,故人若學之,則可以觀興;人而不爲,則如面正向牆而立,無所觀見也。"　末至於舞大夏,知不特誦其詩而已:特,備要本譌"持"。彦按:此文疑有漏奪。宋沈括夢溪筆談辨證一云:"人而不爲周南、召南,其猶正牆面而立也。周南、召南,樂名也。'胥鼓[南]','以雅以南',是也。關雎、鵲巢,二南之詩而已,有樂有舞焉。學者之事,其始也學周南、召南,末至于舞大夏、大武。所謂爲周南、召南者,不獨誦其詩而已。"蓋即羅氏所本。

〔八六五〕周王室也:洪本、吴本"王"譌"正"。

〔八六六〕故繫之召:召,古邑名。周初召公奭的采邑。在今陝西岐山縣西南。

〔八六七〕周自太王爰及姜女，王季太任，“思媚周姜”，“太姒嗣徽音”，世有賢妃之助：太王，周文王之祖古公亶父尊號。洪本“太”作“大”。爰及，而及。姜女，即大姜，又稱周姜，古公亶父妻。王季，周文王父。太任，亦作大任，王季妻。思，發語詞。媚，美好。大姒，周文王妻。嗣，繼承。徽音，美譽。洪本、吳本脱“音”字。詩大雅緜：“古公亶父，來朝走馬，率西水滸，至于岐下。爰及姜女，聿來胥宇。”又，思齊：“思齊大任，文王之母。思媚周姜，京室之婦。大姒嗣徽音，則百斯男。”

〔八六八〕文王刑于寡妻，以御于家邦：刑，示範，作榜樣。寡妻，嫡妻。御，治理。詩大雅思齊：“刑于寡妻，至于兄弟，以御于家邦。”

〔八六九〕故詩以后妃、夫人之德爲二南之首：二南居詩經之首，關雎又位二南之首。毛詩序云：“關雎，后妃之德也，風之始也，所以風天下而正夫婦也，故用之鄉人焉，用之邦國焉。”　實取效於塗山：實，四庫本作“寔”。取效，取法，效法。

〔八七〇〕自塗山南省南：省（xǐng），視察。彦按：吕氏春秋音初曰：“禹行功，見塗山之女，禹未之遇而巡省南土。”疑即路史所本。然高誘注云：“省南方之土。”是“南土”屬泛指，非地名。路史既以“南省”稱之，則“省”後之“南”當爲地名，故羅苹注以爲“南，今之江陵”，恐誤。

〔八七一〕江陵：在今湖北荆州市荆州區。

〔八七二〕秦昭襄二十九年，使白起拔鄢郢，以漢南置南郡：秦昭襄，秦昭襄王，戰國秦國君嬴稷。吳本“襄”譌“宣”。白起，戰國秦名將。鄢郢，鄢在今湖北宜城市東南楚皇城遺址，郢在今湖北荆州市荆州區紀南鎮。此偏指郢。水經注卷三四江水：“秦昭襄王二十九年，使白起拔鄢郢，以漢南地而置南郡焉。”楊守敬疏：“按史記秦本紀，昭襄王二十八年，白起拔楚，取鄢；二十九年，攻楚取郢爲南郡。名勝志襄陽府引習鑿齒襄陽記，秦兼天下，自漢以南爲南郡。御覽一百六十八引楚地記，漢江之南爲南郡。”

〔八七三〕周書云“南，國名”：水經注卷三四江水引周書曰：“南，國名也。”今本逸周書未見此文。

〔八七四〕濟：渡。

〔八七五〕帝清儀亡易,龍顧弭鱗而逝:清儀,清爽之儀容。吳本、四庫本、備要本作“清議”非。亡易,不變。顧,乃。弭鱗,收斂鱗甲,爲馴服之貌。弭(mǐ),垂,斂。

〔八七六〕乃巡大越,見耆老,納詩書,審銓衡,平斗斛:大越,即越,在今浙江紹興市一帶。納,收藏。銓衡,稱重量的器具。平,審定。越絕書外傳記地傳:“禹……及其王也,巡狩大越,見耆老,納詩書,審銓衡,平斗斛。” 立典則以貽子孫:書五子之歌:“明明我祖,萬邦之君。有典有則,貽厥子孫。”孔穎達疏:“有明明之德,我祖大禹也。”

〔八七七〕禹救水,至大越,上茅山,大會計;及其王,乃狩大越云云:見越絕書外傳記地傳,此引文有所簡省。會計,謂會諸侯,計功賞。 所謂“關石和鈞”者:關,重量名;石,容量名。關石,借指賦税。和鈞,平和而公正。和謂不偏激,鈞謂公平。書五子之歌:“關石和鈞,王府則有。”

〔八七八〕四鎮議:文苑英華卷七六九作拔四鎮議。 神農修德而夙沙至,夏禹焚戈甲而夷人附,舜舞干戚而苗民舉:夙沙,洪本“夙”譌“風”。舉,通“與”,親與,親附。文苑英華載崔氏文,作:“聖人之用兵也如此,則知啓脩政而有扈奔,農脩德而夙沙至,禹焚甲而夷人附,舜舞戚而苗民來,爲不虛也。”

〔八七九〕追思覆瓾之書,於是復會諸侯於江南:覆瓾之書,指五符經。見上注〔二一七〕。吳本、四庫本無“於是”二字。

〔八八〇〕今所在古迹,如杭之餘杭,即秦故:杭,州名。餘杭,縣名。秦始皇三十七年(前210)置,屬會稽郡。治所在今浙江杭州市餘杭區餘杭街道。

〔八八一〕謙之:山謙之,南朝宋史學家。 始皇三十七年上會稽,壅出此,因立縣:三十七,各本均譌“二十七”。壅出,各本“出”均譌“山”。今並據元和郡縣圖志卷二五杭州餘杭縣、太平寰宇記卷九三杭州餘杭縣引吳興記訂正。

〔八八二〕史記亦明:彦按:史記秦始皇本紀云:“三十七年十月癸丑,始皇出游。……臨浙江,水波惡,乃西百二十里從狹中渡。上會稽,祭大禹。”裴駰集解於“從狹中渡”下引徐廣曰:“蓋在餘杭也。顧夷曰‘餘杭者,秦始皇至會稽經此,立爲縣’。”史遷原未言及餘杭,不知羅氏何出此言。

〔八八三〕然郡國志以爲夏禹東去,舍舟航,登陸於此:去,洪本作“玄”,當由形譌;吳本、四庫本作"行",義雖同,蓋非原文。舟航,船隻。

〔八八四〕蓋乘海舍航皆在是:乘海,謂乘舟出海。舍航,謂舍舟登陸。

〔八八五〕董逳不知:董逳,疑董逌之誤。參見後紀十一帝堯陶唐氏注〔三五八〕。　以爲杭州當用所部,屬潁川:洪本"潁"譌"穎"。此文費解,疑有譌誤。　音抗:備要本"抗"作"杭"誤。

〔八八六〕刀劍録:南朝梁陶弘景撰。　高密在位十年,以庚戌八月鑄一劍,藏之秦望山腹:高密,文淵閣四庫全書本古今刀劍録作"夏禹子帝啓"。疑此羅氏子冠父戴。八月,四庫本古今刀劍録作"八年",當誤。秦望山,即今浙江杭州市南將臺山。　北記山水日月:北,"背"之古字,背面。吳本、備要本作"此",四庫本作"比",並由形譌。四庫本古今刀劍録作"背記山川日月"。

〔八八七〕伐靡山而邑之:伐靡山,謂伐木鏟山。靡,損。吳越春秋越王無余外傳:"(禹)乃納言聽諫,安民治室居,靡山伐木爲邑。"

〔八八八〕傳謂禹望九山之南苑宛中者:九山,指會稽、太山、王屋、首山、太華、岐山、太行、羊腸、孟門九山(見吕氏春秋有始)。苑宛,謂草木茂盛而地勢隆高。苑(yù),通"薗",林木茂盛貌。宛,爾雅釋丘"宛中宛丘"郭璞注:"宛,謂中央隆高。"彦按:此"苑宛中"蓋隱指宛委山。吳越春秋越王無余外傳:"(禹)乃案黃帝中經曆——蓋聖人所記,曰:在于九山東南天柱,號曰宛委。"

〔八八九〕只即會稽山:只,此。

〔八九〇〕詳予福地説:吳本"予"譌"子"。

〔八九一〕何勤子屠母,而死分竟地:子,四庫本譌"予"。死,通"屍",屍體。竟地,徧地。洪本"竟"譌"意"。王逸章句:"勤,勞也。屠,裂剥也。言禹艑剥母背而生,其母之身,分散竟地,何以能有聖德,憂勞天下乎?"宋洪興祖補注:"禹以勤勞修鯀之功,故曰勤子也。……何以修己生禹而反遇災害邪?"

〔八九二〕此所引洪興祖楚辭補注,與原文不盡相同。　拆副而產,有之;死分竟地,未必然:拆副(pì),裂開。副,割裂,剖分。洪氏補注原文作:"言坼剖而產,則有之;死分竟地,未必然也。"　竟地猶言竟天:竟地謂徧地,竟天謂滿天,義自不同。此蓋指二詞中之"竟"言。　今段成式言"进分竟地",用此語:今,喬本、洪本譌"令",此從餘本。段,喬本作"叚",洪本作"叚",吳本作"改",皆譌字,此從四庫本及備要本。进分,分裂,破裂。各本"进"均作"從",

誤。此從洪氏補注訂正。其原文作："唐段成式云'迸分竟地',蓋用此語。"迸分竟地,見段成式酉陽雜俎續集卷五佛殿。

〔八九三〕絞衾:死人入斂時裹束屍體的束帶和衾被。絞(xiáo),古代喪禮中斂屍用的束帶。禮記檀弓下:"是故制絞衾,設蔞翣,爲使人勿惡也。"鄭玄注:"絞衾,尸之飾。"　聖周:燒土爲磚繞於棺材四周。聖,音jí。洪本、吳本譌"聖"。禮記檀弓上:"夏后氏聖周。"鄭玄注:"火熟曰聖,燒土冶以周於棺也。"亦見淮南子氾論,高誘注:"夏后氏,禹世。無棺椁,以瓦廣二尺,長四尺,側身累之以蔽土,曰聖周。"　葛以緢之:緢,同"綳",束縛。墨子節葬下:"禹東教乎九夷,道死,葬會稽之山。衣衾三領,桐棺三寸,葛以緘之。"説文糸部緢引墨子,作"葛以緢之"。

〔八九四〕其坎深不邸水,上不通臭:坎,坑。此指墓坑。邸,通"抵",至。臭(xiù),氣味。墨子節葬下作:"(土)〔堀〕地之深,下毋及泉,上毋通臭。"　收壤爲墳,廣終畝:終,盡,滿。

〔八九五〕木不改列,畬不易畝:畬,用刀耕火種之方法種田。此謂耕種。吳越春秋越王無余外傳:"(禹)命羣臣曰:'吾百世之後,葬我會稽之山。葦椁桐棺,穿壙七尺,下無及泉;墳高三尺,土階三等。葬之後,田無改畝。'"　若參耕之墾焉:吳本、四庫本無此六字。喬本、洪本、備要本"參耕之"三字闕文。彦按:墨子節葬下云:"(禹)既葬,收餘壤其上,壟若參耕之畝。"蓋即路史所本,而闕文三字當爲"參耕之"也,今訂補。參耕者,參,同"叁",三;耕,指耦耕。周禮考工記匠人:"耜廣五寸,二耜爲耦。一耦之伐,廣尺,深尺。"是一耦之廣爲一尺。參耕,猶云三耦,即三尺。

〔八九六〕桐棺三寸,絞衾三通:通,量詞,猶套。今本墨子節葬下與帝王世紀同,亦作:"衣衾三領,桐棺三寸。"

〔八九七〕其言大率□□□□□,固云:吳本、四庫本作"其言大率如",備要本作"其言大率如□□□□□□"。固,通"故"。　墨之儉,本於大禹之致孝鬼神,美黻冕:洪本"黻"字爲墨丁。備要本"冕"譌"見"。論語泰伯:"子曰:'禹,吾無間然矣! 菲飲食,而致孝乎鬼神;惡衣服,而致美乎黻冕;……禹,吾無間然矣!'"

〔八九八〕禹堙洪水,親操橐耜而九雜天下之川,股無胈,脛無毛,沐甚雨,櫛疾風,置萬國:自此而下至"不足爲墨"撮引自莊子天下篇,文字不盡相同。
吳本、四庫本脱"而九雜天下之川,股無胈,脛無毛"十三字。操,吳本、四庫本
作"捼",蓋俗體。囊,今本莊子作"橐",陸德明釋文以爲應作"櫜",引司馬云:
"盛土器也。"九雜,匯聚。九,通"鳩",聚。王先謙莊子集解引郭嵩燾云:"雜
匯諸川之水,使同歸於大川,故曰'九雜'。"股無胈,脛無毛,洪本作"股死□□
旡毛"。莊子作"股"作"腓"。櫛,梳髮。置,設置,建立。

〔八九九〕後世墨者多以裘褐爲衣,履屩爲服,日夜不休,以自苦爲極:裘
褐,粗陋衣服。履屩(juē),莊子作"跂蹻"。彥按:"履"疑當作"屐"(莊子作
"跂",亦通"屐"),即木屐。屩,草鞋。吳本、四庫本、備要本作"蹻",通"屩"。
休,洪本、吳本譌"依"。以自苦爲極,各本均脱"苦"字,遂文不成義,今據莊子
補。極,準則。　不如此,非禹道也,不足謂墨:洪本"此"譌"比"。吳本、四庫
本"謂"作"爲"。

〔九○○〕寔祀于社:寔,通"是",於是。吳本、四庫本、備要本作"實"。

〔九○一〕淮南子:"禹勞天下,而死爲社":見氾論篇。備要本"淮"譌
"惟"。淮南子原文"而死"作"死而"。社,謂社神。高誘注:"託祀于后土
之神。"

〔九○二〕漢興,立官社,復立官稷,以禹配社,以稷配稷:見漢書郊祀志
下。官社,帝王祭祀土神的社宫。官稷,帝王祭祀五穀神的社宫。

〔九○三〕五德:指潛夫論五德志。　少昊,其後白帝,——見流星,意感,
生白帝文命:潛夫論原文作:"(少皞)後嗣修己,見流星,意感,生白帝文命
戎禹。"

〔九○四〕后趢生啓及均,塗山於是獨明教訓而致其化,乃立庶子之官:塗
山,指塗山女,即后趢。獨,特別。教訓,教育訓導。庶子之官,即太子庶子。
通典卷三○職官十二太子庶子云:"古者,天子有庶子之官,職諸侯卿大夫之庶
子,掌其戒令與其教理,有大事則帥國子而致於太子,唯所用之。"劉向列女傳
卷一:"啓母者,塗山氏長女也,夏禹娶以爲妃。既生啓,……塗山獨明教訓,而
致其化焉。"

〔九○五〕天下之命懸太子:懸,繫掛。備要本作"縣",乃"懸"之古字。

〔九○六〕廣雍:其書未聞。"雍"疑"雅"字之誤。　帝係作女僑:帝係,即

帝繫。女憍,各本"女"皆譌"文",今據史記夏本紀張守節正義引帝繫訂正。

〔九〇七〕蜀王本紀:禹母圠嶇生禹,後於塗山娶妻,生子名啓:蜀王本紀,漢揚雄撰。各本均作"屬本紀"。彥按:"屬"當作"蜀王"。蓋"蜀"形譌爲"屬",又下脱"王"字。太平御覽卷八二引揚雄蜀王本紀曰:"禹本汶山廣柔縣人。……禹母吞珠孕禹,圠塭而生。於縣塗山娶妻,生子啓。"是也。今據以訂正。圠嶇,備要本"圠"譌"圻"。

〔九〇八〕亦爲其母立廟:吳本"廟"譌"庙"。

〔九〇九〕寰宇記塗山在渝州巴縣東南八里岷江南岸:見寰宇記卷一三六渝州巴縣塗山。巴縣,治所在今重慶市渝中區。吳本"巴"譌"巳"。岷江,喬本、洪本、吳本、備要本"岷"作"泯",四庫本作"氓",並誤。今據寰宇記訂正。　華陽國志以娶塗山爲江州塗山:江州,即今重慶市。三面環水,頗似江中之洲,故名。塗山,在今重慶市東南南山風景區内。

〔九一〇〕陽城:在今河南登封市告成鎮。

〔九一一〕婦翁:妻父。

〔九一二〕均生固,固生伐來,伐來生循鞈:伐,同"侅",吳本、四庫本、備要本作"伎"。鞈,音 jiá。吳本譌"鞐"。山海經大荒北經作:"禹生均國,均國生役采,役采生修鞈。"

〔九一三〕是殺綽人,帝念之:綽人,各本"人"均作"大"。彥按:山海經大荒北經作:"修鞈殺綽人。帝念之,潛爲之國,是此毛民。"郭璞注:"綽人,人名。"今據改。念,憐憫,憐愛。

〔九一四〕其裔居兜牟山,北人號突厥窟:兜牟山,在今湖北十堰市鄖陽區東。四庫本"突"譌"哭"。各本"窟"均作"實"。彥按:"實"當"窟"字之誤。元和姓纂卷五歌韻阿史那、通志卷二九氏族略五代北三字姓阿史那氏並作"突厥窟"。又,通典卷一九三、通志卷一九六、文獻通考卷三三九均有短人條,並引突厥本末記,亦有突厥窟。可以爲證。今訂正。

〔九一五〕代居金山城,狀如兜鍪:代,世,世代。金山城,金山即今阿爾泰山,"城"字疑衍。兜鍪,古代將士戴的頭盔。　兜鍪俗呼"突厥",因號之:備要本"兜"譌"堯"。吳本"因"譌"日"。周書突厥傳:"居金山之陽,爲茹茹鐵工。金山形似兜鍪,其俗謂兜鍪爲'突厥',遂因以爲號焉。"亦見北史突厥傳,文字略有異同。

〔九一六〕先,狼種也,故施金狼頭於纛:狼,吳本譌"狼"。纛(dào),古時軍隊或儀仗隊的大旗。 衛士曰附離,夏言狼也:衛士,洪本"士"作"土",餘本"士"作"上"。今訂正。曰,吳本譌"田"。夏,華夏。周書突厥傳、北史突厥傳並曰:"旗纛之上,施金狼頭。侍衛之士,謂之附離,夏言亦狼也。"

〔九一七〕歷魏晉十代而屬蠕蠕,是爲阿史那、德,那最爲長:蠕蠕,我國古代北方民族名,即柔然。德,阿史德。元和姓纂卷五歌韻阿史那云:"歷魏晉十代爲君長。後屬蠕蠕,阿史那最爲首領。"又阿史德云:"突厥如善可汗之裔,別號阿史德。"岑仲勉校記:"'如',通志作'始'。"

〔九一八〕宇文末,滅蠕蠕:宇文,北周王室之姓,此借代北周王朝。元和姓纂卷五歌韻阿史那作:"後周末,遂滅蠕蠕。"

〔九一九〕百餘年,暨處羅、蘇尼失,始歸北,號阿史那:蘇尼失,各本"失"均作"先"。彥按:"先"當爲"失"字形譌。元和姓纂作"蘇尼失",又舊唐書卷一五〇有蘇尼失傳。今訂正。姓纂卷五歌韻阿史那:"霸強北土蓋百餘年,至處羅、蘇尼失等歸化,號阿史那。"

〔九二〇〕帝之支子或封于辛:喬本、洪本"支"譌"攴",今從餘本訂正。辛,在今山東曹縣境。

〔九二一〕長子:在今山西長子縣西南。通志卷三下三王紀周文王:"辛甲,故商之臣,事紂,蓋七十五諫,不聽而去。至周,召公與語,賢之,以告文王。文王自迎之,封於長子。"

〔九二二〕昭王南征,辛縣靡爲御右,拯王而俱溺,封其子西翟:辛縣靡,亦作辛由靡、辛餘靡。史記三代世表"(周)昭王瑕",司馬貞索隱引宋衷云:"昭王南伐楚,辛由靡爲右,涉漢中流而隕,由靡承王,遂卒不復。周乃侯其後于西翟也。"亦見齊太公世家索隱引宋衷云,文字小異。又呂氏春秋音初則曰:"周昭王親將征荆,辛餘靡長且多力,爲王右。還反涉漢,梁敗,王及蔡公抎於漢中。辛餘靡振王北濟,又反振蔡公。周公乃侯之于西翟,實爲長公。"高誘注:"西翟,西方也。"范耕研補注:"注應作'西方之族也'。……古人封建邦國,其授土與授民並重。此云'侯于西翟'者,猶言分以西方之翟也。"又陳奇猷新校釋曰:"此文有誤,當作'昭王乃侯之於西翟,賞爲長公'。昭王之末,即使有周公,然昭王卒於漢而未返,其行封者亦當是穆王而非周公,故竹書以'命辛伯餘靡'繫諸穆王元年。吕氏此文蓋以昭王返周,故侯辛餘靡屬之昭王。後人不明乎此,宥於左傳、史記謂昭王不返,因改昭王爲周公耳。'實'字無義,高注作'賞'可證。'實''賞'形近又因上下文諸'實'字而謁耳。辛餘靡長,故賞其號爲長公。若作'實',則與上文不相蒙矣。"

〔九二三〕周賜辛弁:辛弁,古今姓氏書辯證作"辛幷",其卷六真韻辛云:"後周賜綏化公辛幷姓宇文,宿國公辛威姓普屯,隋初皆復舊。"

〔九二四〕魏賜辛威:辛威,西魏郿州刺史。據周書辛威傳,威賜姓普屯事在西魏文帝大統十三年。古今姓氏書辯證以爲後周所賜(見上注),非是。

〔九二五〕隨:通"隋"。

〔九二六〕崇侯虎:喬本、洪本、四庫本作"崇危虎、崇危",吳本作"崇危虎、崇",備要本作"崇危虎,尖危"。彦按:崇危虎未聞其人。"危"當"侯"字形謁。崇侯虎見史記殷本紀、周本紀;文王所伐,事亦相符。本書國名紀六商世侯伯崇下亦作崇侯虎,尤足爲證。今訂正。又末二字之"崇危",蓋"崇侯"之衍且謁者。今亦删去。

〔九二七〕贊:吳本、四庫本作"贊曰"。

〔九二八〕纂修前緒,載惜分陰:纂修,繼承從事。前緒,先人的事業。載,助詞,用於加强語氣。分陰,謂極短暫的時間。晉書陶侃傳:"大禹聖者,乃惜寸陰,至於衆人,當惜分陰。"

〔九二九〕纚風沐雨:風吹雨淋。纚,通"灑"。吳本"雨"謁"両"。

〔九三〇〕身解揚陙:揚陙,即楊陙、陽紆。各本"陙"爲闕文,今據上文訂補。參見上注〔二五一〕。

〔九三一〕奏皷艱鮮:皷,同"簸"(見重訂直音篇),此借爲"播"。參見上注〔一九二〕。 手足胼胝:胼胝,手掌脚底因長期勞動摩擦而生的繭子。喬本、洪本"胝"謁"胝",此從餘諸本訂正。

〔九三二〕握髮投饋:握髮,洪本二字爲塗墨,吳本、四庫本作"捉髮",義同。

〔九三三〕河洛興思:興思,起思念,即懷念。典出史記鄭世家:鄭桓公友初爲幽王司徒,"和集周民,周民皆説,河雒之間,人便思之。"

〔九三四〕不可得而私也：吴本“私”作“私”，同。下“不勝其私”、“私意勝”之“私”同。

〔九三五〕丹朱：備要本譌“丹處”。　于從而授之：于，猶於是。

〔九三六〕陽以天下授益，而盡以啓人爲吏：陽，表面上，假裝。吏，吴本譌“史”。　啓連黨而攻益取之：洪本“攻”譌“攷”。

〔九三七〕此鹿毛壽等爲蘇代設辭以喻子噲，使異之子之者：鹿毛壽，戰國時燕王噲臣。韓非子外儲説右下載其事，作潘壽。蘇代，戰國縱橫家。喻，開導。洪本、吴本譌“踰”。子噲，即戰國燕王姬噲。子之，燕王噲相。史記燕召公世家：“蘇代與子之交。……蘇代爲齊使於燕，燕王問曰：‘齊王奚如？’對曰：‘必不霸。’燕王曰：‘何也？’對曰：‘不信其臣。’蘇代欲以激燕王以尊子之也。於是燕王大信子之。子之因遺蘇代百金，而聽其所使。鹿毛壽謂燕王：‘不如以國讓相子之。人之謂堯賢者，以其讓天下於許由，許由不受，有讓天下之名而實不失天下。今王以國讓於子之，子之必不敢受，是王與堯同行也。’燕王因屬國於子之，子之大重。或曰：‘禹薦益，已而以啓人爲吏。及老，而以啓人爲不足任乎天下，傳之於益。已而啓與交黨攻益，奪之。天下謂禹名傳天下於益，已而實令啓自取之。今王言屬國於子之，而吏無非太子人者，是名屬子之而實太子用事也。’王因收印自三百石吏已上而效之子之。子之南面行王事，而噲老不聽政，顧爲臣，國事皆決於子之。”

〔九三八〕韓子外儲亦有，此潘壽説：韓子外儲，喬本、四庫本、備要本“外儲”均譌“外傳”，今據洪本、吴本訂正。潘壽，吴本、四庫本無此二字，疑爲所删。喬本、洪本、備要本“壽”字爲闕文，今據韓非子訂補。

〔九三九〕子車：即孟子。孟子名軻，字子輿，又稱子車。　禹崩，益避啓于箕陰，而益佐帝之日淺，澤未洽於天下，天下之人不歸益而歸啓矣：箕陰，箕山之北。孟子萬章上：“禹薦益於天，七年，禹崩。三年之喪畢，益避禹之子於箕山之陰，朝覲訟獄者不之益而之啓，曰：‘吾君之子也。’謳歌者不謳歌益而謳歌啓，曰：‘吾君之子也。’……禹之相舜也，歷年多，施澤於民久。啓賢，能敬承繼禹之道。益之相禹也，歷年少，施澤於民未久。”

〔九四〇〕通河、濟：藝文類聚卷一一、太平御覽卷八二及卷四二四引符子，並作“通河、漢”。

〔九四一〕禹舉益於陰方之中，授之以政而九州成：見墨子尚賢上，末句作：“授之政，九州成。”陰方，地名。其址不詳。

〔九四二〕夫益雖壽年亦有：壽年，長壽的歲數。自此而下至“辨見發揮”凡十八字，吳本脱。

〔九四三〕聖人固不以纖芥疑後世也：疑後世，使後世疑惑。

〔九四四〕堯授終，舜授命：四庫本作“堯受終，舜受命”，“受”即“授”之古字。

〔九四五〕堯曰“汝陟帝”：書舜典：“帝曰：‘格，汝舜。詢事考言，乃言厎可績，三載。汝陟帝位！’” 舜曰“汝陟后”：書大禹謨：“帝曰：‘來，禹。……予懋乃德，嘉乃丕績，天之歷數在汝躬，汝終陟元后。’” 而益之初無是語也：洪本“也”字闕文。

〔九四六〕禹之傳：洪本“禹”字闕文。

〔九四七〕問孔：論衡篇名。 書言“無若丹朱傲，惟慢游是好”，此帝舜勑禹無與不肖子也：自此而下至“見己之不私不肖子也”，均屬論衡問孔語，文字不盡相同。慢游，浪蕩邀遊。此，洪本闕文，吳本、四庫本作“故”，非。無與不肖子，今本論衡作“毋子不肖子”。黃暉校釋：“‘子’當作‘予’，讀作‘與’。‘毋予不肖子’，謂毋以天下予不肖子也。”

〔九四八〕恐禹私其子，故引丹朱以勑戒之：私，吳本作“私”。下“不私”之“私”同。勑戒，告戒，訓誡。各本“勑”作“剌”，非其義，當誤。今據論衡訂正。

〔九四九〕予娶若時，辛壬癸甲：若時，猶彼時，當時。參見上注〔三一五〕。

〔九五〇〕夫若是，則舜逆禹之將傳子，故諗之：逆，預料。子，洪本譌“予”。諗(shěn)，規諫，勸告。吳本偏旁、筆畫脱落，作“人”。 而禹之卒傳子也：之，猶“則”。卒，終於。

〔九五一〕乃禹之語，誠舜語：四庫本作“乃禹之誥誠舜語”。

〔九五二〕始堯爲世，使民心親，民有爲其親殺其殺，而民不非也：自此而下至“而人自爲釋矣”，撮引自莊子天運。殺其殺，謂減少繁複之禮儀等差。前“殺”，減省。後“殺”，等差。郭慶藩莊子集釋引郭嵩燾曰：“殺其殺者，意主於相親，定省之儀，拜跪之節，凡出於儀文之末者，皆可以從殺也。”

〔九五三〕使民心競，故子生三月而言，不至于孩而時誰：競，競爭。三月，

莊子作“五月”。孩,同“咳”,小兒笑(見説文)。時誰,“時”通“是”,謂是非;
“誰”,何人。莊子作“始誰”。郭象注:“誰者,别人之意也。未孩已擇人,言其
競教速成也。”成玄英疏:“未解孩笑,已識是非,分別之心,自此而始矣。” 而
人始夭也:吴本、四庫本“夭”譌“天”。莊子作:“而人始有夭矣”。郭象注:“不
能同彼我,則心競於親疏,故不終其天年也。”

〔九五四〕使人心變:變,機變,狡詐。 人有心而兵有順:有心,謂有機心。
有順,謂有正當的理由或借口。 殺盜非殺:王先謙莊子集解引宣穎云:“謂爲
當然。” 而人自爲釋矣:自爲釋,謂各自作隨心所欲之解釋。今本莊子此句
作:“人自爲種而天下耳。”王先謙集解:“自爲黨類而成天下。”頗牽強,疑
有誤。

〔九五五〕蓋三聖之季,功美漸去而其世且然尒:三聖,指堯、舜、禹。季,
末,末年。功美,功勳美德。尒,吴本、四庫本作“爾”,備要本作“尒”,並同。

〔九五六〕顧可以私召亂名啓争哉:顧,豈,難道。私,吴本作“私”。下“親
愛之私”、“任其私”、“不免於私”、“私若公”之“私”同。

〔九五七〕方帝之授禹也,柏成子皐摘語禹曰:自此而下至“貪争之端自此
始矣”,撮取自新序節土。柏成子皐,新序作伯成子高,云:“堯治天下,伯成子
高爲諸侯焉。堯授舜,舜授禹,伯成子高辭爲諸侯而耕。”摘語,啓告。摘,音
tī,揭露。 擇賢而與之其位:吴本“賢”作“贒”。彦按:“贒”當“贙”字之譌,
“贙”同“賢”。

〔九五八〕今君賞罰而民欲且多,百姓知之,德自此衰,貪争之端自此始矣:
彦按:此文疑有脱奪。新序節土作:“今君賞罰而民欲且多私,是君之所懷者私
也。百姓知之,貪争之端,自此始矣。德自此衰,刑自此繁矣。”

〔九五九〕又何計夫私若公哉:洪本“又”“哉”二字闕文。吴本、四庫本無
“又”字,又“哉”作“與”。

〔九六〇〕後有天下,未之思尒:洪本“後”字闕文。吴本、四庫本“後有”作
“子之有”,誤。尒,吴本、四庫本作“爾”,備要本作“尒”。

〔九六一〕猶以必傳爲□也:爲□也,洪本此三字爲闕文,吴本、四庫本、備
要本作“爲有後”。 而且展轉惴息而不肯瞑:展轉,翻身貌。惴息,謂害怕得
不敢喘息。惴(zhuì),恐懼。瞑,閉眼,寐。喬本、洪本、吴本、備要本譌“瞑”,

今從四庫本訂正。　苟不以禍敗奪則不止:奪,謂喪權。

〔九六二〕參見上注〔八二九〕。　巍巍:洪本作“魏魏”。

〔九六三〕天予賢則予賢:吳本作“天與賢則予賢”,四庫本作“天與賢則與賢”。　天予子則予子:吳本作“天于子則予子”,四庫本作“天與子則與子”。

〔九六四〕予賢,予子:四庫本作“與賢,與子”。　子車顧知之矣:顧,通“固”,已經。

〔九六五〕殆爲辨士設也:辨士,善辯之士,游説之士。辨,通“辯”。四庫本作“辯”。

路史卷二十三

後紀十四

疏仡紀第十

夏后紀下

帝啓

帝啓曰會,見紀年。連山作"余"。一曰建。見年代曆。按歸藏鄭母經明夷曰:夏后啓筮,御龍飛升于天[一]。山海經、楚辭等引,作夏后開,避漢諱也,故云"'啓'之字'開'"[二]。伯禹之治水也,娶於塗山,生啓于行,荒度土功,三過門而弗入[三]。塗山氏能明訓教而致其化,列女傳云:及長,化其德,卒成令名[四]。以故啓知王事,達君臣義,越絶書[五]。持禹之功。列女傳云:"持禹之功而不殞[六]。"禹崩,啓繼世有天下。

戶氏不恭[七],今鄠縣[八]。姚察訓纂云:戶、扈、鄠,一也[九]。扈,己姓,乃高陽氏之後也[一○]。信相失度,威侮五行,怠弃三正[一一]。帝乃遷廟,摯虞要注云:古者,帝王征行,以齋車載遷廟之主行,故甘誓云:"用命,賞于祖。"[一二]曾子問:以遷廟之主行,必有尊也[一三]。廟無虛主,故無遷主則主命[一四]。與有戶大戰甘澤,乃召六卿而誓[一五],鄭謂三王同有六卿,故大傳夏書注以后稷、司徒、秩宗、司馬、士、共工爲六卿[一六]。按地官,鄉大夫自有六卿,每鄉卿一人[一七]。所謂軍將,皆今卿是也[一八]。章懷云:"古者天子寄軍政於六卿,居則以田,警則以戰,素信者與棠相得也〔一九〕。"啓伐有户,乃召六卿,蓋大夫之在軍爲將,如齊以高子、國子各率五卿〔二〇〕。或六卿外别有此六人,無事掌其鄉之政,屬於大司徒;有事則率其鄉之萬二千五百人,爲之軍將,屬於大司馬爾。用兵之時,事統司馬,孰有天官冢宰更從屬於司馬哉〔二一〕?整軍實以伐之〔二二〕。不勝,六卿請攻之,帝曰:"不可。吾地非淺,民非寡也,兵刀接焉而不勝,是吾德薄而教不善也,何以伐爲〔二三〕?"於是般師。琴瑟不張,鐘弗撞,鼓弗攷,不因席,不仍味,親親長長,尊賢委能,隱神期月,而户來享〔二四〕。夏之失德,始於伐户。孔子敘甘誓:"特以見夏之衰自此爾〔二五〕。"故馮衍云:"訊夏啓於甘澤兮,楊帝典之始傾。"〔二六〕注謂夏德之薄,同姓相攻,失之。魏霍性疏云:"夏啓隱神三年。"〔二七〕而説苑乃云,子貢謂禹與有扈戰,三陣而不服,修教一年而請服〔二八〕。吕春秋以爲相伐扈,"六卿請復之"云云〔二九〕。莊子亦以爲禹伐之〔三〇〕。皆非。遂滅之,復昭夏功。文選:"啓滅有扈而夏功昭〔三一〕。"有扈之罪,經無明文。史記以爲,啓爲天子而扈不服,啓滅之〔三二〕。穎達謂堯、舜禪而啓獨繼,故不服,書云"不恭",其事亦可知矣〔三三〕。周書言,夏之興也,扈氏弱而不恭〔三四〕。夫"威侮五行,怠棄三正",則不用正朔,則其爲罪甚明,此其所以伐之〔三五〕。而許叔重以爲扈伐啓,啓滅之,吕春秋、淮南子以爲爲義而亡,胡益之更謂有歸益之心,而啓討之,抑又妄矣〔三六〕。天問云:"有扈牧豎,云何而逢?擊牀先出,其命何從〔三七〕?"王逸以謂扈本牧人,逢時爲侯,啓攻之,於牀擊殺之〔三八〕。洪慶善謂啓滅之,遂爲牧人〔三九〕。逸云:扈,澆之國〔四〇〕。故天對云"澆扈爰蹭",承逸之誤〔四一〕。

既征西河〔四二〕,紀年在十五年〔四三〕。能拘是達〔四四〕,天問:"何啓惟憂,而能拘是達〔四五〕?"言能憂勤,拘執者變通之〔四六〕。敬承繼禹之道〔四七〕。商契之來孫曰冥,寔喜水功,命爲司空,勤其官而水死,商人是郊〔四八〕。文武之功起於后稷,故推以配天〔四九〕。然祖有功,有功而子孫不有天下,亦不郊〔五〇〕。鯀障水而殛死〔五一〕,冥勤官而水死,皆可郊,故夏、商郊之。孟涂敬職而能禮于神〔五二〕,爰封于丹。今建平郡有丹陽城,在秭歸縣之東七里丹山之西,即孟涂之所理也〔五三〕。丹山乃今巫山。乃立五廟,筮遷鼎,禘黄帝,而郊鯀〔五四〕。鄭云:夏無祖,但宗禹而已,并四親爲五〔五五〕。商祖契而宗湯,而湯不毁,并四親而六,故王制云:商六廟〔五六〕。七廟出於周,或引伊訓"七世之廟",攷之不然〔五七〕。唐書云:"夏以大禹爲始祖,漢以高祖爲始祖〔五八〕。"非祖也〔五九〕。命大廉祭鼎昆吾之谿，墨子言：夏后開命大廉折金山川，鑄陶於昆吾，作九鼎[六〇]。鼎成而方，不炊而自烹，不舉而自藏，不動自響，不遷自行[六一]。圖象萬物，鑄於鼎側，以祭昆吾之虛[六二]。使翁難乙灼於白若之龜，其兆曰：“蓬蓬白雲，一南一北，一東一西，九鼎成，遷三國焉[六三]。”夏人失之，商人受之；商人失之，周人受之[六四]。一云，禹也。歸藏云：“啓筮徙九鼎，啓果徙之。”是則徙也。而莅享大陸之上，是爲鈞臺之享[六五]。連山易文“啓莅，享神於大陵之上”，即鈞臺也[六六]。鈞臺在陽翟。地道記云：下有鈞臺，彼俗謂之臺陂[六七]。九域志有鈞臺驛。又莅於晉之虛，作旋臺于水之陽[六八]。在大原[六九]。爰棘賓商，九辨、九歌[七〇]。天問[七一]。騷經云：“啓九辨與九歌，夏康娛以自縱[七二]。”王逸以九辨、九歌爲禹樂[七三]。諸説皆妄。予謂啓之所急，在以商均作賓[七四]。九辨即九韶，薦商均以帝後得用備樂也。辨當如遍，夫禹九功之德皆可歌也[七五]。而王逸以爲九州物可以辨治，啓能承先德、育羣品而作之，妄也[七六]。舞九招，紀年：啓登后九年，舞九韶[七七]。登嬪抃馬，秉翳執環，而聲九辨[七八]。中聲猶在，而人皆仰夏之功[七九]。山海經云：“上三嬪于天，得九辨與九歌以下[八〇]。”天指舜，禹尊其賜爾。注謂天帝之樂，啓登天竊之以下，妄矣[八一]。經言：“大樂之野，夏后啓於此舞九代：馬乘兩龍，雲蓋三層；左手秉翳，右手操環，佩玉璜。在大運山[八二]。”

在位十有六歲，年九十一。紀年，啓二十九年，年九十八[八三]。按：禹年三十而娶，行十月而生啓。年代曆，啓壽九十，在位十六年，又十五年在父朝，六十年在虞朝，生當舜攝之二十一年，與娶塗之年合[八四]。紀運圖等云九年，非。子太康立，厥弟五人分封于衛，是爲五觀[八五]。楚語，觀射父云夏有五觀，與朱、均、管、蔡並列，知爲姒姓[八六]。而左氏昭元年觀、扈，至商失國[八七]。夫觀與扈各國，穎達引此爲射父之言，而以五觀爲觀、扈，失之[八八]。

其支于莘者，爲莘氏、辛氏、姺氏、觀氏、卜氏[八九]。世本：莘國，姒姓，禹後，文王妃家[九〇]。詩傳同[九一]。楚武伐都，俘觀丁父歸，以爲帥，故楚有觀氏[九二]。世掌問卜，曰卜尹，爲卜氏[九三]。姓苑又有啓氏，與姓纂之啓氏皆云出夏啓，非[九四]。

以上討下，奉辭伐罪之謂[九五]。征敵曰戰，是故春秋有書戰而無征。虞之於苗，仲康之於羲和，其事是也[九六]。有戶氏，諸侯之國也。啓，禹子也。以天子討諸侯，宜曰征矣，而孔子序書乃曰：“啓與有户戰于甘之野。”不謂之征，有若敵然，何也〔九七〕？啓失其天子之禮也。

古者天子有六卿，卿將一軍，諸侯有罪，則奉辭以討之，天子弗躬也〔九八〕。茅戎不道，定王伐之，爲戎所敗，春秋書曰：“王師敗績于茅戎〔九九〕。”言王者之師，非戎之所可敗，取敗而已。王者之於天下也，蓋之如天，容之如地，豈可狷忿而與臣子争一決之功哉〔一○○〕？有户不恭，則文德以來之；文德而不至，偏以劘之可也，焉用戰〔一○一〕？啓失其御〔一○二〕，乃至遷廟而臨於小國之侯，以至大戰而軍不勝，予以是知夏德之將衰矣。

甘誓之書，所以及戰而不一及成敗，成敗不足言也。然則聖人於此可删而反著之，豈惟傷之哉？又將以爲萬世戒也。

【校注】

〔一〕鄭母經：歸藏篇名。吴本“母”譌“每”。　夏后啓筮，御龍飛升于天：山海經海外西經“大樂之野，夏后啓于此儛九代；乘兩龍，……在大運山北”郭璞注：“歸藏鄭母經曰：‘夏后啓筮：御飛龍登於天，吉。’明啓亦仙也。”

〔二〕‘啓’之字‘開’：漢書景帝紀“孝景皇帝”顔師古注引荀悦云：“諱‘啓’之字曰‘開’。”

〔三〕伯禹之治水也，娶於塗山，生啓于行，荒度土功，三過門而弗入：行，道路。荒度，大力籌劃。土功，泛稱治理水土之工程。洪本“土功”二字闌入注文。書益稷，禹曰：“予創若時，娶于涂山，辛壬癸甲；啓呱呱而泣，予弗子，惟荒度土功。”又孟子滕文公上：“當是時也，禹八年於外，三過其門而不入。”

〔四〕見母儀傳啓母塗山。原文作：“禹去而治水，惟荒度土功，三過其家，不入其門。塗山獨明教訓，而致其化焉。及啓長，化其德而從其教，卒致令名。”

〔五〕見吴内傳。原文作：“禹崩，啓立，曉知王事，達於君臣之義。”

〔六〕持禹之功而不殞：功，事業。殞，喪失。

〔七〕户氏不恭：户氏，即下文之有户，又稱有扈氏。史記夏本紀：“有扈氏不服,啓伐之,大戰於甘。"

〔八〕今鄠縣:自此而下至"乃高陽氏之後也"凡二十三字,洪本闌入正文。鄠縣,即今陝西户縣。

〔九〕姚察訓纂:姚察,南朝陳吏部尚書、歷史學家。訓纂,指漢書訓纂。

〔一〇〕扈,己姓:彦按:"己"疑當作"姒"。元和姓纂卷六姥韻曰:"扈,夏時姒姓國也。"通志卷二六氏族略二夏商以前國亦云:"扈氏,姒姓,夏時諸侯也。"

〔一一〕信相失度:韓非子説疑:"昔者有扈氏有失度,讙兜氏有孤男,三苗有成駒,桀有侯侈,紂有崇侯虎,晉有優施,此六人者,亡國之臣也。" 威侮五行,怠弃三正:書甘誓:"有扈氏威侮五行,怠棄三正,天用勦絕其命。"周秉鈞易解:"威侮者,王引之曰:'威乃威之譌,威者蔑之借。蔑,輕也。蔑侮五行,言輕慢五行也。'五行,指金木水火土五種物質。所謂輕慢五行,夏曾佑曰:'即言有扈氏不遵洪範之道。'怠,懈也。棄,忘也。三正者,按正與政通,謂政事。左傳文公七年晉郤缺解夏書云:'正德、利用、厚生謂之三事。'三事即三正也。怠棄三正,謂不重視正德、利用、厚生三大政事。"

〔一二〕要注:指決疑要注。 古者,帝王征行,以齋車載遷廟之主行:征行,出征遠行。齋車,亦作"齊車",即金路。古代帝王所乘五種車子之一,以金爲飾,故名。又以每用於莊嚴肅敬之場合,亦稱齊車(齊取"齊敬"義)。 故甘誓云:"用命,賞于祖":書孔氏傳:"天子親征,必載遷廟之祖主行,有功則賞祖主前,示不專。"

〔一三〕以遷廟之主行,必有尊也:禮記曾子問原文作:"孔子曰:'天子巡守,以遷廟主行,載于齊車,言必有尊也。'"

〔一四〕廟無虛主,故無遷主則主命:禮記曾子問:"當七廟、五廟無虛主。虛主者,唯天子崩,諸侯薨,與去其國,與祫祭於祖,爲無主耳。"又:"曾子問曰:'古者師行,無遷主,則何主?'孔子曰:'主命。'問曰:'何謂也?'孔子曰:'天子諸侯將出,必以幣帛皮圭告于祖禰,遂奉以出,載于齊車以行。每舍奠焉,而后就舍。反必告,設奠,卒,斂幣玉藏諸兩階之間,乃出。蓋貴命也。'"孔穎達疏:"'孔子曰主命'者,孔子言天子諸侯將出,既無遷主,乃以幣帛及皮圭告于祖禰之廟,遂奉以出行,載于齊車,以象受命,故云'主命'。"

〔一五〕與有戶大戰甘澤,乃召六卿而誓:甘澤,在今陝西戶縣西。書甘誓序:"啓與有扈戰于甘之野,作甘誓。"又書甘誓:"大戰于甘,乃召六卿。"周秉鈞易解:"六卿,鄭玄曰:'六軍之將。周禮六軍皆命卿,則三代同矣。'"

〔一六〕士:洪本、吳本譌"上"。

〔一七〕按地官,鄉大夫自有六卿,每鄉卿一人:鄉大夫,洪本、吳本、四庫本譌"卿大夫"。周禮地官序官:"鄉大夫,每鄉卿一人。"又地官鄉大夫"鄉大夫之職,各掌其鄉之政教禁令"賈公彥疏:"六鄉大夫各掌其鄉之政令及十二教,與五禁號令皆掌之。"既稱六鄉大夫,則鄉大夫有六卿矣。

〔一八〕所謂軍將,皆今卿是也:今,吳本字之下半失落作"△"。卿,喬本、備要本譌"鄉",今據餘本訂正。

〔一九〕古者天子寄軍政於六卿,居則以田,警則以戰,素信者與衆相得也:此章懷注節引自後漢書百官志五注引劉劭爵制。軍政,喬本、洪本、吳本、四庫本譌"庫政",此據備要本訂正。田,種田,謂務農。素信者,一向信任者,指六卿。各本"者"均譌"著",今訂正。

〔二〇〕如齊以高子、國子各率五卿:高子、國子,春秋齊國二上卿。高子即高傒或其子莊子,國子即國歸父或其父懿仲。卿,喬本、洪本、備要本譌"鄉",今據吳本、四庫本訂正。宋司馬光傳家集卷六四功名論:"昔齊桓公得管仲,三薰而三浴之,解其縲絏,置以爲相。鮑叔,桓公之傅也,避太宰之位而安隨其後。國子、高子,天子之守卿也,人率五卿而聽其政令。"

〔二一〕孰有天官冢宰更從屬於司馬哉:天官,備要本"官"譌"宫"。

〔二二〕軍實:軍用器械和糧餉。吳本"實"作"寔"誤。

〔二三〕兵刀接焉而不勝:吳本"焉"譌"馬"。

〔二四〕琴瑟不張,鐘弗撞,鼓弗攰:不,吳本譌"下"。張,上弦。引申爲彈弄(琴瑟的弦)。攰,敲,擊。　不因席,不仍味:呂氏春秋先己則曰"於是乎處不重席,食不貳味",意思相同。　親親長長,尊賢委能:長長,敬重長者。委能,任用能者。　隱神期月,而戶來享:隱神,猶潛心,謂專心一意。期月,一整年。期,音ㄐㄧ。論語子路:"子曰:'苟有用我者,期月而已可也,三年有成。'"邢昺疏:"期月,周月也,謂周一年之十二月也。"享,獻,進貢。呂氏春秋先己作:"期年而有扈氏服。"

〔二五〕特以見夏之衰自此爾：四庫本“爾”作“耳”。

〔二六〕馮衍：東漢初辭賦家。　訊夏啓於甘澤兮，錫帝典之始傾：見衍撰顯志賦。訊，問。錫，同“傷”。喬本、四庫本作“知”，洪本、吳本作“錫”，備要本作“錫”，今本顯志賦作“傷”。彥按：路史本當作“錫”，音、義同“傷”。作“錫”作“知”，皆“錫”字譌奪。今訂正。典，法則。傾，倒塌，引申指破壞、毁傷。

〔二七〕霍性：三國魏度支中郎將。　夏啓隱神三年：見三國志魏志文帝紀延康元年“（六月）庚午，遂南征”裴松之注引魏略。

〔二八〕見説苑政理。原文載子貢語作：“昔禹與有扈氏戰，三陣而不服。禹於是脩教一年，而有扈氏請服。”

〔二九〕見吕氏春秋先己。原文作：“夏后相與有扈戰於甘澤而不勝，六卿請復之，夏后相曰：‘不可，吾地不淺，吾民不寡，戰而不勝，是吾德薄而教不善也。’於是乎處不重席，食不貳味，琴瑟不張，鍾鼓不修，子女不飭，親親長長，尊賢使能，期年而有扈氏服。”陳奇猷校釋云：“此是夏后啓事無疑，書甘誓、史記夏本紀皆有明文，……案‘相’當即‘啓’字之譌。吕氏書多用古文字，書中不見於字書之字多與甲骨鍾鼎文合，如重言之‘痡’、審時之‘秮’均其例。‘啓’甲骨文作‘𢼄’或‘𢼄’，番生簋作‘𢼄’，而‘伯’字甲骨鍾鼎皆作‘𣅀’，‘𢼄’字壞爲‘𣅀’，與‘𣅀’形近而誤爲‘𣅀’，由篆變隸遂作‘伯’，後人見無‘夏后伯’其人，因以形近而改爲‘夏后相’也。”

〔三〇〕莊子人間世：“昔者，堯攻叢枝、胥敖，禹攻有扈，國爲虚厲，身爲刑戮。”

〔三一〕啓滅有扈而夏功昭：見魏曹植求自試表。

〔三二〕見夏本紀。

〔三三〕穎達謂堯、舜禪而啓獨繼，故不服：見書甘誓序正義。　書云“不恭”：書疑當作傳。書甘誓“有扈氏威侮五行，怠棄三正”孔氏傳：“有扈與夏同姓，恃親而不恭，是則威虐侮慢五行，怠惰棄廢天地人之正道。”

〔三四〕見逸周書史記。原文作：“有夏之方興也，扈氏弱而不恭，身死國亡。”

〔三五〕夫“威侮五行，怠棄三正”，則不用正朔：威，四庫本作“滅”。三正，吴本"正"譌"止"。正朔,吴本"正"譌"𤴓"。彦按:羅氏以"怠棄三正"爲"不用正朔",非。有扈氏時但有夏正,未有殷正、周正,何來表示正朔之"三正"?周秉鈞以"三正"爲"三政"、"三事",似是。參見上注〔一一〕。

〔三六〕而許叔重以爲扈伐啓:吴本"叔"作"𣲖",乃俗體;"伐"作"代",爲形譌。彦按:羅氏所稱許叔重説見淮南子注。漢世許氏與高誘均曾注淮南子,今傳世淮南子注,二家注文頗相混淆,然獨標高誘,而羅氏引之則每稱叔重。

吕春秋、淮南子以爲爲義而亡:吕氏春秋今本無此,蓋佚。而淮南子齊俗云:"昔有扈氏爲義而亡,知義而不知宜也。"注:"有扈,夏啓之庶兄也。以堯、舜舉賢,禹獨與子,故伐啓。啓亡之。"

〔三七〕有扈牧豎,云何而逢? 擊牀先出,其命何從:牧豎,牧奴。其,吴本譌"具"。彦按:此四句,歷來注家聚訟紛紜,而皆牽强難從,今亦不强作解人,姑存疑以待考。

〔三八〕見王氏楚辭章句所注。原文作:"言有扈氏本牧豎之人耳,因何逢遇而得爲諸侯乎?"又:"言啓攻有扈之時,親於其牀上擊而殺之。"

〔三九〕見洪氏楚辭補注。原文作:"此言啓滅有扈之國,其後子孫遂爲民庶,牧夫牛羊。"

〔四〇〕扈,澆之國:澆(ào),人名。夏代有窮氏國君寒浞之子。楚辭天問"胡終弊于有扈"王逸注:"有扈,澆國名也。"

〔四一〕故天對云"澆扈爰踣":天對,唐柳宗元所撰文章篇名,以回答屈原天問爲主題。踣(bó),顛覆,敗亡。

〔四二〕西河:在今河南清豐縣一帶。

〔四三〕紀年在十五年:十五年,各本均作"二十五年"。彦按:據路史下文云"(啓)在位十有六歲,年九十一",則不當有二十五年。而今所見竹書紀年乃在帝啓十五年,其文曰:"武觀以西河叛。彭伯壽帥師征西河,武觀來歸。"當是。今據以訂正。

〔四四〕能拘是達:即能達拘,謂能衝破束縛,突破常規。

〔四五〕何啓惟憂:各本均脱"何"字。今據天問文補。

〔四六〕言能憂勤,拘執者變通之:憂勤,憂慮勤勞,多用於帝王或官員爲國事者。吴本"勤"譌"勭"。拘執,死板保守。

〔四七〕敬承繼禹之道:孟子萬章上:"啓賢,能敬承繼禹之道。"

〔四八〕商契之來孫曰冥:來孫,玄孫之子,從自身算起的第六代。　商人是郊:郊,祭典名。國語魯語上云:"冥勤其官而水死。"又云:"(商人)郊冥而宗湯。"

〔四九〕文武之功起於后稷,故推以配天:配天,祭天之時以之配祭。國語魯語上:"稷勤百穀而山死,……周人禘嚳而郊稷。"

〔五〇〕有功而子孫不有天下,亦不郊:吳本"天下"二字重出,作"不有天下,天下亦不郊",誤。

〔五一〕國語魯語上:"鯀鄣洪水而殛死,……(夏后氏)郊鯀而宗禹。"

〔五二〕孟涂:見後紀十三帝禹夏后氏。

〔五三〕秭歸縣:洪本"秭"譌"秫"。　即孟涂之所理也:理,治。備要本譌"埋"。

〔五四〕乃立五廟,筮遷鼎:遷鼎,喻指遷都。晉張華博物志雜説上:"昔夏啓筮徙九鼎,啓果徙之。"　禘黄帝,而郊鯀:國語魯語上:"夏后氏禘黄帝而祖顓頊,郊鯀而宗禹。"

〔五五〕鄭云:夏無祖,但宗禹而已,并四親爲五:鄭,指鄭玄。祖,始祖,古亦稱有開創帝業之功之先帝,又指其廟。説文示部:"祖,始廟也。"但,吳本譌"仁"。宗,古稱有治理天下之德之先帝,此指其廟。四親,指四親廟,即高祖、曾祖、祖、父之廟。禮記王制:"天子七廟,三昭三穆,與大祖之廟而七。"鄭玄注:"此周制。七者,大祖及文王、武王之祧,與親廟四。……夏則五廟,無大祖,禹與二昭二穆而已。"

〔五六〕商祖契而宗湯,而湯不毁,并四親而六,故王制云:商六廟:彦按:"商六廟"之説不見於禮記王制,乃出自鄭玄注:"殷則六廟,契及湯與二昭二穆。"羅氏誤記之。

〔五七〕七廟出於周,或引伊訓"七世之廟",攷之不然:攷,洪本譌"攻"。彦按:"伊訓"當作"咸有一德",此羅氏誤記。又羅氏説本鄭玄,而孔穎達則不然鄭説,今録於下,以爲參考。書咸有一德:"嗚呼!七世之廟,可以觀德。"孔穎達疏:"漢氏以來,論七廟者多矣,其文見於記傳,禮器、家語、荀卿書、穀梁傳皆曰天子立七廟,以爲天子常法,不辨其廟之名。王制云:'天子七廟,三昭三穆,與太祖之廟而七。'祭法云:'王立七廟,曰考廟,曰王考廟,曰皇考廟,曰顯考廟,曰祖考廟,皆月祭之。遠廟爲祧,有二祧,享嘗乃止。'漢書韋玄成議曰:'周之所以七廟者,后稷始封,文王、武王受命而王,是以三廟不毀,與親廟四而七也。'鄭玄用此爲説,惟周有七廟,二祧爲文王、武王廟也。故鄭玄王制注云:'此周制。七者,太祖及文王、武王二祧與親廟四。太祖,后稷也。殷則六廟,契及湯與二昭二穆。夏則五廟,無太祖,禹與二昭二穆而已。'良由不見古文,故爲此謬説。此篇乃是商書,已云'七世之廟',則天子立七廟,王者常禮,非獨周人始有七廟也。"

〔五八〕夏以大禹爲始祖,漢以高祖爲始祖:見舊唐書禮儀志一。高祖,即劉邦。舊唐書原文作"高帝"。

〔五九〕非祖也:祖,謂祖父。

〔六〇〕夏后開命大廉折金山川,鑄陶於昆吾:自此而下至"周人受之",撮引自墨子耕柱。夏后開,即夏后啓。作"開"乃漢人避景帝劉啓諱追改之遺留。大廉,今本墨子作"蜚廉"或"飛廉"。折,開採。鑄陶,偏義複詞,鑄造。

〔六一〕不舉而自藏:蓋謂不置食物於鼎中而鼎中自有食物也。舉,通"弅",收藏。藏,今本墨子作"臧",亦當讀"藏"。　不動自饗:今墨子無此句。

〔六二〕圖象萬物,鑄於鼎側:此二句亦今本墨子所無。圖象,描繪。吳本、四庫本"圖"譌"圓"。

〔六三〕使翁雞乙灼於白君之龜:翁雞乙,人名。藝文類聚卷七三引墨子,作"翁難乙"。灼,燒,炙。古代用火燒炙龜甲,視其裂紋以測吉凶,稱"灼龜"。白君,龜名。今本墨子作"白若",藝文類聚卷七三引墨子作"目若",舊本墨子或有作"目苦"、"白苦"者,莫衷一是,姑存其舊。　其兆曰:兆,古人占卜時燒灼甲骨所呈現的預示吉凶的裂紋。　蓬蓬白雲,一南一北,一東一西:蓬蓬,盛多貌。今本墨子作"逢逢",孫詒讓閒詁:"逢、蓬通。"一東一西,今本墨子作"一西一東"。王引之云:"作'一東一西'者是,'一東一西'當在'一南一北'之上。'雲'與'西'爲韻(西,古讀若"駪駪征夫"之"駪",説見六書音均表)。'北'與'國'爲韻,大雅文王有聲篇'鎬京辟廱,自西自東,自南自北,無思不服','廱'與'東'爲韻,'北'與'服'爲韻,是其例也。而諸書所引'一南一北'句皆在上,則其誤久矣。"(見王念孫讀書雜志墨子第四)　九鼎成,遷三國焉:

墨子原文作:"九鼎既成,遷於三國。"羅氏如此一改,頓失韻味。

〔六四〕夏人失之,商人受之;商人失之,周人受之:墨子原文作:"夏后氏失之,殷人受之;殷人失之,周人受之。"

〔六五〕而苙享大陵之上,是爲鈞臺之享:苙,同"莁",備要本作"莁"。下"啓苙"、"又苙"之"苙"同。享,通"饗",宴饗,宴請。陵,同"嶺"。鈞臺,臺名。在今河南禹州市南。竹書紀年卷上帝啓元年:"大饗諸侯于鈞臺。"又左傳昭公四年:"夏啓有鈞臺之享。"杜預注:"河南陽翟縣南有鈞臺陂,蓋啓享諸侯于此。"

〔六六〕連山易文"啓苙,享神於大陵之上",即鈞臺也:連山易,各本"易"字譌"陽",今訂正。水經注卷二二潁水:"渠中又有泉流出焉,時人謂之㟪水,東逕三封山東,東南歷大陵西連山,亦曰啓筮亭,啓享神於大陵之上,即鈞臺也。"孫詒讓札迻卷三曰:"案:此文'連山亦曰啓筮亭'七字有誤。攷御覽八十二引歸藏易云:'昔夏后啓筮,享神於大陵,而上鈞臺枚占,皋陶曰不吉。'此文疑當作'連山易曰:"啓筮,享神于大陵之上"'。蓋連山、歸藏兩易皆有此文。抑或本出歸藏,酈氏誤憶爲連山,皆未可知。今本'連山亦','亦'即'易'之誤("易"、"亦"音相近)。'啓筮亭'三字,又涉下'啓筮享'三字而衍("亭"、"享"形相近)。文字傳譌,搆虛成實,遂若此地自有山名'連',亭名'啓筮'者,不知酈意但引連山易以釋'大陵'耳,安得陵之外别有山與亭乎? 徧檢唐、宋輿地諸書,皆不云陽翟有陽山、啓筮亭,此文譌互顯然。"彦按:孫氏説是,羅氏此注可爲佐證。

〔六七〕地道記:蓋指晉書地道記,晉王隱撰。　彼俗謂之臺陂:吳本"彼"譌"被"。

〔六八〕又苙於晉之虛,作旋臺于水之陽:虛,"墟"之古字。四庫本作"墟",吳本作"墟",同。旋臺,即璿臺,臺名。旋,通"璿"(同"璇")。水之陽,謂晉水之北。藝文類聚卷六二引歸藏曰:"昔者夏后啓(葬)[苙],享神於晉之墟,作爲璿臺於水之陽。"

〔六九〕大原:吳本、四庫本作"太原",字異而詞同。

〔七〇〕爰棘賓商,九辨、九歌:棘,急。賓,作客,此引申謂朝見。商,"帝"字形譌。朱駿聲云:"(商)又爲'帝'之誤字。天問'啓棘賓商',按當作'帝',

天也。”（見説文通訓定聲壯部弟十八商）九辨，即九辯，“辨”與“辯”通。今天問作九辯。山海經大荒西經：“（夏后）開上三嬪于天，得九辯與九歌以下。”郝懿行箋疏：“離騷云‘啓九辯與九歌’，天問云‘啓棘賓商，九辯、九歌’，是賓、嬪古字通。棘與亟同。蓋謂啓三度賓于天帝，而得九奏之樂也。故歸藏鄭母經云：‘夏后啓筮，御飛龍登于天，吉。’正謂此事。周書王子晉篇云：‘吾後三年，上賓于帝所。’亦其證也。”

〔七一〕天問：喬本作“技天問”，洪本爲“□天問”，備要本作“按天問”。彦按：“技”、“按”二字非衍即譌，今姑從吳本及四庫本删。

〔七二〕啓九辨與九歌：今離騷“辨”作“辯”，句末有“兮”字。　夏康娛以自縱：夏康，啓子太康。娛，洪本爲墨丁，吳本、四庫本譌“豫”。

〔七三〕離騷“啓九辯與九歌兮”王逸注：“九辯、九歌，禹樂也。言禹平治水土，以有天下，啓能承先志，纘叙其業，育養品類，故九州之物皆可辯數，九功之德皆有次序而可歌也。”

〔七四〕予謂啓之所急，在以商均作賓：彦按：羅氏此説，與宋洪興祖楚辭補注相類，洪氏曰：“史記：契佐禹治水有功，封於商，興於唐、虞、大禹之際。此言‘賓商’者，疑謂待商以賓客之禮。棘，急也。言急於賓商也。九辯、九歌，享賓之樂也。”惟羅氏以商爲舜子商均，而洪氏以商爲契後耳，然皆非碻詁（參見上注〔七〇〕）。

〔七五〕夫禹九功之德皆可歌也：吳本“夫禹”作“大禹”。

〔七六〕而王逸以爲九州物可以辨治，啓能承先德、育羣品而作之：見上注〔七三〕。

〔七七〕紀年：啓登后九年，舞九韶：九韶，吳本作“九招”。彦按：“九年”當作“十年”。竹書紀年卷上帝啓十年云：“帝巡狩，舞九韶于大穆之野。”太平御覽卷八二引帝王世紀亦云：“啓升後十年，舞九韶。”

〔七八〕登嬪抃馬：登嬪，謂登天以朝見天帝。嬪，通“賓”。吳本譌“擯”。抃馬，謂拍馬使前，縱馬。　秉翳執環：翳，猶翻，亦稱羽葆幢。古時舞者所執，其形下垂如傘蓋，頂上飾以鳥羽。環，玉環。　而聲九辨：聲，吟詠，歌唱。

〔七九〕中聲猶在，而人皆仰夏之功：中聲，中和之聲。仰，仰賴，倚仗。

〔八〇〕上三嬪于天，得九辨與九歌以下：見大荒西經。上，喬本譌“土”，今從餘諸本訂正。九辨，今山海經"辨"作"辯"。

〔八一〕注謂天帝之樂，啓登天竊之以下：郭璞注原文作："皆天帝樂名也，開登天而竊以下用之也。"

〔八二〕經：指山海經海外西經。　大樂之野，夏后啓於此舞九代：舞，今山海經作"儛"，同。九代，樂名。各本"代"均譌"伐"，今訂正。　馬乘兩龍，雲蓋三層：洪本"兩"字爲墨丁。馬乘，馬車。今本山海經無"馬"字。彦按："馬乘兩龍"與"雲蓋三層"爲對文，"馬"字當有，今無者，蓋脱。龍，駿馬。周禮夏官廋人："馬八尺以上爲龍。"雲蓋，繪有雲紋的車蓋。　左手秉翳，右手操環，佩玉璜：秉，今山海經作"操"，義同。操，吴本、四庫本作"㩒"，俗體之譌。璜，玉器名。狀如半璧。各本均譌"横"，今訂正。　在大運山：洪本、吴本"運"譌"連"。今山海經"山"下有"北"字。

〔八三〕紀年，啓二十九年，年九十八：今本竹書紀年帝啓僅十六年而陟（升天），而真誥卷一五闡幽微"夏啓爲東明公"注則稱："竹書云：'即位三十九年，亡，年七十八。'"三説迥異，未知孰是。

〔八四〕六十年在虞朝，生當舜攝之二十一年：吴本"虞"作"寘"，"攝"譌"揃"。

〔八五〕太康：吴本"太"作"大"。

〔八六〕觀射父云夏有五觀，與朱、均、管、蔡並列：觀射父，春秋楚昭王時大夫。彦按：觀射父當作士亹，羅氏蓋沿襲孔穎達尚書正義之誤（參見下注〔八八〕）。士亹，春秋楚莊王時大夫。國語楚語上載士亹對莊王曰："故堯有丹朱，舜有商均，啓有五觀，湯有太甲，文王有管、蔡。是五王者，皆有元德也，而有姦子。夫豈不欲其善，不能故也。"即其事。

〔八七〕而左氏昭元年觀、扈：昭元年，吴本、四庫本、備要本並但作"云"，而喬本、洪本則"元"字爲墨丁。觀，國名，在今河南清豐縣東南。扈，國名，即有扈，在今陝西户縣北。彦按："觀、扈"見左傳昭公元年，文稱"夏有觀、扈"，喬、洪本之墨丁當是"元"字，今補出。　至商失國：吴本"商"譌"商"。

〔八八〕夫觀與扈各國：各國，各自爲國。　穎達引此爲射父之言，而以五觀爲觀、扈：書甘誓孔穎達疏曰："楚語云，昭王使觀射父傅太子，射父辭之曰：'堯有丹朱，舜有商均，夏有觀、扈，周有管、蔡。'是其'恃親而不恭'也。"彦按：

孔疏此引文錯誤之處有二:昭王使觀射父,乃"莊王使士亹"之誤(詳上注〔八六〕),此其一;錯將楚語"啓有五觀"説成左傳昭公元年之"夏有觀、扈",此其二。

〔八九〕其支于莘者:莘,在今山東曹縣北。　辛氏、甡氏:洪本"辛"字爲墨丁。甡,音 shēn。

〔九○〕姒姓:吴本"姒"誤"姀"。

〔九一〕詩傳:指詩毛亨傳。詩大雅大明:"有命自天,命此文王,于周于京。纘女維莘,長子維行,篤生武王。"毛亨傳:"莘,大姒國也。長子,長女也。"

〔九二〕楚武伐郍,俘觀丁父歸,以爲帥,故楚有觀氏:楚武,春秋楚武王熊通。"楚武"之上,喬本、洪本有一墨丁,備要本則空一格,而吴本、四庫本無之,是否存在闕文,不得而知。郍,春秋時國名。國都在今河南淅川縣西。各本均誤"都",今訂正。觀丁父,郍臣。帥,各本均作"師"。彦按:"師"當"帥"字之誤。左傳哀公十七年:"觀丁父,郍俘也,武王以爲軍率。""率"與"帥"通。又古今姓氏書辯證卷八桓韻觀云:"觀丁父仕郍,楚武王伐郍,俘丁父以歸,使爲軍帥,故楚大夫獨有觀氏。"當即羅氏所本,今據以訂正。

〔九三〕曰卜尹,爲卜氏:卜尹,楚官名,主占卜。各本"尹"均誤"君",今訂正。卜氏,洪本作"下氏",吴本作"丁氏",俱誤。古今姓氏書辯證卷八桓韻觀云:"(觀氏)世掌太卜,謂之卜尹。"

〔九四〕元和姓纂卷六薺韻啓云:"夏后啓之後,以王父字爲氏。"

〔九五〕奉辭伐罪:謂奉嚴正之辭以討伐有罪者。語出書大禹謨:"肆予以爾衆士,奉辭伐罪。"

〔九六〕仲康之於羲和:仲康,夏后啓次子。羲和,夏臣,職掌天文曆法。事詳下文帝仲康。

〔九七〕有若敵然:敵,匹敵,謂地位相當。

〔九八〕卿將一軍,諸侯有罪,則奉辭以討之,天子弗躬也:軍,洪本、吴本誤"車"。辭,四庫本作"詞"。討,吴本誤"計"。躬,親身,謂親爲。

〔九九〕茅戎:古族名,戎之支系之一。　王師敗績于茅戎:見春秋成公元年。杜預注:"不言戰,王者至尊,天下莫之得校,故以自敗爲文。"

〔一〇〇〕豈可狷忿而與臣子争一决之功哉：狷忿，偏急易怒。狷，音 juàn。吴本、四庫本誤“捐”。一决，謂一戰以分勝負。

〔一〇一〕有户不恭，則文德以來之：論語季氏：“故遠人不服，則脩文德以來之。”　偏以勦之：見後紀十一帝堯陶唐氏注〔三九二〕。

〔一〇二〕啓失其御：失御，失去駕馭，喻指喪失統治能力。

帝太康

太康既尸天子，以佚豫蔑厥德〔一〕，尸猶尸素〔二〕。尸厥官者，居位而曠職之謂〔三〕。孔、蘇訓爲主，非〔四〕。假國亡政，不顧後圖，忘伯禹之命〔五〕，周書。播弃五則而叶比於淫聲〔六〕。騷經云：“不顧難以圖後。”逸謂太康不遵禹、啓之樂，更作淫聲，放縱情欲，卒以失國〔七〕。於是四夷背叛，黎民咸貳。爰大城築，開封大康縣理城，夏后太康所築，漢爲陽夏，開皇七年改曰太康〔八〕。作爲刑，人不堪命。乃般游亡度，求用益匱，而貢以敝〔九〕。孟子言夏后治地，“莫不善於貢”，謂後代之君，非禹也〔一〇〕。若禹之爲，豈至於是？有辨，見發揮。

畋于洛表，厥弟五人御其母以從，徯于洛汭〔一一〕。五弟俱出〔一二〕。過時弗反，有窮氏羿於是因民弗忍，距諸河〔一三〕。太康失邦，五子咸怨，述皇祖之戒，作歌閑焉〔一四〕。五歌之作，在失邦後〔一五〕。今按：四子述禹之戒；其五乃自述，以傷己之亡〔一六〕。攷之，其一，戒在於微；二，言其亡；三，恨其亡國；四，恨其覆宗；而五則痛追悔之無及〔一七〕。從微至甚，亦長幼之序如此。

夸翔河上，衆散亡歸，而其弟仲康立〔一八〕。汲冢古文，太康居斟尋，乃失邦〔一九〕。斟尋，今之壽光〔二〇〕，漢之斟縣。瓚以爲河南有尋，未攷也〔二一〕。孔安國云：爲羿所拒，不得入國，遂廢之〔二二〕。在位蓋十有九歲，失政；又十歲而死。廢逐之。後世莫知其死。時代曆謂在位十二年〔二三〕。按世紀云：二十九年，失政而崩。外紀從之。刀劍録云：太康二十九年，歲次辛卯，春鑄一劍，上有八方面，長三尺一寸，頭方〔二四〕。蓋廢逐之後，然辛卯乃二十七年也〔二五〕。

説見後〔二六〕。

【校注】

〔一〕太康既尸天子,以佚豫蔑厥德:尸,居。佚豫,逸樂,悠閒安樂。蔑,喪失。書五子之歌:"太康尸位以逸豫,滅厥德,黎民咸貳。"

〔二〕尸素:謂尸位素餐,即居位食禄而不盡職。

〔三〕曠職:荒廢職事。

〔四〕孔、蘇訓爲主:孔,指漢孔安國。蘇,指宋蘇軾。並見二人所撰書傳。

〔五〕假國亡政,不顧後圖,忘伯禹之命:假國亡政,謂以國政爲虛無,即不恤國政。假,虛假。後圖,今後之打算。逸周書嘗麥:"其在(殷)〔啓〕之五子,忘伯禹之命,假國無正,用胥興作亂,遂凶厥國。"

〔六〕播弃五則而叶比於淫聲:播弃,捨棄,抛棄。五則,見後紀十二帝舜有虞氏注〔三〇九〕。叶比,謂中意偏愛。叶,音義同"協",謂合心意。比,親近。吳本譌"阤"。

〔七〕逸謂太康不遵禹、啓之樂:謂,洪本爲墨丁,吳本、四庫本作"注"。放縱情欲:吳本"縱"作"緄"。

〔八〕開封大康縣理城:大康縣,即太康縣,今屬河南省。"大"讀爲"太",四庫本作"太"。理城,縣治之城,即縣城。理,治。　開皇七年改曰太康:吳本"皇"譌"呈","改"譌"攵","康"譌"攺"。

〔九〕乃般游亡度:般游,游樂。般,音 pán,亦作"盤"。書五子之歌:"(太康)乃盤遊無度。"　求用益匱,而貢以敝:益,謂日益。吳本譌"三"。匱,窮盡,竭盡。敝,疲憊,困乏。吳本譌"粆"。

〔一〇〕孟子言夏后治地,"莫不善於貢":治,吳本譌"冶"。地,備要本譌"世"。貢,夏代田賦名。孟子滕文公上:"龍子曰:'治地莫善於助,莫不善於貢。'貢者,校數歲之中以爲常。樂歲粒米狼戾,多取之而不爲虐,則寡取之;凶年糞其田而不足,則必取盈焉。爲民父母,使民盻盻然,將終歲勤動不得以養其父母,又稱貸而益之,使老稚轉乎溝壑,惡在其爲民父母也?"

〔一一〕畋于洛表,厥弟五人御其母以從,徯于洛汭:洪本"弟五"二字漶漫。洛表,洛水之南。御,陪侍。徯,等候。洛汭,洛水流入黄河之處。書五子之歌:"(太康)畋于有洛之表,……厥弟五人御其母以從,徯于洛之汭。"

〔一二〕五弟俱出:洪本"出"作"岳"。吳本、四庫本無此四字。

〔一三〕過時弗反,有窮氏羿於是因民弗忍,距諸河:距,通“拒”,抵抗,抵禦。書五子之歌:“(太康)畋于有洛之表,十旬弗反。有窮后羿因民弗忍,距于河。”孔氏傳:“有窮,國名。羿,諸侯名。”孔穎達疏:“有窮國君,其名曰羿,因民不能堪忍太康之惡,率衆距之于河,不得反國。”

〔一四〕太康失邦,五子咸怨,述皇祖之戒,作歌閔焉:“太康”之上,喬本有一墨丁,洪本、備要本則空一字之位,而吳本、四庫本無之,是否闕文,不詳。閔,哀憐。書五子之歌:“五子咸怨,述大禹之戒以作歌。”

〔一五〕五歌:指五子之歌,凡五首。

〔一六〕四子述禹之戒;其五乃自述,以傷己之亡:彥按:“四子”上疑當有“其四”二字。有之,則與下“其五”相配而語意完整;無之,則“其五”上無所承,而條理不清。

〔一七〕戒在於微:戒,吳本譌“成”。在於,在乎,重視。吳本、四庫本無“在”字,非是。彥按:“微”謂小民。其歌曰:“皇祖有訓:民可近,不可下。民惟邦本,本固邦寧。予視天下,愚夫愚婦,一能勝予。”正爲在乎小民之戒也。　而五則痛追悔之無及:追悔,喬本“追”作“迫”,洪本、吳本“悔”作“侮”,並當形譌。今據四庫本、備要本訂正。

〔一八〕夸翔:謂騎馬遨遊。夸,“跨”之古字。

〔一九〕汲冢古文:即汲冢書。見前紀九有巢氏注〔七〕。吳本“汲”譌“汲”。

〔二〇〕今之壽光:吳本、四庫本無“之”字。壽光,縣名,治所在今山東壽光市。

〔二一〕瓚以爲河南有尋:“瓚”字上,吳本、四庫本空一字之位,而喬本、洪本、備要本無之,似非闕文。史記夏本紀“帝相崩,子帝少康立”張守節正義:“臣瓚云斟尋在河南,蓋後遷北海也。”　未攷也:未,喬本、備要本譌“朱”。今據餘本訂正。

〔二二〕見書五子之歌“有窮后羿,因民弗忍,距于河”孔氏傳,原文作:“羿,諸侯名。距太康於河,不得入國,遂廢之。”

〔二三〕時代曆:來歷不詳。路史書中僅此一見。疑爲年代曆之誤。

〔二四〕太康二十九年:太康,吳本“太”作“大”。　長三尺一寸:文淵閣四庫全書本古今刀劍録作“長三尺二寸”。

〔二五〕然辛卯乃二十七年也:吴本“乃”譌“云”。

〔二六〕吴本、四庫本無此“説”及“見後”三字。

帝仲康

帝仲康,太康之弟也。太康之亡,國人立之。孔氏云羿立仲康,古史從之,非也[一]。左傳、屈騷皆不之及[二]。自太康之失德,天厭災流;四國亡政,不用其良;日月告凶,不用其行[三]。惟仲康肇位,肘制于羿[四]。皇天哀禹,錫以彭壽,思以正夏[五]。史彭祖也。本云太康時。乃命徹侯大司馬,統六師[六]。徹國之侯,入爲司馬。肇位時即命。于時羲和湎淫[七],夏世羲、和之官合爲一,王者之代,天事略也[八]。或曰夏時羲和以官爲族,如倉、庾氏,非也[九]。顛覆厥德,退弃所司,而酒荒于乃邑;脅從梟嘷,俶擾天紀[一〇]。云于邑,則不在其位矣;脅從,則嘯聚卒旅矣[一一]。有邑有兵而爲渠魁,非跋扈而何[一二]?天紀謂五紀[一三]。俶擾者,始亂之也[一四]。説者謂篇中不及其亂趑者,誤矣[一五]。乃季秋月朔,辰不集於房,瞽奏鼓,嗇夫馳,庶人走[一六],庶人、嗇夫,治官之屬,鄉黨宣令之官[一七]。漢有鄉嗇、鄭玄、第五倫等皆嘗爲之[一八]。孔云主幣之官,非[一九]。而羲和蔑聞知[二〇]。唐書云五年,此劉炫之説[二一]。虞劇云元年,非也,蓋誤肇位之語爾[二二]。“肇位四海”,乃命侯掌師之歲,非辰不集房之歲[二三]。九月,日月合辰,今不集,故或以爲失閏而非食[二四]。夫瞽奏鼓,嗇夫馳,則食可知矣。馳走者,遑遽奔救,以苔天象,若將失主而無歸爾,非謂取位、幣[二五]。凡救食者,出入不遇疾風暴雨[二六]。有辰弗集房説,別見。王命嗣侯征之[二七]。蘇軾謂書序羲和罪止“廢時亂日”,官爲占天,職甚輕,誅之一法,吏可辨,何至命六師[二八]?遂以徹后之命出於夷羿,仲康所不能制[二九]。説者皆從之,至謂昏迷天象,辰不集,皆追數其前日之愆[三〇]。或謂子序惟言“胤往征之”,見非仲康之命[三一]。皆妄。按此篇與五子、旅獒、仲虺皆有兩序[三二]。承王命已詳序,故略于新序。且掌六師乃爲司馬時,及征羲和,六師豈盡出哉? 以先時、不及時爲指司曆之失時,此本二孔,尤害義[三三]。

十有八歲崩,子相立。世系譜以相爲啓之子,誤。年代曆二十八年,外紀、紹運圖十三年,俱非[三四]。其支封鄧,爲鄧氏[三五]。華夷圖,仲康子徙都鄧[三六]。寰宇記同。

學者復嗣征,其言有八妄[三七]。夫羲和,有夏之賊臣,而仲康則剛明果斷之主,嗣君者忠亮有爲之臣也,説者乃謂羲和貳羿而忠夏,謂仲康者夷羿之所立,而嗣后稟僞命以行誅,是則仲康乃優柔失權之主,嗣后者黨姦怙惡之人,而羲和誠有夏之忠臣也[三八]。

方夷羿之放其君也,蓋因民之不忍,未必心乎操懿之行也[三九]。然而天下之事多由馴致,辨之不早,則將摟其柄而號制於天下矣[四〇]。仲康于此,乃能沈幾先物,於踐位之初,首反六師以命嗣,兹乃先漢文帝自代入立,夜拜宋昌,投幾之會也[四一]。以故夷羿雖懷觖望[四二],汔仲康之代而弗得肆。則仲康之辟[四三],得其御天下之柄歸于夏,羿不得有之也。

夫羲和蓄其反德,嘯類囊橐,而崇飲于私邑,其將以俟釁而圖不軌也久矣[四四];渠魁脅從,叛夏之迹顯矣;豈直廢時而亂日哉? 而蘇軾乃以爲命征作誥,皆出后羿[四五]。或者又從而增繹之,謂之挾天子以令諸侯,如司馬懿之誅王淩、諸葛誕,蕭道成之制沈攸之,楊堅之討尉遲迴,皆以忠於王室而不順己之所圖者,至謂書有非聖人之所取而猶存者,豈理也哉[四六]? 夫以"先時"、"後時"爲羿所以名羲和之罪,"玉石俱焚"爲羿所以狀羲和之惡,以"威克厥愛"爲任刑之事,以"脅從"、"污染"爲文致之辭,其果然邪[四七]? "爾衆士同力王室,尚弼予,欽承天子威命[四八]!"則侯之忠忱見矣,豈摟諸侯假王命者一切之言哉[四九]? 政典之言,尸司馬法也[五〇]。其與"玉石"等語,皆侯之所以戒敕吏士者也,豈羿之所以數羲和哉[五一]! 威者,果斷之謂;愛者,姑息之名也:豈刑與仁之謂邪[五二]?

　　始魯昭公六月而食,祝史請用幣,平子止之,昭子知其異志〔五三〕。蓋小人之圖國,未有不自蔽其君始。此嗣征之書所以著於百篇之内者,誠以見仲康之能立而嗣后之能職也〔五四〕。使非聖人所取而且存,則是王莽之大誥誅翟義者;文致之語,一切之言,又得與將巽使嗣之典並傳不朽,而嗣侯之罪略亡一句以示譏,豈所以垂戒天下後世,俾亂臣賊子之知懼邪〔五五〕?

【校注】

　　〔一〕孔氏云羿立仲康:書胤征孔氏傳:"羿廢太康,而立其弟仲康爲天子。" 古史從之:古史,宋蘇轍撰。卷三夏本紀曰:"羿遂逐太康而立其弟仲康,是爲帝仲康。"

　　〔二〕屈騷:謂屈原之離騷。

　　〔三〕四國亡政,不用其良;日月告凶,不用其行:四國,四方之國,泛稱各國。亡政,謂没有善政。良,指賢能之士。告凶,謂顯示不祥之兆。用,由,遵循。行,道,軌道。彦按:此套用詩小雅十月之交"日月告凶,不用其行。四國無政,不用其良"語。

　　〔四〕惟仲康肇位,肘制于羿:肇位,謂始即位。肘制,掣肘。制,通"掣",拽,牽拉。

　　〔五〕皇天哀禹,錫以彭壽,思以正夏:見逸周書嘗麥,"錫"作"賜","夏"作"夏略"。孫詒讓云:"案:思,當作'卑',即'俾'之省。言命彭壽伐武觀,使正夏之疆略也。"(見周書斠補卷三)

　　〔六〕乃命徹侯大司馬,統六師:徹侯,四庫本作"胤侯"。彦按:本爲胤侯,路史蓋避宋太祖趙匡胤偏諱而改徹侯。下文又作嗣侯,亦因避諱。書胤征:"惟仲康肇位四海,胤侯命掌六師。"孔氏傳:"仲康命胤侯掌主六師,爲大司馬。"

　　〔七〕于時羲和湎淫:湎淫,沉溺於酒。書胤征序:"羲和湎淫,廢時亂日。"孔氏傳:"羲氏、和氏,世掌天地四時之官,自唐虞至三代,世職不絶,承太康之後,沈湎於酒,過差非度,廢天時,亂甲乙。"

　　〔八〕王者之代:指三王之世。王,喬本譌"正",今據餘諸本訂正。

〔九〕或曰夏時羲和以官爲族，如倉、庾氏：洪本、吳本“族”譌“旅”。古今姓氏書辯證卷二三虞韻庚：“古者倉氏、庾氏之後，子孫以世官爲族。”

〔一〇〕顛覆厥德，遐弃所司，而酒荒于乃邑；脅從鴞嘑，俶擾天紀：顛覆，顛倒乖亂。遐弃，遠離。酒荒，謂沉湎於酒，荒廢正業。脅從，脅迫以使跟從。鴞嘑，呼叫。鴞，通“鳴”（同“叫”）。俶擾，開始擾亂。天紀，關於日月星辰運行之記録，謂曆法。書胤征：“羲和廢厥職，酒荒于厥邑。”參見本卷下夷羿傳注〔一九〕。

〔一一〕云于邑：云，洪本其字漶漫，吳本、四庫本作“荒”。　則嘯聚卒旅矣：嘯聚，謂互相招呼着聚集起來。卒旅，兵員軍隊。

〔一二〕有邑有兵而爲渠魁，非跋扈而何：渠魁，大頭目，首領。跋扈，驕横强暴，引申謂恃强抗拒。

〔一三〕五紀：書洪範：“五紀：一曰歲，二曰月，三曰日，四曰星辰，五曰曆數。”孔穎達疏：“凡此五者，皆所以紀天時，故謂之五紀也。”

〔一四〕俶擾者：吳本“擾”譌“優”。

〔一五〕説者謂篇中不及其亂趍者，誤矣：亂趍，趁機作亂。備要本“趍”作“趁”，同。吳本、四庫本無此十三字。

〔一六〕乃季秋月朔，辰不集於房，瞽奏鼓，嗇夫馳，庶人走：見書胤征，“不”作“弗”。辰，指日月的交會點，即夏曆一年十二個月於月朔時太陽所在的位置。房，星宿名。爲東方蒼龍七宿之第四宿，有星四顆。孔氏傳：“辰，日月所會。房，所舍之次。集，合也。不合即日食可知。”孔穎達疏：“辰爲日月之會。日月俱右行於天，日行遲，月行疾。日，每日行一度；月，日行十三度十九分度之七。計二十九日過半，月已行天一周，又逐及日而與日聚會。謂此聚會爲辰。一歲十二會，故爲十二辰，即子丑寅卯之屬是也。”孔氏傳又云：“凡日食，天子伐鼓於社，責上公。瞽，樂官，樂官進鼓則伐之。嗇夫，主幣之官，馳取幣禮天神。衆人走，供救日食之百役也。”左傳昭公十七年亦云：“故夏書曰：‘辰不集于房，瞽奏鼓，嗇夫馳，庶人走’，此月朔之謂也。”楊伯峻注：“周語‘辰在斗柄’，韋注：‘辰，日月之會。’此辰字亦此義。每月朔日，日月與地球成一直線，若月蔽(在)〔住〕日光，即月球中心離白道（月繞地球軌道平面與天球相交之大圓）與黃道（地球公轉軌道平面與天球相交之大圓）相交點入食限，則日食。若相交點在上限(十八度三十一分)外,則無蝕。”

〔一七〕庶人、嗇夫,治官之屬:庶人,各本均作“道人”。彦按:“道人”上無所承,“道”當“庶”字之譌。此釋正文“庶人走”之“庶人”也。今訂正。

〔一八〕漢有鄉嗇,鄭玄、第五倫等皆嘗爲之:鄉嗇,鄉嗇夫之省稱。鄭玄,四庫本“玄”譌“立”。第五倫,洪本“五”字譌“王”,“倫”字爲墨丁。

〔一九〕孔云主幣之官:孔,指漢孔安國。各本均譌“弘”,今訂正。孔氏説見書胤征“嗇夫馳”傳。幣,繒帛,古代常用作祭祀或饋贈禮品。

〔二〇〕而羲和蔑聞知:吳本“蔑”作“不”。書胤征:“羲和司厥官,罔聞知。”

〔二一〕唐書云五年,此劉炫之説:見新唐書曆志三上。

〔二二〕虞劇云元年,非也:虞劇,南朝梁曆學家。喬本、四庫本、備要本作“虞翻”,洪本作“虞劇”,吳本作“虞劇”。元年,喬本、四庫本作“無年”,洪本作“旡年”,吳本、備要本作“九年”。彦按:“虞翻”、“虞劇”、“虞劇”乃“虞劇”之誤。“劇”“劇”與“劇”形近,而虞翻名著,故易誤也。“無年”、“旡年”、“九年”當作“元年”。“旡”“九”與“元”形近,“無”則蓋因先誤認“旡”爲“无”而後譌也。羅氏此説當本新唐書曆志三上,其文曰:“虞劇以爲仲康元年,非也。”今據以訂正。

〔二三〕“肇位四海”,乃命侯掌師之歲:洪本“歲”字爲墨丁。參見上注〔六〕。

〔二四〕失閏:謂該置閏月而未置。四庫本“閏”作“閏”,同。

〔二五〕遑遽奔救,以苔天象:遑遽,匆促不安。苔,應對,應付。四庫本作“答”,同。　非謂取位、幣:位,指所祭神之牌位。

〔二六〕出入不遇疾風暴雨:備要本“入”譌“人”。

〔二七〕王命嗣侯征之:嗣侯,即胤侯。此亦避宋太祖趙匡胤偏諱追改。四庫本作“胤侯”。書胤征:“胤后承王命徂征。”

〔二八〕蘇軾説見所撰書傳。此但撮其大意。　吏可辨:辨,通“辦”,處理。備要本作“辦”。

〔二九〕遂以徹后之命出於夷羿:徹后,即胤后。亦由避宋太祖趙匡胤偏諱追改。四庫本作“胤后”。夷羿,即羿。因居東夷,故稱。

〔三〇〕至謂昏迷天象,辰不集,皆追數其前日之愆:昏迷,糊塗,迷茫。書胤征:"(羲和)昏迷于天象,以干先王之誅。"數,音 shǔ,指責,責備。愆,罪過,過失。

〔三一〕或謂子序惟言"胤往征之":子,指孔子。尚書各篇篇首之序,古人多信爲孔子所作,並不足信。

〔三二〕按此篇與五子、旅獒、仲虺皆有兩序:此篇,指書胤征。五子,五子之歌之省稱。旅獒,洪本、吳本"旅"譌"族";喬本、備要本"獒"譌"獒",吳本、四庫本則譌"葵"。今訂正。仲虺,仲虺之誥之省稱。

〔三三〕此本二孔:二孔,指爲書作傳之孔安國及作疏之孔穎達。

〔三四〕俱非:洪本"非"下有一"二"字,當爲衍文。

〔三五〕其支封鄧:鄧,在今河南鄧州市。

〔三六〕華夷圖,仲康子徙都鄧:四庫本"圖"譌"國"。吳本"鄧"譌"鄉"。

〔三七〕學者復胤征:復,回答,説。胤征,四庫本作"胤征"。

〔三八〕而仲康則剛明果斷之主,嗣君者忠亮有爲之臣也:剛明,猶嚴明。嗣君,即胤侯。吳本、四庫本作"嗣后"。忠亮,忠誠堅貞。　説者乃謂羲和貳羿而忠夏:貳,各本均作"雋"。彦按:作"雋"費解,當爲"貳"字之譌。蓋此所謂説者,指蘇軾也。軾書傳曰:"羲和,湎淫之臣也,而貳於羿,蓋忠於夏也。"當即羅氏所本,今據以訂正。　嗣后稟僞命以行誅:嗣后,四庫本作"胤后"。

〔三九〕方夷羿之放其君也,……未必心乎操懿之行也:放,驅逐。操,秉持。吳本作"**捺**"。懿,美德。

〔四〇〕然而天下之事多由馴致,辨之不早,則將摟其柄而號制於天下矣:馴,循序漸進。辨,通"辦",處理。摟,抱持,挾持。柄,斧柄,喻權力。號制,號令控制。

〔四一〕仲康于此,乃能沈幾先物,於踐位之初,首反六師以命嗣:沈幾先物,謂預先察知事物隱微之變化。後漢書光武帝紀贊:"光武誕命,靈貺自甄,沈幾先物,深略緯文。"李賢注:"幾者,動之微也。物,事也。沈深之幾,先見於事也。"反,"返"之古字,收回。嗣,胤侯。四庫本作"胤"。　茲乃先漢文帝自代入立,夜拜宋昌,投幾之會也:代,在今河北蔚縣一帶。漢文帝即位前封代王。宋昌,漢初爲代王劉恒中尉,大臣既平諸吕,使人迎立代王。王左右議,皆以爲不可信,願稱疾毋往,昌獨勸王勿疑,于是代王入即帝位,是爲文帝。各本皆譌作"周昌",今訂正。投幾,猶投契,謂兩相契合。

〔四二〕觖望:不滿,怨恨。觖,音jué。

〔四三〕辟:治理,統治。

〔四四〕夫義和蓄其反德,嘯類囊橐,而崇飲于私邑,其將以俟釁而圖不軌也久矣:蓄,謂懷藏。反德,反叛之心。嘯類,聚集同類。囊橐,本爲裝藏物品之口袋,引申指窩藏壞人。崇飲,羣聚飲酒。釁,空隙,機會。喬本、洪本作"爨",備要本作"爨",並誤。今從吴本、四庫本訂正。

〔四五〕命征作誥:洪本"誥"譌"詰"。

〔四六〕或者又從而增繹之,謂之挾天子以令諸侯,如司馬懿之誅王淩、諸葛誕,蕭道成之制沈攸之,楊堅之討尉遲迥,皆以忠於王室而不順己之所圖者,至謂書有非聖人之所取而猶存者,豈理也哉:彦按:羅氏此所批判,乃直指蘇軾書傳之説(見該書卷六)。增繹,增益演繹。司馬懿,三國魏太傅,後期成爲掌控魏國朝政之權臣,孫司馬炎篡魏建立晉王朝。王淩,三國魏司空,因謀廢魏帝曹芳而立楚王曹彪,爲司馬懿所誅。喬本、洪本、備要本"淩"作"凌",吴本、四庫本作"陵",皆非。今訂正。諸葛誕,三國魏征東大將軍,因懼爲司馬氏所滅而舉兵反,兵敗被殺。然其死時司馬懿已不在世,但可曰"司馬氏之誅"而不可曰"懿之誅"也。蕭道成,南朝齊高帝。沈攸之,南朝宋車騎大將軍,因反對蕭道成篡權,舉兵反,兵敗自殺。楊堅,即隋文帝。尉遲迥,北周相州總管,因不滿楊堅擅權,舉兵反,兵敗自殺。各本"迥"皆譌"迥",今訂正。

〔四七〕"先時"、"後時":書胤征:"政典曰:'先時者殺無赦,不及時者殺無赦。'" 玉石俱焚:書胤征:"今予以爾有衆奉將天罰,爾衆士同力王室,尚弼予欽承天子威命。火炎崑岡,玉石俱焚。" 威克厥愛:書胤征:"嗚呼! 威克厥愛,允濟。"孔氏傳:"欲能以威勝所愛,則必有成功。" "脅從"、"污染":書胤征:"殲厥渠魁,脅從罔治。舊染汙俗,咸與惟新。" 文致:文飾,粉飾。

其果然邪:四庫本"邪"作"耶"。

〔四八〕爾衆士同力王室,尚弼予,欽承天子威命:書胤征載胤侯告衆之語。尚,表示希望之詞,猶請。弼,輔佐。

〔四九〕豈搜諸侯假王命者一切之言哉:搜,挾持。假,假借。一切,權宜,臨時。

〔五〇〕政典之言：見上注〔四七〕。　尸司馬法也：尸，主，本於。

〔五一〕皆侯之所以戒敕吏士者也，豈羿之所以數羲和哉：戒敕，告戒。數，責備，指責。

〔五二〕豈刑與仁之謂邪：吳本"仁"作"人"，蓋音譌。四庫本"邪"作"耶"，字異而詞同。

〔五三〕始魯昭公六月而食，祝史請用幣，平子止之，昭子知其異志：始，備要本譌"如"。魯昭公，春秋魯君姬裯。吳本"魯"作"曾"。平子，即季孫意如，春秋魯正卿。昭子，即叔孫婼，春秋魯卿。左傳昭公十七年："夏六月甲戌，朔，日有食之。祝史請所用幣。昭子曰：'日有食之，天子不舉，伐鼓於社；諸侯用幣於社，伐鼓於朝：禮也。'平子禦之，曰：'止也。唯正月朔，慝未作，日有食之，於是乎有伐鼓用幣禮也，其餘則否。'太史曰：'在此月也。日過分而未至，三辰有災，於是乎百官降物，君不舉，辟移時，樂奏鼓，祝用幣，史用辭。故夏書曰："辰不集于房，瞀奏鼓，嗇夫馳，庶人走。"此月朔之謂也。當夏四月，是謂孟夏。'平子弗從。昭子退，曰：'夫子將有異志，不君君矣。'"杜預注："安君之災，故曰有異志。"

〔五四〕此嗣征之書所以著於百篇之内者：嗣征，四庫本作"胤征"。百篇，借代尚書。文選孔安國尚書序："典謨訓誥誓命之文凡百篇。"張銑注："如此之類，惣有百篇。此略舉之。"　誠以見仲康之能立而嗣后之能職也：立，謂有建樹。嗣后，四庫本作"胤后"。職，謂勝任職守。

〔五五〕使非聖人所取而且存，則是王莽之大誥誅翟義者：大誥，吳本"大"譌"犬"。翟義，見前紀六栗陸氏注〔三五〕。漢書翟義傳載：平帝崩，王莽居攝，翟義心惡之，舉兵討莽，而立嚴鄉侯劉信爲天子。"莽聞之，大懼，……於是依周書作大誥。……於是吏士精鋭遂攻圍義於圉城，破之，義與劉信棄軍庯亡。至固始界中捕得義，尸磔陳都市。"　文致之語，一切之言，又得與將巽使嗣之典並傳不朽，而嗣侯之罪略亡一句以示譏：將巽使嗣之典，指書堯典、舜典。巽，通"遜"，禪讓。書堯典序曰："昔在帝堯，聰明文思，光宅天下。將遜于位，讓于虞舜，作堯典。"又書舜典序曰："虞舜側微，堯聞之聰明，將使嗣位，歷試諸難，作舜典。"四庫本"使嗣"作"使胤"，非是。彥按：此當四庫館臣誤以此"嗣"字亦避宋諱而回改者(四庫本"胤"字皆缺末筆作"胤",則是避雍正帝胤禛偏諱),實其初不作"胤"也。嗣侯,四庫本作"胤侯"。一句,洪本、吳本"一"譌"之"。　　豈所以垂戒天下後世,俾亂臣賊子之知懼邪:吳本、四庫本無"知"字。又四庫本"邪"作"耶"。彥按:疑"之知"之"之"字爲衍文。孟子滕文公下:"孔子成春秋而亂臣賊子懼。"

帝相

　帝相,史記:帝太康崩,弟帝仲康立;帝仲康崩,子帝相立〔一〕。稽古錄凡"帝"皆易曰"王",失之。詳譜圖。一曰相安。世紀。相安之立,選蠕而佳兵〔二〕。征淮、畎,淮夷、畎夷〔三〕。紀年云,元年〔四〕。羿逐之,播於商丘,依斟灌、斟尋氏〔五〕。即介斟。乃東郡之灌。汲古文云,相居斟灌。蓋被逐之後居於商丘,依二國以爲援。二年,征風、黄夷〔六〕。范史:風夷,黄夷〔七〕。七年,于夷來賓〔八〕。並紀年。衰亂之世,夷戎之來,不盡德化,非必繫國盛衰。通典謂相征畎夷,"七年,然後來賓〔九〕"。樂史因謂"七年乃服",非也〔一〇〕。八年,寒浞殺羿〔一一〕。太康後事,惟屈原敍之最詳,與内傳之説相表裏〔一二〕。班固以爲劉安之説既升,而子長紀全逸其事〔一三〕。夫羿之篡夏,蓋在相世。本以猥才貪於禄位,逐相而後不復于意神器,故相得以妄興征役〔一四〕。内傳謂羿因夏之民代夏政,八年而遇烹,得其實〔一五〕。記録咸云相十四年方爲羿逐,蓋誤〔一六〕。又二十有二歲,猗㟹滅二斟而弑帝,寒浞自立〔一七〕。馬總、虞世南皆云羿弑后相,非也〔一八〕。年代曆,相、羿二十八年。晁公邁云:相二十八年,羿二年〔一九〕。相之下安得別出羿二年哉?后緡生少康〔二〇〕。譜,商丘有相氏。

　　自古國家丁中否艱難之運,朝廷之政類皆苟且姑息之爲,以故犲狼梟獍,跳梁跋扈,乘間並起而不可繫止,自非大有爲之君,奮其剛斷,攬權綱以離奪之,其濟鮮矣〔二一〕。

　　予讀嗣征〔二二〕,見仲康之能以威勝愛,而相遂以姑息失之,未嘗不痛之也。夫兵柄之失得,社稷存亡之所繫也〔二三〕。堯帝之末,不誅四凶而付之舜,則唐之兵權在舜矣。舜帝之末,不征三苗而付之禹，則虞之兵權在禹矣。兹豈陋儒之所知哉！春秋之代，魯人三弑其君，蓋未有不先有其兵權者〔二四〕。慶父帥師伐於餘丘，經必書者，見慶父之得兵也〔二五〕。夫以莊之幼立而首以兵屬慶父，其所以致子般之禍，有繇矣〔二六〕。公子翬再爲主將，專會諸侯；而仲遂擅兵，再出入杞，伐邾，救鄭，威令信於其軍〔二七〕。故翬弑隱，而鶱氏不能明其罪；遂殺惡及視，而叔仲惠不能免其死；慶父殺子般，而成季非正其惡，——皆兵權之失也〔二八〕。秦、漢而來，魏、晉、齊、梁、隋、唐之際，其誰不然？孝和以幼沖即大位，能遽誅鉏竇憲，於是威權在手，十六七年邦畿綏奠，則兵制之不失也〔二九〕。至宇文氏依周建號，以宇文護爲司馬，逮其歸政，猶屬以兼司馬總軍政，以故周毓不制，循致於難〔三〇〕。唐自中世，一切姑息，而强藩悍將擅殺主帥，皆即授以節鉞，於是握兵方命，至自相推與，或甲乙相攘，擣闕逼京，顯戮將相，朝廷莫之或制〔三一〕。自憲宗用剛斷，平江東，夷澤、潞，易定、魏，清貝、衛，澶、相、淮、蔡、蜀、夏，一時率服，而有唐遂以中振〔三二〕。穆、敬、懿、僖，世益頹靡，而藩鎮益雄張，卒以亡唐，則不知果斷而已〔三三〕。向若后相綜覈名實，蓄其威武，權而用之，則仲康之業何至是而覆哉〔三四〕？優柔不斷，反受其亂。此志士之所以長拂膺歟〔三五〕！

【校注】

〔一〕見夏本紀。　弟帝仲康立：弟，各本均譌“子”，今訂正。

〔二〕選蠕而佳兵：選蠕，蠢動貌。佳兵，喜好戰陣攻殺之事。佳，喜愛。

〔三〕畎夷：古族名，即犬戎。三代時生活在今陝西、甘肅一帶。

〔四〕太平御覽卷八二引紀年曰：“帝相即位，處商丘。元年，征淮夷。”

〔五〕羿逐之，播於商丘，依斟灌、斟尋氏：播，流亡，遷徙。太平御覽卷八二引帝王世紀曰：“帝相一名相安，自太康已來，夏政凌遲，爲羿所逼，乃徙商丘，依同姓諸侯斟灌、斟尋氏。”

〔六〕太平御覽卷八二引紀年曰：“（帝相）二年，征風夷及黄夷。”

〔七〕范史：風夷，黄夷：范史，四庫本作“范氏”。後漢書東夷列傳：“夷有九種,曰畎夷,于夷,方夷,黃夷,白夷,赤夷,玄夷,風夷,陽夷。"

〔八〕于夷:四庫本作"於夷"非。

〔九〕見通典卷一八九邊防五西戎一序略。

〔一〇〕樂史因謂"七年乃服":見太平寰宇記卷一八〇四夷九西戎總述。

〔一一〕寒浞:羿相。詳下寒浞傳。吳本"浞"譌"促"。

〔一二〕太康後事,惟屈原敍之最詳,與内傳之説相表裏:太康,洪本、吳本"太"作"大"。最詳,吳本、四庫本作"甚詳"。内傳,指左傳。

〔一三〕班固以爲劉安之説既升,而子長紀全逸其事:劉安,西漢淮南王。劉安之説,當指安及衆門客合撰之淮南子。升,不足,有缺失。廣雅釋詁二:"升,短也。"子長,即司馬遷(字子長)。子長紀,指史記夏本紀。

〔一四〕本以猥才貪於禄位,逐相而後不復于意神器,故相得以妄興征役:猥才,低劣之才。洪本"猥"譌"很";吳本"才"作"𡗗",蓋俗體。于意,在意,放在心上。神器,玉璽、寶鼎一類國家政權之象征物。借指帝位、政權。"故相"之相,指寒浞。征役,征伐之事。

〔一五〕内傳謂羿因夏之民代夏政,八年而遇烹:因夏之民,洪本作"方夏之■",吳本作"方复之衰",俱誤。四庫本譌"民"作"衰"。彦按:左傳襄公四年云:"昔有夏之方衰也,后羿自鉏遷于窮石,因夏民以代夏政。……寒浞,伯明氏之讒子弟也,伯明后寒棄之,夷羿收之,信而使之,以爲己相。浞行媚于内,而施賂于外,愚弄其民,而虞羿于田,樹之詐慝,以取其國家,外内咸服。羿猶不悛,將歸自田,家衆殺而亨之,以食其子。"是矣。然無"八年"之説。又,此"八年"指帝相八年。竹書紀年卷上帝相八年:"寒浞殺羿。" 得其實:吳本、四庫本"實"作"寔"。

〔一六〕記録咸云相十四年方爲羿逐:洪本"逐"譌"遂"。

〔一七〕又二十有二歲,猗𣻳滅二斟而弑帝,寒浞自立:猗𣻳,又稱𣻳、澆、過澆,寒浞子。𣻳、澆並音 ào。二斟,斟灌、斟尋(亦作斟鄩)。自立,吳本"自"譌"目"。彦按:今本竹書紀年卷上分屬帝相二十六、二十七、二十八三年事,曰:"二十六年,寒浞使其子帥師滅斟灌。""二十七年,澆伐斟鄩,大戰于濰,覆其舟,滅之。""二十八年,寒浞使其子澆弑帝。"

〔一八〕虞世南:初唐書法家,歷官祕書監、弘文館學士等職,所編北堂書鈔,爲唐代四大類書之一。

〔一九〕晁公邁:南宋建昌軍通判,有著作歷代紀年。

〔二〇〕后緡:帝相妻。

〔二一〕自古國家丁中否艱難之運:丁,當,遭逢。中否,中道衰落。　以故犲狼梟獍,跳梁跋扈,乘間並起而不可繫止:犲狼,四庫本“犲”作“豺”,同。梟獍,舊説梟爲惡鳥,生而食母;獍爲惡獸,生而食父。比喻忘恩負義或狠毒之徒。吳本“梟”譌“二”。跳梁跋扈,强横跋扈。繫止,繫而止之,制止。　自非大有爲之君,奮其剛斷,攬權綱以離奪之,其濟鮮矣:自非,若非。權綱,朝政大權。離奪,猶剥奪。濟,成功。鮮,少。

〔二二〕嗣征:四庫本作“胤征”。

〔二三〕兵柄:兵權。吳本、四庫本、備要本作“兵權”。

〔二四〕春秋之代,魯人三弑其君:公子翬殺魯隱公,此其一;慶父殺魯君般(無諡)及魯閔公,此其二、三。

〔二五〕慶父帥師伐於餘丘,經必書者,見慶父之得兵也:慶父,又稱共仲,魯莊公同母弟,一説莊公庶兄。於餘丘,春秋時小國,蓋在今山東臨沂市境。四庫本“於”作“于”非。春秋莊公二年:“夏,公子慶父帥師伐於餘丘。”

〔二六〕夫以莊之幼立而首以兵屬慶父,其所以致子般之禍,有繇矣:莊之幼立,魯莊公立時年十四歲。子般,魯莊公太子。繇,四庫本作“由”。左傳莊公三十二年:“八月癸亥,公薨于路寢。子般即位,次于黨氏。冬十月己未,共仲使圉人犖賊子般于黨氏。”

〔二七〕公子翬再爲主將,專會諸侯:公子翬,又稱羽父,春秋魯大夫。春秋隱公四年:“秋,(公子)翬帥師會宋公、陳侯、蔡人、衛人伐鄭。”又隱公十年:“夏,翬帥師會齊人、鄭人伐宋。”　而仲遂擅兵,再出入杞,伐邾,救鄭,威令信於其軍:仲遂,即公子遂,又稱襄仲,春秋魯卿。擅兵,掌握兵權。威令,指政令、軍令。信,通“申”,猶貫徹。春秋僖公二十七年:“乙巳,公子遂帥師入杞。”又僖公三十三年:“秋,公子遂帥師伐邾。”又文公九年:“公子遂會晉人、宋人、衛人、許人救鄭。”彥按:春秋所載公子遂帥師入杞,但一見(僖公二十七年)。另,桓公二年有“九月,入杞”語,然既未言公子遂所入,而杜預注又云“不稱主帥,微者也”,則似非公子遂矣。羅氏此言“再出入”,豈視桓二年之入杞爲公子遂所爲乎？

〔二八〕故翬弑隱，而寪氏不能明其罪：寪氏，魯大夫。寪（wěi），喬本作“隓”，洪本、備要本作“隔”，吳本作“僞”，俱誤，今從四庫本訂正。左傳隱公十一年：“羽父請殺桓公，將以求大宰。公曰：‘爲其少故也，吾將授之矣。使營菟裘，吾將老焉。’羽父懼，反譖公于桓公而請弑之。……十一月，公祭鍾巫，齊于社圃，館于寪氏。壬辰，羽父使賊弑公于寪氏，立桓公，而討寪氏，有死者。”孔穎達正義引劉炫云：“羽父遣賊弑公，公非寪氏所弑。公在寪氏而死，遂誣寪氏弑君，欲以正法誅之。”　遂殺惡及視，而叔仲惠不能免其死：惡及視，魯文公之二子。吳本、四庫本、備要本“視”皆譌“親”。叔仲惠，即叔仲惠伯，魯國卿大夫，桓公庶子叔牙之孫。左傳文公十八年：“文公二妃，敬嬴生宣公。敬嬴嬖，而私事襄仲。宣公長，而屬諸襄仲。襄仲欲立之，叔仲不可。……冬十月，（襄）仲殺惡及視，而立宣公。……仲以君命召惠伯，其宰公冉務人止之，曰：‘入必死。’叔仲曰：‘死君命，可也。’公冉務人曰：‘若君命，可死；非君命，何聽？’弗聽，乃入，殺而埋之馬矢之中。”　慶父殺子般，而成季非正其惡：成季，即季友，魯莊公同母弟。左傳莊公三十二年：“公疾，問後於叔牙。對曰：‘慶父材。’問於季友。對曰：‘臣以死奉般。’……八月癸亥，公薨于路寢。子般即位，次于黨氏。冬十月己未，共仲使圉人犖賊子般于黨氏。成季奔陳。”

〔二九〕孝和以幼沖即大位，能遄誅鉏竇憲，於是威權在手，十六七年邦畿綏奠：孝和，東漢孝和帝劉肇，公元88—105年在位。幼沖，（年齡）幼小。遄，疾，迅速。誅鉏，消滅，鏟除。竇憲，東漢外戚，官拜大將軍。既破匈奴，權震朝廷，遂謀篡漢。和帝識其謀，設計誅之，終被迫自殺。事詳後漢書憲本傳。綏奠，安定。

〔三〇〕至宇文氏依周建號，以宇文護爲司馬，逮其歸政，猶屬以兼司馬總軍政，以故周毓不制，循致於難：宇文氏，鮮卑族的一支。公元557年，西魏太師、大冢宰、周公宇文覺代西魏建立北周，是爲周孝閔帝。宇文護，宇文覺堂兄。屬（zhǔ），繼續。周毓，即宇文毓，宇文覺庶兄。宇文護執掌大權，孝閔帝忌之，欲誅而謀泄，反爲廢、殺。乃迎立毓，是爲明帝。在位不足五年，又爲宇文護授意之人所毒殺。循，因循，謂隨後。周書晉蕩公護傳：“武成元年，護上表歸政，帝許之。軍國大事尚委於護。帝性聰睿，有識量，護深憚之。有李安者,本以鼎俎得寵於護,稍被升擢,位至膳部下大夫。至是,護乃密令安因進食於帝,加以毒藥。帝遂寢疾而崩。"

〔三一〕皆即授以節鉞,於是握兵方命,至自相推與,或甲乙相攘,搗闕逼京,顯戮將相:節鉞,符節和斧鉞。古代授予將帥,作爲權力的標誌。方命,抗命。書堯典"方命圮族"蔡沈集傳:"方命者,逆命而不行也。"推與,推許。攘,抗拒,排斥。搗,衝擊,攻打。闕,宮闕,宮廷。顯戮,公開殺害。

〔三二〕自憲宗用剛斷,平江東,夷澤、潞,易定、魏,清貝、衛,澶、相、淮、蔡、蜀、夏,一時率服:憲宗,唐憲宗李純,公元 805—820 年在位。用,以。剛斷,剛毅決斷。平,備要本譌"干"。夷、易,皆"平定"義。清,肅清。自"澤、潞"而下,除淮蓋指唐代方鎮淮南西道(治蔡州)外,餘皆唐代州名。澤州治所在今山西晉城市。潞州治所在今山西長治市。定州治所在今河北定州市。魏州治所在今河北大名縣大街鄉。貝州治所在今河北清河縣。衛州治所在今河南衛輝市。澶州治所在今河南清豐縣西南。吳本"澶"譌"擅"。相州治所在今河南安陽市。蔡州治所在今河南汝南縣。蜀州治所在今四川崇州市。夏州治所在今陝西靖邊縣北。服,吳本作"服",乃俗體。

〔三三〕穆、敬、懿、僖,世益頹靡,而藩鎮益雄張:穆,唐穆宗李恒,公元821—824 年在位。敬,唐敬宗李湛,公元 825—827 年在位。懿,唐懿宗李漼,公元 860—874 年在位。僖,唐僖宗李儇,公元 874—888 年在位。雄張,謂勢力強大、擴張。

〔三四〕向若后相綜覈名實,蓄其威武,權而用之,則仲康之業何至是而覆哉:綜覈,綜合考核。名實,吳本、四庫本"實"作"寔"。權,權宜,變通。覆,顛覆,敗壞。

〔三五〕此志士之所以長拂膺歟:拂膺,謂氣逆胸臆,憤憤不平。四庫本"歟"作"與"。彥按:路史此段跋文,大抵襲用宋林之奇說而稍作敷衍。林氏尚書全解卷一三曰:"自古國家當中衰之運,則朝廷之上往往行姑息之政,故英雄之徒得以乘間抵巇,肆爲桀驁而莫之奈何。是以大有爲之君,當夫歷運中否、社稷阽危之際,苟非赫然奮其乾剛之斷,未見其有能濟也。唐自肅代以來,一切行姑息之政,藩鎮戮主帥者,因而授以節鉞,或聽自擇帥。其驕子弟皆得以承襲父兄之位。及憲宗剛明果斷足以有爲,不憚用兵以翦鋤強梗,於是平夏,平蜀,平江東,平澤、潞,以至易、定、魏、博、貝、衛、澶、相、淮、蔡莫不率服,而唐室遂以中興。此無他,惟威克愛故也。憲宗雖以剛果爲政,而子孫不能率。至於穆、欽、文宗之世,又以姑息爲政,藩鎮復强,而唐室遂亡。仲康之世,何以異此? 當其命嗣侯以征羲和,誠得乎威克厥愛之義,故足以制后羿之强,而中興有夏之業。惜夫后相繼之,不能用其果斷以爲政,寖失天子之權綱,卒爲羿所篡,而夏終於不祀。此非仲康之失也,繼之者非其人也。可不慎哉!”

夷羿傳

夷羿,有窮氏,羿從草、羽;或作“羿”,同[一]。本作羿[二]。窮國之侯也。作“窐”,同。偃姓[三],偃出皋陶。或云姓鬲,非也。世紀云不聞其姓,失之。左臂脩而善射[四],淮南子、隨巢子[五]。五歲得法於山中,括地象云:羿五歲,父母與之入山,處之木下以待;蟬鳴。還欲取之,而羣蟬俱鳴,遂捐而去[六]。羿爲山間所養,年二十,習于弓矢,仰天歎曰:“我將射四方,矢至吾門止[七]。”因捍即射,矢摩地截草,徑至羿之門[八]。乃隨矢去。傳楚弧父之道[九]。吳越春秋云:黄帝作弓[一〇]。後有楚弧父,以其道傳之羿,以善射著[一一]。既學射于吉甫,其臂長,故亦以善射著[一二]。見世紀。嘗從吳賀北游[一三],見雀焉,賀命之射,羿曰:“生乎,其殺之乎?”賀請左目,羿中厥右,恥之。繇是每進妙中,高出天下[一四]。迨事夏王,王命射于方豕之皮,征南之的,曰:“中之,賞子萬金;不中,則削十邑。”[一五]羿援矢而色蕩,射之,矢逸;再之,又不中焉[一六]。王謂傅彌仁曰:“斯羿也,發無不中;而今也不中,何以?”對曰:“若羿者,口懼之爲災,而萬金爲之患也。人能遣其喜懼之私若萬金之患,則天下亡愧於羿矣[一七]。”王曰:“善! 吾乃今知亡欲之道矣。”符子。

太康之立,滔淫亡度,娛以自縱,民興胥亂;迷畋有洛之表,十旬不反[一八]。夷羿於是因民弗忍,兵于河以距之,太康失邦。仲康立,于時羲和沈湎于酒,叛官離次,將夷羿是與[一九]。王命嗣侯征之,羿遽隱慝[二〇]。

及相之立,爰逐相而自立,因夏民代夏政〔二一〕。論語兼義云,羿逐相而自立〔二二〕。蘇軾云,自立爲帝。自鉏遷于窮石,鉏,今澶之衛南〔二三〕。窮石,即有窮之地,今壽之安豐,地有窮谷、窮水〔二四〕。杜順而來,皆以爲西郡剛丹,安矣〔二五〕。按汲書,羿、桀皆居斟尋,則宜在此,與鉏相近,豈得遠出西塞因夏民乎〔二六〕?天問云:"阻窮西征,巖何越焉〔二七〕?"此謂羿也,蓋亦因誤〔二八〕。予有以知天問非屈原作〔二九〕。注以爲鯀阻羽山,尤妄〔三〇〕。滅樂正后夔之子伯封。即伯封叔。見禹紀。

先,有仍之女美而鬒,厥澤可監,夔納之,是爲玄妻〔三一〕。生伯封,貪拘忿纇,寔有豕心,人謂"封豕"〔三二〕。羿滅之,后夔是以不祀。即封豨。史傳堯有封豨,羿射之于桑林,此也〔三三〕。騷經等多言之,如"又好射乎封狐"。天問云:"馮珧利決,封豨是射〔三四〕。"說者俱以爲豚豬,殊爲寡理。

羿於是益時射,不修民事,忘其國邮而蔽于從禽,用不恢于夏家〔三五〕。武羅、伯因、熊髡、龙圉,皆賢臣也,乃弃之,而信相伯明氏之讒子寒浞〔三六〕,伯明,寒國之君,猗姓。又以龐門是子爲受教之臣〔三七〕。陳音:狐父傳羿,羿傳逢蒙〔三八〕。論衡作龐門。是子,即逢門也〔三九〕。孟子作逢蒙,或作逢門、逢蒙,同。炎帝之後。浞乃蒸取羿室純狐,爰謀殺羿〔四〇〕。純狐,羿妻名。天問云:"浞娶純狐,眩妻爰謀。何羿之射革,而交吞揆之〔四一〕?"言羿能貫革之射,人揆度而交吞。又云:"胡射彼河伯,而妻彼洛嬪〔四二〕?"蓋有洛氏之女也〔四三〕。注以爲宓妃,安矣。傳言羿妻姮娥者,字也〔四四〕。竊藥奔月之說,特假類之言爾〔四五〕。射河伯,殺窫窳,僇九嬰等,並見淮南子〔四六〕。植之詐愿,内行媚,外施賂,而虞羿以于畋,内外咸服〔四七〕。而羿弗察也〔四八〕。八年,將歸自畋,龐門取桃棓殺之〔四九〕。家衆享之,以飲其子〔五〇〕。子不忍食,死于窮門〔五一〕。年代歷云:逢門殺子□□□□□□□□□南子、事始等云:逢□□□□□□□□於門揞杜也。詳説文云也□□□□□□□□□南書自矛盾,非也。窮門,窮□□□□□□□□□□〔五二〕。伯靡奔有鬲氏〔五三〕。杜敦厚謂靡□□□□夏事羿,未審,可見□□〔五四〕。

太康,君也,奚禄崩而出玦〔五五〕?羿得之,於是篡帝,□□□□也〔五六〕。紀云:"羿□□□□,爲羿帝",故辛甲虞箴云"在帝夷羿",是羿嘗稱帝革制矣〔五七〕。餘詳帝□□□。及是而滅。今江寧縣北五十有射烏神廟，羿祀也〔五八〕。然射烏言堯時羿。按九域志，亳惟有羿廟〔五九〕。後有窮氏、窾氏、羿氏〔六〇〕。

　　成敗不難見哉！夫與死同病者，越人所不醫；與亡同政者，屠黍所不處〔六一〕。用賢則治，有德則昌，此不易之理也。是故古人論病以及國，原診以知政〔六二〕。秦爲暴虐，羽親滅之，而暴虐益甚〔六三〕。陳爲淫侈，隋親滅之，而淫侈益甚。是安得不亡哉？夫以繼體之君，艱難不知而抵于敗，是故不足怪〔六四〕。今也，躬自伐之而躬自爲之，躬自成之而躬自敗之，此何爲也邪？甚矣，夫人之愚也！湛于酒色，小病大死，人舉知之，而人舉甘之〔六五〕。好任小人，大亡小亂，理之必然，而小人必用。今世固有誨人以酒色亡身，而自溺於酒色；諫彼以小人破國，而自惑於小人者矣。是非不知戒也，知思於憂患，而死安佚也。

　　武王之鏡銘曰：“以鏡自照者見形容，以人自照者見吉凶。”〔六六〕鄉使文皇非魏徵之徒朝夕勉之，以隋爲監，則唐之爲唐，未可知也〔六七〕。太康以佚豫作禽荒，般游亡度而亡其國〔六八〕。是羿所親滅也，而羿不知戒，復恃射而忘國郵，淫于原獸，是又一太康也〔六九〕。家衆享之，顧非其不幸矣〔七〇〕？嗚呼！服留黃，醉紅裙，豈其不知戒哉，而卒自蹈之〔七一〕。故君子非苟知之〔七二〕。

【校注】

　　〔一〕羿從草、羽：自此而下至“本作羿”注文凡十一字，吴本、四庫本所無。　或作“玗”：洪本“玗”字闕文。彥按：“玗”“羿”音義迥異。“玗”疑“玗”字之誤。集韻霽韻：“玗，通作‘羿’。”

　　〔二〕本作羿：洪本作“□作□羿”。喬本“羿”字上有一墨丁，備要本則留出一字空白。

　　〔三〕偓姓：各本無“姓”字，而下注文首出“以女”二字。彥按：明陳士元論語類考卷七人物考羿引羅氏此文，作“偓姓”，當爲路史原文。蓋下注文“以

女”二字即正文“姓”字之譌而闌入注文者。喬、洪二本二字恰當直行之末,是
爲雙行夾注,左“女”右“以”,由“姓”字譌變誤拆之可能性極大,且注文“以
女”二字亦極費解,視爲正文“姓”字闌入則無論正文、注文均得融通。今
訂正。

〔四〕左臂脩:脩,長。

〔五〕淮南子:洪本、吳本“子”譌“乃”。

〔六〕還欲取之,而羣蟬俱鳴,遂捐而去:捐,放棄,捨棄。羿初待父母於樹
下時,但該樹蟬鳴,然至父母欲帶其返家時,乃千樹之蟬俱鳴,故父母未能辨其
所在,祇好棄之而去。

〔七〕我將射四方:洪本“四”字闕文。

〔八〕因捍即射,矢摩地截草,徑至羿之門:捍,古代射者左臂所着的皮質袖
套。彦按:“因捍即射”,不辭。“捍”疑當作“扜”。扜(yū),引(弓)也。蓋扜
先譌“扞”,因又作“捍”(“捍”“扞”字同)。然太平御覽卷三五〇引括地圖,即
已作“捍”,且置於射捍目下,可知此一錯誤已存在很久了。摩,摩擦。各本均
譌“靡”,今據太平御覽訂正。徑,徑直。太平御覽作“經”,蓋誤。

〔九〕弧父:喬本、洪本、吳本、備要本均作“狐父”,此從四庫本,以與吳越
春秋句踐陰謀外傳一致。下羅苹注“弧父”同。吳越春秋句踐陰謀外傳云:
“弧父者,生於楚之荆山,生不見父母。爲兒之時,習用弓矢,所射無脱。”

〔一〇〕黄帝作弓:見句踐陰謀外傳,原文爲:“於是神農、黄帝弦木爲弧,
剡木爲矢。”

〔一一〕後有楚弧父:吳越春秋作“後楚有弧父”。

〔一二〕既學射于吉甫,其臂長,故亦以善射著:吉甫,古之善射者。臂,喬
本、洪本、吳本、備要本作“辭佐”,四庫本作“詞佐”。彦按:“辭(詞)佐”不辭。
當“臂”字之誤。蓋“臂”字上部之“辟”譌而爲“辭”,下部之“月”又譌而爲
“佐”也。上言羿“左臂脩而善射”,此言吉甫“其臂長,故亦以善射著”,文意連
貫,可以無疑。今訂正。

〔一三〕吳賀:羿友。

〔一四〕繇是每進妙中,高出天下:喬本此下有兩字長之墨條,洪本、備要本
則呈相應空白。繇,四庫本作“由”。進,至於,達到。妙中,巧妙地射中。

〔一五〕王命射于方豕之皮，征南之的：方豕，逃逸之豬。方，通“放”。征南，向南移動。征，行。的，箭靶的中心。　中之，賞子萬金：賞，喬本、洪本謁“賓”。今據餘諸本訂正。

〔一六〕羿援矢而色蕩，射之，矢逸：援，牽拉，牽引。色蕩，猶色變，謂臉色改變。表示驚惶不安。逸，謂脱靶。

〔一七〕若羿者，口懼之爲災，而萬金爲之患也：口懼，謂言語恐嚇，指上文王曰“不中，則削十邑”語。患，憂心。此謂挂心之事。　人能遺其喜懼之私若萬金之患，則天下亡愧於羿矣：遺，謂忘掉。若，與。於，猶如。

〔一八〕滔淫亡度，娱以自縱，民興胥亂：滔淫，猶荒淫。興，起來。胥，跟從，相隨。　十旬不反：洪本、吳本“旬”謁“句”。

〔一九〕于時羲和沈湎于酒，叛官離次：沈湎，吳本“沈”謁“忱”。書胤征：“惟時羲和，顛覆厥德，沈亂于酒，畔官離次。”孔穎達疏：“惟是羲和，顛倒其奉上之德，而沈没昏亂於酒，違叛其所掌之官，離其所居位次。”　將夷羿是與：是，吳本、備要本謁“自”。與，幫助，支持。

〔二〇〕王命胤侯征之，羿遂隱愿：胤侯，四庫本作“胤侯”。隱愿，即隱匿。“愿”通“匿”。

〔二一〕因夏民代夏政：洪本、吳本“代”謁“伐”。

〔二二〕論語兼義：佚書，撰者不詳。

〔二三〕今澶之衛南：澶，州名。衛南，縣名，治所在今河南滑縣東。

〔二四〕今壽之安豐：壽，州名。安豐，縣名，治所在今安徽壽縣南。備要本如此，今從之，餘諸本“豐”作“豐”。

〔二五〕杜順而來，皆以爲西郡删丹：杜順，“順”字喬本左旁漶滅，餘本字均作“順”，今姑從之。其人不詳，疑“杜預”之誤，然無確據，唯存疑。西郡，郡名。删丹，縣名，治所在今甘肅山丹縣。

〔二六〕豈得遠出西塞因夏民乎：西塞，西部邊地。

〔二七〕阻窮西征，巖何越焉：阻窮，猶阻絕。征，行。清蔣驥山帶閣註楚辭：“左傳：堯殛鯀羽山，其神化爲黄熊，入於羽淵。十道志羽潭東有羽山，羽淵固在山之西也。言鯀永遏之後，已絕西行之路，何復能越山而入羽淵乎？”

〔二八〕此謂羿也：彦按：羅氏蓋以“阻窮西征”之“窮”爲窮石，恐誤。

〔二九〕天問：吳本“天”譌“夭”。

〔三〇〕注以爲鯀阻羽山：鯀，喬本、洪本、吳本、備要本均譌“鮌”，今據四庫本訂正。王逸注原文爲：“言堯放鯀羽山，西行度越岑巖之險，因墮死也。”

〔三一〕先，有仍之女美而鬒，厥澤可監：自此而下至“后夔是以不祀”，見左傳昭公二十八年，文字不盡相同。先，吳本譌“光”。鬒（zhěn），頭髮稠密。監，“鑑”之古字，照映，照視。四庫本作“鑑”。

〔三二〕生伯封，貪拘忿纇，寔有豕心，人謂“封豕”：貪拘，貪婪索取，“拘”通“鉤”。四庫本作“貪惏”。忿纇，蠻橫無理，動輒發怒。纇，通“戾”，乖戾。豕心，孔穎達春秋左傳正義：“言其心似豬，貪而無恥也。”封豕，猶言“大豬”。

〔三三〕史傳堯有封豨，羿射之于桑林：吳本“于”譌“下”。淮南子本經：“堯乃使羿……禽封豨於桑林。”

〔三四〕馮珧利決：馮，“憑”之古字，依賴，倚仗。珧（yáo），弓名。爾雅釋器：“弓……以金者謂之銑，以蜃者謂之珧，以玉者謂之珪。”郭璞注：“用金、蚌、玉飾弓兩頭，因取其類以爲名。”利，通“賴”，其義同“馮”。決，通“抉”，即扳指（古代射箭時套在大拇指上的骨質套子，以便鈎弦）。

〔三五〕羿於是益時射，不修民事，忘其國邮而蔽于從禽，用不恢于夏家：自此而下至“死于窮門”，大抵撮取自左傳襄公四年。時，時時。修，治，處理。忘，吳本譌“忌”。邮，同“恤”，憂患。蔽，沉迷。從禽，追逐禽獸，謂田獵。恢，擴大，發揚光大。左傳作：“在帝夷羿，冒于原獸，忘其國恤而思其麀牡。武不可重，用不恢于夏家。”

〔三六〕武羅、伯因、熊髡、龙圉，皆賢臣也，乃弃之，而信相伯明氏之讒子寒浞：龙圉（máng yǔ），各本均譌“龐圉”，今據左傳訂正。信相，“信”謂相信；“相”謂以爲國相。寒浞，吳本“浞”譌“促”。左傳作：“棄武羅、伯因、熊髡、龙圉而用寒浞。寒浞，伯明氏之讒子弟也，伯明后寒棄之，夷羿收之，信而使之，以爲己相。”

〔三七〕又以龐門是子爲受教之臣：又，吳本譌“文”。是子，猶謂“其人”。

〔三八〕陳音：狐父傳羿，羿傳逢蒙：見吳越春秋句踐陰謀外傳。陳音，春秋楚之善射者，曾爲越王句踐教習兵士射術，三月，軍士皆能用弓弩之巧。狐父，即弧父。吳本譌“孤父”。吳越春秋作“弧父”。

〔三九〕逢門：即龐門。

〔四○〕浞乃蒸取羿室純狐：蒸，也作“烝”，以下淫上，與母輩通姦。室，妻。

〔四一〕浞娶純狐，眩妻爰謀：純狐，洪本譌“統狐”。眩，迷惑。清蔣驥山帶閣註楚辭云：“眩妻爰謀，蓋言浞本惑愛羿妻，而造謀故殺羿而取其妻也。”何羿之射革，而交吞揆之：射革，謂貫革，即射穿多重皮革的箭靶，言其射具有強大之殺傷力。交，皆，俱。吞，吞滅。揆，揆度，思量。交吞揆之，意爲“都想着吞滅它”。

〔四二〕胡射彼河伯，而妻彼洛嬪：今天問“彼”作“夫”，“洛”作“雒”。王逸注：“雒嬪，水神，謂宓妃也。傳曰：河伯化爲白龍，遊于水旁，羿見躬之，眇其左目。……羿又夢與雒水神宓妃交接也。”

〔四三〕蓋有洛氏之女也：有洛氏，古國名。地在今山西長治市境。

〔四四〕傳言羿妻姮娥者，字也：姮娥，喬本、洪本、吳本、備要本均作“姮嫦”，誤。今從四庫本訂正。淮南子覽冥：“羿請不死之藥於西王母，姮娥竊以奔月。”高誘注：“姮娥，羿妻。羿請不死之藥於西王母，未及服之，姮娥盜食之，得仙，奔入月中，爲月精也。”

〔四五〕竊藥奔月之説，特假類之言爾：奔月，洪本、吳本“奔”譌“奪”。假類，打比方。假，憑藉。類，相似。

〔四六〕殺窫窳，傷九嬰：參見後紀十一帝堯陶唐氏注〔四一六〕。

〔四七〕植之詐慝，内行媚，外施賂，而虞羿以于畋，内外咸服：植，扶植。詐慝，奸詐邪惡之人。内，指宮人。行媚，獻媚，討好。虞，通“娛”，娛樂。于畋，打獵。于，四庫本作“於”，備要本作“手”，並誤。左傳襄公四年作：“浞行媚于内，而施賂于外；愚弄其民，而虞羿于田；樹之詐慝，以取其國家。外内咸服。”

〔四八〕而羿弗察也：左傳作：“羿猶不悛。”

〔四九〕龐門取桃棓殺之：桃棓，桃木棒。棓，通“棒”。左傳無此句。淮南子詮言：“羿死於桃棓。”

〔五○〕家衆享之，以飲其子：家衆，古代貴族家的臣僕。享，通“烹”，煮。四庫本作“亨”，即“烹”之古字。左傳此句作：“家衆殺而亨之，以食其子。”

〔五一〕子不忍食：吳本脱此四字。　　死于窮門：杜預春秋左氏經傳集解：

"殺之於國門。"

〔五二〕自"年代歷云"而下注文,殘缺不全。備要本留出空白以示原文有闕。吴本、四庫本則不留痕迹,蓋因其殘缺而徑删之。

〔五三〕伯靡奔有鬲氏:左傳襄公四年:"靡奔有鬲氏。"杜預注:"靡,夏遺臣事羿者。有鬲,國名,今平原鬲縣。"平原,郡名。鬲縣,治所在今山東平原縣西北。

〔五四〕杜敦厚謂靡□□□□夏事羿,未審,可見□□:吴本、四庫本無此注文。

〔五五〕太康,君也,奚禄崩而出玦:"太康"二字,喬本、洪本原槧鐫滅,今據餘本補出。禄,謂禄位,此指帝位。崩,倒塌,垮臺。玦,通"闕",謂宫廷。

〔五六〕□□□□也:自此而下至"餘詳帝□□□□"整段注文,吴本、四庫本所無。

〔五七〕紀云:羿□□□□,爲羿帝:備要本無四闕文,作"羿爲羿帝",非是。彦按:紀當指帝王世紀。闕文當是"遂襲帝號"。太平御覽卷八二引帝王世紀曰:"帝相一名相安,自太康已來夏政凌遲,爲羿所逼,乃徙商丘,依同姓諸侯斟灌、斟尋氏。羿遂襲帝號,是爲羿帝。"　故辛甲虞箴云"在帝夷羿":備要本"夷"字下空出四字之位,蓋由上"羿"字下闕文誤移至此。辛甲,周武王太史。喬本、洪本、備要本俱作"奕申"。彦按:"奕申"當"辛甲"之誤。辛甲作虞箴,見左傳襄公四年。今訂正。　是羿嘗稱帝革制矣:洪本"是"字爲墨丁。

〔五八〕江寧縣:縣名,治所在今江蘇南京市秦淮區朝天宫一帶。喬本、洪本、吴本"江"脱落偏旁作"工",今從四庫本、備要本訂正。

〔五九〕亳:亳州,治所在今安徽亳州市譙城區。

〔六〇〕後有窮氏、竊氏、羿氏:竊氏,喬本、洪本、備要本作"窮氏"而與前重,今從吴本及四庫本。

〔六一〕夫與死同病者,越人所不醫:越人,又稱秦越人,即扁鵲,戰國時名醫。韓非子喻老:"扁鵲見蔡桓公,立有間,扁鵲曰:'君有疾在腠理,不治,將恐深。'桓侯曰:'寡人無疾。'扁鵲出。桓侯曰:'醫之好治不病以爲功。'居十日,扁鵲復見,曰:'君之病在肌膚,不治,將益深。'桓侯不應。扁鵲出,桓侯又不悦。居十日,扁鵲復見,曰:'君之病在腸胃,不治,將益深。'桓侯又不應。扁

鵲出,桓侯又不悦。居十日,扁鵲望桓侯而還走,桓侯故使人問之。扁鵲曰:
'疾在腠理,湯熨之所及也;在肌膚,鍼石之所及也;在腸胃,火齊之所及也;在
骨髓,司命之所屬,無奈何也。今在骨髓,臣是以無請也。'居五日,桓侯體痛,
使人索扁鵲,已逃秦矣。桓侯遂死。"　　與亡同政者,屠黍所不處:屠黍,戰國晉
出公太史。吕氏春秋先職:"晉太史屠黍見晉之亂也,見晉公之驕而無德義也,
以其圖法歸周。周威公見而問焉,曰:'天下之國孰先亡?'對曰:'晉先亡。'威
公問其故。對曰:'臣比在晉也,不敢直言,示晉公以天妖,日月星辰之行多以
不當。曰:"是何能爲?"又示以人事多不義,百姓皆鬱怨。曰:"是何能傷?"又
示以鄰國不服,賢良不舉。曰:"是何能害?"如是,是不知所以亡也。故臣曰晉
先亡也。'居三年,晉果亡。"

〔六二〕原診:研究診斷。原,推究,研究。

〔六三〕羽:即秦末起義軍領袖、西楚霸王項籍(字羽)。

〔六四〕繼體:史記外戚世家司馬貞索隱:"繼體謂非創業之主,而是嫡子
繼先帝之正體而立者也。"

〔六五〕湛于酒色:湛(chén),沉陷,沉迷。

〔六六〕武王:指周武王。洪本"王"譌"玉"。

〔六七〕鄉使文皇非魏徵之徒朝夕勉之,以隋爲監,則唐之爲唐,未可知也:
文皇,指唐文皇,即唐太宗李世民。魏徵,唐宰相,以直諫稱,曾輔助唐太宗共
建"貞觀之治"大業。洪本"徵"譌"證"。監,"鑑"之古字,鏡子,比喻鑑戒。

〔六八〕太康以佚豫作禽荒:禽荒,沉迷於田獵。書五子之歌"外作禽荒"
蔡沈集傳:"禽荒,耽遊畋也。荒者,迷亂之謂。"

〔六九〕是羿所親滅也:洪本、吳本、四庫本"是"作"此"。　　淫于原獸:淫,
濫,過度。原獸,野獸。左傳襄公四年:"(后羿)不脩民事,而淫于原獸。"

〔七〇〕家衆享之,顧非其不幸矣:享,四庫本作"亨"。顧,豈,難道。

〔七一〕服留黃,醉紅裙:留黃,即流黃,褐黃色,此借指黃袍(隋後爲皇帝
專服)。醉,陶醉,沉迷。紅裙,紅色裙子,借指美女。

〔七二〕故君子非苟知之:非,否定,反對。苟知之,不認真對待所知。苟,
苟且。

寒浞傳

寒浞者,猗姓[一],潛夫論有猗姓[二]。括地象云:過,猗姓國。是也。本以寒爲邔姓國者,失之[三]。寒君伯明氏之讒子弟也。好爲讒慝,后寒惡之,弃諸窮[四]。窮羿入之,謜以爲相而信使之[五]。方羿之逐后相,相浞是從[六]。及羿立而荒游,浞于是蒸其室,而虞之以于敗[七]。內外從之,則繼殺而代之。

襲羿之號,蓋循其所僭之名號。外紀云"不改有窮氏之號",非也[八]。且因其室生澆及豷[九]。澆惟恃力,盪舟走陸,是曰奡[一〇]。奡,一作"敖"。説文云:"生敖及豷[一一]。"澆,倪弔切,集韻澆[一二]。"盪"字一作"梁"[一三]。浞任詐僞而不德于民,使澆帥師威斟灌、斟尋氏。處澆于過,處豷于戈。過,今萊之掖縣[一四]。戈,宋、鄭間邑。弑夏后相,爰革夏命,易天明[一五]。四十有三年,爲伯靡所殺。羿距太康,及相立,始逐之而自立,八年夏祚未絶[一六]。及寒浞殺羿而代之,蓋二十餘年,始殺相代夏[一七]。至是又四十三年。計浞之篡,蓋六十餘年[一八]。夏之亂,向百載矣[一九]。年代曆云,浞四十年。其説爲近。續漢書"羿、浞纂夏數十年",泛言之。而通曆等云,浞二年;外紀云,十二年;晁紀年云,十年;紀運圖云,三十年:其疎甚矣[二〇]。夫浞之殺羿,因其室而生澆。澆長殺相[二一]。相死,少康始生。少康復生四子,逮事而後誘豷滅浞以中興,非數十年可知[二二]。夏本紀言"相崩,子少康立",益疎[二三]。

澆恃多力,從欲不忍,惡虐以逞,朋淫不義,而通于丘嫂岐,日康娛以自忘,館同所止[二四]。天問:"女岐縫裳,而館同爰止[二五]。"注:"女岐,澆嫂也。"少康滅之,及女岐。天問:"何少康逐犬,而顛殞厥首[二六]?"注:少康因田獵逐犬,襲殺澆,斷其首[二七]。又云:"顛易厥首[二八]。"注:謂少康夜襲,得女岐而斷之[二九]。伯杼復誘豷殺之,寒浞遂滅[三〇]。

史臣言唐安史能以臣反君,而其子亦能以賊殺父,以爲天道之好還[三一]。蘇竣之亂,桓彝涕遣俞縱遮守蘭石[三二]。竣數誘之,縱益死守。或勸以利,縱曰:"吾德桓侯,惟有死報。吾之不負桓侯,猶桓侯之不負君也〔三三〕。"石演芬,胡人也,假父李懷光將遂與朱泚,而演芬亦請討之〔三四〕。懷光罵曰:"若爲我子,奈何亡我家邪〔三五〕?"對曰:"若,天子股肱;我,公之腹心。若負天子,我何得不負公?"

吾嘗言之:造物者之報人也,不報其人而報其人之天;非惟報之,其報之也必厚〔三六〕。天道豈難知哉,惟其效有遲速之不同爾。而歐陽子遂有幸不幸之説,惡可謂誼理也哉〔三七〕?秦政焚書阬儒,以愚黔首;黔首未愚,而其子胡亥已不分於鹿馬〔三八〕。曹操令不仁、不孝而有兵、政術者,咸舉無遺;民俗未化,而其子丕經未反哭,廣設百戲,顯納二女,殺妻害弟〔三九〕。不善之報如是,豈有所謂幸免者邪〔四〇〕?舍人須驗,商鞅法也,而鞅竟以無驗執〔四一〕。納甕熾炭,周興計也,而興竟以熾甕服〔四二〕。索元禮作鐵籠以罄囚,而卒自冒之〔四三〕。李林甫好歸獄於天下,而國忠亦即其術以推治〔四四〕。殷洪喬不作致書郵,而子浩遂有"竟達空函"之厄〔四五〕。小且若是,秦宏違天地之道,則天地違秦亦宏矣。

詩云:"敬之敬之,天維顯思,命不易哉〔四六〕!"曾子曰:"戒之!戒之!出乎爾者,反乎爾者也〔四七〕。"唐虞以遜禪帥天下,而商湯去其所以帥,而帥之以其非所帥〔四八〕。然則,周之於商,奚間焉〔四九〕?曹孟德能欺孤兒而奪之,司馬仲達亦能紿其寡婦而攘取;及劉裕之平逆亂,則又司馬懿宗之曹操也〔五〇〕。隋煬弒父殺兄,及宇文之變,而父子更相爲疑,此豈有所愛者〔五一〕?晉能與白狄伐秦,秦亦能與白狄伐晉〔五二〕。殺人之父,人亦殺其父。敬人之兄,人亦敬其兄〔五三〕。石勒病,遣二王俾之國,虎留之而紿以遣;及虎之病,留二王使輔政,妻逐之而紿以留〔五四〕。虎之於勒,姪也,殺其子以及其母;遵,虎子也,亦殺虎而及其母〔五五〕。甄后之戕，郭后窒其口；既郭之戮，亦以窒其口〔五六〕。朱溫令蔣煇弑昭宗，昭宗環柱而走，劍之擊柱者三，乃歸獄於裴李〔五七〕。暨友珪之逆，俾馮廷諤以劍犯溫，溫亦走旋柱，劍之擊柱者亦三，乃歸獄於博王友文〔五八〕。及末帝之討逆，友珪竟俾廷諤奏刃，而廷諤亦自殺矣〔五九〕。

　　夷羿之不道，以臣逐君，絕后夔，而其妻與其相浞亦能賂蒙而殺羿，子亦死於窮門〔六〇〕。浞能弑相，而伯靡卒能滅浞。陽推五福以類升，陰幽六極以類降〔六一〕。天道好還，豈不明甚矣哉！

　　予觀慶封、蒲嫳之於崔杼，慶舍、蒲癸之於慶封，與夫元昊、訛龐等事，而益歎羿、浞之會，舉天理自然者〔六二〕。故曰：愛出者愛入，福往者福來，"鳴鶴在陰，其子和之。"〔六三〕三后之裔皆王，而有吳者卒夷昧之子孫〔六四〕。視履攷祥，諶哉〔六五〕！

【校注】

〔一〕猗姓：喬本、洪本、備要本"猗"作"徛"。彥按："徛"非姓，當爲"猗"字形譌。今從吳本、四庫本改。下羅苹注"猗姓"之"猗"同。

〔二〕潛夫論有猗姓：今本潛夫論志氏姓作捂姓。汪繼培箋疑"捂"爲"拘"之誤。

〔三〕邙：備要本作"邱"，蓋誤。

〔四〕讒慝：泛指邪惡姦佞之事。　窮：國名。又稱有窮。在今山東平原縣西北。

〔五〕諤以爲相而信使之：諤，起，謂起用。信使，信任、使用。

〔六〕方羿之逐后相：吳本"逐"譌"遂"。

〔七〕荒游：過度游樂。

〔八〕外紀云"不改有窮氏之號"：見資治通鑑外紀卷二夏紀。

〔九〕且因其室生澆及豷：自此而下至"處豷于戈"，見左傳襄公四年，文字稍有異同。及，洪本譌"反"。豷，音 yì。

〔一〇〕盪舟走陸：謂劃船行舟，如奔跑於陸地。論語憲問："羿善射，奡盪舟,俱不得其死然。”

〔一一〕見説文豕部豷篆説解引春秋傳。

〔一二〕見集韻蕭韻。

〔一三〕“盪”字一作“灤”:盪,各本均作“灌”。彥按:據文,字當作“盪”,蓋涉上“澆”字而誤。今訂正。灤,吳本、四庫本、備要本均作“盪”,非是。

〔一四〕過,今萊之掖縣:萊,州名。掖縣,治所在今山東萊州市。各本皆作“旅縣”。彥按:萊州無所謂“旅縣”,“旅”當“掖”字形誤。左傳襄公四年“處澆于過”杜預注:“東萊掖縣北有過鄉。”又史記夏本紀張守節正義引括地志云:“故過鄉亭在萊州掖縣西北二十里,本過國地。”今訂正。

〔一五〕天明:猶天命,天道。

〔一六〕羿距太康,及相立,始逐之而自立:距,通“拒”,抗拒。逐,吳本誤“遂”。

〔一七〕及寒浞殺羿而代之:洪本、吳本“代”誤“伐”。

〔一八〕計浞之篡:吳本“浞”誤“促”。

〔一九〕向百載矣:向,將近,接近。

〔二〇〕外紀云,十二年:文淵閣四庫全書本資治通鑑外紀卷二夏紀自注作“浞在位三十二年”。疑此“十二”上脱“三”字。　　晁紀年:指宋晁公邁歷代紀年。

〔二一〕澆長殺相:備要本“相”誤“栢”。

〔二二〕逮事而後誘豷滅浞以中興:逮,及,及至。事,事變,變故。誘,備要本誤“秀”。豷,備要本作“獢”,同。

〔二三〕相崩,子少康立:洪本、吳本“康”誤“中”。史記夏本紀原文作:“帝相崩,子帝少康立。”

〔二四〕澆恃多力,從欲不忍,惡虐以逞,朋淫不義,而通于丘嫂岐,日康娛以自忘,館同所止:從欲,即縱慾。從,“縱”之古字。不忍,不收斂節制。惡虐,凶惡殘暴。逞,稱心,快意。朋淫,羣聚淫亂。喬本、洪本“朋”誤“崩”。今從餘本訂正。丘嫂,大嫂,長嫂。嫂,同“嫂”。岐,澆嫂名,也作“歧”。康娛,安逸戲樂。館,居住,住宿。所止,住所。楚辭離騷:“澆身被服强圉兮,縱欲而不忍。日康娛而自忘兮,厥首用夫顛隕。”

〔二五〕女岐縫裳,而館同爰止:女岐,今本楚辭"岐"字作"歧"。下引王逸注"女岐"之"岐"同。縫,路史各本均譌"絳",今訂正。王逸注:"館,舍也。爰,於也。言女歧與澆淫佚,爲之縫裳,於是共舍而宿止也。"

〔二六〕何少康逐犬,而顛殞厥首:顛殞,墜落。各本均脱"顛"字,今補。

〔二七〕少康因田獵逐犬,襲殺澆,斷其首:洪本"因"字闕文。吳本"犬"字譌"**夭**"。王逸注原文作:"言夏少康因田獵放犬逐獸,遂襲殺澆而斷其頭。"

〔二八〕顛易厥首:顛易,倒換。吳本"顛"譌"**奠**"。天問原文爲:"何顛易厥首,而親以逢殆?"

〔二九〕謂少康夜襲,得女岐而斷之:王逸注原文作:"言少康夜襲得女歧頭,以爲澆,因斷之,故言易首、遇危殆也。"

〔三〇〕伯杼:帝少康子。

〔三一〕唐安史能以臣反君:見後紀四附蚩尤傳注〔八七〕。 其子亦能以賊殺父:安禄山死於其子安慶緒之叛逆,史思明死於其子史朝義之叛逆。見新、舊唐書安史本傳。以賊殺父,吳本譌"以于弑父",四庫本作"以子弑父"。

好還:喜歡報應。

〔三二〕蘇竣之亂,桓彝涕遣俞縱遮守蘭石:其事詳載於晉書桓彝傳。蘇竣,東晉歷陽内史、叛臣。桓彝,東晉宣城内史。俞縱,桓彝部將。遮守,防守。蘭石,地名。在今安徽涇縣東南。

〔三三〕桓侯:對桓彝之尊稱。

〔三四〕石演芬,胡人也,假父李懷光將遂與朱泚,而演芬亦請討之:事見新、舊唐書石演芬傳。石演芬,唐德宗時右武鋒都將。吳本"石"譌"后"。假父,義父。李懷光,唐德宗時朔方節度使,因聯合朱泚反叛,兵敗自殺。將遂,將要。與,勾結,結盟。朱泚,唐德宗時幽州盧龍節度、太尉、中書令。德宗建中四年(783),涇原兵變,朱泚被嘩變士兵擁立爲帝,建國號秦,未幾改國號漢,旋兵敗,爲部下所殺。

〔三五〕若爲我子,奈何亡我家邪:若,第二人稱代詞,汝。我,吳本作"**豕**"。邪,四庫本作"耶"。

〔三六〕不報其人而報其人之天:天,謂命運。

〔三七〕而歐陽子遂有幸不幸之説:歐陽子,指宋歐陽修。修仲氏文集序曰:"嗚呼! 語稱君子知命。所謂命,其果可知乎? 貴賤窮亨,用捨進退,得失成敗,其有幸有不幸,或當然而不然,而皆不知其所以然者,則推之於天,曰'有命'。夫君子所謂知命者,知此而已。"　　惡可謂誼理也哉:誼理,義理,道理。

〔三八〕秦政焚書阬儒:<u>秦政</u>,<u>秦始皇</u>嬴政。阬,同"坑",活埋。<u>秦始皇</u>三十四年(前213)丞相<u>李斯</u>反對儒生以古非今,以私學誹謗朝政,乃"請史官非<u>秦</u>記皆燒之。非博士官所職,天下敢有藏<u>詩</u>、<u>書</u>、百家語者,悉詣守、尉雜燒之。有敢偶語<u>詩</u><u>書</u>者棄市。以古非今者族。吏見知不舉者與同罪。令下三十日不燒,黥爲城旦。所不去者,醫藥、卜筮、種樹之書"。制曰:"可。"翌年,方士、儒生求仙藥不得,<u>盧生</u>等逃亡,始皇大怒,"於是使御史悉案問諸生,諸生傳相告引,乃自除。犯禁者四百六十餘人,皆阬之<u>咸陽</u>,使天下知之,以懲後"。(見<u>史記秦始皇本紀</u>)　　而其子胡亥已不分於鹿馬:<u>胡亥</u>,史又稱<u>秦二世</u>。<u>史記秦始皇本紀</u>:"<u>趙高</u>欲爲亂,恐羣臣不聽,乃先設驗,持鹿獻於<u>二世</u>,曰:'馬也。'<u>二世</u>笑曰:'丞相誤邪? 謂鹿爲馬。'問左右,左右或默,或言馬以阿順<u>趙高</u>。或言鹿,<u>高</u>因陰中諸言鹿者以法。後羣臣皆畏<u>高</u>。"

〔三九〕曹操令不仁、不孝而有兵、政術者,咸舉無遺:<u>三國志魏志武帝紀</u>載,建安十五年春,<u>操</u>下令曰:"今天下尚未定,此特求賢之急時也。'<u>孟公綽</u>爲<u>趙</u>、<u>魏</u>老則優,不可以爲<u>滕</u>、<u>薛</u>大夫。'若必廉士而後可用,則<u>齊桓</u>其何以霸世! 今天下得無有被褐懷玉而釣于<u>渭</u>濱者乎? 又得無盜嫂受金而未遇<u>無知</u>者乎? 二三子其佐我明揚仄陋,唯才是舉,吾得而用之。"　　民俗未化,而其子丕絰未反哭,廣設百戲,顯納二女,殺妻害弟:<u>丕</u>,<u>三國魏文帝</u>。絰(dié),古代喪服所用的麻帶。紮頭上者稱首絰,纏腰間者稱腰絰。此用如動詞,謂披麻帶孝。反哭,古代喪葬儀式之一。安葬後,喪主捧神主歸而哭。百戲,古代樂舞雜技之總稱。顯,公開。妻,即<u>文昭甄皇后</u>。弟,指<u>陳思王曹植</u>。<u>三國志魏志文帝紀</u>延康元年:"甲午,軍次於<u>譙</u>,大饗六軍及<u>譙</u>父老百姓於邑東。"<u>裴松之</u>注引<u>魏書</u>曰:"設伎樂百戲,令曰:'先王皆樂其所生,禮不忘其本。<u>譙</u>,霸王之邦,真人本出,其復<u>譙</u>租稅二年。'"又引<u>孫盛</u>曰:"昔者先王之以孝治天下也,內節天性,外施四海,存盡其敬,亡極其哀,思慕諒闇,寄政冢宰,……雖三季之末,七雄之弊,猶未有廢縗斬於旬朔之間,釋麻杖於反哭之日者也。逮於<u>漢文</u>,變易古制,人道之紀,一旦而廢,縗素奪於至尊,四海散其遏密,義感闕於羣后,大化墜於君親；雖心存貶約，慮在經綸，至於樹德垂聲，崇化變俗，固以道薄於當年，風頹於百代矣。……魏王既追漢制，替其大禮，處莫重之哀而設饗宴之樂，居貽厥之始而墜王化之基，及至受禪，顯納二女，忘其至恤以誣先聖之典，天心喪矣，將何以終！」又文昭甄皇后傳：「文昭甄皇后，……文帝納后于鄴，有寵，生明帝及東鄉公主。……黃初元年十月，帝踐阼。踐阼之後，山陽公奉二女以嬪于魏，郭后、李、陰貴人並愛幸，后愈失意，有怨言。帝大怒，二年六月，遣使賜死，葬于鄴。」又陳思王植傳：「文帝即王位，……植與諸侯並就國。黃初二年，監國謁者灌均希指，奏‘植醉酒悖慢，劫脅使者’。有司請治罪，帝以太后故，貶爵安鄉侯。」

〔四○〕豈有所謂幸免者邪：吳本、四庫本“邪”作“耶”。

〔四一〕舍人須驗，商鞅法也，而鞅竟以無驗執：舍人，謂留人住宿。驗，審覈。商鞅，又號商君，戰國政治家。輔助秦孝公變法而使秦國富裕強大。秦孝公死，秦惠文王繼位，鞅被誣謀反，爲秦兵所殺。執，抓，拘捕。史記商君列傳：“秦孝公卒，太子立。公子虔之徒告商君欲反，發吏捕商君。商君亡至關下，欲舍客舍。客人不知其是商君也，曰：‘商君之法，舍人無驗者坐之。’商君喟然歎曰：‘嗟乎，爲法之敝，一至此哉！’”

〔四二〕納甕熾炭，周興計也，而興竟以熾甕服：周興，唐酷吏。新唐書酷吏傳：“時有來子珣、周興者，皆萬年人。……興，少習法律，自尚書史積遷秋官侍郎，屢決制獄，文深峭，妄殺數千人。……天授中，人告子珣、興與丘神勣謀反，詔來俊臣鞫狀。初，興未知被告，方對俊臣食，俊臣曰：‘囚多不服，奈何？’興曰：‘易耳，內之大甕，熾炭周之，何事不承。’俊臣曰：‘善。’命取甕且熾火，徐謂興曰：‘有詔按君，請嘗之。’興駭汗，叩頭服罪。”

〔四三〕索元禮作鐵籠以聲囚，而卒自冒之：索元禮，唐酷吏。聲（xuè），急束，緊箍。備要本作“彀”，同。冒，違犯，觸犯。新唐書酷吏傳：“索元禮，胡人也，天性殘忍。……爲推使。即洛州牧院爲制獄，作鐵籠聲囚首，加以楔，至腦裂死。……薛懷義始貴，而元禮養爲假子，故爲后所信。後以苛猛，復受賕，后厭眾望，收下吏，不服，吏曰：‘取公鐵籠來！’元禮服罪，死獄中。”

〔四四〕李林甫好歸獄於天下，而國忠亦即其術以推治：李林甫，唐玄宗朝宰相。爲人口蜜腹劍，陷害忠良。歸獄，猶歸罪。國忠，楊國忠，唐玄宗寵妃楊玉環從祖兄,繼李林甫後任宰相,專權誤國,是激發安史之亂之罪魁禍首。推治,審問治罪。舊唐書李林甫傳:"林甫卒,國忠竟代其任。……國忠素憾林甫,既得志,誣奏林甫與蕃將阿布思同構逆謀,誘林甫親族間素不悅者爲之證。詔奪林甫官爵,廢爲庶人,岫、嶼諸子並謫於嶺表。"又:"史臣曰:李林甫以諂佞進身,位極台輔,不懼盈滿,蔽主聰明。生既唯務陷人,死亦爲人所陷,得非彼蒼假手,以示禍淫者乎!"

〔四五〕殷洪喬不作致書郵,而子浩遂有"竟達空函"之厄:致書郵,送信人。郵,傳送公文書信的人。各本"致"皆作"置",當由音譌。今訂正。子,備要本譌"于"。達,送抵。空函,指没有放入信箋的信封。厄,不幸、倒霉之事。晉書殷浩傳:"殷浩字深源,陳郡長平人也。父羨,字洪喬,爲豫章太守,都下人士因其致書者百餘函,行次石頭,皆投之水中,曰:'沈者自沈,浮者自浮,殷洪喬不爲致書郵。'其資性介立如此。"又:"後(桓)溫將以浩爲尚書令,遺書告之,浩欣然許焉。將答書,慮有謬誤,開閉者數十,竟達空函,大忤溫意,由是遂絶。"

〔四六〕敬之敬之,天維顯思,命不易哉:見詩周頌敬之。毛亨傳:"顯,見。"陳奐傳疏:"見,猶視也。"敬,警戒。釋名釋言語:"敬,警也,恒自肅警也。"思,語助詞。命,指天命,上天之意旨。易,改變。

〔四七〕見孟子梁惠王下。

〔四八〕唐虞以遜禪帥天下,而商湯去其所以帥,而帥之以其非所帥:遜禪,禪讓。帥,統帥,統治。所以帥,指代遜禪。非所帥,指與唐虞統治不同之法。

〔四九〕間:差別。

〔五〇〕曹孟德能欺孤兒而奪之:曹孟德,即東漢丞相曹操(字孟德)。孤兒,指漢獻帝劉協。公元189年,董卓廢漢少帝劉辯,更立劉協,是爲獻帝,時年九歲。公元196年,曹操迎劉協至洛陽,隨之又脅迫劉協遷都許昌,自此挾天子以令天下,名爲漢臣,實同皇帝。至子曹丕,更逼劉協禪位,取而代之,建立魏朝。　司馬仲達亦能給其寡婦而攘取:司馬仲達,即三國魏重臣、晉追遵宣皇帝司馬懿(字仲達)。給,欺詆。攘取,竊取,奪取。寡婦,指魏明帝皇后明元郭皇后(齊王曹芳即位後,尊稱永寧太后)。魏明帝臨終,託孤齊王曹芳於懿及大將軍曹爽。懿、爽二人就此展開一場爭奪權力之暗鬥。嘉平元年

（249），天子謁高平陵，曹爽兄弟皆從。司馬懿於是奏永寧太后廢爽兄弟。爽終被誅，懿遂居丞相位。就此架空天子，政令概出司馬氏門。至孫司馬炎，乃篡魏而建立晉王朝。　及劉裕之平逆亂，則又司馬懿宗之曹操也：劉裕，南朝宋武帝。晉末桓玄篡位，劉裕起兵討伐，遂迎安帝復位，由此掌握軍政大權。又經南征北戰，消滅各地分裂割據勢力，遂功高輕主，既鴆殺安帝另立恭帝，又終迫恭帝禪讓而建立宋王朝。司馬懿，洪本、吳本、四庫本“懿”作“德”，誤。宗，家族。曹操，吳本“操”作“掾”。

〔五一〕隋煬弒父殺兄：隋煬，隋煬帝楊廣。父，隋文帝楊堅。兄，楊勇。資治通鑑卷一八〇隋文帝仁壽四年：“上寢疾於仁壽宮，尚書左僕射楊素、兵部尚書柳述、黃門侍郎元巖皆入閣侍疾，召皇太子入居大寶殿。太子慮上有不諱，須預防擬，手自爲書，封出問素；素條録事狀以報太子。宮人誤送上所，上覽而大恚。陳夫人平旦出更衣，爲太子所逼，拒之，得免，歸於上所；上怪其神色有異，問其故。夫人泫然曰：‘太子無禮！’上恚，抵床曰：‘畜生何足付大事！獨孤誤我！’乃呼柳述、元巖曰：‘召我兒！’述等將呼太子，上曰：‘勇也。’述、巖出閣爲敕書。楊素聞之，以白太子，矯詔執述、巖，繫大理獄；追東宮兵士帖上臺宿衛，門禁出入，並取宇文述、郭衍節度；令右庶子張衡入寢殿侍疾，盡遣後宮出就別室；俄而上崩。故中外頗有異論。……乙卯，發喪，太子即皇帝位。會伊州刺史楊約來朝，太子遣約入長安，易留守者，矯稱高祖之詔，賜故太子勇死，縊殺之。”考異引趙毅大業略記曰：“高祖在仁壽宮，病甚，追帝侍疾，而高祖美人尤嬖幸者，唯陳、蔡二人而已。帝乃召蔡於別室，既還，面傷而髮亂，高祖問之，蔡泣曰：‘皇太子爲非禮。’高祖大怒，齧指出血，召兵部尚書柳述、黃門侍郎元巖等發詔追庶人勇，即令廢立。帝事迫，召左僕射楊素、左庶子張衡進毒藥。帝簡驍健官奴三十人，皆服婦人之服，衣下置仗，立於門巷之間，以爲之衛。素等既入，而高祖暴崩。”又引馬總通曆曰：“上有疾，於仁壽殿與百僚辭訣，並握手歔欷。是時唯太子及陳宣華夫人侍疾，太子無禮，宣華訴之。帝怒曰：‘死狗，那可付後事！’遽令召勇，楊素祕不宣，乃屏左右，令張衡入拉帝，血濺屏風，冤痛之聲聞于外，崩。”　及宇文之變，而父子更相爲疑：宇文，指宇文化及，時爲煬帝右屯衛將軍。大業十四年（618），化及與驍果總領司馬德戡等於江都發動兵變。父子，指煬帝及其次子齊王楊暕（小字阿孩）。暕求聲色狗馬,所行多不法,因失寵,每懷危懼,心不自安。帝亦常慮暕生變,使人監其府事。隋書齊王暕傳云:"(宇文)化及作亂,兵將犯蹕,帝聞,顧謂蕭后曰:'得非阿孩邪?'其見疏忌如此。化及復令人捕暕,暕時尚卧未起,賊既進,暕驚曰:'是何人?'莫有報者,暕猶謂帝令捕之,因曰:'詔使且緩,兒不負國家。'賊於是曳至街而斬之,及其二子亦遇害。暕竟不知殺者爲誰。"

〔五二〕晉能與白狄伐秦,秦亦能與白狄伐晉:白狄,古族名。春秋時狄人之一部。初在今陝西延長縣、山西介休市一帶,後東遷今河北境。春秋宣公八年(前 601):"晉師、白狄伐秦。"又成公九年(前 582):"秦人、白狄伐晉。"

〔五三〕敬人之兄,人亦敬其兄:四庫本作:"殺人之兄,人亦殺其兄。"

〔五四〕石勒病,遣二王俾之國,虎留之而給以遣:石勒,十六國後趙建立者,廟號高祖,謚明皇帝,公元 319—333 年在位。二王,指勒子秦王石宏及養子彭城王石堪。虎,石虎,字季龍,石勒從子,後趙武帝,公元 334—349 年在位。勒死,初擁立勒子石弘,自爲丞相。後殺弘,自稱居攝趙天王,終又稱帝。晉書石勒載記下:勒疾甚,"召石季龍與其太子弘、中常侍嚴震等侍疾禁中。季龍矯命絶弘、震及内外羣臣親戚,勒疾之增損莫有知者。詐召石宏、石堪還襄國。勒疾小瘳,見宏,驚曰:'秦王何故來邪? 使王藩鎮,正備今日。有呼者邪?自來也? 有呼者誅之!'季龍大懼,曰:'秦王思慕,暫還耳。今謹遣之。'數日,復問之,季龍曰:'奉詔即遣,今已半路矣。'更諭宏在外,遂不遣之。" 及虎之病,留二王使輔政,妻逐之而給以留:二王,指石虎之子彭城王石遵及燕王石斌。妻,石虎幼子世母劉氏。石虎虐殺第二任太子石宣之後,立世爲太子,並立世母劉昭儀爲皇后,但很快又後悔。晉書石季龍載記下:"季龍疾甚,以石遵爲大將軍,鎮關右,石斌爲丞相、録尚書事,張豺爲鎮衛大將軍、領軍將軍、吏部尚書,並受遺輔政。劉氏懼斌之輔政也害世,與張豺謀誅之。斌時在襄國,乃遣使詐斌曰:'主上患已漸損,王須獵者,可小停也。'斌性好酒耽獵,遂游畋縱飲。劉氏矯命稱斌無忠孝之心,免斌官,以王歸第,使張豺弟雄率龍騰五百人守之。石遵自幽州至鄴,敕朝堂受拜,配禁兵三萬遣之,遵慟泣而去。是日季龍疾小瘳,問曰:'遵至未?'左右答言久已去矣。季龍曰:'恨不見之。'季龍臨於西閣,龍騰將軍、中郎二百餘人列拜于前。季龍曰:'何所求也?'皆言聖躬不和,宜令燕王入宿衛,典兵馬,或言乞爲皇太子。季龍不知斌之廢也,責曰:'燕王不在内邪？呼來！’左右言王酒病，不能入。季龍曰：‘促持輦迎之，當付其璽綬。’亦竟無行者。尋惛眩而入。張豺使弟雄等矯季龍命殺斌，……俄而季龍亦死。”

〔五五〕虎之於勒，姪也，殺其子以及其母：石勒死，虎先逼勒子弘立，己以丞相、魏王、大單于總攝百揆。勒妻劉氏與勒養子石堪謀討虎，事敗，虎將郭太等“獲堪于城父，送襄國，炙而殺之。……劉氏謀泄，季龍殺之。尊弘母程氏爲皇太后”。不久，虎又篡位，“咸康元年，幽弘及程氏并（勒子）宏、恢于崇訓宫，尋殺之”。（見晉書石勒載記下）　遵，虎子也，亦殺虎而及其母：彦按：“殺虎”當作“殺虎之子”。石虎死，石遵異母弟石世繼位。遵以討伐張豺爲名發兵京師，皇太后劉氏懼，“令以遵爲丞相、領大司馬、大都督中外諸軍、録尚書事，加黄鉞、九錫，增封十郡，委以阿衡之任。遵……假劉氏令曰：‘嗣子幼沖，先帝私恩所授，皇業至重，非所克堪。其以遵嗣位。’遵僞讓至于再三，羣臣敦勸，乃受之，僭即尊位于太武前殿。……封世爲譙王，邑萬户，待以不臣之禮，廢劉氏爲太妃，尋皆殺之。”

〔五六〕甄后之戕，郭后康窒其口；既郭之戮，亦以康窒其口：甄后，即文昭甄皇后，三國魏文帝曹丕妾室，明帝曹叡生母。參見上注〔三九〕。戕，殘害，殺害。洪本、吴本、四庫本作“戕”，同。郭后，指魏文帝夫人文德郭皇后。郭后無子，養曹叡爲子，叡繼位，尊后爲皇太后。康，同“糠”。窒，堵塞。洪本、吴本“康窒”作“窒康”。郭之戮，四庫本“郭”作“甄”，非是。三國志魏志文德郭皇后傳裴松之注引漢晉春秋曰：“初，甄后之誅，由郭后之寵，及殯，令被髮覆面，以糠塞口。遂立郭后，使養明帝。帝知之，心常懷忿，數泣問甄后死狀。郭后曰：‘先帝自殺，何以責問我？且汝爲人子，可追讎死父，爲前母枉殺後母邪？’明帝怒，遂逼殺之，勅殯者使如甄后故事。”

〔五七〕朱温令蔣輝弑昭宗，昭宗環柱而走，劍之擊柱者三，乃歸獄於裴李：朱温，五代梁太祖，爲後梁開國之君，公元 907—913 年在位。温早年參與黄巢起義，後降唐，賜名全忠。以征戰功官至諸道兵馬副元帥，既執大權，遂行篡弑。蔣輝，據新、舊唐書及新、舊五代史，此人名爲蔣玄暉，此作“蔣輝”，非是。昭宗，唐昭宗李曄，公元 889—907 年在位。裴李，指唐昭宗夫人裴貞一與昭儀李漸榮。各本“李”均譌“季”，今訂正。舊唐書昭宗紀天祐元年：“八月壬辰朔。壬寅夜，朱全忠令左龍武統軍朱友恭、右龍武統軍氏叔琮、樞密使蔣玄暉弒昭宗於椒殿。……是夜二鼓，蔣玄暉選龍武衙官史太等百人叩內門，言軍前有急奏面見上。內門開，玄暉每門留卒十人。至椒殿院，貞一夫人啓關，謂玄暉曰：‘急奏不應以卒來。’史太執貞一殺之，急趨殿下。玄暉曰：‘至尊何在？’昭儀李漸榮臨軒謂玄暉曰：‘院使莫傷官家，寧殺我輩。’帝方醉，聞之遽起。史太持劍入椒殿，帝單衣旋柱而走，太追而弒之。漸榮以身護帝，亦爲太所殺。”又哀帝紀：“天祐元年八月十二日，昭宗遇弒。……丙午，大行皇帝大殮，皇太子柩前即皇帝位。己酉，矯制曰：‘昭儀李漸榮、河東夫人裴貞一今月十一日夜持刀謀逆，懼罪投井而死，宜追削爲悖逆庶人。’蔣玄暉夜既弒逆，詰旦宣言於外曰：‘夜來帝與昭儀博戲，帝醉，爲昭儀所害。’歸罪宮人，以掩弒逆之迹。”

〔五八〕暨友珪之逆，俾馮廷諤以劍犯溫，溫亦走旋柱，劍之擊柱者亦三，乃歸獄於博王友文：友珪，後梁太祖朱溫第三子，弒父篡位，隨即爲溫外甥袁象先等所誅。旋，圍繞。博王友文，朱溫養子，得溫寵，溫有意傳予位。新五代史梁家人傳庶人友珪：“太祖病少間，謂（友文妻）王氏曰：‘吾知終不起，汝之東都，召友文來，吾與之決。’蓋心欲以後事屬之。乃謂敬翔曰：‘友珪可與一郡，趣使之任。’乃以友珪爲萊州刺史。太祖素剛暴，既病而喜怒難測，是時左降者，必有後命，友珪大懼。其妻張氏曰：‘大家以傳國寶與王氏，使如東都召友文，君今受禍矣！’夫婦相對而泣。左右勸友珪曰：‘事急計生，何不早自爲圖？’友珪乃易衣服，微行入左龍虎軍，見統軍韓勍計事，勍夜以牙兵五百隨友珪，雜控鶴衛士而入。夜三鼓，斬關入萬春門，至寢中，侍疾者皆走。太祖惶駭起呼曰：‘我疑此賊久矣，恨不早殺之，逆賊忍殺父乎？’友珪親吏馮廷諤以劍犯太祖，太祖旋柱而走，劍擊柱者三，太祖憊，仆于牀，廷諤以劍中之，洞其腹，腸胃皆流。友珪以裀褥裹之寢中，祕喪四日。乃……遣受旨丁昭浦矯詔馳至東都，殺友文。又下詔曰：‘朕艱難創業，踰三十年。託于人上，忽焉六載，中外叶力，期于小康。豈意友文陰畜異圖，將行大逆。昨二日夜，甲士突入大內，賴友珪忠孝，領兵勍戮，保全朕躬。然而疾恙震驚，彌所危殆。友珪克平兇逆，厥功靡倫，宜委權主軍國。’然後發喪。”

〔五九〕及末帝之討逆，友珪竟俾廷諤奏刃，而廷諤亦自殺矣：末帝，指後梁末帝、朱溫子朱友貞，公元913—923年在位。廷諤，友珪親吏。四庫本如此，

餘諸本"廷"均譌"延",此從四庫本。奏,進。新五代史梁家人傳庶人友珪:
"乾化二年六月既望,友珪於柩前即皇帝位,……三年正月,友珪祀天於洛陽南
郊,改元曰鳳歷。太祖外孫袁象先與駙馬都尉趙巖等,謀與末帝討賊。二月,
象先以禁兵入宫,友珪與妻張氏趨北垣樓下,將踰城以走,不果,使馮廷諤進刃
其妻及己,廷諤亦自殺。"

〔六〇〕以臣逐君:吴本"逐"譌"遂"。　　龐蒙:即龐門。

〔六一〕陽推五福以類升,陰幽六極以類降:見太玄玄測都序。鄭萬耕校
釋:"陽推,指陽氣具有盛長萬物的作用。陰幽,指陰氣具有潛藏萬物的作用。"
參見後紀十二帝舜有虞氏注〔六二一〕、〔六二二〕。

〔六二〕慶封、蒲嫳之於崔杼:慶封,春秋齊大夫,景公時任左相。蒲嫳
(piè),即盧蒲嫳,春秋齊臣。魯襄公二十五年(前 548),齊莊公被崔杼、慶封
所殺,莊公心腹、盧蒲嫳兄癸出逃,嫳則投靠慶封,挑撥崔、慶關係,終使崔杼家
破人亡。盧蒲爲複姓,路史省稱"蒲嫳",非是。下盧蒲癸省稱"蒲癸"同。崔
杼,春秋齊大夫,景公時任右相。左傳襄公二十七年:"齊崔杼生成及彊而寡。
娶東郭姜,生明。東郭姜以孤入,曰棠無咎,與東郭偃相崔氏。崔成有疾而廢
之,而立明。成請老于崔,崔子許之,偃與無咎弗予,曰:'崔,宗邑也,必在宗
主。'成與彊怒,將殺之。告慶封曰:'夫子之身,亦子所知也,唯無咎與偃是從,
父兄莫得進矣。大恐害夫子,敢以告。'慶封曰:'子姑退,吾圖之。'告盧蒲嫳。
盧蒲嫳曰:'彼,君之讎也。天或者將棄彼矣。彼實家亂,子何病焉?崔之薄,
慶之厚也。'他日又告。慶封曰:'苟利夫子,必去之。難,吾助女。'九月庚辰,
崔成、崔彊殺東郭偃、棠無咎於崔氏之朝。崔子怒而出,其衆皆逃,求人使駕,
不得。使圉人駕,寺人御而出,且曰:'崔氏有福,止余猶可。'遂見慶封。慶封
曰:'崔、慶一也。是何敢然?請爲子討之。'使盧蒲嫳帥甲以攻崔氏。崔氏堞
其宫而守之。弗克。使國人助之,遂滅崔氏,殺成與彊,而盡俘其家。其妻縊。
嫳復命於崔子,且御而歸之。至,則無歸矣,乃縊。崔明夜辟諸大墓。辛巳,崔
明來奔。慶封當國。"　　慶舍、蒲癸之於慶封:慶舍,字子之,慶封子,齊卿大夫。
蒲癸,即盧蒲癸,盧蒲嫳兄,齊國勇士。崔氏覆滅之後,慶封允許逃亡在外之莊
公之黨回國。癸獲歸,且得慶舍賞識,因挑撥慶氏與公族大夫欒(子雅)、高
(子尾)二家關係,終殺慶舍,而慶封逃魯,繼又奔吴。左傳襄公二十八年:"齊

慶封好田而耆酒,與慶舍政,則以其内實遷于盧蒲嫳氏,易内而飲酒。數日,國遷朝焉。使諸亡人得賊者以告,而反之。故反盧蒲癸。癸臣子之,有寵,妻之。……癸言王何而反之,二人皆嬖,使執寢戈而先後之。公膳,日雙雞。饔人竊更之以鶩,御者知之,則去其肉而以其泊饋。(杜預注:"御,進食者。饔人、御者欲使諸大夫怨慶氏,减其膳。蓋盧蒲癸、王何之謀。")子雅、子尾怒。慶封告盧蒲嫳。盧蒲嫳曰:'譬之如禽獸,吾寢處之矣。'……十一月乙亥,嘗于大公之廟,慶舍涖事。……麻嬰爲尸,慶奊爲上獻。盧蒲癸、王何執寢戈,慶氏以其甲環公宫。陳氏、鮑氏之圉人爲優。慶氏之馬善驚,士皆釋甲束馬,而飲酒,且觀優,至於魚里。(杜預注:"魚里,里名。優在魚里,就觀之。")欒、高、陳、鮑之徒介慶氏之甲。子尾抽桷,擊扉三,盧蒲癸自後刺子之,王何以戈擊之,解其左肩。猶援廟桷,動於甍,以俎、壺投殺人,而後死。遂殺慶繩、麻嬰。慶封歸,遇告亂者。……遂來奔。……既而齊人來讓,奔吳。"　元昊、訛哤等事:元昊,西夏開國皇帝,廟號景宗,謚號武烈皇帝。先世於唐朝受賜李姓,因又稱李元昊。宋仁宗曾賜元昊趙姓,故又稱趙元昊。訛哤,中華書局1981年版宋歐陽修歸田録作"訛哤",疑是。歸田録卷二曰:"趙元昊二子:長曰侫令受,次曰諒祚。諒祚之母,尼也,有色而寵,侫令受母子怨望。而諒祚母之兄曰没藏訛哤者,亦黠虜也,因教侫令受以弑逆之謀。元昊已見殺,訛哤遂以弑逆之罪誅侫令受子母,而諒祚乃得立。而年甚幼,訛哤遂專夏國之政。其後諒祚稍長,卒殺訛哤,滅其族。元昊爲西鄙患者十餘年,國家困天下之力,有事於一方,而敗軍殺將,不可勝數,然未嘗少挫其鋒。及其困於女色,禍生父子之間,以亡其身,此自古賢智之君或不能免,况夷狄乎!訛哤教人之子殺其父,以爲己利,而卒亦滅族,皆理之然也。"　而益歎羿、浞之會,舉天理自然者:會,遭遇。舉,皆。

〔六三〕愛出者愛入,福往者福來,"鳴鶴在陰,其子和之":新書春秋:"故愛出者愛反,福往者福來。易曰:'鳴鶴在陰,其子和之。'其此之謂乎!""鳴鶴"二句,見易中孚九二。孔穎達正義:"處於幽昧而行不失信,則聲聞于外,爲同類之所應焉。如鶴之鳴於幽遠,則爲其子所和,故曰'鳴鶴在陰,其子和之'也。"

〔六四〕三后之裔皆王,而有吳者卒夷昧之子孫:三后,指堯、舜、禹。卒,

終,最後。夷昧,春秋吴王,公元前 544—前 527 年在位。後漢書章帝八王傳:
"論曰:傳稱吴子夷昧,甚德而度,有吴國者,必其子孫。"

〔六五〕視履攷祥,諶哉:履,行,指行爲,德行。祥,吉凶之預兆。易履上
九:"視履考祥,其旋元吉。"王弼注:"禍福之祥,生乎所履。處履之極,履道成
矣,故可視履而考祥也。"諶,猶誠,確實。

帝少康

初,羿之弑相也,后緡方震,逃出自竇,歸于有仍〔一〕,緡,少昊
後。仍,太昊後。生少康。少長,爲仍牧正。殊才異略,至德宏仁,忌
羿而能戒之〔二〕。羿使臣椒求之,奔有虞,爲之庖正〔三〕。虞思妻
之二姚,而邑諸綸〔四〕。綸,今宋之虞城,竹紀年"楚吾得及秦師伐鄭,圍綸綸
氏"者〔五〕。博物志謂汾陰古綸邑爲少康邑,疎矣〔六〕。方多艱之際,何得近舍虞、仍,而
遠即汾陰哉〔七〕? 餘詳國名記。有田一成,衆一旅〔八〕。乃布德兆謀,撫其
官職,旋收夏衆而用之〔九〕。一成十里,百井也,九百夫地〔一〇〕。五百人爲旅。
八百家而五百人,有增常數,衆志叶也〔一一〕。慶得四息伯杼、曲列、龍留、季
杼俱賢,逮事,乃俾女艾諜羿,季杼誘豷〔一二〕。伯靡自鬲收二斟之
燼,滅浞而立少康〔一三〕。汝國即女艾、女鳩之封〔一四〕。猗羿被服彊圉,朋
淫不義,而弗豫不虞〔一五〕。少康乘之,滅于過,而伯杼復滅豷
于戈。

復禹之績以紹,都于櫟〔一六〕。十道志云,陽翟有少康城。洛陽記,夏
少康故邑〔一七〕。水經潁水東歷康城,即此〔一八〕。又瀙有中水城,圖經云,夏少康所
造〔一九〕。應劭云,以在溴、易二水間而名〔二〇〕。亦見九域志。凡此,蓋亦游都之
類〔二一〕。於是方夷來賓,獻其樂舞〔二二〕;後漢書及汲紀年〔二三〕。祀夏配
天,不失舊物〔二四〕;左傳〔二五〕。晉志云:"禹五服至于五千里。夏德中衰,有窮之
亂。少康中興,不失舊物〔二六〕。"正法度,振凋劫;嚴祀崇禮,撫錫藥
療,——而天下之民歸心焉〔二七〕。是以振祚四百,後世莫及〔二八〕。

在位四十有六歲,陟年八十有八〔二九〕。刀劍録云,夏少康三年鑄銅

劍一,文曰"定光"〔三〇〕。**九子**。漳浦縣有九侯山,舊經云"禹子少康,封於會稽。有子九人,流於此山",而名〔三一〕。新圖經云,少康九子。今訛爲鬼侯山,以爲山魈之居者,妄矣〔三二〕。**伯杼嗣**。

　　　説〔三三〕

【校注】

　　〔一〕初,羿之弑相也,后緡方震,逃出自竇,歸于有仍:自此而下至"季杼誘殪",撮取自左傳哀公元年。震,通"娠",懷孕。竇,洞穴,此指城洞。左傳作:"昔有過澆殺斟灌以伐斟鄩,滅夏后相。后緡方娠,逃出自竇,歸于有仍。"杜預注:"后緡,有仍氏女。"

　　〔二〕殊才異略,至德宏仁,忌羿而能戒之:才,吳本作"大",乃俗體。宏仁,四庫本作"正仁"。忌,憎惡。左傳作"惎",義同。羿,喬本、洪本作"夏",當爲形譌。今據餘本訂正。左傳作"澆"。戒,防備。

　　〔三〕羿使臣椒求之:椒,喬本、洪本、吳本、備要本均作"俶",非是。此從四庫本。左傳作"澆使椒求之"。　庖正:掌管飲食之官。

　　〔四〕虞思妻之二姚:虞思,各本均譌"姚思",今據左傳訂正。姚,喬本、洪本、吳本、備要本作"處",誤。四庫本作"姚",與左傳同,今從之。杜預春秋左傳集解:"思,有虞君也。虞思自以二女妻少康。姚,虞姓。"

　　〔五〕今宋之虞城:宋,州名。虞城,縣名,今屬河南省。　竹紀年"楚吾得及秦師伐鄭,圍綸綸氏":見今本竹書紀年卷下周顯王三十五年。原文作:"楚吾得帥師及秦伐鄭,圍綸氏。"原注:"不知何年,附此。"楚吾得,戰國楚將。綸綸氏,四庫本作"庖綸氏",誤。

　　〔六〕汾陰古綸邑:在今山西萬榮縣境。

　　〔七〕而遠即汾陰哉:吳本、四庫本無"哉"字。

　　〔八〕有田一成,衆一旅:左傳杜預注:"方十里爲成,五百人爲旅。"

　　〔九〕乃布德兆謀,撫其官職,旋收夏衆而用之:左傳作:"能布其德,而兆其謀,以收夏衆,撫其官職。"杜預注:"兆,始。"

　　〔一〇〕一成十里,百井也,九百夫地:洪本"夫"譌"大"。左傳孔穎達疏:"計方十里爲方一里者百,方一里有九夫之田,則十里容九百夫也。"

〔一一〕八百家而五百人，有增常數，衆志叶也：八百家，相傳古井田制時代田一成亦即百井之家數。漢荀悅漢紀文帝紀下："古者建步立畝，六尺爲步，步百爲畝，畝百爲夫，夫三爲屋，屋三爲井，井方一里，是爲九夫，八家共之。"叶（xié），和洽。

〔一二〕慶得四息伯杼、曲列、龍留、季杼俱賢：慶，慶幸。息，兒子。龍留，彥按："留"字疑不當有。新唐書宰相世系表一下云："夏后氏帝相失國，其妃有仍氏女方娠，逃出自竇，奔歸有仍氏，生子曰少康。少康二子：曰杼，曰龍，留居有仍，遂爲竇氏。"豈路史誤斷新唐書語乎？季杼，四庫本如此，餘本均作"季扞"。彥按：四庫本是，左傳正作"季杼"。又國語魯語上"杼，能帥禹者也"韋昭注："杼，禹後七世，少康之子季杼也。"今從之。下"季杼"同。　　乃俾女艾諜澆，季杼誘豷：女艾，少康臣。諜，謂爲間諜以刺探。誘，誘騙。

〔一三〕伯靡自鬲收二斟之燼：燼，通"爐"，殘餘。

〔一四〕女鳩：下帝履癸云："女鳩、女方，夏賢臣也。"又本書國名紀六夏世侯伯女又云："商有女鳩。"蓋歷官二朝者。

〔一五〕猗豷被服彊圉，朋淫不義，而弗豫不虞：猗豷，喬本、洪本、吳本、備要本"豷"譌"夏"，今據四庫本訂正。被服，負恃，倚仗。彊圉，强壯有力。各本"圉"均譌"圍"，今訂正。豫，預備，防備。不虞，猶不測，指意料不到的事。參見上寒浞傳注〔二四〕。

〔一六〕復禹之績以紹，都于櫟：紹，繼承。櫟，在今河南禹州市。

〔一七〕洛陽記：晉陸機撰。

〔一八〕水經潁水東歷康城：見水經注卷二二潁水。原文作："潁水又東出陽關，歷康城南。"康城，在今河南禹州市西北。

〔一九〕瀛有中水城：瀛，州名。吳本譌"瀧"。中水城，在今河北獻縣西北。

〔二〇〕應劭云，以在滱、易二水間而名：自此"應劭云"至下"游都之類"二十五字，吳本、四庫本所無，蓋脱。滱，喬本、洪本、備要本均作"冠"。彥按："冠"當"滱"字形譌。史記項羽本紀"封呂馬童爲中水侯"，張守節正義引應劭云："在易、滱二水之中，故曰中水。"當即羅氏所本，今據以訂正。

〔二一〕游都：移置之都。

〔二二〕於是方夷來賓,獻其樂舞:**方夷**,古族名,東方九夷之一。**竹書紀年**卷上帝少康二年:"**方夷來賓**。"後漢書東夷傳:"**夏后氏太康**失德,夷人始畔。自**少康**已後,世服王化,遂賓於王門,獻其樂舞。"

〔二三〕汲紀年:指**汲**冢出土之紀年,即竹書紀年。

〔二四〕不失舊物:謂不忘舊時典制。

〔二五〕左傳:見哀公元年。

〔二六〕晉志:指晉書地理志上。　禹五服至于五千里:吳本"于"譌"千"。夏德中衰:洪本"衰"字爲墨丁。晉志原文作:"(夏后氏)弼成五服,五服至于五千里。夏德中微,遇有窮之亂。少康中興,不失舊物。"

〔二七〕正法度,振凋劾:凋劾(guì),衰敗疲困。　嚴祀崇禮,撫錫藥療:嚴,敬,尊崇。錫,説文矢部:"傷也。"段玉裁注:"謂矢之所傷也。引伸爲凡傷之稱。"喬本、吳本、四庫本作"錫",乃俗譌。此從洪本及備要本。藥,治療。療(zhài),病。

〔二八〕振祚四百:振興國運四百年。

〔二九〕陟:猶言升天,多以婉稱帝王之死。

〔三〇〕刀劍録云,夏少康三年鑄銅劍一,文曰"定光":吳本、四庫本無此十七字。

〔三一〕漳浦縣有九侯山:**漳浦縣**,治所在今福建漳浦縣治。**九侯山**,在今福建詔安縣北。　舊經:蓋指舊圖經。　禹子少康,封於會稽。有子九人,流於此山:**彦按**:宋**葉庭珪海録碎事**卷三上總載山門九侯山云:"九侯山在漳浦縣。舊經云:夏禹子少康封于會稽,有子九人,流于此。一名鬼侯山,言爲山魈所居。"蓋即羅氏所本。

〔三二〕山魈:動物名,狒狒之類,性凶猛,狀醜惡。古代傳説以爲山怪。魈,音 xiāo。

〔三三〕説:吳本、四庫本無此"説"字。

帝杼

帝杼一曰松曼〔一〕,音謾。見**代曆**。**世紀**云或作**公孫曼**,非。是爲帝**輿**。**世本**云:"**季杼作甲**。"〔二〕又云:"**杼作矛**。"注:"**少康子輿也**。"**墨子**亦云:"**輿作**

甲〔三〕。”中候作予，一作宁，又作伫〔四〕。世紀一作后予。集韻云：予，夏后名〔五〕，音宁，又柠〔六〕。始作矛甲，滅戈豷〔七〕。及即位，都于原〔八〕。紀年：帝子居原。自原遷于老王〔九〕。老王，地闕。五歲，征東海，伐三壽〔一〇〕。本作王壽〔一一〕。紀年云：夏伯杼子之東征，獲狐九尾〔一二〕。

乃封其仲曲列于繒〔一三〕，是曰繒衍。傳作“鄫”〔一四〕。至周，爲莒所滅。魯襄四年〔一五〕。有繒氏、鄫氏、曾氏。宣室志有崇言曾氏，陶唐氏之後，以字爲氏〔一六〕。妄也。

封云西甌〔一七〕。處於埤中，劗髮文身以負俗，曰無余〔一八〕。無余者，杼也。云即季杼，少康之庶子〔一九〕。傳云：“季杼誘豷〔二〇〕。”杼，少康之長子，不得謂季。然姓書言，少康崩時，季杼尚少，則滅豷非杼也〔二一〕。寰宇記：少康庶子無餘封於會稽，世爲越侯〔二二〕。云“無余封”，誤〔二三〕。初，禹之會稽山也，復于衆曰：“食其實者，不傷其枝。吾獲覆釜書，以除天下，民有廬里，其德溥矣。死則予欲瘞焉〔二四〕。”於是誅木而邑之，安民治居，以爲之法〔二五〕。及崩，羣臣葬之。至於太康，歲弗及祀，方皇不忍去。人名其處爲杼山。顏真卿記：山有夏王村，其北有夏駕村〔二六〕。張元之吳興記曰稽留山〔二七〕。爰封杼以世祀〔二八〕。蓋十數傳而與民編〔二九〕。及周之東，有無壬，百姓奉而君之，是爲漚粵、東粵〔三〇〕。越也。記云：周遷時，有人生而言曰：“鳥禽呼喋喋〔三一〕。”指天而向禹墓曰：“我，無余君之裔末也，將修前祀，爲民請命〔三二〕。”民喜，而封之粵〔三三〕。無壬生無繹，無繹生夫譚，譚之子爲元常〔三四〕。故越北界有語兒鄉。與萬歲曆之説異〔三五〕。按：國語、通典作“禦”，而越人謂兵爲“兒”，蓋禦兵云。暨元常而始伯〔三六〕。元王命之〔三七〕。或作“允常”，非。其子茇執滅吳而遂霸〔三八〕。句踐也。哀二十二年。淮南子云：“勝夫差於五湖，南面而霸天下，泗上十二諸侯率九夷朝焉〔三九〕。”七世茇爥卯，逃位巖間，寢罕，越人熏而出之，是爲無顓〔四〇〕。即子搜。自句踐而下，傳無世次。按紀年：句踐以晉出公十年卒，鹿郢立，是爲鼫與〔四一〕。六年卒，盲姑立，是爲不壽〔四二〕。十年卒，朱句立，是爲王翁〔四三〕。三十七年卒，王翳立〔四四〕。三十六年卒，子諸咎殺之，諸枝立，是爲孚錯枝〔四五〕。一年，其大夫寺區定亂，立初無余。十二年，寺區之弟思復弒其君莽安而立無顓〔四六〕。八年。故子搜曰：“越人三弒其君〔四七〕。”其弟無疆，爲楚所破,顯王四十六年,楚威滅越,盡有其地〔四八〕。史云"粵之",紀年無〔四九〕。歐文忠云句踐五世王無疆,非〔五〇〕。族散江南海上,于越、東野、句餘、姑妹、姑於,迭爲長伯〔五一〕。王德璉番陽記云:東野王,夏后氏之苗裔,秦末爲百粵君長〔五二〕。餘並詳國名記〔五三〕。無疆之長王,後去琅邪〔五四〕。玉子尊,尊子親,失其民〔五五〕。見越春秋。其次子蹄,守歐餘之陽,歐餘山在烏程。歐文忠云,諸子皆楚封之〔五六〕。蓋雖散處,猶臣楚。爲歐氏、謳氏、漚氏、餘氏、烏氏、烏餘氏、甌氏、歐侯氏、歐陽氏、歐羊氏。謳、區、歐、甌、漚,並同〔五七〕。歐羊,見熊喬碑〔五八〕。無諸保泉山,漢帝王之閩中〔五九〕。漢五年,立無諸爲閩越王,王閩故地,都東冶〔六〇〕。建元三年,閩越圍東甌王〔六一〕。遣助救之,未至,止,東甌因請徙中國,帥其衆處江淮間〔六二〕。此搖也。後頗出,因立冶治之,即東冶,今福之閩縣也〔六三〕。按福圖經云,句踐六世孫爲楚併,其後無諸以其境南泉山都之,稱閩越王〔六四〕。朱買臣云:"東越王保泉山。"〔六五〕在建安北界,今衢之信安南二百里泉嶺山〔六六〕。其季餘善與孫搖,又以海東隅地稱王,號三越〔六七〕。俱會稽之域。見福圖經。按:歐搖佐漢平秦,漢惠三年封爲東海王,居東甌,號東甌王〔六八〕。顧氏譜云,句踐七世,閩君搖〔六九〕。寰宇記云,疆七世〔七〇〕。殆俱非。建元六,閩越王郢擊南越,佗孫胡上書,上遣將兵〔七一〕。郢弟餘善殺之,降〔七二〕。乃以爲東越王〔七三〕。郢舉兵,無諸孫繇君丑獨不預謀,乃立爲越繇君,奉閩越祀〔七四〕。元鼎六,餘善反。元封元冬,兵入東越,繇君居股殺餘善降〔七五〕。上以東越陿多阻,閩越數反覆,徙之,東越遂虛〔七六〕。今之閩川也〔七七〕。以顧餘王東越,搖無餘侯海陽,奉越祀〔七八〕。尋以漢兵衆,歸,分郡之〔七九〕。會稽郡、吳郡〔八〇〕。姑越、越漚、句章、吳門、餘復、黃林、餘不、甌鄧,俱其羨也〔八一〕。越絕書云:吳婁門外馬亭溪上復城者,故越王餘復君所治〔八二〕。門外鴻城,故越王城也〔八三〕。無餘,史表作母餘〔八四〕。並詳國名紀〔八五〕。後有駱氏、顧氏、疇氏、靈姑氏、史,無諸及搖皆句踐後〔八六〕。駱舊作驪,其將有驪力,徐廣"一作'駱'"爲是〔八七〕。越驪無本,齊有馬驪矣〔八八〕。諸氏、搖氏、傜氏、稽氏、多氏、植氏、茭氏、舌氏、余氏、越氏。芈姓諸越亦有越氏〔八九〕。後魏越勒、疆並爲越氏〔九〇〕。姓書:少康封少子會稽,爲會稽氏。漢初徙譙稽山,爲稽氏〔九一〕。漢功臣有多軍,封無錫,越將;子卬嗣云〔九二〕。

龍留居仍,爲竇氏[九三]。六十有九世,犫出北方,仕晉[九四]。
二十世統,以武誅,入鮮卑拓拔部,居南竟代郡,號没鹿回,爲没鹿
氏[九五]。魏穆命爲紇豆陵氏[九六]。其歸華也,魏武又復之爲竇
氏[九七]。犫字鳴犢,葬常山,故姓書又有鳴氏[九八]。紇豆或作紇旦,非[九九]。懷正
敗溺僵尸,爲毒氏[一〇〇]。唐相,與太平公主謀逆[一〇一]。

帝杼,能帥禹者,故夏氏報焉[一〇二]。二十有七歲,陟,子
槐立[一〇三]。

　　説[一〇四]

【校注】

〔一〕松曼:吳本、四庫本“曼”作“蔓”。下“公孫曼”之“曼”同。

〔二〕世本云:“季杼作甲”:太平御覽卷三五五引世本曰,但作“杼作甲”,無“季”字。彥按:前篇帝少康末云“伯杼嗣”,此言帝杼,當即伯杼,非季杼也。

〔三〕輿作甲:見墨子非儒下,“輿”作“伃”。

〔四〕中候作予:中候,洪本、吳本作“中舊”,四庫本作“中侯”,並誤。

〔五〕集韻云:予,夏后名:見集韻語韻予。原文作:“夏帝名,通作‘杼’。”

〔六〕音宁:宁,音 zhù。　又柠:疑爲“又作杼”之脱譌。參見上注。

〔七〕戈豷:即豷。以居於戈,故稱戈豷。洪本、吳本“豷”譌“懿”。竹書紀年卷上帝相二十八年:“伯子杼帥師滅戈。”伯子杼即帝杼,左傳襄公四年作后杼。

〔八〕及即位,都于原:位,洪本、吳本作“立”。原,在今河南濟源市西北。竹書紀年卷上帝杼元年:“己巳,帝即位,居原。”

〔九〕自原遷于老王:老王,竹書紀年卷上帝杼五年作“老丘”,當是。老丘在今河南開封市祥符區陳留鎮一帶。

〔一〇〕五歲,征東海,伐三壽:竹書紀年事載於帝杼八年。此稱“五歲”,不知何據。清徐文靖竹書統箋云:“三壽疑東海古國名,近魯者也。”

〔一一〕本作王壽:本書國名紀六夏世侯伯即作“王壽”。

〔一二〕紀年云:夏伯杼子之東征,獲狐九尾:紀年,吳本“年”譌“在”。伯杼子,山海經海外東經“青丘國在其北,其狐四足九尾”郭璞注引汲郡竹書,

“伯”字作“柏”。彥按：上文稱伯子杼，此稱伯（柏）杼子，當有一誤，未知孰是。

〔一三〕繒：在今山東蘭陵縣西北。

〔一四〕傳作“鄫”：左傳哀公七年、哀公十七年兩見鄫衍，即其地。

〔一五〕魯襄四年：彥按：“四年”當“六年”之誤。春秋魯襄公六年：“莒人滅鄫。”

〔一六〕宣室志有崇言曾氏，陶唐氏之後，以字爲氏：有，通“又”。崇言，猶倡言，謂首先陳述某種意見。

〔一七〕封云西甌：云，即帝杼之四弟季杼，又稱無余（亦作無餘）。西甌，在今廣西及粵西一帶。彥按：此稱“封云西甌”，疑誤。下文稱“處於埠中”，又注引寰宇記：“少康庶子無餘封於會稽”，埠中、會稽乃越地，非西甌也。

〔一八〕處於埠中，劗髮文身以負俗：埠中，地名。在今浙江諸暨市北。水經注卷四〇漸江水云：“吳越春秋所謂越王都埠中，在諸暨北界。”劗髮，剪髮。劗（zuān），剪。負俗，謂與世俗不相諧。　無余：本書國名紀四夏后氏後越作無餘，同。

〔一九〕云即季杼：洪本“杼”譌“扞”。

〔二〇〕季杼誘豷：見左傳哀公元年。豷，喬本、洪本、吳本、備要本均作“懿”，當由音譌。此從四庫本。

〔二一〕則滅豷非杼也：豷，洪本、吳本譌“懿”。

〔二二〕見太平寰宇記卷一〇一建州。

〔二三〕云“無余封”：無余，喬本、洪本作“無命”誤，今從吳本、四庫本及備要本改。封，各本均作“紂”。彥按：“紂”當“封”字形譌，“無余封”乃針對上寰宇記“少康庶子無餘封於會稽”而言，作“紂”則不可解。今訂正。

〔二四〕禹之會稽山也，復于衆曰：之，於。復，告訴。　食其實者，不傷其枝：吳本、四庫本“實”作“寔”，非。　吾獲覆釜書，以除天下，民有廬里，其德溥矣：彥按：“天下”下疑脫“災”字。廬里，房舍。溥，大，廣。吳越春秋越王無余外傳作：“吾獲覆釜之書，得以除天下之災，令民歸於里間。其德彰彰若斯，豈可忘乎？”

〔二五〕於是誅木而邑之，安民治居，以爲之法：誅木，伐木。木，喬本、洪本作“不”，備要本作“茅”。吳本、四庫本無“誅木而”三字。彥按：“不”當“木”

字形譌。吳越春秋越王無余外傳作“乃……安民治室居,靡山伐木爲邑,……調權衡,平斗斛,造井示民,以爲法度”,“誅木”即“伐木”也。蓋以“木”譌爲“不”而“誅不”不辭,故備要本臆改作“茅”,而吳本、四庫本則徑删之。今訂正。居,各本均譌“屈”,今亦據吳越春秋訂正。

〔二六〕山有夏王村,其北有夏駕村:彦按:夏駕村,當作夏駕山。顔魯公集卷四湖州烏程縣杼山妙喜寺碑云:“今山有夏王村,山西北有夏駕山,皆后杼所幸之地也。”

〔二七〕張元之吳興記曰稽留山:張元之,即晉吳興太守張玄之,“玄”之作“元”,蓋避宋聖祖趙玄朗偏諱追改。顔魯公集卷四湖州烏程縣杼山妙喜寺碑云:“晉吳興太守張玄之吳興疏云:‘烏程有墟名東張。地形高爽,山阜四周,即此山也。其山勝絶,遊者忘歸,前代亦名稽留山。’”

〔二八〕爰封杼以世祀:杼,喬本、吳本作“杆”,洪本作“扜”,俱誤。今從四庫本及備要本。

〔二九〕蓋十數傳而與民編:吳越春秋越王無余外傳:“無余傳世十餘,末君微劣,不能自立,轉從衆庶爲編户之民。”

〔三〇〕及周之東,有無壬,百姓奉而君之,是爲漚粤、東粤:周之東,謂東周時。之,往,至。無壬,洪本“壬”譌“士”。奉,擁戴。漚粤,即甌粤。百越的一支,分布在今浙江甌江流域一帶。東粤,百越的一支,分布在今浙江東南部及福建北部一帶。

〔三一〕周遷時,有人生而言曰:“鳥禽呼嚥喋”:自此而下至“譚之子爲元常”,撮取自吳越春秋越王無余外傳。嚥喋(yàn zhá),此謂喂食。嚥,同“咽”,吞食。喋,水鳥或魚類喫食。

〔三二〕我,無余君之裔末也,將修前祀,爲民請命:無余君,喬本作“無壬君”,洪本作“無今君”,俱誤,今從吳本、四庫本及備要本。裔末,喬本“裔”字爲墨丁,今據餘本訂補。吳越春秋作:“我是無余君之苗末。我方修前君祭祀,復我禹墓之祀,爲民請福於天,以通鬼神之道。”

〔三三〕民喜,而封之粤:洪本、吳本“粤”作“曰”,蓋音譌。吳越春秋作:“衆民悦喜,皆助奉禹祭,四時致貢,因共封立以承越君之後。”

〔三四〕無壬生無睪,無睪生夫譚,譚之子爲元常:無睪,各本均作“暉”。

彦按：吴越春秋作“無睪”，此作“暉”，蓋“睪”字俗謁，又脱“無”字耳。今訂正。睪，音yì。元常，徐天祐吴越春秋注：“‘元’當作‘允’。”彦按：史記越王句踐世家即作“允常”。

〔三五〕與萬歲曆之説異：萬歲曆，水經注卷四〇漸江水作“萬善歷”。彦按：作“萬歲曆”是。萬歲曆即司馬遷父談所撰太史公萬歲歷也，隋書經籍志三、舊唐書經籍志下、新唐書藝文志均有著録。水經注引萬善歷曰：“吴黄武六年正月，獲彭綺。是歲，由拳西鄉有産兒，墮地便能語，云：‘天方明，河欲清，鼎腳折，金乃生。’因是詔爲語兒鄉。”

〔三六〕伯：通“霸”，謂作諸侯盟主。

〔三七〕元王：周元王姬仁，公元前476—前469年在位。

〔三八〕茇執：各本均作“執茇”。彦按：“執茇”當爲“茇執”倒文。史記越王句踐世家“句踐卒”司馬貞索隱引紀年云：“晉出公十年十一月，於粤子句踐卒，是爲茇執。”即作“茇執”。又路史下文云“七世茇燭卯”，又稱“後有……茇氏”，尤足證明。今訂正。

〔三九〕勝夫差於五湖，南面而霸天下，泗上十二諸侯率九夷朝焉：見淮南子齊俗篇，末句作“泗上十二諸侯皆率九夷以朝”。夫差，春秋吴國末代國君，公元前495—前473年在位。泗上，泛指泗水流域。九夷，古代稱東方的九個民族。參見本卷上文帝相注〔七〕。

〔四〇〕七世茇燭卯，逃位巖間，寑罕，越人熏而出之，是爲無顓：茇燭卯，喬本“卯”謁“卵”，此從餘本。史記越王句踐世家“王翳卒，子王之侯立”司馬貞索隱引紀年，作“茇蠋卯”，莊子讓王、吕氏春秋貴生又稱之爲王子搜。寑罕，費解，疑有誤，待考。莊子曰：“越人三世弒其君，王子搜患之，逃乎丹穴。而越國无君，求王子搜不得，從之丹穴。王子搜不肯出，越人薰之以艾，乘以王輿。”

〔四一〕句踐以晉出公十年卒，鹿郢立，是爲鼫與：晉出公，戰國晉君姬鑿，公元前474—前452年在位。晉出公十年，時當周貞定王四年。鼫與，各本“鼫”均謁“鼯”，今據史記訂正。史記越王句踐世家：“句踐卒，子王鼫與立。”司馬貞索隱：“鼫音石。與音餘。按：紀年云‘於粤子句踐卒，是茇執。次鹿郢立，六年卒’。樂資云：‘越語謂鹿郢爲鼫與也。’”

〔四二〕育姑：史記越王句踐世家“王不壽卒”索隱引紀年，作“盲姑”。

〔四三〕朱句立，是爲王翁：朱句，吳本、備要本譌“朱旬”。立，洪本、吳本譌“文”。王翁，洪本如此，餘本均作“王翳”。彦按：王翳見於下，此不當重出。據史記越王句踐世家，不壽子爲王翁，王翁子方爲王翳。又據索隱，朱句即王翁，而非王翳。此從洪本。

〔四四〕王翳：喬本“翳”字爲墨丁，今據餘諸本補出。

〔四五〕三十六年卒，子諸咎殺之，諸枝立，是爲孚錯枝：諸咎，喬本作“朱咎”非，今從餘諸本訂正。竹書紀年卷下周安王三十六年：“七月，於越太子諸咎弑其君翳。十月，越人殺諸咎，越滑，吳人立孚錯枝爲君。”

〔四六〕莽安：即初無余。各本均脱“安”字，今據竹書紀年卷下周烈王元年、周顯王四年補。

〔四七〕故子搜曰：“越人三弑其君”：洪本“弑”譌“鈇”。彦按：莊子讓王、呂氏春秋貴生但言“越人三世弑（呂氏春秋作“殺”）其君，王子搜患之”，本不以“越人三弑其君”爲子搜語，羅氏此説，似無根據。

〔四八〕顯王四十六年，楚威滅越：顯王，周顯王姬扁，公元前 368—前 321 年在位。楚威，楚威王，戰國楚君熊商，公元前 340—前 329 年在位。

〔四九〕史云“粤之”：粤，洪本作“鈇”，吳本作“戧”。彦按：“粤”疑“伐”字音譌。史記越王句踐世家：“楚威王興兵而伐之，大敗越，殺王無彊。”

〔五〇〕歐文忠云句踐五世王無彊：王無彊，吳本“彊”作“彊”，通。彦按：今考洪本健歐陽修詩文集校箋（上海古籍出版社 2009 年版），修所撰歐陽氏譜圖序今世所傳有“石本”、“集本”之異（並見該書外集卷二十一）。石本曰：“越王勾踐傳五世，至王無彊，爲楚威王所滅。”固如羅氏所言。而集本則曰：“越王勾踐卒，子王鼫與立。自鼫與傳五世，至王無彊，爲楚威王所滅。”正與史記越王句踐世家所述“句踐卒，子王鼫與立。王鼫與卒，子王不壽立。王不壽卒，子王翁立。王翁卒，子王翳立。王翳卒，子王之侯立。王之侯卒，子王無彊立”相合。疑石本有脱文，而羅氏所見者乃誤本也。

〔五一〕族散江南海上，于越、東野、句餘、姑妹、姑於，迭爲長伯：姑於，四庫本“於”作“于”。長伯，四庫本作“伯長”。史記越王句踐世家：“而越以此散，諸族子爭立，或爲王，或爲君，濱於江南海上。”

〔五二〕王德璉番陽記：王德璉，唐代人，生平不詳。番陽記，宋史藝文志三作鄱陽縣記。　百粵：即百越，我國古代南方越人的總稱。

〔五三〕國名記：即國名紀。四庫本作“國名紀”。

〔五四〕無疆之長王：謂無疆之長子稱王。越絕書外傳記地傳：“威王滅無疆。無疆子之侯，竊自立爲君長。”吳越春秋勾踐伐吳外傳則謂無疆子玉。彦按：頗疑路史原文作“無疆之長玉王”，因“玉”“王”二字相近，遂脱“玉”字。　後去琅邪：琅邪，在今青島市黃島區琅琊鎮。越王句踐二十五年（前472）徙都於此。越絕書外傳記地傳：“親以上至句踐，凡八君，都琅琊二百二十四歲。”

〔五五〕玉子尊，尊子親，失其民：玉，各本均作“王”。彦按：“王”當“玉”字之譌。吳越春秋勾踐伐吳外傳云：“無疆卒，子玉；玉卒，子尊；尊卒，子親。”今據以訂正。越絕書外傳記地傳：“尊子親，失衆，楚伐之，走南山。”

〔五六〕歐文忠云，諸子皆楚封之：見歐陽修尚書職方郎中分司南京歐陽公墓誌銘，文云：“無疆之子皆受楚封。”

〔五七〕歐、甌：四庫本作“甌、歐”。

〔五八〕歐羊，見熊喬碑：熊喬，東漢曲江長。碑文有“治歐羊尚書”語。

〔五九〕無諸保泉山，漢帝王之閩中：無諸，漢初閩越王，句踐後裔。保，守。泉山，即泉嶺山。見下注〔六七〕。

〔六〇〕漢五年，立無諸爲閩越王，王閩故地，都東冶：見史記東越列傳。東冶，今福建福州市。

〔六一〕建元三年，閩越圍東甌王：圍，各本均作“爲”。彦按：“爲”當“圍”字音譌，史記東越列傳正作“圍”（詳見下注）。今據以訂正。東甌王，即漢初東海王搖，因都東甌（今浙江溫州市），故世俗號爲東甌王。

〔六二〕遣助救之，未至，止，東甌因請徙中國，帥其衆處江淮間：助，莊助，漢中大夫。史記東越列傳：“至建元三年，閩越發兵圍東甌。東甌食盡，困，且降，乃使人告急天子。天子……乃遣莊助以節發兵會稽。……未至，閩越引兵而去。東甌請舉國徙中國，乃悉舉衆來，處江淮之間。”

〔六三〕後頗出，因立冶治之，即東冶，今福之閩縣也：冶，縣名。治，洪本、吳本、四庫本譌“冶”。福，州名。

〔六四〕福圖經：即福州圖經，已佚，作者不詳。

〔六五〕朱買臣云:"東越王保泉山":見漢書朱買臣傳,"保"作"居保"。朱買臣,漢武帝臣,歷官至主爵都尉,列於九卿,後犯事被誅。東越王,指無諸。見上注〔五九〕。東越爲百越之一支,包括東甌與閩越,故閩越王亦可稱東越王。

〔六六〕在建安北界,今衢之信安南二百里泉嶺山:建安,縣名,治所在今福建建甌市。衢,州名。信安,縣名,治所在今浙江衢州市柯城區。泉嶺山,即今浙江江山市保安鄉南之仙霞嶺。彦按:通典卷一八二州郡十二衢州信安縣云:"有泉嶺山,在縣南二百里。漢朱買臣云:'東越王居保泉山,一人守險,千人不得上。'即今建安郡北界也。"當即羅氏所本。而顏師古漢書注曰:"泉山即今泉州之山也。"説與此異。

〔六七〕季:少子。

〔六八〕歐搖佐漢平秦,漢惠三年封爲東海王:歐搖,即無諸孫搖。歐,通"甌"。東海王,吳本"王"謁"土"。史記東越列傳:"孝惠三年,舉高帝時越功,曰閩君搖功多,其民便附,乃立搖爲東海王,都東甌,世俗號爲東甌王。"

〔六九〕顧氏譜:即顧氏譜傳。南朝梁顧野王撰。

〔七〇〕寰宇記云,疆七世:見太平寰宇記卷九九處州。疆,謂無疆,此疑脱"無"字。吳本、備要本作"彊",通。

〔七一〕南越:西漢時國名。趙佗所創立。都番禺(今廣東廣州市)。傳五世,至漢武帝元鼎六年(前111)爲漢所滅。　佗:趙佗。秦末爲南海龍川令。西漢高帝四年(前203)自立爲南越武王。十一年(前196),漢庭立佗爲南越王。高后時,佗自號爲南越武帝。

〔七二〕史記南越列傳:"佗孫胡爲南越王。此時閩越王郢興兵擊南越邊邑,胡使人上書曰:'兩越俱爲藩臣,毋得擅興兵相攻擊。今閩越興兵侵臣,臣不敢興兵,唯天子詔之。'於是天子多南越義,守職約,爲興師,遣兩將軍往討閩越。兵未踰嶺,閩越王弟餘善殺郢以降,於是罷兵。"

〔七三〕乃以爲東越王:史記東越列傳:"餘善已殺郢,威行於國,國民多屬,竊自立爲王。……天子聞之,爲餘善不足復興師,曰:'餘善數與郢謀亂,而後首誅郢,師得不勞。'因立餘善爲東越王。"

〔七四〕無諸孫繇君丑:孫,各本均作"子"。彦按:"子"當作"孫"。史記東越列傳:"（天子詔）曰:'郢等首惡,獨無諸孫繇君丑不與謀焉。'乃使郎中將立丑爲越繇王,奉閩越先祭祀。"今據以訂正。

〔七五〕居股:喬本如此,餘本"股"譌"服"。史記東越列傳作"繇王居股"。

〔七六〕史記東越列傳:"於是天子曰東越狹多阻,閩越悍,數反覆,詔軍吏皆將其民徙處江淮閒。東越地遂虛。"

〔七七〕閩川:閩江,福建省最大的河流。此指閩江流域。

〔七八〕以顧餘王東越,搖無餘侯海陽:顧餘,即顧余,指東海王搖子西漢顧余侯期視。本書國名紀四夏后氏後顧余引輿地志云:"漢文封東海搖之子期視爲顧余侯。"搖無餘,亦作搖毋餘、搖母餘,西漢齊信侯。海陽,在今河北灤縣。水經注卷一四濡水:"新河又東逕海陽縣故城南,漢高祖六年封搖母餘爲侯國。"

〔七九〕歸:謂歸附。　分郡之:謂分別改之爲郡。

〔八〇〕會稽郡:在今浙江東南一帶故越地。　吳郡:在今浙江西北一帶故吳地。

〔八一〕越漚:各本均但作"漚"。彥按:當作"越漚"。此因上文"姑越"而脱"越"字。姑越、越漚並見國名紀四夏后氏後。　句章:句音 gōu。　餘不:不音 fú。　羨:通"衍",蕃衍。

〔八二〕吳婁門外馬亭溪上復城者,故越王餘復君所治:見越絕書外傳記吳地傳。婁門,即今江蘇蘇州市舊城東門。各本"婁"均作"樓",蓋由音近混誤;又"馬亭溪"作"馬寧溪","上"作"止",蓋因形譌。今並據越絕書訂正。

〔八三〕越絕書外傳記吳地傳:"婁門外鴻城者,故越王城也,去縣百五十里。"

〔八四〕史表作母餘:史表,指史記高祖功臣侯者年表。母餘,備要本作"毋餘",與今本史記同。

〔八五〕國名紀:四庫本如此,今從之。餘本"紀"作"記"。

〔八六〕史,無諸及搖皆句踐後:見史記東越列傳,其文曰:"閩越王無諸及越東海王搖者,其先皆越王句踐之後也,姓騶氏。"

〔八七〕駱舊作驍,其將有騶力,徐廣"一作'駱'"爲是:騶力,東越王餘善將軍。見史記東越列傳。爲是,四庫本作"是爲"誤。史記東越列傳"姓騶氏"裴駰集解引徐廣曰:"騶,一作'駱'。"司馬貞索隱曰:"徐廣云一作'駱',是。上云'歐駱',不姓騶。"

〔八八〕越騶無本,齊有馬繻矣:此謂騶氏不出於越,而出於齊。馬繻,騶馬繻,春秋齊大夫。見國語楚語下。

〔八九〕芈姓諸越亦有越氏:芈,各本均作"羊"。彥按:"羊"當作"芈",蓋形近而譌。今訂正。國語鄭語:"融之興者,其在芈姓乎?芈姓蘷、越,不足命也。"韋昭注:"蘷、越,芈姓之別國。"

〔九〇〕後魏越勒、彊並爲越氏:彊,越彊。吳本、備要本作"彊"。元和姓纂卷一〇月韻越引官氏志曰:"越勒氏、越彊氏並改姓越。"岑仲勉校記:"'彊',庫本及通志作'彊'。今官氏志無越彊。疏證以爲'勒'當作'勤',勤、彊古韻相通也。"

〔九一〕少康封少子會稽,爲會稽氏。漢初徙譙稽山,爲稽氏:見古今姓氏書辯證卷三一泰韻會稽。譙,郡名,治所在今安徽亳州市譙城區。彥按:稽山疑當作嵇山,在今安徽濉溪縣南。稽氏疑當作嵇氏。三國志魏志王衛二劉傳傳"時又有譙郡嵇康"裴松之注引虞預晉書曰:"康家本姓奚,會稽人。先自會稽遷於譙之銍縣,改爲嵇氏,取'稽'字之上,〔加〕'山'以爲姓,蓋以志其本也。一曰銍有嵇山,家於其側,遂氏焉。"

〔九二〕漢功臣有多軍,封無錫,越將:史記東越列傳:"東越將多軍,漢兵至,弃其軍降,封爲無錫侯。"　子卬嗣云:卬,喬本作"卯"誤;餘本均作"卬",與漢書景武昭宣元成功臣表同,今據以訂正。

〔九三〕龍留居仍,爲寶氏:龍留,各本均作"龍苗"。彥按:"苗"當"留"字形譌。本卷上文帝少康作龍留,今據以改。參見彼注〔一二〕。

〔九四〕六十有九世,犨出北方,仕晉:犨,寶犨,字鳴犢。春秋晉大夫。新唐書宰相世系表一下:"龍六十九世孫鳴犢,爲晉大夫。"元和姓纂卷九候韻寶:"寶犨爲晉大夫,仕趙簡子。"

〔九五〕二十世統,以武誅,入鮮卑拓拔部,居南竟代郡,號沒鹿回,爲沒鹿氏:統,東漢鴈門太守。武,寶武,東漢外戚,統堂伯父。女爲桓帝皇后。靈帝時以大將軍身份輔政,擬翦除宦官,謀泄兵敗而自殺。竟,"境"之古字。新唐書宰相世系表一下：“（竇）統字敬道，鴈門太守，以竇武之難，亡入鮮卑拓拔部，使居南境代郡平城，以間窺中國，號没鹿回部落大人。”

〔九六〕魏穆命爲紇豆陵氏：魏穆，十六國時期鮮卑拓跋部首領拓跋猗盧。北魏道武帝拓跋珪稱帝後，追謚爲穆皇帝。紇豆陵氏，喬本“紇”譌“糺”，各本“陵”均譌“陸”，今並訂正。新唐書宰相世系表一下：“（竇）統……生賓，字力延，襲部落大人。二子：異、他。……他生勤，字羽德，穆帝復使領舊部落，命爲紇豆陵氏。”又周書竇熾傳：“（竇）章子統，靈帝時爲鴈門太守，避竇武之難，亡奔匈奴，遂爲部落大人。後魏南徙，子孫因家於代，賜姓紇豆陵氏。”

〔九七〕其歸華也，魏武又復之爲竇氏：洪本、吳本“又”譌“文”。彦按：魏武，當作魏孝文，蓋羅氏誤記。元和姓纂卷九候韻竇作“魏孝文改爲竇氏”，新唐書宰相世系表一下作“孝文帝之世，復爲竇氏”，均可爲證。

〔九八〕常山：山名。在今河北唐縣西北。

〔九九〕紇豆或作紇旦：喬本“紇”譌“糺”，今據餘諸本訂正。

〔一〇〇〕懷正敗溺僇尸，爲毒氏：懷正，指唐玄宗朝魏國公竇懷貞。羅氏避宋仁宗趙禎嫌名，故改“貞”爲“正”。新唐書竇懷貞傳：“玄宗受内禪，進左僕射，封魏國公。與太平公主謀逆，既敗，投水死，追戮其尸，改姓毒氏。”

〔一〇一〕太平公主：唐高宗與武則天幼女，唐玄宗之姑母。與李隆基（玄宗）共謀誅韋后、安樂公主，擁立睿宗，權震天下。玄宗即位後，又謀政變，事泄，賜死。

〔一〇二〕帝杼，能帥禹者，故夏氏報焉：國語魯語上：“杼，能帥禹者也，夏后氏報焉。”

〔一〇三〕二十有七歲，陟，子槐立：彦按：“二十”之“二”字疑不當有。竹書紀年卷上夏帝杼作：“十七年，陟。”通志卷三上三王紀上夏帝杼亦曰：“杼在位十七年，崩，子槐立。”

〔一〇四〕説：吳本、四庫本無此“説”字。

帝槐

帝槐，世本、外紀或作“魁”，非。一曰芬，是爲祖武。並世紀[一]。立三歲而東九夷來御[二]；畎、于、方、黄、白、赤、玄、風、陽，凡九[三]。見竹書及後漢書。二十有六歲，陟，世紀，二十八年；紀年，四十四年：俱非〔四〕。子芒如立〔五〕。

　　名以主謂，字以尊德，名字不正則紀不順而文不從。帝芬，帝槐也，固未悉其名若字也〔六〕。班氏表古今，乃列芬于上下，置槐於中中〔七〕。一作懷。非特是也，夒，后夒也，居夒於上中，出后夒於下上；韋，豕韋也，置韋於下上，實豕韋於上下〔八〕；韋在桀時，豕韋在南庚時，又出劉姓豕韋在武丁時，居中上〔九〕。韋，國名也，此猶可諉〔一〇〕。郵無郵與王良竝著〔一一〕，即尤無恤，王良也〔一二〕。范武子與士會俱垂，此何爲邪〔一三〕？武子列上中，士會列中上。以至列帝柱玄冥之後，而龔工與女媧齊等，陋矣，夫人物之表也〔一四〕！

【校注】

　　〔一〕並世紀：洪本、吳本作“並世紀立”，衍“立”字。

　　〔二〕御：進獻，進貢。

　　〔三〕于：四庫本譌“十”，餘本均譌“千”，今據後漢書東夷傳訂正。

　　〔四〕世紀，二十八年：吳本“八”譌“人”。彥按：今見太平御覽卷八二引帝王世紀，作“二十六年”。　俱：洪本譌“隻”，吳本脱文。

　　〔五〕子芒如立：芒如，喬本、洪本、吳本、備要本“芒”譌“芷”，今據四庫本訂正。彥按：帝槐子，史記夏本紀、竹書紀年及太平御覽卷八二引帝王世紀，並作帝芒，路史作芒如，不知何據。

　　〔六〕固未悉其名若字也：固，指班固。悉，知曉。洪本譌“哲”，吳本譌“晢”。

　　〔七〕班氏表古今：指班固漢書古今人表所列古今之人。　乃列芬于上下，置槐於中中：班氏古今人表分古今人物爲三級九等，上下指上人之下，中中指中人之中。

　　〔八〕出后夒於下上：四庫本“出”作“居”。彥按：今考漢書古今人表，出於下上者乃后夒玄妻（夒之妻），非后夒也。羅氏指摘非是。　實豕韋於上下：四庫本“實”作“置”。

　　〔九〕南庚：商朝第十八任君主，名更。

〔一〇〕諉：推託。

〔一一〕郵無郵與王良竝著：郵無郵，漢書古今人表如此，左傳作郵無恤，即王良。春秋晉卿趙鞅之車夫，以善御稱。左傳哀公二年：“甲戌，將戰，郵無恤御簡子。”杜預注：“郵無恤，王良也。”

〔一二〕尢無恤：洪本、吳本、四庫本“無”作“无”，備要本作“无”。彥按：“无”爲“无”字之譌。説文亡部：“無，亡也。……无，奇字無。”

〔一三〕范武子與士會俱垂：范武子，又稱士會，春秋晉卿大夫。姓祁，氏士，名會，封范，謚武。漢書古今人表“范武子”顏師古注：“據今春秋説，范武子即士會也，而此重見，豈別人乎？未詳其説。”

〔一四〕以至列帝柱玄冥之後，而龔工與女媧齊等：帝柱，神農之子。玄冥，顓頊輔臣。龔工，今本漢書古今人表作“共工”。彥按：漢書古今人表女媧氏與共工氏並列爲上中之等。

帝芒如

帝芒如，史記夏后芒，鄒誕生音荒〔一〕。一曰和。世紀：帝芒又曰和。芒如之元年，首以玄圭賓于河〔二〕，見紀年。乃東狩海。紀年云：“東狩于海，獲大魚〔三〕。”十有八歲，陟，紀年，后亡陟年五十八。子洩立。

【校注】

〔一〕鄒誕生：南齊輕車録事參軍，撰有史記音義。吳本但作“鄒”，脱“誕生”二字。

〔二〕首以玄圭賓于河：賓，蓋謂陳列而祭。廣雅釋詁一：“賓，列也。”

〔三〕東狩于海，獲大魚：見竹書紀年卷上帝芒十三年。

帝洩

帝洩，一作“泄”。是爲世宗。見年代曆。世紀云一名帝世，誤〔一〕。二十有一歲，六夷來御，於是始加爵命〔二〕。畎、白、赤、玄、風、陽之六夷也〔三〕。紀年云“縣是服從”，故范氏後漢書云東夷“自少康後而世服王化，獻其樂舞”也〔四〕。二十有六歲，陟，世紀同。年代曆，十六年；紀年，二十一：皆非〔五〕。子不降立。

【校注】

〔一〕見年代曆。世紀云一名帝世，誤：吴本、四庫本並脱此十二字。

〔二〕爵命：爵位官職。

〔三〕畎、白、赤、玄、風、陽之六夷也：後漢書東夷傳李賢注引竹書紀年：“后泄二十一年，命畎夷，白夷，赤夷，玄夷，風夷，陽夷。”今本竹書紀年卷上帝泄二十一年，有黄夷，無陽夷。

〔四〕故范氏後漢書云東夷“自少康後而世服王化，獻其樂舞”也：後漢書，各本皆作“後漢孫子經書”，“孫子經”三字突兀其中，不辭，蓋衍文，今删去。世服王化，各本“世”均譌“出”，今據後漢書東夷傳訂正。後漢書原文爲：“自少康已後，世服王化，遂賓於王門，獻其樂舞。”

〔五〕紀年，二十一：彦按：今本竹書紀年，帝泄之陟，在二十五年。

帝不降

帝不降，是爲帝江，史帝不降即帝降，當音江，山海經帝江也〔一〕。一曰北成。世本、世紀，帝降或曰北成。年代曆作“江武”，一作“江成”，非〔二〕。六歲，伐九苑〔三〕。紀年。五十有九歲，陟〔四〕，世紀、代曆同〔五〕。紀年，六十九〔六〕；紹運圖，六十三。弟扃嗣。

【校注】

〔一〕史帝不降即帝降：史記夏本紀：“帝泄崩，子帝不降立。”司馬貞索隱：“（帝不降）系本作‘帝降’。”　山海經帝江也：彦按：帝江見山海經西山經，文曰：“（天山）有神焉，其狀如黄囊，赤如丹火，六足四翼，渾敦無面目，是識歌舞，實惟帝江也。”羅氏父子以爲即帝不降，似無據。

〔二〕一作“江成”：吴本、備要本“成”作“城”。

〔三〕六歲，伐九苑：竹書紀年卷上帝不降六年：“伐九苑。”清徐文靖統箋：“按史記，張良曰：關中‘北有胡苑之利’。索隱曰：‘苑馬牧（也）［地］，馬生于胡。’又按水經注，苑川水出天水勇士縣之子城南山，東北流，歷子城川；苑川水又北入于海。疑即爲九苑之故地也。”若然，則地當在今甘肅榆中縣一帶。

〔四〕五十有九歲，陟：今本竹書紀年卷上帝不降五十九年但稱“遜位于弟扃”，而不言陟。

〔五〕世紀、代曆同：世紀，各本均作“紀年”。彥按：下既云“紀年，六十九”，則此不當重出。王國維今本竹書紀年疏證卷上帝不降五十九年引路史注，作世紀，當是，今據以訂正。

〔六〕六十九：洪本、吳本作“六九”。

帝扃

帝扃，或作“禺”。世紀“喬”，云：芬子帝芒，芒子帝泄，泄子帝不降，不降弟帝喬，喬子帝廑[一]。年代曆作“愚”，字之誤。號曰高陽。世紀、年代曆云，或名曰高陽[二]。二十有一歲，陟[三]，世紀、年代曆等同。子廑嗣。

【校注】

〔一〕世紀“喬”，云：喬本“喬云”二字爲空格，此據餘諸本訂補。彥按：“喬”上疑當有“作”字。　泄子帝不降，不降弟帝喬：洪本、吳本作“泄子帝帝不降，降弟帝喬”誤。

〔二〕世紀、年代曆云：備要本脱“年代”二字。

〔三〕二十有一歲，陟：彥按：今本竹書紀年卷上帝扃所載，則其陟在十八年。

帝廑

帝廑，太平御覽音近，是也。世紀作“廣”；年代曆云，一曰厪，又曰量江：皆字之誤[一]。一曰頓。見年代曆。世紀云：廑一曰頊，一曰董江[二]。亦字之誤。立二十歲而陟[三]，世紀同。紹運圖二十二。子胤甲立[四]。人表帝廑在孔甲後，失之。

説[五]

【校注】

〔一〕世紀作“廣”：彥按：今所見太平御覽卷八二引帝王世紀，作“廑”。或羅氏所見世紀有作“廣”者。然下引世紀云“厪一曰頊”，則又作“厪”，殊不可解。

〔二〕厪一曰頊：厪，吳本譌“厓”。一，吳本爲空格。頊，吳本、四庫本、備要本作“頓”，蓋誤。今所見太平御覽卷八二引帝王世紀，亦作“頊”。

〔三〕立二十歲而陟：彦按：據今本竹書紀年卷上帝厪所載，則其陟在八年，其文云：“八年，天有祅孽，十日並出，其年陟。”

〔四〕子胤甲立：胤甲，今本竹書紀年、史記夏本紀俱作孔甲。又夏本紀云：“帝厪崩，立帝不降之子孔甲，是爲帝孔甲。”則繼帝厪而立之孔甲，亦非帝厪之子。

〔五〕説：吳本、四庫本無此“説”字。

帝胤甲

帝胤甲。見汲紀年。左傳作孔甲，世遂從之，非也。按古有孔甲，乃黃帝史官，孔姓也。無因以爲名號。胤甲之立，涵泮陂僻，儇而不敏，好方鬼神、事淫亂〔一〕。夏后氏始衰，諸侯叛之〔二〕。游畋黃貧之顏〔三〕，東陽貧山也〔四〕。天風晦冥，遇神譴而迷〔五〕，字書云：譴，黃貧山之神，能動天地，孔甲嘗遇之〔六〕。呂氏春秋及地記皆作貧山。急趨民舍。主人方乳，皆曰：“后來不勝，句。之必殃。”〔七〕帝取子之，曰：“其誰敢殃？”及長，幕動析橑，而中厥足〔八〕。帝曰：“有命！”遂以守。御覽云以爲：守者，守門之官〔九〕。劉子云：析薪斬左足，遂爲大閽〔一〇〕。呂氏無此。取嘽緩之聲，以爲破斧之歌，始爲東音，而民邪僻之心生矣〔一一〕。晏子春秋云桀爲東音，非。

於是得乘龍于河漢〔一二〕，四龍也〔一三〕。河、漢各二。史云二龍，服云十六，俱非〔一四〕。蔡墨云：孔甲能擾于帝，帝賜之，言能順于天而天賜之〔一五〕。傳者之妄。不能飲食，有劉累者學擾龍于豢龍氏，以服事之，賜之氏曰御龍〔一六〕。左氏傳。它日，龍戰于庭，流漿，櫝之〔一七〕。詳國語、論衡。如蛟妾事，大似郭璞諫止任谷所化之女者〔一八〕。既一雌死，累潛醢以奉甲〔一九〕。已而求之，懼而之魯〔二〇〕。或云師門，非。向列仙傳云：嘯父，冀州人。梁母推其使火，去，之三亮上，登〔二一〕。師門者，嘯父之弟子也，能使火。爲夏孔甲御龍,不能順其心意,<u>孔甲</u>殺而埋之野外。一旦,風雨迎之,山木皆焚^{〔二二〕}。<u>孔甲</u>祠之,未至而道死^{〔二三〕}。異矣!

　　<u>胤甲</u>在位四十歲^{〔二四〕}。後居<u>西河</u>^{〔二五〕},<u>刀劍録</u>云:<u>孔甲</u>四十年。以九年甲辰采<u>牛頭</u>之鐵作劍一,銘之曰“夾”,長四尺一寸^{〔二六〕}。<u>黄伯思</u>引<u>孔甲</u>劍一字銘曰“甲”,以爲之銘^{〔二七〕}。天有祅孽,十日並照於<u>東陽</u>^{〔二八〕}。有十日説,別見^{〔二九〕}。其年<u>胤甲</u>陟,<u>以上紀年</u>。<u>年代曆</u>云三十一,非。<u>子皋</u>立^{〔三〇〕}。

【校注】

　　〔一〕<u>胤甲</u>之立,涵泮陂僻,優而不敏,好方鬼神、事淫亂:<u>胤甲</u>,四庫本“胤”字爲空格。涵泮,昏亂。陂僻,邪僻。陂,音 bì。優,曖昧,糊塗。敏,聰慧。方,通“旁”,靠近,狎昵。

　　〔二〕<u>史記夏本紀</u>:“帝<u>孔甲</u>立,好方鬼神,事淫亂。<u>夏后氏</u>德衰,諸侯畔之。”

　　〔三〕游畋<u>黄貫</u>之顛:自此而下至“始爲東音”,大抵撮取自<u>吕氏春秋音初</u>篇。事又見<u>論衡書虚</u>及<u>指瑞篇</u>、<u>宋書樂志</u>一、<u>劉子命相</u>等文中。游畋,出游打獵。<u>黄貫</u>,山名。顛,通“厓”,山崖。

　　〔四〕<u>東陽貫</u>山也:參見<u>前紀三泰逢氏</u>注〔四〕。

　　〔五〕遇神<u>豶</u>而迷:<u>豶</u>(féng),傳説中山神名。

　　〔六〕<u>廣韻鍾韻</u>:“<u>豶</u>,<u>大黄負山</u>神,能動天地氣,昔<u>孔甲</u>遇之。”

　　〔七〕主人方乳:乳,産子,分娩。　后來不勝,之必殃:后,君。不勝,承受不了。<u>吕氏春秋音初</u>作:“或曰:‘不勝也,之子是必有殃。’”

　　〔八〕幕動析橑,而中厥足:幕動,勉强從事,謂力不從心地做。幕,通“慔”(從<u>陳奇猷吕氏春秋校釋</u>説),勉强。<u>説文心部</u>:“慔,勉也。”<u>段玉裁</u>注:“勉者,彊也。”析橑(lǎo),劈柴。橑,木柴。各本均作“撩析”,誤,今訂正。<u>吕氏春秋音初</u>作:“幕動坼橑,斧斫斬其足。”<u>論衡書虚</u>作:“析橑,斧斬其足。”<u>宋書樂志</u>一作:“後析橑,斧破斷其足。”<u>劉子命相</u>作:“析薪,斧斬其左足。”

　　〔九〕<u>太平御覽</u>卷八二引<u>吕氏春秋</u>曰:“幕動析撩,斧破斬足,遂爲守者。”其下注:“以其無足,爲守門之官。”

　　〔一〇〕大閽:古代看守城門之官。

　　〔一一〕取嘽緩之聲,以爲破斧之歌,始爲東音:嘽緩,柔和舒緩。嘽

(chǎn)，寬舒，舒緩。吕氏春秋音初：“乃作爲破斧之歌，實始爲東音。”彦按：今本竹書紀年，“作東音”在帝孔甲五年。

〔一二〕於是得乘龍于河漢：乘(shèng)，四。河漢，黄河與漢水的並稱。各本“漢”均作“滅”。彦按：“河滅”無解，“滅”當“漢”字之誤。左傳昭公二十九年：“及有夏孔甲，擾于有帝，帝賜之乘龍，河、漢各二，各有雌雄。”當即路史所本，今據以訂正。

〔一三〕四龍也：自此而下至“俱非”十七字，吴本、四庫本俱未見，蓋脱文。

〔一四〕史云二龍：史記封禪書：“至帝孔甲，淫德好神，神瀆，二龍去之。”服云十六：左傳昭公二十九年“帝賜之乘龍，河、漢各二”孔穎達正義引服虔云：“四頭爲乘，四乘十六頭也。”

〔一五〕孔甲能擾于帝，帝賜之：擾，順。參見上注〔一二〕。

〔一六〕有劉累者學擾龍于豢龍氏：擾，馴養。豢龍氏，氏族名。左傳昭公二十九年曰：“古者畜龍，故國有豢龍氏，有御龍氏。”又曰：“有陶唐氏既衰，其後有劉累，學擾龍于豢龍氏，以事孔甲，能飲食之。夏后嘉之，賜氏曰御龍。”

〔一七〕它日，龍戰于庭，流漦，櫝之：漦(chí)，魚、龍之類的涎沫。櫝(dú)，匣子。此謂用櫝收藏。國語鄭語曰：“夏之衰也，褒人之神化爲二龍，以同于王庭，而言曰：‘余，褒之二君也。’夏后卜殺之與去之與止之，莫吉。卜請其漦而藏之，吉。乃布幣焉而策告之，龍亡而漦在，櫝而藏之，傳郊之。”史記周本紀所載大同。又論衡異虛曰：“夏將衰也，二龍戰於庭，吐漦而去。夏王櫝而藏之。”

〔一八〕如蛟妾事：蛟妾，洪本、吴本、四庫本“妾”作“妄”，誤。梁任昉述異記卷上：“夏桀宮中有女子化爲龍，不可近。俄而復爲婦人，甚麗而食人，桀命爲蛟妾，告桀吉凶。”　大似郭璞諫止任谷所化之女者：晉書郭璞傳：“時暨陽人任谷因耕息於樹下，忽有一人著羽衣就淫之，既而不知所在，谷遂有娠。積月將産，羽衣人復來，以刀穿其陰下，出一蛇子便去。谷遂成宦者。後詣闕上書，自云有道術。帝留谷于宮中。璞復上疏曰：‘任谷所爲妖異，無有因由。……願陛下採臣愚懷，特遣谷出。’”

〔一九〕累潛醢以奉甲：醢(hǎi)，肉醬。此謂製成肉醬。奉，進獻。

〔二〇〕懼而之魯：魯，縣名。左傳昭公二十九年：“龍一雌死，潛醢以食夏后。夏后饗之,既而使求之。懼而遷于魯縣。”楊伯峻注:“魯縣在今河南魯山縣東北。”

〔二一〕梁母推其使火,去,之三亮上,登:推,疑“得”字之譌。使火,指用火之法。三亮,神話傳説中的山名。上,當“山”字之譌。各本“三亮上”作“三危介”。彦按:“三危介”當是“三亮上”之譌。蓋“亮”字草書作,與“危”形近,故譌爲“危”。“上”字草書或作,因譌爲“介”也。今訂正。傳本列仙傳卷上嘯父云:“嘯父者,冀州人也。少在(西)[曲]周市上補履,數十年人不知也。後奇其不老,好事者造求其術,不能得也。唯梁母得其作火法。臨上三亮上,與梁母别,列數十火而昇西。”蓋即羅氏所本。然所謂之“三亮上”,實又三亮山之誤也。雲笈七籤卷一〇八列仙傳嘯父即作“三亮山”,是也。王叔岷列仙傳校箋(中華書局2007年版)不知“三亮上”爲“三亮山”之誤,乃將“上”字歸下句讀,又注云:“王云:‘“臨上三亮,”未詳其義。’案上,不知指誰。亮,似謂光亮。”謬矣。

〔二二〕一旦,風雨迎之,山木皆焚:迎之,謂迎面而來。迎,面向着。吴本、備要本譌“近”。列仙傳卷上師門末句作:“訖則山木皆焚。”

〔二三〕孔甲祠之,未至而道死:列仙傳卷上師門作:“孔甲祀而禱之,還而道死。”

〔二四〕胤甲在位四十歲:彦按:今本竹書紀年卷上帝孔甲則云:“九年,陟。”

〔二五〕後居西河:西河,在今河南湯陰縣菜園鎮西河村一帶。彦按:竹書紀年卷上帝孔甲則云:“元年乙巳,帝即位,居西河。”

〔二六〕牛頭:山名。在今山西夏縣境。

〔二七〕黄伯思引孔甲劍一字銘曰“甲”:黄伯思,北宋書法家及書學理論家。黄氏東觀餘論卷上銅戈辨云:“按陶洪景刀劍録,夏孔甲之劍,銘一字曰‘甲’。”

〔二八〕天有祅孽,十日並照於東陽:祅孽,四庫本“祅”作“妖”,通。彦按:今本竹書紀年以天有祅孽,十日並出而夏后陟,爲帝廑八年事。參見本卷上文帝廑注〔三〕。

〔二九〕有十日説:見餘論十十日。

〔三〇〕皋：史記夏本紀同。今本竹書紀年作“昊”，沈約注：“昊，一作皋。”

帝皋

帝皋，或作罜。紀年云：“后昊立三年。”宜一之〔一〕。是爲簡皋。世紀。年代曆又作皋簡。十有一歲，陟，葬于殽，所謂“南陵”〔二〕。蹇叔曰：殽有二陵，其南陵，夏后皋之墓〔三〕。今洛之永寧三崤山也〔四〕。説詳餘論。子敬發立〔五〕。

【校注】

〔一〕紀年云……宜一之：此凡一十一字，吳本、四庫本無，蓋脱文。

〔二〕十有一歲，陟：今本竹書紀年卷上帝昊作：“三年，陟。” 葬于殽，所謂“南陵”：于，吳本譌“干”。殽，山名。

〔三〕蹇叔曰：殽有二陵，其南陵，夏后皋之墓：見左傳僖公三十二年。蹇叔，春秋秦穆公時大夫。陵，大土山。

〔四〕今洛之永寧三崤山也：永寧，縣名，治所在今河南洛寧縣。三崤山，在今洛寧縣西北。

〔五〕敬發：今本竹書紀年及史記夏本紀並作帝發。

帝敬發

帝敬發，傳多作帝發。一曰惠，見紀年。年代曆作“發惠”。是爲后敬。同上。外紀云：一曰“敬”〔一〕。其始即繼，諸夷式賓，獻其樂舞〔二〕。紀年云，元年。于是思禹之功，庸意於治〔三〕。十有二歲，陟〔四〕，帝王本紀，十三〔五〕。外紀云，十一。而弟履癸立。世本，皋生發及履癸。史記、人表、世紀皆以癸爲發之子，故杜預以爲皋之孫〔六〕。非也。

【校注】

〔一〕同上……一曰“敬”：此凡八字，吳本、四庫本脱。

〔二〕其始即繼，諸夷式賓，獻其樂舞：即繼，即位繼任爲君。式，語助詞。賓，歸順，服從。竹書紀年卷上帝發元年作：“諸侯賓于王門，再保墉會于上池，諸夷入舞。”

〔三〕庸意：用心，盡心。

〔四〕十有二歲，陟：今本竹書紀年卷上帝發則云：“七年，陟。”

〔五〕帝王本紀：來奧（蓋六朝時人）撰。

〔六〕故杜預以爲臯之孫：左傳僖公三十二年“其南陵，夏后臯之墓也”杜預注：“臯，夏桀之祖父。”夏桀即履癸。

帝履癸

帝履癸，是爲桀。桀，名也。或以爲號、爲謚，俱非。初有窮之誑攘，夏緒蠚忽不絶，諸侯胥亂，民罹瘅毒[一]。少康中興。比胤甲再淫亂，姦雄畔涣，而夏以汨震[二]。三傳而癸，諸侯之存者不能以四千矣。衛彪傒云：孔甲亂夏，十四世而亡[三]。班志云，禹後十三世，孔甲好鬼神；孔甲後十三世，湯伐桀[四]。誤也。

癸不務德，好貨，便佞，慢神虐民，侈後陳，蔽婸逐，呪訾嚅唲，恩信不申於國[五]。始遷于垂[六]，所謂天門。在澤之晉城太行之上[七]。有天門説，見餘論。乃大淫昏，洪舒于民，讒貸處穀，而幼色是與[八]。穀，禄也。大戴禮，孔子言桀、紂“疎遠國老，幼色是與”，“讒貸處穀，法言法行處辟”；又云，“桀不率先王之明德，荒耽于酒，淫洪于樂，德昏政亂，汙池土察，以民爲虐，粒食之民憮然幾亡”[九]。盛軍伍，立兩億[一〇]，正書云，桀有左億、右億之衆[一一]。自謂天父。賈子云：紂自謂天王，桀自謂天父，滅亡而民以爲駡[一二]。恃其多力，用其虎視，不克靈承于旅，天下之民悴悴焉[一三]。墨子：桀爲天子，生裂虎兕，指畫殺人[一四]。淮南子云：“桀之力，制觡伸鉤，索鉄歙金，推移大戲[一五]。”大戲，軍旗也。故云“遂擒移大戲”，桀蓋以此自號，言能移大蠹爾[一六]。或作“大犧”者，爲牛，非也。晏子乃謂夏有推移、大戲，爲矣[一七]。書帝命驗云：桀失玉鏡。注：玉鏡，謂清明之道。虎視，謂其暴虐。以羊莘、侯哆爲相；侯哆，韓子作“侯侈”，吕春秋作“惟多”[一八]。羊莘，一作“干辛”[一九]。吕云“桀染於羊辛、岐踵戎”，外紀又作干辛，云“恃威陵轢諸侯”者[二〇]。尹諧、斟觀、岐踵戎曹觸龍介之，闚道其志，乃胥爲虐于民，至于百爲，大不克開[二一]。荀子云：桀惑於妺喜、斯覲〔二二〕。韓侍郎云：斟覲也，皆桀佞臣〔二三〕。世紀云："左師曹觸龍詔諛不正，賢良鬱怨〔二四〕。"按説苑，孔子對哀公云："桀不修禹之道，毀壞辟法，裂絶世祀，荒淫于樂，沈酗于酒。其臣太師觸龍者，詔諛不正。湯誅桀，觸龍者身死，四肢不同壇壝而居〔二五〕。"韓嬰、荀況乃謂觸龍事紂，誤矣〔二六〕。

　　於是犬戎侵岐，居之〔二七〕。諸夷内侵，猒遂入居邠、岐之間。杜佑云：邠，新平；岐，扶風〔二八〕。申命任威，以原侯夸帥〔二九〕，孝經援神契云："后偷任威，折其玉斗，失其金椎〔三〇〕。"注："后偷，苟且自專也。玉斗者，渾儀。金椎，言國之寶〔三一〕。"伐有唐，歸藏："桀筮伐有唐，枚占於熒惑，曰：不吉；不利出征，惟利安處。彼爲狸，我爲鼠。勿用作事，恐傷其父〔三二〕。"復伐蒙山，得妹喜焉〔三三〕。一作"妹嬉"，故集韻末喜音希〔三四〕。末只音妹，以妹妹目之；或音秫，變也〔三五〕。天問云："桀伐蒙山，何所得焉〔三六〕？"王逸云：伐蒙山國，得末嬉〔三七〕。列女傳以爲有施，得之。師古云有施之女，蓋以國語説施爲嬉姓國，外紀從之，失之矣〔三八〕。

　　妹喜蠱惑，一笑百媚而色屬少融，好姣反而男行，弁服劍帶而喜繒裂〔三九〕。桀溺徇之，每加諸己〔四〇〕，董謁云：桀媚末嬉，常加於膝，以金簪貫玉螭媚之〔四一〕。師古云："末喜美於色，女子行，丈夫心。桀嘗置於膝上，聽其言而失道。湯伐之，放之南巢〔四二〕。"遠味四海，尸子云："桀、紂縱欲長樂，以苦百姓。珍怪遠味，必南海之薑，北海之鹽，西海之菁，東海之鯨，禍天下厚矣〔四三〕。"列女傳云：大臣諫，喜謂桀曰："君之威衰，令不從，皆以妾爲亂君，願賜妾死〔四四〕。"桀乃行法：過喜者誅，忤喜者死，譽者昌，諫者亡〔四五〕。羣下杜口矣〔四六〕。駕人車以奉之〔四七〕。井丹云〔四八〕。亦見世紀。

　　廣優猱，戲奇偉，作東哥而操北里，大合桑林，驕溢妄行〔四九〕。於是羣臣相持而唱於庭，靡靡之音，人以龜其必亡〔五〇〕。董繁露云：桀侈宫室，廣苑囿，竭山澤之材，困野獸之足，驕溢妄行，云云〔五一〕。阮藉樂論：桀之末，傳慕淫聲，晨歌達於三衢，聞之悲酸〔五二〕。史記：大進倡優，漫瀾之樂，設奇偉戲，靡靡之聲〔五三〕。而伏書殷傳湯誓：夏人飲酒，醉者負不醉者，相和而歌曰："盍歸乎薄？薄亦大矣〔五四〕！"伊尹退而閒居，深聽樂音，更曰"覺兮較兮"云云，入告于王曰："大命之亡有日矣〔五五〕！"王傪然歎，啞然笑〔五六〕，曰："天之有日，猶吾之有民。日亡，吾乃亡矣。"尹乃去夏適湯。

　　侈屋室，崇園囿，傾宫旋臺〔五七〕，晏子春秋云：夏之衰也，其王桀作旋室;商之衰也,其王紂作傾宮〔五八〕。旋臺在絳之正平〔五九〕。寰宇記絳縣:"璇臺瓊室,在城南門,夏桀造。"〔六〇〕列女傳:"旋臺瓊臺,以臨雲雨〔六一〕。"傾宮,造作傾仄,常若欹傾〔六二〕。旋臺,登之轉危,常若旋轉,所謂搖臺〔六三〕。世不知作璿、瑶者非。汙池土察。汙、察,深也。言洞地爲池。撚狐批㺄,不足以擄志;市縱貜獸,以觀人之奔駭〔六四〕。廣池漾酒,一鼓而鞠飲者三千,眤其醉溺;且多發帛,以希妖喜之一嘽〔六五〕。新序云:"桀爲酒池足以運舟,糟丘足望七里,一鼓而牛飲者三千人〔六六〕。"列女傳云,"絡其頭"〔六七〕。

　　復會于仍,史:"桀爲有仍之會。"賈逵以爲緡,非〔六八〕。有緡叛之,克有緡〔六九〕。又命扁伐岷山氏〔七〇〕。岷山莊王以二女御焉,愛而無子,乃刻之苕華,而弃元妃于洛〔七一〕。二女曰琬、曰琰。刻名苕華之玉。詳煒煌紀年〔七二〕。吕覽云:"伊尹奔夏三年,反報于亳,曰:'桀迷惑末喜,好彼琬、琰,不恤其衆。衆志不堪,皆曰:"上天弗恤,夏命其卒。"'湯謂尹曰:'若告我曠夏,盡如詩。'湯與尹盟,誓滅夏"云云〔七三〕。詩,志也〔七四〕。或云,元妃即末嬉〔七五〕。洛書録運法云,孔子曰:昔逢氏抱小女末嬉觀,帝以爲履癸妃〔七六〕。蒙、逢,或音訛也,然云"孔甲悦之,以爲太子",則疑矣〔七七〕。

　　紿過善非,弃義即讒,淫侈滋甚,不克終日勸于帝之迪〔七八〕。褎人因財而進,賢良日蔽而遠,刑賞無信,位隨財而行〔七九〕。淮南子云:桀之時,日暗晦而不明,道爛熳而不修;弃五帝之恩刑,蹶三王之法籍;舉事戾蒼天,發號逆四時;春秋縮其和,天地除其德;仁君處位而不安,大夫隱道而不言,羣臣準意而懷當,疏骨肉而自容;君臣父子之間,競載驕主而豫其意,植社槁而墶裂,容臺振而掩覆;西老折勝,黃神嘯吟;狐狸首穴,馬牛放失云云〔八〇〕。云"三王之法",繆矣〔八一〕。更爲長夜之宮,男女雜處,十旬不出政。一昔而風沙邑之〔八二〕。地室也。博物志云:川爲陵,山復於下〔八三〕。方冬穿陵,毆以就之〔八四〕。酒渾而戮,刑殺彌厚。纏子云:桀爲天下,酒濁而殺廚人〔八五〕。紂熊蹯不熟,而殺庖人〔八六〕。大傳云:"桀殺刑彌厚而民彌暴。故爾梁遠,遂以是亡。"注云:"故爾,窮其近也。梁,讀爲'掠'〔八七〕。"滅皇圖,亂歷紀〔八八〕,書帝命驗云:桀無道,殺關龍逄,絶滅皇圖,壞亂歷紀,殘賊天下,賢人逃遁,淫色慢易,不事祖宗〔八九〕。玉瑞不行,朔不告〔九〇〕。大戴用兵云:桀、紂妖替天道,逆亂四時,禮樂不行,幼風是御;歷失制，攝提失方，鄒大無紀；玉瑞不行，不告朔於諸侯〔九一〕。

於是天不畀純，祅孛出，枉矢射〔九二〕，宋張鑑云："桀誅諫而星孛，紂耽荒而致彗。"〔九三〕世紀云：桀淫亂，災異並見，兩日鬭射，攝提移處，五星錯行，伊洛竭，彗星出，鬼哭于國〔九四〕。湯伐之。書運期授云："白帝之治六十四世，其亡也，枉矢射參。"〔九五〕又見書中候〔九六〕。地震天血，外紀：天雨血，水冰。迅雷黃霧，古今五行紀：桀末年，雷震殺人〔九七〕。其年，湯放之。地吐黃霧，見中候〔九八〕。夏霜而冬露，命曆敍〔九九〕。外紀云：六月降霜。大雨水，史云，桀末年，俄被放〔一〇〇〕。里社坼〔一〇一〕，汲紀年：桀末年，社坼裂〔一〇二〕。因之以饑饉〔一〇三〕。桀益重塞，好富忘貧〔一〇四〕，管子，桀、紂。不肯感言于民〔一〇五〕。大軍之後，必有凶年〔一〇六〕。桀之饑饉，因於殘刑；湯之大旱，因於大軍〔一〇七〕。皆人事也。大戴云：桀紂時，"諸侯力政，不朝于天子；六蠻、八夷，交伐於中國。於是天降之災，水旱臻焉，霜雪大滿，甘露不降，百草殤黃，五穀不升，民多夭疾，六畜疀背，此太上之不論不議也〔一〇八〕。"王充治期云：災至有數〔一〇九〕。年歲有水旱，五穀不成，非政所致。桀、紂無耗之災〔一一〇〕。非也。

大夫豢龍逢引圖進曰："君人以禮義爲基，恭信爲本，節財愛民，故國安而身壽。今冬不爲杠，夏不束柎，而視其死；內有女華之陰傾，而外有曲逆之姦穢；役民如不勝，用財若無窮；民無所附，君子莫死焉。惟帝念之！"〔一一一〕乃立而弗去朝，遂死之〔一一二〕。即關龍逢〔一一三〕。見潛夫論〔一一四〕。桀之大夫。戰國策云："桀聽讒而殺其良將〔一一五〕。"注以爲逢，則兼將也。論語陰嬉云，桀殺龍逢後庚子旦〔一一六〕，有金版出於中庭，刻曰："族王禽。"注云：桀與逢同姓，故云"族王"；言必見禽。妄也。逢乃高陽後，故別本作"旋王"。逢之死，當有故。有辨，見發揮。耆艾又諫，以爲祅言，殺之〔一一七〕。見博物志。金匱云：桀時有岑山之水，常以十月發民鑿山穿陵通河〔一一八〕。民諫曰："孟冬鑿山穿陵，是泄天氣，發地藏。天子失子道，後必有敗〔一一九〕。"桀以爲妖言，殺之。朞年〔一二〇〕，一旦岑山崩爲大澤，水深九尺，山覆於谷，上反居下。耋老諫，而殺之〔一二一〕。六韜、外紀作瞿山。世紀等云：桀見錄書云"亡夏者'桀'"，於是大誅豪傑也〔一二二〕。自是，褱人參耦，忠臣折口；磬龜無腹，蓍策日施；大臣同叛〔一二三〕。其信費昌乃徙族以歸商，太史終古亦負其圖哭而去之〔一二四〕。淮南子：終古爲太史令，奔商，三年而桀亡〔一二五〕。論衡云：時兩日並出，東者焰，西者沈〔一二六〕。費昌問馮夷，答云：“東若爲商，西爲夏。”〔一二七〕乃徙族之商〔一二八〕。傳言桀、紂之世變異，多矣。日月五星圖云：桀末年，兩日並鬭，五星交錯；枉矢流，火神見〔一二九〕。關龍逢引黃圖諫，不聽，焚圖誅逢〔一三〇〕。火神，祝融也。如任昉述異記蛟妾等事，亦是後魏虹女之類爾〔一三一〕。——正光元年，首陽溪有虹爲女，宇文顯乃進之〔一三二〕。帝逼幸之，不得，異聲如鐘，復爲虹而去〔一三三〕。未幾，帝崩。外紀從之。亦不得云妄。

伊贄，帝之酒保也，醜夏而耕于商陝〔一三四〕。伊尹〔一三五〕。商契之後有子履者，天錫勇智，得禹之録，齊聖廣淵，不殖貨利，不邇聲色，以七十里爲方伯〔一三六〕。安國云：爲方伯，故得專征〔一三七〕。法三聖，用三俊，克寬克仁，明德郵祀，賢於諸侯〔一三八〕。聞贄之賢，三枉聘而不至，馳即見之〔一三九〕。既而幡然就商，説以伐夏救民，於是每進之〔一四〇〕。

夏桀俞自賢，矯誣上天，簡賢附勢，率遏衆力，窮父兄，恥功臣〔一四一〕。不任其遇，女鳩、女方，夏賢臣也，亦遂去之〔一四二〕。贄既醜夏，三年復歸于亳，遇諸北門〔一四三〕。蟬連歡，知夏命之將墜也，乃遂相商〔一四四〕。鳩、方，世皆以爲湯臣，非也。不期而會曰遇，豈吾國之臣而曰遇哉〔一四五〕？蓋伊尹在夏時二友云。

子履之沛，遇擎場四面羅者，一祝解而漢陰降〔一四六〕。東京賦“慕帝乙之弛罟”，謂此〔一四七〕。子虚賦以爲成湯好田，誤也〔一四八〕。爰循禮法以觀天子，天子不説〔一四九〕。既得仲虺萊朱，於是有不諶者，從而征之〔一五〇〕。葛伯仇饟，初征自葛〔一五一〕。而昆吾、韋、顧亦斬乂其民，粒食之民乂戮而不得以疾死，於伐韋、伐顧、伐昆吾，以徼于桀〔一五二〕。誅其君，悕其民，東征西怨，載十一而征無敵於天下，二十有七征而德施於諸侯，歸之者三十有六國〔一五三〕。征者，天子之事，湯之征，得無稟命乎〔一五四〕？紀年，湯七年九征〔一五五〕。南唐劉鶚云：載十一征者，伐二十二國也〔一五六〕。書中候云：天乙在亳，夏桀迷惑，諸隣國强負歸之〔一五七〕。傳云：漢南諸侯聞之，歸之四十國〔一五八〕。故傅子言歸者四十國。

桀怒，以諫臣趙梁計，召而囚之均臺，寘之重泉，嫌于死〔一五九〕。履乃行賂，桀遂釋之，而賞之贊茅〔一六〇〕。商子云封之，非〔一六一〕。史云“囚之夏臺”，即均臺〔一六二〕。重泉在馮翊，見漢志〔一六三〕。

子履，湯也。湯有膻行，天下之效之者且百國矣，又得慶誧、伊尹、湟里沮、東門虛、南門蟜、西門疵、北門側七大夫佐，司御門尹登恒爲佑，始試之弱密須氏以爲武教〔一六四〕。試得密須氏而知所服桀矣，乃率六州攸徂之民以伐桀〔一六五〕。傳云：景亳之命，費昌爲御〔一六六〕。世紀謂湯退居中野，老幼虛國奔之〔一六七〕。皇甫謐云：“同日貢職者五百國〔一六八〕。”始用玄牡，昭告上天神后〔一六九〕，皇天后土也。用玄牡，尚從夏。誓于衆庶，良車七十乘，必死六千人，及桀戰於鳴條，敗諸娀虛〔一七〇〕。安國云：伐桀升陑，出其不意〔一七一〕。皇甫謐云：桀醉不寤，湯伐之。發揮有辨。桀與其屬五百南徙千里，至於不齊；不齊之民去之〔一七二〕。轉之郕，遂放之南巢氏〔一七三〕。封之也。詳國名記。尸子以爲放之歷山，故世紀云：禽之焦門，放之歷山〔一七四〕。乃與妹嬉及嬖妾同舟浮海，奔南巢之山〔一七五〕。非也〔一七六〕。晉志亦云：敗于焦〔一七七〕。焦乃娀地。淮南子云：“革車三百乘，困之鳴條，禽之焦門〔一七八〕。”吕氏云：“戊子戰于郕，遂禽移大犧，登自鳴條，乃入巢門，遂有夏〔一七九〕。”是矣。尸子云：“革車三百乘，伐之南巢，收之夏宫〔一八〇〕。”益疎。吕春秋云：“商涸旱，猶發師，以申尹之盟，故令師從東方出國，西以進。未接刃而桀走，逐之至大沙〔一八一〕。”大荒西經云：“成湯伐夏桀于章山，克之。”注云：“章，山名〔一八二〕。”大沙，或云沙丘。墨子云：“湯放桀于大沙〔一八三〕。”戮尹諧，滅斟觀、昆吾氏，皆桀同惡。吕覽、周書，戊子戰桀于郕。按傳，桀與昆吾同以乙卯日亡〔一八四〕。昭公十八年二月乙卯，毛得殺毛伯〔一八五〕。萇弘曰：“是昆吾稔之日也。”〔一八六〕則非戊子。湯乃復亳，會羣后，退從諸臣之位，曰：“天子之位，惟有道者處之。”三千諸侯無敢即〔一八七〕。乃簡代夏，復禹功，修舜緒，爲副于天〔一八八〕，周書殷祝解、大傳皆言“三千諸侯大會”，“大會諸侯于鏞宫〔一八九〕”。有湯遜辨，見發揮〔一九〇〕。反夏政，國遷郼〔一九一〕。於旂反，商之國號〔一九二〕。吕春秋云：“湯王爲天子，夏人大悦，如得慈親。朝不易位，農不去疇，商不變肆，親郼如夏。是謂至公〔一九三〕。”高誘讀如“衣”，云：今兖州人謂有殷猶曰“有衣”〔一九四〕。故鄭於中庸“一戎衣”爲此讀〔一九五〕。康誥有“殪戎殷”之文，爲是不知康誥乃文王事，與武成“一戎衣”異〔一九六〕。陸氏從之，疎矣〔一九七〕。湯之國號，本不爲於斤切〔一九八〕。

將遷其社，不可〔一九九〕。遷如遷都〔二〇〇〕。蓋勝夏已，欲移其社於商地。然禮，王者當自立社，不可以亡國之社稷立於商。臣扈，蓋贊其不可者〔二〇一〕。當移於桀之子孫國爾〔二〇二〕。夫不可者，湯不可之也。世以謂欲變置社稷，且以爲湯始欲遷，衆議以爲不可。非也。不可而欲舉，是妄舉矣。如欲變置，是易社，非遷社也。乃取璽書〔二〇三〕，置座右。見周書〔二〇四〕。古有璽，説者以秦制“乘輿六璽”，以爲秦始者，非〔二〇五〕。老子云：“爲之符璽”〔二〇六〕。莊子云：“焚符破璽”〔二〇七〕。後至三王，俗化彫文，詐僞漸興，始有印璽〔二〇八〕。春秋運斗樞云：黄帝得龍圖，中有璽章，文曰“天黄符璽”〔二〇九〕。是古有。發明德，作八政，命於總章〔二一〇〕；大戴禮。遂賢良，築五庫，藏五兵，與民休息〔二一一〕。商君書。

爰封少康之後於杞，以郊禹〔二一二〕。後分，於曹東之僂，是爲東樓〔二一三〕。生西樓公〔二一四〕。酈生云：湯放桀，封其後于杞〔二一五〕。故大戴禮云：湯放移桀，乃遷姒姓于杞〔二一六〕。樓，蓋其析也〔二一七〕。或云湯封之樓，非。周興，求後，得東樓公，復之杞，爲二後〔二一八〕。九世成公，遷緣陵〔二一九〕。又十一世簡公，而滅于楚〔二二〇〕。楚惠滅之〔二二一〕。故傳云：“杞，夏餘也，而即東夷〔二二二〕。”或以州公爲杞後，則非〔二二三〕。弟佗奔魯，受爵爲侯，有封于陽〔二二四〕。其後去魯之沛，分沛立譙〔二二五〕。爲夏侯氏、侯氏、杞氏、題氏、僂氏、樓氏、婁氏、劉氏、丏氏、雝丘氏、郁釐氏、孫氏、杷氏。夏侯嬰曾孫頗尚主，隨外家姓孫，而嬰子孫遂爲孫〔二二六〕。漢高帝云“婁者，劉也”，賜婁敬爲劉〔二二七〕。姓纂：杞若辟董卓難，改爲杷〔二二八〕。或作“抱”，疑〔二二九〕。

桀立四十有三歲而放，三年，死於亭山〔二三〇〕。年代歷諸書五十二或五十三，或云十二，非〔二三一〕。夏氏凡四百八十有三歲。十七世。汲紀年并窮、寒四百七十二年〔二三二〕。三統曆云十七主，通羿、浞四百三十二年〔二三三〕。世多從之，非也。六韜大明云：禹之德，流三十一世。至桀爲無道，湯得伊尹，一舉而放之。誤矣。

嗟乎！湯放桀，所以定禹功也，然而猶有慙德，而後世猶曰

“于湯有光”，是以君子不爲也〔二三四〕。殷祝解言：桀請致國，而奔于千里〔二三五〕。奔魯，百姓去之〔二三六〕。湯不能止，乃放之〔二三七〕。無戰之文。桀始走保三

䰾，故伐之也〔二三八〕。別有湯武二誓説。始夏之興，青澗止郊，雨金櫟陽，而祝融降於崇山〔二三九〕。崇國之山，非驩兜放處。及是，回禄信於聆隧，容

臺覆，岱淵振，庶亡瞿瀍，而湯之里社鳴焉〔二四○〕。亦天命之反鄞也〔二四一〕。里社鳴，聖人出。湯社鳴，見春秋潛潭巴〔二四二〕。淮南注：容臺，禮容之

臺。桀不行禮，振動而覆〔二四三〕。外紀：“堯山崩，庶山亡〔二四四〕。”五行記云：夏末年，瞿山地一夕爲大澤，深九丈；九年，湯放之〔二四五〕。

禹初姒姓，其後分封，以國爲氏，有泊氏、弗氏、郲氏、鬻氏、冥氏、鄩氏、褒氏、沈氏、男氏、有南氏、肜氏、肜城氏、姒氏、弋氏、綸氏〔二四六〕。弋即姒。定姒，杞姓〔二四七〕。公羊作定弋，休云莒姓，誤矣〔二四八〕。或作

“戈”，失之。泊見潛夫論。或云“鮑”，非也。春秋公子譜，鄩出姒氏〔二四九〕。邵姓解一作“鄎”，誤〔二五○〕。弗見世本，姓苑作“費”。然少昊後自有費，故金石録云：費，少昊後〔二五一〕。陳湘姓林云：音萆，夏禹後〔二五二〕。自不同。如無極、長房，出此〔二五三〕。孫盛蜀譜云：益州諸費，名位者多〔二五四〕。字本作“棐”〔二五五〕。郲、弗同。漢有郲脩〔二五六〕。公孫瓚臣綸直〔二五七〕。有南以二臣勢均争權而分〔二五八〕。後有南仲，翊宣王以中興〔二五九〕。辨證云：湯八世孫盤庚妃姜氏夢赤龍入懷，孕，十二月生子，手把“南”字，長荆州，號南赤龍〔二六○〕。生條。孫仲爲紂將，平獫狁〔二六一〕。宫括爲文王臣，封南陽侯〔二六二〕。生邵，成王司馬，封白水侯〔二六三〕。生宫，宣王時南陽侯〔二六四〕。生伯，莊王上大夫〔二六五〕。南季聘魯，宜宫之子云〔二六六〕。褒君事夏；至幽王嬖褒后，遂亡周，而褒亦亡矣〔二六七〕。

肜伯事商，而沈子亦滅于蔡矣〔二六八〕。定四年。姒敬叔仕于齊，采於鮑，爲鮑氏、包氏〔二六九〕。或云：鮑，齊族〔二七○〕。非也。魯季公鳥妻，鮑文子女季姒也〔二七一〕。丹揚包，乃泰山鮑，莽難改〔二七二〕。成王封夏公，又爲夏氏、夏后氏、差氏、禹氏。王僧孺百家譜，蘭陵蕭道游娶禹氏女，而南唐將有禹萬成〔二七三〕。風俗通云：支庶以爲氏〔二七四〕。史記又有斟氏、戈氏、有扈氏，非也，乃高陽後〔二七五〕。

桀崩，其子淳維妻其衆妾，遁於北野，隨畜轉徙，號葷

育〔二七六〕。逮周日盛，曰獫狁。獫狁，凶奴〔二七七〕。樂産引括地圖云：桀放三年，死，子獯鬻妻桀之衆妾，居北野，謂之凶奴〔二七八〕。蓋别號獯鬻，故服虔謂堯時爲獯鬻〔二七九〕。又史，黄帝北逐獯鬻〔二八〇〕。非自後世也。晉史云，淳維，禹後；又云，軒后畏其干紀〔二八一〕。則又不能别矣。秦有匈奴單于頭曼者。後入于冒頓，蔚爲彊暴，破東胡，走月支，南并樓煩、白羊河南、燕、趙〔二八二〕。始長城却胡〔二八三〕。李牧將破滅襜襤，秦亦被蒙恬城逐〔二八四〕。塞外既侵，燕、代㝛㾑，漢祖於是屈婁敬之策，和親單于〔二八五〕。繇是稽胡子孫感漢，爲劉氏〔二八六〕。望河間、河南。扶羅助漢，死，子豹生淵，居離石，遂號漢〔二八七〕。二世而聰滅晉〔二八八〕。曜改曰趙，石勒夷之〔二八九〕。四主，二十五年〔二九〇〕。勃勃興朔方，爲赫連氏〔二九一〕，右賢王去卑之後〔二九二〕。中平中，羌渠子扶羅將兵助平黄巾〔二九三〕。扶羅子豹爲左賢王，生淵，爲前趙。右賢王去卑裔庫仁〔二九四〕。三世號大夏，後魏滅之〔二九五〕。有鐵伐氏、雲氏〔二九六〕。其始姓虚連題，是爲攣鞮氏〔二九七〕。范史，虚連鞮〔二九八〕。厥後異姓有呼衍氏、蘭氏、須卜氏、丘林氏、雕氏、凋氏、漢表，匈奴王雕氏〔二九九〕。凋見載記〔三〇〇〕。盧氏。赫連將呼盧古〔三〇一〕。師古云：呼衍，即今鮮卑姓呼延者〔三〇二〕。與蘭、須卜三大姓宜皆出此〔三〇三〕。宕昌、白狼之羌，亦其散也〔三〇四〕。有宕氏、庫氏、党氏、渾氏、房當氏〔三〇五〕。夏亦二十五年。夏録，勃勃詔云：朕皇祖大禹，受玄珪之錫，號夏〔三〇六〕。朕祖北遷幽朔，姓似氏，音殊中國，故從母爲劉氏〔三〇七〕。從母非禮，朕以義易之。王者係天爲子，是爲煇赫，實與天連，今改氏赫連〔三〇八〕。非正統者，以鐵伐爲氏〔三〇九〕。故號大夏。亦聰之族也。晉書以聰爲冒頓後，勃勃左賢後，而党出西羌，故姚秦將党耐康曰：祖本夏后氏後，爲羌豪〔三一〇〕。隨書以党項、白狼、宕昌爲三苗後，失之〔三一一〕。党，集韻作“甓”〔三一二〕。鐵氏本曰鐵伐，勃勃云“庶支族子孫剛鋭如鐵，皆堪伐人”，是也〔三一三〕。

　　古人有言：天下之勢，猶一堂也〔三一四〕。夫爲堂者，必得乎基址、柱石，然後堂可立。爲國者，必得乎賢人、君子，然後國可存也。基址堅，柱石固，是故居之安而罔飄摇之患。賢人至，君子用，是故處之泰而無杌陧之憂〔三一五〕。賢人、君子，其國之基址、柱石也歟！

桀、紂之亂，久矣，其可以亡矣。然而兩賢猶在，三仁未去，則猶未至於遽亡[三一六]。及其一旦釋而去之，基址傾矣，柱石僵矣，堂其能以獨存乎[三一七]？是故商書終於微子之命，而夏書終於女鳩女方，言賢人、君子之去就，社稷存亡之所繫也[三一八]。

昔者，子言衛靈公之無道也，康子曰：“夫如是，何爲而不喪？”[三一九]子曰：“仲叔圉治賓客，王孫賈治軍旅，祝鮀治宗廟。夫如是，奚其喪[三二〇]？”紂之去武丁，未遠也，其故家遺俗、流風善政猶有存者，又有微子、微仲、王子比干、箕子、膠革相與輔相之，故久而後失之[三二一]。然則國無道而幸存焉者，亦必有人焉而爲之也。桀之久其位，惟可知矣[三二二]。君天下者，何至掘基址而仆柱石哉！

【校注】

〔一〕初有窮之誆攘，夏緒蓺忽不絶，諸侯胥亂，民罹癉毒：洪本“有窮”譌“九窮”。吳本脱“初有窮之”四字。誆，欺騙。攘，竊取。緒，統緒，世系。蓺忽，動蕩不定。蓺，通“飄”。胥，相隨。罹，遭遇。吳本作“罔”。癉毒，苦難。癉（dàn），病痛，勞苦。

〔二〕比胤甲再淫亂，姦雄畔渙，而夏以汩震：比，及，至。姦雄，指弄權欺世、竊取高位的人。畔渙，專橫跋扈。汩震，沉淪，没落。汩，音 gǔ。

〔三〕衛彪傒云：孔甲亂夏，十四世而亡：事見國語周語下。彪傒，春秋衛大夫。彦按：今本國語“傒”作“傒”，同。又“十四世而亡”作“四世而隕”，韋昭注曰：“孔甲，禹後十四世。亂夏，亂禹之法也。四世，孔甲至桀四世而亡也。”是則此“十四世”當作“四世”，蓋羅氏因韋注“禹後十四世”而混誤。

〔四〕班志：指漢書郊祀志上。　禹後十三世，孔甲好鬼神；孔甲後十三世，湯伐桀：漢書原文作：“（禹）後十三世，至帝孔甲，淫德好神，神瀆，二龍去之。其後十三世，湯伐桀。”

〔五〕癸不務德，好貨，便佞，慢神虐民，侈後陳，蔽嫚逐，呢訾嚅呢，恩信不申於國：貨，錢財。便佞，巧言善辯。後陳，猶後宮。嫚逐，婬蕩。嫚，音 dàng。

廣韻蕩韻：“姆，淫戲皃。”荀子儒效：“故風之所以爲不逐者，取是以節之也。”楊倞注：“逐，流蕩也。”流蕩，猶言“放蕩”。四庫本作“姆遂”，誤。呢訾（zú zī），猶趑趄，形容做事多疑不决。嚅呢（rú ér），形容説話吞吞吐吐。洪本、吴本作“儒兒”。恩信，恩德信義。申，施行。吴本謁“由”。史記夏本紀：“桀不務德而武傷百姓。”書咸有一德：“夏王弗克庸德，慢神虐民。”孔氏傳：“言桀不能常其德，不敬神明，不恤下民。”

〔六〕垂：在今山西澤州縣高都鎮。

〔七〕在澤之晉城太行之上：澤，州名。晉城，縣名，治所在今山西晉城市。太行，即太行山。

〔八〕乃大淫昏，洪舒于民：淫昏，淫亂昏憒。洪舒，大肆荼毒。舒，通“荼”。書多方：“有夏誕厥逸，不肯慼言于民，乃大淫昏，……罔丕惟進之恭，洪舒于民。”孫星衍疏：“言桀貪，無不以財進奉共職，大爲荼毒於民。” 讒貸處穀，而幼色是與：讒貸，邪惡姦佞之人。貸，通“慝”。處穀，占據禄位。幼色，猶少艾，指年輕美貌的女子。與，通“豫”，悦，喜歡。

〔九〕孔子言桀、紂“疏遠國老，幼色是與”，“讒貸處穀，法言法行處辟”：見大戴禮記用兵。法言法行，指言行合乎禮法者。處辟，獲罪，受刑。辟，罪，刑。 桀不率先王之明德，荒耽于酒，淫洪于樂，德昏政亂，汙池土察，以民爲虐，粒食之民懵然幾亡：見大戴禮記少閒。先王，洪本作“先主”。荒耽，沉溺。淫洪，吴本、四庫本作“淫佚”，同。汙池，水池。土察，黃懷信曰：“蓋今所謂假山之類。積土爲之，登而可察，故曰土察。”（見大戴禮記彙校集注）彥按：大戴禮記原文“汙池土察”上有“作宫［室］高臺”句。以民爲虐，將百姓當作殘害欺凌的對象。懵然，不明不白，糊裏糊塗。大戴禮記原文作“惛焉”。

〔一〇〕盛軍伍，立兩億：盛，謂加强，擴張。軍伍，軍隊。兩億，即“兩臆”，後世多作“兩翼”，謂左右兩軍。賈誼新書連語：“紂將與武王戰，紂陳其卒，左臆右臆。”章太炎曰：“左襄二十三年‘啓’、‘胈’，賈侍中注：‘軍左翼曰啓，右翼曰胈’。正義曰：‘啓、胈是在旁之軍。説文云：“胈，腋下也。”胈是在旁明矣。’麟按：説文云‘肊，匈（肉）［骨］也，亦作臆’。左臆右臆，謂匈（肉）［骨］之左右，是即‘胈’矣。”（見賈子義抄）

〔一一〕正書：晉給事中袁準撰。

〔一二〕紂自謂天王,桀自謂天父,滅亡而民以爲罵:見賈誼新書大政上。今新書"天父"作"天子"。洪本、吳本"亡"譌"已"。

〔一三〕恃其多力,用其虎視,不克靈承于旅,天下之民悴悴焉:虎視,謂如虎之雄視,喻指淫威。靈,善。承,順應。旅,衆,民衆。書多方"不克靈承于旅"孔氏傳:"言桀不能善奉於人衆。"悴悴,憔悴,困頓。喬本、洪本、吳本、備要本下"悴"字作"崒"。彦按:作"崒"無解,此從四庫本。

〔一四〕桀爲天子,生裂虎兕,指畫殺人:見墨子明鬼下。原文作:"故昔夏王桀,貴爲天子,富有天下,有勇力之人,推哆大戲,生列兕虎,指畫殺人。"指畫,用手指示意。

〔一五〕桀之力,制觡伸鉤,索鐵歙金,推移大戲:見淮南子主術。制觡,折斷骨角。制,通"折"。各本均譌"剔",今據淮南子訂正。伸鉤,拉直金屬鉤。索鐵,絞鐵爲繩。歙,合,此謂揉合。大戲,大旗。戲,通"麾"。今本淮南子作"犧"。

〔一六〕故云"遂擒移大戲":吕氏春秋簡選:"殷湯良車七十乘,必死六千人,以戊子戰於郕,遂禽移大犧。"高誘注:"桀多力,能推移大犧,因以爲號,而禽克之。"彦按:太平御覽卷三二五引吕氏春秋,"移大犧"作"推移大犧",畢沅、梁玉繩、梁仲子、陳奇猷等並以推移、大犧爲桀二臣名。説見陳奇猷吕氏春秋校釋。　桀蓋以此自號,言能移大纛爾:大纛(dào),軍中大旗。各本"纛"均作"槊"。彦按:大槊爲長矛。羅注上文既以大戲爲軍旗,則此不當又以爲大槊也。"槊"字蓋"纛"字之誤,今據意改。

〔一七〕晏子乃謂夏有推移、大戲:見晏子春秋内篇諫上。洪本"推移"作"推哆",與今本晏子同。　爲:通"僞",虛假,不真實。吳本、四庫本、備要本作"僞"。

〔一八〕吕春秋:吳本、四庫本、備要本作"吕氏春秋"。

〔一九〕羊莘,一作"干辛":吳本作"羊辛,一作'干莘'",四庫本作"羊莘,一作'干莘'"。

〔二〇〕桀染於羊辛、岐踵戎:見吕氏春秋當染。染,熏染,影響。羊辛,四庫本作"羊莘",畢沅吕氏春秋校正改作"干辛"。岐踵戎,今本吕氏春秋"岐"字作"歧"。高誘注:"干辛、歧踵戎,桀之邪臣。"　外紀又作干辛,云"恃威陵轢諸侯”者:見資治通鑑外紀卷二夏商紀夏桀。干辛,喬本、洪本、吳本、備要本作“于辛”,四庫本作“干莘”,今據資治通鑑外紀訂作“干辛”。陵轢(lì),欺凌,欺壓。今外紀作“凌轢”,字異詞同。

〔二一〕尹諧、斟觀、岐踵戎、曹觸龍介之,闚道其志,乃胥爲虐于民,至于百爲,大不克開:介,助。闚道,亦作窺道,謂窺察其意而加以誘導。書多方:“惟夏之恭多士,大不克明保享于民,乃胥惟虐于民,至于百爲,大不克開。”孔氏傳:“桀之衆士,乃相與惟暴虐於民,至於百端所爲,言虐非一。”周秉鈞易解:“開,明也。大不克開,謂大不能明保享于民也,蒙上文而省。”彦按:此“保享”宜釋爲“安養”。

〔二二〕桀惑於妹喜、斯觀:見荀子解蔽。原文作:“桀蔽於末喜、斯觀。”楊倞注:“末喜,桀妃。斯觀,未聞。韓侍郎云:‘斯,或當爲斟。斟觀,夏同姓國,蓋其君當時爲桀佞臣也。’”喬本“妹喜”上有一空格。吳本、四庫本、備要本“斯觀”作“斟觀”非。

〔二三〕韓侍郎:指唐文學家韓愈。愈晚年曾任吏部侍郎,故稱。各本“郎”均謁“御”,今訂正。　斟觀也,皆桀佞臣:彦按:羅氏此處引文與韓氏本意有出入。韓氏蓋以斟觀爲國名,而此則視斟觀爲人名。參見上注。

〔二四〕左師曹觸龍諂諛不正,賢良鬱怨:左師,官名。鬱怨,謂怨恨蘊結。呂氏春秋慎大則有“桀爲無道,……干辛任威,……賢良鬱怨”語。

〔二五〕孔子對哀公云:哀公,指魯哀公。下孔子語見説苑敬慎篇,文字略有異同。　桀不修禹之道,毀壞辟法,裂絶世祀,荒淫于樂,沈酗于酒:辟法,刑法。裂絶,破壞斷絶。吳本、四庫本作“絶裂”。荒淫,過度沉迷。沈酗,痴迷縱飲。　其臣太師觸龍者,諂諛不正:太師,今本説苑作“左師”。不正,今本説苑作“不止”,蓋誤。楊倞荀子注兩引説苑,並作“不正”,可證。見下注。　湯誅桀,觸龍者身死,四肢不同壇壃而居:壇壃,猶壇域,謂地方、處所。各本“壇”均謁“檀”,今訂正。今本説苑但作“壇”,無“壃”字。居,備要本如此,餘諸本均作“呂”。彦按:呂即“居”字之“尸”左下之撇失落,今從備要本。

〔二六〕韓嬰、荀況乃謂觸龍事紂:韓詩外傳卷四:“曹觸龍之於紂,可謂國賊也。”荀子臣道篇:“若曹觸龍之於紂者,可謂國賊矣。”楊倞注:“説苑曰:‘桀貴爲天子,富有天下,其左師觸龍者,諂諛不正。’此云‘紂’,未知孰是。”又議兵篇：“微子開封於宋，曹觸龍斷於軍。”楊倞注：“說苑曰：‘桀貴爲天子，富有四海，其臣有左師觸龍者，諂諛不正。’此云紂臣，當是說苑誤。”

〔二七〕犬戎：即畎戎。古族名。爲戎人之一支。

〔二八〕邠，新平；岐，扶風：新平，縣名，治所在今陝西彬縣。扶風，縣名。今屬陝西省。

〔二九〕申命任威，以原侯夸帥：申命，發布命令。任威，放縱淫威。原侯夸，蓋桀時諸侯，名夸。原侯夸又見於本書國名紀六夏世侯伯原。

〔三〇〕孝經援神契：喬本、洪本、吳本“援”謁“搜”，今據四庫本、備要本訂正。　后偷任威，折其玉斗，失其金椎：后，君主，指桀。喬本謁“右”，今據餘本訂正。金椎，金屬錘子，比喻權柄。“椎”同“槌”。喬本、洪本、吳本、四庫本作“推”，備要本作“錐”，俱誤。北堂書鈔卷二一、太平御覽卷二引孝經援神契，均作“椎”，是，今據以改。

〔三一〕后偷，苟且自專也：后，喬本、洪本、吳本、四庫本均謁“右”，此從備要本。偷，吳本謁“榆”。彦按：注文“苟且自專也”，乃釋“偷”義，不關乎“后”。疑“后”下脱“桀也”或“君也”之字。今考北堂書鈔卷二一引此注，作：“后，桀也。偷，苟且自奉也。”（據文淵閣四庫全書本）太平御覽卷二引，則作：“后，君也。偷，謂苟自專也。”“后”字下皆有針對性注文。　玉斗者，渾儀：安居香山、中村璋八緯書集成輯宋均注，作：“玉斗，北斗，以玉爲之，喻渾儀也。”

金椎，言國之寶：金椎，各本“椎”均謁“推”，今訂正。寶，喬本、洪本作“實”，吳本、四庫本作“寔”，並誤，今據備要本改。

〔三二〕桀菹伐有唐，枚占於熒惑：菹，吳本、四庫本、備要本作“筮”。枚占，猶枚卜，本謂一一占卜，後亦泛指占卜。各本“枚”均謁“牧”，洪本、吳本“占”又謁“古”，今據太平御覽卷八二及卷九一二、宋王應麟漢藝文志考證卷一引歸藏訂正。熒惑，古指火星。其星行踪詭祕，或徐或疾，忽東忽西，時隱時現，令人迷惑，因而觀察其天象變化以測吉凶，亦成爲古人星占之重要内容。　曰：不吉；不利出征：吉，洪本謁“言”，吳本謁“言”。利，洪本謁“扚”，吳本謁“科”。　彼爲狸：狸，狸貓，也稱豹貓，即山貓。　勿用作事，恐傷其父：勿用，不要。各本“勿”均謁“切”，今據太平御覽卷九一二、漢藝文志考證卷一、天中記卷四〇、廣博物志卷二二引歸藏訂正。父，喻指君長。

〔三三〕蒙山：相傳爲夏桀時國名。或以爲故地在今山東蒙陰縣西南。羅氏以爲在蒙州蒙山郡（見國名紀六夏世侯伯蒙山），即今廣西蒙山縣地，可疑。

〔三四〕一作“妹嬉”：洪本“作”譌“伐”。　故集韻末喜音希：彦按：集韻“喜”“希”不同音。末喜之“喜”，之韻，虛其切；希，微韻，香依切。此“希”疑當作“狶”，集韻讀與末喜之“喜”同。

〔三五〕末只音妹：洪本作“妹只音□”，末一字闕文；吳本、四庫本作“妹只音昧”。　以妹妹目之：妹妹，喬本下“妹”字爲空格，今據餘本訂補。

〔三六〕何所得焉：喬本、洪本、備要本作“何得焉”，吳本、四庫本作“妹何得焉”，俱非。今據天問原文訂正。

〔三七〕伐蒙山國，得末嬉：王逸注原文作：“言夏桀征伐蒙山之國而得妹嬉也。”

〔三八〕師古云有施之女：漢書外戚傳上“而桀之放也用末喜”顏師古注：“末喜，桀之妃，有施氏女也。”　蓋以國語説施爲嬉姓國：彦按：此云國語，不確，實出國語韋昭之注。又“嬉”當作“喜”。國語晉語一：“昔夏桀伐有施，有施人以妹喜女焉。”韋昭注：“有施，喜姓之國。妹喜，其女也。”　外紀從之：資治通鑑外紀夏商紀夏桀：“桀……伐有施，有施人以妹喜女焉。”

〔三九〕妹喜蠱惑，一笑百媚而色屬少融，好姣反而男行，弁服劍帶而喜繒裂：蠱惑，謂讓人迷亂。色屬少融，謂表情嚴肅冰冷。融，温煦，融和。好姣，猶姣好，謂容貌嬌美。男行，謂行爲有如男子。弁服，古代貴族的帽子和衣服，泛稱服飾。劍帶，謂佩帶着劍。南朝梁蕭繹金樓子箴戒：“末喜，桀之妃。美於色，薄於德，亂孽無道；女子行，丈夫志，身常帶劍。”喜繒裂，太平御覽卷一三五引帝王世紀曰：“末喜好聞裂繒之聲而笑，桀爲發繒裂之，以順適其意。”

〔四〇〕桀溺徇之，每加諸己：溺，溺愛。徇，順從，曲從。吳本、四庫本作“狥”，字異而義同。加諸己，謂置彼於己膝之上。

〔四一〕董謁：漢武帝時方士。　桀媚末嬉，常加於膝，以金簪貫玉螭媚之：媚，喜愛。末嬉，吳本、四庫本、備要本作“妹嬉”。簪，古人用於綰定髮髻或冠的長針。玉螭，玉雕的龍。媚，逢迎取悦。

〔四二〕見漢書外戚傳上“而桀之放也用末喜”注。此但撮取大意，並未全録原文。　末喜美於色：四庫本“美”譌“善”。顏注原文作：“末喜……美於色,薄於德。"　桀嘗置於膝上,聽其言而失道:嘗,通"常"。四庫本作"常"。顏注原文作:"桀常置末喜於膝上,聽用其言,昏亂失道。"　湯伐之,放之南巢:南巢,在今安徽巢湖市一帶。顏注原文作:"於是湯伐之,遂放桀,與末喜死於南巢。"書仲虺之誥:"成湯放桀于南巢。"

〔四三〕桀、紂縱欲長樂,以苦百姓:縱欲,各本但作"欲",失其本意,今據太平御覽卷八二引尸子補。　必南海之薑,北海之鹽,西海之菁,東海之鯨:薑,御覽作"葷",於義爲長。葷指葱、蒜、韭、薤一類辛味的菜。菁,韭菜花。禍天下厚矣:御覽作:"此其禍天下亦厚矣。"

〔四四〕君之威衰,令不從,皆以妾爲亂君,願賜妾死:令,各本皆作"今"。以妾爲亂君,喬本、洪本、吳本、四庫本作"以妾爲亂習",備要本作"以妾爲亂習"。彥按:"今"當作"令","妄"當作"妾","習"當作"君",並因形近兼以字迹漶漫而誤。金樓子箴戒云:"桀嘗置末喜於膝上,喜謂桀曰:'羣臣盡憎妾之貴,乃以益慢於君,君威衰,令多不從,皆以妾爲亂君。願賜死!'"今據以訂正。又洪本、吳本"願"作"碩",乃用俗字。

〔四五〕桀乃行法:過喜者誅,忤喜者死:行法,執行刑法。過,責難。忤,冒犯。

〔四六〕杜口:謂閉口不言。杜,堵塞,封閉。金樓子箴戒:"桀於是大怒,行苛法,……譽者昌,諫者亡。羣下杜口,莫敢正言。"

〔四七〕駕人車以奉之:人車,人力拉的車。奉,侍奉,侍候。後漢書逸民傳井丹:"左右進輦,丹笑曰:'吾聞桀駕人車,豈此邪?'"

〔四八〕井丹:東漢隱士。

〔四九〕廣優猱,戲奇偉:廣,擴充。奇偉,泛指奇特怪異之事物。劉向列女傳夏桀末喜:"桀既棄禮義,淫於婦人,……收倡優、侏儒、狎徒能爲奇偉戲者,聚之於旁,造爛漫之樂,日夜與末喜及宮女飲酒,無有休時。"　作東哥而操北里:東哥,即東歌。文選左思吳都賦:"登東歌,操南音。"劉淵林注:"晏子春秋曰:桀作東歌。"操,演奏。北里,舞曲名。彥按:史記殷本紀云:"帝紂……於是使師涓作新淫聲,北里之舞,靡靡之樂。"則北里爲殷紂時作。此蓋泛指萎靡粗俗之曲耳。　大合桑林,驕溢妄行:合,集會。桑林,地名。驕溢,驕傲自滿。妄行,胡作非爲。春秋繁露王道:"桀、紂皆聖王之後,驕溢妄行。"

〔五〇〕於是羣臣相持而唱於庭，靡靡之音，人以龜其必亡：相持，相攙扶，相抱持。吳本“持”譌“待”。龜，猶卜，推斷，預料。韓詩外傳卷二：“昔者桀爲酒池糟隄，縱靡靡之樂，一鼓而牛飲者三千人，羣臣皆相持而歌。”

〔五一〕此撮取自董仲舒春秋繁露王道。　竭山澤之材，困野獸之足：董書原文作：“困野獸之足，竭山澤之利。”“困獸”句蓋謂桀沉迷畋獵，追逐野獸，而使野獸四足疲憊也。吳本“困”譌“閄”。

〔五二〕樂論：喬本、洪本、備要本作“惡樂論”，吳本、四庫本作“惡藥論”。彥按：明董斯張廣博物志卷三三引之，則稱樂論。書名蓋樂論，“惡”字爲衍文，“藥”字爲譌字。太平御覽卷首經史圖書綱目所載有阮籍樂論，當即其書。今訂正。　傳慕淫聲：傳慕，猶傳習，謂傳授與摹習。說文心部：“慕，習也。”　晨歌達於三衢：歌，吳本譌“游”。三衢，泛指四通八達的道路。管子輕重甲：“昔者桀之時，女樂三萬人，晨噪於端門，樂聞於三衢。”

〔五三〕大進倡優，漫瀾之樂：倡優，古稱以音樂歌舞或雜技戲謔娛人的藝人。漫瀾，猶爛漫，謂淫蕩。太平御覽卷八二引帝王世紀曰：“帝桀淫虐，……大進侏儒、倡優，爲爛熳之樂，設奇偉之戲，縱靡靡之聲。”

〔五四〕醉者負不醉者：負，背(bēi)。藝文類聚卷一二、太平御覽卷八三引尚書大傳，作：“醉者持不醉者，不醉者持醉者。”　盍歸乎薄？薄亦大矣：薄，通“亳”，商湯都城，在今河南商丘市睢陽區。藝文類聚卷一二、太平御覽卷八三引尚書大傳，作：“盍歸于亳？盍歸于亳(藝文類聚作‘亳上’)？亳亦大矣。”

〔五五〕伊尹退而閒居，深聽樂音：深，深入，仔細。藝文類聚卷一二、太平御覽卷八三引尚書大傳，“音”作“聲”，注云：“思其故也。是時伊尹仕桀。”更曰“覺兮較兮”云云：吳本“兮”譌“子”。藝文類聚卷一二引尚書大傳，作：“更曰：‘覺兮較兮，吾大命格兮！去不善而就善，何樂兮！’”注云：“覺兮，謂先知者；較兮，謂直道者也。格，至也。吾，語桀也。”　入告于王曰：“大命之亡有日矣”：于，吳本譌“子”。大命，猶天命。有日，猶有期，謂不久。

〔五六〕王傄然歟，啞然笑：傄然，狂妄自大貌。傄，音 xiàn。啞然，笑聲。

〔五七〕侈屋室，崇園囿，傾宮旋臺：侈，奢華。崇，崇飾。傾宮，宮名。旋臺，臺名。

〔五八〕夏之衰也，其王桀作旋室；商之衰也，其王紂作傾宮：見晏子春秋內篇諫下,原文作:"及夏之衰也,其王桀背棄德行,爲璿室玉門。殷之衰也,其王紂作爲傾宮靈臺。"

〔五九〕旋臺在絳之正平:絳,州名。喬本、洪本、吳本譌"絳",此從四庫本、備要本。正平,縣名,治所在今山西新絳縣。

〔六〇〕見太平寰宇記卷四七。　絳縣:洪本、吳本"絳"譌"絳"。

〔六一〕旋臺瓊臺,以臨雲雨:見列女傳孽嬖傳夏桀末喜,今本文作:"造瓊室瑶臺以臨雲雨"。吳本、四庫本"旋"作"璇"。

〔六二〕傾宮,造作傾厈,常若欹傾:傾宮,喬本"宮"譌"官",此從餘諸本。傾厈,傾斜。各本均作"傾反"。彥按:"傾反"不辭。"反"當"厈"字形譌。今據文意訂正。若,吳本譌"作"。欹傾,歪斜。欹,音qī。

〔六三〕旋臺,登之轉危,常若旋轉:旋臺,四庫本"旋"作"璇"。旋轉,吳本、四庫本"旋"譌"璇"。

〔六四〕搏狐批狻,不足以攄志:搏(tú),擊。批,用手擊。狻(suān),狻猊,即獅子。攄志,抒發心志。攄(shū),抒發,表達。　市縱虦獸,以觀人之奔駭:虦獸,老虎。虦(zhàn),淺毛之虎。吳本作"𤢭"。奔駭,驚慌奔逃。太平御覽卷八二引帝王世紀:"帝桀……以虎入市,而視其驚。"

〔六五〕廣池漾酒,一鼓而羈飲者三千:漾,溢。一鼓,一舉,一次。羈飲,謂按住頭飲。羈,同"羇"。本義爲馬絡頭,引申謂拘束、牽制。　且多發帛,以希妖喜之一嘽:發,開,此謂撕開、撕裂。嘽(chǎn),寬舒,此謂舒心。

〔六六〕桀爲酒池足以運舟,糟丘足望七里,一鼓而牛飲者三千人:見新序節士。牛飲,謂俯身而飲,飲態如牛。比喻豪飲。

〔六七〕列女傳云,"絡其頭":見列女傳孽嬖傳夏桀末喜。今本文云"羈其頭而飲之於酒池",作"羈"不作"絡"。

〔六八〕賈逵以爲緡,非:彥按:史記楚世家:"桀爲有仍之會,有緡叛之。"裴駰集解引賈逵曰:"仍、緡,國名也。"此賈逵以仍、緡並爲國名,而非釋"仍"爲"緡",羅氏誤解其意,責之非是。

〔六九〕左傳昭公四年:"夏桀爲仍之會,有緡叛之。"又昭公十一年:"桀克有緡,以喪其國。"

〔七〇〕竹書紀年卷上帝癸十四年:"扁帥師伐岷山。"

〔七一〕岷山莊王以二女御焉,愛而無子,乃刻之苕華,而弃元妃于洛:御,服侍,侍奉。苕華,美玉名。竹書紀年卷上帝癸十四年沈約注:"癸命扁伐山民。山民女于桀二人,曰琬,曰琰。后愛二人,女無子焉,斲其名于苕華之玉。苕是琬,華是琰。而棄其元妃于洛,曰妹喜,於傾宮飾瑶臺居之。"

〔七二〕焞煌紀年:即燉煌高納之郡府紀年,見太平御覽卷八〇五。彦按:上所引文,見於竹書紀年卷上帝癸十四年"扁帥師伐岷山"梁沈約注。太平御覽卷八〇五引,以爲出自燉煌高納之郡府紀年,然此書他處未見記載,殊可疑,或有誤。

〔七三〕見吕氏春秋慎大,文字略有省改。 反報于亳:亳,湯都。此借代湯。 桀迷惑末喜,……不恤其衆:末喜,四庫本作"妹喜"。恤,憂慮,顧念。 衆志不堪:志,意,心。 若告我曠夏,盡如詩:曠夏,即夏。吳承仕吕氏春秋舊注校理:"廣雅:'曠,大也。'曠、皇聲亦相近。殷人稱夏爲曠夏,猶周人稱殷爲大商、大國殷矣。"詩,謂四方歌謡。陳奇猷吕氏春秋校釋云:"此文'若告我曠夏盡如詩',猶言汝告我曠夏之情況盡如四方歌謡所言。此蓋湯以伊尹言證四方歌謡,謂其相合也。"

〔七四〕詩,志也:高誘注語。彦按:此謂詩(四方歌謡),是民心(志)的反映。

〔七五〕末嬉:四庫本作"妹嬉"。

〔七六〕洛書録運法云,孔子曰:昔逢氏抱小女末嬉觀,帝以爲履癸妃:自此而下至"則疑矣"四十三字,吳本、四庫本所無。洛書録運法,漢代緯書,洛書緯之一種。帝,指孔甲。以爲,各本均但作"爲"。彦按:"爲"上當脱"以"字,無則文非其義。太平御覽卷一三五引洛書録運法,作:"孔子曰:'逢氏抱小女末喜觀,帝孔甲悦之,以爲太子履癸妃。"今據以訂補。

〔七七〕孔甲悦之,以爲太子:彦按:"太子"下宜有"妃"字。

〔七八〕給過善非:彦按:"給"當"矜"字形譌。吕氏春秋慎大:"桀愈自賢,矜過善非。"高誘注:"(矜)一作'給'。"陳奇猷校釋:"案:善、繕同(周禮夏官序官繕人鄭注:'繕之言善也';莊子養生主'善刀而藏之'猶言修治其刀而藏之,是假善爲繕)。繕,修治也,與飾同義。此文'矜過善非'即'矜過飾非',猶言矜持其過掩飾其非耳。……舊校作'給'字,無義。" 弃義即讒,淫侈滋甚:

即,走近,接近。淫侈,荒淫奢侈。　不克終日勸于帝之迪:書多方:“有夏誕厥逸,不肯慼言于民;乃大淫昏,不克終日勸于帝之迪。”周秉鈞易解:“勸,勉也。迪,道也,謂教導。言有夏……不能一日勸勉于上帝之教導。”

〔七九〕衺人因財而進,賢良日蔽而遠,刑賞無信,位隨財而行:衺人,心術不正的人。衺,同“邪”。逸周書史記:“好貨財珍怪,則邪人進。邪人進,則賢良日蔽而遠。賞罰無位,隨財而行。夏后氏以亡。”黄懷信等彙校:“丁宗洛云:‘位’疑‘信’訛。○劉師培云:路史後紀四作‘刑賞無信,隨財而行’,似所據之本作‘無信’,‘位’係衍文。路史或本‘信’下亦衍‘位’字。”

〔八〇〕見淮南子覽冥篇,文字略有異同。　日暗晦而不明,道爛熳而不修:日,洪本、吴本作“王”,今本淮南子作“主”。彦按:作“王”者,“主”之譌;作“日”則疑後來所改。爛熳,即瀾漫,散亂貌。今本淮南子作“瀾漫”。“爛”字喬本、備要本作“焰”,洪本、四庫本作“熖”,吴本作“𤎖”。彦按:“焰(熖、𤎖)熳”不辭,“焰”“熖”“𤎖”當“爛”字漶漫而譌。今訂正。　弃五帝之恩刑,蹶三王之法籍:今本淮南子“弃”作“棄捐”,“蹶”作“推蹶”。蹶,推翻,否定。三王,喬本、洪本、備要本作“三五”誤,此從吴本及四庫本。法籍,載有法令制度的典籍。　舉事戾蒼天:戾,乖違,違背。　春秋縮其和,天地除其德:春秋,泛指四時。縮,收斂,藏起。高誘注:“縮,藏也,言和氣不復行也。”除,取消,謂不復施布。德,指德澤,恩惠。　仁君處位而不安,大夫隱道而不言,羣臣準意而懷當,疏骨肉而自容:仁君,指諸侯之仁者。隱道而不言,高誘注:“隱仁義之道,不正諫直言也。”準,準照。意,今本淮南子作“上意”。懷當,高誘注:“懷,思;當,合也。取合主意,不復以道正諫也。”骨肉,喻親人。自容,謂保全自己,使得容身於世。　君臣父子之間,競載驕主而豫其意:君臣父子之間,今本淮南子作“邪人參耦比周而陰謀,居君臣父子之間”。彦按:此謂邪人挑撥離間君臣父子,上句不當無,路史注疑有脱文。載,行也。見小爾雅廣言。驕,謂使驕縱。豫,愉悦。今本淮南子作“像”,高誘注:“像,猶隨也。”　植社槁而埒裂:高誘注:“言不禋於神也。”植社,種植的社樹(古代封土爲社,各種其土所宜之樹,以爲社稷神或土地神之神主,稱社樹或社木)。吴本、四庫本“社”譌“杜”。槁,乾枯。吴本、四庫本作“稿”。埒裂,今本淮南子“埒”作“𡑞”,王念孫以爲:“‘𡑞’當爲‘墉’,隸書之誤也。”(見讀書雜志淮南内篇弟六𡑞裂)彦按：<u>王氏</u>説是。“壚裂”同義連文。此之作“壿”，亦“壚”譌字。　容臺振而掩覆：容臺，行禮之臺。掩覆，倒塌。<u>高誘注</u>：“容臺，行禮容之臺。言不能行禮，故天（文）〔大〕振動而敗也。”　西老折勝，黃神嘯吟：<u>西老</u>，謂<u>西王母</u>。<u>孫詒讓</u>曰：“‘老’當作‘姥’。<u>廣韻</u>十姥云：‘姥，老母。’古書多以‘姥’爲‘母’，故<u>西王母</u>稱<u>西姥</u>。”（見<u>札迻</u>卷七<u>淮南子許慎高誘注</u>）勝，古代婦女的一種花形玉首飾。<u>高誘注</u>：“<u>西王母</u>折其頭上所戴勝，爲時無法度。<u>黃帝</u>之神傷道之衰，故嘯吟而長嘆也。”　狐狸首穴，馬牛放失云云：首穴，頭朝窟穴。此言狐狸死亡。首穴猶首丘，古語有“狐死首丘”，故云。放失，散失。失，通“佚”。云云，<u>吳</u>本譌“亡云”。

〔八一〕云“三王之法”，繆矣：“云”字<u>喬</u>本爲空格，<u>備要</u>本脱文，今據<u>餘</u>本訂補。<u>彥</u>按：三王例指<u>夏禹</u>、<u>商湯</u>、<u>周武王</u>或<u>周文王</u>。<u>商</u>、<u>周</u>二王在<u>桀</u>之後，故繆。

〔八二〕一昔而風沙邕之：昔，通“夕”，夜晚。邕，通“壅”，堵塞。<u>晉張華</u><u>博物志異聞</u>：“<u>夏桀</u>之時，爲長夜宮於深谷之中，男女雜處，十旬不出聽政。天乃大風揚沙，一夕填此宮谷。”

〔八三〕山復於下：復，通“覆”，傾覆，倒塌。

〔八四〕方冬穿陵，毆以就之：毆，通“驅”，驅使，驅趕。就，完成。<u>藝文類聚</u>卷三引<u>太公金匱</u>曰：“<u>夏桀</u>之時，以十月發民鑿山穿陵通於河。民諫曰：‘孟冬鑿山穿陵，是泄天氣，發地之藏，天子失道，後必有敗。’<u>桀</u>殺之。朞年，岑山崩爲大澤，<u>湯</u>率諸侯伐之。”

〔八五〕纏子：<u>戰國</u><u>墨家</u>之徒<u>纏子</u>撰。<u>論衡福虛</u>有“<u>墨家</u>之役<u>纏子</u>”。　<u>桀</u>爲天下：<u>太平御覽</u>卷九〇八引<u>纏子</u>，“爲”作“王”。

〔八六〕紂熊蹯不熟，而殺庖人：熊蹯（fán），熊掌。蹯，獸足掌。庖人，猶廚人，廚子。<u>太平御覽</u>卷九〇八引<u>纏子</u>，作：“<u>紂</u>王天下，熊蹯不熟，而殺廚人。”

〔八七〕故爾，窮其近也：此讀“爾”爲“邇”。<u>彥</u>按：此以“窮”釋“故”，似欠依據。疑“故”當讀“辜”，謂禍害。

〔八八〕滅皇圖，亂歷紀：皇圖，王朝的版圖。歷紀，亦作“曆紀”。曆法綱紀。

〔八九〕殘賊天下，賢人逃遁，淫色慢易，不事祖宗：殘賊，殘害。逃遁，逃亡。洪本、吳本“逃”作“迯”，同。淫色，沉迷女色。慢易，傲慢輕忽。事，奉事，謂祭祀。

　　〔九〇〕玉瑞不行：玉瑞，古代玉製禮器，帝王用爲信物。行，用。　朔不告：即不告朔。古代天子於每年季冬把第二年的曆書頒發給諸侯，諸侯藏之祖廟，至朔（每月初一）朝於廟，告而受行之，叫“告朔”。

　　〔九一〕大戴用兵云：吳本、四庫本“云”譌“車”。　桀、紂妖替天道：妖替，摧殘廢棄。妖，通“祅”。今本大戴禮記作“祅”。　幼風是御：俞樾云：“洪氏三朝記注曰：‘幼風，謂幼眇之樂。漢書曰：“每聞幼眇之聲，不知涕泣之橫集。”即所謂靡靡之音也。’……今按：洪説得之矣，而有未盡者。幼，當讀爲‘幽’。誥志篇曰：‘幽，幼也。’史記厤書亦曰：‘幽者，幼也。’是幽與幼聲近義通。……是故‘幼眇’即幽眇也。幽風者，幽眇之風也。風者，聲也。”（見羣經平議大戴禮記二）黃懷信云：“御，用也。”（見大戴禮記彙校集注）　曆失制，攝提失方：曆，指曆法。制，法度，規範。攝提，星名。屬亢宿，共六星。位於大角星兩側，左三星曰左攝提，右三星曰右攝提。失方，謂不在其該在之位置。失，吳本譌“夫”。方，位。史記曆書“攝提無紀，曆數失序”裴駰集解引漢書音義曰：“攝提，星名，隨斗杓所指建十二月。若曆誤，春三月當指辰而指巳，是謂失序。”　鄒大無紀：鄒大，“孟鄒”之譌。孟鄒即孟陬，謂孟春正月。各本“鄒”譌“邦”，此據今本大戴禮記改“鄒”。紀，法度，規律。王念孫曰：“‘鄒’讀爲‘陬’。鄒大無紀，本作‘孟鄒無紀’。離騷曰：‘攝提貞于孟陬。’唯其攝提失方，是以孟陬無紀。今本脱一‘孟’字，衍一‘大’字，則文不成義。史記厤書曰：‘孟陬殄滅，攝提無紀，厤數失序。’文與大戴略同。漢書劉向傳引作‘厤失則，攝提失方，孟陬無紀’，今據以訂正。”（見王引之經義述聞卷一三大戴禮記下鄒大無紀）彥按：王氏説是。蓋其誤已久，羅氏所見，已誤本矣。　玉瑞不行，不告朔於諸侯：今本大戴禮記作“不告朔於諸侯，玉瑞不行”。

　　〔九二〕於是天不畀純：書多方：“天……乃大降顯休命于成湯，刑殄有夏，惟天不畀純。”孔氏傳：“命湯刑絕有夏，惟天不與桀，亦已大。”孫星衍云：“畀者，詩傳云：‘與也。’純者，方言云：‘好也。’樊毅修華嶽碑云：‘天惟醇佑萬國。’純與醇聲相近。謂天不與以美報也。”（見尚書今古文注疏）　祅孛出，枉矢射：祅孛，謂彗星。古以彗星爲不詳，故稱。祅，古人稱反常怪異的事物。枉矢,星名。史記天官書:"枉矢,類大流星,虵行而倉黑,望之如有毛羽然。"又漢書天文志:"枉矢所觸,天下之所伐射,滅亡象也。……凡枉矢之流,以亂伐亂也。"四庫本"枉"譌"柱"。射,謂飛流。太平御覽卷八七五引尚書中候曰:"夏桀無道,枉矢射。"

〔九三〕宋張鎰云:"桀誅諫而星孛,紂耽荒而致彗":耽荒,沉迷惑亂。宋張鎰,彥按:當作"魏張淵"。此所引文見魏書張淵傳載淵觀象賦,作:"桀斬諫以星孛,紂酖荒而致彗"。參見後紀十二帝舜有虞氏注〔八六四〕。

〔九四〕桀淫亂:吳本、四庫本"桀"作"紂"。彥按:此言夏事,又下文言"湯伐之",自當是桀,作紂者誤。 伊洛竭:伊洛,二水名。國語周語上:"昔伊洛竭而夏亡。"

〔九五〕書運期授:漢代緯書,尚書緯之一種。 枉矢射參:參,星座名,二十八宿之一,爲西方白虎七宿的末一宿。各本"射參"均誤倒作"參射",今據太平御覽卷八七五引尚書期運授訂正。

〔九六〕書中候:吳本、四庫本"候"譌"侯"。

〔九七〕古今五行紀:佚書,作者不詳。 桀末年,雷震殺人:末,吳本譌"不"。雷震,雷擊。

〔九八〕地吐黃霧,見中候:中候,喬本、洪本、四庫本、備要本作"本候",吳本作"本侯"。彥按:當作"中候",指尚書中候。太平御覽卷一五、卷八七八引尚書中候,並曰:"桀(爲)無道,地吐黃霧。"今據以訂正。

〔九九〕命曆敍:吳本、四庫本"敍"作"序"。

〔一〇〇〕史云,桀末年,俄被放:吳本、四庫本無此八字。俄,不久。放,流放。

〔一〇一〕里社:里(古代地方行政組織)中祭祀土地神而設的社木。

〔一〇二〕太平御覽卷八八〇引〔竹〕書紀年曰:"夏桀末年,社坼裂,其年爲湯所放。"

〔一〇三〕因之:跟着它,隨後。

〔一〇四〕桀益重塞:重塞,謂嚴重蔽塞自己。吕氏春秋知度:"窮而不知其窮,其患又將反以自多,是之謂重塞之主,無存國矣。" 好富忘貧:管子七臣七主:"昔者桀、紂是也。……好殺而不勇,好富而忘貧。"

〔一○五〕不肯慼言于民：書多方：“有夏誕厥逸，不肯慼言于民。”周秉鈞易解：“慼，憂也。慼言于民，善言相慰也。”

〔一○六〕大軍之後，必有凶年：見傳世本老子第三十章。帛書老子甲、乙本均無之，學者以爲此八字並非老子本文，蓋其上“師之所處，荆棘生焉”之注文羼入者。又文子微明云：“師旅之後，必有凶年。”漢書嚴助傳、魏相傳並云：“軍旅之後，必有凶年。”

〔一○七〕湯之大旱：説苑君道：“湯之時大旱七年，雒坼川竭，煎沙爛石。”

〔一○八〕見大戴禮記用兵。文字略有異同。　諸侯力政，不朝于天子；六蠻、八夷，交伐於中國：力政，以武力相征伐。政，通“征”。六蠻、八夷，古代華夏族對各少數民族的泛稱。今大戴禮記“八夷”作“四夷”。伐，各本均譌“代”，今據大戴禮記訂正。　霜雪大滿，甘露不降：大戴禮記戴震校本改“滿”作“薄”。王念孫亦曰：“‘滿’本作‘薄’，字之誤也。廣雅曰：‘薄，至也。’言霜雪大至也。霜雪大至，與‘甘露不降’正相對。月令曰：‘雪霜大摯’，摯亦至也。是大薄即大至。今本‘薄’作‘滿’，則非其旨矣。”（見經義述聞卷一三大戴禮記下霜雪大滿）　百草殰黄，五穀不升：殰黄，萎黄。殰，同“薦”。升，猶登，謂穀物登場。　民多夭疾，六畜疻背：夭疾，因疾病而夭折。六畜，指馬、牛、羊、雞、狗、豬，又泛指各種牲畜。疻背，病瘦。疻，“瘠”之譌字（據大戴禮記盧辯注）。背，喬本、備要本作“眥”，洪本、吳本作“皆”，四庫本作“皆”。彦按：字當作“背”。“背”同“脊”，通“瘠”，作“眥”、作“皆”、作“皆”並因形近而譌。今訂正。　此太上之不論不議也：盧辯注：“帝皇之世無災疫，故百姓不議。”王念孫以爲大戴禮記此句爲錯簡，由它處闌入（見經義述聞卷一三大戴禮記下此大上之不論不議也）。

〔一○九〕災至有數：自此而下至“桀、紂無耗之災”，見論衡治期。但撮取大意，非照録原文。數，規律，必然性。

〔一一○〕桀、紂無耗之災：耗，饑荒。論衡治期：“案穀成敗，自有年歲。年歲水旱，五穀不成，非政所致，時數然也。必謂水旱政治所致，不能爲政者莫過桀、紂，桀、紂之時宜常水旱。案桀、紂之時，無饑耗之災。”

〔一一一〕大夫豢龍逢引圖進曰：豢龍逢（páng），吳本、四庫本“逢”作“逢”，同。下關龍逢之“逢”多同，不一一指出。韓詩外傳卷四作“關龍逢”。

彦按：圖，疑當作黄圖，此脱"黄"字。册府元龜卷一八一帝王部惡直云："夏王桀淫虐，諸侯咸叛，關龍逢引黄圖而諫。桀以爲妖言，焚黄圖而殺龍逢。"資治通鑑外紀卷二、通志卷三上亦稱"關龍逢引黄圖"。黄圖，蓋上古典籍。　君人以禮義爲基，恭信爲本，節財愛民，故國安而身壽：韓詩外傳卷四作："古之人君，身行禮義，愛民節財，故國安而身壽。"　今冬不爲杠，夏不束栿，而視其死：杠，獨木橋。此泛稱橋。束，紮。栿，木筏。管子輕重甲："桀者冬不爲杠，夏不束栿，以觀凍溺。"　内有女華之陰傾，而外有曲逆之姦穢：女華，桀嬖妾。陰傾，陰險邪僻。曲逆，桀寵臣。姦穢，邪惡污穢。管子輕重甲："女華者，桀之所愛也，湯事之以千金。曲逆者，桀之所善也，湯事之以千金。内則有女華之陰，外則有曲逆之陽，陰陽之議合，而得成其天子。此湯之陰謀也。"　役民如不勝，用財若無窮：韓詩外傳卷四："今君用財若無窮，殺人若恐弗勝。"　民無所附，君子莫死焉：死焉，爲之而死。

〔一一二〕乃立而弗去朝，遂死之：去，各本均作"及"。彦按："及"當作"去"。韓詩外傳卷四作"立而不去朝，桀囚而殺之"，應爲羅氏所本。今據以訂正。

〔一一三〕關龍逢：喬本、洪本、備要本作"關龍"，吴本、四庫本作"關逢"。彦按：原文當作"關龍逢"，喬本、備要本脱"逢"字，吴本、四庫本脱"龍"字。今訂正。

〔一一四〕潛夫論志氏姓："彖龍逢以忠諫，桀殺之。"

〔一一五〕桀聽讒而殺其良將：見戰國策秦策五，"殺"作"誅"。

〔一一六〕論語陰嬉：即論語陰嬉讖。漢代緯書，論語緯之一種。　桀殺龍逢後庚子旦：洪本、吴本"旦"譌"且"。

〔一一七〕博物志異聞："耆老相與諫，桀又以爲妖言而殺之。"

〔一一八〕桀時有岑山之水：岑山，山名。其地不詳。洪本、吴本、四庫本"岑"作"芩"。下"岑山"之"岑"同。彦按：藝文類聚卷三引太公金匱亦作岑山，而太平御覽卷二七引，則作芩山。

〔一一九〕後必有敗：備要本作"後有必敗"，乃誤倒。

〔一二〇〕朞年：備要本"朞"作"期"，同。

〔一二一〕耆老：老年人。

〔一二二〕籙書：預言吉凶的祕籍。

〔一二三〕衰人參耦，忠臣折口：參耦，互相勾結。折口，閉口。淮南子覽冥：“逮至夏桀之時，……邪人參耦比周而陰謀。”孔子家語賢君：“昔者夏桀，……佞臣諂諛，窺導其心；忠士折口，逃罪不言。”　磬龜無腹，蓍策日施：見淮南子覽冥。磬，通“罄”，空。蓍策，古代卜筮用的蓍草。高誘注上句曰：“數鑽以卜，故空盡無腹也。言桀爲無道，不脩仁德，但數占龜，莫得吉兆也。”

〔一二四〕其信費昌乃徙族以歸商：信，使者。史記秦本紀：“費昌當夏桀之時，去夏歸商，爲湯御，以敗桀於鳴條。”　太史：備要本作“大史”，同。

〔一二五〕終古爲太史令，奔商，三年而桀亡：見淮南子氾論。原文作：“夫夏之將亡，太史令終古先奔於商，三年而桀乃亡。”

〔一二六〕東者焰，西者沈：焰，謂光芒照耀。吳本譌“焔”。沈，謂陰沉，昏暗。

〔一二七〕費昌問馮夷，荅云：馮夷，古得道者。荅，四庫本、備要本作“答”，同。

〔一二八〕乃徙族之商：吳本“徙”譌“徒”。太平御覽卷四、事類賦卷一天部日“識興亡於夏、商”注引王充論衡，並作：“桀無道，兩日並照，在東者將起，在西者將滅。費昌問馮夷曰：‘何者爲殷？何者爲夏？’馮夷曰：‘西，夏也。東，殷也。’於是費昌徙族歸殷。”彦按：今本論衡無此內容，蓋佚文。又，晉張華博物志卷七異聞亦曰：“夏桀之時，費昌之河上，見二日，在東者爛爛將起，在西者沈沈將滅，若疾雷之聲。昌問於馮夷曰：‘何者爲殷？何者爲夏？’馮夷曰：‘西夏，東殷。’於是費昌徙族歸殷。”

〔一二九〕日月五星圖：佚書，撰人不詳。　枉矢流：吳本“矢”譌“夫”。

〔一三〇〕關龍逢引黃圖諫：洪本“引”譌“行”。

〔一三一〕如任昉述異記蛟妾等事：自此而下至“亦不得云妾”凡六十四字，不見於吳本及四庫本。述異記，洪本“述”字爲墨丁。蛟妾，洪本“妾”譌“妄”。其事，見述異記卷上：“夏桀宮中有女子化爲龍，不可近。俄而復爲婦人，甚麗而食人。桀命爲‘蛟妾’，告桀吉凶。”　亦是後魏虹女之類爾：虹女之事，太平廣記卷三九六、太平寰宇記卷五、類説卷四〇、説郛卷一一七下、天中記卷三、廣博物志卷三、格致鏡原卷四等均有記載，或以爲出八朝窮怪録，或以爲出江表録，或以爲事在正光元年，或以爲事在正光二年，詳略亦不盡同。蓋事屬怪誕,本非信史,傳聞異辭,無庸坐實。

〔一三二〕正光元年,首陽溪有虹爲女,宇文顯乃進之:正光,北魏孝明帝元詡年號。首陽,山名。在今河南偃師市西北。宇文顯,北魏蒲津戍將。乃,洪本作"所"誤。

〔一三三〕帝逼幸之:幸,特指帝王與女子同房。

〔一三四〕伊贄,帝之酒保也,醜夏而耕于商陝:伊贄,喬本、洪本、四庫本"贄"作"贅",蓋俗謁體,今從吳本及備要本。酒保,釀酒雇工。醜,厭惡,憎惡。商陝,約在今陝西商洛市與河南三門峽市一帶。

〔一三五〕伊尹:吳本、四庫本作"伊尹也"。

〔一三六〕商契之後有子履者,天錫勇智,得禹之録:子履,即商湯。子,其姓;履,其名。錫,通"賜"。録,通"禄",優長。廣雅釋詁一:"禄,善也。" 齊聖廣淵,不殖貨利,不邇聲色:書微子之命:"嗚呼! 乃祖成湯,克齊聖廣淵。"周秉鈞注:"齊,肅敬。聖,明通。廣,廣大。淵,深遠。"(見許嘉璐主編文白對照十三經尚書)又仲虺之誥:"惟王不邇聲色,不殖貨利。"孔氏傳:"邇,近也。不近聲樂,言清簡。不近女色,言貞固。殖,生也。不生資貨財利,言不貪也。"

以七十里爲方伯:管子輕重甲:"桓公問管子曰:'夫湯以七十里之薄,兼桀之天下,其故何也?'"孟子公孫丑上:"以德行仁者王,王不待大——湯以七十里,文王以百里。"

〔一三七〕安國:指漢孔安國。 爲方伯,故得專征:見書佚篇湯征序"湯征諸侯"傳。原文爲:"爲夏方伯,得專征伐。"專,謂享有權力。喬本、洪本謁"傳",今從餘諸本訂正。

〔一三八〕法三聖,用三俊:漢書高惠高后文功臣表:"湯法三聖,殷氏太平。"顏師古注:"三聖,謂堯、舜、禹也。"又書立政:"亦越成湯陟,……克用三宅三俊。"孔穎達疏:"三俊即是洪範所言剛克、柔克、正直三德之俊也。"蔡沈書經集傳則曰:"三俊,謂有常伯、常任、準人之才者。" 克寬克仁,明德邮祀:書仲虺之誥:"克寬克仁,彰信兆民。"孔氏傳:"言湯寬仁之德明信於天下。"又多士:"自成湯至于帝乙,罔不明德恤祀。"周秉鈞易解:"明,勉也。恤,慎也。"
賢於諸侯:賢,尊崇。

〔一三九〕聞贄之賢,三枉聘而不至,馳即見之:贄,喬本、洪本作"贅",此從餘諸本。枉,謂屈尊。馳,車馬疾行。即,前往。

〔一四〇〕既而幡然就商,説以伐夏救民,於是每進之:幡然,迅速轉變貌。進之,謂使湯有得益。孟子萬章上:“伊尹耕於有莘之野,而樂堯舜之道焉。……湯使人以幣聘之。囂囂然曰:‘我何以湯之聘幣爲哉?我豈若處畎畝之中,由是以樂堯舜之道哉?’湯三使往聘之。既而幡然改曰:‘與我處畎畝之中,由是以樂堯舜之道,吾豈若使是君爲堯舜之君哉?吾豈若使是民爲堯舜之民哉?吾豈若於吾身親見之哉?天之生此民也,使先知覺後知,使先覺覺後覺也。予,天民之先覺者也。予將以斯道覺斯民也,非予覺之而誰也?’思天下之民匹夫匹婦有不被堯舜之澤者,若己推而内之溝中。其自任以天下之重如此,故就湯而説之以伐夏救民。”

〔一四一〕夏桀俞自賢:俞,通“愈”。吕氏春秋慎大:“桀愈自賢,矜過善非,主道重塞,國人大崩。” 矯誣上天:謂假託上天名義以行欺騙。書仲虺之誥:“夏王有罪,矯誣上天,以布命于下。” 簡賢附勢:簡,怠慢。彦按:此句當本書仲虺之誥“簡賢附勢,實繁有徒”語。然書意謂“夏桀之時,簡賢而附勢者,多有徒衆”。今乃摘取“簡賢附勢”四字以狀桀,謬矣。桀何須“附勢”乎? 率遏衆力:率,語氣助詞。遏,通“竭”,盡(用楊筠如尚書覈詁説)。書湯誓:“夏王率遏衆力,率割夏邑。” 窮父兄,恥功臣:窮,謂使走投無路。恥,謂使蒙受恥辱。吕氏春秋先識:“夏王無道,暴虐百姓,窮其父兄,恥其功臣,輕其賢良,棄義聽讒,衆庶咸怨。”

〔一四二〕不任其遇,女鳩、女方,夏賢臣也,亦遂去之:不任,猶不堪,不能忍受。遇,對待。女鳩、女方,書序作汝鳩、汝方,史記殷本紀作女鳩、女房。遂,備要本作“逐”,誤。

〔一四三〕贅既醜夏,三年復歸于亳,遇諸北門:贅,吴本作“贄”,俗字。書佚篇汝鳩汝方序:“伊尹去亳適夏。既醜有夏,復歸于亳。入自北門,乃遇汝鳩、汝方,作汝鳩汝方。”孔氏傳:“鳩、方二人,湯之賢臣。”

〔一四四〕蟬連歡:蟬連,連續,連連。

〔一四五〕不期而會曰遇:穀梁傳隱公八年文。 豈吾國之臣而曰遇哉:吴本、四庫本“之”作“乏”,誤。

〔一四六〕子履之沛,遇擊場四面羅者,一祝解而漢陰降:擊場,開闢圍獵場地。攀(pó),清除,掃除。羅,張設羅網。祝,禱告。吕氏春秋異用:"湯見祝網者,置四面,其祝曰:'從天墜者,從地出者,從四方來者,皆離吾網。'湯曰:'嘻!盡之矣。非桀其孰爲此也?'湯收其三面,置其一面,更教祝曰:'昔蛛蝥作網罟,今之人學紓。欲左者左,欲右者右,欲高者高,欲下者下,吾取其犯命者。'漢南之國聞之,曰:'湯之德及禽獸矣。'四十國歸之。"高誘注:"漢南,漢水之南。"新序雜事五所載大同。藝文類聚卷一二引帝王世紀,則曰:"一時歸者三十六國。"又新書匈奴曰:"故湯祝網而漢陰降,舜舞干羽而三苗服。"

〔一四七〕東京賦"慕帝乙之弛罟":自此而下至"誤也"二十二字,喬本、洪本原誤闌入正文,今據餘本移出。東京賦,漢張衡撰。慕,喬本、洪本、四庫本、備要本作"幕",吳本作"摹",並當形近而誤。今據文選訂正。帝乙,今文選作"天乙"。彦按:當作"天乙"爲是。天乙爲商湯字,帝乙則殷紂父矣。然易緯亦稱商湯爲帝乙(見下注〔一五五〕),則似稱湯"帝乙",亦無不可,唯已非東京賦面目矣。

〔一四八〕子虚賦以爲成湯好田:子虚賦,漢司馬相如撰。彦按:子虚賦無"成湯好田"語。而揚雄羽獵賦則有"成湯好田而天下用足"語,蓋羅氏誤記出處也。田,"畋"之古字,打獵。

〔一四九〕爰循禮法以觀天子,天子不説:觀,示。説,"悦"之古字。大戴禮記少間:"商履循禮法以觀天子,天子不説,則嫌於死。"

〔一五〇〕既得仲虺萊朱,於是有不譓者,從而征之:仲虺萊朱,一人也。孟子盡心下"若伊尹、萊朱則見而知之"趙岐注:"伊尹,摰也。萊朱,亦湯賢臣也,一曰仲虺是也。春秋傳曰:'仲虺居薛,爲湯左相。'是則伊尹爲右相,故二人等德也。"譓(huì),順服。

〔一五一〕葛伯仇饟,初征自葛:饟,同"餉"。此指送飯的人。書仲虺之誥:"乃葛伯仇餉,初征自葛。"孔氏傳:"葛伯遊行,見農民之餉於田者,殺其人,奪其餉。故謂之仇餉。仇,怨也。湯爲是以不祀之罪伐之。"孟子滕文公下:"湯居亳,與葛爲鄰。葛伯放而不祀,湯使人問之曰:'何爲不祀?'曰:'無以供犧牲也。'湯使遺之牛羊。葛伯食之,又不以祀。湯又使人問之曰:'何爲不祀?'曰:'無以供粢盛也。'湯使亳衆往爲之耕,老弱饋食。葛伯率其民,要其有酒食黍稻者奪之,不授者殺之。有童子以黍肉餉,殺而奪之。書曰:'葛伯仇餉。’此之謂也。爲其殺是童子而征之。四海之内皆曰：‘非富天下也，爲匹夫匹婦復讎也。’”

〔一五二〕而昆吾、韋、顧亦斬乂其民，粒食之民乂戮而不得以疾死，於伐韋、伐顧、伐昆吾，以儆于桀：昆吾、韋、顧，並方國名。昆吾在今河南濮陽縣西南，韋在今河南滑縣東南，顧在今山東鄄城縣東北。斬乂，斬殺。乂，同“刈”。吳本、四庫本作“艾”，通。乂戮，殺戮。吳本、四庫本、備要本“乂”譌“人”。於伐，吳本、四庫本、備要本作“於是伐”，似勝。詩商頌長發：“韋、顧既伐，昆吾、夏桀。”

〔一五三〕誅其君，弔其民，東征西怨，載十一而征無敵於天下，二十有七征而德施於諸侯：弔，同“弔”，慰藉。四庫本作“弔”。書仲虺之誥：“東征西夷怨，南征北狄怨，曰：‘奚獨後予？’攸徂之民，室家相慶，曰：‘徯予后，后來其蘇。’民之戴商，厥惟舊哉！”孟子滕文公下：“湯始征，自葛載。十一征而無敵於天下。東面而征，西夷怨；南面而征，北狄怨，曰：‘奚爲後我？’民之望之，若大旱之望雨也。歸市者弗止，芸者不變，誅其君，弔其民，如時雨降。”又藝文類聚卷一二引帝王世紀曰：“成湯……有聖德。諸侯有不義者，湯從而征之。誅其君，弔其民，天下咸悦。故東征則西夷怨，南征則北狄怨，曰：‘奚爲而後我？’凡二十七征而德施於諸侯。”　歸之者三十有六國：參見上注〔一四六〕。

〔一五四〕稟命：謂接受天命，奉行天意。

〔一五五〕紀年，湯七年九征：吳本、四庫本無“紀年”二字，蓋脱文。彦按：“七年”當“七名”之誤。考今本竹書紀年，即作：“湯有七名而九征。”清徐文靖統箋：“按：湯名帝乙，見易緯；名天乙，見世本；名履，見魯論；名祖乙，見白虎通；曰成湯、曰武王，見詩：是七名也。湯始征葛；次征荆、征溫；次征韋、征顧；次征昆吾、征夏邑、征三朡；戰于郕，獲桀焦門：是九征也。”

〔一五六〕南唐劉鶚云：載十一征者，伐二十二國也：宋趙希弁郡齋讀書後志卷二載鶚撰有法語二十卷，“著書凡八十一篇，言治國立身之道”，疑此之所引，即出是書。

〔一五七〕天乙在亳，夏桀迷惑，諸隣國强負歸之：强負，用背嬰兒的寬帶背着嬰兒。此謂拖兒帶女。强，通“襁”，背嬰兒用的寬帶。藝文類聚卷一二、太平御覽卷八三引尚書中候，作：“天乙在亳，諸鄰國襁負歸德。”

〔一五八〕參見上注〔一四六〕。

〔一五九〕桀怒，以諫臣趙梁計，召而囚之均臺，寘之重泉，嫌于死：自此而下至"而賞之贊茅"，出太公金匱。召，吳本譌"名"。均臺，夏代監獄名，又稱夏臺，在今河南禹州市南。重泉，地名。在今陝西蒲城縣東南。洪本、吳本作"種泉"。嫌，差不多，接近。史記龜策列傳："桀有諫臣，名曰趙梁。教爲無道，勸以貪狼。繫湯夏臺，殺關龍逢。"楚辭天問："湯出重泉，夫何辠尤？"王逸注："重泉，地名也。言桀拘湯於重泉，而復出之，夫何用罪法之不審也？"洪興祖補注："前漢志，左馮翊有重泉。"

〔一六〇〕贊茅：地名。在今河南修武縣。

〔一六一〕商子云封之：見商子賞刑篇。原文爲："昔湯封於贊矛。"

〔一六二〕史云"囚之夏臺"：史記夏本紀："桀……廼召湯而囚之夏臺。"

〔一六三〕漢志：指漢書地理志上。

〔一六四〕湯有膻行：膻行，令人仰慕之德行。膻，同"羶"。彥按：莊子徐無鬼云："羊肉不慕蟻，蟻慕羊肉，羊肉羶也。舜有羶行，百姓悦之。"此套用莊子説舜之語以説湯。　又得慶誧、伊尹、湟里沮、東門虛、南門墻、西門庇、北門側七大夫佐：誧音 bū。伊尹，各本原無。彥按：此言七大夫，而僅列六人，當漏一人，今據鬻子補出。湟里沮，鬻子作"湟里且"。南門墻(ruán)，鬻子作"南門蝡"。西門庇(cì)，吳本、四庫本、備要本作"西門庇"，鬻子作"西門疵"。鬻子湯政云："湯之治天下也，得慶誧、伊尹、湟里且、東門虛、南門蝡、西門疵、北門側，得七大夫佐以治天下，而天下治。"　司御門尹登恒爲佑：司御，官名，蓋主駕馭車馬。門尹登恒，人名。門尹，姓；登恒，名。莊子則陽："湯得其司御門尹登恒爲之傅之，從師而不囿，得其隨成。"　始試之弱密須氏以爲武教：弱，打敗。密須氏，方國名。在今甘肅靈臺縣西。武教，軍事教育。戰國策魏策四："王不聞湯之伐桀乎？試之弱密須氏以爲武教，得密須氏而湯知服桀矣。"

〔一六五〕試得密須氏而知所服桀矣，乃率六州攸徂之民以伐桀：率，洪本譌"變"。攸，所。徂，往，謂歸附。呂氏春秋古樂："殷湯即位，夏爲無道，暴虐萬民，侵削諸侯，不用軌度，天下患之。湯於是率六州以討桀罪，功名大成，黔首安寧。"陳奇猷校釋："中國有九州，此言'率六州'，蓋取義於'三分天下有其二'也。"

〔一六六〕景亳之命,費昌爲御:竹書紀年卷上夏帝癸二十八年:"昆吾氏伐商。商會諸侯于景亳,遂征韋。商師取韋,遂征顧。"資治通鑑外紀卷二商紀成湯:"夏末昆吾氏伯而爲亂,湯有景亳之命,帥兵自把鉞伐韋、顧及昆吾,以費昌爲御而伐桀。"參見後紀十高辛紀下注〔五五二〕。

〔一六七〕世紀謂湯退居中野,老幼虚國奔之:中野,地名。蓋在今山西運城市鹽湖區一帶。虚,空。國,都城,亦泛指城邑。

〔一六八〕同日貢職者五百國:貢職,獻納貢物、賦税。喬本"貢"字空闕,餘諸本皆譌"員"。此據藝文類聚卷一二、太平御覽卷八三引帝王世紀訂正。職,賦税、貢品。

〔一六九〕始用玄牡,昭告上天神后:玄牡,古代祭天地用的黑色公牛。書湯誥:"天道福善禍淫,降災于夏,以彰厥罪。肆台小子,將天命明威,不敢赦。敢用玄牡,敢昭告于上天神后,請罪有夏。"蔡沈集傳:"玄牡,夏尚黑,未變其禮也。神后,后土也。"

〔一七〇〕誓于衆庶,良車七十乘,必死六千人,及桀戰於鳴條,敗諸娀虚:良車,吴本"良"譌"艮"。娀虚,在今山西永濟市蒲州鎮一帶。娀,音 sōng。呂氏春秋簡選:"殷湯良車七十乘,必死六千人,以戊子戰於郕,……登自鳴條,乃入巢門,遂有夏。"又史記殷本紀:"桀敗於有娀之虚,桀犇於鳴條,夏師敗績。"

〔一七一〕安國云:伐桀升陑,出其不意:陑(ér),山名。即雷首山,在今山西永濟市蒲州鎮南。洪本、吴本、四庫本譌"而"。書湯誓序:"伊尹相湯伐桀,升自陑。"舊題孔安國傳:"桀都安邑,湯升道從陑,出其不意。"

〔一七二〕桀與其屬五百南徙千里,至於不齊;不齊之民去之:尚書大傳卷三:"湯放桀,居中野,士民皆奔湯。桀與其屬五百人南徙千里,止於不齊,不齊士民往奔湯。桀與其屬五百人徙於魯,魯士民復奔湯。"又逸周書殷祝:"湯將放桀,于中野。士民聞湯在野,皆委貨扶老攜幼奔,國中虚。……桀與其屬五百人南徙千里,止於不齊,民往奔湯於中野。"清潘振云:"不,語辭。齊,即周封太公之地,今青州也。齊曰不齊,猶王會解不令支、不屠何云爾。"(見周書解義)

〔一七三〕轉之郕,遂放之南巢氏:郕,在今河南范縣東南。竹書紀年卷上帝癸三十一年：“商自陑征夏邑，克昆吾。大雷雨戰于鳴條，夏師敗績，桀出奔三朡。商師征三朡，戰于郕，獲桀于焦門，放之于南巢。”書仲虺之誥：“成湯放桀于南巢。”

〔一七四〕焦門：亦作巢門，即南巢。

〔一七五〕妹嬉：洪本、吳本作“末嬉”。

〔一七六〕非也：吳本、四庫本作“則非也”。

〔一七七〕晉書地理志上：“成湯敗桀於焦，遷鼎於亳。”

〔一七八〕見淮南子主術篇。　淮南子云：吳本“子”譌“于”。　革車三百乘：吳本脱“百”字。

〔一七九〕見吕氏春秋簡選篇。　戊子戰于郕：洪本、吳本、四庫本“戊”譌“戈”。　遂有夏：四庫本“遂”譌“逐”。

〔一八〇〕收之夏宫：收，拘禁。夏宫，即夏臺。

〔一八一〕見吕氏春秋慎大。　商涸旱，猶發師，以申尹之盟：涸旱，乾旱。申，謂踐行。今本吕氏春秋作“信”，通“申”。尹之盟，即慎大上文“湯與伊尹盟，以示必滅夏”。今本吕氏春秋作“伊尹之盟”。　故令師從東方出國：令，各本均譌“合”，此據今本吕氏春秋訂正。國，都城。　未接刃而桀走，逐之至大沙：陳奇猷曰：“‘至’字當衍。説文：‘放，逐也’，是放、逐同義。‘逐之大沙’即尚書仲虺之誥所云‘成湯放桀於南巢’，明此不當有‘至’字。後人不知‘逐’即‘放’，誤讀逐爲‘追逐’之逐，因增‘至’字以足句耳。”（見吕氏春秋校釋）明吕調陽曰：“大沙即南巢也，今桐城西南有沙河埠，其水東迤故巢城南而東入菜子湖也。”（見吕氏春秋釋地）

〔一八二〕章，山名：洪本“章”譌“草”。今本山海經郭璞注作“于章，山名”。袁珂校注：“郭以‘于章’爲山名，蓋誤也。章山始是山名，于乃介詞，猶下文‘乃降于巫山’之于也。”彦按：疑今本衍“于”字耳，未必“郭以‘于章’爲山名”也。

〔一八三〕湯放桀于大沙：見墨子三辯。大沙，洪本、吳本作“大本”，今本墨子作“大水”。彦按：蓋以作“大沙”爲是。

〔一八四〕按傳，桀與昆吾同以乙卯日亡：左傳昭公九年“辰在子卯，謂之疾日”杜預注：“紂以甲子喪，桀以乙卯亡，故國君以爲忌日。”孔穎達疏：“詩云：‘韋顧既伐，昆吾夏桀’，言昆吾與桀同時死也。十八年傳，‘二月乙卯，周毛得殺毛伯過而代之。萇弘曰：“毛得必亡。是昆吾稔之日也。”’昆吾之死與桀同日，知桀以乙卯亡也。”

〔一八五〕見左傳。　毛得殺毛伯：杜預注：“毛伯過，周大夫。得，過之族。”

〔一八六〕萇弘：周大夫。　是昆吾稔之日也：杜預注：“稔，熟也，侈惡積熟。”楊伯峻云：“即惡貫滿盈意。”（見春秋左傳注）

〔一八七〕三千諸侯無敢即：洪本脫“千”字。即，謂即天子之位。逸周書殷祝解：“湯放桀而復薄，三千諸侯大會。湯退再拜，從諸侯之位。湯曰：‘此天子位，有道者可以處之！天子非一家之有也，有道者之有也。故天下者唯有道者理之，唯有道者紀之，唯有道者宜久處之。’湯以此讓，三千諸侯莫敢即位。然後湯即天子之位。”又太平御覽卷八三引尚書大傳曰：“湯放桀而歸於亳，三千諸侯大會。湯取天子之璽置之於天子之坐左，復而再拜，從諸侯之位。湯曰：‘此天子之位，有道者可以處之矣。夫天下非一家之有也，唯有道者之有也，唯有道者宜處之。’湯以此三讓，三千諸侯莫敢即位。然後湯即天子之位。”

〔一八八〕乃簡代夏，復禹功，修舜緒，爲副于天：簡，選擇。代，吴本譌“伐”。復禹功，大戴禮記作“服禹功”。彦按：作“服”於義爲長。廣雅釋詁一：“服，行也。”小爾雅廣詁：“功，事也。”“服禹功”謂行禹之事。緒，前人未竟的事業。副，輔助。書多方：“乃惟成湯克以爾多方簡，代夏作民主。”周秉鈞易解：“簡，擇也。成湯因多方簡擇而代夏作民主。成湯之立，由諸侯擁戴，故曰以多方簡。”又大戴禮記少閒：“成湯卒受天命，……服禹功以修舜緒，爲副於天。”

〔一八九〕大會諸侯于鑣宮：吴本、四庫本無此七字。喬本、備要本無“大會”二字，蓋脫文，此從洪本。而洪本此句乃在下文“有湯遜辨，見發揮”之後，則當屬於誤倒。鑣宮，湯宮殿名。

〔一九〇〕湯遜辨：即湯遜解，見發揮六。

〔一九一〕反夏政，國遷郼：反，顛覆，推翻。國，都城。郼，在今河南商丘市睢陽區。

〔一九二〕於旀反：四庫本作“于旀反”。

〔一九三〕見吕氏春秋慎大。　湯王爲天子，夏人大悦，如得慈親：湯王，今本吕氏春秋作"湯立",疑此"王"乃"立"字形譌。慈親,慈愛的父母。　朝不易位,農不去晦,商不變肆,親郼如夏:陳奇猷校釋:"'朝不易位',謂朝士各守其職也。"去,洪本譌"玄"。晦,今本吕氏春秋作"疇"。高誘注:"疇,畝也。"肆,集市,店鋪。郼,吴本譌"䣄"。

〔一九四〕今兗州人謂有殷猶曰"有衣":高誘注原文作:"今兗州人謂殷氏皆曰'衣'。"

〔一九五〕故鄭於中庸"一戎衣"爲此讀:禮記中庸:"武王纘大王、王季、文王之緒,壹戎衣而有天下。"鄭玄注:"衣讀如'殷',聲之誤也。齊人言殷聲如'衣'。……'壹戎殷'者,壹用兵伐殷也。"

〔一九六〕康誥有"殪戎殷"之文:書康誥:"天乃大命文王殪戎殷。"顧頡剛、劉起釪校釋譯論:"按説文:'殪,死也。'杜預注:'殪,盡也。'釋詁:'戎,大也。''殪戎殷'就是滅掉這大殷。戴鈞衡説'猶詩云"伐大商"也'。"　爲是不知康誥乃文王事,與武成"一戎衣"異:爲是,抑或,或者。書武成:"一戎衣,天下大定。"孔氏傳:"一著戎服而滅紂,言與衆同心,動有成功。"

〔一九七〕陸氏從之:禮記中庸陸德明音義:"'壹戎衣',依注衣作殷,於巾反,謂一用兵伐殷也。"

〔一九八〕湯之國號,本不爲於斤切:於斤切,廣韻"殷"之音。四庫本"於"作"于"非。

〔一九九〕將遷其社,不可:書序:"湯既勝夏,欲遷其社,不可。作夏社、疑至、臣扈。"孔氏傳:"言夏社不可遷之義,疑至及臣扈,三篇皆亡。"

〔二〇〇〕遷如遷都:彦按:"遷如"當作"遷社如",疑脱"社"字。

〔二〇一〕臣扈,蓋贊其不可者:臣扈,書佚篇名。贊,告訴,説明。

〔二〇二〕當移於桀之子孫國爾:四庫本"爾"作"耳"。

〔二〇三〕乃取璽書:璽書,詔書。彦按:此疑但當作"璽","書"字爲衍文。説詳下注。

〔二〇四〕置座右。見周書:考今本逸周書,未見此文,蓋佚。而唐六典卷八門下省符寶郎"主寶六人"注引周書曰:"湯放桀,大會諸侯,取天子之璽置天子之座。古者印、璽二名,尊卑共之,諸侯、大夫印亦稱璽。"頗疑路史文即本此。若然,則正文"璽書"之"書"字不當有。此下羅苹注文列舉典制書籍,亦但言璽,不及璽書,尤爲明證。又,羅苹此注"置座右"之"右"字似亦不宜有之,蓋即周書下文"古"字形譌而來者。

〔二〇五〕秦制"乘輿六璽":乘輿,皇帝所乘坐的車子。借代皇帝。晉書輿服志、宋書禮志五並曰:"乘輿六璽,秦制也。"

〔二〇六〕爲之符璽:彦按:今本老子不見此文。而鄧析子轉辭、莊子胠篋並曰:"爲之符璽以信之,則并與符璽而竊之。"

〔二〇七〕莊子云"焚符破璽":見莊子胠篋。文云:"焚符破璽,而民朴鄙。"洪本、吳本"云"譌"之"。

〔二〇八〕後至三王,俗化彫文,詐僞漸興,始有印璽:彫文,雕繪文采,喻奢華。四庫本"彫"作"雕",通。後漢書祭祀志下:"嘗聞儒言,三皇無文,結繩以治,自五帝始有書契。至於三王,俗化彫文,詐僞漸興,始有印璽,以檢姦萌。"

〔二〇九〕璽章:璽印。

〔二一〇〕發明德,作八政,命於總章:大戴禮記少閒:"(成湯)發厥明德,順天暠地,作物配天,制典慈民。咸合諸侯,作八政,命於總章。"八政,見後紀七小昊青陽氏注〔四三一〕。

〔二一一〕遂賢良:遂,舉薦。書仲虺之誥:"(湯)佑賢輔德,顯忠遂良。"築五庫,藏五兵,與民休息:五庫,禮記月令季春之月"審五庫之量,金、鐵、皮、革、筋、角、齒、羽、箭、幹、脂、膠、丹、漆,毋或不良"孔穎達疏:"五庫者,熊氏云:'各以類相從,金鐵爲一庫,皮革筋爲一庫,角齒爲一庫,羽箭幹爲一庫,脂膠丹漆爲一庫。'"泛指各種原材料倉庫。五兵,見前紀五有巢氏注〔三四〕。休息,休養生息。商君書賞刑:"湯、武既破桀、紂,海内無害,天下大定,築五庫,藏五兵,偃武事,行文教,倒載干戈,搢笏,作爲樂,以申其德。"

〔二一二〕爰封少康之後於杞,以郊禹:參見前紀九無懷氏注〔三一〕。

〔二一三〕後分,於曹東之僂,是爲東樓:曹,西周諸侯國名。在今山東菏澤市定陶區、曹縣一帶。僂,即婁,在今山東諸城市西南。史記陳杞世家:"杞東樓公者,夏后禹之後苗裔也。殷時或封或絶。周武王克殷紂,求禹之後,得東樓公,封之於杞,以奉夏后氏祀。"司馬貞索隱:"杞,國名也。東樓公,號謚也。……蓋周封杞而居雍丘,至春秋時杞已遷東國,故左氏隱四年傳云'莒人伐杞,取牟、婁'。牟、婁,曹東邑也。"

〔二一四〕史記陳杞世家:"東樓公生西樓公。"

〔二一五〕酈生云:湯放桀,封其後于杞:酈生,即酈食其,秦末劉邦謀士。各本"酈"均譌"鄭",今訂正。史記留侯世家:"食其曰:'昔湯伐桀,封其後於杞。'"又新序善謀:"酈生曰:'昔湯伐桀,封其後於杞。'"

〔二一六〕湯放移桀,乃遷姒姓于杞:見大戴禮記少閒。原文作:"(成湯)故乃放移夏桀,散亡其佐,乃遷姒姓于杞。"

〔二一七〕樓,蓋其析也:樓,洪本、吳本、四庫本作"僂"。析,吳本譌"折"。

〔二一八〕復之杞:吳本、四庫本、備要本"復"譌"後"。史記陳杞世家則云"封之於杞",見上注〔二一三〕。

〔二一九〕九世成公,遷緣陵:緣陵,即營陵。春秋杞國都。在今山東昌樂縣東南。杜預春秋釋例卷九世族譜第四十五之下杞云:"杞國,姒姓,夏禹之苗裔。武王克紂,求禹後,得東樓公而封之于杞。今陳留雍丘縣是也。九世及成公,遷緣陵。"

〔二二〇〕史記陳杞世家:"(簡公)立一年,楚惠王之四十四年,滅杞。"

〔二二一〕楚惠:楚惠王,戰國楚國君,公元前488—前432年在位。

〔二二二〕杞,夏餘也,而即東夷:見左傳襄公二十九年。餘,後裔。即,就,指主動親近。東夷,洪本"東"譌"秉"。

〔二二三〕州公:春秋州國國君。州,姜姓國,都淳于(今山東安丘市東北)。

〔二二四〕弟佗奔魯,受爵爲侯,有封于陽:佗,亦作"他"。有,通"又"。陽,在今山東沂南縣南。元和姓纂卷七馬韻夏侯云:"夏侯之後,至東婁公,封爲杞侯。至簡公,爲楚惠所滅,弟他奔魯,魯悼公以夏(侯)〔後〕受爵爲侯,因氏焉。"新唐書宰相世系表五下亦云:"夏禹裔孫東樓公封爲杞侯,至簡公爲楚所滅,弟他奔魯,魯悼公以其夏禹之後,給以采地爲侯,因以爲氏焉。"

〔二二五〕其後去魯之沛,分沛立譙:元和姓纂卷七馬韻夏侯:"(他)後去魯之沛,居譙,遂爲郡人。"又新唐書宰相世系表五下:"(他)後去魯之沛,分沛爲譙,遂爲郡人。"

〔二二六〕夏侯嬰曾孫頗尚主,隨外家姓孫,而嬰子孫遂爲孫:夏侯嬰,西漢開國功臣之一,官太僕,封汝陰侯。尚主,娶公主爲妻。漢書夏侯嬰傳:"初嬰爲滕令奉車,故號滕公。及曾孫頗尚主,主隨外家姓,號孫公主,故滕公子孫更爲孫氏。”

〔二二七〕漢高帝云“婁者，劉也”，賜婁敬爲劉：見漢書婁敬傳。婁敬，西漢齊人，以勸劉邦建都關中，賜姓劉氏，官拜郎中。又建議與匈奴和親等，所奏多爲高祖采納。

〔二二八〕姓纂：杞若辟董卓難，改爲杷：自此而下至“或作‘抱’，疑”凡十五字，吳本所無，蓋脱文。辟，“避”之古字。四庫本作“避”。彦按：今本元和姓纂未見杞氏避董卓難改姓事，蓋佚。而鄧名世古今姓氏書辯證卷一二麻韻杷曰：“本姓杞，東樓公之後也。後漢靈帝時杞注避董卓難，改爲杷氏。元和姓纂又以‘杷’爲‘抱’，未知孰是。”清錢熙祚校勘記曰：“案‘注’疑當作‘主’，本‘匡’字，宋人諱爲‘主’。”又通志卷二六氏族略二周同姓國杷氏曰：“字亦作‘爬’。本巴氏，東樓公之後。後漢靈帝時巴康避董卓難，改爲杷氏。”彦按：錢氏説是。杞若、杞注、巴康，皆“杞匡”之誤。諱“匡”作“康”，亦宋人避諱常例（參見拙著歷代避諱字彙典）。又，“改爲杷”，“杷”亦當從或作作“抱”。魏書抱嶷傳：“抱嶷字道德，安定石唐人，居於直谷。自言其先姓杞，漢靈帝時杞匡爲安定太守，董卓時，懼誅，由是易氏，即家焉。”北史抱嶷傳大同。即其人也。

〔二二九〕或作“抱”：喬本、備要本“抱”譌“枹”，今從洪本、四庫本訂正。

〔二三〇〕三年，死於亭山：荀子解蔽：“桀死於亭山。”楊倞注：“亭山，南巢之山。或本作‘鬲山’。案漢書地理志，廬江有灊縣。當是誤以‘灊’爲‘鬲’，傳寫又誤爲‘亭’。”王念孫曰：“作‘鬲山’者是也。鬲讀與歷同，字或作‘歷’，太平御覽皇王部七引尸子曰：‘桀放於歷山。’淮南脩務篇：‘湯整兵鳴條，困夏南巢，譙以其過，放之歷山。’高注曰：‘歷山，蓋歷陽之山。’史記夏本紀正義引淮南子曰：‘湯放桀於歷山，與末喜同舟浮江，奔南巢之山而死。’歷山，即鬲山也。史記滑稽傳‘銅歷爲棺’，索隱曰：‘歷，即釜鬲也。’是‘鬲’‘歷’古字通。楊以鬲山爲灊山之誤，非也。”（見讀書雜志荀子弟七解蔽亭山）歷陽之山，地在今安徽和縣西北。

〔二三一〕年代歷：吳本“歷”作“曆”。

〔二三二〕汲紀年并窮、寒四百七十二年：紀年，四庫本作“記年”。窮，指有窮。寒，指寒浞。

〔二三三〕三統曆：西漢劉歆撰。吳本“統”譌“紀”。　　浞：洪本、吳本譌

“泥”。

〔二三四〕湯放桀,所以定禹功也:定,成,完成。吳本作“仝”,乃俗體。管子中匡,管仲曰:“昔者,禹平治天下,及桀而亂之。湯放桀,以定禹功也。”然而猶有慙德:慙德,慚愧之心,内疚。書仲虺之誥:“成湯放桀于南巢,惟有慙德,曰:‘予恐來世以台爲口實。’” 而後世猶曰“于湯有光”:書泰誓中,周武王徇師誓曰:“我武惟揚,侵于之疆,取彼凶殘,我伐用張,于湯有光!”孔氏傳:“桀流毒天下,湯黜其命。紂行凶殘之德,我以兵取之。伐惡之道張設,比於湯又有光明。”

〔二三五〕桀請致國,而奔于千里:逸周書殷祝解原文爲:“桀請湯曰:‘國所以爲國者以有家,家所以爲家者以有人也。今國無家、無人矣。君有人,請致國,君之有也。’……桀與其屬五百人南徙千里,止於不齊。”致國,讓國。

〔二三六〕奔魯,百姓去之:逸周書原文爲:“桀與其屬五百人徙於魯,魯土民復奔湯。”

〔二三七〕湯不能止:能,各本均作“前”。彦按:“前”當“能”字之譌。逸周書原文爲:“桀又曰:‘國,君之有也,吾則外人。有言,彼以吾道是邪?我將(爲)〔委〕之。’湯曰:‘此,君王之士也,君王之民也,委之何?’湯不能止桀。湯曰:‘欲從者從君。’桀與其屬五百人去。”今據以訂正。

〔二三八〕桀始走保三嵕,故伐之也:三嵕(zōng),即三朡。嵕,通“朡”。吳本譌“敪”。書佚篇典寶序曰:“夏師敗績,湯遂從之,遂伐三朡,俘厥寶玉。”孔氏傳:“三朡,國名,桀走保之,今定陶也。”

〔二三九〕始夏之興,青凋止郊:青凋,即青琱,“凋”通“琱”。文選張平子(衡)思玄賦:“左青琱之揵芝兮,右素威以司鉦。”注:“青琱,青文龍也。”史記封禪書:“夏得木德,青龍止於郊,草木暢茂。” 雨金櫟陽:櫟陽,在今陝西西安市閻良區武屯鎮。彦按:竹書紀年卷上帝禹夏后氏八年:“夏六月,雨金于夏邑。”又梁任昉述異記卷下:“先儒説,夏禹時,天雨金三日。”是夏禹時曾雨金矣,然皆不言櫟陽。今考史記秦本紀,獻公十八年卻有“雨金櫟陽”之記載,蓋路史誤混之矣。 而祝融降於崇山:祝融,顓頊氏後,爲高辛氏火正,死後爲火官之神。崇山,即今河南登封市西北之嵩山。國語周語上:“昔夏之興也,融降于崇山。其亡也,回禄信於聆隧。”韋昭注:“融,祝融也。崇,崇高山也。夏居陽城,崇高所近。”

〔二四〇〕回禄信於聆隧:聆(qín),洪本、吳本、四庫本、備要本譌“聆”。國語周語上“(夏)其亡也,回禄信於聆隧”韋昭注:“回禄,火神。再宿爲信。聆隧,地名也。”彥按:此謂火災降臨聆隧,連燒了兩晝夜。竹書紀年卷上帝癸三十年:“冬,聆隧災。”又,墨子非攻下稱:天命湯誅夏,湯是以奉率其衆,鄉有夏之境。“少少,有神來告曰:‘夏德大亂,往攻之,予必使汝大堪之。予既受命於天,天命融隆火于夏之城閒西北之隅。’”皆指其事。　容臺覆,岱淵振:岱淵,明楊慎升菴集卷七六名山異名云:“東海,一名岱淵。”注:“岱淵見隨巢子。”振,動盪。竹書紀年卷上帝癸三年:“毁容臺。”太平御覽卷八二引尸子曰:“昔夏桀之時,⋯⋯(客)〔容〕臺振而掩覆,犬成羣而入泉。”又卷七〇引隨巢子曰:“夏桀德衰,岱淵沸。”　庲亡瞿瀦:庲(xiá),山名。亡,消失。瞿,山名。瀦,水停聚。吳本作“豬”,乃“瀦”古字。

〔二四一〕反:“返”之古字,歸。

〔二四二〕春秋潛潭巴:漢代緯書,春秋緯之一種。太平御覽卷八七三引春秋潛潭巴曰:“里社鳴,此里有聖人。其响,百姓歸之。”注:“响,鳴之恐者。湯起放桀,時有此祥。”

〔二四三〕見上注〔八〇〕。

〔二四四〕見資治通鑑外紀卷二夏商紀夏桀。

〔二四五〕五行記:即今古五行記。隋蕭吉撰。　瞿山地一夕爲大澤:洪本“一”譌“二”。　九年,湯放之:彥按:九年,“九”當作“其”,蓋涉上文“深九丈”之“九”而譌。太平御覽卷八八〇引今古五行記,文作:“夏桀末年,瞿山地陷,一夕爲大澤,深九丈。其年爲湯所放。”

〔二四六〕肜氏、肜城氏:彥按:疑當作“肜氏、肜城氏”。見下注〔二六八〕。似氏:洪本、吳本“似”譌“肜”。

〔二四七〕定姒,杞姓:見春秋襄公四年杜預注。定姒,春秋魯成公妾、魯襄公母。吳本“定”作“㝎”;下或同,不煩枚列。洪本“杞”作“杔”,非。

〔二四八〕休云莒姓:喬本、洪本、吳本、四庫本“云”譌“去”,今據備要本訂正。公羊傳襄公四年“定弋者,襄公之母也”何休解詁:“定弋,莒女也。”

〔二四九〕春秋公子譜:唐楊蘊撰。

〔二五〇〕邵姓解一作"鄔":邵,指宋邵思。喬本、備要本譌"郡",今據餘本訂正。鄔,同"郿",音 yí。各本均作"鄌"。彥按:作"鄌"則與上"鄌出妠氏"之"鄌"同,失"一作"之義。考姓解,卷一邑部鄌下注云:"春秋公子譜:妠姓也。一作'鄔'。"是字原作"鄔",今據以訂正。

〔二五一〕金石錄:宋趙明誠撰。洪本、吳本"石"譌"在"。

〔二五二〕陳湘:唐人。餘不詳。 音蜚:喬本"蜚"作"蜚",誤。此從餘諸本。廣韻未韻:"費,姓也。夏禹之後,出江夏。"亦與蜚(臭蟲也)字音同,並扶沸切。

〔二五三〕無極、長房:無極,春秋楚少師費無極,見左傳昭公十九年。長房,東漢方士費長房,後漢書有傳。

〔二五四〕孫盛:東晉名士,官至祕書監、給事中。 益州諸費,名位者多:益州,治所在今四川成都市。名位者,謂有名聲與地位者。

〔二五五〕萆:音 bì。吳本、四庫本作"㭒",誤。備要本作"柴",同。

〔二五六〕郫脩:漢九江太守,見廣韻物韻郫。

〔二五七〕公孫瓚臣綸直:彥按:公孫瓚當作公孫淵,此蓋羅氏誤記。公孫瓚爲漢末幽州地方割據首領,公孫淵(字文懿)爲三國時遼東地方割據首領,而綸直乃公孫淵之將軍,見晉書宣帝紀及資治通鑑卷七四魏明帝景初二年,無庸置疑。

〔二五八〕有南以二臣勢均爭權而分:逸周書史記解:"昔有南氏有二臣,貴寵,力鈞勢敵,竟進爭權,下爭朋黨,君弗禁,南氏以分。"

〔二五九〕後有南仲,翊宣王以中興:南仲,周宣王時卿士。曾與大師皇父、大司馬程伯休父率周六師征伐徐淮,詩大雅常武詠其事;又曾北伐玁狁,詩小雅出車詠其事。翊,輔助。

〔二六〇〕辨證:指宋鄧名世古今姓氏書辯證。吳本、四庫本"證"作"証",同。 湯八世孫盤庚妃姜氏夢赤龍入懷,……手把"南"字:自此而下至"宜宮之子云",見鄧書卷二〇覃韻南,文字稍有出入。把,握。

〔二六一〕孫仲爲尉將,平玁狁:孫,指儵之孫。古今姓氏書辯證原文作:"儵孫仲,爲尉將。"玁狁(xiǎn yǔn),我國古代北方少數民族名。也寫作"玁狁"。

〔二六二〕宮括爲文王臣,封南陽侯:古今姓氏書辯證原文"文王"作"周文王”。錢熙祚校勘記曰：“案尚書君奭傳：南宮，氏；括，名。正義及邢昺論語疏皆從之。顧命有南宮毛。昭二十三年傳有南宮極，注云‘周卿士’，當即括後。國語稱文王即位，咨於二虢，度於閎夭，謀於南宮，以‘南宮’連屬，明係複姓。此以爲姓南名宮括，謬甚。”

〔二六三〕司馬：古今姓氏書辯證原文作“大司馬”。

〔二六四〕生宮：古今姓氏書辯證原文作“邵生宮”。

〔二六五〕生伯：古今姓氏書辯證原文作“又宮生伯”。

〔二六六〕南季聘魯，宜宮之子云：四庫本“宮”作“公”，當由音譌。古今姓氏書辯證原文作：“春秋時有周大夫南季聘魯，宜爲宮之子、伯之父兄。”

〔二六七〕褒君事夏：本書國名紀四夏后氏後褒云：“夏有褒君，褒姒祖也。”　至幽王嬖褒后，遂亡周：至幽王，吳本譌“生幽土”。幽王，指周幽王。褒后，即褒姒，周幽王第二任王后。國語晉語一：“周幽王伐有褒，褒人以褒姒女焉。褒姒有寵，生伯服，於是乎與虢石甫比，逐太子宜臼而立伯服。太子出奔申，申人、鄫人召西戎以伐周，周於是乎亡。”

〔二六八〕肜伯事商：吳本“肜”作“彤”。彥按：據上文“肜氏、肜城氏”，吳本亦皆作“彤”推測，此處作“彤”，當非路史之舊，故不從改。而本書國名紀四夏后氏後肜亦曰：“商有肜伯，地即肜城。”今謂：路史蓋誤。考元和姓纂卷一東韻肜云：“尚書肜伯，周同姓，爲（氏）成王宗伯。”舊校曰：“案周書肜伯，非‘肜’也。通志，肜氏本彤氏，避仇改爲肜氏。疑爲近之。”岑仲勉校記：“羅校引辯證，溫校復引通志、姓觿，均不得其解法。其實，類稿二‘彤’下固云：‘尚書彤伯，周同姓，爲成王宗伯。’後人將‘彤’、‘肜’兩文誤易，復衍‘氏’字，遂若難通，然此非原書之誤也。”岑說可信。疑路史所據，正姓纂誤本也。又肜伯爲周成王宗伯，而路史乃稱“事商”，又不知何據也。參見國名紀四夏后氏後注〔二四六〕。　而沈子亦滅於蔡矣：春秋定公四年：“夏四月庚辰，蔡公孫姓帥師滅沈，以沈子嘉歸，殺之。”

〔二六九〕姒敬叔仕于齊，采於鮑：鮑，在今山東濟南市故城東。元和姓纂卷七巧韻鮑云：“姒姓，夏禹之後有敬叔，仕齊，食采於鮑，因氏焉。”

〔二七〇〕齊族：吳本“族”作“旄”。

〔二七一〕魯季公鳥妻，鮑文子女季姒也：自此而下至“莽難改”二十二字，吴本、四庫本所無,蓋脱文。<u>季公鳥</u>,春秋<u>魯</u>大夫。<u>鮑文子</u>,名<u>國</u>,謚<u>文子</u>,春秋<u>齊</u>大夫。<u>左傳昭公</u>二十五年:“初,<u>季公鳥</u>娶妻於<u>齊鮑文子</u>。”又“及<u>季姒</u>與饔人檀通”<u>杜預注</u>:“<u>季姒</u>,<u>公鳥</u>妻,<u>鮑文子</u>女。”

〔二七二〕丹揚包,乃<u>泰山鮑</u>,莽難改:<u>喬</u>本、<u>洪</u>本、<u>備要</u>本句首有一“黨”字。<u>彦</u>按:“黨”字突兀,今姑以衍文視而删之。<u>丹揚</u>,即<u>丹陽</u>。郡名,治所在今<u>安徽宣城市宣州區</u>。<u>泰山</u>,郡名,治所在今<u>山東泰安市岱岳區</u>。改,<u>備要</u>本誤“後”。<u>古今姓氏書辯證</u>卷一一肴韻包云:“<u>上黨包氏</u>,出自<u>楚</u>大夫<u>包胥</u>。……<u>丹陽包氏</u>,其先<u>泰山鮑氏</u>,<u>王莽</u>時避難,去‘魚’爲‘包’。”當即<u>羅氏</u>所本。

〔二七三〕<u>王僧孺百家譜</u>:<u>王僧孺</u>,<u>南朝梁</u>詩人,歷官<u>南海</u>太守、中書侍郎、北中郎<u>南康王</u>咨議參軍等職。<u>喬</u>本、<u>洪</u>本、四庫本、<u>備要</u>本作“<u>王孫孺</u>”,<u>吴</u>本作“<u>王孫儒</u>”。<u>彦</u>按:當作“<u>王僧孺</u>”,蓋因“僧”“孫”音近,加之“王孫”習見而誤。<u>隋書經籍志</u>二:“百家譜三十卷,<u>王僧孺</u>撰。”<u>舊唐書經籍志</u>上、<u>新唐書藝文志</u>二所載,書名、作者並同。今據以訂正。　<u>蘭陵</u>:即今<u>山東蘭陵縣蘭陵鎮</u>。

〔二七四〕支庶以爲氏:<u>洪</u>本、<u>吴</u>本“氏”誤“民”。<u>元和姓纂</u>卷六麌韻禹:“<u>風俗通</u>云,<u>夏禹</u>之後,支庶以謚爲姓。<u>王僧孺百家譜</u>云,<u>蘭陵蕭道游</u>娶<u>禹氏</u>女。”

〔二七五〕<u>史記</u>又有斟氏、戈氏、有扈氏:<u>史記夏本紀</u>:“<u>太史公</u>曰:<u>禹</u>爲姒姓,其後分封,用國爲姓,故有夏后氏、有扈氏、有男氏、斟尋氏、彤城氏、褒氏、費氏、杞氏、繒氏、辛氏、冥氏、斟氏、戈氏。”

〔二七六〕<u>桀</u>崩,其子<u>淳維</u>妻其衆妾,遁於北野,隨蓄轉徙,號葷育:蓄,同“畜”。<u>葷育</u>(xūn yù),又作“葷粥”,即<u>獯粥</u>(粥亦作鬻),我國古代北方少數民族名。夏、商稱<u>獯粥</u>,周時稱<u>獫狁</u>,秦、漢稱<u>匈奴</u>。<u>史記匈奴列傳</u>:“<u>匈奴</u>,其先祖<u>夏后氏</u>之苗裔也,曰<u>淳維</u>。”<u>司馬貞索隱</u>引<u>樂産括地譜</u>云:“<u>夏桀</u>無道,<u>湯</u>放之鳴條,三年而死。其子<u>獯粥</u>妻<u>桀</u>之衆妾,避居北野,隨畜移徙,中國謂之<u>匈奴</u>。”又引<u>服虔</u>云:“<u>堯</u>時曰<u>葷粥</u>,周曰<u>獫狁</u>,秦曰<u>匈奴</u>。”

〔二七七〕<u>獫狁</u>,凶奴:<u>獫狁</u>,即<u>獫狁</u>。<u>凶奴</u>,即<u>匈奴</u>。四庫本作“<u>匈奴</u>”。下“謂之<u>凶奴</u>”之“<u>凶奴</u>”同。

〔二七八〕<u>樂産</u>引括地圖云:<u>樂産</u>,<u>南朝陳</u>時人,官記室。括地圖,<u>司馬貞史記索隱</u>引作“括地譜”。見上注〔二七六〕。　子<u>獫鬻</u>妻<u>桀</u>之衆妾:<u>獫鬻</u>,<u>洪</u>

本、吳本作“儴粥”。下“別號獯鬻”、“堯時爲獯鬻”之“獯鬻”同。

〔二七九〕故服虔謂堯時爲獯鬻：司馬貞史記索隱引服虔云，“獯鬻”作“葷粥”。見上注〔二七六〕。

〔二八〇〕黃帝北逐獯鬻：見史記五帝本紀，“獯鬻”作“葷粥”。洪本、吳本則作“熏粥”。

〔二八一〕晉史：指晉書。　軒后畏其干紀：軒后，即黃帝（軒轅氏）。各本均作“軒後”。彦按：“後”當作“后”，蓋涉上文“禹後”而譌。今訂正。干紀，違犯法紀。晉書載記序：“古者帝王乃生奇類，淳維，伯禹之苗裔，豈異類哉？……其風俗險詖，性靈馳突，前史載之，亦以詳備。軒帝患其干紀，所以徂征；武王竄以荒服，同乎禽獸。”

〔二八二〕後入于冒頓，蔚爲彊暴：後入，各本“後”均作“復”。彦按：上文未嘗言“入”，此不當有“復入”語，“復”當“後”字形譌。今訂正。冒頓，頭曼太子，殺父而自立爲單于。見史記匈奴列傳。蔚，盛大貌。　破東胡，走月支，南并樓煩、白羊河南、燕、趙：東胡，古族名。以居匈奴之東，故稱。分布於今長城東北廣大地區。月支，即月氏，古游牧部族名。故地在今敦煌以東、祁連山以西。樓煩，古部族名。春秋末分布於今山西寧武、岢嵐等縣地，後活動於今陝北及內蒙古南部。白羊，匈奴國名。河南，古地區名。指今內蒙古河套以南、寧夏清水河流域、甘肅環縣、陝西吳起縣以北地。燕，指今河北北部及遼寧西偏地。趙，指今山西北部及河北西部、南部地。彦按：“白羊河南”下疑脱“王”字，趙當代之誤。代在今河北蔚縣一帶。史記匈奴列傳：“（冒頓）遂東襲擊東胡。東胡初輕冒頓，不爲備。及冒頓以兵至，擊，大破滅東胡王而虜其民人及畜産。既歸，西擊走月氏，南并樓煩、白羊河南王。……遂侵燕、代。”司馬貞索隱引如淳云：“白羊王居河南。”

〔二八三〕始長城却胡：却，拒，抵禦。史記秦始皇本紀：“及至秦王，續六世之餘烈，振長策而御宇內，……乃使蒙恬北築長城而守藩籬，卻匈奴七百餘里，胡人不敢南下而牧馬，士不敢彎弓而報怨。”

〔二八四〕李牧將破滅襜襤：李牧，戰國時趙國名將。將破，洪本爲“□破”，吳本、四庫本但作“破”。襜襤（dān lán），古匈奴部落名。戰國時分布在今山西朔州市朔城區北至內蒙古自治區一帶。備要本作“襜襤”，同。史記廉頗藺相如列傳:"李牧……滅襜襤,破東胡,降林胡,單于奔走。" 秦亦被蒙恬城逐:被,加以。蒙恬,秦名將。城逐,吳本"逐"譌"遂"。史記主父偃傳:"偃盛言朔方地肥饒,外阻河,蒙恬城之以逐匈奴,内省轉輸戍漕,廣中國,滅胡之本也。"

〔二八五〕塞外既侵,燕、代窘厄,漢祖於是屈婁敬之策,和親單于:窘厄,窘迫困厄。屈,謂屈從。婁敬,即劉敬。參見上注〔二二七〕。和親,指封建王朝利用婚姻關係與邊疆各族統治者結親和好。史記劉敬傳:"高帝罷平城歸,韓王信亡入胡。當是時,冒頓爲單于,兵彊,控弦三十萬,數苦北邊。上患之,問劉敬。劉敬曰:'天下初定,士卒罷於兵,未可以武服也。冒頓殺父代立,妻羣母,以力爲威,未可以仁義説也。獨可以計久遠子孫爲臣耳。然恐陛下不能爲。'上曰:'誠可,何爲不能! 顧爲奈何?'劉敬對曰:'陛下誠能以適長公主妻之,厚奉遺之,彼知漢適女送厚,蠻夷必慕以爲閼氏,生子必爲太子,代單于。何者? 貪漢重幣。陛下以歲時漢所餘彼所鮮數問遺,因使辯士風諭以禮節。冒頓在,固爲子婿;死,則外孫爲單于。豈嘗聞外孫敢與大父抗禮者哉? 兵可無戰以漸臣也。若陛下不能遣長公主,而令宗室及後宮詐稱公主,彼亦知,不肯貴近,無益也。'高帝曰:'善。'欲遣長公主。吕后日夜泣,曰:'妾唯太子、一女,奈何弃之匈奴!'上竟不能遣長公主,而取家人子名爲長公主,妻單于。使劉敬往結和親約。"

〔二八六〕繇是稽胡子孫感漢,爲劉氏:繇,四庫本作"由"。稽胡,古族名,爲匈奴别種。周書異域傳上:"稽胡一曰步落稽,蓋匈奴别種,劉元海五部之苗裔也。"又晉書劉元海載記:"初,漢高祖以宗女爲公主,以妻冒頓,約爲兄弟,故其子孫遂冒姓劉氏。"

〔二八七〕扶羅助漢,死,子豹生淵,居離石,遂號漢:扶羅,指於扶羅,漢末南匈奴單于。淵,劉淵,字元海,十六國時期漢國建立者,公元304—310年在位。淵初於晉惠帝永安元年(304)在離石起兵反晉,稱大單于,旋遷左國城(在離石東北),建漢國,稱漢王。晉書劉元海載記:"(漢靈帝)中平中,單于羌渠使子於扶羅將兵助漢,討平黄巾。會羌渠爲國人所殺,於扶羅以其衆留漢,自立爲單于。……於扶羅死,弟呼廚泉立,以於扶羅子豹爲左賢王,即元海之父也。"

〔二八八〕二世而聰滅晉:聰,劉淵第四子,殺兄和以自立,公元310—318年在位。期間派劉曜等攻破洛陽、長安,俘、殺晉懷、晉愍二帝,西晉乃亡。

〔二八九〕曜改曰趙,石勒夷之:曜,劉淵之姪。劉聰死後,子粲即位,曜任相國。漢昌元年(318),外戚、權臣靳準作亂,殺死劉粲,曜發兵攻準,即帝位。翌年,遷都長安,改國號趙,史稱前趙。在位前後 12 年,於光初十一年(328)爲石勒所敗,被殺。夷,滅。

〔二九〇〕四主:指前趙高祖劉淵、烈祖劉聰、隱帝劉粲、末主劉曜。

〔二九一〕勃勃興朔方,爲赫連氏:勃勃,十六國時夏國建立者,公元 407—425 年在位。爲匈奴右賢王去卑之後,劉元海之族。附後秦高平公没弈于而襲殺之,遂稱夏天王,建立夏國,改姓赫連氏。

〔二九二〕右賢王去卑之後:右賢王,與左賢王同屬匈奴貴族之高級封號。喬本、洪本、備要本無“王”字,蓋脱。此從吴本及四庫本。晉書赫連勃勃載記:“赫連勃勃字屈孑,匈奴右賢王去卑之後,劉元海之族也。”

〔二九三〕中平中,羌渠子扶羅將兵助平黄巾:中平,漢靈帝劉宏年號。羌渠,匈奴單于。子,各本原脱,今據晉書劉元海載記訂補。黄巾,各本“巾”均譌“中”,今據晉書劉元海載記訂正。參見上注〔二八七〕。

〔二九四〕右賢王去卑裔庫仁:元和姓纂卷五尤韻劉:“東都:其先匈奴貴族,漢以公主妻之。北俗重漢生,因取母姓。後漢末右賢王劉去卑,即其後也。代爲部落大人,魏有庫仁。”又新唐書宰相世系表一上:“河南劉氏本出匈奴之族。漢高祖以宗女妻冒頓,其俗貴者皆從母姓,因改爲劉氏。左賢王去卑裔孫庫仁,字没根,後魏南部大人、凌江將軍。”彦按:諸書稱去卑,或謂左賢王,或謂右賢王,即同一書亦有不同,如後漢書獻帝紀曰“匈奴左賢王去卑”,而董卓傳則曰“南匈奴右賢王去卑”,既難定其是非,各存其舊可也。

〔二九五〕三世號大夏,後魏滅之:晉書赫連勃勃載記:“勃勃……在位十三年而宋受禪,以宋元嘉二年死。子昌嗣僞位,尋爲魏所擒。(昌)弟定僭號于平涼,遂爲魏所滅。自勃勃至定凡二十有六載而亡。”

〔二九六〕鐵伐氏:見魏書屈孑傳。洪本作“鐵代氏”,吴本作“鐵代”,俱誤。

〔二九七〕其始姓虚連題,是爲攣鞮氏:後漢書南匈奴列傳:“單于姓虚連題。”李賢注:“前書曰:‘單于姓攣鞮氏,其國稱之曰“撐犁孤塗”。匈奴謂天爲撐犁,謂子爲孤塗。’與此不同也。”

〔二九八〕范史,虚連鞮:今本後漢書南匈奴傳"鞮"字作"題"。

〔二九九〕漢表,匈奴王雕氏:<u>彦</u>按:<u>漢書景武昭宣元成功臣表</u>有臧馬康侯<u>雕延年</u>,"以匈奴王降侯"。<u>羅氏</u>所謂,蓋即指此。

〔三〇〇〕凋見載記:<u>彦</u>按:<u>古今姓氏書辯證</u>卷一〇蕭韻凋:"<u>晉載記</u>,<u>石遵</u>有將軍凋成。姓書未有此氏,今增入。"蓋即<u>羅氏</u>所本。然其説未必可信,今考<u>晉書石季龍載記</u>下凡三見,並作"周成"。

〔三〇一〕赫連將呼盧古:呼盧古,<u>赫連昌</u>征南大將軍。喬本此六字左側爲墨條。餘諸本此六字入正文。<u>彦</u>按:上六字入正文,上下文氣固不連貫;作注文,又看不出與其上正文有何關係。疑有誤,待考。

〔三〇二〕師古云:呼衍,即今鮮卑姓呼延者:見<u>漢書匈奴傳</u>上"呼衍氏"注。

〔三〇三〕與蘭、須卜三大姓宜皆出此:三,<u>備要</u>本作"十三",衍"十"字。大,喬本、<u>備要</u>本作"人",<u>洪</u>本、<u>吳</u>本、<u>四庫</u>本作"六"。<u>彦</u>按:字當作"大",形近而譌"人"、"六",遂不可解,今訂正。宜,<u>洪</u>本譌"宫",<u>吳</u>本譌"官"。此,<u>洪</u>本、<u>吳</u>本譌"二"。<u>史記匈奴列傳</u>:"呼衍氏,蘭氏,其後有須卜氏,此三姓其貴種也。"

〔三〇四〕宕昌、白狼之羌,亦其散也:宕昌,西羌別種,地在今<u>甘肅</u>南部<u>西漢水</u>與<u>白龍江</u>流域。白狼,即<u>白蘭</u>。西羌別種,駐牧地在今<u>青海</u>都蘭縣一帶。散,分支。

〔三〇五〕党氏:<u>四庫</u>本"党"作"黨"。下注文諸"党"字同。

〔三〇六〕夏録:<u>北魏崔鴻十六國春秋</u>組成部分之一。 朕皇祖大禹,受玄珪之錫,號夏:自此而下至"以鐵伐爲氏",撮取自<u>夏録</u>一。玄珪,<u>吳</u>本、<u>四庫</u>本作"玄圭",同。

〔三〇七〕朕祖北遷幽朔,姓姒氏:<u>洪</u>本、<u>吳</u>本"北"譌"此"。又<u>吳</u>本、<u>四庫</u>本無"姓"字,蓋脱。幽朔,二州名。泛稱今<u>河北、遼寧、山西、内蒙古</u>等地。

〔三〇八〕是爲煇赫,實與天連:煇赫,光輝顯赫。今本<u>十六國春秋</u>作"徽赫",則美好顯赫義。<u>晉書赫連勃勃載記</u>、<u>魏書屈子傳</u>、<u>北史屈丐傳</u>同。<u>彦</u>按:煇、徽同音,作"煇"疑因音譌。實,<u>吳</u>本、<u>四庫</u>本作"寔"。天,<u>吳</u>本譌"大"。

〔三〇九〕非正統者,以鐵伐爲氏:<u>洪</u>本、<u>吳</u>本"伐"譌"代"。<u>夏録</u>一載<u>勃勃</u>下書云:"係天之尊,不可令支庶同之。其非正統者,皆以鐵伐爲氏,庶朕宗族子孫剛鋭如鐵，皆堪伐人。"

〔三一〇〕晉書以聰爲冒頓後：洪本"頓"譌"頡"。　勃勃左賢後：左賢，今本晉書作"右賢王"。見上注〔二九二〕。　而党出西羌，故姚秦將党耐康曰：祖本夏后氏後，爲羌豪：姚秦，即十六國時後秦。羌族姚萇所建，故稱。喬本、洪本、吴本、四庫本"秦"並譌"泰"，今據備要本改。党耐康，元和姓纂作"党耐虎"。彦按："虎"字草書作"虎"，與"康"形近，疑以誤認而譌。夏后氏，喬本、洪本、備要本作"夏侯氏"非，今據吴本、四庫本訂正。元和姓纂卷七蕩韻党云："本出西羌。姚秦將軍党耐虎自云夏后氏之後，代居羌豪。"蓋即羅氏所本。古今姓氏書辯證卷三三宕韻嘗"党耐虎"作"嘗耐虎"，餘略同。

〔三一一〕隨書以党項、白狼、宕昌爲三苗後：隨書，"隨"通"隋"，四庫本作"隋"。宕昌，洪本"宕"爲墨丁。隋書西域傳："党項羌者，三苗之後也。其種有宕昌、白狼，皆自稱獼猴種。"

〔三一二〕党，集韻作"嘗"：喬本、洪本、吴本、備要本作"党，集韻作‘党’"，四庫本作"黨，集韻作‘黨’"，皆不成義。古今姓氏書辯證卷三三宕韻嘗云："集韻作‘嘗’，丁浪反，又音黨。"蓋即羅氏所本，今據以訂正。

〔三一三〕庶支族子孫剛鋭如鐵，皆堪伐人：四庫本"支"譌"攴"。喬本"子"譌"了"，今據諸本訂正。參見上注〔三〇九〕。

〔三一四〕天下之勢：吴本"下"譌"丁"。

〔三一五〕杌陧：音 wù niè，不安，困厄。

〔三一六〕然而兩賢猶在，三仁未去，則猶未至於遽亡：兩賢，指夏末之女鳩、女方（亦作女房）。上文曰："女鳩、女方，夏賢臣也。"三仁，指殷末之微子、箕子、比干三位仁人。論語微子："微子去之，箕子爲之奴，比干諫而死。孔子曰：‘殷有三仁焉。’"

〔三一七〕僵：倒下，仆倒。

〔三一八〕女鳩女方：今書序作汝鳩汝方。

〔三一九〕子言衛靈公之無道也，康子曰："夫如是，何爲而不喪"：自此而下至"奚其喪"，見論語憲問，文字不盡相同。康子，季康子，即季孫肥，春秋魯國正卿。

〔三二〇〕仲叔圉治賓客，王孫賈治軍旅，祝鮀治宗廟：仲叔圉、王孫賈、祝鮀,並春秋衛國賢大夫。　　夫如是,奚其喪:何晏論語集解引孔安國曰:“言雖無道,所任者各當其才,何爲當亡?”

〔三二一〕紂之去武丁,未遠也,其故家遺俗、流風善政猶有存者,又有微子、微仲、王子比干、箕子、膠革相與輔相之,故久而後失之:見孟子公孫丑上。微子等五人皆殷賢臣。微仲,微子弟。王子比干,吳本“干”譌“于”。膠革,即膠鬲,四庫本作“膠鬲”,與今本孟子同。

〔三二二〕惟可知矣:吳本“惟”譌“推”。

附:禹疏九河圖說〔一〕

黄河之水,天下之最大者也。禹則於兗州之域疏大河之流爲九河,以分其勢〔二〕。又疏通濟水、漯水,并九河皆注之海。九河、濟、漯,皆取北方水也。又次南決汝水、漢水,排淮水、泗水,而注之江〔三〕。天下大水,則有此四水,而數者皆導其流而注之江海之中,然後大地皆平,中國之民可得而粒食也〔四〕。

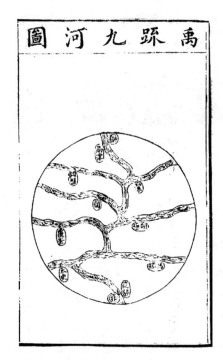

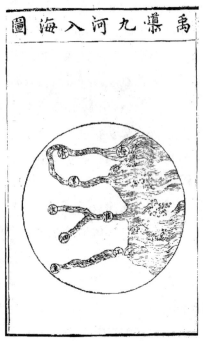

　　按爾雅,九河一曰徒駭,二曰太史,三曰馬頰,四曰覆釜,五曰胡蘇,六曰簡潔,七曰鈎盤,八曰鬲津,其一則河之經流也〔五〕。先儒不知河之經流,遂分簡、潔爲二。此與集註小異〔六〕。吳氏曰〔七〕:“曰簡,曰潔,集註與爾雅。簡、潔合爲一,而其一則河之經流,殊不可曉。”然以水道考之,九河率在河間路滄州境内,今存有五六處,何得盡湮入海〔八〕? 南皮縣有潔河,未聞與簡河合一,集註未爲非也〔九〕。

【校注】

　　〔一〕此圖説,僅見於吳本及四庫本,而爲喬本、洪本、備要本所無,並非路史原書所有(説見下注〔五〕、注〔八〕)。又,標題爲筆者所加。

　　〔二〕禹則於兗州之域疏大河之流爲九河:大河,即黄河。吳本作“天河”非,此從四庫本。之流,四庫本作“之水”,此從吳本。

　　〔三〕又次南決汝水、漢水,排淮水、泗水,而注之江:汝水,吳本、四庫本並作“海水”。彦按:“海水”當“汝水”之誤。孟子滕文公上:“禹疏九河,瀹濟、漯,而注諸海;決汝、漢,排淮、泗,而注之江:然後中國可得而食也。”即此所本。今據以訂正。

　　〔四〕天下大水,則有此四水:四水,指汝、漢、淮、泗。吳本作“泗水”非是,此從四庫本。

　　〔五〕按爾雅:自此“爾雅”而下至“遂分簡、潔爲二”,一字不差轉抄自書禹貢“九河既道”宋蔡沈集傳。按蔡氏書經集傳成編在宋寧宗嘉定二年(1209),此時羅泌離世已二十載,自然無緣得見其書,可知此圖説並非出自羅氏。又,依下“吳氏曰”例,此前亦當有“蔡氏曰”之類語,疑有脱文。　覆釜:即覆鬴。今本爾雅釋水作“覆鬴”。　簡潔:吳本“簡”作“澗”,此從四庫本,以與下文一致。今本爾雅作“簡絜”,後世學者多以爲二水名。　鬲津:鬲,音 gé。　其一則河之經流也:經流,幹流,主河道。彦按:爾雅並未以“河之經流”爲九河之一,其説無據。

　　〔六〕此與集註小異:集註,指宋朱熹孟子集注。朱熹於孟子滕文公上“禹疏九河”注,以簡、潔爲二水。彦按:蔡沈書經集傳據説曾經其師朱熹訂定,故清文淵閣四庫全書本其書又稱朱文公訂正門人蔡九峰書集傳。孟子滕文公上"禹疏九河"云云蔡模(蔡沈子)集疏云："模按：書傳與集註少異，書傳實經先師(指朱熹)晚年所訂正，當以爲定也。"

〔七〕吳氏：其人不詳，待考。

〔八〕九河率在河間路滄州境内：河間路，治所在今河北河間市。原本"間"作"澗"非，今訂正。彦按：據史爲樂主編中國歷史地名大辭典，河間路乃蒙古至元二年(1265)改河間府置，可知吳本、四庫本此兩段文字當非路史原書所有。滄州，治所在今河北滄州市市區。原本"州"作"洲"非，今訂正。

〔九〕南皮縣：今隸河北省滄州市。

諸帝贊語〔一〕

帝太康

雅德曰："太康失邦，五觀胥怨。其兄之不道，而弟怨之，仁人固如是乎？"〔二〕曰：仁人固如是也。小弁，人子之爲詩也，是人子之怨其親者也〔三〕。親，天也，天可怨乎？怨者，親愛之情也。伊人子之於親，惟欲用其情爾〔四〕。於其親，不得而用其情，能無怨乎〔五〕？雖然，君子之爲怨，亦有道矣：思而怨，怨而不訐〔六〕。是故虞帝怨，申生亦怨，豈若匹夫匹婦自經於溝瀆而人莫之知歟〔七〕？方幽王之惛也，將放其太子宜臼而殺之〔八〕。夫爲人子而將見殺，此人情之至痛而無告者也，苟於是而不怨，則是陷父不義而致己於不終矣。此小弁之所以不得而不怨。小弁之怨，親其親也。親親，仁也〔九〕。兄弟之親，情同手足，安則同安，辱則偕辱，邦分崩，族離析，於此猶得而相忘乎〔一〇〕？然則五觀之怨，亦涕泣乎關弓者也〔一一〕。孔子曰："詩可以怨〔一二〕。"此於詩所以取小弁，於書所以取五子之歌，禦務急難，誰如兄弟〔一三〕？至於失國而不怨，則亦路人而已矣！小弁説，在發揮〔一四〕。

烏乎〔一五〕！予於五歌，見五子之賢而可憐也〔一六〕。古之爲會也，智者慮，義者行，仁者守；三者備，然後出〔一七〕。會者，所以講信而脩睦也，猶必仁者以爲守而後出，洛表遠矣，十旬久矣，雖無后羿，蕭牆之變起矣〔一八〕。鄉使太康弃國不務，五弟之中有一人焉爲之守，吾知夷羿之不作；夷羿雖作，亦可以不亡矣。曷至五弟皆從，傾國畢出，以致於覆没而莫之救邪〔一九〕？柳莊曰："如皆從，孰守社稷〔二〇〕？"太康之萌恨，於是甚矣〔二一〕。五子安得而不怨哉？

【校注】

〔一〕諸帝贊語：此標題爲編者根據内容擬加，原書無。

〔二〕雅德：德行高尚。此指雅德者，雅德君子。　太康失邦，五觀胥怨：五觀，太康五個兄弟之統稱。胥，相。國語楚語上："啓有五觀。"韋昭注："五觀，啓子，太康昆弟也。"元梁益詩傳旁通卷三國風衞："衞本古觀國。夏后啓之庶子太康之弟，兄弟五人俱封于衞，是爲五觀。"書五子之歌序："太康失邦，昆弟五人須于洛汭，作五子之歌。"又書五子之歌："五子咸怨，述大禹之戒以作歌。"

〔三〕小弁，人子之爲詩也，是人子之怨其親者也：小弁，詩小雅篇名。毛詩序云："小弁，刺幽王也。大子之傅作焉。"孔穎達正義："太子，謂宜咎也。幽王信褒姒之讒，放逐宜咎。其傅親訓太子，知其無罪，閔其見逐，故作此詩以刺王。……諸序皆篇名之下言作人，此獨末言'太子之傅作焉'者，以此述太子之言，太子不可作詩以刺父，自傅意述而刺之，故變文以示義也。"彦按：詩序諱子刺父，託言小弁爲太子之傅所作，未可信也。路史説是。

〔四〕惟欲用其情爾：吴本、四庫本"爾"作"耳"。

〔五〕不得而用其情：洪本"而"字爲墨丁，吴本、四庫本無"而"字。

〔六〕思而怨，怨而不訐：思，思念。訐(jié)，用言語攻擊，揭短。洪本作"思而怒，錫而不訐"，非。

〔七〕是故虞帝怨：孟子萬章上："萬章問曰：'舜往于田，號泣于旻天，何爲其號泣也？'孟子曰：'怨慕也。'"趙岐注："言舜自怨遭父母見惡之厄而思慕也。” 　申生亦怨：申生，春秋晉獻公太子。父寵驪姬，信其譖，欲殺之，乃自縊死。死謚共（即“恭”之古字），故又稱共大子。左傳僖公十年：“晉侯改葬共大子。秋，狐突適下國，遇大子。大子使登僕，而告之曰：‘夷吾無禮，余得請於帝矣，將以晉畀秦，秦將祀余。’對曰：‘臣聞之：“神不歆非類，民不祀非族。”君祀無乃殄乎？且民何罪？失刑、乏祀，君其圖之！’君曰：‘諾。吾將復請。七日，新城西偏將有巫者，而見我焉。’許之，遂不見。及期而往，告之曰：‘帝許我罰有罪矣，敝於韓。’”論衡死僞曰：“其後四年，惠公與秦穆公戰於韓地，爲穆公所獲，竟如其言。”又曰：“驪姬譖殺其身，惠公改葬其尸。改葬之惡，微於殺人；惠公之罪，輕於驪姬。請罰惠公，不請殺驪姬，是則申生憎改葬，不怨見殺也。”

豈若匹夫匹婦自經於溝瀆而人莫之知歟：匹夫匹婦，平民男女。泛指普通百姓。自經，上弔自殺。莫之知，吳本、四庫本作“莫知之”。彥按：此套用論語憲問孔子“豈若匹夫匹婦之爲諒也，自經於溝瀆而莫之知也”語，表示不可以常人之作爲要求聖賢。

〔八〕方幽王之懵也，將放其太子宜臼而殺之：宜臼，亦作宜咎，即周平王。洪本“臼”譌“曰”。左傳昭公二十六年：“至于幽王，天不弔周，王昏不若，用愆厥位。攜王奸命，諸侯替之，而建王嗣，用遷郟鄏。”杜預注：“攜王，幽王少子伯服也。王嗣，宜臼也。幽王后申姜，生大子宜臼。王幸褒姒，生伯服，欲立之而殺大子。大子奔申。申伯與鄫及西戎伐周，戰于戲。幽王死，諸侯廢伯服而立宜臼，是爲平王，東遷郟鄏。”

〔九〕孟子告子下：“小弁之怨，親親也。親親，仁也。”

〔一〇〕族離析：析，吳本作“枿”，同。

〔一一〕然則五觀之怨，亦涕泣乎關弓者也：關弓，拉滿弓。關，通“彎”。弓，吳本譌“亏”。孟子告子下：“有人於此，越人，關弓而射之，則己談笑而道之；無他，疏之也。其兄，關弓而射之，則己垂涕泣而道之，無他，戚之也。”

〔一二〕詩可以怨：見論語陽貨，文云：“詩可以興，可以觀，可以羣，可以怨。”

〔一三〕五子之歌：參見上注〔二〕。　禦務急難：禦務，抵禦來自外國、外族的侵犯和凌辱。務，通“侮”。

〔一四〕本書發揮六有小弁序。

〔一五〕烏乎:四庫本作“嗚呼”。

〔一六〕見五子之賢而可悵也:悵,吳本作“俵”,非;四庫本作“哀”,同。

〔一七〕會:盟會,指古代諸侯間的集會結盟。穀梁傳隱公二年:“會者,外爲主焉爾。知者慮,義者行,仁者守,有此三者,然後可以出會。”

〔一八〕會者,所以講信而脩睦也:脩睦,謂培養和睦感情。洪本“睦”作“穆”,吳本作“穆”,蓋由音譌。　雖無后羿,蕭牆之變起矣:蕭牆,古代宮室内作爲屏障的矮牆。論語季氏“吾恐季孫之憂,不在顓臾,而在蕭牆之内也”何晏集解引鄭玄曰:“蕭之言肅也;牆謂屏也。君臣相見之禮,至屏而加肅敬焉,是以謂之蕭牆。”借指内部。

〔一九〕以致於覆没而莫之救邪:吳本、四庫本“致”作“至”。

〔二〇〕柳莊:春秋衛獻公時太史。韓詩外傳卷七:“昔衛獻公出走,反國及郊,將班邑於從者而後入。太史柳莊曰:‘如皆守社稷,則執負羈繫而從? 如皆從,則執守社稷? 君反國而有私也,無乃不可乎?’於是不班也。”

〔二一〕萌倀:即萠倀(mèng chāng),“萌”通“萠”。類篇卷三六、廣韻映韻並曰:“萠,萠倀,失道兒。”

帝少康

天下之亂,未有如夏氏之久者也。羿、浞之篡,蓋歷四世,邇于百年,其根株可謂固矣〔一〕。少康之初,以夏遺孽,布德兆謀,旋收其民而用之,蓋五十有餘載,然後始克復祀,是豈商周漢唐中興者比哉〔二〕? 皇父謐以爲少康之興,有田一成,有衆一旅;而漢再命,不階成旅,平暴反正〔三〕。續漢書謂復夏尚有虞思、伯靡内外之助,光武起自匹庶,靡有憑藉,以數千屠百萬,克復炎漢,無以加之〔四〕。是則俱以過少康矣,豈亦未之思邪? 大抵因時特起者易爲功,而誅鉏積難者難爲力,故論成敗而不徵其時勢之難易,而惟其一日之功言之,未見其可也〔五〕。羿、浞、澆、豷,皆積年在内,盤錯强梗之姦;而王郎、王尋者,乃一時在外崛起,不根之盜:其難易固不可同年語也〔六〕。

世之人，有所席則有所懷，無所顧則無所賴〔七〕。是故懷寶越都者競競，一蹕惟恐失之，而爲計俞拙；罄身摩壘者滔滔，獨往無所顧惜，則其從也輕〔八〕。唐神堯能以一旅取天下，而其子孫不能以天下取河北〔九〕。光武之興，亦可謂因時而特起矣。一成一旅，惡得以是殿成功哉〔一○〕？以數千屠百萬，是直一時之幸，又可論之常勝之家邪〔一一〕？於乎！喪亂百年，民心亦離夏矣，浞、豷之强梗，以南征北伐之威討之猶懼或殆，以光武而誅鉏，希不傷其手矣！竊尚論之，后少康之志與夫辛苦艱難，越句踐可略似之，光武不足媲也〔一二〕。雖然，禍亂之小大，抑又懸矣〔一三〕。彼高貴公之以高帝爲論，劉知幾之以劉蜀爲比，儗人其倫，於是爲爽〔一四〕。

【校注】

〔一〕羿、浞之篡，蓋歷四世，邎于百年：浞，吳本譌“促”。邎，同“幾”，近。四庫本作“幾”。百，四庫本作“千百”，“千”字衍。

〔二〕以夏遺孽，布德兆謀，旋收其民而用之：遺孽，后裔。兆，開始，開啓。旋，表示很快。左傳哀公元年：“（少康）能布其德而兆其謀，以收夏衆，撫其官職。”

〔三〕皇父謐以爲少康之興，有田一成，有衆一旅；而漢再命，不階成旅，平暴反正：皇父謐，即皇甫謐。此所引見謐所著帝王世紀。再命，謂再膺天命。不階，不及，達不到。暴，同“暴”，吳本、四庫本、備要本作“暴”。太平御覽卷九○引帝王世紀，云：“玄晏先生曰：‘左氏春秋稱夏少康之起，“有田一成，有衆一旅。”若漢之再命，世祖不階成旅之資，平暴反正，遂建中興，與夏康同美矣。’”

〔四〕續漢書謂復夏尚有虞思、伯靡内外之助：虞思、伯靡，藝文類聚卷一二、太平御覽卷九○引續漢書，作“虞思及靡、有鬲”。　以數千屠百萬：見下注〔六〕。　炎漢：即漢。漢自謂以火德王，故稱。

〔五〕論成敗而不徼其時勢之難易：徼（yāo），求，探求。

〔六〕盤錯强梗之姦：盤錯，盤根錯節。强梗，强硬有力。姦，惡人。　而王郎、王尋者，乃一時在外崛起，不根之盜：王郎，即王昌。新莽末趙國邯鄲（今河北邯鄲市）人。初以卜相爲業，後乃自稱漢成帝子劉子輿，因被西漢宗室劉林與大豪李育等立爲漢帝，都邯鄲。劉秀攻破邯鄲，被殺。吳本、四庫本“郎”作“朗”，誤。王尋，新莽大司徒。地皇四年（公元23年）六月，漢兵起南陽，至昆陽，王莽使王尋及司空王邑領兵百萬出關東，圍昆陽，劉秀將兵數千赴救，大敗莽軍而殺王尋。崛起，突起，興起。不根，没有根基。盗，流寇。後漢書光武帝紀上：“王莽篡位，（劉）秀發憤興兵，破王尋、王邑於昆陽，誅王郎、銅馬於河北，平定天下，海内蒙恩。”

〔七〕有所席則有所懷，無所顧則無所賴：席，憑藉，依仗。顧，顧念，顧忌。

〔八〕是故懷寶越都者競競，一踏惟恐失之，而爲計俞拙：都，都邑，大城市。踏，跌倒。俞，通“愈”。拙，笨，不明智。　罄身摩壘者滔滔，獨往無所顧惜，則其從也輕：罄身，空着身子，謂除身體外一無所有。摩壘，迫近敵壘。滔滔，大水奔流貌，比喻行爲或事物之出現連續不斷。從，跟從，追隨。輕，容易。

〔九〕唐神堯能以一旅取天下，而其子孫不能以天下取河北：唐神堯，即唐高祖李淵。身後尊號神堯大聖大光孝皇帝，故稱。舊唐書肅宗紀至德元載：“（十月）辛丑，（房）琯與賊將安守忠戰于陳濤斜，官軍敗績，楊希文、劉貴哲等降於賊，琯亦奔還。平原太守顏真卿以食盡援絶，棄城渡河，於是河北郡縣盡陷於賊。”

〔一○〕殿：定。

〔一一〕常勝之家：典出後漢書臧宫傳：“匈奴飢疫，自相分争，帝以問宫，宫曰：‘願得五千騎以立功。’帝笑曰：‘常勝之家，難與慮敵，吾方自思之。’”喬本“家”字上空一字之位，洪本“家”字下空一字之位。

〔一二〕竊尚論之：尚，猶，尚且。　媲：匹配，比美。

〔一三〕抑又懸矣：抑，或者，也許。懸，距離遠，差別大。

〔一四〕彼高貴公之以高帝爲論：高貴公，指三國魏帝曹髦。即位前爲高貴鄉公，故稱。高帝，指漢高帝劉邦。資治通鑑卷七七魏高貴鄉公甘露元年：“二月，丙辰，帝宴羣臣於太極東堂，與諸儒論夏少康、漢高祖優劣，以少康爲優。”　劉知幾之以劉蜀爲比：劉蜀，指三國蜀漢先主劉備。史通探賾：“劉主地居漢宗，仗順而起，夷險不撓，終始無瑕。方諸帝王，可比少康、光武；譬以侯伯，宜輩秦繆、楚莊。”　儗人其倫，於是爲爽：儗，比擬。四庫本作“擬”，通。

倫,類。禮記曲禮下:"儗人必於其倫。"爽,明,明智。

帝杼越〔一〕

甚矣,人有肖其祖也:夏禹長頸鳥喙,少康亦長頸鳥喙,越王句踐亦長頸鳥喙〔二〕。非惟貌之肖也,自夫椒之辱,棲身會稽,以致姑蘇之霸,其辛苦艱難,又何與少康無異歟〔三〕!兩越之分,備國名記。

或曰:"越、徐、吳、楚,皆先王之族也,春秋何貶焉?"曰:非貶也。王,非所以爲稱也。春秋書侯伯,俱從其實,獨此四國,則人之、子之〔四〕。言春秋者,不知四國皆然,乃以謂吳、楚,夷也哉,聖人貶而稱子。此大妄也。夫聖人一視同仁,夷亦人也,何貶? 而況吳、楚亦皆先王之後耶? 蓋春秋之作,所以尊王。土無二王,而此四國,嘗稱王矣,筆削之際,於辭弗順,故變之而曰子,示不可重書一王,非有貶也〔五〕。禮,婦人明旌祠版,有封書實封,無封書"夫人",亦是意也〔六〕。或曰:滕侯來朝,以其臣楚;杞侯來朝,以用夷禮:故悉書子〔七〕。斯亦繆矣。二國當時固自有説,非示貶。"奚以信?"曰:不志葬〔八〕。凡葬必以實,所以正其終也〔九〕。齊小白、晉重耳,必於其葬而後書齊桓公、晉文公。若書越、徐、吳、楚之君,將何以爲辭? 此不得而不子之,非貶也。春秋,蠻夷雖大,曰子。昭二十六年"楚子居卒",定十四年"吳子光卒",是矣。左氏曰,其葬僭〔一○〕。奚獨四國之葬僭哉? 故君子名之必可言也,聖人豈徒較其區區毫末之僭哉〔一一〕! 春秋雖邾、杞小國,且書卒、葬,獨四國不書,知難乎其稱也〔一二〕。名不正則言不順,若書"越王卒,葬王",則是與天王無異矣,故必子之〔一三〕。

【校注】

〔一〕吳本、四庫本無"越"字。

〔二〕肖:像,相似。

〔三〕自夫椒之辱,棲身會稽,以致姑蘇之霸:夫椒,山名。在今浙江紹興市越城區北。洪本"椒"譌"樹"。公元前494年,"吳王夫差敗越于夫椒,報檇李也。遂入越。越子以甲楯五千保于會稽。"(見左傳哀公元年)以致,以至。姑蘇,山名。在今江蘇蘇州市西南。公元前475年,越國發動滅吳之戰,越軍圍吳三年,吳軍不戰自潰。"吳王帥其賢良,與其重禄,以上姑蘇。使王孫雒行成於越。……范蠡曰:'君王已委制於執事之人矣。子往矣,無使執事之人得罪於子。'使者辭反。范蠡不報於王,擊鼓興師以隨使者,至於姑蘇之宮,不傷越民,遂滅吳。"(見國語越語下)

〔四〕春秋書侯伯,俱從其實,獨此四國,則人之、子之:實,吳本、四庫本作"寔"。如春秋昭公五年:"冬,楚子、蔡侯、陳侯、許男、頓子、沈子、徐人、越人伐吳。"襄公十二年:"秋九月,吳子乘卒。"是也。

〔五〕筆削:指著述。筆,用筆書寫;削,用刀削刮簡牘删改。

〔六〕婦人明旌祠版,有封書實封:明旌,喪具。舊時竪在靈枢前或敷在棺上,標記死者官銜和姓名的長幡。祠版,置於祠堂之牌位。封,指封號。實,實際。吳本、四庫本作"寔"。

〔七〕滕侯來朝,以其臣楚;杞侯來朝,以用夷禮:故悉書子:春秋桓公二年:"滕子來朝。"宋程頤曰:"滕本侯爵,後服屬于楚,故降稱子,夷狄之也。"(見程氏經説卷五)又僖公二十七年:"春,杞子來朝。"左傳:"春,杞桓公來朝。用夷禮,故曰子。"

〔八〕不志葬:志,通"誌",記載。

〔九〕凡葬必以實,所以正其終也:實,吳本、四庫本作"寔"。正其終,謂使身後得以正名。

〔一〇〕左氏曰,其葬僭:彦按:左氏當作公羊,羅氏蓋誤記。春秋宣公十八年:"甲戌,楚子旅卒。"公羊傳:"何以不書葬?吳、楚之君不書葬,辟其號也。"是也。禮記坊記:"子云:'天無二日,土無二王,家無二主,尊無二上,示民有君臣之别也。春秋不稱楚、越之王喪。'"鄭玄注:"楚、越之君,僭號稱王,不稱其喪,謂不書葬也。春秋傳曰:'吳、楚之君不書葬,辟其僭號也。'"所謂之春秋傳,指公羊傳。

〔一一〕故君子名之必可言也:論語子路,子曰:"故君子名之必可言也,言之必可行也。"

〔一二〕邾、杞小國:洪本、吳本"邾"譌"誅"。

〔一三〕名不正則言不順:論語子路載孔子語。　若書"越王卒,葬王",則是與天王無異矣:葬王,四庫本"王"譌"正"。天王,吳本、四庫本譌"先王"。

帝廑

於乎！夏自少康而後，周自宣王而後，皆累世循常政，事無大過人可傳於後世者，何邪？豈非先王之後，紀綱大定，法度素著，苟非屠虐愔悖，則雖以庸常之君守不變，皆足以保其宗社；而太平之後，富庶之世，雖以中材之主，血氣未定，作聰明，事改作，厭鈍騁駿，以乘快於一驟，而乃蹶而遂不起歟〔一〕？繇是觀之，任智者固不若愚，而騁駿者未必如跛也〔二〕。蜚廉終日馳，不能不蹶；惡來終日搏，不能不錫；而危然深坐以觀焉者，常自若也〔三〕。子思子曰："喜怒哀樂之未發，謂之中。發而皆中節，謂之和〔四〕。"夫致中和而不於其未發之前求之，則其所見無非喜怒之與哀樂，其去中也遠矣，而況以淫于游、于畋、于觀、于逸以害其心哉〔五〕！

極欲易衰，省欲難老，此天之常道也。是以古之聖人，不殖貨利，不邇聲色，土階茅茨，惡衣菲食，而不徇乎其外紛華盛麗〔六〕。以堯、禹、湯、文之君爲之，應未害也，而數君子必不爲者，知其蔽物累德而無益于己也〔七〕。好大喜功，澤車美室，作章華，建極殿，晝夜照作，架瓊而結綺，與夫爵蒙犬馬，刑及矜孤，殺夫而奪婦者，皆以速亡而亟斃；則庸常之君，守而不變，有足多矣〔八〕。

嗟乎！耳目之官不思，則蔽於物〔九〕。物交物，則引之而已〔一○〕。是故君子於此，不可不致於學〔一一〕。萬乘之主不致於學，不知性命之重，道德之尊，而爲耳目情欲之所牽役，以兵、刑、貨利、膳服、聲色賊其身，害其政，而致於滅亡夭死者，可勝痛哉〔一二〕！然則，人臣之欲以生事動其君，與人君之欲大有爲者，可不爲之却顧而深思邪〔一三〕？

【校注】

〔一〕苟非屠虐愔悖，則雖以庸常之君守不變，皆足以保其宗社：屠

(chán)，懦弱。虐，殘暴。惛，糊塗。悖，反常。庸常，平凡。宗社，宗廟社稷。

雖以中材之主，血氣未定，作聰明，事改作，厭鈍騁駿，以乘快於一驟，而乃蹶而遂不起歟：血氣，謂氣質。作聰明，事改作，彥按：書蔡仲之命曰："無作聰明，亂舊章！"此則恰好與之相反。鈍，遲緩。騁，洪本譌"聘"。下"騁駿"之"騁"同。乘快，追求快意。驟，馬奔馳。蹶，顛仆，跌倒。歟，四庫本作"與"。

〔二〕繇是觀之，任智者固不若愚，而騁駿者未必如跛也：繇，四庫本作"由"。任，依憑。跛，跛子，瘸腿之人。

〔三〕蜚廉終日馳，不能不蹶；惡來終日搏，不能不錫：蜚廉、惡來，並殷紂臣。史記秦本紀："蜚廉生惡來。惡來有力，蜚廉善走，父子俱以材力事殷紂。"　而危然深坐以觀焉者，常自若也：危然，端直貌。此謂伸直身軀。深坐，久坐。自若，自如，謂從容不迫，鎮定自然。

〔四〕見子思子内篇天命。亦見禮記中庸。　中節：謂合乎禮義法度。中，音 zhòng。

〔五〕淫于游、于畋、于觀、于逸：淫，濫，過度。

〔六〕不殖貨利，不邇聲色：殖，積聚。吳本譌"殖"。書仲虺之誥："惟王不邇聲色，不殖貨利。"　茅茨：洪本"茨"譌"薺"。　而不徇乎其外紛華盛麗：徇，謀求，營求。吳本、四庫本作"狥"，通。紛華，繁華。盛麗，猶富麗。

〔七〕蔽物累德：蔽，通"敝"，敗壞，損害。累德，謂有損道德。累，連累，牽累。

〔八〕澤車：靚麗的車子。澤，光亮。左傳襄公二十八年："車甚澤，人必瘁，宜其亡也。"　作章華，建極殿：章華，臺名，春秋楚靈王所建。高十丈，基廣十五丈。故址在今湖北監利縣西北。極殿，泛稱極盡奢華之殿宇。　架瓊而結綺：瓊，美玉。綺，有花紋的絲織品。　爵蒙犬馬，刑及矜孤：蒙，加。矜，通"鰥"，老年單身漢。孤，孤兒。　有足多矣：足，值得。多，贊譽。

〔九〕耳目之官不思，則蔽於物：此下至"則引之而已"見孟子告子上，"則蔽"作"而蔽"。官，器官。思，思考。蔽，蒙蔽。物，泛指外物。

〔一〇〕物交物，則引之而已：前"物"指耳目之官，後"物"指外物。交，接觸。引之，謂外物引誘耳目之官。

〔一一〕致於學：致，謂致力。

〔一二〕而爲耳目情欲之所牽役：爲，吳本譌"烝"。牽役，拖累、驅使。膳服：衣食。

〔一三〕人臣之欲以生事動其君，與人君之欲大有爲者，可不爲之却顧而深思邪：生事，製造事端。却顧，猶言反復考慮。邪，吳本、四庫本作"耶"。

帝甲

漢儒之言左氏，以五靈妃五方、行而爲之説：龍爲木，鳳爲火，麟爲土，白虎爲金，神龜爲水〔一〕。水生木，水生則木王〔二〕。木生火，木生則火王。土與金、水，亦復如是。皆修其母以致其子〔三〕。是故水官修而龍至，木官修而鳳至，火官修而麟至，土官修而白虎至，金官修而神龜至〔四〕。於是又爲説曰：視明禮修則麟出，言從義服則龜游，貌恭仁成則鳳來，思睿信立則虎擾，聽聰智得則龍見〔五〕。皆言修母以致子。其爲祥瑞之説也，蓋如此，可謂屑矣〔六〕。雖然，天地之間不離乎五，拓而言之，則是理也〔七〕。故東方多龍，南方多鳳，西方多虎，而麟游乎中土。北方一六，虛、危無位，是故神龜藏六而神顓頊〔八〕。王者之行，左青龍，右白虎，前朱雀，後玄武，而招搖、大角，乃在其上〔九〕。斯亦以其粗尒〔一〇〕。至於其微，則有能言者矣。後世國不修其官，官不辨其事，而小大之政闕，故傳曰："水官棄矣，而龍不生得。"〔一一〕王者之行，亦以南面言，蓋前旗後旐，左旂右旗，而招搖斗柄、大角、軒轅、麒麟之宿，太常居中，建四方也〔一二〕。

【校注】

〔一〕以五靈妃五方、行而爲之説：五靈，古代稱龍、鳳、麟、白虎、神龜五種傳説中的靈異動物。妃，通"配"，匹配。五方、行，謂五方與五行。

〔二〕水生木：吳本"生"譌"主"。　水生則木王：王（wàng），盛，勝。

〔三〕皆修其母以致其子：修，修飭。母，指五行相生之生者，如木生火，而木爲母。致，使至。子，五行相生之所生，如火生土，而土爲子。

〔四〕水官、木官、火官、土官、金官：傳説中上古五行之官。

〔五〕言從義服則龜游：從，順。服，得。老子第五十九章“夫惟嗇，是謂早服”河上公注：“服，得也。”　思睿信立則虎擾：睿，通達，明智。擾，馴服。聽聰智得則龍見：見，“現”之古字，出現。

〔六〕屑：瑣碎，繁瑣。

〔七〕天地之間不離乎五：五，指五行。

〔八〕北方一六：古代五行家以一爲水之生數，六爲水之成數，一六代表水和北方。揚雄太玄玄數曰：“一六爲水，爲北方。”　虛、危無位：虛、危，二星宿名，同屬北方玄武七宿之一。位，指爻位，即卦爻所居之位次。彥按：世傳古文龍虎經卷上神室設位章曰：“二用無爻位，張、翼飛虛、危。”宋王道注：“參同契曰‘易謂坎離者，乾坤二用’，是也。‘二用無爻位，張、翼飛虛、危’者，乾坤也，日月也，日月升降，水火抽添，不拘爻位。張、翼，南方離火之位。虛、危，北方坎水之位。參同契曰‘二用無爻位，周流行六虛’是也。”疑即此路史所本。然宋朱熹非之。朱子曰：“參同中云‘二用無爻位，周流行六虛’。二用者，即易中用九、用六也。乾、坤六爻，上下皆有定位，唯用九、用六無位，故周流行於六虛。今龍虎經卻錯説作虛危去。蓋討頭不見，胡亂牽合一字來説。”（見朱子語類卷一二五參同契）朱説可從。　是故神龜藏六而神顓頊：神龜藏六，謂龜遇危險便將頭尾和四足縮入甲中以避害。比喻人之才智不外露或深居簡出以免招禍。顓頊，洪本作“顓畜”，吳本作“頊畜”。淮南子天文篇：“北方，水也，其帝顓頊。”高誘注：“顓頊，黄帝之孫，以水德王天下，號曰高陽氏，死託祀於北方之帝。”

〔九〕王者之行，左青龍，右白虎，前朱雀，後玄武，而招摇、大角，乃在其上：大角，星名。北天的橙色亮星，屬於亢宿，古人以爲人君之象。此蓋亦畫之於旌旗之上。參見後紀四附蚩尤傳注〔三八〕。

〔一〇〕斯亦以其粗尒：粗，洪本作“麤”，譌。尒，四庫本作“爾”，備要本作“尒”，並同。

〔一一〕後世國不修其官，官不辨其事：修，儆戒。國語魯語下：“吾冀而朝夕修我曰：‘必無廢先人。’”韋昭注：“修，儆也。”辨，四庫本作“辦”。　水官棄矣，而龍不生得：見左傳昭公二十九年，“而”作“故”。棄，廢。生得，四庫本作“得生”誤。

〔一二〕蓋前旟後旐，左旌右旗：旟（yú），古代畫有鳥隼圖象的軍旗。參見後紀四附蚩尤傳注〔三八〕。　而招搖斗柄、大角、軒轅、麒麟之宿，太常居中，建四方也：招搖斗柄，借指北斗星。斗柄本指北斗之第五至第七星，即衡、開泰、搖光。其中第七星搖光又稱招搖。大角、軒轅、麒麟，皆星座名。初學記卷二九獸部麟第三引蔡邕月令曰：“天宮五獸中，有大角、軒轅、麒麟之星。”